Alejandro G. Vigo

Verdad, libertad, acontecer
Estudios heideggerianos II

Logos Verlag Berlin

λογος

Bibliographic information published by the Deutsche Nationalbibliothek

The Deutsche Nationalbibliothek lists this publication in the Deutsche
Nationalbibliografie; detailed bibliographic data are available
in the Internet at http://dnb.d-nb.de .

cover picture: Paul Klee, „Bunter Blitz", 1927,
(Foto: © bpk / Kunstsammlung Nordrhein-Westfalen, Düsseldorf)

© Copyright Logos Verlag Berlin GmbH 2021

All rights reserved.

ISBN 978-3-8325-5239-8

Logos Verlag Berlin GmbH
Georg-Knorr-Str. 4, Geb.10,
12681 Berlin
Tel.: +49 (0)30 42 85 10 90
Fax: +49 (0)30 42 85 10 92
INTERNET: http://www.logos-verlag.de

Para Ramón Rodríguez,
filósofo ejemplar y amigo entrañable

ÍNDICE

Prólogo 9

Estudio 1
Finitud, conciencia y transparencia. Un comentario a los §§ 45-60
de *Sein und Zeit* 13

Estudio 2
Libertad como causa. Heidegger, Kant y el problema metafísico de
la libertad 117

Estudio 3
Ser libre y dejarse vincular. Un motivo central en la reformulación
aleteiológica de la cuestión de la libertad 131

Estudio 4
Heidegger, intérprete de Kant 147

Estudio 5
Kehre y destrucción. Sobre el impacto hermenéutico del "giro" hacia
el pensar ontohistórico 161

Estudio 6
Ser libre y dejar en libertad. *Sein und Zeit* y la reformulación aleteiológica
de la cuestión de la libertad 187

Estudio 7
Experiencia, objetividad, historia. Heidegger y el "Sistema de los
principios" kantiano 215

Estudio 8
Heidegger y la sombra de Lotze. Apuntes para una interpretación
renovada del desarrollo de su pensamiento temprano 253

Estudio 9
Meditación, historia, contención. Heidegger y la reformulación
ontohistórica de la aleteiología 283

Estudio 10
Remisión, orientación y comprensión mundana. Apuntes sobre el
análisis heideggeriano del signo en el § 17 de *Sein und Zeit* 305

Estudio 11
Regreso y despedida. Heidegger y la interpretación ontohistórica de Platón.. 319

Estudio 12
Heidegger en torno a la conexión entre φύσις y ἀλήθεια. Apuntes para una reconsideración crítica.. 337

Estudio 13
"El tiempo de los 'sistemas' pasó". Heidegger y el emplazamiento ontohistórico de Schelling.. 355

Referencias bibliográficas.. 373

Indicación de las fuentes.. 393

Índice de nombres.. 395

Prólogo

El presente libro puede verse como una continuación natural del publicado en 2014 con el título "Arqueología y aleteiologia. Estudios heideggerianos", y reúne un conjunto de trece estudios publicados en volúmenes colectivos y revistas especializadas en Hispanoamérica y Europa. Con excepción de la inclusión en el primer lugar del estudio más largo con mucha diferencia, que constituye en rigor un comentario bastante detallado de los §§ 45-60 de *Sein und Zeit*, el resto de los estudios se presenta en el orden correspondiente a la secuencia cronológica, según la fecha de composición de la versión que sirve de base para la que se presenta aquí. La gran mayoría de los trabajos fueron escritos con posterioridad a la publicación del libro de 2014, con la excepción del Estudio 2, publicado en 2010, y de una primera versión del comentario a los §§ 54-60 de *Sein und Zeit*, publicada en 2013, los cuales, por diversas razones, no se incluyeron en el libro de 2014.[1] Algunos de los estudios fueron publicados originalmente en alemán e italiano, y no existía hasta ahora una versión española. Para facilitar la identificación de las referencias a las obras de Heidegger y otros filósofos así como a las obras de la literatura especializada, he unificado el modo de citar y he agrupado la bibliografía en una lista única, incluida en la parte final del libro. Por último, he añadido también un índice de autores citados. Salvo en el caso del Estudio 1, cuya redacción actual fusiona tres partes de diferente procedencia, no he introducido modificaciones sustanciales en la redacción original de los escritos. Tampoco he eliminado repeticiones que no resultarían estrictamente necesarias en una edición conjunta de los estudios, pero que facilitan la lectura independiente de cada uno, sin tener que acudir a los otros. Las traducciones de las citas textuales de pasajes de las obras de Heidegger y otros filósofos me pertenecen.

Huelga decir que los estudios aquí presentados no pueden verse como capítulos de una monografía unitaria. Más bien, constituyen discusiones particulares que abordan diferentes aspectos del pensamiento heideggeriano, tal como éste se desarrolla en el período que va desde 1927, año de la publicación de *Sein und Zeit*, hasta fines de los años '30. Se puede reconocer, sin embargo, algunos temas y motivos recurrentes, y también una orientación básica común, en lo que concierne al modo de entender el pensamiento de Heidegger en su perfil temá-

---

[1] Para los detalles relativos a la publicación original de los estudios, véase abajo "Indicación de las fuentes", p. 393 s.

tico, su diseño metódico y su evolución. La tesis básica referida al carácter radicalmente aleteiológico del pensamiento heideggeriano, tal como fue presentada y elaborada en los estudios del libro de 2014, proporciona aquí el punto de partida para un intento por comprender mejor el desarrollo que lleva desde *Sein und Zeit* y los escritos que le siguen inmediatamente hasta la aparición expresa del pensamiento ontohistórico, a mediados de los años '30. Mi convicción es que, lejos de poner en cuestión dicha tesis, el desarrollo que tiene lugar en esos años la confirma plenamente, pues lo que conduce a la irrupción del pensar ontohistórico no es, en lo esencial, sino un proceso irrefrenable, y por momentos incluso dramático, de profundización y radicalización de la aleteiología elaborada originalmente en el camino que lleva a *Sein und Zeit*.

Desde el punto de vista temático, los estudios pueden ser divididos en tres grupos diferentes. Los del primer grupo (Estudios 1, 6 y 10) abordan diversos aspectos de la concepción de *Sein und Zeit*. Uno de ellos discute un problema específico vinculado con el análisis del mundo y el ente intramundano que posee una especial importancia desde el punto de vista metódico, como lo es el modo en el cual Heidegger presenta el signo como caso modelo del ente intramundano y da cuenta del tipo peculiar de saber que guía su empleo, en el contexto del trato práctico-operativo con lo que es "a la mano" (Estudio 10). Los otros dos estudios abordan desde diferentes ángulos la vinculación, central en la concepción heideggeriana, entre verdad y libertad. El comentario de los §§ 45-60 de *Sein und Zeit* permite dar una visión de conjunto del modo en el cual Heidegger piensa la vinculación entre "libertad para la muerte" y "verdad de la existencia", como momentos que dan cuenta de la posible (auto)transparencia del *Dasein* (Estudio 1). Por su parte, la consideración del modo en el cual la concepción de *Sein und Zeit* presenta el ser libre del *Dasein* como condición de la posible venida a la presencia del ente intramundano y también de los otros dentro del mundo pone de manifiesto algunos de los elementos principales de los que parte el proceso de profundización y radicalización que Heidegger lleva a cabo en los escritos que siguen inmediatamente a la publicación de la obra (Estudio 6).

El segundo grupo de estudios (Estudios 2, 3 y 9) examina, desde diferentes ángulos, el desarrollo que conduce desde la concepción de *Sein und Zeit* hasta el pensamiento ontohistórico, tal como éste hace su aparición a mediados de los años '30. Uno de los ejes centrales viene dado aquí por la elaboración de una concepción que profundiza de modo progresivo en la conexión estructural entre verdad y libertad. El carácter estrictamente aleteiológico del tratamiento heideggeriano de la libertad se pone de manifiesto, con particular nitidez, a través de la confrontación con la concepción causalista de la libertad elaborada por Kant (Estudio 2). Complementariamente, una concepción aleteiológica en el estilo de la que Heidegger tiene en vista abre una toda gama de nuevas posibilidades, a la hora de dar cuenta de la conexión intrínseca que existe entre la libertad, por un lado, y las diferentes posibles formas de vinculatividad, por el otro (Estudio 3). Por último, el punto de partida en la cuestión de la verdad permite ofrecer también una cierta visión de conjunto que comprende desde las fases más tempranas del desarrollo filosófico de Heidegger hasta la concepción de corte ontohistórica que se presenta en las obras fundamentales de la segunda mitad de los años '30 (Estudio 9).

Finalmente, un tercer grupo de trabajos (Estudios 4-5, 7-8, 11-13) aborda la cuestión relativa al modo en el cual el "giro" hacia el pensamiento ontohistórico impacta sobre la confrontación con diversos autores de referencia de la tradición del pensamiento metafísico. A los casos emblemáticos de Aristóteles y Kant, figuras centrales de referencia en los años de gestación de *Sein und Zeit*, se añade, en una serie de cuatro estudios, también la consideración del caso de Platón, que juega un papel clave en la construcción ontohistórica presentada a mediados de los años '30 (Estudios 4, 5, 7 y 11). Otros dos estudios abordan los extremos del arco que se extiende desde los presocráticos hasta el Idealismo Alemán, el cual, a juicio de Heidegger, alcanza su culminación y, con ello, también su autosupresión en el pensamiento de Schelling (Estudios 12 y 13). Por último, un trabajo dedicado a la presencia permanente de Lotze como figura de referencia del pensamiento heideggeriano permite comprender un poco mejor cómo determinados motivos característicos de la etapa juvenil, lejos que quedar abandonados, adquieren una nueva vigencia en el marco del pensar ontohistórico. Así ocurre, en efecto, con la vinculación tempranamente establecida entre Platón y la filosofía de los valores (Estudio 8). Como se podrá advertir, espero, los estudios de este grupo pretenden combinar, de modo metódicamente austero, el intento por comprender el papel que la confrontación con pensadores de la tradición metafísica cumple en el desarrollo de la propia concepción heideggeriana, por un lado, y la evaluación crítica del modo en el que Heidegger busca interpretar y apropiarse de dichos autores, por el otro. Esta exigencia parece inexcusable, dada la tendencia, lamentablemente muy extendida todavía, a asumir de modo acrítico las posiciones que Heidegger fija en su trato con autores canónicos de la tradición filosófica occidental.

No podría agradecer aquí a todas las personas e instituciones que me han apoyado de diferentes modos, a lo largo de tantos años. Pero no quisiera dejar de mencionar a la Universidad de Navarra, la Fundación Alexander von Humboldt y también a los colegas y amigos de la Sociedad Iberoamericana de Estudios Heideggerianos. Por último, he querido dedicar este libro a Ramón Rodríguez: nadie interesado en el tema puede ignorar lo que su obra y su ejemplo significan en el ámbito de los estudios heideggerianos en nuestra lengua.

AGV
Zizur Mayor, diciembre de 2020

Estudio 1
Finitud, conciencia y transparencia.
Un comentario a los §§ 45-60 de *Sein und Zeit*

1. Introducción

No es exagerado decir que buena parte de las principales dificultades que se plantean en la interpretación de los análisis fenomenológicos que Heidegger lleva a cabo en *SZ* se conecta con la tendencia, todavía hoy ampliamente extendida, a no tomar suficientemente en cuenta el contexto temático y, especialmente, metódico, en el cual tales análisis quedan enmarcados desde un comienzo. Para hacer justicia a dicho enmarcamiento temático y metódico, no basta con reiterar la consabida advertencia de que la intención primaria de Heidegger en la obra es declaradamente ontológica, en el peculiar sentido que adquiere la noción en virtud de su vinculación con el método fenomenológico, y no antropológica ni ética. Se requiere, además, preservar y poner realmente en valor dicho punto de partida básico, a la hora de hacer justicia interpretativamente a las posiciones elaboradas por Heidegger respecto de los fenómenos tematizados en cada caso. Esta exigencia metódica, que puede valer también para el análisis de muchos otros fenómenos, tales como, por ejemplo, el fenómeno de la "verdad" o el del "ser vuelto hacia (ser para) la muerte" (*Sein zum Tode*), para vale también, y muy particularmente, para el análisis del fenómeno de la conciencia, en su sentido práctico-moral, vale decir, del *Gewissen*.[1] Tampoco en este caso Heidegger se sitúa

---

[1] En lo que sigue, al menos, cuando no se trata de expresiones compuestas cuyo sentido resulta unívoco, utilizaré el término alemán *Gewissen*, para evitar la ambivalencia de la palabra española "conciencia", que traduce también el término alemán *Bewußtsein*, el cual alude, más bien, a la conciencia, en el sentido teórico-constatativo del término. Por cierto, Kant considera al *Gewissen* como una especie del género más amplio demarcado por la noción de *Bewußtsein*, más precisamente, como el peculiar tipo de *Bewußtsein* que está vinculado a la presencia de un "foro interior" en nosotros (cf. *Tugendlehre* § 13 p. 438; véase también *Religion* IV § 4 p. 184 ss.). Pero ello no le impide reconocer el carácter esencialmente práctico-ejecutivo del *Gewissen*, que involucra, además, su aspecto esencial y expresamente autorreferencial: mientras que el *Gewissen* es siempre, de modo primario, una forma expresa de la conciencia *de sí*, no toda forma del *Bewußtsein* es una forma de *Selbstbewußtsein*, al menos, no lo es de modo primario y expreso, por más que, como el propio Kant muestra en el argumento desarrollado en el § 16 de DTB, toda forma de la conciencia de algo implica como su reverso, al menos, de modo potencial, un momento concomitante de conciencia de sí (cf. *KrV* B 131 ss.). En cualquier caso, y más allá de lo que puedan ser las limitaciones de su concepción, Kant reconoce claramente que el tipo de acceso a sí mismo que facilita el *Gewissen*, como modo esencialmente práctico-ejecutivo de la conciencia de sí, no puede ser analogado, sin más, a ninguna otra forma de la autoconciencia, en el sentido puramente teórico-constatativo del término: el *Gewissen* nos interpela y nos acusa, y no se limita meramente a tomar nota de nuestro estado interior. Para una presentación concisa del concepto de *Gewissen* en la historia del pensamiento filosófico, véase Reiner

en el plano que corresponde al enfoque propio de la antropología o la ética, ni intenta elaborar un modelo de fundamentación filosófica de la moralidad, en el sentido habitual del término. Heidegger tematiza, más bien, estructuras que, en el mejor de los casos, pertenecen al ámbito de lo que podría denominarse una "protoética", en la medida en que se trata de estructuras que desde un punto de vista puramente ejecutivo, que no hace referencia aún al contenido material de ninguna norma moral específica, permiten dar cuenta de la *posibilidad existenciaria* de algunos de los fenómenos fundamentales vinculados con la moralidad, como tal.[2] Dichas estructuras, que el análisis pretende revelar como pertenecientes a la propia constitución de ser del *Dasein*, marcarían, por tanto, algo así como el lugar ontológico de inserción del fenómeno de la moralidad en la existencia humana. Como se verá, este peculiar enmarcamiento temático y metódico determina no sólo el alcance, sino también los límites del análisis heideggeriano del fenómeno del *Gewissen*. Antes de pasar a la consideración de dicho análisis, conviene, pues, caracterizar del modo más preciso posible cuál es el marco sistemático general en el que queda inserto.

(1974). Para el origen de la concepción moderna del *Gewissen*, desde la Biblia hasta Lutero, pasando por San Agustín, P. Lombardo, Santo Tomás de Aquino, Meister Eckhart, etc., véase la colección de textos en Stormer-Caysa (1995). Una discusión del concepto de *Gewissen*, a la luz de los desarrollos más actuales en el ámbito de la filosofía alemana (N. Luhmann, H. Lenk, H. D. Kittsteiner, etc.), se encuentra en Hübsch (1995)., quien, además, pasa revista a algunas de las concepciones más representativas de la filosofía moderna (Kant, Hegel, Schleiermacher) y considera también la concepción de Heidegger, desde *SZ* hasta la obra de vejez (cf. p. 151-176).

[2] Empleo la expresión "protoética" en un sentido análogo al que poseen expresiones como "protológica", "protogeometría", "protofísica" en los programas de fundamentación al estilo de constructivismo operacionalista de la "Escuela de Erlangen" y sus secuelas (P. Lorenzen, P, Janich, C.-Fr. Gethmann, etc.). La afinidad así establecida con el planteo metódico que Heidegger presenta e intenta llevar a cabo en *SZ* no es meramente exterior, si se tiene en cuenta el hecho de que dichos programas de fundamentación toman, en último término, la forma de una reconducción de las diversas ciencias a sus bases pragmático-operacionales, en el ámbito correspondiente a la experiencia inmediata del mundo de la vida. Para una exploración de las relaciones entre los programas de fundamentación del constructivismo operacionalista, por un lado, y los programas fenomenológicos de fundamentación a partir del mundo de la vida, por el otro, véase Gethmann (1991a). En el caso concreto de Heidegger, Gethmann discute, además, de esta misma perspectiva la orientación y el alcance del concepto existenciario de ciencia elaborado en el § 69 b) de *SZ*. Véase Gethmann (1991b). El propio Gethmann se ha valido de la expresión "protoética", aunque en el sentido específico que remite a las reglas operativas que en el mundo de la vida permiten el trato competente con exigencias dotadas de pretensión de validez, y derivadamente también a la disciplina filosófica que lleva a cabo su reconstrucción. Véase Gethmann (1995).

2. El marco sistemático del tratamiento

A los fines que aquí interesan, la caracterización general del marco sistemático de tratamiento en el que queda inscripto los fenómenos del "ser vuelto hacia (ser para) la muerte" y el *Gewissen* se puede llevar a cabo en atención a cuatro aspectos fundamentales, a saber: en primer lugar, a) la concepción aleteiológica de la ontología y la temática vinculada con la verdad trascendental, en segundo lugar, b) el papel que cumple en el proyecto ontológico de *SZ* el *Dasein* como ente capaz de acceder comprensivamente al ser, en general, y también, en particular, a su propio ser; en tercer lugar, c) el punto de partida en la comprensión preontológica y el problema de la "impropiedad" (*Uneigentlichkeit*); y, por último, d) el problema de la posibilidad de la "propiedad" (*Eigentlichkeit*) y la "transparencia" (*Durchsichtigkeit*), en conexión con lo que Heidegger designa terminológicamente como la "verdad de la existencia" (*Wahrheit der Existenz*).

a. Ontología, aleteiología y verdad trascendental

Como se dijo ya, Heidegger caracteriza la problemática de *SZ* como *ontológica*, y no como antropológica, ética o existencial, en el sentido habitual del término. Sin embargo, lo que Heidegger entiende aquí por ontología tiene, en rigor, bastante poco que ver con la concepción tradicionalmente dominante de la "ciencia del ser". Ésta posee una orientación básicamente *arqueológica* o, si se prefiere, *arqueológico-etiológica*, en la medida en que caracteriza a la "ciencia del ser" —llámese "filosofía primera", "metafísica" o bien "ontología", como ocurrió a partir de la Modernidad—, en último término, como una ciencia que se ocupa de los primeros *principios* (ἀρχαί) *y causas* (αἰτίαι) de lo que es (ὄν, *ens*). Por cierto, la problemática del *sentido* y la *verdad* no está completamente ausente de dicha concepción tradicional. Aristóteles, como es sabido, aborda expresamente la pregunta por los sentidos de "ser", y lo hace de un modo que, a través de Brentano, fue decisivo, según Heidegger, para sus propios inicios filosóficos. Pero ya en el propio Aristóteles se percibe una cierta tensión entre la orientación hacia el problema del sentido de "ser" y, en conexión con ella, hacia el problema de la verdad, por un lado, y la orientación hacia la cuestión de los principios y las causas del ente, por el otro. En todo caso, lo decisivo es que en Aristóteles la propia cuestión relativa a los principios y las causas del ente no aparece expresamente enmarcada en un planteo centrado en la cuestión relativa al sentido y la verdad. Así lo muestra el hecho de que, entre los diferentes sentidos de "ser", Aristóteles conceda prioridad al "ser según las categorías" y el "ser según el acto y la potencia", y relegue, en cambio, a un segundo plano el "ser según la verdad" (ὄν ὡς ἀληθές, *ens qua verum*) (cf. *Metafísica* V 7; VI 4). El posterior desarrollo histórico de la "ciencia del ser" no hizo sino agudizar esta tendencia, al sancionar, de modo cada vez más decidido, la relegación ontológica del "ser según la verdad", por tratarse supuestamente de un fenómeno vinculado con el ámbito del mero pensamiento y carente, como tal, de genuina valencia ontológica. Al cabo de un larguísimo rodeo, el fenómeno de la verdad, al igual que el fenómeno del sentido, queda finalmente absorbido sin residuo en la esfera de lo meramente lógico-subjetivo, como ocurre notoriamente, a juicio de Heidegger, en la filosofía de la lógica y la teoría del conocimiento de fines del s. XIX y comienzos del XX, en particular, en la corriente principal del pensamiento neokantiano.[3]

Frente a esto, Heidegger ve en la opción por el método fenomenológico la clave no sólo para una nueva fundamentación *metódica* de la ontología, que da cuenta por primera vez de su misma posibilidad, sino, al mismo tiempo, también para una transformación *temática* que trae consigo una radical *reontologización* de los fenómenos del sentido y la verdad: la verdad, entendida en términos de apertura originaria del sentido, es decir, de apertura a la comprensión (ἀλήθεια) del ente y el ser, se convierte así en el tema central de la ontología. Ésta ya no tiene, pues, el carácter de una *arqueología*, al menos, en el sentido tradicional, sino que adquiere, más bien, el carácter de una *aleteiología*.[4] La ontología sólo es posible como fenomenología y busca tematizar las condiciones que dan cuenta de todo posible acceso comprensivo al ente y el ser. Tales condiciones quedan, por lo pronto, relegadas a la latencia tanto en la actitud "natural" como en todo acceso científico al ente, a pesar de que constituyen el "sentido y fundamento" (*Sinn und Grund*) de lo que en tales modos de acceso ocupa el centro de la atención (cf. *SZ* § 7 C p. 35).[5] En tal sentido, el "tema" de una ontología fenomenológica, que se corresponde con lo que Heidegger denomina el "concepto fenomenológico de fenómeno", es aquello que, en lo que se muestra de modo inmediato (*vgr.* los fenómenos en el sentido vulgar), se muestra de modo "precedente y concomitante" (*vorgängig und mitgängig*), pero, por lo pronto, sólo "atemático" (*unthematisch*), de modo tal que la propia fenomenología apunta a lograr, precisamente, su mostración temática (cf. *SZ* § 7 A p. 31).[6] El fenómeno fenomenológico por excelen-

---

[3] Para una presentación de conjunto de la actitud del joven Heidegger frente al neokantismo, véase Steinmann (2004).

[4] Para una reconstrucción de la transformación metódica y temática de la ontología por parte de Heidegger, en términos del contraste entre la concepción *arqueológica* y la concepción *aleteiológica*, remito a la discusión más amplia en Vigo (2002).

[5] Para evitar todo posible malentendido que llevara a otorgar sentido arqueológico a la noción de fundamento aquí empleada, Heidegger aclara en la nota añadida en el *Hüttenexemplar*: "verdad del ser" (*Wahrheit des Seins*). Véase *SZ* p. 440 nota "a" p. 35.

[6] Con esta caracterización del concepto fenomenológico de fenómeno Heidegger conecta inmediatamente el hecho de que la "descripción" que pretende proveer la fenomenología ha de tener siempre el sentido metódico de una "interpretación" (*Auslegung*) (cf. *SZ* § 7 C p. 37). Dicho de otro modo: el alcance *hermenéutico* de la ontología femomenológica aparece directamente correlacionado

cia, que la propia fenomenología busca llevar a su mostración temática, no es otro, por tanto, que el ser del ente y el ser mismo, considerados en su sentido. Pero todo acceso de este tipo al ser (*Erschließung von Sein*), justamente en la medida en que apunta al ser como lo trascendente, sin más, respecto del ente, constituye un "conocimiento trascendental" (*transzendentale Erkenntnis*). En consecuencia, la "verdad fenomenológica" (*phänomenologische Wahrheit*), entendida como la apertura *expresa* del ser mismo en su sentido (*Erschlossenheit von Sein*), debe verse, en definitiva, como una "verdad trascendental" (*veritas trascendentalis*), en el sentido más propio del término (cf. *SZ* § 7 C p. 38).

b. *El* Dasein *como ente (pre)ontológico y (auto)comprensivo*

En el pasaje citado arriba Heidegger conecta la noción de "verdad trascendental" con la apertura *expresa* del ser a la que apunta, como tal, la ontología fenomenológica. Sería, sin embargo, un grave error suponer que la apertura del ser, como lo trascendental respecto del ente, es patrimonio exclusivo del acceso que facilita la fenomenología. Por el contrario, ésta se limita, en rigor, a llevar a mostración *expresa y temática* lo que, de modo inexpreso y atemático, está siempre ya abierto, vale decir, comprendido, en el acceso inmediato al ente, tal como éste acontece en el plano correspondiente a la actitud "natural". Por lo mismo, "verdad trascendental", esto es, "apertura del ser", en el sentido amplio que no exige su carácter expreso y temático, impera ya mucho antes de toda ontología: ésta, la ontología, no establece de modo originario la relación con el ser, sino que, inversamente, sólo resulta posible, como tal, sobre la base de una previa comprensión, de carácter preconceptual, inexpreso y atemático, del ser mismo. El punto es de crucial importancia no sólo porque da cuenta del modo en el cual Heidegger piensa las relaciones entre actitud "natural" y actitud filosófica, entre "vida fáctica" y fenomenología, para decirlo en el lenguaje de las primeras lecciones de Friburgo (cf. esp. *KNS* §§ 15-26).

A ello se añade un segundo aspecto, a menudo no adecuadamente enfatizado por los intérpretes, que se conecta de modo directo con la reformulación aleteiológica de la problemática ontológica llevada a cabo por Heidegger: no sólo la ontología fenomenológica procura un determinado tipo de acceso a aquello que

---

con el carácter esencialmente mediado que posee el fenómeno, en el sentido estrictamente fenomenológico del término. Para dar cuenta de la irreductible dimensión de mediación metódica que comporta el concepto heideggeriano de fenómeno, por oposición al concepto vulgar, C. F. Gethmann ha recurrido con acierto a la noción hegeliana de "inmediatez mediada" (*vermittelte Unmittelbarkeit*): aquello que, en la actitud "natural", se muestra, por lo pronto, de modo inmediato, es lo mismo que la fenomenología, que tematiza las condiciones que dan cuenta de su mostración, considera en su carácter esencialmente mediado. Véase la excelente discusión del concepto heideggeriano de fenómeno en Gethmann (1974) p. 93-107.

tematiza, sino que, además, lo que ella tematiza son también, en lo fundamental, *fenómenos de acceso*, en la medida en que se trata, precisamente, de aquellas condiciones que hacen posible la venida a la presencia y la apertura a la comprensión del ente y su ser y del ser mismo. Se trata, pues, de dos niveles diferentes de la "verdad trascendental", de los cuales el segundo, es decir, el correspondiente al tipo de apertura expresa que procura alcanzar la ontología fenomenológica, debe considerarse como estructuralmente dependiente del primero, que corresponde al tipo de acceso al ente y el ser que tiene lugar ya en la propia actitud "natural". Desde el punto de vista métodico, es de vital importancia no pasar por alto este punto, que, como se verá, incide de modo decisivo, muy particularmente, en la interpretación del tipo de fenómeno que Heidegger tematiza en los §§ 54-60 de *SZ*, pues se trata en este caso, justamente, de fenómenos de acceso que conciernen, de modo directo, nada menos que al propio ser del *Dasein*.

Sobre la base de lo dicho, adquiere una peculiar significación la tesis heideggeriana de la *prioridad óntico-ontológica* del *Dasein*, como ente señalado por el *factum* de la comprensión del ser (cf. *SZ* §§ 3-4). En efecto, el *Dasein* es aquel ente que, en virtud de su propia constitución de ser, instaura el "ahí" (*Da*) para la venida a la presencia del ente y el ser, vale decir: provee las condiciones que hacen posible su apertura a la comprensión. En y con la trascendencia del *Dasein* se instaura, de modo originario, aquel *locus manifestationis* sin el cual no sería posible ningún tipo de mostración del ente y el ser. Por lo mismo, la centralidad que adquiere dicho ente dentro del proyecto de una ontología fenomenológica, de carácter estrictamente aleteiológico, no necesita ser enfatizada, ya que se trata, precisamente, de aquel ente que, con su mera realidad óntica, provee ya, al mismo tiempo, el lugar ontológico de inserción para todo posible fenómeno de acceso, expreso o inexpreso, al ente y al ser. Pues bien, el *Dasein* se caracteriza ónticamente por el *factum* de la comprensión del ser, a saber: tanto del ser del ente que no es él mismo, como de su propio ser y del ser de los que son como él, y también del ser, en general. Pero dicha comprensión tiene, por lo pronto, un carácter vago y preconceptual, que, además, no alcanza el nivel de la captación expresa o temática. Esto vale también, y muy particularmente, para el acceso que el propio *Dasein* tiene a su propio ser, en el plano correspondiente a la actitud "natural". Por ello, Heidegger insiste en el hecho de que el *Dasein* puede ser caracterizado como el único "ente ontológico", pero ello no porque esté desde el comienzo en posesión de una ontología expresamente desarrollada como tal, sino, más bien, en el sentido, mucho más modesto, que remite al hecho de estar siempre ya en posesión de una cierta comprensión *preontológica* del ser (cf. *SZ* § 4 p. 12). Dos son las consecuencias fundamentales que Heidegger extrae de la referencia al carácter prioritario del *Dasein*, como único "ente (pre)ontológico", a saber: por un lado, la comprensión preontológica provee el punto de partida óntico para cualquier posible ontología; por otro lado, en el marco de una ontología fenomenológica, la ontología del "ente (pre)ontológico", esto es, la ontología del *Dasein*, posee, necesariamente, un carácter fundamental, y ello por la simple razón, ya señalada, de que es en la constitución de ser del *Dasein* donde deben buscarse las condiciones que hacen posible la venida a la presencia, más precisamente, la apertura a la comprensión del ente y el ser. La ontología fenomenológica debe partir, por tanto, necesariamente, de la interpretación del ser del *Dasein*, concebida como una analítica de la "existencia" (cf. *SZ* § 7 C p. 38). Pero si esto es así, se advierte de inmediato la crucial importancia que adquiere dentro de tal programa filosófico la posibilidad de acceso a su propio ser por parte del *Dasein*, ya en el plano correspondiente a la comprensión preontológica: la comprensión del propio ser por parte del *Dasein* provee, necesariamente, el punto de partida óntico-fáctico para toda posible ontología, pues toda ontología ha de fundarse, a su vez, en la analítica existenciaria.

Se tiene, pues, un complejo entramado de relaciones de fundamentación ya en el propio punto de partida del proyecto de una ontología fenomenológica. En primer lugar, i) toda comprensión ontológica, en general, se funda, en último término, en la comprensión preontológica. Pero, además, ii) la ontología general, vale decir, aquella que apunta a desvelar las estructuras y el sentido del ser mismo, se funda necesariamente en la ontología del "ente (pre)ontológico", esto es, en la analítica existenciaria, al menos, en la medida en que esta última debe posibilitar la "apertura del horizonte para una interpretación del sentido del ser, en general" (cf. *SZ* § 5). A su vez, ii) la analítica existenciaria debe fundarse en la comprensión preontológica que el *Dasein* posee de su propio ser, de modo tal que esta última provee, en definitiva, el último fundamento óntico-fáctico de toda posible ontología. Por último, iv) el esquema de fundamentación así esbozado no impide, sino que, más bien, explica el hecho de que los aspectos de desfiguración y las tendencias al encubrimiento operantes en la propia comprensión preontológica puedan ejercer una decisiva influencia, a la hora de determinar el camino que toman los intentos de mostración expresa de lo abierto en la propia comprensión preontológica, tal como pretende llevarlos a cabo la ontología fenomenológica. De hecho, ya en las primeras lecciones de Friburgo Heidegger había llegado a elaborar un cuadro de conjunto según el cual, en virtud de su tendencia cadente hacia el "mundo" y las "cosas", desde las cuales se comprende regularmente también a sí mismo, el *Dasein* se ve llevado, ya en el plano de la propia actitud "natural", a una interpretación tendencialmente niveladora y cosificante de su propio ser. Ella repercute negativamente, a su vez, sobre la propia interpretación filosófica, con el resultado de prestar ulterior sustento y ratificación a la ecuación entre "ser" y "ser cosa (objeto)", que está en la base de lo que posteriormente el propio Heidegger denominó la ontología de la *Vorhandenheit*, vale decir, la "ontología de la presencia" (cf. p. ej. *PhR* §§ 3-4): con su peculiar autosuficiencia, olvidada de lo que hace posible su propio modo de experimentar, y con su tendencia a caer desde sí hacia aquello de que se ocupa, la vida fáctica constituye, explica Heidegger, no sólo el punto de partida del filosofar, sino también, y con igual originalidad, aquello que obstaculiza al filosofar mismo, en su propio origen (cf. *PhR* § 4 p. 16 s.).[7] Por otro lado, no menos cierto es, paradójicamente, que una explicación fenomenológicamente adecuada de la vida fáctica misma provee el mejor antídoto posible contra toda posible nivelación de la idea del ser, pues la peculiaridad ontológica del *Dasein* fáctico es tal, que su explicación, si es genuina y originaria, "hace saltar por los aires" (*sprengen*) la totalidad del sistema de categorías tradicional (cf. *PhR* § 10 p. 54). Inversamente, una adecuada interpretación ontológica del *Dasein* fáctico retroactúa, a su vez, sobre la vida fáctica misma por la vía del autoesclarecimiento, ya que a la filosofía, que surge ella misma de la vida fáctica misma, le pertenece esencialmente también el movimiento de reversión que la lleva a precipitarse nuevamente sobre su propio origen (cf. *PhR* § 4 p. 15).[8]

---

[7] Para la tendencia cadente de la vida fáctica en las primeras lecciones, véase también la discusión de los caracteres de la "relucencia" (*Reluzenz*) y el "desmoronamiento" (*Ruinanz, Sturz*) en el marco del tratamiento de las "categorías de movimiento" (*Bewegungskategorien*) de la vida fáctica en *Aristoteles A* p. 117-130 y 131-151, respectivamente; véase también *Natorp-Bericht* p. 354 ss y la buena discusión en Segura Peraita (2002) p. 146 ss.

[8] Desde luego, vale también lo contrario: una inadecuada interpretación filosófica del ser del *Dasein* puede influir incluso decisivamente, a través de su vulgarización y sedimentación, sobre la comprensión vulgar, preontológica. Piénsese, por ejemplo, en la concepción del hombre como "animal racional", a la que el propio Heidegger somete con frecuencia a demoledora crítica. Ya en las primeras lecciones de Friburgo Heidegger elabora la noción del "estado de interpretado" (*Ausgelegtheit*), que queda posteriormente incorporada al análisis de la "impropiedad" ("no propiedad") de *SZ*, y lo hace poniendo especial atención en los elementos teóricos que configuran lo que denomina "el actual "estado de interpretado" del hoy" (*die heutige Ausgelegtheit des Heute*), que abarca tanto la conciencia histórica como también la propia conciencia filosófica (cf. esp. *Ontologie* §§ 7-10; véase también *Natorp-Bericht* p. 354 ss.). Entre los elementos constitutivos del "estado de interpretado" propio de la conciencia histórica Heidegger nombra, por ejemplo, la idea de la cultura como organismo, tal como fue articulada por O. Spengler (cf. *Ontologie* § 7 p. 36 ss.). Del mismo modo, hoy podría mencionarse ideas tales como la de la "lucha de clases", la de la "muerte de Dios", la del "fin de la metafísica", devenidas hace tiempo ya en meras consignas, como ejemplos del mismo tipo de situación, en la cual tesis de origen teórico-filosófico pasan, por vía de vulgarización y sedimentación, a formar parte del "estado de interpretado" propio de un momento característico de la así llamada "conciencia pública" (*Öffentlichkeit*). Desde luego, tampoco la propia filosofía heideggeriana es inmune a su propia degradación por vía de vulgarización y sedimentación. Y, probablemente, nadie estuvo más consciente de ello que el propio Heidegger: "Todo concepto (*Begriff*) y proposición (*Satz*) fenomenológico, originariamente obtenido, está, en tanto enunciado comunicado (*als mitgeteilte Aussage*), <expuesto> a la posibilidad de la degeneración (*Entartung*). Se trasmite en una comprensión vacía, pierde el arraigo al suelo (*Bodenständigkeit*) y se convierte en una tesis flotante en el vacío (*freischwebende These*). La posibilidad del esclerosamiento (*Verhärtung*) y la inasibilidad (*Ungriffigkeit*) de lo originariamente "asible" (*"Griffigen"*) anida (*liegt*) en el trabajo concreto de la fenomenología misma" (cf. *SZ* § 7 C p. 36). Para una lúcida discusión del papel que juega la apropiación de la situación de la interpretación en la concepción de la fenomenología del primer Heidegger, véase Rodríguez (1997) cap. IV. Una clarificadora reconstrucción de conjunto del ca-

c. Comprensión preontológica e impropiedad

El hecho de que, en virtud de su propia constitución de ser, el *Dasein* sea el único "ente (pre)ontológico" y posea, como tal, un claro primado dentro del proyecto de una ontología fenomenológica, no impide, pues, que, desde el punto de vista óntico-fáctico, el propio *Dasein* se encuentre, por lo pronto, instalado en una comprensión nivelada y desperfilada de su propio ser. El punto de partida en la comprensión preontológica implica, de hecho, que la elucidación fenomenológica no puede intentar situarse en una suerte de punto cero, puramente ficcional, que estuviera libre de todo presupuesto. Pero el modo de apropiación de sentido que dicha comprensión previa facilita está estructuralmente signado no sólo por la facticidad y la historicidad, sino también, y por lo mismo, por determinadas tendencias al ocultamiento y la desfiguración. Éstas, como Heidegger intenta mostrar ya desde sus primeras lecciones y mantiene también en *SZ*, no son meramente adventicias, sino que están ancladas, en definitiva, en el propio ser del *Dasein*. Ahora bien, la presencia de tales tendencias al ocultamiento y la desfiguración constituye, sin duda, un hecho estructural, que concierne, en general, a toda comprensión preontológica del ser del ente y del ser, en general. Pero, como es obvio, su importancia se agudiza, de modo especialmente dramático, allí donde se trata del acceso que el *Dasein* tiene preontológicamente *a su propio ser* y, con ello, también *al ser de los otros que son como él*.[9]

La posición que Heidegger elabora en torno al problema del acceso del *Dasein* a su propio ser y, correlativamente, también al ser de los otros, tanto en el plano de la actitud prefilosófica como, posteriormente, en el de la actitud científica y, por último, en el de la indagación filosófica, contiene una serie de elementos que deben ser tenidos adecuadamente en cuenta.[10] En primer lugar, Heidegger asume que, en el acceso a su propio ser por parte del *Dasein*, hay una relación, por así decir, asimétrica entre lo que se abre de modo ejecutivo en el plano meramente óntico, por un lado, y lo que de ello queda conservado en el plano de la comprensión preontológica, primero, y ontológica, después, por el otro. La conocida tesis heideggeriana establece aquí que el *Dasein* es, para sí mismo, lo más cercano ónticamente (*ontisch »am nächsten«*) y, a la vez, lo más lejano ontológicamente (*ontologisch am fernsten*), pero no por ello, sin más, extraño, en el plano correspondien-

---

mino que lleva desde la hermenéutica de la vida fáctica, en las primeras lecciones de Friburgo, a la concepción de *SZ* se encuentra en Xolocotzi Yáñez (2004). Una muy valiosa consideración de conjunto de la concepción desarrollada por Heidegger en los años 1919-1923 que pone especial énfasis en los aspectos metódicos se encuentra en de Lara (2008).

[9] Para una buena discusión de conjunto de los aspectos vinculados con el problema del autoengaño y el olvido de sí, como momentos constitutivos de la autointepretación del *Dasein*, véase Merker (1988) esp. p. 61-152.

[10] Para el desarrollo de este punto me baso en lo ya expuesto en Vigo (2005b) p. 305 ss.

te a la comprensión preontológica (*vorontologisch nicht fremd*) (cf. *SZ* § 5 p. 16).[11] De crucial importancia es aquí la posición intermedia que Heidegger otorga a la comprensión preontológica. Ella implica tanto la existencia de cierta distancia del *Dasein* respecto de sí mismo, ya en el plano de la comprensión preontológica de su propio ser, como también el hecho de que, en dicho plano, no ha tenido lugar todavía un completo extrañamiento del *Dasein* respecto de sí mismo. El punto de fondo reside en el hecho de que, en el plano de la comprensión preontológica, el acceso del *Dasein* a su propio ser está signado por una suerte de tensión estructural entre familiaridad y distanciamiento, que implica tanto la apertura de su propio ser, en su sentido originario, como también, al mismo tiempo, el tendencial ocultamiento de lo así abierto, en el modo de la desfiguración. Que el *Dasein* tienda a comprender de modo desfigurado su propio ser, ya en el plano de la comprensión preontológica, es un hecho que, a juicio de Heidegger, se funda como se dijo ya, en la propia constitución de ser del *Dasein*, como el único ente cuyo ser consiste en la "existencia", y que está, como tal, determinado por el *factum* de la comprensión preontológica. Más precisamente, en virtud de su propia trascendencia el *Dasein* está caracterizado no sólo por el "ser junto" (*Sein-bei*) al "mundo" y el ente intramundano, sino, al mismo tiempo, por la tendencia a la "caída" (*Ver-*

---

[11] Las comillas en la expresión "lo más cercano" (»*am nächsten*«) indican que la formulación en términos espaciales tiene claros límites, particularmente, en el caso de la "cercanía óntica" del *Dasein* respecto de sí mismo. Desde luego, tal "cercanía" no es ni puede ser la que vale para la especialidad propia de las cosas, sino que tiene que ser aquella que es propia del ser del *Dasein*, como "existencia": en tanto trascendente, el *Dasein* está siempre ya junto al ente intramundano, pero ello siempre sobre la base de un estar también junto a sí mismo, en el modo preciso del tener que hacerse cargo, de modo comprensivo-interpretativo, de su propio ser, a partir del empuñamiento ejecutivo de sus propias posibilidades de ser, fácticamente determinadas. Sin embargo, ese mismo modo de estar junto a sí y de hacerse cargo de sí está, como tal, signado por la facticidad, la historicidad y la tendencia a la caída, de modo que *en* y *con* el hacerse cargo de sí el *Dasein*, al llegar a estar junto a sí, al mismo tiempo ya se ha distanciado también, en alguna medida, de sí mismo, justamente por tener que comprenderse a sí mismo a partir de posibilidades fácticamente determinadas. En su origen, éstas remiten, más allá de él mismo, también a las condiciones sociales, históricas y culturales imperantes así como a la interpretación pública en cada caso dominante: al mismo tiempo que facilitan al *Dasein* cierto acceso a su propio ser, tales posibilidades fácticamente determinadas también tienden a desfigurar aquello a lo que le facilitan acceso. La cercanía óntica del *Dasein* respecto de sí mismo viene, pues, posibilitada por aquello mismo que introduce ya un primer distanciamiento del *Dasein* respecto de sí, esto es, la comprensión preontológica de su propio ser. Dicho de otro modo: contra lo que pudiera parecer a primera vista, la máxima cercanía óntica del *Dasein* respecto de sí mismo y el primer distanciamiento de sí, que, sin llegar al completo autoextrañamiento, tiene lugar ya en la propia comprensión preontológica, no deben verse como dos pasos sucesivos, dentro de una secuencia de creciente autoextrañamiento. Por el contrario, constituyen, más bien, los dos momentos estructurales inseparables del originario "estar junto a sí" del *Dasein*, tal como éste tiene lugar en el plano de la actitud "natural", justamente en la medida en que el *Dasein* es, como tal, el ente ónticamente caracterizado por el *factum* de la comprensión preontológica de su propio ser y del ser, en general.

fallen) desde sí *hacia* el ente del que cotidianamente se ocupa, lo que se expresa en una pertinaz inclinación a comprender su propio ser a partir del (ser del) ente intramundano, comprendido éste, a su vez, de cierta manera (cf. *SZ* § 5 p. 15). Aquí se incluye, como es sabido, también la tendencia constitutiva del *Dasein* a sumergirse en lo dicho y, con ello, a asumir, de modo más o menos pasivo y tácito, lo que en cada caso cuenta como la interpretación vigente. Esto vale también allí, y especialmente allí, donde se trata de la interpretación de su propio ser.[12] Para referirse a la peculiar estructura de estos fenómenos de interpretación de sí a partir lo que no es él mismo por parte del *Dasein*, Heidegger habla, en general, de una suerte de "reflejamiento ontológico" (*ontologische Rückstrahlung*) de la comprensión del "mundo", en el sentido de la totalidad del ente intramundano (p. 15: "*Welt*", y no *Welt*), sobre la interpretación del propio ser del *Dasein*, la cual se verifica, como tal, ya en el plano correspondiente a la comprensión preontológica, pero que luego es continuada, consolidada y radicalizada en la interpretación filosófica del ser del *Dasein* (cf. *SZ* § 5 p. 15 s.).

En segundo lugar, si este peculiar distanciamiento de sí, que tiene lugar ya en la comprensión preontológica de su propio ser, trajera consigo una suerte de completo autoextrañamiento respecto de sí mismo por parte del *Dasein*, entonces la elucidación fenomenológica no tendría ya ninguna posibilidad de hacer comparecer de modo genuino el ser del *Dasein* por vía de tematización, puesto que carecería de todo posible punto de partida: la comprensión ontológica permanece siempre, para bien o para mal, deudora de lo abierto ya en la comprensión preontológica. Pero, de hecho, no hay, a juicio de Heidegger, tal completo extrañamiento del *Dasein* respecto de sí, lo cual se explica probablemente ya por la

---

[12] En relación con el poder del "estado de interpretado" (*Ausgelegtheit*) fácticamente imperante sobre la autointerpretación del *Dasein*, véase p. ej., *SZ* § 35 p. 169 s.: "En el *Dasein* se ha afianzado siempre ya tal "estado de interpretado" propio de la "habladuría" (*Gerede*). Muchas cosas las llegamos a conocer, por lo pronto, de ese modo, no pocas <de ellas> jamás van más allá de tal "comprensión de término medio". El *Dasein* nunca logra sustraerse a este cotidiano "estado de interpretado" (*alltägliche Ausgelegtheit*), dentro del cual, por lo pronto, se desarrolla. En él, a partir de él y contra él se lleva a cabo todo comprender (*Verstehen*), interpretar (*Auslegen*), comunicar (*Mitteilen*), redescubrir (*Wiederentdecken*) y apropiarse nuevamente (*neu Zueignen*). No es así que, en cada caso, un *Dasein*, no afectado ni seducido por este "estado de interpretado", se hallara situado ante el terreno abierto (*das freie Land*) de un "mundo" en sí (*»Welt« an sich*), para meramente contemplar lo que le hiciera frente. El señorío (*Herrschaft*) del "estado de interpretado" público (*öffentliche Ausgelegtheit*) ya ha decidido incluso sobre las posibilidades del estar en un determinado temple anímico (*Gestimmtsein*), vale decir, sobre la manera fundamental en la cual el *Dasein* deja que el mundo le concierna. El "uno" (*das Man*) predelinea el "encontrarse" (*Befindlichkeit*), determina qué y cómo se lo "ve" (…) El *Dasein* que se mantiene en la "habladuría" queda él mismo desconectado (*abgeschnitten*), como "ser en el mundo", de las primarias, originarias y genuinas relaciones de ser (*Seinsbezüge*) respecto del mundo (*Welt*), el "coexistir" (*Mitdasein*) y el "ser en" (*In-sein*). Se mantiene en vilo (*in der Schwebe*), y de ese modo sigue estando, sin embargo, junto al "mundo" (*bei der »Welt«*), con los otros (*mit den Anderen*) y referido a sí mismo (*zu ihm selbst*)".

simple razón de que si lo hubiera, ni siquiera podría ser constatado como tal. Dicho de otro modo: la propia detección de tendencias al encubrimiento y la desfiguración presupone ya que el ocultamiento de lo que en cada caso resulta así desfigurado no puede ser, como tal, completo.[13] No menos cierto es, sin embargo, que la desfiguración parcial del ser del *Dasein* que tiene lugar en la apertura de sentido facilitada por la comprensión preontológica alberga, en su peculiar ambivalencia, tanto la posibilidad de una superación, siquiera parcial, del encubrimiento, como también la de su consolidación y radicalización, allí donde se trata explicitar, en el plano correspondiente a la elucidación filosófica, lo avistado preontológicamente. Ahora bien, según Heidegger, lejos de detectar el encubrimiento aquí imperante, y de mitigar siquiera parcialmente sus efectos, la interpretación filosófica tradicional del ser del *Dasein*, signada por el predominio de la ontología de la *Vorhandenheit*, no habría hecho otra cosa, a través de una larga y compleja historia, que continuarlo, ratificarlo y profundizarlo crecientemente, hasta llevarlo finalmente al extremo del mayor extrañamiento ontológico posible. El paradójico resultado es que, justamente en virtud de su peculiar primado óntico-ontológico, al *Dasein* tiende a quedarle oculta, en definitiva, su propia constitución de ser, en su irreductible especificidad, y ello, sobre todo, en el plano correspondiente a la interpretación filosófica, que procura acceder de modo expreso y temático a dicha constitución de ser (cf. *SZ* § 5 p. 16).

Este último aspecto se conecta, de modo inmediato, con una de las tesis metodológicamente más importantes de la analítica existenciaria elaborada en *SZ*, a saber: la tesis según la cual la interpretación fenomenológica del ser del *Dasein* debe partir de la consideración de lo que Heidegger denomina la "medianía" (*Durchschnittlichkeit*) o también la "cotidianeidad de término medio" (*durchschnittliche Alltäglichkeit*), que corresponde al modo *indiferente* en el cual el *Dasein* es "inmediata y regularmente" (*in seinem indifferenten Zunächst und Zumeist*) (cf. *SZ* § 9 p. 43). Este modo indiferente de ser correspondiente a la "cotidianeidad de término

---

[13] Rodríguez (1997) p. 197 propone esta misma explicación. Pero añade, además, una importante precisión: en su concepción de la "impropiedad" ("no propiedad") Heidegger debe esforzarse por mostrar que la misma "impropiedad" ("no propiedad") tiene ya cierta noticia de sí misma, como "impropiedad" ("no propiedad"), en el plano correspondiente a la ejecución de la "vida fáctica", ya que una descripción fenomenológica de la "impropiedad" ("no propiedad"), llevada a cabo meramente "desde fuera", no podría superar el reproche de dogmatismo. Por lo mismo, el tipo de "desfiguración" que impera en la "impropiedad" ("no propiedad") se caracteriza por involucrar un componente adicional de "represión" de lo que de alguna manera es todavía "visto" (cf. Rodríguez p. 198, bajo referencia al empleo de la noción de represión [*abdrängen / Abdrängung, verdrängen / Verdrängung*] en la caracterización de la "ruina" o la "caída" en las primeras lecciones de Friburgo, véase p. ej. *Aristoteles A* p. 132; véase también *Prolegomena* § 29 a) p. 378, citado por Rodríguez). La observación muestra que, como no podría ser de otra manera, también en el caso del análisis de la "impropiedad" ("no propiedad") mantiene su vigencia la tesis metódica general de la dependencia de la comprensión ontológica respecto de la comprensión preontológica.

medio" debe verse como la primera y más elemental concreción óntica (*das ontische Zunächst*) de la estructura ontológica constitutiva de la "existencia", el ser del *Dasein*, aunque en la interpretación ontológica es habitualmente pasada, sin más, por alto, precisamente en virtud de su inmediatez y familiaridad (cf. *SZ* § 9 p. 43). Tal concreción óntica constituye el modo primario en el cual el *Dasein*, en tanto caracterizado por el "existir", como "tener que ser" (*Zu-sein*) y como "en cada caso mío" (*Jemeinigkeit*), se hace cargo de sí, *es* su "sí mismo". Éste consiste en un modo *indiferenciado, nivelado y autodelegatorio* de hacerse cargo de sí, que, como tal, se funda él mismo en el carácter de "sí mismo" del *Dasein* (cf. *SZ* § 9 p. 42 s.), del mismo modo en que lo hace también el modo de ser que corresponde a lo que Heidegger denomina la "impropiedad" (*Uneigentlichkeit*).[14] La referencia de Heidegger al modo en el que el *Dasein* es "inmediata y regularmente" (*zunächst und zumeist*) ha inducido a los intérpretes, con gran frecuencia, a una lectura que no hace justicia al alcance esencialmente metódico de la tesis heideggeriana del punto de partida en la "cotidianeidad de término medio", como si ésta aludiera a algo así como un concepto sociológico o cuasi-estadístico de la habitualidad del "existir". Las razones que Heidegger da para apoyar la tesis son, sin embargo, muy diferentes. Menciono las que considero fundamentales, desde el punto de vista que aquí interesa.

En primer lugar, el punto de partida en la "existencia" implica la necesidad de evitar toda interpretación cosificante del "sí mismo" (*selbst*), en términos derivados de la ontología de la *Vorhandenheit*: la identidad o "sí-mismidad" (*Selbstheit*) del "yo" no puede entenderse en términos cósicos, sino que debe ser pensada, desde el comienzo, de modo tal, que dé cabida a la posibilidad de que el *Dasein sea* su "sí mismo" en el modo de la "pérdida de sí" (*Selbstverlorenheit*), más precisamente, en el modo de la "pérdida de sí" en el impersonal del "uno" (*das Man*) (cf. *SZ* § 25 p. 114 ss.).

En segundo lugar, y en directa conexión con lo anterior, el carácter indiferente, nivelado y autodelegatorio del modo "impropio" del "existir" que corresponde a la "cotidianeidad de término medio" no debe hacer perder de vista un hecho decisivo, desde el punto de vista ontológico, a saber: tal "impropiedad" ("no propiedad") del existir constituye un fenómeno *positivo* e *irreductible*, que ocupa un

---

[14] Aunque en no pocos pasajes Heidegger menciona conjuntamente, sin hacer mayores precisiones, el modo indiferente y el modo impropio del existir, se trata de dos modos diferentes, aunque próximos el uno al otro, que conviene distinguir. Véase, por ejemplo, la tripartición "propiedad" (*Eigentlichkeit*) – "impropiedad" ("no propiedad") (*Uneigentlichkeit*) – "indiferencia modal" (*modale Indifferenz*) en *SZ* § 45 p. 232 s. Naturalmente, desde la perspectiva que apunta específicamente al contraste con el caso la "propiedad" del existir, ambos modos pueden tratarse, en buena medida, de modo conjunto, como modos "no propios" del existir. En lo que sigue no haré especial énfasis en la diferencia entre la "impropiedad" ("no propiedad"), en el sentido más estrecho, y la "no propiedad", en el sentido que alude al modo indiferenciado del existir.

papel central dentro de la constelación de los fenómenos fundamentales conectados con la estructura del "sí mismo", en el sentido estrictamente existenciario de la expresión. Por lo mismo, Heidegger rechaza expresamente la suposición habitual según la cual el tratamiento de los fenómenos vinculados con la "identidad del sujeto" así como los vinculados con el problema de la "intersubjetividad" debe orientarse a partir de la noción del "yo" y, consecuentemente, también a partir del sistema oposicional de los pronombres personales, pues dicho punto de partida lleva tendencialmente a asumir como dada de antemano y comprensible de suyo la realidad de lo que se designa en cada caso por medio del "yo" ("nosotros"), el "tú" ("vosotros/as") y el "él"/"ella" ("ellos/as").[15] Ello explica que el propio Heidegger prefiera la orientación a partir de la noción del "sí mismo", la cual no está tan excesivamente lastrada por las connotaciones enfáticas procedentes de las filosofías de la subjetividad y/o de la persona y, por lo mismo, no prejuzga todavía de modo tan decidido respecto del modo concreto de hacerse cargo de sí por parte del *Dasein*. De hecho, la noción del "sí mismo" permite hacer lugar a la consideración del modo delegatorio del hacerse cargo de sí, que corresponde a lo que Heidegger denomina el "uno mismo" (*Man-selbst*). El "uno mismo", como se verá, provee el *terminus a quo* en el análisis del modo en que tiene lugar la atestiguación del "poder ser propio" a través del "llamado de la conciencia" (cf. *SZ* § 56). Por tanto, el "sí mismo" del *Dasein* debe ser pensado, desde el comienzo, de modo tal, que quede explicada la posibilidad de que, en su concreción óntica cotidiana, el *Dasein* sea su "sí mismo" justamente *no* (*gerade nicht*) bajo la forma señalada del "ser en cada caso yo mismo" (*je ich selbst*). En tal sentido, explica Heidegger, la obviedad óntica del enunciado según el cual *yo* soy aquel que en cada caso es el *Dasein* no debe llevar, en el plano de la elucidación filosófica, a la suposición errónea de que con el uso enfático de la expresión "yo soy" queda ya predelineado el camino que debe seguir una adecuada interpretación ontológica de lo así "dado" (*das so "Gegebene"*) (cf. *SZ* § 25 p. 114 s.): de la constatación, ónticamente correcta, según la cual el *Dasein* soy en cada caso *yo mismo* no se sigue todavía nada decisivo para la analítica ontológica del "sí mismo".[16] El "yo" debe ser tomado aquí como una mera "indicación formal", de

---

[15] Para el peculiar modo en que Heidegger aborda lo que habitualmente se denomina el problema de la "intersubjetividad", me permito remitir a la discusión más amplia en Vigo (2005b) esp. p. 297 ss.

[16] La crítica a la idea ingenua según la cual el empleo de la expresión "yo soy" provee el punto de partida adecuado para el acceso al ser del "sujeto" afecta, sin lugar a dudas, a toda la tradición de la filosofía egológica, desde Descartes en adelante. En particular, Heidegger critica también la posición de Husserl, en la medida en que éste partiría acríticamente de la idea de un acceso reflexivo al "yo", concebido como polo unificador y originario de actos intencionales, como si el modo de "darse" el "yo" correspondiera, sin más, a una forma específica de la experiencia constatativa de objetos. En tal sentido, se pregunta Heidegger qué estructura tendría específicamente tal "autodo-

carácter "no vinculante" (*unverbindliche formale Anzeige*), hacia algo que, en el contexto fenoménico a partir del cual se busca en cada caso el acceso a su ser, puede revelarse justamente como lo contrario de lo que dicha indicación parecería, a primera vista, sugerir, vale decir: puede revelarse propiamente como un "no-yo". La expresión "no-yo" no remite aquí, por cierto, a lo que no posee la forma de ser del "yo" (*Ichheit*), sino, más bien, a un modo peculiar de ser del "yo", tal como éste se da, por ejemplo, en el fenómeno de la 'pérdida de sí' (*Selbstverlorenheit*) (cf. *SZ* § 25 p. 116).

Por último, hay, dentro de la concepción que Heidegger elabora en *SZ*, una necesidad metódica interna que da cuenta del punto de partida en la "impropiedad" ("no propiedad"), representada por la "cotidianeidad de término medio", a saber: hay un camino que, a través de la correspondiente reconstrucción genética, conduce desde la "impropiedad" ("no propiedad") hacia la "propiedad", pero no viceversa. Este punto no siempre es debidamente considerado, a la hora de caracterizar el diseño general de la posición elaborada por Heidegger, pero posee una importancia crucial, desde el punto de vista metódico. Y explica, además, en buena medida por qué el fenómeno positivo de la "impropiedad" ("no propiedad") del "existir" no pudo ser debidamente reconocido, en su genuina significación ontológica, por la tradición filosófica orientada a partir de una representación excesivamente marcada de la identidad del "yo". Más aún: el fracaso de tales intentos tradicionales provee, al mismo tiempo, una confirmación de la imposibilidad de dicho punto de partida. Por su parte, el esquema explicativo que Heidegger sigue en su análisis de la "sí-mismidad" del *Dasein* comienza por determinar cómo es posible la "impropiedad" ("no propiedad") del existir, con arreglo a los elementos constitutivos de la estructura del "ser en el mundo" (*In-der-Welt-sein*), para pasar a dar cuenta, en un segundo momento, de la "propiedad", como posibilidad atestiguada *en y desde* la "impropiedad" ("no propiedad") misma. Por cierto, tanto el "ser propio" como el "ser impropio" están fundados en el ser del *Dasein*, como "en cada caso mío", y ambos pertenecen con igual originalidad al *Dasein*, como posibilidades de ser. Sin embargo, no menos cierto es

---

nación" (*Selbstgebung*) del "yo", y si acaso no habría que ver en ella, en rigor, una tentación engañosa (*Verführung*), cuyo origen debe explicarse a partir del propio modo de ser del *Dasein* (cf. *SZ* § 25 p. 115; véase también la amplia crítica al punto de partida egológico, en contraste con el punto de partida en el *Dasein* como "ser en el mundo", en *Grundprobleme* § 15 p. 219-251). En la lección de 1934, la concepción del "sí mismo" en términos de algo a lo que puede accederse en una suerte de vuelta reflexiva sobre sí, es tratada, ella misma, como un fenómeno derivado de la "pérdida de sí" (*Selbstverlorenheit*), en la que habitualmente está instalado el *Dasein*, en su concreción cotidiana (cf. *LFWS* §12 b) p. 53). Para el problema de la autodonación del "yo", en conexión con la pregunta metódica por el correcto acceso al ámbito del "sí mismo" (*Selbst*), véase también las atinadas explicaciones en Blust (1987) p. 66 ss. Una discusión concisa de la "hermenéutica del sí mismo" elaborada en *SZ* se encuentra ahora en Rodríguez (2004) p. 61-82.

que la concreción óntica fundamental del "ser en el mundo", que provee la base para todo el análisis de sus diferentes momentos estructurales, incluido el "sí mismo", es la que corresponde a la "impropiedad" ("no propiedad"). Y ello es así por cuanto existe un camino metódicamente transitable para dar cuenta a partir de ella también de la "propiedad", en términos del modelo de génesis ontológica del que Heidegger se vale para transparentar las estructuras de ser del *Dasein*. Por el contrario, el punto de partida en la "propiedad" misma conduce, más bien, a no poder hacer accesible el fenómeno de la "impropiedad" ("no propiedad"). Desde luego, no hay prueba apriorística alguna de la posibilidad del primer camino, ni tampoco de la imposibilidad del camino opuesto: ambas se "demuestran" simplemente a través del éxito o el fracaso del intento de transitar dichos caminos. Y, frente a lo que sería el notorio fracaso del intento tradicional por hacer justicia a la estructura del "sí mismo" a partir de una representación marcada de la "identidad" del "yo", Heidegger cree que el modelo alternativo que adopta el punto de partida en la "impropiedad" ("no propiedad"), tal como es elaborado en la concepción de *SZ*, puede reclamar para sí méritos más valederos. En definitiva, lo que se tiene aquí no es sino un caso particular de la aplicación de un principio metódico fundamental, dentro de la concepción heideggeriana de la fenomenología: el principio que enfatiza la importancia decisiva que, para bien o para mal, posee el punto de partida escogido en cada caso para el análisis de un determinado fenómeno, pues sólo cuando el análisis se orienta a partir del modo correcto de la "tenencia previa" (*Vorhabe*) del ente en cuestión puede alcanzar el objetivo de una reconstrucción adecuada de su estructura fenoménica.[17] Obvia-

---

[17] Heidegger introduce la noción del "tener previo" o la "tenencia previa" (*Vorhabe*) del ente en su tratamiento de la estructura del "sentido" (*Sinn*), como correlato del "comprender" (*Verstehen*) y la "interpretación" (*Auslegung*), en el § 32 de *SZ*. En cuanto presupone siempre ya un cierto esbozo proyectivo del ser del ente en cuestión, sobre la base de un peculiar modo de hacerse cargo ejecutivamente el *Dasein* de (alguna(s) de) sus propias posibilidades, cada modo de acceso tanto al ente intramundano como también a los otros y a sí mismo por parte del *Dasein* involucra un cierto modo de "tenencia previa" del ente al que en cada caso se accede. Así, por ejemplo, en el modo de acceso que caracteriza al trato práctico-operativo con el ente "a la mano" éste es "tenido previamente" en el modo de "aquello *con* lo cual" (*Womit*) de la ocupación, mientras que allí donde se trata del acceso que facilita el puro "dirigir la mirada", con su peculiar tendencia objetivante, y el enunciado que brota de él, el modo de "tenencia previa" del ente corresponde al de "aquello *acerca de* lo cual" (*Worüber*) se ha de llevar a cabo la correspondiente determinación predicativa. Los diferentes modos de "tenencia previa" no están simplemente yuxtapuestos unos junto a otros, sino que, al igual que los correspondientes modos de acceso, mantienen determinadas relaciones de derivación, que se correlacionan con aquellas que mantienen los correspondientes modos de acceso. Se sigue entonces que, desde el punto de vista de la elucidación fenomenológica de las estructuras ontológicas relevantes, no resulta en absoluto indiferente, sino que, por el contrario, posee crucial importancia determinar con precisión *a partir de cuál* modo de acceso al ente y de "tenencia previa" de éste debe orientarse en cada caso el análisis. De lo contrario, se corre el serio riesgo de perder finalmente de vista la peculiar estructura del fenómeno al que se dirigen los esfuerzos de elucidación. Esto explica

mente, no hay un procedimiento reglado que garantice, en cada caso, la adopción del correcto punto de partida para el análisis. Ello explica también por qué razón Heidegger se rebeló desde muy temprano, ya en los tiempos de las primeras lecciones de Friburgo, contra toda interpretación de la fenomenología como una suerte de "técnica", cuyo dominio estuviera sustentado en el simple aprendizaje de un método dado de antemano. Por el contrario, Heidegger enfatiza ya en aquellos primeros años de actividad filosófica independiente que toda genuina filosofía constituye, más bien, una constante "lucha por el método" (*Ringen um die Methode*). En tal "lucha", todo método que está al alcance de la mano así como todo modo o ideal de conocimiento dado de antemano tiene que ser superado siempre de nuevo: lo más propio de todo genuino método filosófico reside, por tanto, en el hecho de que no puede ser convertido jamás en una mera técnica (cf. *GPPh* p. 135 s.).

d. Propiedad, transparencia y verdad de la existencia

La necesidad temática y metódica del punto de partida en la "impropiedad" ("no propiedad") explica por qué el tratamiento heideggeriano de la "propiedad", como posibilidad existenciaria, toma la forma de un intento de dar cuenta de la posible "recuperación de sí" por parte del *Dasein*, a partir de la previa "pérdida

---

la expresa insistencia de Heidegger, en no pocos de los análisis llevados a cabo en *SZ*, sobre la decisiva importancia de asegurar que se parte, en cada caso, del modo de "tenencia previa" adecuado a los fines que se propone la indagación. En tal sentido, además del caso del análisis del ser del ente intramundano, véase también las advertencias acerca de los peligros del punto de partida en el "yo" a la hora de intentar hacer fenomenológicamente accesible el ser del "sí mismo" (*Selbst*) que es propio del *Dasein* (cf. *SZ* § 25 p. 114 ss.). Para la apelación a la noción del "tener previo" en contextos de carácter metódico, especialmente señalados por su importancia dentro del conjunto *SZ*, véase los empleos en la presentación de la conexión entre *Dasein* y temporalidad (cf. *SZ* § 45 esp. p. 232, 233, 234), en la discusión de la posibilidad de una determinación ontológica del "poder ser total (entero)" (*Ganzsein*) del *Dasein* (cf. *SZ* § 46 p. 235 ss.), en el análisis del fenómeno del *Gewissen* (cf. *SZ* § 54 p. 268; § 59 p. 290), en la caracterización de la "situación hermenéutica" (*hermeneutische Situation*) de la que ha de partir el análisis del "sentido de ser" (*Seinssinn*) de la "cura" (*Sorge*) (cf. *SZ* § 63 p. 311, 316) y en su caracterización en términos de "temporalidad" (cf. *SZ* § 65 p. 323, donde no se emplea la expresión, pero se remite, sin embargo, a la necesidad de mantener la "inquebrantable disciplina" [*ungebrochene Disziplin*] del planteo existenciario, para no perder de vista el fenómeno por vía de la recaída en la cosificación), en la presentación del análisis de la "historicidad" (*Geschichtlichkeit*) (cf. *SZ* § 72 p. 372.). En todos estos casos, Heidegger enfatiza la decisiva importancia del momento correspondiente a lo que denomina el "traer (*sc.* el fenómeno del caso) al (correcto modo del) tener previo" (*in die Vorhabe bringen*), como requisito indispensable para hacer posible el buen logro del correspondiente análisis fenomenológico. En algún otro contexto, de tenor comparable, Heidegger apela a la noción –emparentada con la anterior, en lo que concierne a su alcance metódico– de la "(recta, adecuada, originaria, etc.) donación previa" (*rechte, angemessene, ursprüngliche*, etc. *Vorgabe*) del ente o fenómeno, cuyo ser se busca traer a la comprensión temática (cf. p. ej. *SZ* § 9 p. 43; § 46 p. 236; § 47 p. 241; § 63 p. 311).

de sí" en el impersonal del "uno". Ahora bien, tratándose en todos los casos de posibilidades de ser del *Dasein*, ni la "pérdida de sí" ni la "recuperación de sí" pueden tener ninguno de los sentidos que las nociones de pérdida o recuperación adquieren en su aplicación en el ámbito de la ontología de las "cosas". Sin embargo, tampoco se debe entender aquí la pérdida y la recuperación en el sentido antropológico-moral o teológico, que aludiría, respectivamente, a la "perdición" o la "salvación" del "alma", la "persona" o el "sujeto", pues, como se ha dicho ya al comienzo, la analítica existenciaria se sitúa, como tal, en una dimensión diferente de la que es propia de toda antropología y toda ética, y también de toda teología.[18] En el caso de los fenómenos de la "pérdida de sí" y la "recuperación de sí" que la analítica existenciaria busca tematizar se trata, como no podría ser de otro modo, de fenómenos vinculados de modo directo con el carácter esencialmente *autocomprensivo* del *Dasein*, en tanto "existente". Dicho de otro modo: se trata, en ambos casos, de fenómenos vinculados con el modo en el cual el *Dasein accede comprensivamente* a sí mismo y a su propio ser. Se trata, pues, de fenómenos

---

[18] Naturalmente, esto no debe entenderse como una simple deslegitimación de todo posible tratamiento teológico del fenómeno del *Gewissen*. En inmediata conexión con este problema, Heidegger mismo enfatiza que al análisis fenomenológico-existenciario el "estado de yecto" en el "existir" propio del *Dasein*, el nudo hecho de que fácticamente es y tiene que ser, le queda, como tal, oculto en su "por qué" (*Warum*), a pesar de que el "que" (*Daß*) mismo es originariamente abierto en y con el *Dasein* (cf. *SZ* § 57 p. 276). Dicho de otro modo: el carácter estrictamente aleteiológico de la problemática fenomenológica no puede conducir, sin más, a la negación de todo sentido a la problemática arqueológica señalada por la pregunta "por qué", incluso allí donde ésta no debiera ni pudiera ser abordada fenomenológicamente. La tesis heideggeriana del primado metódico y temático de la problemática aleteiológica dentro del campo específico de la indagación filosófica, la cual no puede ser más que fenomenología, no va asociada, a diferencia de lo que ocurre en el positivismo lógico, a una acusación de sinsentido referida a aquellos ámbitos de problemas que se sustraen al tipo de acceso que facilita la fenomenología misma. Más bien, tiene el propósito inverso de una restricción de la fenomenología a su propia esfera de competencia, restricción que constituye, a la vez, una reafirmación de su propia autonomía. En el caso concreto del fenómeno del *Gewissen*, así lo muestra ya la crítica de Heidegger a la interpretación (pretendidamente) fenomenológica llevada a cabo por H. G. Stoker, en el entorno inmediato del personalismo de M. Scheler (cf. Stoker [1925]): la crítica apunta justamente al hecho de que la indebida transgresión de la línea divisoria entre el análisis fenomenológico y el enfoque estrictamente teológico del problema, en rigor, sólo logra dañar por igual a ambas, la fenomenología y la teología (cf. *SZ* § 56 p. 272 nota 1). Una cuestión diferente, que no puede ser abordada aquí, es la de si Heidegger suscribe la suposición de que la problemática teológica sólo podría ser abordada adecuadamente dentro de un planteamiento general de corte arqueológico, en el sentido del modelo derivado de la tradición metafísica. De hecho, ya en la época de *SZ* Heidegger apunta a una visión radicalmente diferente de la problemática teológica, en la línea de la intuición fundamental de Lutero, dentro de la cual el "ser del hombre por relación a Dios" (*Sein des Menschen zu Gott*), pensado a partir de la fe, provee el fundamento último de toda posible sistemática (cf. *SZ* § 3 p. 10). Para una elaboración más amplia de las relaciones entre fenomenología y teología, véase *PhuTh*, que corresponde al texto de una conferencia dictada en 1927.

que poseen, por lo mismo, un carácter primariamente manifestativo, con la sustancial diferencia, sin embargo, de que en el caso de la "pérdida de sí" el acceso a sí mismo y al propio ser tiene lugar en el modo de la desfiguración, mientras que en el caso de la "recuperación de sí" debe tratarse, en cambio, de un acceso genuino y originario, que no encubre ni desfigura aquello a lo que facilita el acceso.

Dadas las tendencias al (auto)encubrimiento y la (auto)desfiguración que anidan en el propio ser del *Dasein*, lo que el fenómeno de la posible "recuperación de sí" pone en juego no es otra cosa que la posibilidad de una genuina "transparencia" (*Dursichtigkeit*) del *Dasein*, entendida ésta como aquel modo peculiar del "ver" (*Sicht*) que se refiere primariamente a la "existencia" en su totalidad (*im ganzen*) (cf. *SZ* § 31 p. 146). Como el propio Heidegger explica, la elección del término "transparencia", para designar lo que habitualmente se denomina "autoconocimiento" (*Selbsterkenntnis*), viene directamente motivada por la intención de evitar la errónea suposición de que se trataría aquí de un acceso perceptivo-contemplativo que intenta seguir el rastro de lo que sería una suerte de "punto-yo" (*das wahrnehmende Aufspüren und Beschauen eines Selbstpunktes*). Por el contrario, explica Heidegger, la "transparencia" del *Dasein* constituye un *modo esencialmente ejecutivo de comprensión*, en virtud del cual el *Dasein* se hace cargo de su "estado de abierto", del "ser en el mundo" como un todo, atravesando, por así decir, de un cabo al otro, todos los momentos constitutivos esenciales del "ser en el mundo", como tal (*das Ergreifen der vollen Erschlossenheit des In-der-Welt-seins* durch *seine wesenhaften Verfassungsmomente hindurch*). En y con tal modo esencialmente ejecutivo de hacerse cargo comprensivamente de sí, el *Dasein* no sólo "se avista" (*sichtet*) a sí mismo, sino que se hace transparente para sí, de modo igualmente originario, también en su "ser junto al mundo" (*Sein bei der Welt*),[19] en su "ser con" otros

---

[19] El "ser junto al mundo" (*Sein bei der Welt*), aquí mencionado, no debe confundirse con la totalidad estructural del "ser en el mundo" (*In-der-Welt-sein*), de la cual representa sólo uno de los momentos constitutivos, más precisamente, el momento que corresponde al aspecto de referencia al ente intramundano, en el modo de su presentificación. Dicho momento de referencia presentificadora al ente intramundano, constitutivo del "ser en el mundo", adquiere expresión en la formulación a la que Heidegger apela para dar cuenta de la estructura de la "cura" (*Sorge*), como ser del *Dasein*: "*Sich-vorweg-schon-sein-in (der Welt) als Sein-bei (innerweltlich begegnendem Seiendem)*" (cf. *SZ* § 41 p. 192). En la fórmula no se habla expresamente de "ser junto al mundo", sino, más bien, de "ser junto al ente que hace frente intramundanamente", pero el sentido de las dos expresiones ha de verse como equivalente, aun cuando Heidegger no siempre indica que la noción de "mundo" remite, en estos casos, a la totalidad del ente intramundano, y no o, al menos, no exclusivamente, al plexo total de significatividad dentro del cual tiene lugar su venida a la presencia (apertura a la comprensibilidad). En el esbozo preparatorio de la estructura del "ser en el mundo" sobre la base de la caracterización del "ser en" (*In-sein*) presentado en el § 12, Heidegger señala de modo expreso que el "ser junto al mundo (ente intramundano)" se funda en el "ser en", como momento articulador del "ser en el mundo", y no se identifica con él (cf. *SZ* § 12 p. 54). Por otro lado, desde el

como él (*Mitsein mit Anderen*), como momentos constitutivos de su propia existencia, pues, en rigor, tampoco habría otro modo en el cual el *Dasein* pudiera realmente "avistarse *a sí mismo*" (cf. *SZ* § 31 p. 146). Inversamente, tampoco la "falta de transparencia" u "opacidad" (*Undurchsichtigkeit*) del *Dasein* se enraíza única o primariamente en fenómenos de autoengaño que responden a motivaciones egocéntricas (*egozentrische Selbsttäuschungen*), sino también, y en la misma medida, en el desconocimiento del mundo (*Unkenntnis der Welt*) (cf. *SZ* § 31 p. 146).

Estas explicaciones ponen de manifiesto dos aspectos fundamentales, y estrechamente vinculados entre sí, en la concepción heideggeriana de la "transparencia" del *Dasein*. En primer lugar, la "transparencia" u "opacidad" del *Dasein* respecto de su propio ser total trae consigo consecuencias directas para el modo en que se le manifiestan al propio *Dasein* también la totalidad del ente intramundano y los otros que son como él. Dicho de otro modo: comprensión de sí, por un lado, y comprensión del mundo, el ente intramundano y los otros, por el otro, son aspectos inseparables de un único modo unitario de "ser en la verdad" y/o "en la no-verdad" por parte del *Dasein*. Pero, desde el punto de vista específico que concierne a la explicación genética de la posibilidad del "ser en la no-verdad", esto debe entenderse siempre en una doble dirección, a saber: a) no sólo una autointerpretación reveladora o desfiguradora de su propio ser por parte del *Dasein* acarrea una correspondiente interpretación reveladora o desfiguradora del ente intramundano en su significatividad y también del ser de los otros, sino que también, inversamente, b) la autointerpretación desfiguradora de su propio ser por parte del *Dasein* surge normalmente como una suerte de efecto de refracción ("relucencia") a partir del modo en que se presentan el ente intramundano y los otros, bajo el imperio de interpretaciones ya dadas y vigentes, que determinan desde fuera el modo en que el *Dasein* se relaciona consigo mismo y con su propio ser. Por otro lado, la "transparencia" del *Dasein* no tiene el carácter de un acceso contemplativo, tendencialmente objetivante, a sí mismo y su propio ser por parte del *Dasein*, sino que tiene el carácter esencialmente ejecutivo-proyectivo que ca-

---

punto de vista sistemático, resulta importante destacar que, aunque se asocia estrechamente al momento de la "caída" (*Verfallen*), el "ser junto al mundo (ente intramundano)" tampoco se identifica, sin más, con él. Es verdad que en *SZ* Heidegger no siempre ha sido sobre este punto todo lo claro que hubiera sido deseable, y que tiende a enfatizar, sobre todo, la conexión del "ser junto" con la "caída", mucho más que su distinción (cf. p. ej. *SZ* § 12 p. 54: "Das "Sein bei" der Welt, in dem noch näher auszulegenden Sinne des Aufgehens in der Welt..."). Por lo mismo, tiende a dejar más bien indeterminado el modo de concreción de la estructura del "ser junto al mundo (ente intramundano)" que corresponde a la modalidad del presente propio. Sin embargo, en otros contextos, tal como ocurre, sobre todo, en la lección del semestre de invierno 1928-1929, Heidegger aborda con mucho mayor detenimiento los aspectos vinculados con la función posibilitante del "ser junto al mundo (ente intramundano)", en cuanto ésta sustenta las diferentes formas del "anunciarse" (*Bekundung*) del ente intramundano, vale decir, la verdad, en el sentido del "estado de descubierto" del ente intramundano (cf. *EPh* §§ 12-13).

racteriza al "comprender" (*Verstehen*), como un modo de ser del *Dasein* por referencia a sus propias posibilidades (cf. *SZ* § 31 esp. p. 144 ss.). Más aún: la tendencia a concebir el acceso del *Dasein* a sí mismo y su propio ser en términos de lo que sería un acceso de carácter contemplativo, tendencialmente objetivante, debe verse ella misma como un resultado de la vigencia imperante de determinadas interpretaciones falsificadoras (desfiguradoras) del ser del *Dasein*, vale decir, como un fenómeno que documenta una situación de falta de genuina "transparencia" del *Dasein* respecto de sí mismo y de su propio ser.

La fundamentalidad que posee, desde el punto de vista sistemático, el problema de la "transparencia" del *Dasein* se pone claramente de manifiesto en el tratamiento expreso de la noción de verdad que Heidegger lleva a cabo en el importantísimo § 44 de *SZ*. Heidegger desarrolla allí una argumentación destinada a mostrar el carácter fundado y derivativo del fenómeno de la verdad del enunciado (o el juicio que el enunciado expresa), entendida como correspondencia con el "objeto" del enunciado (juicio). La verdad del enunciado (juicio), explica Heidegger, es un modo peculiar del "ser descubridor" (*Entdeckend-sein*), a través del cual el *Dasein* es por referencia al ente mentado en cada caso en la enunciación: en tanto (capaz de ser) verdadero, el enunciado es *apóphansis*, es decir, "deja ver" el ente "en su estado de descubierto" (*Entdecktheit*) (cf. *SZ* § 44 a) p. 218). Pero, por lo mismo, aunque posee su propia e irreductible especificidad, el "ser descubridor" propio del enunciado no puede considerarse como un modo autosustentado de "ser por referencia al ente", ya que no instaura por sí mismo la relación originaria con el ente mismo. Por el contrario, se trata de un modo del "ser descubridor" que aparece como *doblemente* fundado, en la medida en que su posibilidad presupone siempre ya el propio "estado de descubierto" (*Entdecktheit*) del ente, el cual presupone, a su vez, un todavía más originario "ser descubridor" (*Entdeckend-sein*) del *Dasein*, que se funda en su "estado de abierto" (*Erschlossenheit*): en el "estado de abierto" del *Dasein* ha de buscarse, pues, concluye Heidegger, el fenómeno originario de la verdad (cf. *SZ* § 44 b) p. 220 s.).

Ahora bien, esta re(con)ducción del fenómeno de la verdad a sus raíces en el "estado de abierto" del *Dasein* no constituye una suerte de esquema lineal de derivación que debiera leerse sólo en dirección "objetiva", es decir, en dirección del ente intramundano. Más bien, el esquema derivativo esbozado por Heidegger implica asumir al mismo tiempo, y por las mismas razones estructurales que permiten hablar aquí de un esquema de derivación, que el *modo* en que el *Dasein* comparece en cada caso ante sí mismo, a través de su propio "estado de abierto", juega un papel fundante respecto del modo en que comparecen el ente intramundano y los otros, en todo modo de acceso a ellos, ya sea predicativo o antepredicativo. Dicho de otra manera: el modo en que el *Dasein* se hace cargo ejecutivamente de sí, a través de la comprensión de sí mismo y de su propio ser, por referencia a sus propias posibilidades, constituye, al mismo tiempo, una condición determinante del modo en que el propio *Dasein* accede, en cada caso, al ente intramundano y a los otros que son como él. Ello no impide, por cierto, que el modo en que el *Dasein* se comprende en cada caso a sí mismo venga determinado, a su vez, desde fuera, por el ente intramundano y por el "estado de interpretado" impuesto por el impersonal "uno". Aquí hay que hacer lugar a un doble nivel de consideración, a saber: en primer lugar, i) el nivel ontológico, que remite al "estado de abierto", como estructura posibilitante de toda comparecencia del ente y toda autocomparecencia del *Dasein*; en segundo lugar, ii) el nivel óntico-fáctico, que remite al modo en que, en cada caso, se concreta el "existir" y, con ello, a la función determinante que desempeñan los factores vinculados con la facticidad, vale decir, los factores que dan cuenta del modo óntico de concreción del "ser junto al ente intramundano" y del "ser unos con otros". Desde el punto de vista sistemático, la posición de Heidegger implica, sin duda, un claro primado del momento autorreferencial dentro de la estructura del "estado de abierto", tal como se verá más claramente luego, a la luz del papel que juega la noción de "verdad de la existencia", entendida en términos de "transparencia" ejecutiva del *Dasein* en y para sí mismo. Pero este primado del momento autorreferencial se sitúa, por así decir, en el plano de las condiciones *formales* de la posibilidad del acceso al ente intramundano y a sí mismo por parte del *Dasein*. Por lo mismo, no impide que, en el plano correspondiente a la *concreción óntica* de esas mismas estructuras existenciarias, es decir, en el plano que corresponde a la "existencia" individual misma, los modos concretos de referencia al ente intramundano jueguen, de hecho, un papel determinante, que repercute decisivamente no sólo sobre el modo en que el *Dasein* se refiere a los otros, sino también, y en idéntica medida, sobre la comprensión que el *Dasein* tiene de sí mismo. Así, por ejemplo, el papel que cumple la estructura del "ser junto (al mundo/ente intramundano)" (*Sein bei*), en su modo más habitual de concreción óntica, explica la insistencia de Heidegger, a la hora de abordar el problema del "sí mismo" (*Selbst*) en el marco de la consideración del "quién" del "ser en el mundo" (§§ 25-27), sobre el hecho de que en la "cotidianeidad de término medio" el *Dasein* se comprende a sí mismo y comprende a los otros *a partir de aquello de que se ocupa*. Este aspecto, como se sabe, aparece conectado de modo directo con el momento estructural de la "caída" (*Verfallen*). Y algo análogo debe decirse respecto de la insistencia de Heidegger, ya señalada, sobre el papel determinante que cumplen la "dictadura" del "uno" y el momento del "estado de interpretado", a la hora de dar cuenta de la autocomprensión del *Dasein* que impera en la "cotidianeidad de término medio".

Como quiera que sea, Heidegger dedica la mayor parte del apartado b) del § 44 a tematizar los aspectos que conciernen a lo que podría denominarse el *componente autorreferencial* de la concepción de la verdad elaborada en *SZ*. Y es en este contexto donde Heidegger introduce la noción de la "verdad de la existencia" (*Wahrheit der Existenz*), cuya crucial importancia sistemática no siempre es adecuadamente reconocida. Por medio de ella Heidegger intenta dar cuenta de la posibilidad y la estructura de la "transparencia" del *Dasein*, en tanto esencialmente caracterizado por el "estado de abierto". En efecto, lo que muestra el esquema de derivación elaborado en el § 44 es que, en último término, el "ser en la verdad" del *Dasein* tiene que ser explicado por referencia a la estructura de su "estado de abierto" (*Erschlossenheit*). Como se dijo ya, este último abarca la totalidad de la estructura de ser del *Dasein*, incluidos aquellos momentos estructurales que, como el "ser junto" (*Sein bei*) y el "ser con" (*Sein mit*), dan cuenta de la posibilidad del acceso por parte del *Dasein* al ente intramundano y a los otros como él, respectivamente. Ahora bien, en la medida en que la estructura del "ahí" (*Da*) contiene el momento del "estado de yecto" (*Geworfenheit*), el "estado de abierto" (*Erschlossenheit*) del *Dasein*, como "en cada caso mío", acontece siempre de un modo fácticamente determinado, vale decir: tiene lugar siempre ya en un mundo fácticamente determinado y en un determinado entorno del ente intramundano (cf. *SZ* § 44 b) p. 221). Esto remite, a su vez, de modo directo, a las dos posibles maneras en que puede tener lugar el "proyectar" (*Entwurf*) del *Dasein*: como un "ser por relación a su propio poder ser", en virtud del cual éste resulta abierto como tal (*erschliessendes Sein zu meinen Seinkönnen*), el "proyectar" del *Dasein*, que es siempre, al mismo tiempo, un "proyectar yecto" (*geworfener Entwurf*), puede tener lugar ya desde el "mundo" y los otros, ya desde el más propio "poder ser" del *Dasein* mismo. En este último caso, el *Dasein* se abre para sí mismo *en* su ser más propio y *como* su más propio "poder ser". Es en esta modalidad propia del "estado de abierto" (*diese eigentliche Erschlossenheit*), explica Heidegger, donde se muestra el "fenómeno de la verdad más originaria" (*Phänomen der ursprünglichsten Wahrheit*), en el modo de la "propiedad" (*im Modus der Eigentlichkeit*) (cf. *SZ* § 44 b) p. 221).

Esta modalidad propia de concreción del "estado de abierto" es lo que Heidegger llama la "verdad de la existencia" (*Wahrheit der Existenz*).[20] Y como el propio Heidegger aclara, su plena determinación ontológico-existenciaria sólo puede alcanzarse a través de un análisis de la propiedad del *Dasein*.[21] Pero, en

---

[20] Cf. *SZ* § 44 b) p. 221: "El más originario y, ciertamente, más propio "estado de abierto" (*die ursprüngliche und zwar eigentlichste Erschlossenheit*) en el cual el *Dasein* puede estar como "poder ser" (*als Seinkönnen*) es la *verdad de la existencia*" (subrayado de Heidegger).

[21] A este respecto, von Herrmann (2008) p. 262 s. enfatiza acertadamente la conexión de la noción de "verdad de la existencia" con el posterior análisis de la "propiedad" y su caracterización en términos del "estado de resuelto" (*Entschlossenheit*), y pone, además, de relieve que la introducción de esta peculiar noción de verdad no debe inducir a interpretaciones desviadas en clave existencialista: lo que está en juego en la conexión de la verdad con la existencia es, más bien, el hecho de que el "estado de abierto" ("verdad", en el sentido originario), en su forma más propia de concreción, debe ser comprendido a partir de la ejecución misma de la existencia (*Existenzvollzug*), tal como tiene lugar en el empuñamiento de sí mismo, como "proyecto yecto" (*geworfener Entwurf*), por parte del *Dasein*.

cuanto caracterizado estructuralmente por la "caída" (*Verfallen*) y el "estado de yecto" (*Geworfenheit*), en su concreción óntico-fáctica el *Dasein* es siempre ya "en la no-verdad", y ello con igual originalidad que "en la verdad" (cf. *SZ* § 44 b) p. 222). Se sigue entonces que tal análisis de la "propiedad", destinado a proveer su plena determinación ontológico-existenciaria a la "verdad de la existencia", deberá tomar necesariamente la forma de un intento por poner al descubierto una posible *atestiguación* (*Bezeugung*) del "poder ser propio" del *Dasein*, *en* y *desde* la "impropiedad" ("no propiedad"), la cual tiene lugar, como se verá, a través del fenómeno del *Gewissen* (cf. § 54). En efecto, como Heidegger recuerda también en el § 44, el *Dasein* existe, inmediata y regularmente, en el modo de la absorción en el "uno", con su correspondiente modo de desvelamiento de lo abierto en el "estado de abierto" (*Erschlossenheit*). Dicho modo de desvelamiento está caracterizado por el "estado de desfigurado" (*Verstelltheit*) y el "encerramiento" (*Verschlossenheit*) a través de la "habladuría" (*Gerede*), la "avidez de novedad" (*Neugier*) y la "ambivalencia" (*Zweideutigkeit*). Pero, como se dijo ya, no hay aquí ocultamiento total, sino tan sólo "desfiguración" (*Verstellung*), a través de la cual comparece todavía, en cierto modo, lo que resulta así desfigurado. En definitiva, sólo en tanto que esencialmente abierto puede el *Dasein* estar cerrado (*verschlossen*), en el modo del encubrimiento desfigurador (cf. *SZ* § 44 b) p. 222). Por lo mismo, y como se anticipó al comienzo, sólo en pugna contra las tendencias al ocultamiento que enraízan en el propio ser del *Dasein*, es decir, sólo en pugna con lo que, en su propia comparecencia del *Dasein* ante sí mismo, impera ya en el modo de la "apariencia" (*Schein*) y la "desfiguración" (*Verstellung*), resulta posible apropiarse de modo expreso y asegurar en su "estado de descubierto" lo que se muestra y, a la vez, se sustrae en tal modo de comparecencia. Dicho de otro modo: el "desocultamiento en el modo de lo meramente apariencial" (*Unverborgenheit im Modus des Scheins*) constituye aquí necesariamente el punto de partida para cualquier posible acceso al más propio "poder ser" del *Dasein* (cf. *SZ* § 44 b) p. 222).[22]

---

[22] En el pasaje citado del § 44, al hablar del punto de partida en lo que denomina el "estado de desvelado en el modo de la apariencia" (*Unverborgenheit im Modus des Scheins*), Heidegger se refiere, sobre todo, al descubrimiento del ente intramundano, como lo muestra el recurso a la noción del "estado de descubierto" (*Entdecktheit*): "La verdad ("estado de descubierto") siempre debe serle primero arrebatada (*abgerungen*) al ente. El ente es arrancado al "estado de oculto" (*Verborgenheit*)" (cf. *SZ* § 44 b) p. 222), en virtud de lo cual Heidegger puede agregar: "El en cada caso fáctico "estado de descubierto" es siempre, por así decir, un *robo* (Raub)", donde la noción de "robo", puesta en cursiva por el propio Heidegger, alude al valor del *alpha privativum* en el término griego ἀλήθεια (cf. *SZ* § 44 b) p. 222 s., con la referencia a las dos vías de Parménides y la necesidad del κρίνειν λόγῳ). No hay duda, sin embargo, de que, cambiando lo que hay que cambiar, lo mismo puede decirse del acceso a sí mismo por parte del *Dasein*.

3. El posible "ser total" del Dasein y el "ser para (vuelto hacia) la muerte"

a. El "ser total" del Dasein como problema ontológico (§§ 45-46)

En el § 45, que abre la Segunda Sección de *SZ*, Heidegger ofrece un breve resumen de los resultados alcanzados en el análisis desarrollado en la Primera Sección (§§ 1-44), con el fin de poner de relieve su insuficiencia y de hacer ver, así, la necesidad de una ulterior profundización. Tal profundización es lo que se pretende llevar a cabo a través de la interpretación temporal del ser del *Dasein*, que constituye el programa a desarrollar en la Segunda Sección, titulada "Dasein und Zeitlichkeit" (§§ 45-83). El análisis ontológico del *Dasein* llevado a cabo en la Primera Sección de *SZ* (esp. §§ 9-44) puso al descubierto, explica Heidegger, su constitución fundamental (*Grundverfassung*), que, en su totalidad (*Ganzheit*), fue caracterizada como "cura" (*Sorge*) (cf. §§ 41-43). El peculiar modo de ser que corresponde al ente que posee dicha constitución fundamental es lo que se dio en llamar, ya en el comienzo mismo del análisis, la "existencia" (*Existenz*) (cf. § 9). En su carácter de "indicación formal" (*formale Anzeige*), dicho título quiere decir que el *Dasein es* como un "poder ser" de carácter comprensor (*als verstehendes Seinkönnen*), al que, en su ser, le va ese mismo ser, precisamente, como su propio ser (cf. *SZ* § 45 p. 231). Sin embargo, la pregunta que se pretende responder por medio de la analítica existenciaria no es meramente la pregunta por el ser del *Dasein*, sino, más bien, la pregunta por el *sentido* (*Sinn*) de dicho ser, una pregunta cuya respuesta constituye un requerimiento previo para todo posible abordaje de la pregunta por el sentido del ser, en general (cf. §§ 2-4): la puesta en libertad (*Freilegung*) del horizonte (*Horizont*) en el cual resulta comprensible el ser, en general, por un lado, y la aclaración (*Aufklärung*) de la posibilidad de la comprensión del ser, en general, en tanto perteneciente a la constitución del *Dasein*, por el otro, constituyen, pues, el anverso y el reverso de una y la misma tarea de elucidación ontológica (cf. *SZ* § 45 p. 231).

Ahora bien, la elucidación de la comprensión del ser que se pretende llevar a cabo, explica Heidegger, debe ser *radical* (*radikal*), lo cual exige, a su vez, que la interpretación del ser del *Dasein* sea *originaria* (*ursprünglich*) (*SZ* § 45 p. 231). Con el fin de mostrar que tal objetivo no ha sido aún logrado, Heidegger ofrece una breve reconstrucción criteriológica de la noción de "originariedad" (*Ursprünglichkeit*) aquí empleada. Dicho de modo sumario, el logro de la pretendida originariedad de la interpretación ontológica del *Dasein* supone la satisfacción de dos exigencias complementarias de *totalización*. Por una parte, la interpretación, allí donde adquiere la forma de una tarea expresa, debe hacerse cargo, de modo suficientemente transparente para ella misma, de la totalidad (*das Ganze*) de los "presupuestos" (»*Voraussetzungen*«) que configuran la "situación hermenéutica" (*hermeneutische Lage*) que provee su propio punto de partida. Vale decir: de acuerdo con el análisis de la estructura de la interpretación (*Auslegung*) y el sentido llevado a cabo anteriormente (cf. § 32), toda interpretación expresa debe, en general, hacerse cargo, de uno u otro modo, del "tener previo" (*Vorhabe*), el "ver previo" (*Vorsicht*) y el "concebir previo" (*Vorgriff*) del "objeto" (»*Gegenstand*«) tematizado en cada caso.[23] En el caso específico de una interpretación ontológica, que, como tal, aspira a poner en libertad un determinado ente en su constitución de ser (*Seinsverfassung*), se hace necesario, como paso inicial, traer el ente tematizado al "tener previo", a través de una primera caracterización fenoménica, que provee la medida a la que deben ajustarse (*sich anmessen*) todos los posteriores pasos del análisis, llevados a cabo bajo la guía de un posible "ver previo", que apunta en este caso, dado el carácter específicamente ontológico de la elucidación, al modo de ser (*Seinsart*) del ente en cuestión.[24] El aparato conceptual del que echa mano el análisis (*Begrifflichkeit*), para poner de relieve las correspondientes estructuras ontológicas, viene prescripto, como concreción del "concebir previo", por el modo correspondiente del "tener previo" y el "ver previo" del ente tematizado con vistas a su ser (cf. *SZ* § 45 p. 232). Por otra parte, y aquí reside la segunda exigencia de totalización antes mencionada, la originariedad de una interpretación ontológica reclama, además del debido ajuste a la situación hermenéutica, como un todo, también el aseguramiento expreso de haber traído al "tener previo" *la totalidad* (*das Ganze*) del ente tematizado, de modo tal que el "ver previo" pueda apuntar no sólo a la multiplicidad de las correspondientes estructuras ontológicas, sino también, y primariamente, a su unidad (*Einheit*), como momentos de la constitución de ser de dicho ente (cf. *SZ* § 45 p. 232).

Ahora bien, Heidegger explica que, en el análisis realizado hasta aquí, la segunda exigencia está lejos de haber sido satisfecha, de modo que la interpretación ontológica del *Dasein* ofrecida carece todavía de la debida originariedad y, con ello, también de la debida radicalidad. En primer lugar, el "ver previo" que guió la interpretación no poseía la debida originariedad, puesto que dejaba fuera de consideración nada menos que la "propiedad" (*Eigentlichkeit*) del "existir". En efecto, el punto de partida metódico la "cotidianeidad de término medio" (*durch-*

---

[23] Para la totalidad del "sentido", en tanto constituida por la unidad estructural de "tener previo", "ver previo" y "concebir previo", véase *SZ* § 32 p. 151 s. El empleo de la noción de "situación hermenéutica" (*hermeneutische Lage, hermeneutische Situation*) remonta, en su origen, hasta el llamado "Informe Natorp" de 1922. Tratándose específicamente de un intento de interpretación de Aristóteles, el énfasis en el empleo de la noción cae en dicho texto, sobre todo, en el aspecto que concierne a la apropiación comprensiva del pasado (*die verstehende Aneignung des Vergangenen*), la cual sólo puede tener lugar en y desde el presente vivido (cf. *Natorp-Bericht* p. 346 ss.). Para este punto, véase la buena discusión en Segura Peraita (2002) p. 39 ss.

[24] Para el papel de la así llamada "tenencia previa" en la concepción heideggeriana del método fenomenológico, y en conexión con el modelo de génesis ontológica empleado en *SZ*, véase la discusión en Vigo (2011).

schnittliche Alltäglichkeit) implica necesariamente que el análisis queda limitado al modo de ser de la "impropiedad" (*Uneigentlichkeit*) del "existir" o bien, según sea el caso, a aquello que, en el "existir" fáctico, puede revestir el carácter de la indiferencia modal (*modale Indifferenz*) entre la "propiedad" y la "impropiedad".[25] En cualquier caso, el análisis que toma como punto de partida la "cotidianeidad de término medio" no logra hacer fenomenológicamente accesible la "propiedad" del "existir", como tal: el "ver previo" que guía la interpretación carece, pues, de la debida originariedad, mientras la "propiedad" del "existir", como un peculiar modo del "poder ser" del *Dasein*, no sea recogida en la idea misma de la "existencia" (cf. *SZ* § 45 p. 232 s.). En segundo lugar, tampoco el "tener previo" del *Dasein*, como ente tematizado en el análisis, posee todavía, la debida originariedad, puesto que, bajo exclusión de la consideración de la "propiedad", la interpretación ontológica no está en condiciones de hacer accesible el *Dasein* como *totalidad* (*das ganze Dasein*). En tal sentido, explica Heidegger, la caracterización formal de la totalidad (*Ganzheit*) de la estructura total (*Strukturganze*) del *Dasein* en términos de la noción de "cura", tal como fue llevada a cabo hacia el final de la "Primera Sección" (cf. § 41), resulta por sí sola insuficiente, mientras la interpretación permanezca orientada a partir de la "cotidianeidad de término medio". En efecto, ésta no parece traer consigo ninguna posibilidad genuina de totalización, puesto que constituye, más bien, un modo de ser "entre" (*»zwischen«*) los extremos del nacimiento y la muerte: mientras existe, el *Dasein*, como "poder ser", nunca es *ya* todo lo que puede ser y ha de ser. Por lo mismo, todo intento de llevar a cabo una interpretación ontológica de dicho ente que se pretenda *originaria*, en el sentido antes indicado, parecería tener que fracasar necesariamente, en razón del propio modo de ser del *Dasein* (cf. *SZ* § 45 p. 233).

El modo en el que Heidegger plantea el problema metódico que presenta la tarea de hacer fenomenológicamente accesible el *Dasein* como totalidad combina una serie de aspectos que deben ser claramente distinguidos, pues, a primera vista, podría dar la impresión de tratarse de un problema puramente construido y carente, como tal, de genuina relevancia fenomenológica. En efecto, si el *Dasein*,

---

[25] Aunque el esquema tripartito "propiedad" / "impropiedad" / "indiferencia modal" es, sin duda, el que hace mayor justicia a las distinciones sistemáticamente relevantes, no siempre se emplea con la nitidez que presenta aquí. Por el contrario, Heidegger suele tratar de modo asociado, y sin hacer mayor énfasis en la distinción, el modo de existir correspondiente a la "impropiedad" y el modo indiferenciado, que correspondería, más bien, a lo que podría llamarse la "no propiedad" del existir. En todo caso, queda suficientemente claro que el modo de "existir" perteneciente a lo que Heidegger denomina la "cotidianeidad de término medio" corresponde, en su forma de concreción más habitual, al caso de la indiferencia, y no al de la "impropiedad", como tal (véase esp. *SZ* § 9 p. 42 s.). Como quiera que sea, desde el punto de vista que atiende específicamente al contraste con el caso de la "propiedad", los dos otros modos pueden tomarse conjuntamente, puesto que en ambos casos se trata de formas del "existir" que no pueden ser consideradas "propias".

mientras existe, no está nunca acabado o completo, y si, viceversa, una vez que lo está, ya no existe, no se ve entonces, al menos, a primera vista, por qué se debería someter la interpretación ontológica de dicho ente a una exigencia de originariedad que, en la medida en que hace referencia a la necesidad de totalización, parecía poseer un carácter puramente extrínseco y, como tal, arbitrario. ¿No debería orientarse el análisis ontológico, más bien, a partir de la austera constatación del carácter esencialmente incompleto e inacabado, es decir, *infectivo*, del "existir", si es que realmente espera poder hacer justicia a los fenómenos básicos vinculados con la estructura de dicho "existir"? Dicho de otro modo: si, en su "existir", el *Dasein* es siempre únicamente en el modo del *infectum*, ¿de dónde surge aquí la exigencia de superar el punto de partida metódico en la "cotidianeidad de término medio", caracterizada ahora como un modo insuficiente del "tener previo", precisamente, sobre la base de una exigencia de originariedad que, definida en términos de totalización, no parecería brotar ella misma del modo en el que "existe" y comparece el ente tematizado? La pregunta es legítima, pues, si dicha exigencia no encontrara fundamento en el acceso que el propio *Dasein* tiene a sí mismo y a su propio ser en la "actitud natural" o "prefenomenológica" y la experiencia prerreflexiva, tampoco podría tener entonces ninguna fuerza vinculante para la interpretación ontológica de dicho ente. En efecto, como ontología fundamental, la analítica del *Dasein* posee un carácter estrictamente fenomenológico y, como tal, hermenéutico (cf. § 7), lo cual implica que no tiene ningún otro posible punto de partida más que el *factum* de la comprensión del ser, como rasgo distintivo del *Dasein* mismo, en tanto ente (pre)ontológico (cf. § 4).

Para dar cuenta integralmente del modo en que Heidegger afonta el problema así planteado, habría que poner en conexión la exposición del § 45 con toda una amplia gama de otros elementos provistos tanto en las discusiones precedentes como en el desarrollo posterior del análisis. Baste aquí, sin embargo, con unas pocas indicaciones fundamentales, destinadas también a evitar posibles malentendidos. En primer lugar, en el plano correspondiente a la "actitud natural o "prefenomenológica" y la experiencia prerreflexiva, el *Dasein* posee ya efectivamente, a juicio de Heidegger, un cierto acceso comprensivo a sí mismo *como totalidad*. Pero se trata, como es obvio, de una comprensión de carácter meramente preontológico, que, además, en su modalidad habitual de concreción, correspondiente al modo de ser de la "cotidianeidad de término medio", constituye un "ver" ("comprender") temeroso, que toma la forma de un "no querer ver" (o "desentenderse de") precisamente aquello por referencia a lo cual resulta posible ese mismo acceso comprensivo a la totalidad del "existir". El posterior análisis del modo en el que se realiza el "ser para (vuelto hacia) la muerte" en el contexto de la "cotidianeidad de término medio" (cf. § 51) apunta, justamente, a esclarecer la estructura del peculiar tipo de acceso comprensivo del *Dasein* a sí mismo como totalidad, que tiene lugar sobre la base de dicho "no querer ver" (o "desentenderse de"). Hay, pues, cierta comprensión preontológica de lo que más adelante (cf. § 46) Heidegger denomina el posible "ser total" (*das mögliche Ganzsein*) del *Dasein*, aunque se trate de una forma deficitaria de comprensión, en virtud de la cual el fenómeno en cuestión sólo puede comparecer de un modo fuertemente desperfilado o, si se prefiere, nivelado. Sin embargo, como ocurre también con otros fenómenos vinculados con el ser del *Dasein*, en general, y con su peculiar modo de ser su "sí mismo" (*Selbst*), en particular, la analítica existenciaria no tiene aquí otra posibilidad, en su intento por hacer posible un acceso temático a las correspondientes estructuras ontológicas, que la de intentar abrirse paso a través de las desfiguraciones y nivelaciones que lastran la comprensión preontológica, entre otras cosas, también para poder dar cuenta del origen de esas mismas desfiguraciones y nivelaciones, a partir de aquello que las posibilita o bien incluso las induce.[26]

Por otro lado, hay que tener presente que, como existenciarios que son, tanto el "ser para (vuelto hacia) la muerte" como el "ser total" del *Dasein* no designan sino posibilidades de ser del *Dasein* mismo. Como tales, éstas no pueden ser degradadas al rango de propiedades o determinaciones de lo que es meramente "ante los ojos", ya por la sencilla razón de que el *Dasein* mantiene con ellas, en tanto posibilidades, una cierta relación de ser: en tanto "existente", el *Dasein es* sus propias posibilidades, las cuales son, en cada caso, suyas (cf. § 9). Así, cuando Heidegger se refiere al *posible* "ser total" del *Dasein* (*das mögliche Ganzsein*), la expresión debe tomarse en el sentido específico que corresponde a la analítica existenciaria: mostrar la posibilidad el "ser total" del *Dasein* no consiste sino en poner de manifiesto el "ser total" *como una posibilidad* del *Dasein* mismo. Y lo mismo vale, cambiando lo que hay que cambiar, para el caso del "ser para (vuelto hacia) la muerte": si la muerte (*der Tod*) constituye el "fin" o, tal vez mejor aquí, el "final" (*das Ende*) del "ser en el mundo" (*das In-der-Welt-sein*), entonces sólo puede quedar incluida ella misma en el ámbito de la "existencia" entendida como "poder ser" (*Seinkönnen*), a través de un cierto modo de ser (comportarse) el *Dasein* por referencia a ella. Tal modo de ser (comportarse) el *Dasein* por referencia a su propia muerte es lo que Heidegger denomina terminológicamente el "ser para (vuelto hacia) la muerte", el cual, como se echa de ver, debe ser nítidamente distinguido de la muerte misma, entendida como el fin(al) del "ser en el mundo". Pero si no hay otro modo de ingreso de la muerte, así entendida, en el espacio de (auto)comprensión que constituye la "existencia" del *Dasein*, entonces Heidegger puede concluir que, en términos del *Dasein* mismo (*daseinsmäßig*), la muerte (*der Tod*) sólo

---

[26] Para algunos de los problemas específicos que plantea la analítica del "sí mismo", en conexión con las tendencias al ocultamiento y la desfiguración que anidan en el propio ser del *Dasein*, me permito remitir a la discusión en Vigo (2005b) p. 305-322. Para la hermenéutica del "sí mismo" de *SZ*, en general, véase la lúcida presentación en Rodríguez (2004) p. 61-82.

es (*ist... nur*) en un cierto modo del "ser para (vuelto hacia) la muerte", el cual estará en cada caso existencialmente determinado (*in einem existenziellen Sein zum Tode*) (cf. *SZ* § 45 p. 234). Desde el punto de vista estructural, que es el único que aquí interesa, esto último quiere decir que se tratará, en cada caso, ya de un modo de ser "propio", ya de uno "no propio" o bien "impropio".

Pues bien, según lo dicho, tanto el "ser total" como el "ser para (vuelto hacia) la muerte" designan posibilidades de ser del *Dasein*. Sin embargo, hay entre ellos, a juicio de Heidegger, una relación asimétrica: es el "ser para (vuelto hacia) la muerte" el que da cuenta de la posibilidad del "ser total" del *Dasein*, y no viceversa. La muerte, como fin(al) del "ser en el mundo", provee aquella instancia por referencia a la cual únicamente resulta posible la totalización del *Dasein* mismo, en el sentido de específicamente existenciario que remite a su posible "ser total", entendido como un posible modo de *ser* del *Dasein* mismo (*das mögliche Ganz*sein). Sólo allí donde queda él mismo integrado en el ámbito del "poder ser" del *Dasein*, es decir, sólo en la medida en que queda incluido en la "existencia" misma, como perteneciente a ella (*zur Existenz gehörig*), puede el fin(al) del "ser en el mundo", que es la muerte, cumplir una función de delimitación y determinación de la totalidad (*Ganzheit*) del *Dasein*, tal como ésta es (existencialmente) posible en cada caso (*je möglich*) (cf. *SZ* § 45 p. 234), vale decir, ya de sea de modo "propio" o "impropio". En la medida en que se funda él mismo no en el mero fin(al) del "ser en el mundo", considerado como un hecho bruto, sino, más bien, en la relación existenciaria que el *Dasein* mantiene con él, es decir, en su "ser para (vuelto hacia) la muerte", el posible "ser total" del *Dasein* no podría tener jamás él mismo la forma de una totalidad cósica. Por el contrario, la totalidad de la que aquí se trata tiene ella misma la forma del ser del *Dasein*. Justamente por ello, y a diferencia de lo que ocurre con las cosas y los procesos intramundanos, el carácter esencialmente infectivo del "existir" no excluye, en modo alguno, la posibilidad de totalización. Más bien, es en virtud del peculiar tipo de totalización que hace posible el "ser para (vuelto hacia) la muerte" como el carácter infectivo del "existir" se hace más nítidamente experimentable, justamente en lo que tiene de inacabamiento y carencia o falta: en el *Dasein*, mientras es, hay siempre algo que éste puede ser y será, pero que todavía (*noch*) le falta ser, y ese aspecto de falta, en el sentido de lo que al *Dasein* aún le falta ser, hace referencia necesariamente también al fin(al) del "ser en el mundo" (cf. *SZ* § 45 p. 233 s.).

Sobre la base de lo dicho, en el § 46 Heidegger elabora, de modo más específico, lo que sería la aparente imposibilidad (*scheinbare Unmöglichkeit*) de capturar y determinar ontológicamente el "ser total" que corresponde al modo de ser del *Dasein*. Partiendo de la caracterización del ser del *Dasein* como "cura" (*Sorge*) ofrecida en los §§ 41-43, el problema puede plantearse por medio de la referencia a lo que Heidegger denomina terminológicamente el "pre-serse" o bien el "anticiparse a sí" (*das Sich-vorweg-sein*) (cf. § 41), que representa el primer momento constitutivo en la estructura de la "cura". Mientras "existe", el *Dasein* se caracteriza, como se dijo ya, por mantener una relación de ser con sus propias posibilidades: existe, en cada caso, por mor de sí mismo (*umwillen seiner selbst*) y, por lo mismo, nunca, hasta el momento mismo en que cesa de "existir", deja de comportarse (*sich verhalten*) respecto de su propio "poder ser" (*Seinkönnen*), en el sentido preciso de mantener una relación de ser con dicho "poder ser". Aquí reside un momento estructural de carácter irreductiblemente proyectivo-anticipativo, que, como tal, no puede ser cancelado por ninguna decisión ni por ninguna actitud que se pueda pretender adoptar, ni tampoco por ninguna disposición de ánimo en la que el *Dasein* del caso pudiera ocasionalmente encontrarse: ni la más completa desesperanza (*Hoffnungslösigkeit*) ni el más descreído "estar preparado para todo" desactivan, sin más, la relación de ser que el *Dasein* mantiene con su propio "poder ser", sino que constituyen, más bien, modos peculiares, existencialmente determinados, de comportarse por referencia a éste. El momento del "pre-serse" o "anticiparse a sí" (*das »Sichvorweg«*) está presente, pues, de una u otra forma, en toda la amplia variedad de modos de comportamiento existencialmente determinados que pueda adoptar el *Dasein*. Pero ello quiere decir, como se señaló ya, que en el *Dasein* hay siempre un momento de carencia o falta: algo que todavía falta, algo que aún no se ha hecho efectivo, entre todo aquello que el *Dasein* mismo puede ser. En tal sentido, mientras existe, el *Dasein* está siempre inacabado, no clausurado (*unabgeschlossen*). Por lo mismo, su constitución fundamental (*Grundverfassung*) incluye, de modo esencial, el momento o, si se prefiere, el estado de "constante falta de clausura" (*ständige Unabgeschlossenheit*). Y tal ausencia de totalización (*Unganzheit*) representa, como tal, una "falta" o un "faltante" (*Ausstand*) de "poder ser" (cf. *SZ* § 46 p. 236), pero no, como es obvio, en el sentido de que el *Dasein* carezca en algún momento de "poder ser", sino, más bien, en el sentido preciso de que no puede no estar inacabado o falto de clausura. El *Dasein* mismo no tiene la posibilidad de "existir" de modo acabado o clausurado. La supresión de la "falta de ser" (*Seinsausstand*) que lo caracteriza estructuralmente sólo puede tener lugar a través de la supresión del propio "ser en el mundo" e implica, por tanto, la aniquilación del ser del *Dasein*, como tal (*Vernichtung seines Seins*): mientras "existe" como el ente que es, el *Dasein* no ha alcanzado jamás la totalidad de sí mismo (*seine »Gänze«*) (cf. *SZ* § 46 p. 236). La consecuencia de esto parece obvia: la imposibilidad de experimentar ónticamente el *Dasein* como un ente que constituye una totalidad y, derivadamente, de determinar ontológicamente su "ser total" no se funda en la mera imperfección de nuestras capacidades de conocimiento, sino, más bien, en el propio ser del *Dasein* (cf. *SZ* § 46 p. 236).

Ahora bien, como lo sugiere ya el propio título del § 46, lo que Heidegger construye a través de la anterior argumentación es un problema que el posterior análisis fenomenológico deberá revelar como meramente *aparente*, y ello, justamente, en la medida en que está planteado en términos que no hacen debida justicia a la peculiaridad ontológica del *Dasein*. Dicho de modo más preciso: el problema que presenta la imposibilidad de una experiencia del *Dasein* como totalidad y de la determinación ontológica de su "ser total", tal como se lo acaba de plantear, se queda, por así decir, a medio camino entre el modo de consideración propio de la analítica existenciaria, como ontología fundamental, y el propio de la ontología de las cosas, como ontología de lo que es meramente "ante los ojos" (*vorhanden*). En efecto, en la construcción del problema se hizo referencia, en primer lugar, al "pre-serse" o "anticiparse a sí", como momento estructural de la "cura". Pero posteriormente, a la hora de caracterizar el modo en el cual el *Dasein* existe, con especial atención a su esencial inacabamiento y carencia de clausura, la explicación no logró retener un sentido genuinamente existenciario de las nociones del "todavía-no-ser" (*das Noch-nicht-sein*), el "anticiparse" (*das »Vorweg«*) y, con ello, tampoco de las nociones de fin(al) (*»Ende«*) y "totalidad" (*»Ganzheit«*), sino que se deslizó, más bien, hacia una (re)interpretación de corte categorial de dichas nociones, vale decir: (re)tradujo el sentido de las correspondientes expresiones en los términos que son propios, más bien, de una ontología de lo que es meramente "ante los ojos". Por lo mismo, el empleo de la noción de "muerte" (*Tod*) osciló entre un sentido meramente categorial (biológico) y un sentido propiamente existenciario (cf. *SZ* § 46 p. 236 s.). El análisis a desarrollar en el resto del tratamiento debe, pues, restituir el sentido genuinamente existenciario de las nociones mencionadas, haciendo justicia a las correspondientes estructuras fenoménicas. En su aspecto central, dicha tarea no consiste sino en la caracterización ontológica del peculiar modo en el que el *Dasein* es por referencia a su fin(al) y, con ello, en la obtención de un concepto existenciario de la muerte (cf. *SZ* § 46 p. 237).

Para fijar adecuadamente el alcance de la posición metódica que Heidegger elabora en la intrincada argumentación de los §§ 45-46 conviene hacer algunas precisiones adicionales. Contra lo que en ocasiones se asume erróneamente, la tesis heideggeriana según la cual la muerte, considerada desde la perspectiva que abre la referencia al ser del *Dasein* (*daseinsmäßig*), sólo es lo que es en y a través del "ser para (vuelto) hacia la muerte", nada tiene que ver con lo que sería la pretensión, poco menos que absurda, de establecer la dependencia de la muerte, considerada como hecho bruto, respecto del modo de comportarse respecto de ella por parte del *Dasein*. Como se dijo ya, lo que Heidegger quiere explicar es algo completamente diferente, a saber: el modo en el que la muerte, como hecho bruto, ingresa y queda incluida en el espacio de (auto)comprensión que constituye la "existencia" del *Dasein*. A través de dicha inclusión, la muerte queda, por así decir, elevada al ámbito de significación característico de la existenciariedad, vale decir, queda en condiciones de desplegar, por primera vez, su potencial como punto focal de referencia del modo en el cual el *Dasein* se hace cargo ejecutivamente de sí, empuñándose a sí mismo en un cierto esbozo proyectivo de sus propias posibilidades. El "ser para (vuelto hacia) la muerte", como posibilidad existenciaria, se constituye, así, en fundamento de diversos modos existencialmente determinados en los que el *Dasein* se hace cargo de sí, como "existente", es decir, como un ente al que, en su ser, le va ese mismo ser. Al *Dasein* le es entregado su ser como su "tener que ser" (*Zusein*) (cf. *SZ* § 9 p. 41 s.). Y dicho "tener que ser" incluye también la relación de ser que el *Dasein* mantiene con su propia muerte: también el "ser para (vuelto hacia) la muerte", que es siempre primeramente la suya propia, constituye una posibilidad de ser, de la cual el *Dasein* tiene que hacerse cargo necesariamente, de una u otra manera, en su "existir" fácticamente determinado.

Un segundo punto importante para comprender la centralidad que adquiere en la concepción de Heidegger la relación de ser que el *Dasein* mantiene con su propia muerte se vincula con el peculiar carácter de posibilidad que posee la muerte misma, considerada como hecho bruto, y no sólo el "ser para (vuelto hacia) la muerte", como posibilidad genuinamente existenciaria. En el sentido categorial (biológico), la muerte constituye, como se ha dicho ya, un "hecho bruto". Sin embargo, desde el punto de vista interno a la propia "existencia" individual, se trata, por lo pronto, de un hecho todavía no acaecido, sino meramente posible, que puede ocurrir en cualquier momento, pero que, por lo pronto, no ha ocurrido aún. En tal sentido, vista desde la perspectiva de la propia "existencia" individual, la muerte, incluso tomada como mero hecho bruto, tiene siempre el carácter de la (mera) posibilidad. Ahora bien, la noción de posibilidad está tomada aquí en un sentido peculiar, que se sitúa, por así decir, en un lugar intermedio entre el sentido meramente categorial, por un lado, y el sentido más propiamente existenciario, por el otro. En efecto, como Heidegger enfatizará posteriormente, ni siquiera cuando se la considera como mero hecho bruto, desde una perspectiva predominantemente biológica y tendencialmente externalizada, la muerte puede ser despojada completamente, en el caso del *Dasein*, de su referencia a la existenciariedad. En efecto, el modo en que el *Dasein*, en tanto "existente", "tiene" su propia muerte biológica no resulta, sin más, analogable con el modo en que "fina" o "fenece" ningún otro ser viviente (cf. *SZ* § 49 p. 247). Ello no impide, sin embargo, que lo que aparece en el primer plano, en este nivel de consideración, sea el carácter de posibilidad que reviste aquello que se presenta primariamente como un hecho, más precisamente, como un hecho que *puede* sobrevenir al *Dasein* fácticamente "existente", en tanto *fácticamente* "existente". En cambio, en el caso del "ser para (vuelto hacia) la muerte", a través del cual la muerte adquiere su genuino significado existenciario, lo que se tiene es una posibilidad de ser del *Dasein* mismo, es decir, una posibilidad en el sentido propiamente existenciario del término. Se presenta aquí, pues, una estructura fenoménica compleja que involucra dos niveles o estratos diferentes de posibilidad, a saber: por un lado, una posibilidad (cuasi-)categorial, vinculada con lo que el "ser en el mundo" del *Dasein* tiene de "efectividad" o "factualidad" (*Tatsächlichkeit*), que es aquello a lo que Heidegger designa terminológicamente con el nombre de "facticidad" (*Faktizität*) (cf. *SZ* § 12 p. 55 s.); por el otro, una posibilidad existenciaria, en el sentido más propio del término, que corresponde a la relación de ser que el *Dasein* mantiene, en virtud de su mismo "existir", con el aspecto de facticidad al que se refiere la mencionada posibilidad (cuasi-)categorial. El "ser para (vuelto hacia) la muerte" constituye, desde este punto de vista, la posibilidad existenciaria del *Dasein* en virtud de la cual éste puede entrar en una relación de ser, vale decir, comprensiva, con la posibilidad (cuasi-)categorial de la muerte, como fin(al) del "ser en el mundo". Y es, justamente, dicho carácter de la muerte, como un tipo peculiarísimo de posibilidad (cuasi-)categorial que compromete el ser del *Dasein*, como un todo, lo que explica el hecho de que, en la concepción heideggeriana, la relación de ser que el *Dasein* mantiene con ella pueda ocupar un lugar central, cuando se trata de dar cuenta de fenómenos vinculados con la "propiedad" de la "existencia".

La objeción, recurrente en diversas modulaciones desde H. Arendt,[27] según la cual el análisis heideggeriano de la "existencia" daría una indebida preeminencia a la problemática de la muerte, relegando al trasfondo los aspectos vinculados con el nacimiento y la natalidad, ignora por completo, como se echa de ver, la peculiaridad del encuadre metódico de la posición elaborada en *SZ*. Como es obvio, Heidegger no pasa en modo alguno por alto el hecho elemental del que el *Dasein* posee una relación de ser también con su propio nacimiento, el cual, considerado en su sentido propiamente existenciario, no es, pues, algo meramente pasado, sino algo que, al igual que la muerte, pertenece a la estructura de la "existencia" misma. En tal sentido, Heidegger explica que el *Dasein* fáctico no sólo es mortal, sino que, además, "existe" como nacido (*existiert gebürtig*) y muere también como nacido (*gebürtig stirbt*), en el sentido propio del "ser para (vuelto hacia) la muerte" (cf. *SZ* § 72 p. 374). Sin embargo, a diferencia de lo que ocurre con el caso de la muerte, el nacimiento mismo, considerado como hecho bruto, no tiene el carácter de la posibilidad, sino que forma parte del ámbito de lo ya sido. La relación de ser que el *Dasein* mantiene con su propio nacimiento, aunque constituye ella misma una posibilidad de ser del *Dasein*, no puede verse como un modo de ser respecto de una posibilidad, en el sentido (cuasi-)categorial del término. Esta constatación fenomenológica elemental da cuenta de uno de los motivos fundamentales por los cuales Heidegger cree poder ratificar la orientación domi-

---

[27] Véase Arendt, *VA* esp. p. 17 ss. Para el esbozo de una filosofía del nacimiento y la natalidad, que, partiendo de la concepción de Arendt, pretende oponerse a lo que sería la orientación primaria a partir de la muerte en la filosofía occidental, véase ahora Lütkehaus (2006). Una presentación sucinta, de orientación fenomenológica, del problema de la muerte, tal como fue abordado en la historia de la filosofía, se encuentra en Scherer (1988).

nante en la filosofía tradicional a partir de la muerte, a la hora de dar cuenta de la posibilidad de la "propiedad" de la "existencia", y no a partir del nacimiento, aunque para ello deba reformular la intuición nuclear subyacente en la posición tradicional, en los términos específicos que prescribe el punto de partida, metódico y temático, de la analítica existenciaria.[28]

b. *Consideraciones preliminares (§§ 47-49)*

Una vez presentado en los §§ 45-46 el problema ontológico vinculado con el "ser total" y el "ser para (vuelto hacia) la muerte" del *Dasein*, Heidegger desarrolla en los §§ 47-49 un conjunto de consideraciones preliminares, destinadas a esbozar el camino que debe transitar el análisis llevado a cabo en los §§ 50-53, descartando, además, otros caminos inconducentes y poniendo de manifiesto un conjunto de posibles malentendidos.[29] Característico del modo en que Heidegger aborda

---

[28] No pocas de las críticas más severas dirigidas contra la caracterización heideggeriana de la muerte como posibilidad se basan en un sorprendente desconocimiento no sólo del peculiar encuadramiento metódico del análisis llevado a cabo por Heidegger, sino también de rasgos elementales que dan cuenta del particular modo en el que se vale de la noción de posibilidad en el contexto de dicho análisis. Un ejemplo particularmente ilustrativo del tipo de radical incomprensión al que puede conducir la falta de consideración de las premisas básicas, desde el punto de vista metódico y temático, del análisis desarrollado por Heidegger lo provee la pretendida "evaluación crítica" llevada a cabo por Edwards (1979). Edwards malinterpreta radicalmente el sentido de la noción heideggeriana del "ser para (vuelto hacia) la muerte" (cf. p. 16 ss.) y, con ello, también la correspondiente caracterización de la muerte en términos de posibilidad (cf. p. 26 ss.). Reproches tan notablemente descaminados como el que imputa a Heidegger haber ignorado supuestamente el hecho elemental de que el *Dasein* no siempre muere solo, al acentuar la intransferibilidad de la muerte (cf. p. 9 s., p. 59), y algunos otros no menos sorprendentes, como el de que Heidegger superpone indebidamente presente y futuro al asumir que el *Dasein* "vive muriendo" (cf. p. 19 s., 60) o bien el de que Heidegger defendería la tesis de que el que ha muerto es ontológicamente una "completa nada" (cf. p. 21 s., 60), aunque admitiría, a la vez, que podría haber algo así como una supervivencia óntica (cf. p. 40 ss., 60 s.), etc., pueden dar, con su sola mención, una idea del irremontable grado de confusión e incomprensión que afecta a interpretaciones de este tipo, que, además de construir erróneamente buena parte de los argumentos examinados, creen poder prescindir, sin más, a la hora de enjuiciar las tesis de *SZ*, del marco general de referencia, metódico y temático, al que remiten los análisis llevados a cabo en la obra.

[29] Que el análisis heideggeriano parte aquí conscientemente de lo que, a juicio del propio Heidegger, es un modo inadecuado de acceso a los fenómenos que se pretende tematizar es una constatación poco menos que obvia. Sin embargo, su decisiva importancia para la adecuada comprensión de la estrategia metódica puesta a prueba por Heidegger ha sido pasada por alto con demasiada frecuencia. Una valiosa lectura que hace justicia a este aspecto y saca partido de algunas de sus consecuencias más importantes se encuentra ahora en White (2005) esp. cap. 2. En esta lúcida monografía, largamente elaborada y publicada póstumamente en 2005, con prólogo de H. L. Dreyfuss, la autora, fallecida en 2000, logra ofrecer, además, una adecuada contextualización de la interpretación heideggeriana de la muerte, tanto por referencia a su contexto externo como también, y sobre todo, por referencia al tratamiento de la temporalidad y al desarrollo del pensamiento

los problemas aquí discutidos es el hecho de que las diversas posibilidades teóricas evaluadas, aún allí donde son descartadas, proveen elementos positivos que contribuyen, de diversos modos, a una mejor comprensión del punto de partida del análisis a desarrollar.

i) La muerte de los otros y el "ser para (vuelto hacia) la muerte" (§ 47)

En el § 47 Heidegger discute la cuestión de si la experiencia de la muerte de los otros puede o no proveer el punto de partida adecuado para el análisis del "ser para (vuelto hacia) la muerte". La respuesta, como se verá, es negativa, pero arroja también un saldo positivo, desde el punto de vista temático, en la medida en que permite poner de relieve el hecho de que el análisis del "ser para (vuelto) hacia la muerte" debe poner en el centro de la mira el "ser en cada caso mío" (*Jemeinigkeit*), como rasgo estructural de la "existencia" (cf. § 9). La argumentación de Heidegger se articula en tres momentos.

En primer lugar, Heidegger enfatiza que a través de la muerte de los otros el fin(al) del "ser en el mundo" se hace, en cierto modo, experimentable. El *Dasein* sólo puede alcanzar la totalidad de su "existir" en la muerte, que trae consigo la pérdida del ser de su "ahí" (*das Sein des Da*). Ello le impide experimentar de modo directo el tránsito a su propio "no ser ya ahí" (*zum Nichtmehrdasein*), de modo tal que tampoco puede comprenderlo como experimentado. Por lo mismo, tanto más incisivamente se le hace presente la muerte de los otros, por cuanto le proporciona una suerte de "acceso objetivo" (»*objektiv« zugänglich*) a la "finalización" (*Beendigung*) del *Dasein* (cf. *SZ* § 47 p. 237). Hay, pues, una especie de "donación objetiva" (»*objektive Gegebenheit*«) de la muerte, en tanto experimentable (*erfahrbar, Erfahrbarkeit*) indirectamente, a través de la muerte de los otros. Por otro lado, se añade el hecho de que, en el tránsito al "no ser más en el mundo" (*das Nicht-mehr-in-der-Welt-sein*), el muerto (*der Gestorbene*) no queda reducido, sin más, al estatuto de una mera cosa, presente en el modo del puro "ser ante los ojos" (*qua bloß Vorhandenes*). Los restos mortales nunca son vistos como un mero cuerpo que "existe" al modo de una cosa (*Körperding*). El cadáver ni siquiera es visto como una mera cosa material, allí donde la anatomía patológica lo considera, en perspectiva teórica, como mero cadáver "ante los ojos" (*vorhandene Leiche*), pues incluso esta forma radicalizada de objetivación mantiene su orientación básica a partir de la idea de vida. Como tales, los restos mortales, en general, y los del *Dasein*, en particular, son siempre "más" (»*mehr*«) que una mera cosa material *carente de vida* (*ein lebloses materielles Ding*): lo que con ellos hace frente es algo *no viviente*, que ha perdido la vida (cf. *SZ* § 47 p. 238). Por lo demás, hay un peculiar

---

de Heidegger en sus obras posteriores. En rigor, como explica Dreyfuss, buena parte de los méritos de la obra deriva, justamente, de la decisión hermenéutica de leer la concepción de *SZ* desde la perspectiva que abre el posterior desarrollo del pensamiento heideggeriano.

modo del "ser con" del *Dasein* en virtud del cual los deudos y sobrevivientes *son con* el difunto (*der Verstorbene*), que les ha sido arrebatado. En la medida en que el fallecido no representa nunca un útil que es "a la mano" dentro del mundo, como mero "objeto" de la "ocupación" (*ein nur besorgbares umweltlich zuhandenes Zeug*), el trato para con él toma habitualmente la forma de un peculiar modo del "procurar por", a través del cual se le concede la debida honra (*die ehrende Fürsorge*). Las fiestas de difuntos y los diversos ritos funerarios dan cuenta de este peculiar modo de "ser con" el que ha muerto. La relación de ser para con éste no puede, por tanto, reducirse jamás al tipo de "ocupación" que corresponde a lo que es meramente "a la mano". En tal modo de trato, por cierto, el difunto fácticamente "ya no está ahí", porque ha abandonado ya el "mundo" compartido. Pero los que quedan vivos, por caso, los deudos, amigos, etc., todavía pueden *ser* en cierto modo *con* el difunto, justamente a partir de ese mismo "mundo" que habían compartido con él (cf. *SZ* § 47 p. 23).

Ahora bien, el énfasis puesto en la peculiaridad irreductible del difunto y del modo de conducirse respecto de él podría llevar a pensar que la muerte de los otros provee un punto de partida adecuado para la tematización del "ser total" y el "ser para (vuelto hacia) la muerte" del *Dasein*. Pero tal conclusión sería errónea, y Heidegger la rechaza expresamente: la pérdida (*Verlust*) que experimentan los deudos y sobrevivientes no puede ser, en modo alguno, equiparada con la pérdida de ser (*Seinsverlust*) que "padece" o "sufre" (*»erleidet«*) el mismo que muere. Esta última pérdida de ser no resulta propiamente accesible a través de la muerte de otros, por la sencilla razón de que, en sentido genuino, no experimentamos (*erfahren*) el morir de los otros (*das Sterben der Anderen*), sino que, a lo sumo (*höchstens*), podemos tan sólo asistir a él, esto es, presenciarlo (*sind... immer nur »dabei«*) (cf. *SZ* § 47 p. 238 s.). La imposibilidad que aquí se pone de manifiesto, explica Heidegger, no es de carácter psicológico. No se trata simplemente de la imposibilidad de imaginarse o representarse la experiencia del morir, pues incluso si ello fuera en cierta medida posible, a través de algún tipo de procedimiento psicológico de figuración (*sich »psychologisch« verdeutlichen*), el acceso sustitutivo así obtenido no alcanzaría jamás el modo de ser (*Seinsart*) que corresponde al morir mismo, en su carácter de "llegar al fin(al)" (*als Zu-Ende-kommen*). El punto de partida en la muerte de los otros resulta, pues, inadecuado, pues no es capaz de proporcionar lo que, a primera vista, parecería prometer, ni en el plano óntico ni, mucho menos aún, en el plano ontológico (*weder ontisch noch ontologisch*) (cf. *SZ* § 47 p. 239). La vana ilusión de querer encontrar aquí el punto de partida del análisis viene motivada, explica Heidegger, por una errónea asunción tácita, a saber: la creencia de que el *Dasein* individual puede ser sustituido o reemplazado por cualquier otro, de modo tal que lo que resulta inexperimentable en el propio *Dasein* podría ser hecho accesible en y a través del *Dasein* ajeno (cf. *SZ* § 47 p. 239). La sustituibilidad, reemplazabilidad o representabilidad (*Vertretbarkeit*) de un *Dasein* por otro pertenece, sin duda, a las posibilidades de ser (*Seinsmöglichkeiten*) más características del "ser unos con otros en el mundo" (*das Miteineindersein in der Welt*). De hecho, diversas formas de la sustitución, el reemplazo y la representación tienen lugar, de diversos modos, en innumerables formas de la "ocupación" con el ente intramundano.

Que el *Dasein* mismo se comprenda como sustituible, reemplazable o representable no puede, por lo mismo, sorprender, si se tiene en cuenta que, inmediata y regularmente, el *Dasein* se comprende a sí mismo a partir de aquello de lo que se ocupa.[30] En tal sentido, se puede decir que "se (uno) *es*" (»*man* ist«) aquello de lo que uno se ocupa (cf. *SZ* § 47 p. 239 s.). Sin embargo, la posibilidad de sustitución, reemplazo o representación se topa con un límite infranqueable, justamente, allí donde se trata de aquella peculiarísima posibilidad de ser del *Dasein* que constituye su llegar al fin(al). Nadie puede morir la muerte de otro, ni siquiera allí donde alguien decide morir por (*für*) otro. Cada *Dasein* individual debe morir *su* propia muerte, que nadie puede asumir en su lugar. En tal sentido, la muerte (*der Tod*) es siempre, y esencialmente, "en cada caso la mía" (*je der meine*). La muerte representa una peculiar posibilidad de ser, en la cual se trata del ser de cada *Dasein* individual, sin más, y lo que se muestra en el morir no es otra cosa sino que la muerte está estructuralmente caracterizada por el rasgo del "ser en cada caso mío" (*Jemeinigkeit*), en razón de su pertenencia a la "existencia" misma (cf. *SZ* § 47 p. 240). En el "finalizar" (*das Enden*) que es el morir (*das Sterben*), y en el "ser total" del *Dasein* constituido por referencia a él, no hay, pues, por razones esenciales, ningún tipo posible de sustitución, reemplazo o representación (*keine Vertretung*). Pero, si esto es así, se advierte de inmediato que todo intento de acceso temático al "ser para (vuelto hacia) la muerte" que no se haga cargo, desde el comienzo mismo, de la esencial indelegabilidad que caracteriza a la muerte, como en cada caso la mía, no sólo no permite superar los prejuicios y las tendencias encubridoras que operan ya en la propia "actitud natural" o "prefenomenológica", sino que, en rigor, las continúa y las potencia, al trasponerlas al ámbito de la reflexión filosófica. Desde este punto de vista, el intento de tematización del "ser para (vuelto hacia) la muerte" que busca su punto de partida en la muerte de los otros documenta, al mismo tiempo, el influjo distorsivo que la interpretación dominante en la "cotidianeidad de término medio" tiene sobre la propia reflexión filosófica, allí donde ésta no logra alcanzar ella misma la necesaria transparencia respecto de las consecuencias que trae o, al menos, puede traer

---

[30] Se trata del fenómeno que Heidegger denomina la "reflexión ontológica" o, si se prefiere, el "reflejamiento ontológico" (*ontologische Rückstrahlung*). Véase *SZ* § 5 p. 15 s.: "En el *Dasein* mismo y, con ello, en su comprensión del ser (*Seinsverständnis*) reside lo que vamos a poner de manifiesto como el reflejamiento ontológico de la comprensión del mundo (*Weltverständnisses*) sobre la interpretación del *Dasein* (*Daseinsauslegung*)".

consigo su propio enraizamiento en la "actitud natural" o "prefenomenológica".[31]

Por último, el resultado que arroja la crítica al punto de partida en la muerte de los otros no es meramente negativo. Las consideraciones realizadas proveen una cierta indicación inicial acerca del modo en que debe concebirse la muerte, considerada como un fenómeno existenciario (*als existenziales Phänomen*). En particular, han puesto de manifiesto la decisiva importancia que posee la orientación a partir del "ser en cada caso mío", en tanto rasgo constitutivo de la "existencia", como modo de ser del *Dasein*. Por lo mismo, la única posibilidad de lograr una genuina comprensión ontológica del morir, como posibilidad de ser del *Dasein*, consiste en la elaboración de un concepto puramente existenciario (*ein rein existenzialer Begriff*) de la muerte (cf. *SZ* § 47 p. 240). En tal sentido, el análisis debe hacer justicia también a la diferencia irreductible que media entre el "morir" (*das Sterben*) del *Dasein* y el "finalizar" (*das Enden*) de aquello que meramente vive, para el cual Heidegger reserva el término "finar" o "fenecer" (*Verenden*). Incluso allí donde el morir del *Dasein* se concibe de modo fisiológico-biológico, como ocurre en el caso de la medicina, no se lleva a cabo jamás una reducción completa al ámbito del mero "finar" o "fenecer". Heidegger pone como ejemplo de esto el empleo médico de la noción de *exitus* (*SZ* § 47 p. 240 s.).[32] Para designar de modo específico el "fenómeno intermedio" (*Zwischenphänomen*) que corresponde al modo peculiar en el que el *Dasein* "tiene" (»hat«) su propia muerte biológica, Heidegger introduce posteriormente el término "fallecer" o bien "dejar de vivir" (*Ableben*) (cf. *SZ* § 49 p. 247). Desde el punto de vista estrictamente métodico, la lección es clara: el análisis a llevar a cabo debe mantenerse aferrado a la orientación

---

[31] En este punto, y no sólo en él, resulta muy instructiva la comparación con la posición elaborada por K. Jaspers en su tratamiento de la muerte como una de las "situaciones límite" (*Grenzsituationen*) que caracterizan estructuralmente a la "existencia" humana. El análisis de Jaspers no posee la misma pretensión de alcance ontológico ni supone un encuadre métodico comparable, pero pone de relieve una serie de aspectos que el propio Heidegger incorpora conscientemente en su concepción (véase la referencia a la concepción de Jaspers en la nota al pie de *SZ* § 49 p. 249, con especial énfasis en el potencial explicativo de la noción de "situación límite"). Jaspers enfatiza que la muerte, tomada como hecho objetivo, no se identifica aún con la correspondiente "situación límite", la cual no puede ser abierta en su sentido por ninguna forma de conocimiento objetivo. Jaspers enfatiza la importancia del fenómeno de la muerte del otro, especialmente, la de aquel que me es cercano, pero también recalca el hecho de que la experiencia de la muerte del otro, por muy relevante que pueda ser existencialmente, no puede ser analogada al modo en que el individuo se relaciona con su propia muerte (cf. Jaspers, *PdW* p. 259 ss.; véase también *Philosophie* II p. 220 ss.). Para una comparación del tratamiento de la muerte en Heidegger y Jaspers, puede verse todavía con provecho, a pesar del tiempo transcurrido, la investigación de Lehmann (1938).

[32] La expresión *exitus* o bien *exitus letalis* se emplea en la medicina alemana como término técnico, para referir a la muerte como resultado de una enfermedad o, más precisamente, al hecho de que el desarrollo de una determinada enfermedad termina en la muerte del paciente.

básica a partir del modo de ser del *Dasein*, evitando el deslizamiento inadvertido hacia los modos de ser característicos de otros tipos de ente, ya sea el ente dado meramente "ante los ojos" o bien el viviente que no tiene el modo de ser del *Dasein*. El desafío que debe enfrentar el análisis consiste, pues, en buena medida, en conservar sin distorsiones la adecuada donación previa del fenómeno obtenida ya en el comienzo mismo (*die* erste *angemessene Vorgabe*) (cf. *SZ* § 47 p. 241).

ii) El sentido existenciario de "falta", fin(al) y "totalidad" (§ 48)

Un paso preparatorio importante, a la hora de evitar el deslizamiento inadvertido en dirección de entes que no tienen el modo de ser del *Dasein*, viene dado por la fijación del sentido propiamente existenciario de nociones que juegan un papel clave en el análisis a desarrollar. A tal efecto, en el § 48 Heidegger considera las nociones de fin(al) y "totalidad", para lo cual debe considerar también nociones vinculadas como la de "falta" o "faltante". Heidegger no pretende ofrecer aquí una caracterización ontológica precisa y definitiva de los fenómenos a los que remiten los diferentes sentidos de las nociones tematizadas. Más bien, intenta elaborar una caracterización provisional (*vorläufig*), que resulte suficiente para los fines de la analítica existenciaria, la cual, a pesar de su rango de ontología fundamental, tiene, tal como es desarrollada en *SZ*, un carácter meramente preparatorio, pues apunta al objetivo de hacer posible una repetición expresa de la pregunta por el (sentido del) ser, en general (cf. §§ 1-2). Desde el punto de vista sistemático, una caracterización ontológica definitiva de los diversos fenómenos a los que apuntan los diferentes sentidos de las nociones de fin(al) y "totalidad" presupone ya no sólo la previa elaboración de una adecuada interpretación del sentido de ser, en general, sino también la puesta de manifiesto de la estructura formal (*formale Struktur*) por referencia a la cual las diversas variantes (*Abwandlungen*) de fin(al) y "totalidad", tal como éstas se dan en el ámbito de las diferentes ontologías regionales, puedan comprenderse como correspondientes "deformalizaciones" (*entformalisiert*), que quedan referidas, en cada caso, a un determinado contenido entitativo (*auf je bestimmtes »sachhaltiges« Seiendes bezogen*).[33] Desde el pun-

---

[33] La noción de "deformalización" (*Entformalisierung*), asociada estrechamente con la distinción básica entre "generalización" (*Generalisierung*) y "formalización" (*Formalisierung*), juega un papel clave en la recepción heideggeriana de la concepción del método fenomenológico elaborada por Husserl, y da cuenta de algunos de los más importantes aspectos de continuidad que ambas concepciones mantienen en el plano metódico. De hecho, aunque el contraste entre "formalización" y "deformalización" está presupuesto ya en la caracterización del concepto fenomenológico de fenómeno que Heidegger ofrece en el § 7 C de *SZ*, el cual es presentado como una peculiar "deformalización" del correspondiente concepto puramente formal (cf. *SZ* § 7 C p. 35). Para una amplia presentación del problema metódico vinculado con la noción de "deformalización" en el tránsito que lleva de Husserl a Heidegger, véase von Herrmann (2000) p. 122-148. Para una discusión de la noción de

to de vista que atiende a la situación hermenéutica que ofrece el punto de partida para el análisis, ocurre, sin embargo, que la satisfacción de esos mismos presupuestos sólo puede lograrse al cabo del correspondiente proceso de elucidación de las estructuras fenoménicas relevantes. No hay aquí, pues, algo así como un punto cero en la tarea de interpretación, sino que también en el caso de los fenómenos señalados por las nociones de fin(al) y "totalidad" se tiene el mismo tipo de círculo hermenéutico que caracteriza a la analítica existenciaria, como un todo. Esto explica la necesidad del recurso a un análisis de carácter provisional y preparatorio, como paso inicial del trabajo de elucidación que debe conducir finalmente a la comprensión temática de los fenómenos tematizados. En la medida en que lo que se va a ofrecer en el § 48 es un análisis meramente preparatorio, su objetivo inmediato consiste, sobre todo, en mostrar que, tomadas en sentido categorial, que es su sentido más habitual, las nociones tematizadas no pueden aplicarse adecuadamente para describir estructuras ontológicas del *Dasein* (cf. *SZ* § 48 p. 241 s.).

En primer lugar, Heidegger considera la noción de "falta" o "faltante" (*Ausstand*).[34] En su sentido más habitual, dicha noción remite al hecho de no estar aún reunido aquello que se copertenece (*Nochnichtbeisamensein des Zusammengehörigen*), tal como ocurre en el caso de las partes o elementos de una determinada totalidad, por caso, el resto de una deuda que todavía falta pagar. En este sentido, la noción se aplica a aquello que es "a la mano" (*zuhanden*): tanto lo que falta como aquello a lo que lo todavía faltante se debe agregar tienen el mismo modo de ser, a saber: el de lo que es "a la mano", y, por lo mismo, el añadido de lo faltante a lo que ya

---

"deformalización" que pone la mira en algunas de las principales dificultades que plantea el proyecto metódico husserliano y heideggeriano, véase también Hopkins (2012).

[34] El trasfondo más remoto de este tratamiento de la noción de "falta" o "faltante" (*Ausstand*) viene dado, seguramente, por la confrontación temprana con la concepción aristotélica del movimiento (κίνησις), leída desde el punto de vista que abre la pregunta por las "categorías" de la vida humana, ya desde las lecciones de la primera época de Friburgo, donde la temática de lo que Heidegger denomina el "movimiento" (*Bewegung*) o bien la "movilidad" (*Bewegtheit*) de la vida ocupa un lugar central. Para este punto, véase *Aristoteles A* p. 110 ss.; *Natorp-Bericht* p. 391 ss. y esp. p. 358 s., donde la "movilidad fundamental" (*Grundbewegtheit*) de la vida se pone expresamente en conexión con la función manifestativa que cumple el modo de situarse frente a la muerte; véase también *GBAPh* §§ 26-27, donde la discusión de la noción aristotélica de movimiento se pone en conexión con el problema de la posibilidad (δύναμις), la privación (στέρησις) y las "categorías" de la "existencia" (*Dasein*), por un lado, y con el problema de la indeterminación (ἀόριστον) y el inacabamiento o la imperfección (ἀτελές), por el otro. Aunque en los análisis llevados a cabo en estos escritos tempranos Heidegger enfatiza fuertemente los aspectos vinculados con el carácter esencialmente infectivo del movimiento, la noción de "falta" o "faltante" (*Ausstand*) no adquiere todavía un relieve temático propio. Una interpretación fenomenológica de la concepción aristotélica de la relación entre movimiento y potencialidad que pone el acento en la noción de "falta" o "faltante" se encuentra en Fink, *RZB* p. 233 ss.

estaba disponible no modifica el ser de esto último. La totalidad correspondiente a lo que así se añade, sea la totalidad ya reunida o la que aún falta reunir, tiene el carácter de una "suma" (*Summe*) (cf. *SZ* § 48 p. 242). Este tipo de "falta" o "faltante" no sirve para caracterizar ontológicamente el "todavía no" (*das Noch-nicht*) que, como su posible muerte (*als möglicher Tod*), pertenece al *Dasein*. La muerte no se añade al *Dasein* para completarlo, sino que éste deja de ser cuando muere. Sin embargo, no menos cierto es que, en cada caso, el *Dasein* "existe" siempre de modo tal, que le pertenece este peculiar tipo de "todavía no" (cf. *SZ* § 48 p. 243). Por otro lado, tampoco se puede recurrir en el análisis ontológico del *Dasein* a la noción de "falta" o "faltante" que se aplica para dar cuenta de diversos fenómenos de movimiento y cambio vinculados con los entes intramundanos.

Heidegger menciona dos tipos de ejemplos. El primero se refiere a la percepción de cambios graduales en un objeto, como ocurre, por ejemplo, con el corrimiento de la sombra que cubre la luna durante un eclipse. Se trata de un contexto perceptivo en el cual el momento del "todavía no" no queda referido al objeto percibido mismo, sino, más bien, a su aprehensión perceptiva, puesto que, a lo largo del proceso de progresiva desaparición de la sombra que lo cubre, el objeto mismo está ya completo. Como es obvio, este tipo de "devenir" o "llegar a ser" (*Werden*) no puede servir de modelo para dar cuenta del modo en el cual el *Dasein* llega ser lo que "todavía no" es, pues no permite dar cuenta del "todavía no" en términos que remitan específicamente al ser del *Dasein* (cf. *SZ* § 48 p. 243). El segundo tipo de ejemplo se refiere a casos en los cuales el cambio o movimiento pertenece al objeto mismo, y no meramente a su aprehensión perceptiva. Para ejemplificar de modo más específico el tipo de "falta" que se da en el ámbito del movimiento natural, Heidegger toma el caso de la maduración de un fruto. La "inmadurez" (*Unreife*) representa una forma del "todavía no" que no puede ser analogada a ninguno de los casos anteriores, puesto que aparece ligada intrínsecamente al ser mismo de la cosa: mientras madura, el fruto que no alcanza todavía su madurez *es*, como tal, su propia inmadurez. En este punto parece haber una cierta correspondencia con el caso del *Dasein*, en razón del carácter esencialmente infectivo de su "existir": mientras es, el *Dasein* es siempre ya, en cada caso, su "todavía no" (cf. *SZ* § 48 p. 243 s.). Sin embargo, las diferencias no son menos evidentes. En el caso del *Dasein*, la muerte no se identifica, sin más, con el "acabamiento" o la "consumación" (*Vollendung*), pues el *Dasein* muy bien puede morir inacabado o imperfecto (*unvollendet*), e, inversamente, el *Dasein* puede llegar también a su madurez antes de la muerte e incluso haberla sobrepasado antes de morir. De hecho, en la mayor parte de los casos, el *Dasein* muere en estado de inacabamiento o falta de consumación, o bien en estado de decaimiento (*zerfällt*) y desgaste (*verbraucht*) (cf. *SZ* § 48 p. 244). Naturalmente, también el fruto "muere" o bien caduca y se corrompe. La pregunta obvia es entonces por qué razón Heidegger prefiere comparar la muerte del *Dasein* con la madurez del fruto, y no con su caducidad y corrupción. El texto no da indicaciones de cuál pudiera ser la respuesta. Pero, en todo caso, la explicación puede tener que ver con el hecho, enfatizado al comienzo, de que la madurez pertenece al ser del fruto de un modo, en alguna medida, comparable al modo en el que la muerte pertenece al ser del *Dasein*. Dado que, en ocasiones, se entiende la muerte como un tipo de "acabamiento" o "consumación", Heidegger enfatiza el hecho de que, desde el punto de vista propiamente existenciario, no hay modo de avalar tal tipo de interpretación, ya que no toda forma de "finalizar" (*Enden*) representa un modo de "acabarse" o "consumarse" (*Sich-vollenden*) (cf. *SZ* § 48 p. 244).[35]

En segundo lugar, Heidegger considera los diferentes significados de la noción de "finalizar" (*Enden*). En un primer sentido, "finalizar" significa "cesar" o "terminar(se)" (*Aufhören*), ya sea al modo en que lo hace aquello que desaparece al cesar (p. ej. la lluvia, el pan que ha sido consumido), o bien al modo en que lo hace aquello que, al cesar o terminar(se), no deja de estar presente (p. ej. un camino). En este último caso, lo que cesa puede ser algo que queda terminado (*fertig*) o no terminado (*unfertig*). Pero el "finalizar" no implica "acabamiento" o "consumación" por el simple hecho de traer consigo la "terminación" (*Fertigkeit*) de algo. Más bien, ocurre que lo que está "acabado" o "consumado" tiene que haber alcanzado su posible "terminación". El "acabamiento" o la "consumación" (*Vollendung*) debe verse, pues, como un modo fundado de la "terminación" (*Fertigkeit*), la cual constituye una determinación de algo que es "ante los ojos" (*vorhanden*) o bien "a la mano" (*zuhanden*) (cf. *SZ* § 48 p. 244 s.). Ahora bien, ninguno de estos modos del "finalizar" permite dar una caracterización adecuada de la muerte como fin(al) del *Dasein*, sino que su aplicación al caso del *Dasein* haría que éste fuera concebido como algo que es meramente "ante los ojos" o bien meramente "a la mano": en la muerte el *Dasein* ni está "acabado" o "consumado" (*vollendet*), ni ha simplemente desaparecido (*verschwunden*), ni está "terminado" (*fertig geworden*) o "completamente disponible" (*ganz verfügbar*), como algo "a la mano". Mientras existe, el *Dasein* no sólo *es* su "todavía no", sino que, a la vez, *es* siempre también su fin(al). El "finalizar" al que remite la muerte no debe verse, pues, como un "ser en el fin(al)" o "estar terminado" (*Zu-Ende-sein*) del *Dasein*, sino, más bien, como su "ser para (vuelto hacia) el fin(al)", vale decir, como una peculiar relación

---

[35] En cualquier caso, ya Aristóteles llamó la atención sobre el hecho de que tampoco desde el punto de vista de la filosofía natural y la biología la muerte puede ser vista propiamente como un fenómeno de "acabamiento" o "consumación", como si fuera un "fin" al que naturalmente tiende el desarrollo del ser viviente, sino que constituye, más bien, un mero "final", pero no un "fin", en el sentido más propio del término (cf. *Física* II 2, 194a27-33). En cierto sentido, puede decirse que, para Aristóteles, la muerte del viviente compuesto de forma y materia sólo es "natural", según la materia, es decir, en razón del hecho mismo de la composición hylemórfica, pero no según la forma. Para la elaboración de este punto, véase Clark (1975) p. 164 ss.; véase también King (2001) p. 58 ss.

de ser que el *Dasein* mantiene con su propio fin(al). En tal sentido, la muerte es un modo de ser que el *Dasein* asume tan pronto como existe. Heidegger cita aquí la notable sentencia de Johannes von Tepl (ca. 1350 – 1414) en su obra de 1401 "El campesino de Bohemia" ("Der Ackermann aus Böhmen"), según la cual "no bien un ser humano llega a la vida, ya es suficientemente viejo para morir" (cf. *SZ* § 48 p. 245).[36] La consecuencia es clara: el "finalizar", tomado en el sentido específico del "ser para (vuelto hacia) el fin(al)", sólo puede ser ontológicamente esclarecido a partir del modo de ser del *Dasein*. En cambio, el punto de partida en un sentido indiferenciado, meramente categorial, del "todavía no", para llegar una comprensión de la peculiar forma "totalidad" que corresponde al *Dasein*, a través de una caracterización de la noción de "finalizar", no conduce al objetivo deseado, sino que, a lo sumo, permite establecer, de modo puramente negativo, que el "todavía no" que corresponde al *Dasein* no puede ser comprendido en términos de mera "falta" (*Ausstand*) (cf. *SZ* § 48 p. 245 s.). Una caracterización positiva de las estructuras fenoménicas relevantes (*vgr.* las señalizadas por nociones como "todavía no", "finalizar" y "totalidad") no puede lograrse aquí más que por medio de una orientación unívoca (*eindeutige Orientierung*) a partir de la constitución de ser (*Seinsverfassung*) del *Dasein*. El punto de partida para una interpretación de la muerte que haga justicia a los requerimientos de la analítica existenciaria debe buscarse, pues, en el fenómeno de la "cura" (*Sorge*), como constitución fundamental (*Grundverfassung*) del *Dasein* (cf. *SZ* § 48 p. 246).

iii) La especificidad y el alcance del análisis existenciario de la muerte (§ 49)

Aclaradas las dificultades fundamentales que debe enfrentar el análisis existenciario de la muerte, Heidegger lleva a cabo una expresa delimitación de la problemática que se pretende abordar. Las precisiones metódicas introducidas en el § 49 cumplen una función comparable a las que se había realizado en los §§ 10-11, para dar cuenta de la especificidad de la analítica existenciaria, frente al tratamiento de la "existencia" y la realidad humanas que llevan a cabo disciplinas como la antropología filosófica, la psicología, la biología o la antropología cultural. Se trata, pues, de asegurar el campo temático específico de la interpretación ontológico-existenciaria de la muerte, señalando los límites que le están trazados de antemano a tal tipo de interpretación, vale decir, indicando qué es lo que *no* pretende preguntar y sobré qué no puede proporcionar información alguna (cf. *SZ* § 49 p. 246).

---

[36] Heidegger cita el texto según la versión en alemán moderno editada por A. Bernt y K. Burdach (1917): "Sobald ein Mensch zum Leben kommt, sogleich ist er alt genug zu sterben". La versión original, en alemán antiguo, reza: "als schier ein mensche lebendig wirt, als schier ist er alt genug zu sterben" (véase Kiening [2000] p. 42).

La primera precisión concierne a la diferencia que separa al análisis existenciario de la muerte de toda forma de consideración biológico-fisiológica y toda posible ontología de la vida, concebida como una ontología regional específica que tematiza los presupuestos de las diversas formas de estudio óntico-empírico del fenómeno de la vida, en sus diferentes posibles variantes. Más aún: Heidegger asume que, además de la diferencia señalada, hay aquí una relación de fundamentación, que comprende dos niveles escalonados, a saber: por una parte, la investigación biológico-fisiológica de la vida y la muerte trae consigo siempre ya determinados presupuestos ontológicos que dicha investigación no puede tematizar con sus propios recursos explicativos, de modo tal que debe delegar tal tarea en una ontología de la vida, que dé cuenta también del modo en que la muerte misma se determina a partir de su pertenencia a la vida (cf. *SZ* § 48 p. 246 s.); por otra parte, toda ontología de la vida, como ontología regional referida a un determinado ámbito ontológico (cf. *SZ* § 49 p. 246: *Seinsbezirk*), presupone siempre ya la ontología del *Dasein*, como ontología fundamental (cf. *SZ* § 49 p. 247).

En segundo lugar, la interpretación existenciaria tiene un primado metódico también frente a toda posible investigación biográfico-histórica o bien etnológico-psicológica de la muerte: en todos esos casos se presupone siempre ya, de modo inexpreso, un concepto de la muerte, que no puede ser, en último término, sino un concepto de carácter ontológico-existenciario. El estudio de los diversos modos en los que se "vive" o "experimenta" (*»erlebt« wird*) el "fallecer" o "dejar de vivir" (*Ableben*) provee, sin duda, valiosa información también sobre la vida de los que van a morir. Pero ello no constituye más que un reflejo (*Wiederschein*) del hecho, ya señalado, de que el *Dasein* no "muere" recién cuando hace una determinada experiencia del "fallecer" o "dejar de vivir", sino que su muerte, en el sentido propiamente existenciario del "ser para (vuelto hacia) la muerte", pertenece estructuralmente a su "vida", en tanto "existente" (cf. *SZ* § 49 p. 247).

En tercer lugar, el análisis existenciario de la muerte no anticipa ninguna toma de posición de carácter existencial (*keine existenzielle Stellungnahme*) respecto de la muerte, como tal. Más precisamente, no decide sobre ninguna cuestion escatológica ni provee normas o reglas a las que debiera atenerse el comportamiento frente a la muerte. El análisis se sitúa, de hecho, en la perspectiva del "más acá" (*das »Diesseits«*), y no en la del "más allá" (*das »Jenseits«*), pero ello obedece a razones de carácter estrictamente metódico, a saber: por una parte, el análisis existenciario debe enfocar el fenómeno de la muerte necesariamente desde el punto de vista que atiende a su inserción en la estructura de la "existencia" es decir, como una posibilidad de ser del *Dasein*; por otra, la pregunta por lo que pudiera haber "después de la muerte" (*nach dem Tod*) sólo podría plantearse de un modo metódicamente asegurado y controlable, una vez que la muerte ha quedado conceptualmente determinada, en la plenitud de su esencia ontológica (cf. *SZ* § 49 p. 247 s.). Tampoco se decide de antemano si la pregunta escatológica puede ser teóricamente abordable o no, pues basta con establecer que la interpretación ontológica de la muerte, situada en la perspectiva del "más acá" que implica la referencia a la estructura de la "existencia" misma, precede, como tal, metódicamente a toda posible especulación óntica referida al "más allá" (cf. *SZ* § 49 p. 248). Por lo mismo, la interpretación existenciaria tampoco puede fijar posición respecto de cuestiones propias de lo que sería una "metafísica de la muerte" (*»Metaphysik des Todes«*), tales como las que se refieren al "origen" y el "sentido" de la presencia de la muerte y, en general, del mal y la negatividad en el "mundo" (cf. *SZ* § 49 p. 248).[37]

El precio que trae consigo la precedencia metódica del análisis existenciario frente a toda posible biología, psicología, teodicea o teología de la muerte reside, explica Heidegger, en el carácter puramente "formal" y "vacío" (*Formalität und Leere*) de sus resultados, como ocurre, por lo demás, con toda genuina caracterización ontológica. Sin embargo, esto en nada aminora la enmarañada complejidad del fenómeno tematizado, pues dicha complejidad se funda en la estructura de la "existencia" misma, a la cual la muerte, como tal, pertenece (cf. *SZ* § 49 p. 248). El análisis existenciario de la muerte apunta, pues, a poner de manifiesto una estructura existenciaria de carácter formal, que posibilita diversos modos de concreción óntica y subyace a todos ellos. Pero, como es obvio, no puede obtener acceso a dicha estructura formal más que partiendo de alguno de tales modos de concreción óntica en los que aquella aparece necesariamente realizada. Se hace necesario, por tanto, evitar aquí toda posible arbitrariedad en la fijación del punto de partida. En virtud de las premisas metódicas básicas a partir de las cuales se orienta, desde el comienzo, la analítica existenciaria, el punto de partida del análisis del "ser para (vuelto hacia) la muerte" no puede ser otro, explica Heidegger, que el modo en el cual el fin(al) del "ser en el mundo" queda incluido en el modo de ser el "sí mismo" del *Dasein* que corresponde a la "cotidianeidad de término medio" (*durchschnittliche Alltäglichkeit*) (cf. *SZ* § 49 p. 248 s.). Dicho de otro modo: el punto de partida del análisis lo proporciona la modalidad "impropia" ("no propia") del "ser para (vuelto hacia) la muerte". También en este caso queda, pues, ratificada la prioridad metódica de la "impropiedad" ("no propiedad") del "existir", con la peculiaridad de que, en el caso del "ser para la muerte", el análisis debe contribuir, siguiendo la propia tendencia de apertura del fenómeno tematizado, a explicar cómo se atestigua la posibilidad del "ser propio" del *Dasein*, en y desde la misma "impropiedad" ("no propiedad").

---

[37] Para un intento reciente de poner en diálogo el análisis heideggeriano de la muerte con el abordaje propio de la teología, véase Pattison (2013), quien, además de marcar las diferencias, pone de relieve también algunos de los aportes positivos a la teología que se podrían derivar de la concepción heideggeriana. Especial atención dedica Pattison al modo en el que Heidegger trata el problema de la experiencia de la muerte de los otros (cf. cap. 5).

c. El análisis ontológico-existenciario de la muerte (§§ 50-53)

Sobre la base de lo establecido, el análisis a desarrollar procede en cuatro pasos, dentro de una secuencia que debe verse como unitaria, a saber: primero, i) se pone de manifiesto de qué modo el posible "ser total" del *Dasein*, tal como éste tiene lugar a través del "ser para (vuelto hacia) la muerte", se conecta con la estructura de la "cura", a los efectos de ofrecer una primera caracterización de la estructura ontológico-existenciaria de la muerte (§ 50); luego, ii) se caracteriza el modo en el que el "ser para (vuelto hacia) la muerte" adquiere su concreción en el marco de la "cotidianeidad de término medio" (§ 51); a continuación, iii) se completa la caracterización del concepto existenciario de la muerte, considerando las notas de certeza e indeterminación, a partir del modo cotidiano del "ser para (vuelto hacia) el fin(al)" (§ 52); por último, iv) se ofrece un esbozo existenciario del "ser para (vuelto hacia) la muerte", en su modalidad "propia" (§53).

i) El "ser para (vuelto hacia) la muerte y la "cura" (§ 50)

La tesis central que Heidegger desarrolla en este parágrafo ha sido anunciada ya en la discusión precedente, a saber: si es verdad que el "ser para (vuelto hacia) la muerte" o, lo que es lo mismo, el "ser para (vuelto hacia) el fin(al)" pertenece, en un sentido especialmente señalado, al ser del *Dasein*, se sigue entonces que su estructura debe poder ser caracterizada por referencia a la constitución de ser del *Dasein* mismo, vale decir, por referencia a la "cura" (cf. *SZ* § 50 p. 249 s.). Al referirse a los momentos constitutivos de la "cura" Heidegger menciona α) el "pre-serse" o "anticiparse a sí" (*das Sich-vorweg*) o bien la "existencia" (*Existenz*), β) el "ser ya en..." (*das Schon-sein in...*) o bien la "facticidad" (*Faktizität*), y γ) el "ser cabe..." ("ser junto a...") (*das Sein bei...*) o bien la "caída" (*das Verfallen*) (cf. *SZ* § 50 p. 249 s.). La lisa y llana identificación del "ser cabe" ("ser junto a") con la "caída" sugerida aquí puede llevar a engaño, si se tiene en cuenta que la estructura formal del "ser cabe" ("ser junto a") debe poder dar cuenta, en principio, tanto del modo "propio" como del modo "impropio" del estar en medio del ente intramundano.[38] A todas luces, la simplificación –que está presente o, al menos, implícitamente sugerida también en otros pasajes– viene motivada aquí por el hecho de que, como se señaló ya, el análisis de la estructura formal del "ser para (vuelto hacia) la muerte" debe partir de aquella, entre sus posibles formas de concreción óntica, que corresponde al modo en el que el "ser para (vuelto hacia) el fin(al)" se realiza en el marco de la "cotidianeidad de término medio". Sobre esta base,

---

[38] Para este punto, véase von Herrmann (2004) p. 207 ss., quien discute y corrige en este punto la errónea interpretación de Pöggeler, en su libro aparecido originalmente en 1963 (véase Pöggeler [1990] p. 210 s.).

Heidegger muestra la conexión del "ser para (vuelto hacia) la muerte" con cada uno de los tres momentos constitutivos de la "cura".

En primer lugar, α) en lo que toca al momento del "pre-serse" o "anticiparse a sí", Heidegger recalca la imposibilidad, ya puesta de manifiesto, de comprender el "todavía no" (*das Noch-nicht*) constitutivo de la "existencia" en términos de "falta" o "faltante" (*Ausstand*), sin recaer en una interpretación cosificante del ser del *Dasein*, como algo "ante los ojos". El "ser en el fin(al)" o "estar terminado" (*das Zu-Ende-sein*), en su sentido propiamente existenciario, no quiere decir otra cosa que "ser para (vuelto hacia) el fin(al)" (*Sein zum Ende*). El "todavía no" más extremo, que es la propia muerte, tiene el carácter de algo respecto de lo cual el *Dasein* mismo *se comporta* (sich verhält) de cierta manera. El fin(al) que es la muerte es algo que el *Dasein* tiene siempre por delante, en el sentido preciso de lo que es siempre inminente, lo que amenaza llegar en cualquier momento (*bevorstehen, Bevorstand*), y no en el sentido de aquello que, no siendo todavía algo dado efectivamente "ante los ojos", puede considerarse de ocurrencia cercana. Ahora bien, el aspecto clave de esta caracterización, sobre el cual Heidegger insiste expresamente, es el que se relaciona con el peculiarísimo tipo de "algo" que es la muerte, y no tanto con la noción misma de inminencia, que puede ser aplicada, como tal, a toda una gama de "cosas", vale decir, de "eventos" o "acontecimientos" de carácter intramundano (p. ej. una tormenta, la reforma de una casa, la llegada de un amigo, etc.) (cf. *SZ* § 50 p. 250). El punto de Heidegger es que, en el caso de la muerte, el particular tipo de inminencia que le pertenece se relaciona, ante todo, con su carácter de posibilidad de ser del *Dasein* mismo, más precisamente, con el peculiarísimo tipo de posibilidad de ser del *Dasein* que ella misma, la muerte, es. En efecto, Heidegger explica que también otras muchas y diversas posibilidades de ser del *Dasein* pueden revestir ocasionalmente un determinado carácter de inminencia: un viaje que nos disponemos a hacer, una confrontación o discusión con los otros y muchas otras posibilidades de ser del *Dasein*, que se fundan en su "ser con" (*Mitsein*) los otros. Lo que distingue a la muerte es, sin embargo, el hecho de que se trata de una posibilidad de ser de la que el *Dasein*, en cada caso, *tiene* que hacerse cargo, y con la cual el *Dasein* se hace inminente para sí mismo, en su *más propio* "poder ser" (*in seinem* eigensten *Seinkönnen*), puesto que, en dicha posibilidad, se trata para el *Dasein* mismo de su propio "ser en el mundo", sin más (cf. *SZ* § 50 p. 250). Al hacerse inminente para sí mismo en la posibilidad de "no poder ser más ahí", es decir, de ya no poder "existir", el *Dasein* queda *completamente* (*völlig*) remitido a su más propio "poder ser", de modo tal que, en dicha inminencia, el *Dasein mismo* queda, por así decir, "suelto" (*lösen*) de todas las referencias (*Bezüge*) que lo vinculan a otros. Además de ser la más propia (*eigenst*) e irreferible (*unbezüglich*), en cuanto suelta o disuelve todas las referencias que vinculan a otros, la muerte es para el *Dasein* también su posibilidad más extrema (*äußerst*), por cuanto el *Dasein* como "poder ser" no puede superarla (*überholen*), yendo más allá de ella: en cuanto constituye "la posibilidad de la lisa y llana imposibilidad de la existencia" (*die Möglichkeit der schlechthinnigen Daseinsunmöglichkeit*), la muerte se revela, pues, como "la posibilidad más propia, irreferible e insuperable" (*die eigenste, unbezügliche, unüberholbare Möglichkeit*) del *Dasein* (cf. *SZ* § 50 p. 250). En tal sentido, representa un tipo especialmente señalado de inminencia (*ein ausgezeichneter Bevorstand*), cuya posibilidad existenciaria se funda en el "estado de abierto" (*Erschlossenheit*) del *Dasein*, en tanto constituido por el momento estructural del "pre-serse" o "anticiparse a sí". Más aún: el "ser para (vuelto hacia) la muerte" provee "la concreción más originaria" (*die ursprünglichste Konkretion*) de dicho momento estructural de la "cura". El "ser para (vuelto hacia) el fin(al)" del *Dasein* adquiere, pues, mayor nitidez fenoménica, allí donde se lo considera como un "ser para (vuelto hacia) la posibilidad más propia, irreferible e insuperable" del *Dasein* (cf. *SZ* § 50 p. 250 s.).

En segundo lugar, β) en lo que respecta al momento del "ser ya en...", Heidegger enfatiza el hecho de que la peculiarísima posibilidad de ser que constituye la muerte no es algo que el *Dasein* adquiera adicionalmente a lo largo de su "existir", sino que pertenece, como tal, a su mismo "estado de yecto" (*Geworfenheit*): el *Dasein* está siempre ya "arrojado" (*geworfen*) en ella, "entregado" (*überantwortet*) en su mismo ser a su propia muerte, de modo tal que ésta pertenece a su "ser en el mundo", como tal. El modo en el que el *Dasein* mismo tiene acceso a su "estado de yecto en la muerte" (*Geworfenheit in den Tod*) no tiene la forma de ningún tipo de "saber", ni expreso ni teórico, sino que remite a la función originaria de apertura que desempeña el "encontrarse" o la "disposicionalidad afectiva" (*Befindlichkeit*). Más precisamente, es en y a través de la disposición afectiva fundamental de la angustia (*Angst*) como se le revela al *Dasein*, de modo más originario y más penetrante, su "estado de yecto en la muerte" (cf. *SZ* § 50 p. 251). El análisis de la función de apertura de la angustia llevado a cabo en el § 40 de *SZ*, al cual Heidegger remite en el presente contexto, había mostrado que lo que se abre a través de ella, a diferencia de lo que ocurre con el miedo (*Furcht*), no es un tipo particular o una región particular de entes intramundanos (*vgr*. lo peligroso o amenazante, en el caso del miedo), sino el "ser en el mundo", como tal. Heidegger retoma aquí este resultado: la angustia ante la muerte es la angustia "ante" (»*vor*«) el más propio, irreferible e insuperable "poder ser" del *Dasein*, vale decir, ante el "ser en el mundo mismo", si se tiene en cuenta que la muerte, como posibilidad de la lisa y llana imposibilidad del "existir", concierne, de modo directo, al "ser en el mundo" del *Dasein*, como tal (cf. *SZ* § 50 p. 251). En tanto referida al "ser en el mundo", como tal, la "angustia ante la muerte" (*Angst vor dem Tod*) no debe ser confundida con el mero "miedo ante el dejar de vivir" (*Furcht vor dem Ableben*). La angustia ante la muerte no constituye una reacción afectiva arbitraria o casual, que pone de manifiesto una debilidad del *Dasein* individual, sino que, en tanto disposición afectiva fundamental (*Grundbefindlichkeit*) del *Dasein*, cumple la función de abrir originariamente el hecho irreductible de que el *Dasein*, en tanto constituido en su ser por el "estado de yecto" (*als geworfenes Sein*), "existe" *para (vuelto hacia)* (*zu*) su fin(al) (cf. *SZ* § 50 p. 250 s.). Dicho de otro modo: lo que la angustia abre de modo originario no es simplemente el hecho bruto de la muerte, como el mero "dejar de vivir", sino, más bien, la relación existenciaria que el *Dasein* mantiene con su propia muerte, en tanto "existente", vale decir, el "ser para (vuelto hacia) la muerte" del *Dasein*. Naturalmente, dicho "ser para (vuelto hacia) la muerte" se realizará, en cada caso, en la forma que corresponde a algunos de sus posibles modos de concreción óntica. Pero en todos ellos comparece, de uno u otro modo, ya sea de modo más nítido o bien más nivelado y desperfilado, una y la misma estructura ontológica posibilitante, que no es otra que la del "ser para (vuelto hacia) la muerte", como posibilidad de ser del *Dasein* mismo.

Este punto es de fundamental importancia, tanto en el plano metódico como en el plano temático, para comprender adecuadamente la posición elaborada por Heidegger, entre otras cosas, porque permite poner de relieve que, tal como ocurre también con las demás estructuras pertenecientes a la constitución de ser del *Dasein,* hay, a juicio de Heidegger, un acceso comprensivo, de carácter preontológico, al "ser para (vuelto hacia) la muerte", *como existenciario*. Dicho de otro modo: no sólo "sabe" el *Dasein*, ya en el plano de la "actitud natural" o "prefenomenológica" de su propia muerte, en el sentido de que cuenta, de una u otra manera, con ella, por ejemplo, allí donde la teme y huye de la confrontación con ella, sino que "sabe" también, aunque de otra manera, de la relación de ser que él mismo mantiene con su propia muerte. Aunque todo acceso al ente intramundano y también a sí mismo por parte del *Dasein* comporta siempre tanto un componente comprensivo como uno de carácter disposicional afectivo, que cooperan articuladamente en toda posible apertura de sentido, Heidegger enfatiza el hecho de que, en el caso del "ser para (vuelto hacia) la muerte", el componente vinculado con la disposición afectiva, más precisamente, con la disposición fundamental de la angustia es el que juega el papel protagónico, allí donde se trata de dar cuenta del modo en el cual se le abre originariamente al propio *Dasein*, ya en el plano de la "actitud natural" o "prefenomenológica" la relación de ser que él mismo mantiene con su muerte, esto es, su propio "ser para (vuelto hacia) la muerte". Como ocurre con todas las estructuras tematizadas por la analítica del *Dasein* como ontología fundamental, también aquí la indagación ontológica que apunta a poner de manifiesto la estructura existenciaria del "ser para (vuelto hacia) la muerte" sólo resulta posible, como tal, sobre la base de lo abierto ya de modo originario en el ámbito de la "actitud natural" o "prefenomenológica". También en este caso es, pues, la comprensión ontológica la que resulta, por lo pronto, deudora de la comprensión preontológica, y no viceversa, aun cuando aquélla pueda luego retroactuar, a veces incluso de modo decisivo, sobre ésta, por la vía del esclarecimiento conceptual que le facilita al *Dasein* el acceso a una nueva forma o, si se quiere, a un nuevo nivel de su posible (auto)transparencia. En tal sentido, la función originaria de apertura que cumple la angustia respecto del "ser para (vuelto hacia) la muerte" constituye un presupuesto irrenunciable también de todo posible intento de hacer fenomenológicamente accesible el "ser para (vuelto hacia) la muerte" y, con ello, también de toda posible "filosofía de la muerte", que merezca realmente el nombre de tal. Como se dijo, el "ser para (vuelto hacia) la muerte" constituye un peculiar fenómeno de acceso del *Dasein*, en este caso concreto, el acceso comprensivo y afectivamente dispuesto que el *Dasein* posee, como su posibilidad ser (*vgr.* la muerte en sentido propiamente existenciario), a la posibilidad cuasi-categorial de su propia muerte, como hecho bruto. Por lo tanto, el análisis ontológico-existenciario no puede hacer, como tal, otra cosa que procurar, a su vez, un nuevo modo de acceso, esta vez de carácter temático y conceptual, a través del cual aquel primer modo de acceso y, con ello, también aquello a lo que se accede a través de él se exhiban como lo que precisamente son.

Por último, γ) en lo que concierne al momento del "ser cabe..." ("junto a..."), en la modalidad "impropia" de concreción que corresponde a la "caída", el modo "impropio" de comportarse respecto de la muerte, que toma la forma de un aparente no saber ni querer saber de ella, debe verse él mismo como un fenómeno positivo, vale decir, como una peculiar concreción existencial del "ser para (vuelto hacia) la muerte", como posibilidad existenciaria. Mientras "existe", el *Dasein* muere fácticamente, pero ello, "inmediata y regularmente" (*zunächst und zumeist*), en el modo de la "caída". En el "ser cabe..." ("junto a...") al ente intramundano, en el modo de la "caída" que se sumerge y se absorbe en el "mundo" de la ocupación, se anuncia la huida de (ante) aquello que resulta inquietante (*aus der Unheimlichkeit*), que no es aquí sino el más propio "ser para (vuelto hacia) la muerte" (*das eigenste Sein zum Tode*) (cf. *SZ* § 50 p. 251 s.).

El examen de los tres momentos muestra que el morir, en el sentido propiamente existenciario, funda su posibilidad ontológica en la estructura de la "cura" (cf. *SZ* § 50 p. 252), como no podría ser de otra manera, si es verdad que ésta designa la constitución ontológica fundamental del *Dasein* y que la muerte pertenece, como tal, a la estructura misma de la "existencia" A su vez, si esto es así, entonces el "ser para (vuelto hacia) la muerte" debe poder ser acreditable también en el ámbito de la "cotidianeidad de término medio", aunque se presente allí, por lo pronto, en el modo de la "impropiedad" ("no propiedad"). Con el "ser para (vuelto hacia) la muerte" se tiene, pues, la posibilidad del tipo peculiar de totalización que pertenece y debe pertenecer al *Dasein*, en tanto "existente". La tesis ontológica que afirma que la "cura" es el título para la totalidad de la estructura del *Dasein*, en su conjunto, quedaría, pues, justificada. Pero para ello es necesario todavía mostrar de qué modo el "ser para (vuelto hacia) el fin(al)" adquiere su concreción inmediata en el ámbito de la "cotidianeidad de término medio" (cf. *SZ* § 50 p. 252). Se trata, pues, de caracterizar de modo más preciso la modalidad "impropia" ("no propia") de concreción del "ser para (vuelto hacia) la muerte".

ii) Muerte y cotidianeidad (§ 51)

El tratamiento del modo "impropio" del "ser para (vuelto hacia) la muerte" se orienta a partir del análisis de la "cotidianeidad de término medio" llevado a cabo en el § 27, el el cual se llevó a cabo una caracterización del "uno" (*das Man*) como modo "impropio" del "sí mismo", que se mantiene inmerso en el "estado de interpretado" (*Ausgelegtheit*) dominante, tal como adquiere expresión en la "habladuría" (*Das Gerede*). Lo que la "habladuría" documenta no es, pues, otra cosa que el particular modo de comprensión afectivamente dispuesta (*gestimmtes... Verstehen*) en el cual se abre el "ser para (vuelto hacia) la muerte" en el ámbito de la "cotidianeidad de término medio", Se trata, en definitiva, de caracterizar el modo en el cual el "uno" se comporta respecto de la muerte, como posibilidad más propia, irreferible e insuperable del *Dasein*, y ello, con especial atención al modo del encontrarse, es decir, a la "disposición afectiva" (*Befindlichkeit*) que le abre al "uno" su "estar entregado a la muerte" (cf. *SZ* § 51 p. 252).

El primer rasgo estructural de la interpretación cotidiana viene dado por la degradación de la muerte al estatuto de un mero evento intramundano que se tiene por conocido, en la medida en que ocurre una y otra vez: la muerte aparece así como mero "caso de muerte" (*als »Todesfall«*). De este modo, el fenómeno queda reducido a la "no llamatividad" (*Unauffälligkeit*) propia de todo aquello que queda inserto en el marco del trato práctico-operativo, libre de impedimento, con lo que es "a la mano" (cf. *SZ* § 16 p. 72 ss.). Ahora bien, tal nivelación cumple, a la vez, una peculiar función de descarga. Comprendida como mero evento intramundano, vale decir, como "caso de muerte", la muerte no revela inmediatamente su irreductible indelegabilidad, fundada en su pertenencia a la "existencia", en tanto caracterizada por el "en cada caso mío" (*Jemeinigkeit*) (cf. *SZ* § 9). Por el contrario, comprendida como evento intramundano, la muerte se presenta siempre como algo que, por lo pronto, no lo concierne a uno mismo: "uno se muere" (*man stirbt*), pero, por lo pronto, todavía no. Tal parece como si la muerte concerniera exclusivamente al "uno", que, por lo pronto, no es nadie en particular, y no, en cada caso, precisamente yo mismo. Aquí se muestra el componente de "ambivalencia" (*Zweideutigkeit*) que caracteriza a la "habladuría" propia del "uno". Por una parte, el modo habitual de hablar, que articula la comprensión nivelada de la muerte como mero evento intramundano, tiende a presentar como algo que no concierne, por lo pronto, a nadie en particular, justamente, aquello que es, en un sentido especialmente señalado, "en cada caso mío", es decir, aquello que se caracteriza por su esencial indelegabilidad. Por otra parte, la interpretación de la muerte como algo que será "efectivo" (*wirklich*), pero que, por lo pronto, aún no acaece, encubre el carácter irreductible de posibilidad de la muerte, en su sentido propiamente existenciario, y con ello también su esencial irreferibilidad e insuperabilidad. Por lo mismo, la ambivalencia imperante en el modo habitual de hablar sirve, por así decir, de coartada, en la medida en que fortalece la tentación (*Versuchung*) del *Dasein* a perderse en el "uno" (cf. *SZ* § 38 p. 177 ss.), y ello, justamente, en lo que concierne a un modo especialmente señalado de su "poder ser" que pertenece a su más propio "sí mismo" (*das eigenste Selbst*): a través de tal modo de hablar, el "uno" se da la razón a sí mismo y aumenta la tentación a ocultar el más propio "ser para (vuelto hacia) la muerte" (*das eigenste Sein zum Tode*) (cf. *SZ* § 51 p. 253).

Las mismas tendencias al ocultamiento determinan también el modo cotidiano del trato con la muerte en el "ser unos con otros" (*im Miteinandersein*): los más cercanos intentan convencer al que está muriendo de que podrá escapar a la muerte y volver a la tranquilidad de su "ocupación" cotidiana. En este modo del "procurar por" (*Fürsorge*), se pretende "dar consuelo" (*»trösten«*) al que muere, precisamente, a través del ocultamiento de aquello que constituye su más propia e irreferible posibilidad de ser: el "uno" procura de este modo un constante apaciguamiento (*Beruhigung*) respecto de la muerte, que, en rigor, no se dirige tanto al mismo que muere como a aquellos que le dan consuelo. La publicidad, en efecto, no debe ser molestada e inquietada por la muerte. El "dejar de vivir" del que muere, a menudo, tiene incluso algo de acontecimiento socialmente desagradable, como si fuera una especie de "falta de tacto" (*Taktlosigkeit*), a la que el público no debería quedar expuesto (cf. *SZ* § 51 p. 253 s.).[39]

Ahora bien, el reverso de la función de descarga que cumple la interpretación de la muerte dictada por el "uno" viene dado por su "silente función reguladora" (*die stillschweigende Regelung*), a través de la cual el "uno" hace valer su derecho y su prestigio. Se impone así un determinado modo de comportarse, según el cual ya el mero "pensar en la muerte" es sancionado públicamente como un miedo cobarde, como una falta de seguridad del *Dasein* o bien como una sombría huida del mundo. De este modo, se reprime, en su mismo origen, el "valor para la angustia ante la muerte" (*der Mut zur Angst vor dem Tod*). Vale decir: el "estado de

---

[39] Heidegger remite aquí al tratamiento del tema que lleva a cabo L. N. Tolstoi en el relato titulado "La muerte de Iván Ilich" (1886), en especial, con referencia al tópico de la inconveniencia social y la falta de tacto que representaría el morir, desde el punto de vista de la opinión pública, representativa de la "cotidianeidad de término medio".

interpretado" público, determinado por el "uno", prescribe incluso el modo del "encontrarse", esto es, el tipo de "disposición afectiva" a partir de la cual se ha de determinar la posición que se adopta frente a la muerte. Se logra producir así una completa "inversión" (*Umkehrung*) en el modo de asumir el "ser para (vuelto hacia) la muerte", como posibilidad de ser del *Dasein*: la "angustia ante la muerte", en la cual el *Dasein* se pone ante sí mismo como entregado a una posibilidad insuperable de su propio ser, queda transformada en un mero "miedo ante un acontecimiento venidero" (*eine Furcht vor einem ankommenden Ereignis*), el cual, además, es sancionado como una debilidad que un *Dasein* seguro de sí mismo no debería experimentar. Lo que el decreto silencioso del "uno" prescribe es la "calma indiferente" frente al hecho de la muerte. Pero, vista desde el reverso, esa pretendida superioridad e indiferencia, allí donde se ha desarrollado y consolidado, no constituye más que un extrañamiento o alienación (*entfremdet, Entfremdung*) del *Dasein* respecto de su más propio e irreferible "poder ser" (cf. *SZ* § 51 p. 254). Los rasgos de la tentación, el apaciguamiento y el extrañamiento o la alienación caracterizan el modo de ser de la "caída". El modo cotidiano del "ser para (vuelto hacia) la muerte", en tanto cadente, no es, pues, sino una "constante huida ante la muerte" (*ständige Flucht vor ihm* <sc. *dem Tod*>). Esto quiere decir que el modo cotidiano del "ser para (vuelto hacia) el fin(al)" constituye una elusión o una evasión de carácter ocultante, que tiene lugar por vía de una reinterpretación fundada en una comprensión "impropia" (*das umdeutende, uneigentlich verstehende und verhüllende Ausweichen*) (cf. *SZ* § 51 p. 254). Sin embargo, en y con la cadente huida ante la muerte, la "cotidianeidad de término medio" atestigua que también el "uno" está él mismo determinado ya, en cada caso, como "ser para (vuelto hacia) la muerte". Vale decir: incluso en la "cotidianeidad de término medio" se trata para el *Dasein* siempre también de su más propio, irreferible e insuperable "poder ser", y ello, justamente, en la medida en que éste se comporta frente a la posibilidad más extrema de su "existencia" en el modo de la calma indiferencia (cf. *SZ* § 51 p. 254 s.).

iii) Certeza e indeterminación: del "ser para (vuelto hacia) el fin(al)" cotidiano al concepto existenciario completo de la muerte (§ 52)

Heidegger atiende aquí a otros aspectos del "ser para (vuelto hacia) la muerte" cotidiano, que permiten añadir rasgos todavía faltantes en la caracterización de la muerte en términos de posibilidad ofrecida anteriormente. En examen desarrollado en el § 52 puede verse, en líneas generales, como un intento de reconstrucción del tópico tradicional "*mors certa, hora incerta*", desde la perspectiva propia de la analítica existenciaria. Lo que dicho tópico pone de manifiesto es una peculiar tensión entre certidumbre e incertidumbre que determina esencialmente la relación que el *Dasein* mantiene con su propia muerte: ésta aparece α) como "cierta", en su ocurrencia, y, a la vez, β) como "indeterminada", en su hora. Se trata, pues, de dar una interpretación genuinamente existenciaria de ambas características, partiendo de su atestiguación impropia en el "ser para (vuelto hacia) la muerte" de la "cotidianeidad de término medio". La consideración de las características mencionadas, explica Heidegger, resulta necesaria para obtener el concepto "pleno" o "completo" de la muerte, en su sentido existenciario (*der volle existenziale Begriff des Todes*). A tal fin, se debe llevar a cabo una interpretación más penetrante del carácter de "aquello ante lo cual" (*Wovor*) tiene lugar la peculiar "huida" que representa la modalidad cotidiana del "ser para (vuelto hacia) la muerte" (cf. *SZ* § 51 p. 255).

*a) La muerte es cierta (*gewiß*)*

En primer lugar, hay que explicar el sentido preciso en el cual la muerte es *cierta* (*gewiß*). Ni siquiera en el modo "impropio" del "ser para (vuelto hacia) la muerte" cabe duda de que "uno (se) muere" (*man stirbt*). Ello no impide que la "certeza de la muerte" (*Gewißheit des Todes*) refleje aquí la misma ambivalencia que caracteriza, como tal, al "ser para (vuelto hacia) la muerte" en su modalidad "impropia". Por lo mismo, el tipo de "certeza de la muerte" que acompaña al modo cotidiano de "ser para (vuelto hacia) el fin(al)" no necesita albergar en sí todavía el peculiar modo de "estar cierto" (*Gewißsein*) correspondiente al carácter de posibilidad señalada del *Dasein* que es propio de la muerte, en tanto pertenece a la "existencia" (cf. *SZ* § 52 p. 255). En rigor, la "ocultante evasión ante (elusión de) la muerte" (*das verdeckende Ausweichen vor dem Tode*) que caracteriza el modo cotidiano del "ser para (vuelto hacia) el fin(al)" no puede estar *propiamente cierta* (*eigentlich gewiß*) de la muerte, aunque lo está, sin embargo, de cierto modo (cf. *SZ* § 52 p. 256).

Pero ¿cuál es, de modo más preciso, el alcance de esta peculiar forma de "certeza" (*Gewißheit*)? Heidegger explica que toda "certeza", en cuanto constituye un modo del "tener por verdadero" (*Fürwahrhalten*), presupone ya la verdad (*Wahrheit*), en el sentido del "estado de descubierto" (*Entdecktheit*) del ente, que, a su vez, sólo resulta posible, como se vio en el tratamiento de la verdad del § 44, sobre la base del "ser descubridor" (*Entdeckendsein*) del *Dasein*, fundado en su "estado de abierto" (*Erschlossenheit*). En sentido originario, "verdad" remite, pues, al "estado de abierto" del *Dasein*, que presta fundamento a los diversos posibles modos de su "ser descubridor". Por lo mismo, la noción de certeza, al igual que la de verdad, posee también un doble alcance: en sentido originario, remite al "estar cierto" (*Gewißsein*), como modo de ser (*Seinsart*) del *Dasein* y, en sentido derivado, al ente del cual el *Dasein* puede estar cierto en cada caso, es decir, a aquel ente que puede ser denominado como algo "cierto", como una cosa "cierta" (*ein »gewisses«* <sc. *Seiendes*>). Naturalmente, cuando Heidegger afirma la dependencia de la certeza respecto de la verdad, en modo alguno pretende sostener que todo aquello que es tenido por cierto tiene que ser también verdadero, justamente, en la medida en que es tenido por cierto. Como muestra el análisis posterior, la tesis de la dependencia de la certeza respecto de la verdad no excluye, en modo alguno, la posibilidad de casos de la certeza que deben verse como modos inadecuados del "tener por verdadero". La "verdad" de la que se trata en la formulación de la tesis no es la que remite a la "corrección" o "adecuación" de determinados contenidos proposicionales, sino la que remite al "estado de descubierto" del ente y, de modo mediato, al "ser descubridor" del *Dasein*, como condición de posibilidad de toda posible "corrección" o "adecuación". El punto central de la tesis de Heidegger consiste, pues, en llamar la atención sobre el hecho estructural de que incluso los modos inadecuados del "tener por verdadero", tales como, por ejemplo, las creencias falsas, constituyen modos de ser y comportarse del *Dasein* por referencia a aquello que es mentado en cada caso en y a través de ellos, y ello de tal manera que dichos modos de ser o comportarse presuponen ya en su misma posibilidad, de una u otra manera, la venida a la presencia, vale decir, la apertura a la comprensión de aquello a lo cual el *Dasein* se refiere y se vincula a través de ellos.[40]

Para ilustrar el alcance general de la tesis de la dependencia, Heidegger menciona el caso de la "convicción" (*Überzeugung*). Se trata de un modo del "tener por verdadero" en el cual el *Dasein* sólo se deja determinar, en su modo de ser comprensor por referencia a una determinada cosa (*sein verstehendes Sein zu...*), por el testimonio (*Zeugnis*) que procede de la cosa misma, en tanto "descubierta" (*entdeckt*) o "verdadera" (*wahr*). La suficiencia (*Zulänglichkeit*) del "tener por verdadero" se mide aquí, explica Heidegger, según el correspondiente tipo de pretensión de verdad (*Wahrheitsanspruch*), el cual, a su vez, se legitima a partir del modo de ser del ente que debe ser hecho accesible y de la dirección del modo de acceso, de suerte que con la variación del ente, y según la tendencia y el alcance del modo de acceso, varía también el tipo de verdad y, con ello, la certeza. En el presente

---

[40] La tesis heideggeriana de la dependencia de la verdad y la falsedad, en el sentido más habitual que remite a una propiedad de las creencias y los enunciados, respecto del "estado de descubierto" (*Entdecktheit*) del ente intramundano y el "ser descubridor" (*Entdeckend-sein*) del *Dasein*, los cuales se fundan, a su vez, en el "estado de abierto" (*Erschlossenheit*) del *Dasein* mismo, trae consigo, como es sabido, consecuencias relativas también al carácter de la falsedad y el error, en el sentido habitual que refiere a una propiedad de las creencias y los enunciados. Como ocurre en la tradición que va de Kant, con su tesis relativa a la imposibilidad del error total (cf. p. ej. *Jäsche Logik* p. 54), y Husserl, con su énfasis en el carácter esencialmente parcial y parasitario de fenómenos como la decepción (*Enttäuschung*) vinculada con la falsedad del juicio (cf. p. ej. *LU* VI § 11), también Heidegger se ve llevado a enfatizar la dependencia estructural de fenómenos defectivos como la falsedad, el error y la apariencia, respecto de una dimensión más básica de venida a la presencia, vale decir, de apertura a la comprensión del ente al que quedan referidos, en cada caso, la falsedad, el error o la apariencia. Para el caso concreto de la apariencia, véase, por ejemplo, las indicaciones contenidas en el tratamiento de la noción de fenómeno llevado a cabo en el § 7 de *SZ* (cf. esp. *SZ* § 7 A p. 28 ss.).

contexto, el análisis apunta exclusivamente al modo de "estar cierto" de la muerte, en tanto éste constituye un modo especialmente señalado de la certeza propia del *Dasein*, como "existente" (*Daseinsgewißheit*) cf. *SZ* § 52 p. 256).

Pues bien, en su "existir" cotidiano, el *Dasein* se oculta a sí mismo, regularmente (*zumeist*), la "posibilidad más propia, irreferible e insuperable" de su propio ser. En razón de tal "tendencia fáctica" (*faktische Tendenz*) al ocultamiento, se confirma la tesis, establecida ya en el tratamiento de la verdad del § 44, según la cual el *Dasein* "existe" fácticamente en la "no verdad" (*Unwahrheit*), con igual originalidad que en la verdad. La certeza perteneciente a este ocultamiento del "ser para (vuelto hacia) la muerte" tiene que ser, por tanto, un modo inadecuado del "tener por verdadero", pero no en el sentido de la falta de certeza que es propia de la duda, sino en el sentido preciso de un tipo de certeza que mantiene en el ocultamiento aquello de lo cual ella misma está cierta. Más precisamente: lo característico del modo cotidiano del "ser para (vuelto hacia) la muerte" consiste en el hecho de que el momento de la certeza queda, por así decir, focalizado en la muerte, en lo que tiene de acontecimiento intramundano, sin alcanzar al "ser para (vuelto hacia) la muerte", como tal (cf. *SZ* § 52 p. 256 s.). La focalización en el "hecho" de la muerte relega, así, al trasfondo la relación de ser que el *Dasein* mantiene con su propia muerte, como posibilidad existenciaria, de modo tal que ésta última queda tendencialmente oculta. El modo habitual de hablar sobre la muerte delata esta focalización en el "hecho", olvidada del modo de ser que hace posible su ingreso en el espacio de (auto)comprensión constitutivo del "existir": *se* (*man*) dice que "la" muerte (*»der« Tod*) viene, sin caer en la cuenta de que, para estar cierto de la muerte como hecho, el *Dasein* debe primero estar cierto de su más propio e irreferible "poder ser". En cambio, el modo habitual de hablar desplaza inadvertidamente el momento de certeza aquí presente en dirección de la muerte, como "hecho" intramundano: la muerte aparece así, primariamente, como un "hecho de experiencia" (*Erfahrungstatsache*), "innegable" (*unleugbar*), al cual se tendría acceso, de modo indirecto, a través de la muerte de los otros. Si, sobre esta base, se intenta ir un poco más allá, a fin de elaborar "críticamente" (*kritisch*) un pensamiento más "cuidadoso" (*vorsichtig*), todo lo que se llega a constatar habitualmente es que el hecho de la muerte tiene una certeza de carácter "meramente" *empírico* (*»nur« empirisch*), que, como tal, queda por detrás del grado máximo de certeza, la certeza apodíctica (*apodiktisch*), propia de determinados ámbitos del conocimiento teórico (cf. *SZ* § 52 p. 257). Este modo, supuestamente crítico, de enfocar la cuestión no hace sino continuar y reforzar el mismo tipo de desconocimiento del modo de ser del *Dasein* y de su "ser para (vuelto hacia) la muerte" que impera ya en la "cotidianeidad de término medio". No se advierte, de este modo, que el carácter meramente empírico de la certeza del "fallecer" o "dejar de vivir" (*Ableben*) no determina el carácter de la certeza de la muerte, en el sentido existenciario del término. Los "casos de muerte" (*Todesfälle*) pueden, por cierto, proveer la ocasión para que el *Dasein* repare en la muerte y fije su atención en ella. Pero, en la medida en que quedara aferrado a ellos, vistos como meros hechos empíricamente ciertos, no podría jamás llegar a estar cierto de la muerte, en lo que ella misma "es", vale decir, como su más propia, irreferible e insuperable posibilidad de ser (cf. *SZ* § 52 p. 257).

Sin embargo, aunque el habla cotidiana del *Dasein*, en el ámbito de la publicidad (*Öffentlichkeit*) propia del "uno", no parece referirse a otra cosa que a la certeza "empírica" del hecho de la muerte, no menos cierto es que incluso aquí el *Dasein* no se atiene exclusiva y primariamente a los "casos de muerte" que tienen lugar intramundanamente. En efecto, *en la huida ante su propia muerte* también el modo cotidiano de "ser para (vuelto hacia) el fin(al)" está cierto de la muerte de un modo diferente del que él mismo quiere dar por cierto cuando reflexiona teóricamente. La diferencia aquí imperante se la oculta regularmente a la propia "cotidianeidad de término medio", que no se atreve a hacerse transparente (*durchsichtig werden*) para sí misma en tal diferencia. Con el modo de disposición afectiva que la caracteriza, esto es, la (aparente) "superioridad" ante el "hecho" cierto de la muerte, que, ocupándose "temerosamente" de ella, se pretende a la vez libre de miedos (*die »ängstlich« besorgte, scheinbar angstlose Überlegenheit der gewissen »Tatsache« des Todes*), la "cotidianeidad de término medio" concede ya, de hecho, una certeza "más elevada" (*eine höhere*) que la certeza meramente empírica. En el peculiar contexto de ocultamiento y develación que corresponde a la modalidad cotidiana y cadente del "ser para (vuelto hacia) el fin(al)", se tiene, pues, tres aspectos estructuralmente conectados, a saber: 1) impera aquí un cierto "saber" referido a la muerte en su carácter de cierta (*man weiß um den gewissen Tod*); 2) dicho saber, en la medida en que queda referido al "hecho" de la muerte, tal como acaece intramundanamente, no permite alcanzar el genuino modo de "estar cierto" (*Gewißsein*) de la muerte, en su carácter propiamente existenciario, sino que facilita más bien una huida (*weicht... aus*) ante él; y 3) esta huida (*dieses Ausweichen*) provee ella misma, a partir de aquello ante lo cual huye, una atestiguación fenoménica (*bezeugt phänomenal*) del hecho de que la muerte debe ser concebida como la posibilidad más propia, irreferible, insuperable y *cierta* de ser del *Dasein* (cf. *SZ* § 52 p. 258).[41]

---

[41] En este punto, la posición elaborada por M. Scheler puede verse, más allá de las muchas e importantes diferencias, como una suerte de anticipación, cuando menos parcial, de la tesis heideggeriana referida al carácter peculiar e irreductible de la certeza de la muerte. En efecto, Scheler establece un fuerte contraste con los otros tipos de certeza e intenta elaborar un argumento destinado a mostrar la presencia de una "conciencia instintiva" de la propia mortalidad en todo viviente, en la medida en que pertenece a la esencia misma de toda vida el hecho de estar dirigida hacia la muerte (cf. Scheler, *TuF* p. 17 ss.). Para una buena discusión crítica de la posición de Scheler, véase Schumacher (2011) cap. 2. Schumacher, que discute también la posición de Heidegger (cf. cap. 3) y la de J. P. Sartre (cf. cap. 5), entre otros, defiende la importancia de la experiencia de la muerte ajena, como fuente originaria de la experiencia de la mortalidad (cf. caps. 6-7).

β) La hora de la muerte es incierta (ungewiß)
En el modo cotidiano de hablar, *se (man)* dice que la muerte viene con certeza, pero por lo pronto todavía no *(vorläufig noch nicht)*. De este modo se le sustrae a la muerte su certeza. El "por lo pronto todavía no" no es una mera constatación negativa, sino que articula, más bien, una autointerpretación propia del "uno" *(Selbstauslegung des Man)*, por medio de la cual éste se remite a sí mismo a aquello que todavía permanece inmediatamente accesible para el *Dasein*, como objeto de su ocupación. La urgencia de la ocupación, que hace dejar de lado el "inactivo pensar en la muerte" *(das tatenlose Denken an den Tod)*, libera de sus cadenas a la "cotidianeidad de término medio": la muerte queda así relegada a "algún momento más adelante" *(später einmal)*, de acuerdo con el "cálculo general" *(das allgemeine Ermessen)*. Lo que se oculta de este modo es el hecho, perteneciente estructuralmente a la certeza de la muerte, de que ésta es posible en cualquier instante *(jeden Augenblick)*. La indeterminación *(Unbestimmtheit)* del momento preciso de la muerte pertenece a su peculiar modo de ser cierta. En su huida frente a la muerte, la "cotidianeidad de término medio" le confiere cierta determinación, pero no en el sentido de que pudiera fijar por medio del cálculo el momento de la ocurrencia del "fallecer" o "dejar de vivir" *(Ableben)*. Por el contrario, el *Dasein* huye de tal tipo de determinación. Por lo mismo, el modo en el que la "ocupación" cotidiana logra conferir cierta determinación a la indeterminación de la muerte, en cuanto a su momento preciso de ocurrencia, posee un carácter, por así decir, pospositivo y, a la vez, sustitutivo: consiste en (hacer como si se pudiera) anteponer *(vorschieben)* a la muerte todo un conjunto inabarcable de asuntos urgentes y posibilidades del día a día más inmediato. El ocultamiento de la indeterminación de la muerte así resultante afecta, desde luego, también a su certeza, y ello de modo tal que lo que queda velado no es otra cosa que el más propio carácter de posibilidad *(der eigenste Möglichkeitscharakter)* de la muerte misma, en tanto cierta y, a la vez, indeterminada, es decir, posible en cualquier instante (cf. *SZ* § 52 p. 258).

Sobre la base de la interpretación del modo cotidiano de hablar de la muerte e incluirla en la "existencia" se puede proporcionar ya, explica Heidegger, una "caracterización delimitadora" *(Umgrenzung)* del concepto pleno o completo de la muerte, en su sentido ontológico-existenciario, a saber: como fin del *Dasein*, la muerte es la posibilidad más propia, irreferible, cierta y como tal indeterminada, e insuperable del *Dasein*. Como fin del *Dasein*, la muerte *es* en el ser de dicho ente "*para (vuelto hacia)* su fin(al)" *(im Sein dieses Seienden zu zeinem Ende)* (cf. *SZ* § 52 p. 258 s.). La caracterización ofrecida, que delimita la estructura del "ser para (vuelto hacia) el fin(al)", pone de manifiesto el modo peculiar en el cual el *Dasein* puede ser "total" o "completo" *(ganz)*, en cuanto *Dasein*: el *Dasein* no llega a dicho fin(al), que es su propia muerte, sólo cuando deja de vivir, sino que mantiene constantemente una relación de ser con él, también allí donde, como ocurre en el caso del *Dasein* cotidiano, la confrontación con la propia muerte adquiere un carácter "fugitivo" (*»flüchtig«*), vale decir, tiene lugar en el modo de la huida ante la muerte (cf. *SZ* § 52 p. 259). En el *Dasein* mismo, cuyo ser, la "cura", contiene el momento estructural del "pre-serse" o "anticiparse a sí" (*das Sich-vorweg*), está siempre ya incluido "el más extremo todavía no" (*das äußerste Noch-nicht*) de sí mismo, al que todo lo demás le queda por delante. En tanto fundado en la estrutura de la "cura" misma, el fenómeno del "todavía no" derivado del "pre-serse" o "anticiparse a sí", lejos de ser incompatible con un posible "ser total" en el modo del "existir", da, más bien, testimonio de él, puesto que es justamente el momento estructural del "pre-serse" o "anticiparse a sí" el que posibilita el "ser para (vuelto hacia) el fin(al)" propio del *Dasein*, en virtud del cual éste obtiene, por vez primera, su posible totalización (cf. *SZ* § 52 p. 259).

iv) El "ser para (vuelto hacia) la muerte", en el modo de la "propiedad"

Como se vio, el punto de partida en el "ser para (vuelto hacia) el fin(al)" de la "cotidianeidad de término medio", que constituye él mismo una modalidad "impropia" del "ser para (vuelto hacia) la muerte", permite, sin embargo, obtener una caracterización del concepto existenciario pleno o completo de la muerte. La razón de esta circunstancia, a primera vista contraintuitiva, reside en el hecho ya destacado en el análisis precedente, a saber: la muerte, en su sentido originario de posibilidad existenciaria, ha sido siempre ya comprendida y se hace accesible, aunque de modo sólo indirecto, también en aquel modo de comportarse frente a ella que adquiere el carácter de una huida del *Dasein* ante su posibilidad de ser más propia, irreferible e insuperable. La focalización en el "fallecer" o "dejar de vivir" que trae consigo el modo cotidiano e "impropio" de "ser para (vuelto hacia) el fin(al)" comporta, sin duda, una tendencial degradación de la muerte al estatuto de un mero "hecho" intramundano. Sin embargo, el encubrimiento resultante no elimina sin residuo la comprensión del carácter originario e irreductible de posibilidad que posee la muerte, en tanto pertenece a la estructura misma de la "existencia" En efecto, también allí donde se comporta respecto de su propia muerte en el modo de la huida, el *Dasein* se da a entender a sí mismo, al mismo tiempo, el carácter irreductible de posibilidad de aquello ante lo cual huye en tal huida, aunque tal comprensión posee un carácter tendencialmente desperfilado. Como ocurre también con todos otros fenómenos y estructuras tematizados por la analítica existenciaria, también aquí la comprensión ontológica permanece deudora de lo abierto originariamente en la comprensión preontológica, aunque deba abrirse paso trabajosamente a través de las tendencias al ocultamiento y la desfiguración que dominan a esta última, cuando intenta elevar al plano del concepto lo avistado ya, de modo no temático, en la actitud "natural" o "prefenomenológica". El análisis precedente, llevado a término en el § 52, mostró en concreto que, a pesar de sus dificultades intrínsecas, la tarea de obtener el concepto existenciario pleno o completo de la muerte, partiendo de la modalidad cotidiana del "ser para (vuelto hacia) el fin(al)", puede ser llevada a cabo con éxito, y de qué modo.

Ahora bien, obtener el concepto existenciario pleno o completo de la muerte, por un lado, y poner de manifiesto la posibilidad ontológica y la estructura de lo que sería un modo "propio" del "ser para (vuelto hacia) la muerte", por otro, son dos tareas diferentes. Tras dar por concluida la primera de ellas en el § 52, en el § 53, titulado "esbozo existenciario (*existenzialer Entwurf*) de un "ser para (vuelto hacia) la muerte" propio", Heidegger intenta llevar a cabo la segunda. La elección de los términos escogidos para designarla no es, en modo alguno, casual, sino que responde a una clara conciencia de la peculiaridad metódica del análisis que se va a realizar. En efecto, se trata, de delinear, por así decir, de modo proyectivo-anticipativo, en el plano de consideración correspondiente a la analítica existenciaria, los rasgos estructurales definitorios que debería poseer un modo "propio" de comportarse por parte del *Dasein* respecto del fin(al) de su "existir". Para ello, se ha de partir de lo ya establecido tanto con referencia al correspondiente modo "impropio"" del "ser para (vuelto hacia) el fin(al)", como también con referencia a aquello respecto de lo cual el *Dasein* se comporta en tal modo "impropio" de ser, esto es, la muerte misma, en su peculiarísimo carácter de posibilidad más propia, irreferible e insuperable, tal como éste quedó fijado en el correspondiente concepto existenciario pleno o completo. Lo dicho hasta aquí provee, pues, explica Heidegger, un conjunto de indicaciones (*Anweisungen*), tanto positivas (*positiv*) como prohibitivas (*prohibitv*), a las que debe atenerse el análisis que se ha de llevar a cabo. Los aspectos positivos conciernen a la caracterización delimitadora de la muerte misma, en su sentido existenciario, tal como ésta queda cristalizada en el correspondiente concepto pleno o completo; los aspectos prohibitivos conciernen, en cambio, al contraste con el correspondiente modo "impropio" del "ser para (vuelto hacia) el fin(al)", pues la caracterización de dicho modo "impropio" ofrece, al mismo tiempo, un cuadro de conjunto de lo que el modo "propio" del "ser para (vuelto hacia) el fin(al)" *no* puede ser (nicht s*ein kann*) (cf. *SZ* § 53 p. 260).

Por otra parte, si se tiene en cuenta que lo esbozado de modo anticipativo-proyectivo en el tratamiento del § 53 no es otra cosa que un peculiar "poder ser" del *Dasein*, como es el "ser para (vuelto hacia) la muerte", resulta evidente entonces que el "esbozo existenciario" aquí elaborado se refiere él mismo algo que, en tanto modo especialmente señalado del "comprender" (*Verstehen*) del *Dasein*, tiene también un carácter esencialmente proyectivo-anticipativo, y ello en un sentido incluso más originario de la expresión, que remite no ya al plano de lo avistado en la tematización fenomenológica, sino, más bien, al de lo abierto originariamente en la ejecución misma del "existir". Lo que se tiene en el § 53 no es, pues, otra cosa que el *proyecto/esbozo* (*Entwurf*) *de un proyecto/esbozo* (*Entwurf*), es decir: un "esbozo proyectivo-anticipativo", llevado a cabo en el plano de la tematización fenomenológica, de un "esbozo proyectivo-anticipativo" más originario, que, de tener efectivamente lugar, estaría situado, como tal, en el ámbito de la ejecución inmediata del "existir", vale decir, irrumpiría en el seno de la "existencia" misma, tal como ésta acontece en el plano correspondiente a la actitud "natural" o "pre-fenomenológica". Se podría hablar, pues, en el caso del análisis llevado a cabo en el § 53, de un "esbozo proyectivo-anticipativo" de segundo orden, que remite, como tal, más allá de sí mismo, hacia una posibilidad de ser del *Dasein*, que el mencionado "esbozo" ya no podría contener en sí mismo, ni mucho menos sustituir.

En este mismo sentido, resulta importante señalar también que la referencia de Heidegger al carácter *meramente* proyectivo-anticipativo del análisis que se pretende realizar en el § 53 apunta a poner en guardia contra una confusión ilusoria que amenaza aquí, desde el comienzo, a la comprensión, a saber: la de asumir simplemente que la puesta de manifiesto de la posibilidad ontológica del modo "propio" de "ser para (vuelto hacia) el fin(al)" equivale ya, de suyo, a la acreditación de algún fenómeno que diera cuenta de la posibilidad del tránsito, en el plano óntico-existencial, *desde* la modalidad habitual de concreción del "ser para (vuelto hacia) el fin(al)", que no es otra que la modalidad "impropia" perteneciente a la "cotidianeidad de término medio", *hacia* una modalidad de concreción que reuniera los rasgos que, a título proyectivo-anticipativo, el análisis atribuye al modo "propio" de "ser para (vuelto hacia) el fin(al)". Mostrar cómo resulta posible dicho tránsito, en el plano correspondiente a la ejecución de la "existencia" misma, es, pues, una tercera tarea, diferente de las dos precedentes, sin la cual el esbozo proyectivo-anticipativo de la mera posibilidad ontológica de un modo "propio" del "ser para (vuelto hacia) el fin(al)" quedaría privado, como tal, de todo respaldo óntico-existencial, vale decir, de toda genuina concreción. Heidegger mismo alude a tal circunstancia, cuando anticipa expresamente posibles objeciones referidas al carácter "arbitrario-constructivo" (*willkürliche Konstruktion*) o bien "fantasioso" (*phantastisches Unterfangen*) que se podría atribuir, a primera vista, al análisis que piensa emprender (cf. *SZ* § 53 p. 260). Ilusoria sería, en efecto, la pretensión según la cual el análisis ontológico de una posibilidad existenciaria bastaría por sí solo, para dar cuenta de las condiciones óntico-fácticas bajo las cuales dicha posibilidad puede obtener su genuina concreción existencial. En el caso del "ser para (vuelto hacia) la muerte", en su modalidad "propia", las condiciones bajo las cuales puede adquirir concreción existencial no vienen dadas, a juicio de Heidegger, por ningún concepto, por mucho que posea un carácter ontológico-existenciario, ni por ningún análisis fenomenológico referido a la estructura ontológica del modo de ser en cuestión, sino, más bien, por un *fenómeno* diferente e irreductible, a saber: un fenómeno cuya función sea, ni más ni menos, la de dar a entender una posibilidad de la "existencia" por vía de *atestiguación ejecutiva* de dicha posibilidad *como posibilidad*, vale decir, sin ningún tipo de mediación temática o reflexiva que apuntara a las condiciones formales que hacen posible tal atestiguación y el tránsito que ella facilita. Heidegger encuentra dicho fenómeno, como se verá, en la "conciencia" (*Gewissen*), tematizada en su carácter, estructura y función en los §§ 54-60. En efecto, es el "llamado" (*Ruf*) de la "conciencia" el que atestigua para el *Dasein*, en y desde la "impropiedad" del "existir", la posibilidad de un "poder ser propio", en el cual el *Dasein* se hace cargo ejecutivamente de sí mismo, de modo (auto)transparente, en el sentido preciso en que lo exige la noción de "verdad de la existencia" (*Wahrheit der Existenz*) introducida en el tratamiento de la verdad del § 44, para caracterizar la modalidad "propia" del "estado de abierto" (*Erschlossenheit*) del *Dasein* (cf. SZ § 44 b) p. 221). A la "verdad de la existencia", como modo "propio" del "estado de abierto", pertenece también, necesariamente, un modo (auto)trasparente de relacionarse el *Dasein* con su indelegable individualidad y su radical finitud, que sólo puede tener lugar a través de la modalidad "propia" del "ser para (vuelto hacia) la muerte", como fin(al) del "existir". En tal sentido, Heidegger había advertido ya, en el marco del tratamiento de la verdad del § 44, que la idea de la "verdad de la existencia" sólo podía adquirir su plena determinación ontológico-existenciaria por medio de una atestiguación del "poder ser propio" del *Dasein en* y *desde* la "impropiedad" de la "existencia".

El tratamiento del "ser para (vuelto hacia) la muerte" en los §§ 46-53, y el de (el llamado de) la conciencia en los §§ 54-60 apuntan, pues, ambos, a proveer un análisis de la posibilidad y la estructura de tal atestiguación. Pero lo hacen desde ángulos diferentes y complementarios, y ello de modo tal que pueden y deben ser leídos como pasos sucesivos, dentro de una secuencia unitaria de argumentación. No puede llamar la atención, por tanto, que, al final del análisis desarrollado en el § 53, Heidegger constate expresamente que el esbozo existenciario de la modalidad "propia" del "ser para (vuelto hacia) la muerte", elaborado en el marco de la discusión del "poder ser total" del *Dasein*, requiere ser complementado por medio de un análisis que apunte a poner fenomenológicamente de manifiesto el tipo peculiar de atestiguación de la "propiedad" que tiene lugar a través del "llamado" de la "conciencia", tal como se lo analiza en los §§ 54-60. En suma: el análisis ontológico-existenciario apunta aquí a elevar, por así decir, al plano de la "verdad fenomenológica" las condiciones que, en el plano de la ejecución misma del "existir", tal como éste tiene lugar en la actitud "natural" o "prefenomenológica", dan cuenta de la posibilidad de la "verdad de la existencia", entendida como la "propiedad" del *Dasein*, en tanto caracterizado por el "estado de abierto". La fenomenología de la "propiedad" debe verse, pues, como el intento de alcanzar la "verdad fenomenológica" sobre la "verdad de la existencia", como posibilidad del *Dasein*. Naturalmente, la propia fenomenología, considerada como una peculiar forma de vida, la que desde antiguo se ha llamado la "vida filosófica", puede verse también ella misma como un proyecto especialmente señalado de (auto)transparencia. En él, el *Dasein* pone en juego, de modo peculiar, la verdad misma de su "existir", a través del intento de traer al plano de la comprensión ontológica lo siempre ya visto y comprendido, aunque de modo no temático y tendencialmente desperfilado, en la "actitud natural" o "prefenomenológica", guiada por la comprensión preontológica del (ser del) ente, del mundo y de sí mismo que distingue ónticamente al *Dasein*. Pero, también allí donde se considera a la filosofía misma como una peculiar forma de vida, sigue en pie, para Heidegger, el hecho elemental de que es la comprensión ontológica la que se nutre y depende de la comprensión preontológica, y no viceversa, aun cuando, finalmente, aquélla también pueda retroactuar, incluso de modo determinante, sobre ésta, por la vía del (auto)esclarecimiento. De la tensión productiva que vincula a ambos aspectos mencionados da cuenta el famoso *dictum* heideggeriano según el cual la analítica existenciaria, en tanto ontología fundamental, no hace otra cosa que fijar el cabo de todo preguntar filosófico en aquel preciso lugar desde el cual *surge* (*woraus es* entspringt) y sobre el cual *repercute* (*wohin es* zurückschlägt) (cf. *SZ* §7 C p. 38).

Una vez caracterizado de este modo el peculiar alcance metódico que presenta la posición elaborada en el § 53, el análisis destinado a proveer el "esbozo existenciario" del modo "propio" del "ser para (vuelto hacia) la muerte" puede ser dividido en una secuencia de pasos sucesivos, destinados a poner de relieve las características estructurales de dicho modo del "ser para (vuelto hacia) el fin(al)" y el modo en el cual facilita el acceso a la muerte, como posibilidad.

a) Carácter no-fugitivo y no-ocultante del "ser para (vuelto hacia) la muerte"
Si el *Dasein* está caracterizado por el "estado de abierto", constituido por el "comprender afectivamente dispuesto" (*befindliches Verstehen*), entonces el modo "propio" del "ser para (vuelto hacia) la muerte" no puede poseer un carácter ocultante, que huye de aquello frente a lo cual se comporta y lo reinterpreta (*umdeuten*), en los términos niveladores que pertenecen al modo de comprensión (*Verständigkeit*) propio del "uno". Por el contrario, debe tratarse de un modo de comportarse develador que, como tal, posea un carácter no-fugitivo (*nichtflüchtig*) y no-ocultante (*nichtverdeckend*) (cf. *SZ* § 53 p. 260).

β) Carácter precursor-liberador del "ser para (vuelto hacia) la muerte"
El modo "propio" del "ser para (vuelto hacia) la muerte" debe poseer, además, un carácter esencialmente *precursor* (*vorlaufend*), en la medida en que constituye un modo peculiar de acceso comprensivo a una posibilidad (de ser) *como posibilidad (de ser)*. El "ser para (vuelto hacia) la muerte" constituye, en principio, un modo de "ser por referencia a una posibilidad" (*ein Sein zu einer Möglichkeit*). Pero, dado que se trata de una posibilidad de ser del *Dasein*, por lo demás, peculiarísima, la

expresión "ser por referencia a una posibilidad" no puede estar tomada aquí en el sentido general que remite a las diferentes formas de acceso, sea teórico-constatativo o bien práctico-operativo, al ente intramundano. En el ámbito de lo "a la mano" (*das Zuhandene*) y lo "ante los ojos" (*das Vorhandene*) hay, explica Heidegger, toda una variedad de diversos modos de comportarse respecto de posibilidades, que se presentan, como tales, constantemente.

En el caso de lo "a la mano", el "estar dirigido a algo posible", tal como tiene lugar en el contexto de la "ocupación" (*das besorgende Aus-sein auf ein Mögliches*), apunta tendencialmente a la aniquilación (*vernichten*) de la *posibilidad* de lo posible, por vía de su puesta a disposición (*Verfügbarmachen*), como modo de "realización / efectivización" (*Verwirklichung*). Heidegger menciona aquí actividades como producir o confeccionar (*Herstellen*), preparar o disponer (*Bereitstellen*), modificar o adaptar (*Umstellen*), etc. En la medida en que lo "a la mano" mantiene, en todos los casos, el modo de ser que corresponde a la "conformidad" (*Bewandtnis*), la "realización/efectivización" tiene aquí, necesariamente, un carácter sólo parcial o relativo: lo producido (confeccionado), preparado (dispuesto), modificado (adaptado), etc. sigue siendo, en tanto "real / efectivo", algo *posible*, en el sentido preciso de lo que "puede servir o ser empleado para... (*ein Mögliches für...*), y ello justamente en la medida en que está caracterizado por la estructura del "para" (*Um-zu*). Orientado, en el sentido indicado, a la "realización / efectivización", el acceso a lo posible que caracteriza al trato práctico-operativo con lo "a la mano" no posee, pues, el carácter de una consideración temática, es decir, teórico-constatativa, de lo posible *como posible* (*als möglich*), ni menos aún de lo posible *respecto de su posibilidad* (*hinsichtlich seiner Möglichkeit*), como tal. Por el contrario, el trato práctico-operativo accede a lo posible, a través de una modalidad peculiar del "ver en torno" (*umsichtig*), a saber: apartando la mirada de lo posible mismo (*wegsehen*), atiende, por así decir, al "para qué" de su "ser posible" (*auf das Wofürmöglich*), vale decir, al "para qué" de la empleabilidad, en sus diversos posibles modos y variedades (cf. *SZ* § 53 p. 261).

En el caso de lo "ante los ojos", en cambio, el *Dasein* se comporta respecto de lo posible *en su posibilidad* (*in seiner Möglichkeit*) y lo hace en el modo del estar a la "espera" o "expectativa" (*das Erwarten*). Más allá de la diferencia en el modo de ser de lo que es meramente "ante los ojos", y no "a la mano", también en este caso lo posible es tenido como posible, fundamentalmente, con vistas a su "realización / efectivización": en el estar a la "espera / expectativa" se atiende, ante todo, a si, cuándo y cómo podría llegar lo esperado a estar "real/efectivamente" (*wirklich*) presente, como "ante los ojos" (*vorhanden*). Aquí, el apartar la mirada de lo posible, en dirección de su "realización / efectivización", no es un componente ocasional o accesorio: el estar a la "espera / expectativa" es, esencialmente (*wesenhaft*), un esperar la "realización / efectivización" de algo (*ein Warten auf diese*, sc. *die Verwirklichung*). También aquí tiene lugar, por tanto, el "salto" dejándose caer desde lo posible (*Abspringen vom Möglichen*), para "hacer pie" en el terreno de lo "real / efectivo" (*Fußfassen im Wirklichen*). De conformidad con el estar a la "espera / expectativa" (*erwartungsgemäß*), lo posible es arrastrado así hacia el ámbito de lo "real / efectivo", en la medida en que es considerado desde lo "real / efectivo" (*vom Wirklichen aus*) y con referencia a ello (*auf es zu*) (cf. *SZ* § 53 p. 261 s.).

Por su parte, el "ser para (vuelto hacia) la muerte" no tiene, como tal, nada que ver con ninguno de estos modos de acceso a lo posible, y ello ya por la sencilla razón de que no apunta ni podría apuntar a ningún tipo de "realización / efectivización". La muerte no es, como tal, nada que sea posible, en el sentido categorial del término, es decir, en el sentido de lo que es "a la mano" o bien "ante los ojos" (*kein mögliches Zuhandenes oder Vorhandenes*), sino, más bien, una posibilidad de ser (*Seinsmöglichkeit*) del *Dasein*. Si el "ser para (vuelto hacia) la muerte" tuviera la forma de un procurar la "realización / efectivización" de algo posible, en el sentido categorial del término, consistiría en provocar el "fallecer" o "dejar de vivir" y, con ello, le sustraería al *Dasein* toda posibilidad de un "ser para (vuelto hacia) la muerte", en el modo del "existir", en vez de hacerlo posible (cf. *SZ* § 53 p. 261). Por lo mismo, el "ser para (vuelto hacia) la muerte" tampoco se identifica con ninguna forma de lo que habitualmente se llama el "pensar en la muerte" (*»Denken an den Tod«*), modo de comportamiento que, si bien no le arrebata a la muerte completamente su carácter de posibilidad, lo debilita fuertemente, en la medida en que trae consigo un cierto querer disponer sobre la muerte, de carácter calculador (*ein berechnendes Verfügenwollen über den Tod*). Por el contrario, en el "ser para (vuelto hacia) la muerte", que ha de abrir comprensivamente la posibilidad como tal, ésta, la posibilidad, debe ser comprendida (*verstanden*), sin debilitamiento, *como posibilidad*, desplegada de modo configurador (*ausgebildet*), vale decir, interpretada, *como posibilidad*,[42] y mantenida (*ausgehalten*), además, *como posibilidad*, en el comportarse respecto de ella (*im Verhalten zu ihr*) (cf. *SZ* § 53 p. 261). *Este* peculiar modo de comportamiento, que, como modo de ser por referencia a la posibilidad, la mantiene comprensivamente abierta *como posibilidad*, es el que Heidegger denomina terminológicamente como el "precursar la posibilidad" o "adelantarse hasta la posibilidad" (*Vorlaufen in die Möglichkeit*). Se trata en este caso, explica Heidegger, de un modo peculiar de "acercamiento" o "aproximación" (*Näherung*) que no apunta a un hacer disponible en y para la "ocupación" (*ein besorgendes Verfügbarmachen*) algo "real/efectivo" (*ein Wirkliches*). Por el contrario, en el acercamiento comprensor propio del "precursar", la posibilidad de lo

---

[42] Todo parece indicar que el empleo de la noción de "despliegue configurador" (*ausbilden*) en este pasaje quiere ser un eco de la caracterización de la "interpretación" (*Auslegung*) como "despliegue configurador" del "comprender" (*Ausbildung des Verstehens*), ofrecida en el § 32 (cf. *SZ* § 32 p. 148 s.).

posible, lejos de quedar reducida y tendencialmente nivelada a lo "real / efectivo", se hace "más grande" (*»größer«*), como posibilidad. La más estrecha cercanía del "ser para (vuelto hacia) la muerte", como posibilidad, supone la mayor lejanía posible (*so fern als möglich*) respecto de algo que pudiera ser "real / efectivo". En el "precursar", el comprender penetra tanto más puramente (*um so reiner*) en la posibilidad de la muerte como la "posibilidad de la imposibilidad de la "existencia" en general" (*als die* <sc. *Möglichkeit*> *der Unmöglichkeit der Existenz, überhaupt*), cuanto más la libera de los velos (*je unverhüllter*) que enmascaran su carácter de posibilidad. Como posibilidad, la muerte no le da al *Dasein* "nada que realizar / efectivizar" (*nichts zu »Verwirklichendes«*), nada que, como tal, pudiera *ser* "real / efectivo", pues la muerte es ella misma la posibilidad de la imposibilidad de todo modo de "comportarse respecto de algo" (*jegliches Verhalten zu*) y, con ello, de todo "existir". En el "precursar", tal posibilidad se hace cada vez "más grande", en el sentido de que se revela como aquella posibilidad que no conoce ya ninguna medida (*Maß*), ningún más y menos, es decir, como la "posibilidad de la desmesurada imposibilidad" de la "existencia" (*die Möglichkeit der maßlosen Unmöglichkeit der Existenz*). Ésta no ofrece ninguna ocasión ni punto de apoyo para estar tenso a la expectativa de algo e imaginarse cómo "realizarlo / efectivizarlo", de modo tal de encubrir en el olvido (*vergessen*) la posibilidad misma. Por el contrario, en el modo del "precursar la posibilidad", el "ser para (vuelto hacia) la muerte" *posibilita* (*ermöglicht*), por vez primera, la posibilidad misma, la hace "libre" (*frei*), como posibilidad. En suma: el carácter *precursor* del "ser para (vuelto hacia) la muerte" tiene, desde el punto de vista que atiende a aquello a lo que el "precursar" queda referido, un carácter esencialmente *liberador*, en la medida en que pone en libertad, por vez primera, la posibilidad *como posibilidad* (cf. *SZ* § 53 p. 262). Carácter precursor y carácter liberador deben verse, pues, como anverso y reverso de una misma moneda, si es verdad que el modo específico de acceso a la posibilidad como posibilidad viene dado aquí por el "precursar".

γ) La muerte, como posibilidad liberada y, con ello, liberadora
El "ser para (vuelto hacia) la muerte" es un "precursar" referido, como tal, no a la posibilidad de algo intramundano, sino a un "poder ser" (*Seinkönnen*) del ente mismo del cual el propio "precursar" es un modo de ser. Lo que queda desvelado para el *Dasein* mismo en dicho "precursar" no es otra cosa que su más extrema posibilidad (*seine äußerste Möglichkeit*). En su carácter esencialmente proyectivo-anticipativo (*im Entwerfen*), el "precursar" se muestra, por tanto, como posibilidad de la comprensión del más propio y extremo "poder ser" (*Möglichkeit des Verstehens des eigensten äußersten Seinkönnens*) del *Dasein*, vale decir, como posibilidad de una *"existencia propia"* (*Möglichkeit eigentlicher Existenz*) (cf. *SZ* § 53 p. 262 s.). Como tal, el "precursar" libera la muerte como posibilidad, en todos y cada uno de sus rasgos distintivos, pero no al modo de lo que sería algo así como la "con-

templación atónita" de un sentido (*Begaffen eines Sinnes*), sino, más bien, al modo de un "comprenderse a sí mismo" (*sich verstehen*), en el peculiar "poder ser" (*im Seinkönnen*) que se desvela (*sich enthüllt*) en el correspondiente "proyecto" (*im Entwurf*) (cf. *SZ* § 53 p. 263). La muerte se muestra así en su carácter de posibilidad *más propia (*eigenst), irreferible (*unbezüglich), insuperable (*unüberholbar) y también cierta pero, como tal, indeterminada (*gewiß und als solcher unbestimmt).

En primer lugar, la muerte es la posibilidad *más propia*, porque en el "ser para (vuelto hacia) la muerte" el *Dasein* se abre para sí mismo (*erschließt sich*) su *más propio* "poder ser" (*sein eigenstes Seinkönnen*), en el cual le va, sin más (*schlechthin*), su ser mismo. De este modo, el *Dasein* cae en la cuenta de que en el "precursar" puede desligarse, en cada caso, de las ataduras del "uno", y la comprensión de esta posibilidad le revela, vale decir, le da a entender, por vez primera, su fáctico "estado de perdido" (*die faktische Verlorenheit*) en la "cotidianeidad" del "uno mismo" (*Alltäglichkeit des Man-selbst*) (cf. *SZ* § 53 p. 263).

En segundo lugar, la muerte, como la posibilidad más propia, es *irreferible*. El "precursar" permite comprender que, en este peculiar "poder ser", al *Dasein* le va, sin más, su más propio ser, como un ser del cual únicamente (*einzig*) puede hacerse cargo (*übernehmen*) él mismo, a partir de sí mismo (*aus ihm selbst her*): la muerte no pertenece de modo indiferente al propio *Dasein*, sino que lo *reclama* (beansprucht) *como individuo*, vale decir, *en su individualidad singular* (als einzelnes). La irreferibilidad (*Unbezüglichkeit*) de la muerte, comprendida en el "precursar", trae consigo una "*individualización singularizante*" (*Vereinzelung*) del *Dasein hacia sí mismo* (*auf es selbst*), que no es otra cosa que una manera peculiar de apertura del "ahí" (*das »Da«*) para la "existencia". Ningún modo de la "ocupación" con el ente intramundano (*Besorgen*) ni del "procurar por" los otros (*Fürsorge*) podría producir jamás, por así decir, desde fuera o por sí solo, este peculiar modo de hacerse cargo el *Dasein* de su propio ser, en el modo del "sí mismo" propio. Sin embargo, la radical "individualización singularizante" posibilitada por el "ser para (vuelto hacia) la muerte", en el modo del "precursar", nada tiene que ver, como Heidegger enfatiza expresamente, con lo que sería una suerte de aislamiento que estrangulara los vínculos (*Abschnürung*) que el *Dasein* mantiene con el ente intramundano y con los otros. El punto de Heidegger es completamente diferente. Se trata, más bien, de insistir sobre el hecho de que, en los diversos modos de la "ocupación" con el ente intramundano y el trato con los otros, el *Dasein* sólo puede ser *propiamente* él mismo, allí donde se proyecta hacia su más propio "poder ser" (*auf sein eigenstes Seinkönnen*), y no hacia la posibilidad el "uno mismo" (*auf die Möglichkeit des Man-selbst*). Es el "precursar", en tanto apunta a la posibilidad *irreferible*, y no ningún impulso procedente de fuera del *Dasein* mismo, el que "obliga" (*zwingt*), por así decir, al *Dasein*, como el ente que es precursor (*das vorlaufende Seiende*), a la posibilidad de hacerse cargo de su propio ser, *a partir de sí mismo* (cf. *SZ* § 53 p. 263 s.).

En tercer lugar, la muerte, como posibilidad más propia e irreferible, es también *insuperable*. En el "ser para (vuelto hacia) la posibilidad más propia e irreferible", comprendida como insuperable, el *Dasein* se da a entender a sí mismo que lo que le queda por delante, como posibilidad más extrema de la "existencia" no es otra cosa que la entrega de sí mismo (*sich selbst aufgeben*). A diferencia del modo "impropio" del "ser para (vuelto hacia) la muerte", el "precursar" no rehúye la insuperabilidad de la posibilidad más propia e irreferible, sino que, más bien, se deja libre para ella (*frei für sie*). El "llegar a ser libre para la propia muerte" en el modo del "precursar" (*das vorlaufende Freiwerden für den eigenen Tod*) es, como tal, "liberador" (*befreit*), y ello en un doble sentido, a saber: por una parte, libera del "estado de perdido" (*Verlorenheit*) en las posibilidades que se amontonan azarosamente, de modo tal que hace posible, por primera vez, un modo "propio" de comprender y elegir las posibilidades antepuestas a la más extrema; por otra parte, le abre a la "existencia" la posibilidad de la entrega de sí (*Selbstaufgabe*) como la más extrema y quiebra así toda pretensión de aferrarse a la "existencia" ya alcanzada (cf. *SZ* § 53 p. 264). Lo que tiene lugar de este modo es la disrupción y la puesta en crisis de toda posible estrategia de nivelación de carácter pospositivo-sustitutivo, que apunte a diluir la insuperabilidad de la muerte en la inabarcable dispersión de las urgencias cotidianas. En el "precursar", que pone en crisis toda nivelación pospositivo-sustitutiva de la posibilidad insuperable, el *Dasein* queda preservado de recaer por detrás de sí mismo, en la comprensión de su propio "poder ser" (cf. *SZ* § 53 p. 264).[43] Sólo sobre la base de la referencia al fin(al) del "existir", que trae consigo la supresión de todo "poder ser", adquieren las posibilidades del *Dasein* el tipo específico de determinación que permite comprenderlas como lo que propiamente son: posibilidades *finitas* (*als endlich verstandene Möglichkeiten*) de un "existente" individual. Y sólo en la libertad para su propia finitud, vale decir, sólo a partir de la propia comprensión finita de su "existencia" (*aus seinem endlichen Existenzverständnis her*), puede evitar el *Dasein* el peligro de desconocer (*verkennen*) las posibilidades de "existencia" de los otros que superan dicha comprensión o bien de querer forzar su reducción (*zurückzwingen*) a las propias, por vía de malinterpretación (*mißdeutend*) (cf. *SZ* § 53 p. 264). Ser libre para la propia finitud, sobre la base del modo "propio" del "ser para (vuelto hacia) la muerte", como posibilidad insuperable, en el "precursar, por un lado, y dejar en libertad a los otros para sus propias posibilidades, eventualmente superadoras,

---

[43] Para ilustrar el caso opuesto, Heidegger remite a la famosa sentencia de Nietzsche según la cual "algunos llegan a ser demasiado viejos para sus victorias". Se trata de un pasaje contenido en el capítulo titulado "De la muerte libre" (*Vom freien Tode*), incluido en la Primera Parte de *Also sprach Zarathustra*. El texto de Nietzsche, que Heidegger cita sólo parcialmente, reza: "hay quien llega a ser demasiado viejo incluso para sus verdades y victorias; una boca sin dientes ya no tiene el derecho a ninguna verdad" ("Mancher wird auch für seine Siege und Wahrheiten zu alt; ein zahnloser Mund hat nicht mehr das Recht zu jeder Wahrheit"). Véase Nietzsche, *Zarathustra* p. 94.

por el otro, configuran, pues, las dos caras de un mismo fenómeno unitario, en la entrega del *Dasein* a su más propia "existencia" fáctica (*um sich so der eigensten faktischen Existenz zu begeben*). El carácter liberador del "precursar" no se limita, pues, a la relación que el *Dasein* mantiene con su propio "poder ser", sino que se extiende también a la comprensión del "poder ser" de los otros. En efecto, en cuanto posibilidad irreferible, la muerte da lugar a la "individualización singularizante" que le permite al *Dasein* hacerse cargo de su ser, como el suyo propio; pero, a la vez, en cuanto posibilidad insuperable, es la propia muerte la que pone al *Dasein*, como "ser con" (*als Mitsein*), en condiciones de ser "comprensivo" (*verstehend*) para con los otros, en su "poder ser" (*für das Seinkönnen der Anderen*). El "ser con" queda, pues, necesariamente incluido en lo que abre comprensivamente el "precursar", si es verdad que en el modo "propio" de "ser para (vuelto hacia) el fin(al)" está contenida la posibilidad de una "anticipación existencial" (*existenzielles Vorwegnehmen*) del *Dasein, como un todo* (*das* ganze *Dasein*), vale decir, la posibilidad del "existir", como "poder ser" total (*ganzes Seinkönnen*) (cf. *SZ* § 53 p. 264). En el "precursar" se funda, pues, también la posibilidad de una modalidad "propia" del "procurar por" los otros (*Fürsorge*), la cual debe tener necesariamente un carácter "anticipativo-liberador" (*vorspringend-befreiend*), y no "intervencionista-dominante" (*einspringend-beherrschend*), para decirlo con el vocabulario de la distinción establecida en el tratamiento del "ser con" del § 26 (cf. *SZ* § 26 p. 122). Como se echa de ver, y contra lo que suele esgrimirse, una y otra vez, como reproche a la posición elaborada en *SZ*, el énfasis heideggeriano en el potencial de radical "individualización singularizante" propio de la muerte, en el sentido existenciario, nada tiene que ver con lo que sería la defensa de una interpretación tendencialmente solipsista del *Dasein*, como "existencia" finita.

Por último, la muerte, como la posibilidad más propia, irreferible e insuperable, es también *cierta*, aunque, como tal, *indeterminada*. El peculiar modo de certeza que le pertenece sólo puede determinarse a partir del correspondiente modo de verdad, en el sentido del "estado de abierto" (*Erschlossenheit*). La apertura de la posibilidad cierta de la muerte como posibilidad tiene lugar sobre la base del "precursar" mismo, a través del cual el *Dasein posibilita* (*ermöglicht*) para sí mismo (*für sich*) tal posibilidad, como su más propio "poder ser". En tal sentido, explica Heidegger que el "estado de abierto" de la posibilidad (*die Erschlossenheit der Möglichkeit*) se funda en la "posibilitación precursora" (*die vorlaufende Ermöglichung*). El mantenerse en tal verdad, como "estar cierto de lo abierto" (*Gewißsein des Erschlossenen*), es lo que más propiamente (*erst recht*) reclama (*beansprucht*) el "precursar", como tal. Tratándose aquí del modo en el cual el *Dasein* se comporta respecto de sí mismo, en su más propio "poder ser", la certeza no podría ser "calculada" (*errechnet*) a partir de constataciones referidas a los casos de muerte que se presentan, pues no se trata aquí de ninguna verdad referida al "estado de descubierto" de lo que se presenta meramente "ante los ojos": la certeza referida a lo que se presenta de este modo –tanto más cuando alcanza el grado de la apodicticidad, en su característica indiferencia valorativa (*Gleichgültigkeit*)–, supone, como su reverso estructural, que el *Dasein* haya apartado ya, por así decir, la mirada de sí mismo, para entregarse a lo que se así le ofrece, vale decir: presupone la pura "objetividad", en el sentido de la pura y exclusiva orientación hacia la cosa (*die reine Sachlichkeit*). La certeza propia de la muerte, como posibilidad, no tiene ese carácter, de modo que tampoco pertenece a la escala de los grados posibles de las evidencias referidas a lo que es "ante los ojos" (cf. *SZ* § 53 p. 264 s.).

El modo del "tener por verdadero" que pertenece a la muerte tiene, por tanto, un carácter diferente de cualquier certeza referida a entes intramundanos o incluso a objetos formales, pues representa un modo de estar cierto del "ser en el mundo", como tal. Como tal, reclama y pone en juego al *Dasein* mismo, en la completa "propiedad" de su "existencia" Heidegger remite, en tal sentido, al posterior análisis del "estado de resuelto" (*Entschlossenheit*), llevado a cabo en el § 62. De modo semejante, toda otra posible forma de certeza "subjetiva" referida a las propias "vivencias" (*Erlebnisse*), al "yo" (*das Ich*) o la "conciencia" (*das Bewußtsein*) queda también, por muy estricto que pudiera ser el correspondiente modo de aprehensión (*Erfassungsart*), necesariamente por detrás de la certeza contenida en el "precursar" mismo, pues ninguna otra "certeza subjetiva" puede alcanzar realmente aquello que pretende tener dado como verdadero y mantener abierto, a saber: el *Dasein* que yo mismo soy y que sólo puedo llegar a ser propiamente, en el modo del "precursar" (cf. *SZ* § 53 p. 265).

Ahora bien, en cuanto cierta, la posibilidad de la muerte es, a la vez, indeterminada. El "precursar" abre para sí tal carácter de indeterminación, en la medida en que la muerte se le presenta como una "constante *amenaza*" (*ständige* Bedrohung), que surge, como tal, del mismo "ahí" del *Dasein* (*aus seinem »Da«*). Lejos de poder encubrir tal amenaza, el "ser para (vuelto hacia) el fin(al)" debe, más bien, desplegarla de modo configurador, vale decir, interpretativamente, como la "indeterminación propia de la certeza" (*die Unbestimmtheit der Gewißheit*). Aquí se pone de manifiesto el componente de carácter disposicional-afectivo presente, como en todo "comprender", también en el caso del "precursar". Como se mostró ya con ocasión del tratamiento del "encontrarse" o la "disposicionalidad afectiva" (*Befindlichkeit*) en el § 29, todo "comprender" (*jedes Verstehen*) es un "comprender" afectivamente dispuesto (*befindlich*). En el caso de la muerte, que, cierta, se presenta en su indeterminación como "constante amenaza", el modo del "encontrarse" o la "disposicionalidad afectiva" que coopera en su apertura, al mantener abierta la constante amenaza que emerge del más propio ser del *Dasein*, en su radical "individualidad singular" (*vereinzelt*), no es sino el temple de la "angustia" (*Angst*). Su peculiar función de apertura, analizada ya en el § 40, consiste en poner al *Dasein*, por así decir, *ante* la nada (*vor dem Nichts*) de la posible imposibilidad de su "existencia" (cf. *SZ* § 53 p. 265 s.). En la "angustia" el *Dasein* se angustia por su "poder ser", como tal, y abre de ese modo su más extrema posibilidad. En la medida en que el "precursar" trae consigo la "individualización singularizante" del *Dasein*, que en ella llega a estar cierto de la totalidad de su propio "poder ser", en esa misma medida pertenece a este peculiar modo de comprenderse el *Dasein* desde su propio fundamento (*zu diesem Sichverstehen des Dasein aus seinem Grund*) el modo fundamental de la "disposición afectiva" (*Grundbefindlichkeit*) que es "la angustia". En tal sentido, el "ser para (vuelto hacia) la muerte" *es* esencialmente "angustia". Así lo muestra infaliblemente también, aunque de modo sólo indirecto, el correspondiente modo "impropio" o degradado del "ser para (vuelto hacia) la muerte", en virtud del cual se modifica primero la "angustia" en mero "miedo cobarde" (*feige Furcht*) a la muerte, para luego poder superarlo, poniendo así de manifiesto, al mismo tiempo, el impulso que opera por detrás de todo este movimiento supuestamente superador, a saber: la cobardía ante la angustia misma (*Feigheit vor der Angst*) (cf. *SZ* § 53 p. 266).

δ) La libertad para la muerte
El "precursar" que libera la muerte en su peculiar carácter –como la posibilidad más propia, irreferible, insuperable y cierta, aunque indeterminada– hace, por primera vez, posible que ésta despliegue, a su vez, todo su potencial liberador, el cual, como se vio, compromete el "poder ser" del *Dasein*, en su totalidad, vale decir, no sólo en su individualidad singular, sino también, y por lo mismo, en su "ser con" los otros. En tal sentido, el "precursar" puede ser caracterizado, como un todo, en términos de libertad, entendida la noción en el sentido que remite al quedar en franquía para sí mismo, que hace posible el modo "propio" del "estado de abierto" del *Dasein*. En tal sentido, explica Heidegger, el "precursar", al develarle al *Dasein* su "estado de perdido" en el "uno mismo" (*Verlorenheit in das Manselbst*), lo pone ante la posibilidad de ser él mismo, sin buscar para ello el apoyo primariamente en el "procurar por" los otros asociado con la "ocupación" con el ente intramundano (*die besorgende Fürsorge*). Pero este modo de ser su "sí mismo" se funda, como tal, en la "libertad para la muerte" (*Freiheit zum Tode*), que, en su carácter apasionado (*leidenschaftlich*) y fáctico (*faktisch*), está cierta de sí misma y se mantiene en la angustia, desligada de las ilusiones del "uno" (*SZ* § 53 p. 266).[44]

---

[44] La caracterización del modo "propio" del "ser para (vuelto hacia) la muerte" en términos de la noción de libertad tiene una importancia que no podría exagerarse, dentro del planteo esencialmente aleteiológico desarrollado en *SZ*. En tal sentido, resulta bastante sorprendente que no haya recibido ni remotamente la atención que merece. En su, por lo demás, muy valiosa interpretación de la concepción de *SZ* como una "fenomenología de la libertad", G. Figal no repara especialmente en la noción de "libertad para la muerte", a la hora de discutir el tratamiento heideggeriano del "ser para (vuelto hacia) la muerte" (véase Figal [1988] p. 221-233). El motivo tampoco juega ningún papel relevante en la valiosa discusión de las diversas dimensiones de la noción de libertad que Figal

El análisis del "precursar", por medio de una caracterización delimitadora de sus rasgos estructurales, ha hecho visible, pues, la posibilidad *ontológica* de un modo "propio" del "ser para (vuelto hacia) la muerte", existencialmente determinado. De este modo, se ha hecho presente también la posibilidad de un modo "propio" del "poder ser" total del *Dasein*, pero tan sólo *como una posibilidad ontológica*. Dicho "posible" modo de "ser para (vuelto hacia) la muerte" no deja, sin embargo, de ser una mera pretensión fantasiosa, mientras no se acredite en el plano óntico (*ontisch*) el correspondiente "poder ser", a partir del *Dasein* mismo (*aus dem Dasein selbst*) (cf. *SZ* § 53 p. 266). Para ello, como se anticipó ya, se hace necesario mostrar en qué medida el *Dasein* puede dar testimonio (*Zeugnis*), a partir de su más propio "poder ser", de la posible "propiedad" de su "existencia" y ello de modo tal que ésta se anuncie no sólo como existencialmente posible (*als existenziell möglich*), sino también como una posibilidad existencial que el *Dasein* mismo *exige* (*fordert*) (cf. *SZ* § 53 p. 267). Dicha tarea queda reservada, como se dijo ya, para el análisis del fenómeno de la "conciencia" (*Gewissen*), tal como se lleva a cabo en los §§ 54-60.

4. El análisis del Gewissen

Como se vio, el tratamiento del *Gewissen* aparece sistemáticamente conectado, a través de la noción de "propiedad", con el tratamiento de la verdad elaborado en el § 44, que cierra la Primera Sección de *SZ* (§§ 1-44). En ella, la analítica existenciaria parte de la "cotidianeidad del término medio" y la "impropiedad" ("no propiedad"), para llegar a la puesta de manifiesto de la "verdad de la existencia", como núcleo posibilitante último de todo *genuino* "ser descubridor" del *Dasein* y de todo *genuino* "estado de descubierto" del ente. Aquí la noción de "genuino" debe entenderse en el sentido de "libre de encubrimiento", aunque, por supuesto, no de opacidad de primer orden, siempre que ésta sea consciente, en su carácter mismo de opacidad. El argumento general de la Segunda Sección de *SZ* (§§ 45-83) sigue, como es sabido, el camino inverso al de la Primera Sección: parte del tratamiento de la "propiedad", para reobtener finalmente a partir de allí, por vía del tratamiento de la "temporalidad impropia" y su origen a partir de la "propia", la "impropiedad" ("no propiedad") que había proporcionado el punto de partida para el análisis elaborado en la Primera Sección.[45] Esta estructura circular no pro-

---

incluye en su posterior propuesta para reconstrucción hermenéutica de la noción de objetividad (véase Figal [2006] esp. cap. 4).

[45] No es irrelevante hacer notar, sin embargo, que la reobtención del punto de partida provisto por la "impropiedad" ("no propiedad") tiene lugar, en la Segunda Sección", a través de la puesta de manifiesto de la "temporalidad originaria" (*Zeitlichkeit*) como sentido de la "cura", y no de modo directo, a partir de la "propiedad" del "existir". Dicho de otro modo: la vuelta al punto de partida

vee, en definitiva, sino un ejemplo concreto, situado en el plano correspondiente a la ontología fundamental, del círculo hermenéutico que, según Heidegger, es esencial a *toda* comprensión, como tal (cf. *SZ* § 32 p. 152 s.).

Ahora bien, es importante atender a la peculiar manera en que Heidegger presenta la transición del tratamiento de la "impropiedad" ("no propiedad") al de la "propiedad". Como se dijo, el tratamiento de la "impropiedad" ("no propiedad") concluye con el análisis de la noción de verdad, que culmina, a su vez, con la introducción de la noción de la "verdad de la existencia". Ésta remite a la posible "transparencia" del *Dasein* respecto de sí mismo y su propio ser, en tanto "poder ser". Pero, como se vio, el propio Heidegger explica en el marco del § 44 que la plena determinación ontológico-existenciaria de la "verdad de la existencia" sólo puede obtenerse por medio de una atestiguación del "poder ser propio" del *Dasein*, y ello *en* y *desde* la "impropiedad" ("no propiedad") de la existencia. A proveer un análisis de la posibilidad y la estructura de tal atestiguación apuntan, cada una a su modo, las dos primeras unidades temáticas de la Segunda Sección, a saber: el tratamiento del "ser para (vuelto hacia) la muerte" (*Sein zum Tode*) (§§ 46-53 = cap. 1), y el tratamiento del *Gewissen* (§§ 54-60 = cap. 2). Ambos tratamientos abordan el problema de la posibilidad de un "ser propio" del *Dasein* desde diferentes ángulos. El tratamiento del "ser para (vuelto hacia) la muerte" lo hace desde la perspectiva que abre la pregunta por la posibilidad de un "ser total / completo" (*Ganzsein*) del *Dasein*. Pensado a partir del peculiar modo de ser que consiste en el ser por referencia a una posibilidad última, irrebasable e indelegable, tal "ser total / completo" da cuenta de la posibilidad de la individuación radical del *Dasein*, perdido, por lo pronto, en el anonimato impersonal del "uno". Por su parte, el tratamiento del fenómeno del *Gewissen* considera el "ser propio" del *Dasein* desde la perspectiva que abre la pregunta por la posibilidad, ya en y desde la asunción ejecutiva de la propia mortalidad (finitud), de un hacerse cargo

---

tiene lugar a través de la referencia a la estructura formal de la "cura" misma, considerada en su sentido ontológico último, y no desde la "propiedad", como tal, ya que, como se ha dicho, no hay un camino metódico que lleve, de modo directo, de la "propiedad" a la "impropiedad" ("no propiedad") del "existir". Como Heidegger señala de modo expreso, la repetición (*Wiederholung*) del análisis de la "impropiedad" ("no propiedad") llevada a cabo en la Segunda Sección apunta, exclusivamente, a poner de manifiesto la "específica temporalidad" (*spezifische Zeitlichkeit*) de la "impropiedad" ("no propiedad"). Se trata, pues, de poner de manifiesto el "sentido temporal" (*zeitlicher Sinn*) de la "cotidianeidad de término medio". Pero, como el propio Heidegger recalca, el análisis temporal de la "propiedad" y la "impropiedad" ("no propiedad"), entendidas como la "independencia" del "sí mismo" (*Selbstständigkeit*) y su "falta de independencia", sólo resulta posible, como tal, una vez que se ha reconducido expresamente la "sí-mismidad" (*Selbstheit*), como tal, a su fundamento en la "cura" y en la "temporalidad" (cf. *SZ* § 66 p. 331 s.). Esta mediación explica, a la vez, por qué la vuelta al punto de partida tiene, en este caso, también la función de una fundamentación de dicho punto de partida, en el sentido preciso de una explicación que hace visible su génesis ontológica, a partir de la estructura formal que provee su condición última de posibilidad.

de sí, en el modo del "estado de resuelto" (*Entschlossenheit*), del "poder ser" propio del *Dasein*, como "en cada caso mío". Ambos análisis resultan, pues, temáticamente complementarios y constituyen, puede decirse, dos pasos sucesivos en una secuencia unitaria de argumentación.[46]

Por último, si se quiere comprender adecuadamente el alcance de los análisis que lleva a cabo Heidegger en estos difícilísimos y riquísimos textos, resulta imprescindible atender debidamente, desde el punto de vista metódico, a la irreductible diferencia de nivel de acceso en que se sitúa, por un lado, el fenómeno en cada caso tematizado y, por otra, el intento de hacerse cargo temáticamente de él por vía de su elucidación fenomenológica. Esta advertencia, aunque trivial en su primera apariencia, está muy lejos de ser ociosa, si se tiene en cuenta que, en este caso particular, la mencionada diferencia tiende a ser pasada, sin más, por alto, y ello en razón del simple hecho de que los propios fenómenos aquí tematizados son, a su vez, *fenómenos de acceso*, en los cuales el *Dasein* se hace transparente para sí mismo su propio ser, como "poder ser". Formulado en términos de las dos nociones de verdad correspondientes a cada uno de esos dos diferentes niveles de acceso: por un lado, la función de atestiguación que cumplen los fenómenos del "ser para (vuelto hacia) la muerte" y la "conciencia" se sitúa en el plano correspondiente a la posibilidad de la "verdad de la existencia", puesto que se trata en ambos casos de fenómenos situados en el nivel de la ejecución de la "vida fáctica" misma; por otro lado, la elucidación fenomenológica que intenta hacerse cargo temáticamente de la función que cumplen dichos fenómenos se mueve, en cambio, en el plano que corresponde a la "verdad fenomenológica", como aquel modo peculiar de la "verdad trascendental" que se halla correlacionado con el "conocimiento trascendental".[47]

---

[46] Para una buena discusión de conjunto del análisis heideggeriano del *Gewissen*, véase Figal (1988) p. 233-258. Una discusión más sucinta y accesible de la concepción elaborada en los §§ 54-60 de *SZ* se encuentra en Lückner (2001). Sin embargo, el abordaje practicado por este autor, centrado en los motivos más afines al enfoque propiamente ético, tiende a hacer perder de vista el enmarcamiento esencialmente aleteiológico del análisis heideggeriano, al cual no hace debida justicia.

[47] En otro lugar, el propio Heidegger llama expresamente la atención sobre la diferencia de los planos correspondientes a la experiencia del *Gewissen* y a su interpretación ontológico-existenciaria, señalando, al mismo tiempo, su relación recíproca: por un lado, la función de apertura que el *Gewissen* cumple ejecutivamente no tiene por qué resultar directamente perjudicada por una insuficiente interpretación ontológica, que no alcanza el nivel propiamente *existenciario*; por otro, una adecuada interpretación ontológico-*existenciaria* no garantiza por sí misma la adecuada comprensión *existencial* del "llamado". Seriedad (*Ernst*) y falta de seriedad (*Unernst*) pueden darse aquí tanto en uno como en otro plano. Pero ello no impide que una adecuada interpretación ontológico-*existenciaria* del fenómeno tenga ella misma el potencial de abrir nuevas posibilidades para una comprensión *existencial* originaria del "llamado" (cf. *SZ* § 59 p. 295).

a. La atestiguación del "poder ser propio" (§ 54)

Tratándose de un fenómeno de acceso del *Dasein* a su propio ser, conectado, como tal, con el carácter (auto)comprensivo del propio *Dasein*, la atestiguación buscada debe "dar a entender" (*»zu verstehen geben«*) la posibilidad de un "sí mismo" que sea "propio" (*ein eigentliches Selbstseinkönnen*), el cual, como "sí mismo", ha de dar respuesta a la pregunta existenciaria por el "quién" (*Wer*) del *Dasein* (cf. § 25), pero ello de modo tal que su "sí mismidad" (*Selbstheit*) sea presentada como una "manera de existir" (*Weise zu existieren*), y no como "un modo cósico de ser" (*vorhandenes Sein*) (cf. *SZ* § 54 p. 267). Desde el punto de vista *existenciario*, el "sí mismo", en el modo de la "propiedad", debe determinarse como modificación *existencial* del "uno", de modo que el análisis debe establecer de qué tipo de modificación se trata y qué es lo que la hace posible (cf. *SZ* § 54 p. 267). Se ha de partir, pues, de aquel modo de concreción del ser del *Dasein*, como "en cada caso mío", que se caracteriza justamente por el hecho de que en él es el "uno" el que ha siempre ya decidido y le ha arrebatado así al *Dasein* la "elección" (*Wahl*) sobre sus propias posibilidades de ser, y ello de un modo tanto más eficaz, cuanto más silente e inaparente es la función de descarga sustitutiva de la "elección" que cumple el impersonal, al punto tal que todo ocurre como si quedara completamente indeterminado quién es propiamente el que elige o ha elegido (cf. *SZ* § 54 p. 268).

Este originario "involucramiento en la impropiedad" (*Verstrickung in die Uneigentlichkeit*) acontece o ha acontecido siempre ya en el modo de un "ser llevado (conducido) sin elección", que no es protagonizado "por nadie", en particular (*wahlloses Mitgenommenwerden von Niemand*). De este modo tácito de la "pérdida de sí", el *Dasein* sólo puede emerger a través de determinados fenómenos disruptivos, que ponen en crisis la posibilidad de descarga sin residuo en el impersonal (cf. *SZ* § 54 p. 268). Tal posible "recuperación de sí" adquiere entonces la forma, explica Heidegger, de la "recuperación de una elección" (*Nachholen einer Wahl*), previamente omitida. Por lo mismo, tiene primariamente el carácter de una "elección de tal elección" omitida (*Wählen dieser Wahl*), y no tanto el de una opción por determinados contenidos previamente no elegidos o bien descartados. Ahora bien, si es cierto que, inmediata y regularmente, el *Dasein* se ha perdido siempre ya a sí mismo, explica Heidegger, entonces parece claro que primero, es decir, antes de poder recuperarse genuinamente a sí mismo desde sí mismo, el *Dasein* necesita *encontrarse* a sí mismo. Tal "encontrarse a sí mismo" no tiene nada que ver con el resultado exitoso, de carácter constatativo, de una investigación temática de sí. Se trata, más bien, del hecho de que, en y desde la facticidad de su "existir", el propio *Dasein* necesita una cierta *atestiguación* de aquel "poder ser sí mismo" (*Selbstseinkönnen*) que, según su posibilidad, él mismo *ya es* (cf. *SZ* § 54 p. 268). Esta atestiguación viene dada por lo que en la autointerpretación cotidiana del *Dasein* se conoce bajo el nombre de la "voz de la conciencia" (*Stimme des Gewissens*), y éste es el fenómeno que, reinterpretado en términos de lo que Heidegger denomina el "llamado", la propia analítica existenciaria toma, a su vez, como hilo conductor, cuando intenta hacer temáticamente accesible, en su posibilidad y su estructura, la "transparencia" del *Dasein* (cf. *SZ* § 54 p. 268).[48]

Dado su carácter fenomenológico-existenciario, el análisis del *Gewissen* debe evitar toda interpretación falsificadora del fenómeno, sea de corte naturalista (psicologista, biologista) o metafísico-teológico, y no debe intentar proveer ninguna "prueba" del fenómeno, como si se tratara de algo constatable desde fuera, en un ente intramundano que posee carácter cósico. El análisis no debe ser, pues, ni reductivo ni inflacionario, sino que debe limitarse a retener y elevar al plano de la tematización lo que se muestra como esencial en la estructura del fenómeno (cf. *SZ* § 54 p. 268 s.). Interesante y revelador es el hecho de que Heidegger caracteriza aquí el fenómeno del *Gewissen* como un cierto *factum*, que se anuncia en y con la "existencia" concreta y fácticamente determinada del *Dasein*. Se trata de un fenómeno peculiar de autoexperiencia del *Dasein*, que posee su propia efectividad o factualidad, la cual nada tiene que ver con aquella que caracteriza de lo que no tiene el modo de ser del *Dasein* (cf. *SZ* § 54 p. 269). Es notoria aquí la semejanza con el modo en el que Kant apela a la noción de *factum*, a la hora de caracterizar el modo en que somos conscientes de nosotros mismos, como destinatarios de la exigencia proveniente de la ley moral. Y no debe perderse de vista el hecho fundamental de que, tanto en Kant como en el propio Heidegger, se trata de una peculiar forma de "conciencia de sí", que no tiene carácter teórico-constatativo, sino esencialmente práctico-ejecutivo. Con todo, hay dos puntos en los cuales Heidegger toma expresamente distancia del análisis kantiano del fenómeno del *Gewissen*, a saber: en primer lugar, no hay aquí para Heidegger, al menos, en primera instancia, ningún recurso posible a pautas normativas de carácter universal, cuya suposición resultaría, más bien, de una falsificación interpretativa de lo que abre irreductiblemente el "llamado del *Gewissen*", que es siempre *mi* "poder ser propio", como "en cada caso mío";[49] en segundo lugar, la imagen del "foro

---

[48] Para el origen y el alcance de la caracterización heideggeriana del *Gewissen* en términos de "llamado", véase las buenas observaciones en Figal (1988) p. 234 s. Figal pone de relieve que la reinterpretación del fenómeno vulgarmente conocido como "voz de la conciencia" por recurso a la noción de "llamado" va asociada a la intención de evitar la habitual atribución del origen de tal "voz" a alguna fuerza o poder exterior al *Dasein*, lo que conlleva necesariamente una degradación cosificante de un fenómeno que posee un carácter irreductiblemente existenciario.

[49] En consonancia con su crítica radical a toda interpretación cosificante-universalizante del *Gewissen* y su "llamado", Heidegger señala que no hay algo así como una "conciencia general" (*allgemeines Gewissen*), ni mucho menos algo así como una "conciencia del mundo" (*Weltgewissen*). La dudosa invención de estas construcciones universales sólo es posible, explica Heidegger, justamente en la medida en que, en su fundamento existenciario, el *Gewissen* es siempre "en cada caso mío" (*je meines*): me llama siempre a *mi* "poder ser propio", y llama siempre *desde mí* (cf. *SZ* § 57 p. 278).

interior" a la que apela Kant para explicar la estructura y la función del *Gewissen* debe verse, a juicio de Heidegger, como un resultado del punto de partida en la representación de la "ley moral" (*Sittengesetzt*), en lo que tiene de *ley*, y constituye, en tal sentido, una continuación de la interpretación vulgar, tendencialmente cosificante, del fenómeno que no hace justicia a su carácter de "llamado" (*Ruf*) (cf. *SZ* § 59 p. 292 s.).[50] Esto es justamente lo que no debe ocurrir, piensa Heidegger, en un análisis fenomenológicamente adecuado, que respete descriptiva e interpretativamente el carácter esencial de fenómeno de acceso que es propio del *Gewissen*, como instancia o lugar de realización de la posible "transparencia" del *Dasein*: en tanto "da a entender" y así "abre" un acceso al propio ser del *Dasein*, el *Gewissen* es un fenómeno que, en sus fundamentos existenciarios, debe ser reconducido al "estado de abierto" (*Erschlossenheit*) del *Dasein* (cf. *SZ* § 54 p. 269).[51] Y si se ha

---

En conexión con el rechazo de toda interpretación del "llamado" como procedente de fuerzas exteriores al *Dasein*, Heidegger enfatiza el hecho, sólo en apariencia paradójico, de que a la "objetividad" (»*Objektivität*«) del "llamado" sólo se puede hacerle justicia, si se le conserva al "llamado" mismo su esencial "subjetividad" (»*Subjektivität*«), la cual, en tanto remite al "sí mismo" propio, es la misma que le rehúsa su señorío (*Herrschaft*) al "uno mismo" (*Man-selbst*) (cf. *SZ* § 57 p. 278).

[50] Para la caracterización del *Gewissen* por medio de la representación del "foro" o "tribunal" interior por parte de Kant, véase *VM* p. 193 ss. y, especialmente, *Tugendlehre* § 13 p. 78 ss (= Ak. VI p. 437 ss.). En el caso de Kant, tal caracterización aparece vinculada, desde el punto de vista sistemático, con la identificación del *Gewissen* con una de las funciones que desempeña la facultad del juicio (*Urteilskraft*), la cual es siempre instancia de mera aplicación de la ley y no instancia propiamente legislativa, en este caso concreto, instancia de aplicación de la ley moral, provista por la razón. Como explica Kant, en dicha aplicación en concreto de la ley moral, el *Gewissen*, como modo peculiar de operación de la facultad del juicio, no tiene en vista tan sólo, ni primariamente, las condiciones objetivas de la aplicación de la ley al caso (*i. e.* la acción particular, a través de su máxima, y la correspondiente situación de acción), sino también, y fundamentalmente, las condiciones subjetivas que posibilitan esa misma aplicación. Por tal razón, atendiendo al peculiar tipo de doble reflexividad que caracteriza a esta forma de despliegue de la facultad del juicio, Kant caracteriza al *Gewissen* como una "facultad del juicio que se enjuicia (dirige, endereza) a sí misma" (*sich selbst richtende Urteilskraft*) (cf. *Religion* IV § 4 p. 251 s. [= Ak. VI p. 186]).

[51] Obviamente, el punto de Heidegger no consiste en negar que el *Gewissen* reproche hechos, errores y omisiones concretos, como supone la concepción vulgar del fenómeno, ni tampoco que ello presuponga, de una u otra manera, la referencia a patrones universales de enjuiciamiento, involucrados tanto en la descripción misma de tales hechos, errores u omisiones, como también en su correspondiente evaluación. El propio Heidegger llama la atención sobre el hecho de que la insistencia en la referencia al momento del "poder ser propio", tomado en su pureza, puede despertar la impresión de un alejamiento respecto del fenómeno del *Gewissen*, tal como éste parece darse en la "experiencia natural", pues el *Gewissen* aparece aquí como una instancia que nos advierte y nos reprocha en concreto (cf. *SZ* § 57 p. 279). Pero el objetivo del análisis no consiste en la eliminación definitiva de toda referencia a contenidos, los cuales quedan, en último término, reincorporados a través de la remisión a la concreción fáctica del *Dasein* del caso y de la situación con la que se ve confrontado. Se trata, más bien, en un primer paso, de aislar el momento de la referencia a la posibilidad del "sí mismo" propio, en el modo del hacerse cargo ejecutivamente de sí, para retenerlo así en su pureza, y ello con un objetivo doble y complementario, a saber: por una parte, para poner

respetar su carácter de "llamado" (*Ruf*), dicho fenómeno tendrá que ser puesto en conexión con el momento estructural del "habla" (*Rede*). Se trata, pues, de poner temáticamente de manifiesto el "llamado del *Gewissen*" en su carácter de "llamado a" (*Anruf*) su más propio "poder ser" (*Seinkönnen*) por parte del *Dasein*, y como "llamamiento hacia" (*Aufruf*) su más propio "ser culpable / deudor" (*Schuldigsein*) (cf. *SZ* § 54 p. 269). Por otra parte, en cuanto fenómeno que articula la comprensión (del "poder ser propio"), el *Gewissen*, en su carácter de "llamado", estará necesariamente correlacionado con un correspondiente fenómeno de apropiación del sentido así abierto, el cual tendrá lugar en el modo del "oír" (*Hören*). Se trata, en este caso, de lo que Heidegger denomina el "comprender el llamado" (*Anrufverstehen*), que se pondrá de manifiesto como un "querer tener conciencia" (*Gewissenhabenwollen*). Tal "querer tener conciencia" no es otra cosa, en definitiva, que aquel "elegir la elección" (*Wählen der Wahl*) que subyace a todo genuino "ser sí mismo" (*Selbstsein*), y en el cual reside entonces la posible recuperación de sí del *Dasein*, a partir de la previa "pérdida de sí" en el "uno" (cf. *SZ* § 54 p. 269 s.).

b. El Gewissen como "llamado" y su fundamento ontológico-existenciario (§§ 55-56)

El punto de partida del análisis del fenómeno del *Gewissen* viene dado por la constatación elemental, ya mencionada, de que el *Gewissen* "da a entender algo", lo cual significa que pertenece, como tal, al conjunto de los fenómenos existenciarios que constituyen el ser del "ahí" (*Da*), en su carácter de apertura (*Erschlossenheit*). Por lo mismo, el análisis del *Gewissen* permite una profundización del análisis del "estado de abierto" (*Erschlossenheit*) mismo, desde la peculiar perspectiva que abre la referencia al "poder ser propio" del *Dasein* (cf. *SZ* § 55 p. 270).

Dado que el fenómeno específico que está en el centro del interés es el del "llamado del *Gewissen*", no puede sorprender que el análisis tenga lugar en términos predominantemente auditivos. Por otra parte, en la medida en que el análisis pretende poner de manifiesto la atestiguación del "poder ser propio" *en y a partir de* la "impropiedad" ("no propiedad"), su *terminus a quo* viene dado necesariamente por el "sí mismo" en el modo del "uno", vale decir, por lo que Heidegger llama aquí el "uno mismo" (*Man-selbst*). El "uno mismo" es aquel a quien el *Dasein* "presta oídos", en su carácter indiferenciado de "uno", y, al hacerlo, se "desoye" (*überhört*), a la vez, a sí mismo, en su "sí mismo" (*selbst*) (cf. *SZ* § 55 p. 270 s.).

---

de relieve su función posibilitante, en la medida en que marca el punto de inserción para toda posible genuina identificación de sí bajo tales o cuales descripciones de contenido; por otra parte, para evitar la recaída en la interpretación tendencialmente cosificante del fenómeno, a la que conduce la orientación unilateral a partir de determinados contenidos, dados, por así decir, de antemano.

Para que el *Dasein* pueda (re)encontrarse y recuperarse a sí mismo, el "prestar oídos al uno" (*Hinhören auf das Man*) tiene que quedar, de algún modo, "quebrado" (*gebrochen*), y la posibilidad de tal "quiebre" (*Bruch*) reside en el "inmediato ser llamado" (*unvermittelbares Angerufenwerden*) (cf. *SZ* § 55 p. 271). Se advierte aquí la función positiva y posibilitante que Heidegger adjudica a este peculiar fenómeno disruptivo. El "llamado" (*Ruf*) quiebra el "prestar oídos al "uno"", pero lo hace despertando un "oír" diferente, que tiene las características opuestas a las del primero: el primero es un oír (auto)encubridor, por cuanto en él el *Dasein* se pasa por alto a sí mismo, en su sí mismo, mientras que el segundo abre, en cambio, la posibilidad de la "transparencia". El "llamado" del *Gewissen* es, explica Heidegger, silente, está libre de la "ambigüedad" (*Zweideutigkeit*) propia de la "habladuría" cotidiana (*alltägliches Gerede*), y permanece lejano a toda "avidez de novedad" (*Neugier*) (cf. *SZ* § 55 p. 271). Carece, pues, de todos los rasgos que caracterizan el modo en que inmediata y regularmente el *Dasein* existe, en tanto perdido en el "uno".

A diferencia de la desfiguradora metáfora del "tribunal de la conciencia" (Kant), hablar de "llamado" no constituye aquí una mera metáfora, en la medida en que la noción debe tomarse en un sentido específico que remite al existenciario del "habla" (*Rede*). El "llamado", como modo del "habla", no presupone exteriorización fonética (*Verlautbarung*), pues tampoco el "habla" la presupone (cf. *SZ* § 55 p. 271, bajo referencia a *SZ* § 34 p. 160 ss.). Constituye un fenómeno de acceso y apertura, que tiene la forma del "dar a entender" (*zu verstehen geben*). La "tendencia de apertura" (*Erschliessungstendenz*) del "llamado" no se concreta en el modo de una comunicación de determinados contenidos, sino, más bien, en el modo de un "impulsar" (*Stoß*) y un "sacudir" (*Aufrütteln*), que, al mismo tiempo, "sostiene" o "detiene".[52] El llamado "sobreviene" al *Dasein*: éste es llamado "desde la lejanía" (*aus der Ferne*) y "hacia la lejanía" (*in die Ferne*) (cf. *SZ* § 55 p. 271). Se trata, pues, de un fenómeno *disruptivo*, que cumple una función positiva, en la medida en que hace posible el autodistanciamiento que tiende a quebrar la instalación pasiva en una determinada forma de la "pérdida de sí", la cual tiene lugar en el modo de la autoenajenación. Y lo hace señalando hacia la posibilidad concreta de la "propiedad" de la "existencia". El "llamado" toca al *Dasein*, en la medida en que, extrañado y alejado de sí mismo,[53] aspire al mismo tiempo a recuperarse a sí mismo: sólo es alcanzado por el llamado quien quiere ser traído de regreso a sí mismo (*wer zurückgeholt sein will*) (cf. *SZ* § 55 p. 271). El "llamado" llama *desde* la lejanía y *hacia* la lejanía, pero ello sólo en la medida en que, extrañado de sí mismo,

---

[52] En tal sentido, véase la nota añadida a mano en el *Hüttenexemplar*: "pero también lo que sostiene (detiene) (*das anhaltende*)" (cf. *SZ* p. 444 nota "c" a p. 271).

[53] La nota añadida en el *Hüttenexemplar* explica con referencia a esta peculiar autoenajenación: "quien se ha alejado de su propio "sí mismo" (*vom eigenen Selbst*)" (cf. *SZ* p. 444 nota "d" a p. 271).

el *Dasein* se ha alejado siempre ya de sí, más precisamente, de su "sí mismo" propio.

En lo que concierne específicamente al carácter de "llamado" propio del fenómeno del *Gewissen* (cf. § 56), resulta importante enfatizar que, justamente como "llamado", el *Gewissen* no puede producir nada desde sí mismo, al modo en que haría una fuerza causal que operara sobre algo diferente y produjera así determinados efectos, en virtud de su eficacia. Por lo mismo, para cumplir su función, el *Gewissen* reclama, como su correlato estructural, el momento del "querer tener conciencia" (*Gewissen-haben-wollen*) (cf. *SZ* § 60 p. 295 ss.). Dicho de otro modo: como un peculiar modo del "dar a entender", fundado en el "habla", el *Gewissen* está estructuralmente correlacionado con un fenómeno complementario de "comprensión", referido a aquello que abre originariamente el "llamado". Este fenómeno es lo que Heidegger denomina el "comprender el llamado" (*Anrufverstehen*), el cual, como muestra el tratamiento del § 58, aparece inmediatamente vinculado al originario "ser culpable/deudor" (*Schuldigsein*) del *Dasein* (cf. *SZ* § 58 p. 288). Como el propio Heidegger declara expresamente, el momento del "comprender el llamado" no constituye una especie de añadido exterior (*Zugabe*) al fenómeno del *Gewissen*, sino que éste adquiere su plena concreción sólo en conexión con el momento positivo de la correspondencia a lo que abre interpelativamente el "llamado", *como "llamado"* (cf. *SZ* § 57 p. 279). De hecho, no puede haber algo así como un "llamado flotante en el vacío" (*freischwebender Ruf*), al cual nada siguiera, pues no se trata aquí de algo cósico cuya función consistiera en producir un efecto sobre otra cosa, y que, a veces, pudiera también fallar en la producción de dicho efecto. En el caso del "llamado", el que llama (*Rufer*) y el que es llamado (*Angerufener*) son uno y el mismo, a saber: el *Dasein* del caso, de modo tal que todo "desoír" (*Überhören*) y todo "equivocar*se* al oír" ("*Sich*"-*Verhören*) deben verse aquí como fenómenos positivos, que tienen ellos mismos el modo de ser del *Dasein* (cf. *SZ* § 57 p. 279).

Desde el punto de vista que aquí interesa, un aspecto central en el análisis heideggeriano reside en la insistencia sobre el hecho de que el "llamado" es un fenómeno *disruptivo*, que, como se anticipó ya, involucra al mismo tiempo tanto un aspecto de autoidentificación como uno de autodistanciamiento. Como Heidegger pone de relieve en el marco del análisis del carácter del "llamado" (§ 56), en y con el "llamado" del *Gewissen* se anuncia la posibilidad de un tránsito del "uno mismo" (*Man-selbst*) hacia el genuino "sí mismo" (*Selbst*). Dicho tránsito tiene lugar a partir de una recuperación del "sí mismo", que está contenido, como posibilidad, en el propio "uno mismo", pues éste, como se vio al comienzo, no puede constituir un fenómeno de encubrimiento total, sino que representa, más bien, un fenómeno de encubrimiento parcial, por vía de desfiguración. En consecuencia, lo alcanzado por el "llamado" no es otra cosa que el "uno mismo", mientras que su "hacia dónde" (*Woraufhin*) es el "propio sí mismo" (*das eigene*

Selbst). El "llamado" produce, pues, un quiebre de la delegación de sí en el "uno", pero no a través de una directa puesta en cuestión del "uno", en su concreción existencial, como si se tratara de una suerte de diálogo crítico con el "uno". Lo hace, más bien, pasando por alto, sin más, al "uno", para interpelar al "sí mismo" que se refugia, por así decir, en él. En este "pasar por alto" (*Übergehen*), el "uno" se precipita, de inmediato, en la insignificancia (*Bedeutungslosigkeit*) (cf. *SZ* § 56 p. 273). Pero esta caída de los enmascaramientos no es un mero fenómeno negativo, que deja privado al "sí mismo" de su refugio y escondite en el anonimato del "uno", sino que constituye, a la vez, también la condición positiva de la posibilidad de un "sí mismo propio": a través de tal puesta fuera de juego del "uno", como "refugio" (*Unterkunft*) y "guarida" (*Versteck*), el "sí mismo" se convierte, en virtud del "llamado", en lo que propiamente *es*, a saber: un genuino "sí mismo" (cf. *SZ* § 56 p. 273). Lo esencial del "llamado", que, como puede verse, nada tiene que ver en su estructura con fenómenos del tipo del autoanálisis o la introspección, reside, pues, justamente en el momento del "pasar por alto" el "uno", yendo, así, más allá de toda pretendida identificación del "sí mismo" con cualquier posible contenido existencial concreto, al llamar hacia un "sí mismo" que es, como tal, "ser en el mundo" (cf. *SZ* § 56 p. 273). El momento del "ir más allá" de todo contenido, dejándolo de lado, para así poner de manifiesto la imposibilidad de reducir el "sí mismo" a ningún contenido concreto, se revela, como función primaria del "llamado", en el hecho de que el "llamado" mismo no dice *nada*, de modo que tampoco tiene nada que ver con una suerte de "diálogo consigo mismo" (*Selbstgespräch*) (cf. *SZ* § 56 p. 273). El "llamado" es un mero "llamamiento hacia el más propio poder ser" (*Aufruf zum eigensten Seinkönnen*). Y, en la medida en que llama a una posibilidad de ser y posee, como tal, carácter proyectivo-anticipativo, constituye lo que Heidegger denomina un "pre-vocar (llamar anticipativamente) hacia adelante" (*Vor-(nach-"vorne")-Rufen*) (cf. *SZ* § 56 p. 273).

La falta de contenido del "llamado" no es mera indeterminación, sino que constituye, más bien, un dato positivo que muestra que el "objetivo", por así decir, del "llamado" nada tiene que ver con hacer que uno se aferre a la esperanza de una comunicación (cf. *SZ* § 56 p. 273 s.). Lo abierto a través del "llamado" es, sin embargo, algo unívoco, en la medida en que el "llamado" no tiene lugar en un vacío carente de concreción óntico-existencial, sino que irrumpe en el *Dasein* fáctico, confrontado de antemano con circunstancias fácticamente determinadas. Por cierto, el "llamado" puede y, a veces, debe ser hecho objeto de una interpretación, según las posibilidades de comprensión del *Dasein* concreto del caso (cf. *SZ* § 56 p. 274). Pero su función propia de "llamado" reside, más bien, en la radical puesta fuera de juego de toda presunta identificación del "sí mismo", como posibilidad de ser, con cualquier contenido óntico-existencial concreto (cf. *SZ* § 56 p. 274, véase también *SZ* § 57 p. 274). Justamente, el intento de defensa del "uno mismo", frente a la irrupción del "llamado", consiste habitualmente en tratar de arrastrar al "llamado" a una suerte de "diálogo de negociación consigo mismo" (*verhandelndes Selbstgespräch*), lo cual, en caso de tener lugar, sólo sirve para desperfilar y confundir (*verkehren*) la "tendencia de apertura" (*Erschliessungstendenz*) del "llamado" (cf. *SZ* § 56 p. 274). Como "llamado" al "uno mismo" en su "sí mismo" (*Anruf des Man-selbst in seinen Selbst*), el "llamado" es, pues, a la vez, "llamamiento del sí mismo hacia su poder ser sí mismo" (*Aufruf des Selbst zu seinem Selbstseinkönnen*), vale decir: "pre-vocación (llamado anticipativo) del *Dasein* hacia sus posibilidades" (*Vor-rufen des Daseins in seine Möglichkeiten*) (cf. *SZ* § 56 p. 274).

c. El "llamado" como procedente de la "cura" (§ 57)

El análisis de la estructura y la función del llamado pone de relieve el momento de autodistanciamiento que hace posible la apertura de un espacio de genuina comparecencia del *Dasein* ante sí, en el modo de la "transparencia". En cambio, el examen del "quién" del llamado (cf. § 57) apunta a poner de manifiesto el momento complementario de autoidentificación, que forma parte necesariamente de esa posible "transparencia". El que realiza el "llamado" (*Rufer*) aleja de sí, junto con toda identificación de contenido, también toda posibilidad de hacerse conocido, y no se deja llevar a ningún tipo de consideración ni conversación. Esta "indeterminación" (*Unbestimmtheit*) e "indeterminabilidad" (*Unbestimmbarkeit*) es un carácter positivo, que pone de manifiesto el hecho de que el que llama sólo llama y sólo pretende ser oído, y no ser seducido con palabras (*beschwatzt*) (cf. *SZ* § 57 p. 274 s.). Ésta es la razón por la cual el "oír existencial" (*das existenzielle Hören*), vale decir, el "oír", tal y como se da en la "existencia" concreta, puede e incluso debe omitir la pregunta por el "quién" del llamado, allí donde precisamente le presta oídos, mientras que el análisis existenciario, tal como lo lleva a cabo la fenomenología del *Dasein*, no puede hacer lo mismo, sino que debe explicar la "facticidad" (*Faktizität*) del "llamado" y la "existenciariedad" (*Existenzialität*) del "oír" (cf. *SZ* § 57 p. 275).

Pues bien, en el "llamado" del *Gewissen* es el propio *Dasein* quien se llama a sí mismo (cf. *SZ* § 57 p. 275). Fenomenológicamente, el "llamado" procede *de mí* (*aus mir*) y, sin embargo, no por ello es menos cierto que me acomete, me sobreviene, viene *sobre mí* (*über mich*), incluso contra toda voluntad y expectativa. Este hecho no debe ser malinterpretado, de modo cosificante, por recurso a ninguna teoría acerca de la procedencia del "llamado" "desde fuera" o bien acerca de su origen en algún poder extraño. Por el contrario, el hecho debe ser esclarecido a partir del enraizamiento del "llamado" en el propio ser del *Dasein* (cf. *SZ* § 57 p. 275 s.). Si el "llamado" tiene que ver con alguna "efectividad" o "factualidad" (*Tatsächlichkeit*), no es con la propia de lo que es meramente cósico (*Vorhandenes*), sino sólo con aquella que corresponde al *Dasein*, en tanto éste está entregado (*überantwortet*) a la "existencia" y, por lo mismo, no constituye una suerte de "proyecto de sí flotante en el vacío" (*freischwebendes Sichentwerfen*).[54] En su "estado de abierto", al *Dasein* le queda abierta también su propia facticidad, al menos, en su "qué", aunque su "por qué" le pueda estar oculto (cf. *SZ* § 57 p. 276). Ahora bien, el "estado de yecto" (*Geworfenheit*) se abre en el "encontrarse" o la "disposición afectiva" (*Befindlichkeit*), pero, inmediata y regularmente, el "temple anímico" (*Stimmung*) tiende a cerrar el "estado de yecto", como "estado de yecto", en la medida en que el *Dasein* busca refugio en la pretendida libertad del "sí mismo" en el modo del "uno". De este modo, el *Dasein* se cierra la "inhospitalidad" (*Unheimlichkeit*) propia de su "existir" fáctico. Se da aquí una peculiar "huida ante la inhospitalidad" (*Flucht vor der Unheimlichkeit*), tal como ésta determina el fundamento mismo del "ser en el mundo", en su concreción individual (*vereinzeltes In-der-Welt-sein*) (cf. *SZ* § 57 p. 276). Pero, como mostraron los análisis correspondientes, es en la "disposición afectiva fundamental" (*Grundbefindlichkeit*) de la "angustia" (*Angst*) donde se revela la "inhospitalidad", como tal: la "angustia" pone al *Dasein* ante (*vor*) la nada del mundo, ante la cual el *Dasein* se angustia por su propio "poder ser". Visto desde esta perspectiva, puede decirse entonces que el que llama, indeterminable mundanamente en su contenido, no es otro que el mismo *Dasein* en su "inhospitalidad", vale decir: "el "ser en el mundo", originariamente "yecto", en tanto "privado de hogar", el mero "hecho de que" en la nada del mundo" (*das ursprünglich geworfenes In-der-Welt-sein als Unzuhause, das nackte »daß« im Nichts der Welt*) (cf. *SZ* § 57 p. 276 s.). El hecho de que el llamado provenga de aquel "sí mismo" que no se identifica con ningún contenido óntico-mundano explica, por tanto, que al "uno mismo" el que llama se le aparezca, en principio, como extraño, por serle desconocido (*unbekannt*), y ello justamente porque representa lo extremamente opuesto a la habitual manera de estar perdido y absorbido en el mundo: el que llama no le susurra nada al oído al *Dasein*, curioso y ocupado del "mundo", sino que se limita a revelarle su "poder ser propio" (cf. *SZ* § 57 p. 277).

En tanto llama sin decir nada, el "llamado" posee un carácter, a la vez que anticipativo o "pro-vocante", también retro-activo o "retro-vocante": retro-voca (*zurückrufen*) hacia el "estado de silenciado" (*Verschwiegenheit*) del "poder ser", en el modo del "existir" (*das existente Seinkönnen*) (cf. *SZ* § 57 p. 277). Y este carácter "retro-vocante" se funda en el hecho de que la "inhospitalidad" constituye el "modo fundamental del "ser en el mundo", cotidianamente ocultado" (*alltäglich verdeckte Grundart des In-der-Welt-seins*) (cf. *SZ* § 57 p. 277). Este "me llama" (*»es ruft mich«*), como modo señalado del "habla", es el "llamado", que, vinculado a la

---

[54] Para la distinción entre la "efectividad" o "factualidad" (*Tatsächlichkeit*) propia de los que es "ante los ojos" y la propia del *Dasein*, véase *SZ* § 12 p. 55 s., donde el carácter "efectivo" o "factual" del que Heidegger denomina "*Faktum Dasein*" se explica en términos de la noción de "facticidad" (*Faktizität*), en el sentido específico que remite a un momento estructural del "ser en el mundo".

angustia, le hace posible al *Dasein*, por primera vez, el proyectarse a sí mismo por referencia a su propio "poder ser", quebrando todos los enmascaramientos identificatorios del "sí mismo". Como puso de relieve el previo tratamiento de la "angustia" como "disposición afectiva fundamental" (*Grundbefindlichkeit*) (cf. *SZ* § 40 p. 189), la "inhospitalidad", al quebrar toda supuesta instalación en el mundo, remueve al *Dasein* y amenaza su "pérdida (de sí) olvidada de sí" (*selbstvergessene Verlorenheit*) (cf. *SZ* § 57 p. 277): pone en crisis toda estrategia de descarga de sí, por vía del identificación reductiva y niveladora del "sí mismo" con tal o cual contenido óntico-fácticamente determinado.

El *Gewissen* se revela, pues, como "llamado" de la "cura". El que llama es el *Dasein*, que se angustia por su propio "poder ser", en su "estado de yecto", como "ser ya en (el mundo)" (*Schon-sein-in*). El que es llamado (*Angerufener*) es el mismo *Dasein*, llamado, convocado, a su más propio "poder ser", a partir de la pérdida de sí en el "uno", como "ser ya junto al mundo del que se ocupa el procurar" (*Schon-sein-bei-der-besorgten-Welt*) (cf. *SZ* § 57 p. 277). La posibilidad ontológica del "llamado" se encuentra, por tanto, en la propia "cura", como ser del *Dasein*. Y todo intento de explicar el acontecer del "llamado" por recurso a instancias extrínsecas que operan causalmente, lejos de dar cuenta de su posibilidad como hecho ontológico-existenciario, más bien, la aniquila (cf. *SZ* § 57 p. 278).[55] En último término, el "llamado" del *Gewissen* anuncia, como se verá, el "ser culpable / deudor" (*Schuldigsein*) del *Dasein*, en cuanto su ser, que es "cura", constituye, al mismo tiempo, el fundamento de una "nulidad" (*Nichtigkeit*) (cf. *SZ* § 58 p. 286). Tal "nulidad" es la que se revela en y con el "llamado" del *Gewissen*, el cual llama al "ser culpable / deudor": el "llamado" la arranca, por así decir, de la latencia en la que habitualmente se retrae, y la presenta, de modo no disfigurado, como "nulidad" (cf. *SZ* § 58 p. 287). De hecho, todas las interpretaciones del fenómeno del *Gewissen*, incluso las más vulgares, coinciden en señalar que éste habla de una

---

[55] Como el propio Heidegger señala, la explicación dada hasta aquí se limita a dar cuenta de la posibilidad y la estructura del "llamado", a partir de sus fundamentos existenciarios. Pero se hace necesario también, a partir de allí, reobtener el fenómeno del *Gewissen*, tal como éste se presenta en la experiencia vulgar, según la cual la "conciencia" nos reprocha hechos concretos, errores y omisiones (cf. *SZ* § 57 p. 279). Justamente, el análisis de la noción de "culpa / deuda" desarrollado en el § 58 y la posterior consideración de la concepción vulgar del *Gewissen* en el § 59 apuntan a mostrar cómo la concepción existenciaria desarrollada permite transparentar la estructura de tales fenómenos derivativos, a partir de la referencia a sus condiciones ontológicas de posibilidad. Uno de los aspectos más interesantes, desde el punto de vista sistemático, de la discusión desarrollada allí tiene que ver con el modo en que Heidegger deriva la secuencia habitual de consideración, según la cual en el fenómeno de la "conciencia" aparece en el primer plano la *referencia a lo ya sucedido,* a partir del carácter del carácter proyectivo ("pro-vocante") del "llamado". Desde el punto de vista sistemático y estructural, hay aquí una analogía estrecha con la estrategia argumentativa que le permite a Heidegger en los §§ 78-81 reobtener la representación vulgar del tiempo, por referencia a su origen en la temporalidad originaria, con su peculiar estructura horizontal-extática.

cierta "deuda / culpa" (*Schuld*), pero lo que hay que establecer es su preciso significado existenciario (cf. *SZ* § 57 p. 279 s.).

d. La comprensión del "llamado" y el "ser culpable/deudor" del Dasein (§ 58)

Desde el punto de vista del análisis existenciario, explica Heidegger, no se trata de detallar las posibilidades fácticamente determinadas a las que apunta el "llamado" en su concreción existencial, la cual es, por su propia índole, relativa al *Dasein* individual del caso. El análisis existenciario debe limitarse, más bien, a establecer lo que pertenece a la condición existenciaria de la posibilidad de tal "poder ser" fáctico (cf. *SZ* § 58 p. 280). Desde este punto de vista, lo esencial en la función del "llamado" es, como se vio, su carácter esencialmente *disruptivo*, en la medida en que pone en crisis, por así decir, la delegación del sí mismo, en su radical individualidad, en el impersonal del "uno". Al hacer esto, el "llamado", que señaliza anticipativamente hacia un peculiar "poder ser", el correspondiente al "sí mismo" propio, le quita al *Dasein* su refugio y guarida en el impersonal y, con ello, lo retrotrae a la "inhospitalidad" (*Unheimlichkeit*) de su radical individualidad singularizada, en tanto "yecto", arrojado, en el mundo (*geworfene Vereinzelung*). El "desde dónde" (*Woher*) del "llamado", que no es otro que tal "inhospitalidad" propia de la individualidad singularizada, de carácter "yecto", es co-abierto en y con el "llamado" mismo, pues se identifica, en definitiva, con el "hacia dónde" (*Wohin*) del "llamado": "el "desde dónde" del "llamado", en el "pre-vocar hacia..." (*Vorrufen auf...*) es el "hacia dónde" del "retro-vocar" (*Zurückrufen*)" (cf. *SZ* § 58 p. 280). Lo que el "llamado" abre de este modo no es ningún "poder ser" de carácter ideal-universal, sino, más bien, el "poder ser" que es propio del *Dasein* individual del caso. Por lo mismo, se trata de un "poder ser" que no puede ser comprendido sino como fácticamente determinado, en virtud del carácter "yecto" del "proyectar". El "carácter de apertura" (*Erschliessungscharakter*) del "llamado", explica Heidegger, sólo queda plenamente determinado cuando el "llamado" es considerado en su dimensión a la vez "pre-vocante" y "retro-vocante" (*vorrufender Rückruf*) (cf. *SZ* § 58 p. 280). El momento señalado por el prefijo "pre-" (*vor*) apunta aquí a la posibilidad por parte del *Dasein* de hacerse cargo él mismo (*selbst*), en su "existencia" (e*xistierend*), del ente "yecto", arrojado (*das geworfene Seiende*) que él mismo *es*. El momento señalado por el prefijo "retro-" (*zurück*) remite, por su parte, al "estado de yecto" (*Geworfenheit*) como aquel fundamento del que el *Dasein*, en su existir, debe hacerse cargo (cf. *SZ* § 58 p. 287).

Esta misma caracterización formal provee, por último, también el punto de partida para una adecuada interpretación de lo que el "llamado", como tal, "da a entender". Como se dijo, todas las interpretaciones del fenómeno del *Gewissen*, incluso ya en el ámbito de la actitud "natural", enfatizan el hecho de que el "llamado" se dirige al *Dasein* en su calidad de "culpable" o "deudor" (*schuldig*). Heidegger retiene este aspecto, pero señala la necesidad de proveer una adecuada caracterización, desde el punto de vista existenciario, del "ser culpable / deudor" (*Schuldigsein*) que se pone de manifiesto en y con el "llamado". Metódicamente, el problema que se plantea no es diferente del que se plantea en el caso de otros fenómenos semejantes vinculados con el ser del *Dasein*: la interpretación existenciaria no puede prescindir de la interpretación vulgar-cotidiana, que le provee su necesario punto de partida, pero tampoco puede dejarse guiar, sin más, por ella, sino que debe contrarrestar las tendencias al ocultamiento y la desfiguración imperantes en el modo habitual en el cual el *Dasein* comprende su ser y habla de sí. Se trata, pues, de lograr sacar partido adecuadamente, en la interpretación del fenómeno, de la "indicación" (*Anweisung*) hacia la "idea" originaria de éste que está contenida y co-develada (*mit-enthüllt*) ya en su visión desperfilada y desfigurada (cf. *SZ* § 58 p. 281). En este caso, el "criterio" (*Kriterium*) que debe guiar tal intento lo encuentra Heidegger en el modo habitual de hablar de la "culpa" o "deuda", más precisamente, en el hecho elemental de que el predicado "culpable" / "deudor" ("*schuldig*") aparece conectado con la expresión "yo soy" ("*ich bin*"): aquí podría hallarse una documentación exterior de la conexión más profunda que vincula el "ser culpable / deudor" con el ser mismo del *Dasein*, en cuanto éste "existe", en cada caso, de modo fácticamente determinado (cf. *SZ* § 58 p. 281).

El punto de Heidegger se comprende mejor, si se parte de la contraposición de dos posibles direcciones de consideración del mismo fenómeno, tal como éste queda articulado en el uso habitual del lenguaje: normalmente, nos valemos de expresiones del tipo "yo soy culpable / deudor *de* algo" o bien "yo soy culpable / deudor (de algo) *ante* alguien", que enfatizan, por un lado, el "objeto" o la "materia" de la culpa / deuda y, por otro, la persona afectada frente a la cual, en calidad de damnificado/acreedor, queda obligado, en cada caso, quien se hace culpable / deudor de algo.[56] Sobre esta base, la consideración habitual del fenómeno de la culpa / deuda sigue la línea que marca la referencia al "objeto" o la "materia" culpa / deuda, a la persona afectada o bien ambos, en la medida en que aparecen estructuralmente relacionados a través de la culpa / deuda, como tal. Y lo hace así, porque es en ellos donde se puede identificar las instancias a partir de las cuales se da cuenta, en cada caso, del origen, la razón y el alcance de

---

[56] En atención a estos aspectos, Heidegger considera cuatro diferentes sentidos del "ser culpable / deudor", que pueden tener alcance moral o no (p. ej. el "tener deudas" o "deber algo", en el sentido económico de la expresión) (cf. *SZ* § 58 p. 281 s.). Pero ninguno de estos significados, incluido el propiamente moral, ni tampoco su distinción expresa proveen, por sí solos, el necesario esclarecimiento del sentido ontológico del "ser culpable / deudor", tal como éste debe ser comprendido a partir del ser del *Dasein* (cf. *SZ* § 58 p. 282).

la culpa / deuda: es así como se determina de qué, por qué y ante quién se es, en cada caso, culpable / deudor. Si, adicionalmente, se toma tal tipo de consideración como hilo conductor para una interpretación ontológica del fenómeno, lo que se impone de modo casi natural, como ha ocurrido una y otra vez en la historia de la discusión filosófica del problema, es una concepción de orientación básicamente *causal* del fenómeno de la culpa / deuda, en la cual ésta aparece concebida fundamentalmente como un tipo peculiar de *consecuencia* que puede eventualmente acarrear consigo el obrar de los agentes racionales. Lo que se deja completamente de lado en este tipo de abordaje del fenómeno es la dirección de consideración que apunta a aquellas condiciones vinculadas con el ser mismo del ente que puede hacerse, como tal, culpable / deudor, en cualquiera de los posibles sentidos ónticos del término. Dicho de otro modo: lo que se deja fuera de consideración es nada menos que la cuestión referida a las condiciones existenciarias de la posibilidad de la culpa / deuda, como tal.

Este último es precisamente el aspecto que Heidegger intenta poner en el centro de la atención en su análisis del fenómeno. Para ello, explica Heidegger, la idea del "ser culpable / deudor" debe ser comprendida a partir del modo de ser del *Dasein*, lo que implica, a su vez, tomarla en un sentido formalizado, que deje de lado la referencia tanto a las cosas y los otros como también a todo deber y toda ley. La razón es simple: la interpretación de la "carencia" (*Mangel*) propia de la culpa / deuda que deriva de la orientación a partir de tales instancias tendrá que pensar necesariamente dicha "carencia" en términos cósicos, es decir, en términos propios de la ontología de la *Vorhandenheit* (cf. *SZ* § 58 p. 283). En sentido formal-existenciario, el "ser culpable / deudor" es caracterizado como un "ser fundamento de una nulidad" (*Grundsein einer Nichtigkeit*), donde la noción de "nulidad" remite a un "ser que queda determinado por un "no"" (*ein durch ein Nicht bestimmtes Sein*) (cf. *SZ* § 58 p. 283). La caracterización recoge tanto el aspecto del "fundar" o "dar lugar a…", que en la interpretación vulgar-cotidiana del fenómeno de la culpa / deuda queda normalmente reinterpretado en términos causales, como también el aspecto de carencia, falta o pérdida, que en la interpretación vulgar-cotidiana va asociado tanto con la culpa/deuda misma, como con aquello que el "ser culpable / deudor" produce en los otros. La interpretación causal del fenómeno de la culpa / deuda no puede, sin embargo, dar cuenta de su fundamento ontológico en el *Dasein* mismo, pues el "ser culpable / deudor" tiene que poder explicarse, como tal, a partir del propio ser del *Dasein*, y no como algo que se le añade simplemente desde fuera, a través de los nexos causales que lo unen con las cosas del mundo y con los otros como él. En tal sentido, explica Heidegger, el "ser culpable / deudor" del *Dasein* no resulta de un previo "hacerse culpable / deudor" (*aus einer Verschuldung*), sino que, inversamente, todo "hacerse culpable / deudor" sólo resulta, como tal, posible "sobre la base" (*»auf Grund«*) de un originario "ser culpable / deudor" del *Dasein* (cf. *SZ* § 58 p. 284). Tal "ser culpable / deudor" originario hunde sus raíces en la estructura misma de la "cura", como ser del *Dasein*. Por un lado, en cuanto caracterizado por el "estado de yecto", el *Dasein* es un fundamento (*Grund*) que no puede fundarse a sí mismo ni remontarse por detrás de sí mismo, pero que, al mismo tiempo, debe hacerse cargo de sí, precisamente, en su "ser fundamento". Esto implica, como momento constitutivo de "nulidad", el no poder jamás apoderarse y disponer de su ser más propio, desde su fundamento mismo (cf. *SZ* § 58 p. 284). El *Dasein* no es fundamento de su ser, como si éste surgiera de su propio "proyectar", lo cual no impide que, como "sí mismo", el propio *Dasein* sea él mismo el "ser" del fundamento, pues esto último sólo puede serlo un ente cuyo ser es tal, que debe hacerse cargo del "ser fundamento" (cf. *SZ* § 58 p. 285). Por otro lado, en su carácter de "proyecto", el *Dasein* no sólo está determinado fácticamente en su "poder ser" por el carácter "yecto" de su "proyectar". A ello se añade también el hecho de que el propio "proyectar" posee su propio momento constitutivo de "nulidad", en la medida en que el "poder ser", al estar en una determinada posibilidad, por ello mismo no está, a la vez, en otra. Se trata aquí de un momento de "nulidad" que pertenece esencialmente al "ser libre" del *Dasein* para sus propias posibilidades existenciales: esta libertad sólo se realiza en la elección de una posibilidad, que comporta necesariamente, como su reverso, la necesidad de hacerse cargo de la imposibilidad de la elección de otra (cf. *SZ* § 58 p. 285). Puesto que estos momentos de "nulidad" pertenecen constitutivamente a la "cura", como ser del *Dasein*, éste debe ser caracterizado ontológicamente como "culpable / deudor", en el sentido preciso de "ser fundamento de una nulidad" (cf. *SZ* § 58 p. 285).[57] En tal sentido, Heidegger señala que el ente cuyo ser es "cura" no sólo puede cargar fácticamente con determinadas culpas / deudas, sino que *es* "culpable / deudor" en el fundamento mismo de su ser (*im Grund seines Seins*), el cual provee la condición ontológica de posibilidad de que el *Dasein*, en su "existencia" fáctica, pueda hacerse "culpable / deudor", en alguno de los sentidos habituales del término (cf. *SZ* § 58 p. 286). También la moralidad orientada a partir de la distinción entre lo (moralmente) bueno y malo (*»moralisch» Gut und Böse*) se funda en el originario "ser culpable / deudor", de modo tal que la determinación del sentido ontológico

---

[57] En este respecto, Heidegger enfatiza el hecho de que la "nulidad" que anida en el ser mismo del *Dasein* no puede ser interpretada, en su carácter y estructura, a partir de ninguno de los conceptos de negación y privación que tienen su ámbito de aplicación en la ontología de las cosas. En particular, dicha "nulidad" no puede definirse como una carencia respecto de un ideal dado de antemano que el *Dasein*, por las razones que fuera, no logra alcanzar (cf. *SZ* § 58 p. 285). Más aún: Heidegger piensa tampoco que la caracterización tradicional del mal como *privatio boni* puede proveer la orientación requerida para el análisis existenciario de la "culpa / deuda", con atención a su momento constitutivo de "nulidad", pues tampoco ella es una noción que haga justicia a los requerimientos que plantea la ontología del *Dasein*: se trata, en definitiva, de una noción que tiene su origen en la ontología de la *Vorhandenheit* (cf. *SZ* § 58 p. 286).

de éste último no puede llevarse a cabo partiendo de la esfera de la moralidad (cf. *SZ* § 58 p. 286).

Como "llamado" de la "cura", y en su articulación "pre-" y "retro-vocante", el "llamado" del *Gewissen* da a entender al *Dasein* que él mismo –como fundamento, signado por la "nulidad", de su proyectar, igualmente signado por la "nulidad"– *debe* (*soll*) recuperarse a sí mismo, a partir de la "pérdida de sí" en el "uno", y que, por eso mismo, *es "culpable / deudor"* (cf. *SZ* § 58 p. 287). Ahora bien, como se dijo ya, el "llamado", como modo de "dar a entender", debe encontrar su correlato en un determinado modo de comprensión del "llamado", como tal: al "llamado" debe corresponder un cierto modo del "oír". El modo recto de oír el llamado no consiste en otra cosa, explica Heidegger, que en comprenderse uno mismo a sí mismo en su más propio "poder ser", vale decir, en el "proyectarse" hacia el más propio y genuino "poder hacerse culpable / deudor" (*Schuldigwerdenkönnen*). Tal modo comprensivo de acoger el "llamado" contiene en sí el momento del "llegar a ser libre" (*Freiwerden*) para el "llamado", en el sentido del estar presto o dispuesto a ser llamado, de suerte que en y con la propia recta comprensión del "llamado" el *Dasein* se hace "dócil" (*hörig*) frente a él, vale decir, le "presta oídos". Con ello, el *Dasein* se ha elegido ya a sí mismo (cf. *SZ* § 58 p. 287). Esta elección hace posible el modo más propio del "ser culpable/deudor", el cual le queda cerrado al "uno" (cf. *SZ* § 58 p. 288), pues lo propio de éste es, como se vio, haber siempre ya omitido la genuina elección de sí mismo. En el "llamado", el "uno mismo" es llamado a su más propio "ser culpable / deudor", y la comprensión del "llamado" no es la elección del *Gewissen* mismo, que, como tal, no se elige, sino el "*tener* conciencia" (*Gewissen*-haben), en el sentido del "ser libre" (*Freisein*) para el más propio "ser culpable / deudor" (cf. *SZ* § 58 p. 288). Dicho de otro modo: la comprensión del "llamado" toma la forma de un "querer tener conciencia" (*Gewissen-haben-wollen*). Éste provee la más propia condición existenciaria de posibilidad para todo modo fácticamente determinado de hacerse "culpable / deudor": la comprensión del "llamado" deja en libertad al más propio "sí mismo" del *Dasein*, para que tal "sí mismo" pueda actuar en el propio *Dasein* a partir de su propio "poder ser", que, como tal, ha elegido (cf. *SZ* § 58 p. 288). Aquí se halla, según Heidegger, la condición última de la posibilidad de toda forma de ser responsable (*verantwortlich*) (cf. *SZ* § 58 p. 288).[58]

---

[58] Como Heidegger mismo explica en el texto, esta conexión estructural de la genuina responsabilidad con el momento del "querer tener *Gewissen* (conciencia)" no excluye sino que, más bien, presupone la necesidad de hacerse cargo del aspecto esencial e ineliminable de "falta de *Gewissen* (conciencia)" (*Gewissenlosigkeit*) que acompaña a todo obrar fáctico, y ello no sólo porque el obrar fáctico no evite el hacerse moralmente "culpable / deudor", sino, de modo más radical aún, porque, en virtud de la "nulidad" que signa al "proyecto yecto", en el "ser-con" los otros el *Dasein* se ha hecho siempre ya "culpable / deudor" frente a ellos: la única posibilidad existencial de ser moralmente "bueno" viene dada a través del hacerse cargo (*Übernahme*) de esa esencial "falta de concien-

e. La interpretación existenciaria del Gewissen, frente a la interpretación vulgar (§ 59)

La interpretación existenciaria del *Gewissen* elaborada en los §§ 55-58 no parece cuadrar, en sus lineamientos generales, con la interpretación habitual o, como la denomina Heidegger, "vulgar" del fenómeno. "Vulgar" es esta interpretación en el sentido preciso de que se atiene a lo que determina el "uno", vale decir: a lo que *se* cree que es el *Gewissen* y al modo en que *se* le presta seguimiento o no. Que el "uno" tienda a encubrir interpretativamente *este* peculiar modo de ser del *Dasein*, como "sí mismo", no resulta sino natural, si se tiene en cuenta que el "llamado" del *Gewissen* apunta precisamente a la posible recuperación de sí del *Dasein*, a partir de la "pérdida de sí" en el "uno" (cf. *SZ* § 59 p. 289). A través de tal desfiguración ocultante, el "uno" tiende a mantener su propia vigencia, ante el riesgo que supone la irrupción "llamado" del *Gewissen*, el cual, si es correspondido a través del momento comprensivo del "querer tener conciencia", precipita de un solo golpe al "uno" en la más completa insignificancia. Ahora bien, dado el peculiar modo en el cual Heidegger piensa la relación entre la comprensión ontológica y la preontológica, la notoria discrepancia entre la interpretación existenciaria y la interpretación "vulgar" del *Gewissen* no puede conducir al simple descarte de esta última, pues, como se dijo ya al comienzo, la propia comprensión ontológica permanece, en último término, deudora de la comprensión preontológica, la cual, por su parte, alcanza de algún modo el fenómeno interpretado en cada caso, aunque lo haga de un modo tendencialmente desfigurado y encubridor. Por lo mismo, la interpretación ontológica, aunque no puede valerse de la "vulgar" como criterio último de "objetividad", tampoco puede desentenderse, sin más, de ella. Más bien, debe incorporarla de modo expreso en su propia reconstrucción del fenómeno, mostrando cómo la interpretación "vulgar" puede ser ella misma reconducida a los fundamentos existenciarios que la interpretación ontológica pone de manifiesto y explicada así en su génesis a partir de ellos. En efecto, éste es el único modo de hacerla comprensible también, y particularmente, en lo que tiene de desfigurador y ocultante (cf. *SZ* § 59 p. 289 s.).

Desde luego, no es éste el único caso en el cual Heidegger pretende dar cuenta de la interpretación "vulgar" de un fenómeno a partir de la correspondiente interpretación fenomenológica, de modo tal de poner de manifiesto, al mismo tiempo, tanto su carácter desfigurador y encubridor, como también su enraizamiento en las mismas estructuras ontológicas que la propia interpretación vulgar tiende a desfigurar y encubrir interpretativamente. En rigor, se trata de un procedimiento metódico habitual de derivación genética, dentro del modelo explicativo que Heidegger adopta en el marco de la concepción fenomenológica elaborada en *SZ*. El caso más similar al presente se encuentra en el tratamiento del origen del

---

cia", tal como dicho hacerse cargo es posibilitado por el "querer tener conciencia" (cf. *SZ* § 58 p. 288).

concepto vulgar del tiempo (cf. *SZ* §§ 78-81). Pero también la explicación genética del origen de la "cosa", que juega un papel dominante en la interpretación habitual del ser del ente intramundano, a partir del "útil" (cf. *SZ* § 16), la del origen del espacio físico-natural a partir de la espacialidad del *Dasein* y del ente intramundano (cf. *SZ* § 22), la de la interpretación cotidiana del "ser para (vuelto hacia) la muerte" (*SZ* §§ 51-52), etc. presentan una orientación metódica comparable en aspectos fundamentales. La peculiaridad en el caso del fenómeno del *Gewissen* viene dada, sin embargo, por el hecho de que la consideración de la interpretación "vulgar" apunta al mismo tiempo, y sobre todo, a desactivar las objeciones que podrían dirigirse a la caracterización ontológica ya elaborada, lo cual viene motivado, en buena medida, por la apariencia *prima facie* contraintuitiva que posee dicha caracterización.

Heidegger considera cuatro objeciones fundamentales. La primera y más importante, desde el punto de vista sistemático, alude al hecho de que la interpretación ofrecida no daría cuenta de fenómenos habitualmente reconocidos como la "mala conciencia" (*böses, schlechtes Gewissen*), la "conciencia reprende" o bien "advierte" (*rügendes, warnendes Gewissen*), que gozan de la primacía frente a la "buena conciencia" (*gutes Gewissen*), en todas las interpretaciones del *Gewissen* (cf. *SZ* § 59 p. 290). Heidegger acepta el primado metódico del fenómeno de la "mala conciencia", en la medida en que deja advertir la conexión estructural con el momento del "ser culpable / deudor", mientras que el fenómeno de la "buena conciencia" tiende, más bien, a encubrirla (cf. *SZ* § 59 p. 291).[59] Sin embargo, la

---

[59] En rigor, la crítica de Heidegger a la idea de la "buena conciencia" va todavía más lejos, al menos, allí donde ésta se entendiera de modo paralelo al caso de la "mala conciencia". En tal caso, la "buena conciencia" sería expresión del "ser bueno", así como la mala lo es del "ser malo": la "buena conciencia" me diría entonces que "soy bueno". Tal veredicto, lejos de confirmar lo que establece testimoniaría, más bien, lo contrario, pues quien se dice tal cosa a sí mismo se ha hecho ya, con sólo decírselo, siervo del fariseísmo (*Knecht des Pharisäismus*). Nada más lejos del verdaderamente "bueno" (*der Gute*) que tal tipo de autoconfirmación de la propia bondad. El hecho de que, en razón de su propia estructura, no haya algo así como una "buena conciencia", en el sentido antes indicado, muestra ya por sí sólo que lo propio del *Gewissen* es anunciar con su "llamado" el "ser culpable / deudor" (cf. *SZ* § 59 p. 291; para la referencia al fariseísmo, véase también *SZ* § 59 p. 293). En un sentido comparable, también Kant enfatiza que la función del *Gewissen* se limita a acusar y, sobre esa base, a condenar o absolver, pero la absolución, allí donde tiene lugar, no adquiere jamás el carácter de un premio o recompensa (*belohnen, Belohnung*) (cf. *VM* p. 191 s.). Por otro lado, si para evitar la dificultad mencionada, se interpreta la "buena conciencia" en términos puramente privativos, vale decir, como la experiencia de la falta de "mala conciencia", se plantea entonces, a juicio de Heidegger, el problema de que ya no se tiene propiamente un fenómeno conectado con el *Gewissen*, sino, a lo sumo, un acto de "aseguramiento" (*Sichvergewissern*) de que no se ha incurrido en falta. Más bien, tal tipo de acto, que apunta a lograr una cierta certeza (*Gewißwerden*) sobre sí mismo, suele albergar en sí un componente de aquietamiento tranquilizador (*beruhigende Niederhalten*) del "querer tener conciencia", que es el genuino modo de corresponder comprensivamente al "ser culpable / deudor" que anuncia el *Gewissen*. La consecuencia es, pues, que la así llamada "buena

orientación a partir de la representación habitual de la "mala conciencia" no permite penetrar en la estructura existenciaria del fenómeno. La principal dificultad estriba aquí, al parecer, en el carácter esencialmente *retrospectivo* que la interpretación "vulgar" atribuye la anunciación del "ser culpable / deudor", a través del "llamado". En su función estrictamente acusatoria, el *Gewissen* se anuncia *tras* la acción u omisión o, al menos, *tras* la decisión por la una o la otra: la "voz" *sigue* al acto reprochable y parece remitir así a un acto ya ejecutado (o decidido), a través del cual el *Dasein* se ha "cargado de culpa" (*mit Schuld beladen*). Ello implicaría que el "llamado" no podría tomar la forma de un "llamamiento hacia" (*Aufruf zu...*), de carácter esencialmente anticipativo, sino que tiene el carácter de una remisión rememorativa (*erinnerndes Verweisen*) a la culpa / deuda en la que se ha incurrido (cf. *SZ* § 59 p. 290). Se trata, sin embargo, de una dificultad sólo aparente, derivada de una interpretación insuficiente y tendencialmente cosificante del fenómeno del "llamado": se atiende tan sólo a la realidad psicológica del "llamado" como "vivencia", situada, como tal, dentro de la serie sucesiva de las diferentes vivencias, sin considerar el reverso estructural que remite al fundamento ontológico-existenciario que hace posible, como tal, dicha "vivencia". Vista desde su reverso estructural, la culpa / deuda en la que se incurre en cada caso provee tan sólo la "ocasión" (*Veranlassung*) para la aparición fáctica del "llamado",

---

conciencia" no constituye, en rigor, ninguna modalidad, ni originaria ni fundada, del *Gewissen* (cf. *SZ* § 59 p. 291 s.). En este punto, como se ve, Heidegger tiende a separarse nuevamente de Kant, quien, sobre la base del recurso a la metáfora forense, atribuye al *Gewissen* no sólo función acusadora y condenatoria, sino también absolutoria. Obviamente, la diferencia se conecta con el hecho elemental de que el tipo de "ser culpable / deudor" que tiene en vista Heidegger en el análisis no aparece conectado con ninguna falta concreta, sino que encuentra su fundamento en el ser mismo del *Dasein*: se trata, pues, de una "culpa / deuda" ontológica que no puede ser, como tal, absuelta, y que se halla, como tal, en la base de cualquier otra "culpa / deuda" en la que pueda incurrir a través de determinadas acciones u omisiones. El hecho de que la interpretación "vulgar" del *Gewissen* se mantenga atada a la supuesta oposición entre la "mala" y la "buena conciencia" muestra, por lo tanto, que no logra penetrar hasta los fundamentos existenciarios del fenómeno, ya que la conexión estructural entre el "llamado" del *Gewissen* y el "ser culpable / deudor" del *Dasein* se sitúa en un plano previo a toda posible distinción entre el "bien" y el "mal", en el sentido específicamente moral de los términos: el modo en el cual se experimenta el *Gewissen* en el marco de la interpretación "vulgar" del fenómeno permanece situado dentro de la dimensión que corresponde al simple cálculo de la culpa y la reparación, al modo del cálculo contable del "debe" y el "haber", tal como éste tiene lugar dentro del contexto interpretativo que corresponde a la ocupación con el ente intramundano (cf. *SZ* § 59 p. 292). Comprendida en términos del paradigma "contable", la propia "existencia" se presenta como una suerte de "unidad administrativa" (*Haushalt*) a la que le basta con pagar ordenadamente sus deudas, para garantizar que el "yo" pueda mantenerse como un tranquilo espectador desinteresado junto a sus propias vivencias (cf. *SZ* § 59 p. 293). Sin embargo, la función de descarga que cumple este tipo de autointerpretación no logra acallar para siempre las sospechas de que la vida misma es un "negocio (*Geschäft*) que no cubre sus costos" (cf. *SZ* § 59 p. 289), sino que, más bien, las alimenta, pues se trata de sospechas que hablan, en definitiva, el mismo lenguaje que ella.

la cual sigue al acto concreto a través del cual se incurre en dicha culpa / deuda (cf. *SZ* § 59 p. 290). Que el "llamado" siga a dicho acto no implica ni que su referencia retrospectiva se limite al acto mismo, ni tampoco que, como "llamado", carezca de toda referencia de carácter anticipativo. Por el contrario, en su carácter retro-vocante, el "llamado" sobrepasa el acto concreto que provee su ocasión, pues remite más allá de él, en último término, al "estado de yecto", en el que se funda, como se vio, el originario "ser culpable / deudor" del *Dasein*, en su irrevocable facticidad, el cual es, como tal, "anterior" (*früher*) a todo posible "hacerse culpable/deudor" concreto (cf. *SZ* § 59 p. 291). Pero, al referir de modo retro-vocante al "estado de yecto" y al "ser culpable / deudor" fundado en él, el "llamado" no se limita a constatar tal "ser culpable / deudor", sino que llama *hacia* él (*auf das Schuldig*sein) de modo esencialmente anticipativo, vale decir, pre-vocante: llama *hacia* el "estado de yecto" como hacia una *posibilidad de ser*, que debe ser, como tal, empuñada ejecutivamente en el propio "existir" del *Dasein* (*als in der Existenz zu ergreifendes*). Puesto que el "ser culpable / deudor", en su sentido propiamente existencial, sólo puede tener lugar, como tal, sobre la base de una previa asunción ejecutiva, Heidegger puede entonces concluir que, desde el punto de vista ontológico-existenciario, el "ser culpable / deudor" sigue al "llamado", y no inversamente, como podría parecer, desde el punto de vista de la secuencia psicológica que da cuenta de la "ocasión" del "llamado" mismo. En este sentido, la "mala conciencia" no tiene un carácter meramente amonestador-retrospectivo, sino que, al llamar retrospectivamente al "estado de yecto", señala, a la vez, anticipativamente hacia el correspondiente "ser culpable / deudor", como posibilidad de ser.[60] La secuencia de las vivencias no provee, por tanto, la clave de acceso a la estructura fenoménica del "existir", en el cual se funda el "llamado" (cf. *SZ* § 59 p. 291).[61]

---

[60] Algo análogo ocurre en el caso de la "conciencia que advierte" (*Warnendes Gewissen*): tampoco en este caso su carácter anticipativo transparenta la estructura ontológica del "llamado", pues ésta se pone de manifiesto tan sólo cuando se atiende al hecho de que el "llamado", sobrepasando toda advertencia referida a lo que se debe evitar hacer en concreto, señala de modo pre-vocante hacia el "ser culpable / deudor", como posibilidad de ser del *Dasein*. En efecto, sólo desde la referencia a tal "ser culpable / deudor" puede hacerse comprensible el hecho de que el propio *Dasein* se distancie de lo que él mismo quiere o pretende, al elegirse a sí mismo de cierta manera: el mantenerse momentáneamente libre de todo "hacerse culpable / deudor" concreto, siguiendo la advertencia del *Gewissen*, sólo puede explicarse, en su posibilidad, a partir del hacerse cargo ejecutivamente de su más propio "ser culpable / deudor" por parte del *Dasein* (cf. *SZ* § 59 p. 292).

[61] Como se indicó ya, el tratamiento de la relación entre el nivel psicológico-real del fenómeno del "llamado" del *Gewissen*, con su correspondiente secuencia temporal, y el nivel ontológico-estructural, con su correspondiente secuencia de fundamentación, muestra claras correspondencias estructurales con el posterior examen de las relaciones entre el tiempo público-mundano, a partir del cual se orienta la comprensión "vulgar" del tiempo, y la temporalidad originaria, que provee su fundamento ontológico último (cf. esp. *SZ* §§ 80-81). También en este caso la secuencia temporal,

Las restantes objeciones pueden ser tratadas de modo más conciso. La segunda objeción señala que la experiencia cotidiana del *Gewissen* no conoce algo así como un "llamado" al "ser culpable / deudor". Heidegger concede el punto, pero señala que ello no constituye un argumento contra la interpretación existenciaria ofrecida. El desconocimiento del "llamado" al "ser culpable / deudor" se conecta, más bien, con el hecho de que la interpretación "vulgar" se mantiene, en virtud de la "caída", en el horizonte de la ocupación con el ente intramundano, lo que conduce a una interpretación cosificante del fenómeno del *Gewissen*. Ni las teorías psicológicas que se orientan a partir de la idea de la sucesión de las vivencias, ni las concepciones filosóficas que se orientan a partir de la representación del "foro interior" (*vgr.* Kant) o de la idea de los "valores" (*vgr.* la ética de los valores, sea formal o material) logran trascender realmente el horizonte en el que se mueve la propia interpretación "vulgar" (cf. *SZ* § 59 p. 293). La tercera objeción señala que el "llamado" se refiere siempre a un hecho concreto que se ha llevado a cabo (o se ha decidido realizar), y nunca, de modo directo, al ser mismo del *Dasein*. Pero se trata de una objeción basada en una visión reductiva del fenómeno, en la medida en que queda aferrada a los elementos que dan cuenta de su concreción óntica, sin considerar su reverso estructural, que remite a las condiciones ontológico-existenciarias de su posibilidad (cf. *SZ* § 59 p. 293). Por último, y en estrecha conexión con lo anterior, la cuarta objeción señala que la eliminación de la referencia a contenidos concretos en la consideración del "llamado" privaría al *Gewissen* del suelo sobre el cual únicamente puede ejercer su función eminentemente crítica. Lo que se echa de menos es la referencia a un conjunto de reglas generales a las que deba atenerse la "existencia", comprendida a partir de la ocupación con el ente intramundano, es decir, como "negocio" (*Geschäft*). Pero el *Gewissen* no aconseja ni ordena nada concreto, pues la provisión de tales "indicaciones prácticas", lejos de garantizar la posibilidad del genuino obrar, más bien, la aniquilaría: lo que abre el "llamado" es la "existencia" misma, y no algo de lo que cabe ocuparse en el modo del trato con el ente intramundano. La concreción y la positividad del "llamado" vienen dadas, en cada caso, por su intrínseca vinculación con el "poder ser" fáctico del *Dasein* individual, y nunca por la mera referencia a determinadas reglas generales, dadas de antemano y consideradas, por así decir, en estado de flotación en el vacío (cf. *SZ* § 59 p. 294).

---

tal como se la experimenta de modo ordinario en la ocupación con el ente intramundano, oculta la temporalidad originaria, en su unidad estructural, de carácter horizontal-extático, que articula en un movimiento "simultáneo" del "salir de sí", constitutivo de la trascendencia del *Dasein*, "pasado", "presente" y "futuro", en el sentido propiamente existenciario de tales términos. La coincidencia no es azarosa, por la sencilla razón de que Heidegger reconduce el fenómeno del *Gewissen* a su fundamento en la "cura", como ser del *Dasein*, la cual, a su vez, tiene su fundamento último en la temporalidad horizontal-extática. Para una breve presentación de la temporalidad originaria como sentido ontológico de la "cura", véase Heinz (2001).

f. El "poder ser propio" atestiguado en el "llamado" (§60)

El último paso del análisis del fenómeno del *Gewissen* consiste en la determinación de la estructura existenciaria del "poder ser propio" atestiguado en el "llamado". Ello implica poner a dicho "poder ser propio", retomando lo ya establecido en el análisis, en la requerida conexión con los correspondientes momentos constitutivos del "estado de abierto" del *Dasein*, más precisamente: 1) el "comprender" (*Verstehen*), 2) el "encontrarse" o la "disposicionalidad afectiva" (*Befindlichkeit*) y 3) el "habla" (*Rede*).[62] 1) La comprensión del "llamado", en el sentido preciso del "querer tener conciencia", constituye un "dejar actuar en sí el "más propio sí mismo", a partir de sí mismo, en su "ser culpable / deudor"" (*In-sich-handeln-lassen des eigensten Selbst aus ihm selbst in seinem Schuldigsein*). Tal "actuación" del "más propio sí mismo" en el seno del *Dasein* representa fenoménicamente el "poder ser propio" atestiguado en el *Dasein*. El "querer tener conciencia", como un modo de autocomprensión (*Sich-verstehen*) por referencia al más propio "poder ser" constituye un modo peculiar del "estado de abierto" del *Dasein*, que, en lo que tiene de autocomprensión, debe ser caracterizado como un proyectarse hacia la posibilidad fáctica del "ser en el mundo" en cada caso más propia (cf. *SZ* § 60 p. 295). 2) La comprensión del "llamado" abre el propio *Dasein*, como se vio, en la "inhospitalidad" (*Unheimlichkeit*) de su singularidad individual (*Vereinzelung*). La "inhospitalidad" co-develada en el comprender es abierta propiamente por la disposición afectiva de la angustia. En tal sentido, el "querer tener conciencia" puede caracterzarse también en términos de un "estar dispuesto a la angustia" (*Bereitschaft zur Angst*) (cf. *SZ* § 60 p. 296). Por último, 3), en cuanto "da a entender", el "llamado" constituye, como se vio, un modo peculiar y originario del "habla", que tiene lugar en el modo del "callar", y que queda sustraído, como tal, a toda posibilidad de réplica. Lo peculiar de tal modo de "dar a entender" callando consiste en el hecho de que, sin decir nada, le quita la palabra, de un solo golpe, a la "habladuría" del "uno" y llama así al *Dasein*, desde la muda "inhospitalidad", al silencio y la calma (*Stille*) de sí mismo (cf. *SZ* § 60 p. 296). En la unidad de sus tres momentos constitutivos, el modo peculiar y señalado del "estado de abierto" que reside en el "querer tener conciencia" puede ser caracterizado, en suma, como "el proyectarse, callado y presto a la angustia, hacia el más propio "ser culpable / deudor"" (*das verschwiegene, angstbereite Sichentwerfen auf das eigenste Schuldigsein*), y corresponde a lo que Heidegger denomina terminológicamente el "estado de resuelto" (*Entschlossenheit*) (cf. *SZ* § 60 p. 296 s.).

---

[62] Naturalmente, el momento de la "caída" no forma parte de la estructura existenciaria del "poder ser propio", como tal. La conexión con dicho momento viene dada por el hecho de que el "uno" constituye, como se vio, el *terminus a quo* del análisis de la atestiguación del "poder ser propio" a través del "llamado".

Se advierte aquí la estrecha conexión sistemática que vincula el fenómeno del "llamado" de la conciencia con los momentos del "ser en la verdad" (*In-der-Wahrheit-sein*) y la 'verdad de la existencia" (*Wahrheit der Existenz*): el "estado de resuelto", como la genuina verdad (*eigentliche Wahrheit*) del *Dasein*, abre el "ahí" (*Da*) en total, es decir, la totalidad del 'ser en el mundo". Esto involucra tanto la comprensión del ente intramundado y el plexo de la significatividad del mundo, como también comprensión del "coexistir" (la "coexistencia") de los otros, *pero todo ello a partir de la correspondiente modificación del "por mor de qué"* (*Worum-willen*), que remite al propio *Dasein*, en su concreción individual.[63] Dicho de otro modo: también aquí se advierte que hay un primado del aspecto autorreferencial del "estado de abierto", en la apertura total de la significatividad, en la medida en que el modo en que el *Dasein* comparece ante sí mismo, al hacerse cargo ejecutivamente de sí, co-determina el modo correspondiente de la comparecencia del ente intramundano y de los otros, dentro del mundo (cf. *SZ* § 60 p. 297). Obviamente, esto no alude ni podría aludir a una modificación de los "contenidos descriptivos", por así decir, de lo que en cada caso comparece dentro del "mundo", sino que concierne, más bien, a su inserción en un marco más amplio de referencias significativas. Vale decir: se trata de una modificación del *horizonte de sentido* dentro del cual tiene lugar toda posible comparecencia, con la consiguiente modificación de referencias significativas, pautas de evaluación y criterios de relevancia. Como se echa de ver, aquí se perfila con nitidez, dentro de la concepción heideggeriana, un aspecto estructural vinculado con el tipo de consideración que apuntaría a dar cuenta del origen último de toda "normatividad".[64]

En cuanto constituye el modo propio del "ser sí mismo" (*eigentliche Selbstsein*) del *Dasein*, el "estado de resuelto" no aísla al *Dasein* del mundo, ni lo convierte en un "yo" flotante en el vacío. Por el contrario, el "estado de resuelto" da lugar, en cada caso, a un genuino "ser junto" al ente "a la mano", en el modo de la ocupación (*besorgendes Sein bei Zuhandenem*), y a un genuino "ser con" los otros, en el modo del "procurar por" ellos (*fürsorgendes Mitsein mit dem Anderen*). Dicho de otro modo: a partir del "por mor de qué" correspondiente al "poder ser" que es fruto de la elección de sí mismo, el *Dasein* "resuelto" (*das entschlossene Dasein*) deja en libertad (*gibt frei*) para sí un mundo. Lejos de encerrarlo en sí o hacerlo ajeno a los que son como él, la resolución (*Entschluß*) a sí mismo es lo que concede al *Dasein* la posibilidad dejar ser a los otros en su más propio "poder ser", pues abre el más

---

[63] Para la conexión entre el plexo referencial del mundo y el "por mor de quién", como "para qué" final, véase *SZ* §§ 14-18; cf. esp. *SZ* § 18 p. 84.

[64] Para una excelente discusión del modo en que la temática del *Gewissen*, en particular, a través del momento del "ser culpable / deudor" del *Dasein* y su referencia a la noción de fundamento (*Grund*), se conecta con el problema referido al origen de los patrones normativos involucrados en las prácticas habituales del dar (y recibir) razón, véase Crowell (2007a).

propio "poder ser" de los otros en el modo "anticipativo-liberador" del "procurar por" (*vorspringend-befreiende Fürsorge*) (cf. *SZ* § 60 p. 298).⁶⁵ Por otra parte, el "estado de resuelto" es siempre el que corresponde al *Dasein* fáctico del caso. La respuesta a la pregunta por aquello a lo cual el *Dasein* debe en cada caso resolverse sólo puede provenir de la misma "resolución". Ésta constituye la genuina apertura proyectiva de las correspondientes posibilidades fácticas, una apertura que no se reduce jamás a la mera adopción de posibilidades propuestas o recomendadas desde el exterior de la "resolución" misma: el "estado de resuelto" sólo "existe", pues, como "resolución autocomprensiva y autoproyectiva (*verstehend-sich-entwerfender Entschluß*) (cf. *SZ* § 60 p. 298). Ahora bien, al "estado de resuelto" corresponde necesariamente la misma indeterminación (*Unbestimmtheit*) que caracteriza a todo "poder ser" del *Dasein*, en cuanto signado por la facticidad y el "estado de

---

⁶⁵ El pasaje alude a la modalidad propia del ser por referencia a los otros, en el sentido del "procurar por" (*Fürsorge*). Desde el punto de vista del ser por referencia a los otros, la dictadura del "uno" se corresponde estructuralmente con la modalidad impropia del "procurar por". Estructuralmente considerado, éste presenta dos posibilidades extremas de concreción, que admiten toda una gama de variantes intermedias. La forma impropia extrema es la que Heidegger denomina el "procurar por" de carácter "intervencionista y dominante" (*einspringend-beherrschende Fürsorge*). Tal modalidad del "procurar por" tiene la forma de un "intervenir por el otro" de carácter "sustitutivo" (*Einspringen für den Anderen*), y apunta, como tal, a una apropiación que le arrebata al otro lo que está propiamente a su cuidado (*Sorge-Abnahme*), esto es, en definitiva, su propio ser, en el modo del 'existir". En virtud de este tipo de intervención sustitutiva, el otro se retira como otro. Por su parte, la modalidad más propia del "procurar por" el otro es lo que Heidegger denomina el "procurar por" de carácter "anticipativo y liberador" (*vorspringend-befreiende Fürsorge*), el cual tiene la forma de un salto anticipativo frente al otro (*Vorausspringen dem Anderen gegenüber*), que apunta a restituirle lo que está a su cuidado, precisamente, como lo que está a su cuidado, que no es otra cosa, en definitiva, que su propio ser como 'existencia" (*Rückgabe der Sorge als Sorge*) (cf. *SZ* § 26 p. 122). El punto sistemático fundamental reside aquí, como explica el propio Heidegger, en el hecho de que ambas modalidades del "procurar por" van estructuralmente correlacionadas con las correspondientes modalidades del "ser unos con otros" y del "ser junto (al ente intramundano)". En el caso del "procurar por" impropio, el "unos con otros" (*Miteinander*) se da en el modo de la distancia, la reserva y la desconfianza, y, por lo mismo, el "ser junto (al ente intramundano)" (*Sein-bei*) no da lugar a un genuino "atenerse a la cosa" (*Sachlichkeit*), aun cuando se esté, de hecho, "junto a" o bien "en la misma cosa" (*bei derselben Sache*), en el sentido preciso de compartir la ocupación con ella. En cambio, el "procurar por" propio hace posible un "comprometerse por la misma cosa" (*Sicheinsetzen für dieselbe Sache*), que tiene lugar y se determina a partir de la "existencia" individual, empuñada ejecutivamente, en cada caso, de modo propio (*je eigens ergriffenes Dasein*). Aquí se abre el espacio para aquel tipo de *verdadera comunidad de vínculos* (*eigentliche Verbundenheit*), que hace posible un "recto atenerse a la cosa" (*rechte Sachlichkeit*), el cual deja, como tal, libre al otro, en su libertad para sí mismo (cf. *SZ* § 26 p. 122). Dada su peculiar especificidad, cada modalidad del "procurar por" va acompañada de su propio modo del "ver" (*Sicht*) o, más precisamente, de lo que podría llamarse su propio modo de "ver por el otro", el cual corresponde, en el caso del "procurar por" propio, al "tener consideración" (*Rücksicht*) y a la "indulgencia" (*Nachsicht*), mientras que, en el caso del "procurar por" impropio, el "ver por el otro" toma la forma de la "falta de consideración" (*Rücksichtlosigkeit*) y el mero "dejar pasar" o 'consentir" (*Nachsehen*), que conduce a la indiferencia (cf. *SZ* § 26 p. 123).

yecto". En el plano existencial, tal indeterminación sólo puede quedar abolida en y a través del "estado de resuelto" mismo, lo cual no impide que, desde el punto de vista existenciario, esto mismo constituya un elemento determinante de la propia estructura ontológica de dicha indeterminación (cf. *SZ* § 60 p. 298). En definitiva, el "a qué" (*Wozu*) del "estado de resuelto" está prefigurado, como tal, en la propia existencialidad del *Dasein*, como "poder ser", en el modo del "procurar por" en y a través de la ocupación (*als Seinkönnen in der Weise der besorgenden Fürsorge*) (cf. *SZ* § 60 p. 298 s.).

Pues bien, lo que se abre al *Dasein* propio, transparente respecto de sí mismo, en el "estado de resuelto", es la "situación" (*Situation*), entendida aquí, en el sentido estrictamente existenciario, que se conecta con la espacialidad del *Dasein* y con la modalidad propia del presente (cf. *SZ* § 60 p. 299 s.). En la medida en que tiene su fundamento en el "estado de resuelto", la "situación", en su radical concreción individual, le queda, por principio, cerrada al 'uno', que sólo conoce la "situación general" (»*allgemeine Lage*«) (cf. *SZ* § 60 p. 299 s.). Pero, una vez más, el énfasis puesto aquí sobre la función crucial de apertura del momento de la *individuación radical* nada tiene que ver con una fuga hacia un "yo solipsista", entendido como una pura "conciencia" (*Bewußtsein*), privada de mundo. Por el contrario, es en el "estado de resuelto", y sólo en él, donde el "ser en el mundo" se le transparenta, como tal, al propio *Dasein*, y ello con la mayor radicalidad posible, en la ejecución misma del "existir". Dicho de otro modo: sólo desde el empuñamiento ejecutivo de su propio 'poder ser", la "situación", que es siempre e indelegablemente *su* "situación", se le abre, como tal, al *Dasein* individual del caso, y sólo así puede éste hacerse cargo de ella en su peculiar significatividad y su indelegable particularidad. En definitiva, lo que quita al *Dasein* determinadas "posibilidades" –no genuinas, sino flotantes en el vacío de la indiferencia fáctica– es, a juicio de Heidegger, lo mismo que le abre también *genuinas* posibilidades, en sentido existenciario y existencial del término. En efecto, éstas son siempre posibilidades *fácticamente determinadas*, y es el momento ineliminable de sustracción vinculado con la facticidad el que las abre justamente *como posibilidades*.[66] Al llamar al

---

[66] Este motivo referido a la función positiva y posibilitante del momento de sustracción, como aquello que concede una determinada apertura de sentido de carácter esencialmente finito, aparece en *SZ* apenas perfilado en diversos contextos (p. ej. en la consideración del "no anunciarse" del mundo como condición de la venida a la presencia del ente intramundano como "a la mano", en *SZ* § 16 p. 75, etc.). Pero juega un papel cada vez más marcado en el desarrollo de la concepción heideggeriana de la verdad en los escritos posteriores a *SZ*, y provee un importante elemento de continuidad con el pensamiento del período de la *Kehre*, en particular, en conexión con la temática de la "verdad del ser" y la "historia del ser". Ya en el escrito sobre la esencia de la verdad, el momento de la sustracción ocultante correspondiente a la "no-verdad" es pensado como parte de la esencia total de la verdad, y ello de modo tal que se le concede incluso cierta primacía respecto del momento correspondiente a la manifestación, como tal (cf. *WW* p. 191 ss.). En este sentido, Rosales señala que el factor decisivo en la determinación de la *Kehre* en *WW* viene dado justamente

más propio "poder ser", el "llamado" del *Gewissen* no le pone, pues, por delante al *Dasein* ningún "ideal existencial" vacío, sino que lo llama anticipativamente hacia la situación (*in die Situation vorruft*), que es siempre la suya propia. Aquí radica la "positividad existenciaria" (*existeziale Positivität*) del "llamado" del *Gewissen*, cuyo carácter de apertura (*Erschließungscharakter*), por lo mismo, no puede ser limitado a la mera referencia a determinadas culpas / deudas concretas en las que el *Dasein* pudiera haber incurrido (cf. *SZ* § 60 p. 300). La interpretación existenciaria de la "comprensión del llamado" desvela al *Gewissen* como aquel modo de ser (*Seinsart*), albergado en el seno mismo del *Dasein*, en el cual éste se posibilita a sí mismo su "existencia" fáctica, a través de la atestiguación de su más propio "poder ser". Por lo mismo, el "estado de resuelto", que *es* el "ser en la verdad" posibilitado por la "comprensión del llamado", no se limita a tomar nota de la situación, sino que ha puesto ya al *Dasein* en ella, de modo tal que, en cierto sentido, puede decirse que, en cuanto "resuelto", el *Dasein* ya actúa (*handelt*) (cf. *SZ* § 60 p. 300).[67]

Por último, hay que decir que, como el propio Heidegger advierte, el tipo de "transparencia" que hace posible el "llamado del *Gewissen*" al 'poder ser propio" nada tiene que ver con lo que sería una ilusoria supresión de toda opacidad e indisponibilidad de primer orden, en la "existencia" fácticamente determinada del *Dasein*. Por el contrario, el tipo peculiar de "transparencia" que facilita la "resolución" (*Entschluß*) al 'poder ser propio" no constituye una fuga de la realidad, ni facilita una suerte de eliminación de toda opacidad e indisponibilidad, porque éstas son constitutivas del "proyectar yecto" (*geworfener Entwurf*), sino que, más bien, las deja venir, por primera vez, expresamente a la presencia *como tales*. Es en el "proyectar hacia el más propio poder ser" (*Entwerfen auf das eigenste Seinkönnen*) donde momentos constitutivos como el "estado de yecto", la "facticidad" y el "estado de perdido en el uno" (*Verlorenheit in das Man*) quedan puestos propiamente al descubierto, al ser asumidos ejecutivamente como momentos del "exis-

---

por la función que se asigna al ocultamiento, como fundamento de la esencia de la verdad. Rosales profundizó este punto en sucesivos tratamientos. Véase Rosales (1970) p. 305-315; (1984) p. 251 ss.; y (1991) p. 134 s. Para una discusión del motivo de la copertenencia de "verdad" (como manifestación / desocultamiento) y "no-verdad" (como sustracción / ocultamiento) en la esencia de la verdad misma, como un todo, véase von Herrmann (2002) p. 141-191.

[67] Heidegger aclara que en tal caso la noción de "actuar" u "obrar" (*Handeln*) debería estar tomada en un sentido lo suficientemente amplio como para no distinguir ni entre "acción" y "resistencia", ni tampoco entre "comportamiento teórico" y "comportamiento práctico". El "estado de resuelto" no es un tipo de comportamiento propio de las capacidades prácticas, por oposición a las teóricas, sino que constituye un modo de hacerse cargo ejecutivamente de la "cura", en la medida en que ésta constituye siempre, a la vez, un "procurar en el marco de la ocupación" (*besorgende Fürsorge*). Pero la "cura" designa el ser del *Dasein* en totalidad, antes de toda distinción entre los modos teóricos y prácticos del comportamiento: el "estado de resuelto" no es más que la posible "propiedad" de la "cura", de la cual cuida la propia "cura", en la "cura" y como "cura" (*die in der Sorge gesorgte und als Sorge mögliche Eigentlichkeit dieser selbst*) (cf. (cf. *SZ* § 60 p. 300 s.).

tir" fáctico, del cual el *Dasein* tiene que hacerse cargo. En tal sentido, explica Heidegger: "También la "resolución" (*Entschluß*) queda remitida (*angewiesen*) al "uno" y su mundo (*auf das Man und seine Welt*). Comprender esto forma parte de lo que ella <sc. la resolución> abre (*erschließt*), en la medida en que sólo el "estado de resuelto" (*Entschlossenheit*) concede al *Dasein* la genuina "transparencia" (*die eigentliche Durchsichtigkeit*)" (cf. *SZ* § 60 p. 299). Como se vio ya en el tratamiento de la verdad (cf. *SZ* § 44 b p. 222), en su "estado de abierto", en su "ahí" (*Da*), el *Dasein* se mantiene, de modo igualmente originario, tanto en la verdad como en la no-verdad. Y esto vale de modo todavía más propio y genuino en el caso del "estado de resuelto", pues es éste el que hace posible, por primera vez, una genuina apropiación de la no-verdad *como no-verdad* (cf. *SZ* § 60 p. 298 s.).

5. *A modo de conclusión*

Dentro de la concepción que Heidegger elabora en *SZ* el fenómeno de la verdad posee una innegable centralidad, desde el punto de vista sistemático, que se conecta de modo directo con el planteo metódico adoptado por Heidegger, en la medida en que este último debe ser caracterizado, en definitiva, como un planteo de corte esencialmente *aleteiológico*. Por lo mismo, el tratamiento específico de la noción de verdad que Heidegger lleva a cabo en el § 44 de *SZ* adquiere una importancia crucial, para la adecuada comprensión de la concepción conjunto elaborada en la obra. Formulado el punto en términos muy esquemáticos, puede decirse que Heidegger reconoce expresamente en dicho texto una serie de niveles diferentes del fenómeno de la verdad, más precisamente: a) la verdad del enunciado, que consiste en su "ser descubridor" (*Entdeckend-sein*); b) la verdad del ente intramundano, que consiste en (los diferentes posibles modos de) su "estado de descubierto" (*Entdecktheit*), el cual precede y hace posible el "ser descubridor" del enunciado; y c) el "estado de abierto" (*Erschlossenheit*) del *Dasein*, el cual hace posible el "estado de descubierto" del ente intramundano, en todas sus posibles modalidades. Ahora bien, el "estado de abierto" del *Dasein* comporta necesariamente un componente autorreferencial, en virtud del cual, en toda forma de trato con el ente intramundano y con los otros que son como él, el *Dasein* comparece también ante sí mismo, se comprende a sí mismo de una determinada manera.[68]

---

[68] No me detengo aquí de modo específico en el caso peculiar que representa el descubrimiento de los otros, el cual no puede ser analogado, sin más, al descubrimiento del ente intramundano. Como se vio, Heidegger reconoce expresamente la existencia de modos del "ver" que dan cuenta del acceso comprensivo a los otros *como otros*. Aunque en el contexto del análisis del "ser con" no aparece de modo expreso en el centro de la atención la problemática de la verdad, no puede haber ninguna duda, desde el punto de vista sistemático, de que la venida a la presencia (apertura a la comprensión) de los otros como otros constituye un peculiar caso de desvelamiento, en el cual el

Por lo mismo, el "estado de abierto" admite tanto una modalidad "propia" como una "impropia" de concreción, pues el ser mismo del *Dasein*, la "existencia", en tanto caracterizado por el "tener que ser" y el "en cada caso mío", admite esas dos modalidades fundamentales de concreción. Para designar a la modalidad "propia" de concreción del "estado de abierto", Heidegger emplea la noción de d) "verdad de la existencia", que, en razón de su carácter intrínsecamente autorreferencial, pone de relieve la primacía que posee el "por mor de qué" (*Worumwillen*) y, más precisamente, el "por mor de qué" en su modalidad propia de concreción, en la apertura comprensiva del "ser en el mundo", como un todo. En su carácter de "transparencia" (*Durchsichtigkeit*), la "verdad de la existencia" remite, a través de la conexión con la "propiedad" del "existir", a los existenciarios del "ser para (vuelto hacia) la muerte", en su modalidad "propia", y del ("llamado" del) *Gewissen*, en cuanto éste hace posible el "estado de resuelto". Por último, a todos estos niveles de la verdad hay que añadir también el que corresponde a e) la "verdad fenomenológica", entendida como el tipo peculiar de "verdad trascendental" al que apunta la indagación fenomenológica, como tal. Se trata, en este último caso, de un tipo de "verdad trascendental" que posee necesariamente carácter expreso y temático, en la medida en que opera como correlato de la comprensión ontológica. Pero, por lo mismo, Heidegger admite que tal modalidad de la "verdad trascendental" posee, por así decir, su propia prehistoria en el plano correspondiente a la actitud "natural", en la medida en que ésta está estructuralmente caracterizada por el *factum* de la comprensión preontológica.

Los fenómenos de *atestiguación* del 'poder ser propio' que Heidegger tematiza en el análisis de *Gewissen* desarrollado en los §§ 54-60 de *SZ*, al igual que el fenómeno del "ser para (vuelto hacia) la muerte" y su modalidad propia de concreción, se sitúan en el plano correspondiente a la ejecución de la "existencia" misma. Pertenecen, por tanto, al ámbito de la actitud "natural" y la comprensión preontológica. Por lo mismo, se plantea aquí la cuestión relativa al modo precisao en el que la "verdad fenomenológica" se relaciona con la "verdad de la existencia", que no es sino un aspecto, aunque central y decisivo, del problema más general concerniente a la relación que mantiene la filosofía con la actitud "natural". Y, en tal sentido, la posición de Heidegger parece unívoca: la "verdad de la existencia" es previa, más amplia y más fundamental que la "verdad fenomenológica". En efecto, la "propiedad" de la "existencia" no se identifica, sin más, con la "vida filosófica". Más bien, la alternativa entre "propiedad" e "impropiedad" ("no propiedad") se replantea y se reproduce también en el propio ámbito de la filosofía, y en dicho ámbito, con peculiar radicalidad. Así lo muestra el hecho de que, en su realidad fáctica e histórica, ésta, la filosofía, ha caído una y otra vez

---

carácter autorreferencial del "estado de abierto" del *Dasein* juega un papel tanto o más determinante que en el caso de los otros tipos de descubrimiento de aquello que "hace frente" dentro del mundo.

por debajo de su propia posibilidad, al contribuir, incluso decisivamente, a consolidar las tendencias desfiguradoras y ocultantes que imperan, inmediata y regularmente, en la actitud "natural". El predominio del "estado de interpretado", que traduce la dictadura del "uno", se extiende también, y con particular vigor, al campo de la actividad filosófica, justamente en la medida en que el proyecto mismo del filosofar trae necesariamente consigo exigencias radicalizadas de transparencia respecto de sí mismo.[69] La genuina filosofía, que, en último término, es siempre fenomenología, es un tipo peculiar de proyecto de "transparencia", en la medida en que constituye un modo peculiar de hacerse cargo de la comprensión (pre)ontológica y de remontarse hasta sus raíces por vía, justamente, de radicalización. Pero, precisamente, como tal proyecto, su posibilidad está siempre, de un modo u otro, más alta que su propia realidad.

Visto esencialmente como un proyecto de transparencia, el proyecto de Heidegger entronca entonces con una larga tradición que, pasando no sólo por Husserl, sino también por Hegel y Kant, hunde sus raíces últimas en el pensamiento socrático orientado a partir del mandato del "conócete a ti mismo!". Lo distintivo en el caso de Heidegger, que radicaliza aquí tendencias claramente presentes ya en Kant y Hegel y que remontan incluso al propio Sócrates, es el hecho de que piensa la posible "transparencia" del *Dasein*, en definitiva, como un retorno de la

---

[69] Que la actitud filosófica puede y, de hecho, suele recaer rápidamente en la correspondiente forma específica de "impropiedad" ("no propiedad") es algo que Heidegger da a entender o, incluso, afirma de modo expreso, en diferentes contextos. El solo hecho de que, a su juicio, la historia de la ontología haya conducido, finalmente, a la sanción del dogma que afirma la necesidad metódica de omitir, como tal, la pregunta por el sentido del ser, apartándose así del ámbito de problemas que mantuvo en vilo a la actitud interrogante de filósofos como Platón y Aristóteles, es ya suficiente testimonio de ello (cf. *SZ* § 1). Una de las formas más habituales de decadencia en la nivelación que afecta a la actitud filosófica consiste en abandonar la orientación a partir de la cosa, para sumergirse meramente en lo dicho, que en este caso corresponde a las doctrinas de las escuelas y las opiniones de los colegas. En este sentido, véase, por ejemplo, la radical crítica de Heidegger a la filosofía neokantiana de los valores y a sus consecuencias para la problemática de la teología, en la importante lección sobre lógica de 1925-1926: "La religión tiene que ser alojada también en el sistema, y para ese fin se ha inventado el valor de lo sagrado (*der Wert des Heiligen*) (...) Dios es un valor, e incluso el valor supremo (*der höschte Wert*). Pero esta proposición (*Satz*) es una blasfemia, que no queda mitigada por el hecho de que los teólogos la proclamen como una verdad última. Todo esto sería cómico, si no fuera triste, porque muestra que ya no se filosofa a partir de las cosas, sino a partir de los libros de los colegas" (*Logik* § 9 p. 85). Con este último aspecto se conecta también el motivo de lo que en la lección del semestre de invierno de 1929-1930, publicada con el título "Die Grundbegriffe der Metaphysik", Heidegger denomina la "ambivalencia" (*Zweideutigkeit*) en la esencia de la filosofía, siempre amenazada por y siempre en lucha con su doblemente ilusoria autointerpretación como ciencia y como *Weltanschauung* (cf. *GBM* §§ 4-7). En el mismo sentido, véase también las consideraciones sobre la ausencia de genuina necesidad filosófica en una filosofía orientada a partir de la concepción nivelada de la verdad, como mera corrección del representar, en la lección del semestre de invierno de 1937-1938, publicada con el título "Die Grundfragen der Philosophie" (cf. *GFPh* § 39 p. 181 ss.).

finitud sobre sí misma, tanto en el plano correspondiente a la actitud "natural" como también en el correspondiente a la propia filosofía: retornando de modo transparente sobre sí misma, la finitud se hace cargo de sí misma *como finitud*. El tipo de posesión de sí mismo que dicho retorno sobre sí procura no puede, pues, ser otro que el de una posesión de sí que no elimina los factores de opacidad e indisponibilidad que signan el ser mismo del *Dasein*, sino que *sabe* de ellos y, así, los deja ser lo que propiamente son.

Estudio 2
Libertad como causa.
Heidegger, Kant y el problema metafísico de la libertad

1. El problema metafísico de la libertad

Como nadie ignora, la cuestión de la libertad constituye una de las preocupaciones centrales del pensamiento metafísico. La historia de la metafísica occidental provee un claro testimonio de dicha centralidad. Las preguntas por el origen de la libertad, por su esencia y por su posibilidad, dentro del mundo que se nos ofrece a través de la experiencia, han desafiado a la reflexión filosófica poco menos que desde siempre. Y han ido adquiriendo, además, una importancia y una radicalidad cada vez más acentuadas, a lo largo del desarrollo histórico de la metafísica como disciplina filosófica. Este creciente protagonismo hizo eclosión definitivamente en la filosofía de la Modernidad. En su desarrollo de conjunto, desde Descartes, Spinoza y Leibniz hasta Hegel y Schelling, pasando por Kant y Fichte, la corriente principal del pensamiento metafísico moderno puede ser caracterizada, sin perjuicio de otros posibles enfoques, también, y tal vez primordialmente, como una suerte de movimiento en espiral, de carácter radicalizador, en torno a la cuestión de la libertad. En virtud de tal radicalización, la cuestión de la libertad, transformada y potenciada, aparece ahora como un *problema metafísico*, y ello en un característico doble sentido de la expresión: como un problema que resulta fundamental e inevitable para todo genuino pensar filosófico, pero que, al mismo tiempo, queda también rodeado de un nebuloso halo de misterio, que alimenta las sospechas de insolubilidad. En cualquier caso, si de la centralidad de la cuestión de la libertad en la corriente principal del pensamiento metafísico moderno se trata, baste aquí con recordar la expresa declaración de Kant, según la cual el concepto de libertad constituye la piedra que corona y sostiene (*Schlußstein*) el edificio entero (*das ganze Gebäude*) del sistema de la razón pura (cf. *KpV* p. 3).

Ahora bien, lo que he llamado el "problema metafísico" de la libertad se focaliza especialmente en una de las preguntas que mencioné al comienzo: la pregunta por la posibilidad de la libertad, dentro del mundo que se nos ofrece a través de la experiencia. Pero el aspecto decisivo viene dado aquí por el previo encuadramiento de dicha pregunta en el contexto más amplio de una determinada visión de conjunto relativa tanto a la esencia de la propia libertad como a la estructura ontológica del "mundo", en el sentido cosmológico del término, vale decir, del "universo" o bien de la "naturaleza", que proporcionaría el ámbito dentro del cual ésta, la libertad, debería poder realizarse. Tal visión de conjunto busca orientación, básicamente, a partir de la noción de *causalidad*. En ella, el "universo" o la "naturaleza", en su totalidad, aparecen considerados, básicamente, al modo de un "entramado causal", y la libertad, a su vez, como un tipo peculiar de causa, que debe encontrar su propio espacio de realización dentro de tal entramado. Dependiendo del modo en que se piense la estructura y el alcance del entramado causal constitutivo del "universo" o la "naturaleza" así como también del modo en que, en general, se conciba la propia causalidad, puede muy bien resultar que la posibilidad misma del peculiar tipo de causalidad que debería representar la libertad quede, como tal, puesta radicalmente en cuestión, y ello en razón precisamente de la estructura que se supone que presenta el entramado causal del "universo" o la "naturaleza". Tal es, efectivamente, el caso, cuando dicho entramado causal es concebido en términos del peculiar tipo de modelo teórico que se conoce habitualmente con el nombre de "determinismo causal", en algunas de sus posibles formas o variantes. En el marco de un "universo" causalmente cerrado, vale decir, en el marco de una "naturaleza" dentro de la cual todo lo que acontece viene determinado en su ocurrencia por causas naturales, la libertad no parecería tener realmente cabida, por la sencilla razón de que ésta no puede ser concebida como una causa natural más entre otras causas naturales: la libertad no puede tener causas naturales antecedentes, sin dejar de ser ella misma lo que es o debe ser. A menudo, allí donde se piensa la libertad como un tipo peculiar de causa, no se va más allá de una mera caracterización negativa de lo que sería la esencia misma de una "causa libre". Pero si en algo coinciden las concepciones causales de la libertad, es precisamente en el hecho de que ésta no puede ser reducida, sin más, al ámbito de las causas naturales, pues, a diferencia de éstas, la libertad no puede ser concebida como parte de un entramado más comprensivo de causas, dentro del cual la diferencia entre lo condicionante/determinante y lo condicionado/determinado posea tan sólo un alcance funcional, relativo al contexto particular de consideración que se escoja en cada caso. Por el contrario, la "causa libre", precisamente en cuanto "libre", no parece poder ser alojada en ningún lugar *dentro* del entramado de las causas naturales, si éste se concibe como cerrado, tampoco en el ámbito propio de la interioridad psicológica. Más bien, la "causa libre" tiene que ser pensada como un tipo de causa *sui generis*, de carácter completamente espontáneo, situada, como tal, necesariamente en la posición inicial, nunca intermedia, de una serie causal nueva, vale decir, sin quedar vinculada ella misma con ninguna otra causa precedente, que determinara su propia ocurrencia.

Una vez planteado en estos términos, el problema sólo parece poder resolverse, al menos, en una primera aproximación, de dos maneras opuestas, ambas igualmente difíciles de aceptar: o bien admitiendo la existencia de lugares vacíos dentro del entramado causal, lo que implica asumir la existencia de "hechos incausados" y la necesidad de restringir la validez del así llamado "Principio de Razón Suficiente", o bien, inversamente, descartando la posibilidad misma de una causa libre, con las correspondientes consecuencias para la consideración del obrar humano. Sin embargo, ya en la Antigüedad, al menos, a partir de la época de la filosofía helenística, que fue cuando el problema vinculado con la oposición entre determinismo y libertad se planteó por primera vez en estos términos, se percibió con nitidez el carácter altamente insatisfactorio de cualquiera de esas dos posibles respuestas. Ello dio lugar al intento de elaborar estrategias de carácter *compatibilista*, entre las cuales destaca la correspondiente a la concepción estoica, tal como ésta fue elaborada, sobre todo, por Crisipo. Por su parte, en el ámbito de la filosofía moderna, el intento compatibilista más sofisticado e influyente ha sido elaborado, como se sabe, por Kant, cuya concepción provee, como se verá, el punto de referencia inmediato del intento de superación llevado a cabo por Heidegger. Pero lo que interesa recalcar ahora es que modelos compatibilistas como los mencionados, lejos de quebrar el *enmarcamiento causal* del problema metafísico de la libertad, lo presuponen y buscan preservarlo. En tales modelos compatibilistas, ni la concepción de la libertad como un tipo peculiar de causa ni tampoco la concepción del "universo" o la "naturaleza" en términos de un entramado causal, incluso cerrado, son puestas como tales en cuestión, ya que lo que se intenta mostrar es, precisamente, la compatibilidad de la admisión de la "causa libre" con la admisión del carácter cerrado del sistema de las causas naturales. Dicho otro modo: lo que se intenta mostrar es de qué modo la "causa libre" ingresa o puede ingresar en dicho entramado causal, sin dejar de ser ella misma lo que es. Por lo mismo, en el contexto de dichos modelos compatibilistas, el problema *metafísico* de la libertad adquiere necesariamente también una impostación de carácter fundamentalmente *cosmológico*, en el sentido preciso de que se trata pura y exclusivamente de intentar asegurar a la libertad su lugar *dentro* del "mundo", vale decir, en el interior del ámbito total constitutivo del "universo" o la "naturaleza".[1]

---

[1] Una útil presentación panorámica del desarrollo histórico de lo que he denominado el problema de la libertad, desde los más remotos orígenes griegos hasta nuestros días, se encuentra en Rosenberger (2006) caps. 1-5. Rosenberger considera brevemente la crítica de Heidegger a Kant en la lección de 1930 (véase abajo sección 3), y pone acertadamente de relieve los aspectos críticos vinculados con el enmarcamiento causal de la concepción kantiana (cf. p. 148 ss.). Sin embargo, al no considerar los desarrollos que apuntan a una reformulación del problema en términos estrictamente aleteiológicos, Rosenberger no hace justicia a la originalidad de la posición de Heidegger, a la que subsume, a través de la recepción de Jaspers, en el algo difuso conjunto de posiciones existencialistas que apuntarían a una rehabilitación de la perspectiva propia del sujeto involucrado, frente al énfasis objetivista en la posición del mero expectador (cf. p. 155 ss.).

2. El cuestionamiento de Heidegger a los supuestos del problema metafísico de la libertad

La peculiar composición de lugar que caracteriza lo que he denominado el "problema metafísico" de la libertad provee el contexto polémico inmediato en el que se inscribe el abordaje heideggeriano de la cuestión de la libertad. Más precisamente, lo que Heidegger pone radicalmente en cuestión es el supuesto básico en el cual dicho "problema" se asienta, a saber: el ya mencionado *enmarcamiento causal*, que, en su carácter previo y fundante, desde el punto de vista metódico, determina desde el comienzo mismo la orientación básica que adquiere la consideración del fenómeno de la libertad, en la tradición metafísica que culmina en la filosofía de la Modernidad. Heidegger dirige, al menos, dos críticas fundamentales a este modo de enfocar la cuestión.

En primer lugar, el enmarcamiento causal no permite hacer justicia al fenómeno de la libertad en su dimensión más radical y originaria, pues toda interpretación de la libertad en términos de la noción de causa conduce, de uno u otro modo, a una degradación tendencialmente cosificante, en virtud de la cual la libertad queda nivelada, en definitiva, al rango de un fenómeno intramundano. En segundo lugar, y por lo mismo, el enmarcamiento causal no permite hacer justicia al papel posibilitante de la libertad en la apertura misma del mundo y el ser, y ello por la sencilla razón de que la relación originaria del hombre con el mundo y el ser no puede ser comprendida, en su irreductible especificidad, en términos causales. Más aún: la interpretación causal de la libertad retroactúa, a su vez, sobre la propia interpretación del ser del hombre, reforzando las tendencias a la autocosificación que, operantes ya en la actitud natural, se han visto consolidadas e incluso radicalizadas en el plano correspondiente a la interpretación filosófica.

Como se echa de ver, en este cuestionamiento del modo tradicional de concebir la libertad afloran aspectos centrales de la crítica general que Heidegger dirige a lo que denomina la ontología de la *Vorhandenheit*, vale decir, la "ontología de la presencia". Por lo mismo, el protagonismo que adquiere el problema de la libertad en la época que sigue a la aparición de *Sein und Zeit* en 1927 (cf. *SZ*) no puede verse como un hecho azaroso. El punto se conecta, además, de modo directo, con lo que en otro lugar he denominado la oposición entre "arqueología" y "aleteiología": la severa crítica que Heidegger dirige a la orientación "arqueológica" del pensamiento filosófico tradicional, que busca en las nociones de "principio" (ἀρχή) y "causa" (αἰτία) el hilo conductor del preguntar ontológico, y el consiguiente intento de superación del modelo arqueológico por medio de una concepción radicalmente "aleteiológica" de la ontología, para la cual no hay otro "tema" o "problema" que el de la "verdad" (ἀλήθεια), en el peculiar sentido manifestativo y ontológicamente radicalizado que apunta a la dimensión propia de lo que en sus escritos tardíos Heidegger denomina la "verdad del ser".[2] De hecho, puede decirse incluso que una atenta consideración del peculiar modo en el que Heidegger intenta hacerse cargo del fenómeno de la libertad, en sus diferentes aspectos y dimensiones, provee, al mismo tiempo, uno de los caminos más indicados, cuando se trata de comprender las consecuencias, tanto positivas como limitativas, que trae consigo su esfuerzo por reconstruir en términos estrictamente aleteiológicos la totalidad de la problemática filosófica. En efecto, uno de los rasgos más salientes de la concepción elaborada por Heidegger reside, justamente, en el hecho de que logra abrir una vía que permite retrotraer la problemática de la libertad (*Freiheit*) y, con ella, también la de la causalidad y, de modo más general, la del fundamento (*Grund*) al ámbito de la verdad (*Wahrheit*), tomada en su sentido más originario, que, a juicio del Heidegger, no es otro que el sentido manifestativo y ontológicamente radicalizado señalizado por la noción griega de ἀλήθεια.

Todos estos motivos adquieren nítida expresión en el tratamiento crítico de la concepción kantiana de la libertad, que Heidegger discute con detenimiento, por considerar que es en ella donde la concepción tradicional de la libertad, orientada a partir de la noción de causalidad, adquiere su expresión más paradigmática.

3. Kant y la libertad como causa

La lección del semestre de verano de 1930 publicada con el título "Von Wesen der menschlichen Freiheit" (cf. *WMF*) contiene una discusión extensa y detallada de la concepción kantiana de la libertad. El enfoque es, desde un comienzo, predominantemente crítico. Como indica el subtítulo, la lección está concebida como una introducción a la filosofía. La pregunta que da inicio a la posterior consideración crítica de la concepción tradicional de la libertad, representada por Kant, parecería ser, a primera vista, de carácter completamente externo y superficial, a saber: ¿cómo puede la cuestión de la libertad, que representaría un problema particular de la filosofía entre muchos otros problemas filosóficos particulares, proveer el punto de partida adecuado para una introducción a la filosofía misma, que, si ha de ser tal, debe poseer necesariamente un carácter "general"? (cf. *WMF* § 1 p. 1 ss.). La respuesta de Heidegger tiene, también a primera vista, la apariencia de una especie de solución de compromiso. Heidegger señala que el problema de la libertad, incluso allí donde ésta aparezca caracterizada de modo puramente negativo, pone en juego, al menos, indirectamente, la

---

[2] Para el contraste entre el modelo arqueológico y el modelo aleteiológico de la ontología, véase la discusión en Vigo (2002).

referencia al ente, en su totalidad. La noción de "libertad" suele entenderse en el sentido meramente negativo de "libertad *de...*" (*Freiheit von...*), pero, allí donde esta misma noción se toma en su sentido general, como característica distintiva del hombre mismo, tal "de..." remite a la totalidad del ente: que el hombre es libre no quiere decir otra cosa sino que, al menos, en la determinación de su obrar, el hombre es independiente tanto del "mundo" (*Welt*), entendido en el sentido amplio que abarca no sólo a la naturaleza sino también a la historia, como también de Dios (*Gott*) mismo (cf. § 1 b) p. 5 ss.). Considerada de este modo, la así llamada "libertad negativa" (*negative Freiheit*) no es, pues, sino "independencia" (*Unabhängigkeit*) respecto del mundo (naturaleza e historia) y de Dios (cf. § 1 c) p. 11). Éstos aparecen, a su vez, como aquello a lo cual lo libre (*das Freie*) no queda atado o vinculado (*gebunden*) (cf. § 1 b) p. 9). Pero esto muestra que en razón de la propia estructura de la libertad, incluso pensada como mera "libertad negativa", el problema de la libertad no puede quedar encerrado en los límites propios de una cuestión particular, puesto que en y con la propia libertad está siempre ya mentada conjuntamente, siquiera de modo atemático, también la totalidad del ente: el mundo y Dios están necesariamente co-comprendidos (*notwendig mitbegriffen*) incluso en el concepto meramente negativo de la libertad (cf. § 1 b) p. 7).

El concepto de libertad negativa es habitualmente el primero que sale al encuentro, explica Heidegger, allí donde se procura obtener algún tipo de saber referido a la libertad (cf. § 3 p. 20). El primado de dicha noción no es azaroso, sino que tiene cierto anclaje en la propia experiencia de la libertad, en la medida en que el "*ser* libre" (*das Frei*sein) se experimenta habitualmente, bajo las condiciones propias de la facticidad de la vida mundana, como un "*llegar a ser* libre" (*als Frei*werden), vale decir, como un liberarse de ataduras y cadenas, como un quitarse de encima fuerzas o poderes opresores. El momento de carácter causal que anida en esta experiencia mundana del "de...", constitutivo de la libertad negativa, se traspone luego, sin mayores rodeos, también a la caracterización de la libertad positiva, entendida como un "ser libre *para...*" (*Freisein für...*), más precisamente, se traspone a la caracterización específica de dicho "para...": el "ser libre *para...*" se comprende cómo un "mantener*se* en franquía *para...*" (sich *offenhalten* für), vale decir, en definitiva, como "determinarse uno mismo a (para)..." (*sich selbst bestimmen zu...*) (cf. p. 20 s.). Experimentada desde la libertad negativa, que es comprendida como un liberarse de toda determinación ajena, también la libertad positiva se comprende en términos de determinación, más precisamente, en términos de la (capacidad de) *autodeterminación para* (hacer tal o cual cosa). Esta impregnación causal de la estructura del "para...", tal como tiene lugar ya en el plano de la experiencia mundana de la libertad y su interpretación prefilosófica, determina también posteriormente el curso que adopta la reflexión filosófica, allí donde ésta pretende hacerse cargo del fenómeno de la libertad, en su específica positividad: la libertad positiva es comprendida básicamente, como ocurre con ejemplar nitidez en el caso de Kant, en términos de (capacidad de) *autodeterminación* (*Selbstbestimmung*) y de *absoluta autoactivación* (*absolute Selbsttätigkeit*), es decir, como "absoluta espontaneidad" (*absolute Spontaneität*) (cf. p. 21 s.; véase también § 4 p. 26 s.).

Kant, explica Heidegger, ocupa una posición especialmente destacada en la historia del problema de la libertad, y ello en un doble sentido: por una parte, pone el problema de la libertad, por primera vez, de modo expreso en conexión con los problemas fundamentales de la metafísica; por la otra, justamente a través de esa misma profundización, produce también y, en cierto modo, necesariamente, un estrechamiento unilateral (*eine einseitige Verengung*) del mismo problema al que logró llevar a su dimensión más propia (cf. § 3 p. 21). Dentro del ámbito que corresponde al sentido positivo de la noción de libertad, que en rigor no pasa de ser un sentido meramente "no negativo", Kant distingue entre la libertad tomada en sentido cosmológico (*im kosmologischen Verstande*) y la libertad tomada en sentido práctico (*im praktischen Verstande*) (cf. *KrV* A 533-534 / B 561-562). En el sentido cosmológico, la libertad es concebida como "absoluta autoactivación / espontaneidad", vale decir, como la "capacidad de dar inicio por sí mismo a un estado" (*Vermögen des Selbstanfangs eines Zustandes*), y posee el estatuto de una mera "idea trascendental" (*transzendentale Idee*), de la cual puede mostrarse su posibilidad, vale decir, su susceptibilidad de ser pensada sin contradicción, pero no su realidad (cf. *WMF* § 3 p. 22). En el sentido práctico, en cambio, la libertad aparece como la capacidad del agente racional de autodeterminarse a través de la ley moral (aspecto positivo), con independencia de la inclinación sensible (aspecto negativo). Se trata aquí, a juicio de Kant, de una capacidad cuya realidad queda establecida de modo asertórico, en y a través del modo en que el agente racional se experimenta a sí mismo, en cuanto sujeto a las exigencias de la moralidad.[3] Es este peculiar tipo de capacidad de autodeterminación lo que Kant denomina "autonomía" (*Autonomie*), a saber: la capacidad de "autolegislación" (*Selbstgesetzgebung*), como característica constitutiva de la "voluntad" (*Wille*). Y ésta, la voluntad, es concebida, a su vez, como una capacidad de carácter esencialmente causal (cf. p. 23 s.), como Heidegger subraya bajo remisión expresa al correspondiente pasaje kantiano).[4]

---

[3] Para la discusión por parte de Heidegger del problema relativo al modo en el cual, según Kant, se experimenta la realidad o efectividad de la libertad, en el ámbito propio del acceso práctico al mundo, véase *WMF* §§ 27-28, donde Heidegger considera también la problemática vinculada con lo que Kant denomina el "*Faktum*" de la razón práctica.

[4] Cf. Kant, *GMS* p. 446: "La *voluntad* (*Wille*) es una especie de causalidad de seres vivos, en la medida en que son racionales".

Ahora bien, como el propio Kant reconoce (cf. *KrV* A 533 / B 561), es la libertad práctica la que se funda en la trascendental, y no viceversa, aunque esta última deba verse como una mera idea, y aquella, en cambio, como una realidad, al menos, en sentido práctico. La razón, piensa Kant, es fácil de ver: la autonomía de la voluntad presupone, como tal, el concepto mismo de libertad, en su significación más general, vale decir, trascendental (cf. *GMS* p. 446). La libertad trascendental debe verse, pues, como condición de posibilidad de la libertad práctica (cf. Heidegger, *WMF* § 3 p. 25). Pero la pregunta que debe plantearse aquí es la de por qué Kant da por supuesto que la libertad trascendental debe ser pensada ella misma en términos causales. La razón debe buscarse en último término, piensa Heidegger, en la concepción kantiana de la experiencia de la naturaleza y, en particular, en el papel decisivo que juega en ella el principio de causalidad, tal como Kant lo discute en la "Segunda Analogía de la Experiencia", donde elabora una argumentación destinada a mostrar que todo conocimiento teórico de la naturaleza está regido por el principio que provee la ley de la causalidad (cf. § 4 p. 28).[5] La idea misma de una "absoluta espontaneidad", como capacidad de iniciar series causales nuevas, provee, como tal, un elemento de contraste respecto del modo en el que el propio Kant concibe la causalidad natural, ya que en la naturaleza misma no hay nada semejante a una causa de este tipo. Sin embargo, a través de dicha idea Kant apunta, justamente, a una forma diferente de causalidad, de modo tal que en ningún momento abandona realmente la perspectiva causal, que es la perspectiva absolutamente dominante en su consideración del acceso teórico a la naturaleza. Tal perspectiva dominante queda así transpuesta también al ámbito de consideración propio del acceso práctico *a esa misma naturaleza*, pues, como Heidegger claramente reconoce, el punto clave de la concepción kantiana de la causalidad por libertad reside en el hecho de que la causa libre, siendo una causa de carácter inteligible, debe poder ingresar, a través de sus efectos, en el mismo entramado causal de la naturaleza (cf. § 25 c) p. 247 ss.).

Para formularlo de otro modo, puede decirse que la concepción kantiana, basada en la distinción de los dos modos de consideración correspondientes al plano fenoménico y el plano nouménico, apunta a hacer comprensible la posibilidad de que los mismos efectos fenoménicos aparezcan como conectados necesariamente, al mismo tiempo, con dos tipos diferentes de causas, a saber: por un lado, con causas fenoménicas, en la medida en que forman parte del entramado causal constitutivo de la naturaleza; por otro, con causas inteligibles, en la medida en que deban ser vistos también como efectos de la causalidad por libertad (cf. *WMF* § 20). Pero, por mucho que enfatiza la peculiaridad de la cau-

---

[5] Para la discusión detallada de la argumentación desarrollada en la "Primera" y la "Segunda Analogía de la Experiencia", véase §§ 15-19.

salidad por libertad, en su concepción de la acción Kant permanece orientado básicamente a partir de la noción habitual de causalidad, según la cual lo propio de la causación es la producción de efectos. De hecho, Heidegger pone de relieve que Kant piensa la "acción" (*Handlung*) y el "obrar", en general, como equivalentes, sin más, al "efectuar" (*Wirken*), de modo tal que no restringe la noción de "acción" al ámbito del obrar humano, sino que la extiende también al ámbito de la naturaleza (cf. § 20 c) p. 196 ss.). La consecuencia es, en definitiva, que la propia libertad, comprendida como "causa libre", queda, sin más, subsumida bajo una noción general e indiferenciada de causalidad, que se orienta a partir de la idea de "efectuación" o "producción de efectos" (cf. § 20 c) p. 198 s.). Aunque inicialmente distinguido de lo puramente natural, lo práctico queda, de este modo, tendencialmente (re)absorbido en el ámbito de la efectuación.[6] Así, tomada en su sentido más general, que corresponde al concepto de libertad trascendental, la libertad queda concebida en Kant, en último término, como un modo especialmente señalado (*ausgezeichneter Modus*) de la causalidad natural (cf. § 22 a) p. 208 ss.), más precisamente, como una suerte de "concepto natural de carácter trascendental" (*transzendentaler Naturbegriff*): el concepto de una "causalidad natural pensada de modo absoluto" (*absolut gedachte Naturkausalität*), que corresponde a aquel "absoluto dinámico" (*dynamisches Unbedingtes*) que queda referido a la totalidad del entramado causal constitutivo de la existencia de un fenómeno (cf. § 22 b) p. 212 s., 214).

En definitiva, Kant aborda la libertad, fundamentalmente, desde la perspectiva de la causalidad, y ello sin mayores prevenciones, pues no se pregunta si ésta es la única perspectiva posible de abordaje o bien si acaso no hay otra perspectiva diferente, que pudiera revelarse incluso como más radical (cf. § 4 p. 29). Más bien, Kant dirige todo su esfuerzo a determinar el modo en que la causali-

---

[6] No es casual que Heidegger introduzca aquí expresamente la noción de *práxis*, y remita al sentido del verbo *práttein*. Es posible que con la referencia al término griego busque aludir, al menos, de modo indirecto, a la transformación de una noción de acción originariamente no causal en una netamente causal, tal como dicha ha determinado el desarrollo de la teoría de la acción, que alcanza su culminación en Kant: en efecto, éste piensa lo práctico, vale decir, tanto el obrar moral como la libertad práctica, temáticamente en términos de la noción de causalidad (cf. *WMF* § 3 p. 23 s.). La crítica a la concepción causal de la acción, formulada en términos más generales, aflora nuevamente, de modo expreso, en el comienzo de la famosa "Carta sobre el humanismo" de 1946, donde se enfatiza nítidamente el contraste con la interpretación en términos aleteiológicos: "Todavía no pensamos la esencia (*Wesen*) del obrar (*Handeln*) de modo suficientemente decidido. Se conoce el obrar sólo como la efectuación de un efecto (*das Bewirken einer Wirkung*). La realidad (*Wirklichkeit*) de este último se evalúa de acuerdo con su utilidad (*nach ihrem Nutzen*). Pero la esencia del obrar es el llevar a cabo (*Vollbringen*). Llevar a cabo quiere decir: desplegar (*entfalten*) algo hasta la plenitud de su esencia (*in die Fülle seines Wesens*), conducirlo (*hervorgeleiten*) hasta ella, *producere*." (véase *BH* p. 311).

dad libre puede tener lugar: mostrando primero, en sede cosmológica, su posibilidad (libertad trascendental) y, luego, en sede práctica, su realidad (libertad práctica). Ahora bien, a juicio de Heidegger, el modo de abordaje practicado por Kant plantea, desde el punto de vista ontológico, dos problemas principales, que aparecen, además, estrechamente conectados.

En primer lugar, ocurre que la (re)absorción del ámbito de lo práctico en el ámbito de lo natural, a través de la concepción causal de la libertad, trae consigo, aunque de modo implícito e inadvertido, una nivelación de la problemática de la libertad al plano propio de la "ontología de la presencia": la noción de efectuación (*Wirken, Wirkung*), que en Kant provee, como se dijo, el hilo conductor para la comprensión de la praxis y lo práctico, remite, en definitiva, a la noción de "realidad efectiva" (*Wirklichkeit*), que es la que juega el papel protagónico en la ontología tradicional, que se orienta a partir de la ecuación entre "ser" (*Sein*) y "ser presente (ante los ojos)" (*Vorhandensein*). La central importancia de este aspecto, dentro del conjunto de la interpretación desarrollada por Heidegger, queda documentada de modo directo por la extensa discusión dedicada a poner de manifiesto de qué modo la (pre)comprensión del ser en términos de "constante presencia" (*beständige Anwesenheit*), la cual hunde sus raíces en el acceso prerreflexivo al mundo y adquiere articulación expresa en la interpretación griega del ser como *ousía* (*parousía*). Ésta provee el hilo conductor del pensar metafísico, tal como éste se desarrolló desde Platón y Aristóteles hasta Hegel (cf. §§ 6-10). Lejos de representar un mero rodeo externo a través de una temática ya de sobra conocida, tal discusión constituye un paso clave en el conjunto de la argumentación desarrollada por Heidegger, pues está destinada a mostrar que la concepción kantiana de la libertad queda inscripta desde un comienzo, a través de su previo enmarcamiento causal, en una determinada concepción ontológica de base, fundada en la (pre)comprensión griega del ser como presencia. Ésta comporta, a su vez, un modo peculiar de comprender las relaciones entre posibilidad (potencia) y efectividad (acto), entre ser y devenir (cambio), etc. Pero todo ello ocurre, sin embargo, sin que la conexión estructural entre ser y tiempo que anida en la base misma de dicha ontología alcance nunca el nivel propio de una tematización expresa, en la medida en que la propia vigencia de tal (pre)comprensión del ser se nutre justamente del olvido del ser mismo, como punto de referencia de una elucidación temática (cf. § 7 a) p. 40 ss.; véase también § 11 p. 114 s.). Situado de antemano en el ámbito de vigencia de la metafísica tradicional, Kant da simplemente por sentada, a juicio de Heidegger, la posibilidad de enfocar la problemática de la libertad (*Freiheit*) y el ser libre (*Freisein*) del hombre en el horizonte del "ser presente (ante los ojos)" (*im Horizont der Vorhandenseins*) (cf. § 20 a) p. 191; § 20 b) p. 192 ss.), sin preguntarse por el peculiar modo de ser del "ente que es libre" (*die spezielle Seinsart des Freiseienden*), vale decir, del hombre mismo (cf. § 20 b) p. 193).

En segundo lugar, y en conexión directa con lo anterior, la concepción de la libertad así esbozada no permite hacer justicia al ser del ente que puede ser libre, al ser del hombre mismo, en su irreductible peculiaridad. Más precisamente, lo que la concepción de la libertad orientada a partir de la noción de causalidad no puede recoger es la conexión esencial de la libertad, tomada en su sentido más radical y originario, con la *trascendencia* constitutiva del ser del hombre, comprendido como *Dasein*. Toda concepción causalmente enmarcada de la libertad debe verse, a juicio de Heidegger, como una concepción que, por su propia orientación básica, apunta a un fenómeno de carácter esencialmente derivativo y fundado, y no originario, por la sencilla razón de que, en tal tipo de enfoque, la libertad comparece necesariamente como un fenómeno intramundano. Ello ocurre incluso allí donde, como en el caso de Kant, se piensa la libertad como una causa que, siendo ella misma de origen inteligible, debe, sin embargo, ingresar en el mundo fenoménico a través de sus efectos, pues también en este caso la libertad queda enfocada en dirección del ente intramundano mismo, en la medida en que se la piensa a partir del vínculo que mantiene con éste, en calidad de fundamento de determinación. Lo que queda necesariamente a la espalda en esta perspectiva de enfoque es, piensa Heidegger, la relación originaria que vincula a la libertad, pensada desde la propia trascendencia del *Dasein*, con el mundo mismo, comprendido como horizonte para toda posible venida a la presencia del ente intramundano. Si se asume de antemano un enmarcamiento causal en su consideración, la libertad se revela inevitablemente como un fenómeno derivativo y fundado, por cuanto toda posible vinculación causal con el ente intramundano presupone siempre ya la venida a la presencia de dicho ente, dentro del horizonte del mundo. Más aún: en un enfoque causal también la propia dimensión cosmológica del fenómeno de la libertad queda fuertemente desperfilada en su sentido originario, al quedar relegada al trasfondo la vinculación estructural de la libertad con el mundo mismo, al mismo tiempo que la referencia al ente intramundano pasa a ocupar el centro de la atención.

El conjunto de conexiones sistemáticas antes esbozado permite explicar por qué, al presentar esquemáticamente la secuencia de fundamentación que él mismo tiene en vista en la discusión crítica de la posición de Kant, Heidegger sitúa en los niveles más bajos de la escala los fenómenos en los cuales se centra la concepción kantiana. En dicha escala, se puede distinguir tres tramos diferentes, a saber: a) el tramo tematizado expresamente por Kant, ubicado en el extremo inferior de la escala, el cual desciende desde la "absoluta espontaneidad" y la "autonomía" hasta la "libertad humana", pasando por la "libertad positiva" y la "libertad negativa", b) el tramo situado inmediatamente por encima del anterior, que comprende toda una secuencia de niveles de fundamentación, que apunta a poner de manifiesto los presupuestos ontológicos en los que se apoya la concepción kantiana de la "causa libre", los cuales corresponden, como se dijo ya, a la "ontología de la presencia", con su peculiar concepción de la "causalidad" y el "movimiento", orientada a partir de la concepción ontológica basada en la (pre)comprensión del ser como "constante presencia"; por último, c) el tramo que corresponde a la secuencia de fundamentación que el propio Heidegger elabora para dar cuenta del origen último de la "ontología de la presencia" y la (pre)comprensión del ser en la cual ella se basa, y que contiene, tomado en dirección ascendente, la referencia al "tiempo", a la conexión entre "ser" y "tiempo", al "hombre" y su "ser", entendido como *Dasein*, por encima del cual Heidegger sitúa ahora una nueva noción de "libertad", que, tomada de modo no calificado, pretende situarse en el nivel más originario, correspondiente a la trascendencia misma, considerada en su raíz última (cf. § 13 p. 131).[7]

4. Libertad y trascendencia

Vista a partir de su conexión con la trascendencia misma, como condición de posibilidad de la apertura del mundo y la venida a la presencia del ente intramundano, la libertad aparece, pues, como el fenómeno originario al que debe dirigir primariamente su atención la interrogación filosófica, que apunta a determinar su esencia. Vale decir: lejos de constituir un asunto particular, entre otros asuntos particulares, la pregunta por la esencia de la libertad se revela, en definitiva, como aquella en la cual se funda la cuestión directriz (*Leitfrage*) de la metafísica, que no es otra que la pregunta por el ser del ente (cf. § 14). Como se echa de ver, Heidegger alcanza por este camino una completa reversión de la problemática, tal como aparecía planteada en la concepción metafísica tradicional. Pero no hace falta recalcar demasiado, a estas alturas, que dicha reversión sólo puede tener lugar a través de un nuevo encuadramiento, de corte estrictamente aleteiológico, de la cuestión de la libertad, que trae consigo también una paralela reinterpretación aleteiológica de la ontología misma. Como el propio Heidegger señala expresamente en la conclusión de la lección, el límite interno del abordaje kantiano de la libertad viene dado por su enmarcamiento causal, que trae consigo, a su vez, la vinculación a los presupuestos básicos de la ontología tradicional. En ella, la causalidad constituye la categoría fundamental del ser (*die Grundkategorie des Seins*), comprendido en el sentido de la presencia

---

[7] Para la presentación del tramo c), véase también § 12 p. 126. De modo más sencillo, la secuencia presentada por Heidegger, tomada en orden ascendente, es: i) "libertad humana", ii) "libertad negativa", iii) "libertad positiva", iv) "autonomía", v) "espontaneidad absoluta", vi) "causalidad", vii) "movimiento", viii) "ente", ix) "ente como tal", x) "ser del ente" (pregunta "qué es el ente"), xi) "ser", xii) "constante presencia", xiii) "tiempo", xiv) "ser y tiempo", xv) "hombre", xvi) *Dasein*, y xvii) "libertad", donde los niveles i) a v) corresponden al tramo a), los niveles vi) a xii) al tramo b), y los niveles xiii) a xvii) al tramo c).

(*als Vorhandensein*) (cf. § 29 p. 300). En dicha concepción ontológica, las condiciones de posibilidad de la presencia misma permanecen, como tales, no tematizadas. Pero es justamente atendiendo a ellas como se puede comprender que, más que ser la libertad un problema relativo a la causalidad, ocurre inversamente que, en un sentido más originario, es la propia causalidad la que se revela como un problema relativo a la libertad (cf. § 29 p. 299; véase también § 30 p. 303), pues incluso la pregunta directriz de la ontología, la pregunta por el ser, se muestra como enraizada, en definitiva, en la pregunta por la libertad (cf. § 29 p. 300).

La dimensión esencialmente manifestativa a la que apunta la pregunta por las condiciones de posibilidad de la presencia posee prioridad, a juicio de Heidegger, incluso en conexión con el problema específico que plantea la explicación del origen de todo posible "carácter vinculante" (*Verbindlichkeit*). Esto se advierte nítidamente, cuando se tiene en cuenta que es únicamente en virtud de la apertura y la venida a la presencia del ente (*Offenbarkeit von Seiendem*) como éste puede desplegar el carácter vinculante que corresponde, en cada caso, a su "modo de ser" (*So-sein*) y al "hecho mismo" (*Daß-sein*) de su ser. Pero esto último, a su vez, sólo resulta posible, allí donde el comportamiento respecto del ente, sea de carácter práctico o teórico, "concede" (*gesteht zu*) previamente al ente dicho carácter vinculante. La "previa concesión" (*vorgängiges Zugestehen*) de carácter vinculante es el "vincularse originario" (*ursprüngliches Sichbinden*), la "vinculación" (*Bindung*), en el modo del "dejar ser vinculante para sí mismo" (*als für sich verbindlich sein lassen*) (cf. § 30 p. 302 s.). Por lo mismo, el comportarse respecto del ente, en cualquier modo de su venida a la presencia, sólo resulta posible, como tal, donde impera ya libertad. Así considerada, la libertad se revela, pues, como la condición de posibilidad del ser del ente (*Sein von Seiendem*), esto es, de la comprensión del ser (*Seinsverständnis*) (cf. § 30 p. 303).

Las consecuencias últimas que Heidegger extrae de la discusión crítica de la concepción kantiana en el final de la lección de 1930, aunque presentadas como directamente derivadas de tal discusión, no resultan realmente comprensibles en su origen último y en su verdadero alcance, si no se toma debidamente en cuenta los desarrollos contenidos en *SZ* y en otros escritos de los años 1929-1930, que profundizan aspectos centrales de la concepción presentada en dicha obra (véase, en particular, *WG*, *GBM* y *WW*).[8] Una de las claves reside aquí en la conexión que Heidegger establece entre la libertad, tomada en su sentido originario, y la trascendencia del *Dasein*, cuya estructura tematiza ya en la concepción presentada en *SZ*, aunque sin emplear todavía el título de "trascendencia", el cual hace irrupción algo más tardíamente, en la época del escrito sobre la esen-

---

[8] Para una discusión más amplia de los aspectos centrales de este desarrollo en los escritos de 1929-1930, véase Vigo (2003).

cia del fundamento de 1929 (cf. *WG*). Interesante y significativo es el hecho de que en la elaboración de su propia concepción relativa a la conexión entre libertad y trascendencia Heidegger incluye una vez más, como uno de sus puntos de referencia centrales, a Kant. Pero en este caso, paradójicamente, no se trata de la teoría kantiana de la libertad, sino, más bien, de la concepción kantiana de la constitución de la experiencia, tal como ésta queda esbozada en el conjunto de la parte constructiva de *Kritik der reinen Vernunft*, vale decir, en la "Estética trascental" y la "Analítica trascendental". En efecto, en el *Kantbuch* de 1929 (cf. *Kant*), anticipado en lo fundamental por la lección del semestre de invierno 1927/1928 titulada "Phänomenologische Interpretation von Kants Kritik der reinen Vernunft" (cf. *KKrV*), Heidegger presenta una osada interpretación de la concepción kantiana de la constitución de la experiencia como un intento radical de fundamentación (*Grundlegung*) de la metafísica, sobre la base de una peculiar concepción de la existencia humana en términos de las ideas de "conocimiento finito" (*endliche Erkenntnis*) (cf. *Kant* § 5; *KKrV* § 5 b) y "trascendencia finita" (*Endlichkeit, die sich als Transzendenz bekundet*) (cf. *Kant* § 16).

De este modo, al centrar interpretativamente la concepción de Kant en la tematización de las estructuras de la trascendencia finita, Heidegger logra aproximarla fuertemente a la idea de una ontología fundamental del *Dasein*, tal como ésta había sido presentada y desarrollada en *SZ* (cf. *Kant* §§ 39-45). Pero ello, claro está, no sin recalcar lo que serían las insuficiencias del enfoque kantiano, que, entrampado en los límites de la antropología y la metafísica tradicionales, no lograría apropiarse cabalmente de la raíz última de la trascendencia en la temporalidad originaria, a pesar de haber atisbado la conexión estructural entre trascendencia y tiempo (cf. §§ 31-35, 38).[9] Como ocurre también en el caso de otros autores canónicos, en particular, en el de Aristóteles, también aquí, y desde la peculiar perspectiva que concierne al problema de la libertad, en conexión con la trascendencia del *Dasein*, Heidegger piensa, como puede verse, al mismo tiempo, *con* Kant y *contra* Kant.[10]

---

[9] En la lección de 1927/1928 Heidegger va en este sentido, tal vez, un poco más lejos, al menos, en la medida en que atribuye a Kant un liso y llano desconocimiento (*Verkennung*) del fenómeno mismo de la trascendencia (cf. *KKrV* § 23 b) esp. p. 317 ss.).

[10] Para la figura "*con* y *contra* Aristóteles", en conexión con la recepción y transformación del concepto de ontología por parte de Heidegger, véase el trabajo del autor citado en nota 2.

Estudio 3
Ser libre y dejarse vincular.
Un motivo central en la reformulación aleteiológica
de la cuestión de la libertad

1. Introducción

En un trabajo diferente,[1] he intentado identificar los principales elementos presentes en la concepción elaborada por Heidegger en *SZ* que proporcionan los puntos de partida para la radicalización que la problemática de la libertad (*Freiheit*) experimenta en los escritos de los años inmediatamente posteriores, hasta comienzos de los años '30. Esos escritos forman una apretada seguidilla que da testimonio de una efervescente combinación de creatividad filosófica, potencia especulativa y energía ejecutiva, que, en esa forma, probablemente ya no encuentra parangón dentro de la amplia producción que sigue al famoso "giro" (*Kehre*) de mediados de los años '30. En el período que va de *SZ* hasta comienzos de los años '30, la radicalización de la problemática de la libertad tiene lugar, como se sabe, al hilo de una reformulación de la concepción del "ser en el mundo" (*In-der-Welt-sein*) y el "estado de abierto" (*Erschlossenheit*), como estructuras fundamentales del ser del *Dasein*, en términos de la noción clásica de "trascendencia" (*Transzendenz*). Ésta aparece empleada en un sentido renovado, que apunta, sobre todo, a enfatizar el papel fundamental que cumple el "sobrepasamiento" (*Überstieg, übersteigen*) del ente en dirección del mundo y el ser, a la hora de dar cuenta de la posibilidad de la venida a la presencia del ente mismo, esto es, de su apertura a la comprensión.

Ahora bien, la conexión estructural entre trascendencia y libertad que Heidegger busca poner en el centro de la mira sólo puede ser comprendida en su verdadero alcance, a mi modo de ver, si no se pierde de vista el marco metódico y temático, de carácter estrictamente aleteiológico, en el que queda inserto desde el comienzo mismo su tratamiento. En la pervivencia del enfoque estrictamente aleteiológico que Heidegger intenta poner en práctica reside, pues, un elemento básico de continuidad con la concepción de *SZ*, que no sólo no queda puesto en cuestión en los escritos posteriores, sino que, además, proporciona un punto de referencia clave, a la hora de determinar la orientación de los desarrollos que esos escritos contienen y de enjuiciar su alcance y su pertinencia. Lo dicho vale no sólo para el modo en el que Heidegger busca apropiarse de la temática de la libertad, en conexión con la elucidación de la estructura de la trascendencia, sino también para su intento de recuperar en clave aleteiológica la problemática del fun-

---

[1] Véase abajo Estudio 6.

damento (*Grund*) y el fundar (*gründen*, *begründen*), que había sido poco menos que el bastión inexpugnable de las concepciones de orientación básicamente arqueológica elaboradas en la tradición del pensar metafísico. Y en este mismo contexto metódico y temático se inscribe también el peculiar modo en el que Heidegger elabora un motivo central que se sitúa en el eje mismo de la posible articulación entre libertad y verdad, a saber: el motivo referido al "carácter vinculante" o, si se prefiere, la "vinculatividad" (*Verbindlichkeit*) de aquello que ha de contar, en cada caso, como verdadero.[2]

En lo que sigue discutiré algunos de los aspectos más importantes en la elaboración de dicho motivo, tal como Heidegger la lleva a cabo en dos escritos de enorme fecundidad filosófica, a saber: la lección sobre los conceptos fundamentales de la metafísica del semestre de invierno de 1929/1930 (cf. *GBM*) y el escrito sobre la esencia del fundamento de 1929 (cf. *WG*), que, por razones que quedarán claras a lo largo de la exposición, trataré en la secuencia indicada. Previamente, sin embargo, expondré de modo más general algunas de las razones que explican la importancia sistemática que Heidegger concede al problema de la vinculatividad, en conexión con el intento de una reformulación aleteiológica de la cuestión de la libertad.

2. *Verdad, medida, vinculación*

Como nadie ignora, la noción de vinculatividad juega un papel central en la reflexión filosófica, al menos, desde Kant. Dado que se trata de una noción que hace referencia a aquello que posee una cierta valencia normativa, uno de sus empleos más importantes aparece allí donde se busca tematizar las estructuras fundamentales del acceso práctico al mundo y, muy especialmente, cuando se apunta a aquellas condiciones que dan cuenta de su carácter específicamente moral, en el sentido amplio que incluye también la esfera de lo jurídico. En este tipo de empleo, la noción de vinculatividad apunta, de diversos modos, al ámbito de lo que en nuestra lengua se designa por medio de términos como "obligación" y "obligatorio". Sin embargo, ya en el uso corriente de la lengua alemana la expresión posee un campo de empleo mucho más amplio, que no queda restringido a la referencia a mandatos, normas o reglas —sean éstas de carácter moral, jurídico o bien meramente práctico-operativo—, sino que alude también a formas de nor-

---

[2] He discutido de un modo más amplio los principales motivos elaborados en la secuencia de escritos que va desde *SZ* hasta *WW*, pasando por *GBM* y *WG*, en Vigo (2003). Aunque me baso aquí, en buena medida, en resultados alcanzados allí, desplazo ahora el eje del interés hacia los aspectos referidos a la conexión entre libertad y vinculatividad, que no ocupan el centro de la atención en el mencionado trabajo.

matividad o fenómenos dotados de valencia normativa, situados en el espacio de juego que abren modos de comportamiento propios del acceso teórico-constativo al mundo, tales como, por ejemplo, el enunciar o el afirmar. Así, por ejemplo, se puede decir en alemán que un "enunciado" o una "declaración" (*Aussage*) es "vinculante" (*verbindlich*), en la medida en que trae consigo una pretensión de verdad, al (pretender) afirmar lo que resulta ser el caso. Naturalmente, hay aquí toda una gama de otros posibles contextos de consideración en los cuales intereses teóricos y prácticos aparecen entrelazados de diversos modos, y que deberían ser tomados debidamente en cuenta, a la hora de intentar una reconstrucción de la totalidad de las posibles formas y fenómenos de normatividad que quedan comprendidos en el campo de aplicación de la noción de vinculatividad. Aquí, sin embargo, basta con rescatar la conexión general entre vinculatividad y (pretensión de) verdad, tal como aparece en conexión con el enunciar y, más precisamente, con el enunciar puramente declarativo, porque es la que ocupa el centro del interés en lo que sigue.

Pues bien, según lo dicho, el enunciado aparece como dotado de carácter vinculante, en cuanto trae consigo una cierta pretensión de verdad. Pero esto sólo puede ser así, en la medida en que el propio enunciar constituye un modo de comportamiento que se atiene, de cierto modo, a aquello sobre lo cual versa en cada caso la enunciación, esto es, al ente al que el enunciar mismo hace referencia. Para ello, resulta necesario, a su vez, que el ente se presente él mismo de un modo tal que haga posible ese modo específico de atenerse a él. Como nadie ignora, en el tratamiento del enunciado (*Aussage*) y la verdad (*Wahrheit*) en los §§ 33 y 44 de *SZ*, respectivamente, Heidegger presenta el enunciar como un modo de ser por referencia al ente que posee él mismo un carácter fundado, en cuanto brota del (mero) "dirigir la mirada" (*Hinsehen*) propio del "conocer" (*Erkennen*). Por lo mismo, el "ser verdadero" del enunciado, entendido como su "ser descubridor" (*entdeckend-sein*), sólo resulta posible él mismo sobre la base del "estado de descubierto" (*Entdeckheit*) del ente, en tanto correlato estructural del (mero) "dirigir la mirada". La secuencia de fundamentación delineada de este modo es la que, en el plano de reflexión que corresponde a la teoría del conocimiento y la verdad, queda recogida en las concepciones adecuacionistas tradicionales. En efecto, éstas afirman la dependencia de la verdad del enunciado y el conocer del cual brota respecto del modo en que ambos se ajustan a aquello a lo que quedan referidos, esto es, el ente que toman por "objeto", tal como éste se presenta en y desde sí mismo.

Así pues, dado que, para ser verdaderos, el conocimiento y el enunciado deben ajustarse al ente al que quedan en cada caso referidos, este último aparece investido aquí de un peculiar "carácter vinculante", precisamente, en la medida en que oficia como "medida" del conocer y el enunciar. Por lo mismo, el enunciar sólo puede "pretender verdad" y resultar así "vinculante", si previamente, vale decir, a través del "dirigir la mirada" ("conocer") del cual él mismo brota, él mismo se deja vincular al ente de una determinada manera, al tomarlo como la "medida" a la que debe ajustarse. Aquí reside, a juicio de Heidegger, una de las intuiciones nucleares de las concepciones tradicionales de la verdad que apelan a la noción de "concordancia" o "correspondencia", a la hora de caracterizar la relación, constitutiva de la verdad, que el conocimiento y el enunciado mantienen con el "objeto" al que quedan referidos. Este peculiar tipo de vinculatividad remite, pues, a un modo específico del "medir(se)" y el "oficiar de medida" o el "proporcionar la medida". Un pasaje de los seminarios de Zollikon, perteneciente a la sesión del 6 de julio de 1965, formula el punto con admirable claridad. Cito:

"Por el contrario, no todo medir (*Messen*) es necesariamente un medir cuantitativo (*ein quantitatives Messen*). Cada vez que tomo conocimiento de algo como algo (*etwas als etwas zur Kenntnis nehme*), me atengo como medida a aquello que la cosa es (*messe ich mich dem an, was das Ding ist*). Este atenerse como medida a lo dado (*dieses Sich-anmessen an das Gegebene*) es la estructura fundamental (*Grundstruktur*) del comportamiento humano respecto de las cosas (*das menschliche Verhaltens zu den Dingen*). En todo concebir (*Auffassen*) algo como algo (*etwas als etwas*), por ejemplo, la mesa como mesa, me atengo como medida a lo <así> concebido (*messe ich mich dem Aufgefaßten an*). Por ello se dice también que lo que decimos sobre la mesa (*das, was wir über den Tisch sagen*) es un decir adecuado a ella (*ein diesem angemessenes Sagen*). Habitualmente se define también la verdad sobre una cosa como la *adaequatio intellectus ad rem*. Esto es también una <forma de> asimilación (*Angleichung*) <a algo>: un constante medirse del ser humano (*ein ständiges sich Messen des Menschen*) con (arreglo a) la cosa (*mit dem Ding*). Pero se trata aquí de un medir, en un sentido completamente fundamental, en el que está fundado, por lo pronto (*erst*), todo medir científico-cuantitativo (*alles wissenschaftlich-quantitative Messen*). La relación del ser humano con la medida (*das Verhältnis des Menschen zum Maß*) no puede ser concebida íntegramente por medio de la medibilidad cuantitativa (*durch die quantitative Meßbarkeit*), ni siquiera puede ser interrogada por medio de ella. La relación del ser humano respecto de algo que <le> proporciona la medida (*das Verhältnis des Menschen zu einem Maßgebenden*) es una relación fundamental respecto de aquello que es (*eine fundamentale Beziehung zu dem, was ist*). Pertenece a la comprensión del ser misma (*zum Seinsverständnis selbst*)" (cf. *Zollikon* p. 130).

Como lo ponen de manifiesto las sentencias finales del texto, al valerse de nociones tales como el "atenerse a algo como medida", el "medirse con (arreglo a) algo" o el "proporcionar la medida", Heidegger tiene en vista, en último término, una estructura existenciaria fundamental, cuyo ámbito de validez no se restringe al entorno del comportamiento meramente teórico-constatativo. Por el contrario, también en el ámbito del trato práctico-operativo con lo que es "a la mano" (*zuhanden*) dentro del mundo imperan formas específicas de "adecuación", de carácter no cognoscitivo, en las cuales aquello con lo cual el trato en cada caso se ocupa provee, a la vez, la pauta, por así decir, a la que éste debe poder ajustarse, por cuanto en dicho "ajuste" reside una condición básica de su propia competencia y su propia eficacia. En efecto, el tratamiento del ser del ente "a la mano" en términos de la noción de "conformidad" (*Bewandtnis*), tal como Heidegger lo lleva a cabo en el § 18 de *SZ*, pone al descubierto estructuras específicas de adecuación, de carácter no cognoscitivo, que dan lugar a un entramado de referencias significativas que aparecen dotadas, de uno u otro modo, de una cierta valencia normativa.[3] Sin embargo, este aspecto del problema puede ser dejado de lado aquí. En el presente contexto, se trata, más bien, de atender al modo en el cual la estructura existenciaria avistada por Heidegger permite dar cuenta, de modo específico, de los fenómenos de vinculatividad que caracterizan al acceso teórico-constatativo al mundo, en algunas de sus modalidades más elementales, como son el conocer y el enunciar.

Una segunda observación a tener en cuenta concierne al hecho de que en el pasaje citado Heidegger no emplea expresiones que remitan de modo directo a la noción de vinculatividad ni tampoco a la de libertad, sino que se limita a emplear una serie de expresiones conectadas, más bien, con la noción de medida. A primera vista, se podría pensar, pues, que las conexiones sugeridas al comienzo poseen un carácter forzado. Pero, como se verá, esto último no es realmente el caso. Más bien, ocurre que el pasaje citado de los seminarios de Zollikon recoge, sin entrar en mayores complejidades, resultados de elaboraciones precedentes, en las cuales las conexiones señaladas no sólo son tematizadas de modo expreso, sino que ocupan, en rigor, el centro mismo del interés. En efecto, su decisiva importancia sistemática no salta a los ojos de modo inmediato, sino que se pone de relieve sólo allí donde se pregunta por las condiciones existenciarias que dan cuenta de la posibilidad misma de que el ente oficie como medida del comportamiento y, por lo mismo, aparezca investido del correspondiente carácter vincu-

---

[3] A la luz de lo dicho al comienzo, no puede resultar sorprendente que en el caso del trato práctico-operativo con lo que es "a la mano" la tematización de las peculiares estructuras de adecuación a las que hace referencia la noción de "conformidad" conduzca, en la misma medida en que se ocupa con las condiciones de posibilidad de formas específicas de vinculatividad, también a poner al descubierto su conexión con determinadas modalidades del "ser libre" y el "dejar (poner) en libertad". De hecho, la conexión entre "conformidad" (*Bewandtnis*), como ser del ente "a la mano", por un lado, y "puesta en libertad" (*Freigabe*), como modo de comportamiento que hace posible la venida a la presencia (apertura a la comprensión) de lo "a la mano" en su "ser a la mano" (*Zuhandenheit*), por el otro, juega un papel central en el análisis heideggeriano. Para un desarrollo más amplio del punto, véase Estudio 6.

lante, en el contexto del acceso teórico-constatativo al mundo. Tal es, precisamente, el camino que intentan seguir los escritos de los años 1929-1930 que comentaré brevemente a continuación.

3. Libertad y vinculatividad en el plano óntico

La dimensión óntica del nexo entre libertad y vinculatividad, tal como éste se presenta en el contexto del acceso teórico-constatativo al mundo y el ente intramundano, aparece tematizada de modo específico en la discusión de lo que puede llamarse los presupuestos "prelógicos" (*vorlogisch*) del enunciado, tal como Heidegger la lleva a cabo en la lección del semestre de invierno de 1929/30 (cf. *GBM* § 73 c) p. 492 ss.). Tales presupuestos prelógicos son tres, a saber: a) el originario "ser libre para el ente, como tal" (*das Freisein für das Seiende als solches*); b) la "totalización" o "complementación" (*Ergänzung*), consistente en la apertura previa y concomitante de un cierto plexo total de significación; y c) la "revelación" o el "desvelamiento" (*Enthüllung*) del ente intramundano, en su ser de tal o cual manera, esto es, tal como posteriormente lo tomará por "objeto" el enunciado. La discusión de los presupuestos b) y c) transita por caminos que son conocidos ya a partir del análisis del origen del enunciado y su verdad llevado a cabo en los §§ 33 y 44 de *SZ*, respectivamente. Dicho de modo muy simplificado, Heidegger explica aquí, respecto de c), que un enunciado del tipo "la pizarra está colocada de modo inapropiado" (*die Taffel steht ungünstig*) sólo puede brotar él mismo a partir de la previa venida a la presencia ("revelación", "desvelamiento") de la pizarra en su estar colocada de modo inapropiado, tal como ésta tiene lugar en el plano del acceso antepredicativo al mundo. Pero a su vez, y esto concierne específicamente a lo que establece b), dicha venida a la presencia presupone la previa apertura de un plexo total de referencias significativas ("totalización", "complementación"), en este caso particular, el constitutivo de la sala de clases en la cual se ubica la pizarra (cf. § 73 d) p. 498 ss.).[4]

---

[4] Como el ejemplo de Heidegger muestra con suficiente claridad, no se trata, en rigor, de un caso de enunciación puramente descriptiva que brota del mero acceso teórico-constatativo, tal como éste tiene lugar allí donde el ver y el enunciar ya se han desprendido completamente del trato práctico-operativo con lo "a la mano". Por el contrario, se trata de un ejemplo que remite a casos de disrupción del tipo de los que se tematizan en el § 16 de *SZ*, para mostrar de qué modo, en el ámbito del propio trato práctico-operativo, se anuncia la posibilidad de que lo que es "a la mano" (*zuhanden*) comparezca como algo que es meramente "ante los ojos" (*vorhanden*). Como se sabe, Heidegger echa mano aquí de la noción del llamado "útil cosa" (*Zeugding*), en calidad de concepto transicional que hace posible la mediación entre los extremos del "útil" (*Zeug*) y la "cosa" (*Ding*) (cf. § 16 p. 73). Como quiera que sea, a los fines que aquí interesan, y sin desconocer su importancia sistemática, se puede dejar de lado la diferencia entre enunciados que brotan del mero "dirigir la

Más importante a los fines que aquí interesan resulta la discusión del presupuesto a), el cual cumple, además, un papel fundante respecto de los otros dos. En efecto, Heidegger pone aquí en el centro de la mira precisamente los aspectos concernientes a la pregunta por las condiciones de carácter prelógico que dan cuenta de la posibilidad de la adecuación característica de la verdad del enunciado. El enunciado, tomado en el sentido preciso del λόγος ἀποφαντικός, constituye, explica Heidegger, una capacidad (*Vermögen*) del *Dasein*, más precisamente, la capacidad para un modo de comportamiento respecto del ente que posee un carácter esencialmente mostrativo o indicativo (*ein das Seiende aufweisende Verhalten*), ya sea en el modo del desocultamiento (*entbergend*), como ocurre en el caso del enunciado verdadero, o bien en el modo del ocultamiento (*verbergend*), como ocurre en el caso del enunciado falso (cf. § 73 c) p. 492). Tal capacidad, explica Heidegger, sólo es posible, en la medida en que se funda (*gründet*) en un "ser libre para el ente como tal" (*ein Freisein für das Seiende als solches*), pues ella misma constituye una peculiar modalidad de dicho "ser libre", que se despliega como tal en el comportamiento de carácter esencialmente mostrativo o indicativo. Por ello, este último puede ser caracterizado como un "ser libre para el desocultamiento o el ocultamiento" (*Freisein zu Entbergung oder Verbergung*) del ente, es decir, para la verdad o la falsedad (cf. p. 492). Por tanto, la posibilidad del "desocultamiento" (*Entbergung*) y del "ocultamiento" (*Verbergung*) del ente a través del enunciado, en cuanto éste puede ser verdadero o bien falso, respectivamente, se abre recién allí, donde impera ya "libertad" (*Freiheit*). Y esto último debe entenderse en el sentido preciso de que la posibilidad de que el ente se muestre como dotado de "carácter vinculante" (*Verbindlichkeit*) presupone ya ella misma la libertad, como acontecer fundamental del *Dasein*. En efecto, es en y a través del "mostrar (indicar)" (*Aufweisen*), que es propio del enunciado en tanto comportamiento respecto del ente, como surge la posibilidad misma del "atenerse a algo como medida" (*Anmessung an...*) y el "atarse (vincularse) a algo" (*Bindung an...*), de modo tal que el ente, como aquello a lo que el comportamiento queda en cada caso atado (vinculado), se anuncie (*sich bekunden*), precisamente, en su "carácter vinculante" (*in seiner Verbindlichkeit*) (cf. p. 492).

Como se echa de ver, Heidegger tiene en vista aquí básicamente el mismo ámbito de fenómenos al que alude el pasaje de los seminarios de Zollikon citado más arriba, donde se trataba, entre otras cosas, también de la función de medida que cumple el ente respecto del enunciado que lo toma por objeto. Sin embargo, en el caso de la lección del semestre de invierno de 1929/1930, la referencia a la libertad y, en conexión con ella, a la vinculatividad aparece en el centro mismo de la atención, pues de lo que se trata aquí específicamente es de las condiciones

---

mirada" (*Hinsehen*), por una parte, y enunciados que, en su origen, remiten todavía al trasfondo de significación abierto en y por el "ver en torno" (*Umsicht*), por otra.

existenciarias que dan cuenta de la posibilidad misma de que el ente pueda oficiar como medida para el "dirigir la mirada" ("conocer") y el enunciar que brota de él. En tal sentido, dicha función de medida, que proporciona, por así decir, la pauta normativa para la adecuación cognoscitiva, sólo puede desempeñarla el ente allí donde se dan dos condiciones elementales, a saber: en primer lugar, el ente tiene que mostrarse dentro de un cierto "espacio de juego" (*Spielraum*) abierto ya de antemano (cf. § 73 c) p. 493); en segundo lugar, en la apertura de tal "espacio de juego" para la venida a la presencia del ente tiene que haber acontecido siempre ya un cierto "conceder la medida" (*Maß-gabe*) al ente mismo, de modo tal que éste pueda mostrarse, a su vez, como aquello que "provee la medida" (*das Maß gibt*) a la que debe "dejarse vincular" el *Dasein*, en el modo correspondiente al comportamiento característico del enunciar que brota del "dirigir la mirada" ("conocer") (cf. p. 496). Por lo mismo, la "apertura manifestativa de carácter antepredicativo" (*vorprädikative Offenbarkeit*) debe tener aquí la estructura de un "acontecer" (*Geschehen*), dentro del cual tiene lugar un peculiar modo de "dejarse vincular" (*Sich-bindenlassen*) al ente por parte del *Dasein*, por cuanto es el ente mismo el que aparece aquí investido del carácter de medida para la "adecuación" o la "inadecuación" del enunciado. En el enunciar, como modo de comportarse (*Verhalten*) respecto del ente, va siempre ya incluido, por tanto, el momento correspondiente a un cierto "conceder" (*Zugeben*), en virtud del cual el ente puede mostrarse justamente como "aquello que provee la medida" (*maßgebend*), a la cual debe sujetarse luego el enunciar mismo (cf. p. 496 s.). Pero tal "conceder" y, junto con él, también el correspondiente "someterse a lo que aparece dotado de carácter vinculante" (*sich Unterstellen unter ein Verbindliches*) sólo resultan posibles ellos mismos en virtud de la libertad, en cuanto ésta constituye la condición de posibilidad de la previa "transferencia de carácter vinculante" (*Übertragen von Verbindlichkeit*) al ente, a través de la cual únicamente éste puede mostrarse como medida para la "adecuación" (*Angemessenheit*) o "inadecuación" (*Unangemessenheit*) del comportamiento, vale decir aquí, del enunciar que brota del "dirigir la mirada" ("conocer") y lo articula. En suma: sólo donde ya ha tenido lugar tal tipo de "transferencia de carácter vinculante" al ente queda abierto originariamente el "espacio de juego" dentro del cual resulta posible decidir sobre la "adecuación" o la "inadecuación" del comportamiento respecto del ente mismo (cf. p. 497).

No parece necesario aclarar que la libertad que Heidegger tiene en vista aquí no constituye, en modo alguno, un disponer a capricho sobre el ente, ya que ni siquiera se trata aquí de decidir o hacer nada respecto del ente mismo. Por el contrario, lo que el análisis heideggeriano busca poner de manifiesto es, como se vio, la imprescindible función posibilitante que cumple la apertura originaria de un cierto "espacio de juego" dentro del cual pueda tener lugar el tipo específico de venida a la presencia del ente que lo deja aparecer como "medida" del comportamiento, vale decir aquí, de la mostración indicativa por medio del enunciado, y en tal medida como investido del correspondiente "carácter vinculante", es decir, justamente del que corresponde a su función de "medida". Lo que tiene lugar en tal modo de comportarse respecto del ente es, pues, un determinado modo de "dejarse vincular" a y por aquello que, en cada caso, provee la "medida" para la "adecuación". Pero ello sólo resulta posible allí donde a aquello que ha de proveer la medida de la vinculación se le ha permitido ya comparecer como vinculante. En tal sentido, Heidegger explica que el "dejarse vincular" (*das Sichbindenlassen*) debe ofrecerse (*sich entgegenbringen*) de antemano (*im vorhinein*) como "vinculable" (*als bindbar*) a aquello que, de uno u otro modo, ha de aparecer como "proveedor de medida" (*maß-gebend*) y como "vinculante" (*bindend*)" para el propio "dejarse vincular" (cf. p. 497). Por ello, el peculiar modo de apertura prelógica del "espacio de juego" donde el ente puede mostrarse como medida del enunciar tiene el carácter de lo que Heidegger caracteriza aquí como un "ponerse por delante" el ente o, si se prefiere, un "enrostrarse" el ente, dejándose vincular por él (*die sichbindenlassende Entgegengehaltenheit*) (cf. p. 497). Este modo de "enrostrarse" el ente como algo que vincula al comportamiento, vale decir aquí, al enunciar que brota del "dirigir la mirada" ("conocer"), constituye él mismo un "modo fundamental de comportamiento" (*Grundverhalten*), justamente, en la medida en que presta fundamento (*gründen*) a otros comportamientos, tales como el enunciar (cf. p. 497). A este "comportamiento fundamental" se refiere, pues, el momento del "ser libre para el ente", que Heidegger identifica como uno de los "presupuestos prelógicos" del enunciado. Este caracterizado modo del "ser libre" del *Dasein* constituye, pues, una condición básica de la posibilidad del peculiar tipo de vinculatividad que impera en el ámbito del acceso teórico-constatativo al mundo y el ente intramundano.

4. Libertad y vinculatividad en el plano ontológico

Un paso ulterior en la elaboración del motivo referido a la conexión entre libertad y vinculatividad, tal como ésta se presenta en el caso del acceso teórico-constatativo al mundo y el ente intramundano, viene dado por la trasposición de la cuestión desde el plano óntico, es decir, el que concierne a la referencia al ente intramundano mismo, al plano ontológico, esto es, el que concierne a la función posibilitante que desempeña, en todo posible comportamiento respecto del ente, el ir más allá del ente mismo, en dirección del mundo y del ser.[5] Como se dijo ya al

---

[5] La oposición entre lo óntico y lo ontológico debe entenderse aquí como referida a dos aspectos de la trascendencia misma, tal como ésta acontece en la ejecución del existir. Por lo mismo, la referencia a un nivel "ontológico" debe tomarse en el sentido de lo que en *SZ* se denomina, de modo más preciso, como lo "preontológico".

comienzo, es la asociación con la cuestión relativa a la estructura de la trascendencia del *Dasein* lo que hace posible que la problemática de la libertad el tipo de radicalización que se observa en los escritos que siguen inmediatamente a *SZ*.

Como se sabe, el tratamiento de *WG*, donde la trascendencia es presentada como situada en una dimensión más profunda que toda posible forma de intencionalidad (cf. p. 133; véase también *MAL* § 11 esp. p. 215 ss.), busca poner de relieve, sobre todo, el carácter "sobrepasante" de la trascendencia respecto del ente intramundano, en su totalidad. Heidegger conecta expresamente el punto con lo que denomina aquí la "diferencia ontológica" (*ontologische Differenz*), es decir, la diferencia entre el ente y el ser (cf. *WG* p. 132).[6] En efecto, el fundamento (*Grund*) de la diferencia ontológica se encuentra en la trascendencia misma del *Dasein*: en y con ella ha acontecido siempre ya la distinción entre el ente y su ser. Y es con la irrupción de dicha distinción, y a una con ella, como se hace posible, y también necesaria, la diferenciación de un nivel óntico y un nivel ontológico en la esencia misma de la verdad (*das... notwendig ontisch-ontologisch gegabelte Wesen von Wahrheit*) (cf. p. 133), a saber: por un lado, el que corresponde a la apertura manifestativa del ente (*Offenbarkeit von Seiendem*), tal como acontece ya en el acceso antepredicativo, en la cual se funda, a su vez, la "verdad proposicional" (*Satzwahrheit*); por otro lado, el que corresponde al "desvelamiento del ser (del ente)" (*Enthülltheit des Seins*), sobre la base de su previa comprensión (*Verständnis des Seins*) (cf. p. 129 ss).

En cuanto a la estructura formal de la trascendencia, ésta queda caracterizada por referencia a tres aspectos básicos, a saber: 1) el "sobrepasar" (*Überstieg*) "desde" algo "hacia" algo; 2) el "hacia donde" (*woraufzu*) del sobrepasar; y, por último, 3) lo trascendido o sobrepasado en el sobrepasar (cf. p. 135). El "hacia donde" no es otro que el mundo, mientras que lo sobrepasado es el ente intramundano, como tal (cf. p 136). Ahora bien, como "hacia donde" (*Woraufhin*) de la trascendencia, el concepto de mundo es un concepto de carácter trascendental, pues designa el "horizonte" que pertenece estructuralmente a la trascendencia (p. 137). Tomado en sentido trascendental, el mundo no constituye, pues, una mera totalidad aditiva del ente, en la cual el *Dasein* se encontrara junto a las demás cosas. Representa, más bien, el horizonte de manifestación que provee, en cada caso, el "límite" y la "medida" (*Grenze und Maß*) con arreglo a los cuales se determina de antemano (*vorgängig*) el "modo" (*Wie*) en el que el ente intramundano comparece "en totalidad" (*im Ganzen*) (cf. p. 141). Por lo mismo, en y con la trascendencia del *Dasein* el ente intramundano está siempre ya develado, de algún modo, "en totalidad" (*im Ganzen*). Ello no implica, desde luego, que dicha totalidad (*Ganz-*

---

[6] La temática de la diferencia ontológica aparece desarrollada, por primera vez, en la lección sobre los problemas fundamentales de la fenomenología del semestre de verano de 1927. Véase *Grundprobleme* § 22.

heit) haya sido conceptualizada (*begriffen*), ni que su pertenencia estructural a la trascendencia del *Dasein* haya sido develada expresamente (cf. p. 154). Por el contrario, explica Heidegger, la totalidad (*Ganzheit*) es comprendida como tal, sin que haya tenido lugar previamente una estricta conceptualización ni mucho menos una investigación exhaustiva del todo (*das Ganze*) del ente así manifiesto, en sus conexiones internas, sus diferentes regiones y sus diferentes estratos (cf. p. 155). La apertura significativa de dicha totalidad tiene, en cada caso, la forma de un "comprender", de carácter "anticipativo-abarcativo" (*das je vorgreifend-umgreifende Verstehen*), a través del cual acontece el "sobrepasamiento" del ente intramundano "hacia el mundo" (*Überstieg zur Welt*) (p. 155). Por su parte, la totalidad así abierta del mundo no es ella misma un ente intramundano, sino que representa, más bien, el plexo total de significación a partir del cual el *Dasein* comprende, en cada caso, el ente intramundano de cierta manera y, a la vez, se comprende también a sí mismo de cierta manera (p. 155). Comprensión del ente intramundano y compresión de sí mismo por parte del *Dasein* no son, en definitiva, sino dos aspectos inseparables en un mismo y único movimiento de sobrepasamiento trascendente del ente en dirección del mundo, puesto que toda apropiación significativa del ente y de sí mismo por parte del *Dasein* acontece siempre sobre la base de un cierto "poder ser" (*Seinkönnen*) del *Dasein* mismo. En tal sentido, atendiendo a su enraizamiento en el "poder ser" fáctico del *Dasein*, puede decirse que el "ponerse por delante un mundo" (*Vor-sich-selbst-bringen von Welt*), constitutivo de la trascendencia, consiste en el "proyecto originario" (*der ursprüngliche Entwurf*) de posibilidades del *Dasein* (p. 156). En tanto caracterizado esencialmente por el sobrepasamiento del ente intramundano, dicho proyecto tiene el carácter de lo que Heidegger denomina una "sobre-yección" del mundo proyectado en cada caso (*Überwurf der entworfenen Welt*), "por encima y más allá" (*über*) del ente intramundano mismo. Y es sólo en virtud de tal "sobre-yección" previa (*vorgängiger Überwurf*) como puede venir a la presencia el ente mismo, tal como se muestra dentro del mundo esbozado proyectivamente (cf. p. 157). Que el *Dasein* es trascendente significa, pues, que es esencialmente "configurador de mundo" (*weltbildend*), en el sentido ya indicado de que en y con la trascendencia misma, es decir, en cierto sentido, antes de cualquier comportamiento fáctico respecto del ente intramundano mismo, acontece siempre ya la "sobre-yección" de un mundo, como horizonte de manifestación para la venida a la presencia de dicho ente.[7] "Sobre-yección de un mundo" e "ingreso del ente en el mundo" (*Welteingang des Seienden*) aparecen, pues, desde esta perspectiva, como dos aspectos inseparables en el movimiento unitario de la trascendencia del *Dasein* (cf. p. 157)

---

[7] Esta caracterización del *Dasein* como "configurador de mundo" (*weltbildend*) es objeto de un amplio tratamiento en la lección del semestre de invierno de 1929/1930. Véase *GBM* §§ 64-76.

Pues bien, con este marcado énfasis en el carácter "sobrepasante" de la trascendencia se conecta de modo inmediato, en el contexto de la argumentación desarrollada en *WG*, su caracterización en términos de libertad. Como sobrepasar trascendente, que abre tanto una dimensión óntica como una ontológica de la verdad, la trascendencia del *Dasein* puede ser caracterizada también con arreglo a dos dimensiones de la libertad, a saber: como "libertad *para* el ente" y como "libertad *del* ente *para* el mundo", las cuales se corresponden, respectivamente, con la dimensión óntica y la dimensión ontológica de la verdad misma. Sobre esta base, Heidegger ofrece aquí una caracterización de la trascendencia en términos de libertad que trae consigo un claro desplazamiento de la acentuación desde el plano óntico al plano ontológico. Con ello, va decididamente más allá de lo alcanzado en el tratamiento de *GBM*, en la medida en que éste, al orientarse básicamente a partir de los presupuestos prelógicos del enunciado, no pone propiamente de relieve la dimensión ontológica de la trascendencia, a pesar de tomar en cuenta, como se vio, el papel posibilitante del momento de la "totalización" o "complementación". El tratamiento de *WG* desplaza, en cambio, el eje de la consideración decididamente hacia el plano ontológico, en la medida en que caracteriza la conexión entre trascendencia y libertad no ya por referencia a un posible modo de comportamiento respecto del ente intramundano, sino, más bien, por referencia al movimiento de sobrepasamiento del ente intramundano en dirección del mundo mismo. Así, en tanto caracterizada por la bi-dimensionalidad óntico-ontológica, la trascendencia es no sólo "libertad para el ente", sino también "libertad del ente para el mundo", en tanto horizonte de manifestación del ente y, a la vez, en tanto "por mor de..." (*Umwillen*) de la trascendencia misma. En tal sentido, explica Heidegger, el "sobrepasamiento hacia el mundo" (*Überstieg zur Welt*) no es sino la libertad misma (*die Freiheit selbst*) (p. 161). En su sobrepasar trascendente, la libertad "se pone por delante de sí misma" (*hält sich entgegen*), vale decir, "se enrostra", el "por mor de..." de la trascendencia, de modo tal que, en y con la apropiación significativa del mundo y de sí mismo llevada a cabo de este modo, el *Dasein* queda "obligado para consigo mismo" (*auf sich selbst verpflichtet*) en la esencia de su existir, y puede así ser un "sí mismo libre" (*ein freies Selbst*). Dado que sólo la libertad, entendida como el trascendente sobrepasamiento del ente intramundano, puede "dejar" (*lassen*) que un mundo "impere" (*walten*) y "despliegue su ser mundo" (*welten*), se sigue entonces que la libertad se revela como la condición de toda posible "vinculación" (*Bindung*) y todo posible "carácter vinculante" (*Verbindlichkeit*) (cf. p. 161 s.). Considerada en este plano, la libertad no es, pues, sino el "dejar imperar un mundo", en el "trascender proyectivo-sobrepasante", que va más allá del ente intramundano (*das entwerfend-überwerfende Waltenlassen von Welt*) (p. 162).

Como se puede ver, al igual que en el tratamiento más acotado de *GBM*, también en el tratamiento de *WG* la libertad aparece caracterizada no como un mero disponer a capricho sobre el ente a partir del obrar espontáneo, sino, más bien, en términos del acontecer originario de una apertura posibilitante y, sobre esa base, también por referencia al fenómeno básico de la "transferencia de carácter vinculante". Sin embargo, la discusión de *WG* se sitúa en un plano diferente de consideración, pues el fenómeno de la "transferencia de carácter vinculante" es abordado aquí desde la perspectiva abierta por la referencia al mundo, como horizonte de mostración del ente y como "por mor de" de la trascendencia, y no, en cambio, desde la perspectiva que concierne a la referencia al ente intramundano, en su función de medida para la adecuación del enunciado. En tal sentido, puede decirse incluso que el tratamiento de la trascendencia como libertad elaborado en *WG* apunta a poner de manifiesto los presupuestos que, en el plano ontológico, trae ya siempre consigo la posibilidad del "ser libre para el ente", tal como había sido tematizado expresamente en *GBM*. En efecto, el "ser libre para el ente", que está en la base del comportamiento (tendencialmente) teórico-constatativo y del enunciar que brota de él, sólo resulta posible él mismo sobre la base de un más originario "ser libre *del* ente *para* el mundo". El "dejar imperar un mundo" provee la condición de posibilidad de todo modo de referencia al ente intramundano y, con ello, también de todo modo de dejarse vincular a dicho ente, tomado como medida, tal como ocurre, por caso, en el acceso teórico-constatativo y en el enunciar que brota de él. Y ello es así, porque, en tanto "hacia donde" y "por mor de" de la trascendencia, el mundo opera él mismo, según se dijo ya, como "límite y medida" del modo en que, en cada caso, comparece el ente intramundano.

Como se sabe, en el contexto del tratamiento de *WG*, la referencia a la función de "límite y medida" del mundo hace posible la conexión con la problemática del "fundamento" (*Grund*). En efecto, la trascendencia, como "libertad del ente para el mundo", puede ser caracterizada también como "libertad para el fundamento" (*Freiheit zum Grunde*) (cf. p. 162). Sobre esta base, la discusión de los momentos estructurales del "fundar" (*gründen*) –a saber: el "instaurar" (*Stiften*), el "tomar suelo" (*Bodennehmen*), y el "fundamentar" (*Begründen*) (cf. p. 162 ss.)– apunta, entre otras cosas, a poner de relieve el carácter necesariamente finito del sobrepasar trascendente, constitutivo de la libertad del *Dasein*. En efecto, la apertura proyectiva del "espacio de juego" (*Spielraum*) del mundo, a través del doble movimiento del "instituir" y el "tomar suelo", trae siempre ya consigo también el momento de la "sustracción" (*Entzug*) de determinadas posibilidades, en y a través de la propia facticidad (*Faktizität*) del *Dasein*, como proyectar finito (cf. p. 165). No es posible considerar aquí en detalle el modo en el que Heidegger elabora este punto, de crucial importancia sistemática. Baste, pues, con señalar que es, precisamente, a través de tal "sustracción", que excluye determinadas "posibilidades" del ámbito de lo que resulta realizable, como las restantes posibilidades abiertas en el proyectar aparecen como *genuinas* posibilidades y adquieren así su peculiar "carácter vinculante" (*Verbindlichkeit*) y su peculiar "fuerza imperativa" (*die Gewalt ihres Waltens*), en el ámbito de la existencia fáctica del *Dasein* (cf. p. 165). Como nadie ignora, este nuevo énfasis en la función posibilitante del momento de la "sustracción", dentro del movimiento propio de la trascendencia finita, abre una de las vías que llevará posteriormente, en el marco del tratamiento de la conexión entre libertad y verdad del escrito sobre la esencia de la verdad de 1930 (cf. *WW*), a la puesta de relieve de la esencial finitud de toda posible "verdad ontológica". Y, de hecho, la noción de "sustracción", extrapolada hacia un plano de consideración diferente, juega un papel decisivo en la transición hacia la concepción eventual-historial de la "verdad del ser" (*Wahrheit des Seins*), característica del pensamiento de la *Kehre*. Pero esto pertenece ya a una historia diferente, que no puede ser abordada aquí.

5. A modo de conclusión

Por medio de la reconducción de la problemática de la libertad y la vinculatividad hasta sus raíces últimas en la trascendencia del *Dasein*, tal como la lleva a cabo en los escritos de los años 1929-1930, dentro de una concepción de conjunto caracterizada por su orientación radicalmente aleteiológica, Heidegger logra conducir hasta su último extremo una parte importante de las posibilidades teóricas más prometedoras que abría originalmente la concepción que había presentado en *SZ*. En ese sentido, puede decirse que es aquí mismo donde la concepción de *SZ* alcanza también algunos de sus propios límites internos. El posterior "giro" hacia el pensamiento ontohistórico pretende dar respuesta a la situación de *impasse* en la que, a juicio del propio Heidegger, habría desembocado necesariamente el exigente camino de radicalización emprendido en esos años de inigualable vigor creativo.

Que esa respuesta posea la pertinencia y la relevancia que Heidegger mismo pretendió asignarle es un asunto diferente, sobre el cual, como se sabe, hay amplio espacio para las diferencias de apreciación. Pero, aunque se tienda a ser más bien escéptico al respecto, como es mi propio caso, ello en nada afecta el juicio positivo sobre la fecundidad de los intentos llevados a cabo en los años precedentes. Bien miradas las cosas, puede más bien ocurrir exactamente lo contrario, pues, ya sea mayor o menor, es la propia insatisfacción con el rumbo posterior del pensamiento heideggeriano la que podría proporcionar una nueva oportunidad de preguntarse si acaso no fue apresurado declarar definitivamente cerrado el camino de los comienzos, que podría albergar tal vez, pese a todo, posibilidades todavía no exploradas. El nuevo protagonismo del pensamiento temprano de Heidegger en el actual debate acerca de las condiciones existenciales de la racionalidad y la normatividad parece hablar en favor de esta sospecha esperanzada.[8]

---

[8] Al respecto, véase, por ejemplo, los notables trabajos de S. G. Crowell reunidos en Crowell (2013) esp. caps. 8-13.

Estudio 4
Heidegger, intérprete de Kant

*Dejo a los varios porvenires (no a todos)
mi jardín de senderos que se bifurcan.*
Jorge Luis Borges

1. Las etapas de la confrontación productiva con Kant

A la hora de ofrecer, a modo de breve paseo por un vasto jardín, una visión de conjunto de los intrincados senderos, llenos de bifurcaciones, por los que transita la recepción heideggeriana del pensamiento de Kant, parece conveniente distinguir, al menos, tres etapas sucesivas, de modulación muy diferente en cada caso, dentro de lo que ha sido una relación continua y prolongada, pero no siempre igualmente intensa, de confrontación productiva.[1]

Una primera etapa corresponde a la época temprana de formación filosófica, que va desde comienzos de los años '10 hasta comienzos de los años '20 del siglo XX.

La segunda etapa corresponde al período comprendido entre 1925 y comienzos de los años '30, aproximadamente, es decir, al momento en el cual eclosiona y alcanza su apogeo la concepción presentada en *SZ*.

La tercera, por último, corresponde a la presencia, mucho más difusa, de Kant, en el marco del desarrollo, él mismo no menos laberíntico, del pensamiento de la "historia del ser" (*Seinsgeschichte*) o, para usar la acertada expresión de A. Xolocotzi Yáñez, del "pensamiento ontohistórico" (*seinsgeschichtliches Denken*), desde mediados de los años '30, en adelante.

---

[1] Valiosas discusiones de aspectos centrales de la recepción de Kant por parte de Heidegger se encuentran, entre otros, en Declève (1970), que traza un esquema interpretativo sobre la base del material entonces disponible; Schalow (1986) y (1992), que se centra en los aspectos concernientes a la recepción de motivos centrales de la filosofía práctica de Kant; Weatherston (2002), que discute especialmente la estrategia heideggeriana de apropiación de la concepción que Kant desarrolla en *KrV*; Rebernik (2006), que se centra en la cuestión relativa a la conexión entre metafísica y trascendencia finita, pero considera también el trasfondo provisto por el neokantismo; y, por último, Marafioti (2011), que ofrece, hasta donde sé, el panorama de conjunto más completo disponible hasta el presente de la confrontación productiva de Heidegger con Kant, en sus diferentes aspectos y etapas. En nuestra lengua, puede consultarse con provecho todavía, a pesar del tiempo transcurrido, la tesis doctoral de I. Borges Duarte, que permanece inédita, pero es accesible a través de internet. Véase Borges Duarte (1994).

Un breve recorrido a través de estas etapas permitirá avistar con mayor nitidez, espero, no sólo los notorios cambios de inflexión que adquiere, en cada caso, la confrontación con Kant y algunas de sus motivaciones más importantes, sino también algunos de los principales puntos de encuentro y desencuentro en el cruce de los caminos, recurrente una y otra vez a lo largo de los años. Esto último resulta especialmente importante, cuando se trata de dar cuenta del carácter ambivalente, esto es, a la vez positivo y crítico, que adopta de modo expreso la recepción heideggeriana de Kant, el pensador decisivo de la Modernidad y, probablemente, el único que, por rango e influencia, puede ser puesto a la altura de Platón y Aristóteles, los dos grandes colosos de la filosofía griega. Veamos, pues, lo que concierne a cada una de las etapas mencionadas.

2. La etapa de formación filosófica

Ya en los primeros escritos de los años 1912-1914 se encuentran reiteradas referencias de Heidegger a Kant, tanto en la discusión crítica del problema de la realidad del mundo en la filosofía moderna (cf. *RMPh* p. 1 ss., 9 ss.), como en la revisión de los nuevos aportes realizados en el ámbito de la lógica y la filosofía de la lógica alemanas (cf. *NFL* esp. p. 22, 23 s., 36 s.). En algunas de las recensiones de los años 1913-1914 Kant es el asunto principal de los libros reseñados, entre los cuales destaca la importante investigación de C. Sentroul dedicada a la relación entre Kant y Aristóteles (cf. *Besprechungen* p. 49-54). En cambio, las referencias expresas a Kant en la tesis doctoral de 1913 y en el escrito de habilitación de 1915 son bastante menos frecuentes y, en general, meramente ocasionales (véase *LUP* p. 63, 70, 90, 129, 141, 153; *Scotus* p. 197, 202, 223, 274). En un solo caso, contenido en el importante epílogo del escrito de habilitación, la relación entre Kant y Aristóteles es tomada, de modo notoriamente más vinculante, como el punto de partida decisivo para el problema que plantea la elaboración de una teoría de las categorías, en conexión con las determinaciones ontológicas fundamentales de los objetos, por un lado, y con la estructura del juicio y las funciones del pensamiento, por el otro (cf. *Scotus* p. 402 s.). Sin embargo, la mención de Kant es, también en este caso, poco menos que fugaz. Por último, el interés por Kant en el período comprendido entre la tesis doctoral y el escrito de habilitación viene confirmado por los datos referidos a la incipiente actividad docente de Heidegger en los años 1915-1917, como *Privatdozent*, antes de la interrupción provocada por las obligaciones vinculadas con el servicio bélico en los años 1917-1918 y de la posterior reanudación, de modo definitivo, en 1919, año del que proceden las primeras lecciones conservadas. En efecto, para el semestre de invierno 1915/1916 la lista de lecciones y seminarios publicada por W. J. Richardson, corregida y autorizada por el propio Heidegger, consigna un seminario titulado

"Kant, *Prolegomena*" y, para el semestre de verano de 1916, una lección sobre el idealismo alemán.[2]

Como se sabe, en la etapa temprana que va desde comienzos de los años '10 hasta comienzos de los años '20, Heidegger se encuentra próximo a la "filosofía de los valores" (*Wertphilosophie*) neokantiana y recibe principalmente los impulsos procedentes de la "lógica de la validez" (*Geltungslogik*), tal como había sido desarrollada por R. H. Lotze y, sobre todo, por E. Lask, a la vez que intenta determinar su propia posición frente al pensamiento de su mentor H. Rickert. En ese marco, la figura de Kant está indudablemente presente, como parte importante del contexto más amplio en el que se inscribe el trabajo filosófico de Heidegger, pero no adquiere todavía, ni remotamente, un papel protagónico como el que estaría llamada a desempeñar posteriormente. Por lo demás, el propio Heidegger no estaba aún en posesión de una concepción propia lo suficientemente diferenciada como para poder entrar en un diálogo de igual a igual, por así decir, con Kant. No obstante, la inicial influencia de Kant, aunque más bien indirecta y atmosférica, tampoco debe ser subestimada en su importancia. En efecto, la estrecha vinculación con el paradigma filosófico provisto por la "filosofía de los valores", tal como había sido desarrollada por el neokantismo de Baden (W. Windelband, H. Rickert), por un lado, y la adopción del modelo teórico provisto por la "lógica de la validez" de Lotze, sobre todo, en la variante desarrollada por Lask, determinaron la orientación básica de los esfuerzos filosóficos de Heidegger de modo persistente, aunque con diferencias de matiz y acentuación, durante toda la década.[3]

---

[2] Cf. Richardson (1963) p. 663; Xoloxcotzi Yañez (2011) p. 41; véase también Kisiel (1993) p. 461. Sobre el título de la lección del semestre de verano de 1916, en la cual Kant parece haber ocupado una posición importante, hay alguna divergencia: mientras Richardson consigna "Kant und die deutsche Philosophie des 19. Jahrhunderts", Kisiel, sobre la base de los datos conservados en la Universidad de Friburgo y las anotaciones realizadas por E. Petri, indica, en cambio, "Der deutsche Idealismus", que sería el genuino título oficial. Véase la explicación en Kisiel (1993) p. 553 nota 4 a p. 461.

[3] En sus referencias autobiográficas Heidegger ha procurado minimizar la decisiva importancia de su etapa de proximidad al neokantismo y de adhesión a Lotze y Lask, al punto de pasarlo a veces prácticamente por alto, con el fin de favorecer una interesada reconstrucción interpretativa de su propio desarrollo filosófico. Según esta sesgada autointerpretación, la orientación a partir de la pregunta por el (sentido del) ser, procedente de la metafísica aristotélica, habría resultado decisiva, desde el comienzo mismo, incluso ya desde antes de iniciar los estudios universitarios, y hasta el final, prácticamente sin solución de continuidad. Para una discusión más detallada de estos aspectos, me permito remitir a Vigo (2006a).

3. El nuevo protagonismo de Kant en el entorno de SZ

Durante la primera mitad de los años '20 el pensador que gozó de un protagonismo poco menos que excluyente como interlocutor filosófico de Heidegger fue, como nadie ignora, Aristóteles. Por lo mismo, la irrupción de Kant en el centro de la escena, a mediados de los años '20, resulta, a primera vista, inesperada. El renovado interés por Kant se hace notar expresamente durante el segundo semestre de 1925, pero rápidamente se fortalece y llega muy pronto a ser dominante, al menos, por un tiempo.

El epistolario de la época provee valiosas indicaciones sobre el momento y las motivaciones de esta vigorosa recuperación de Kant.[4] Hacia fines de agosto de 1925 Heidegger informa H. Arendt acerca de las frecuentes visitas espirituales a Königsberg que realiza por esos días, cuando, a modo de descanso, se dedica a leer a Kant y adquiere así renovada conciencia de la pobreza de la filosofía del presente, frente a la notoria superioridad, en rango y estilo, del pensamiento kantiano.[5] Semanas más tarde Heidegger anuncia a Arendt su decisión de tratar a Kant en el seminario que dictaría en el semestre de invierno. Más precisamente, Heidegger se proponía abordar la problemática vinculada con el tiempo, a partir de las tres secciones de *KrV* que resultan fundamentales para el tema, a saber: la "Estética trascendental", la "Doctrina del esquematismo" y las "Analogías de la experiencia".[6] Los primeros efectos de esa nueva e intensa ocupación con la concepción kantiana quedan reflejados, un par de meses más tarde, en una carta dirigida a K. Jaspers, en la cual Heidegger declara su nueva proximidad respecto de Kant con un giro que se ha hecho famoso, gracias a un bellísimo y original trabajo del inolvidable F. Volpi: "comienzo a amar realmente a Kant".[7] El impulso de aproximación no hace sino intensificarse en los años que siguen y hasta el final de la década, aunque la curva de intensidad parece alcanzar su punto más alto en

---

[4] Para una excelente discusión del redescubrimiento de Kant en los años de Marburgo, véase Volpi (2006), quien considera con mayor detalle la información que provee el epistolario y discute los textos citados aquí y otros conexos. En su interpretación Volpi describe una suerte de trayecto en dos etapas, que va de Husserl a Aristóteles y de Aristóteles a Kant.

[5] Véase la carta a Arendt del 25/8/1925, *AHB* p. 44-46, esp. p. 45.

[6] Véase la carta a Arendt del 14/9/1925, *AHB* p. 47-49, esp. p. 48. La lista de lecciones y seminarios de Heidegger consigna para el semestre de invierno 1925/1926 un seminario para principiantes titulado "Phänomenologische Übungen (Kant, *Kritik der reinen Vernunft*)".

[7] Véase la carta a Jaspers de 10/12/1925, *HJB* p. 57 s., esp. p. 57: "das Schönste aber, ich fange an, *Kant wirklich zu lieben*" (subrayado de Heidegger). Volpi emplea la sentencia heideggeriana como título de su escrito citado arriba en nota 4 (cf. Volpi [2006]). Su escrito ha abierto aquí, como también en muchos otros casos, nuevos caminos a la investigación, sobre todo, en la medida en que ha enfatizado el carácter, por así decir, "dramático", en el sentido teatral griego, de la irrupción de Kant en 1925 y ha destacado las importantes consecuencias que, a modo de peripecia, trajo consigo.

tiempos de la publicación de *SZ*. Cartas a E. Blochmann y K. Jaspers escritas entre fines de 1927 y comienzos de 1928 reflejan el clímax alcanzado en la interpretación de Kant.[8]

No resulta casual, por tanto, que los hitos más imponentes de la intensa confrontación con Kant llevada a cabo en esos años correspondan a obras elaboradas a partir de 1927, a saber: por un lado, la lección del semestre de invierno de 1927/1928, dedicada a la interpretación de *KrV* (cf. *KKrV*) y, por otro, el *Kant-Buch* de 1929 (cf. *Kant*). Lo que Heidegger lleva a cabo en ambas obras puede describirse como un intento radical de apropiación transformadora, no exento de violencia exegética, que apunta primariamente al objetivo de alinear la teoría kantiana de la constitución de la experiencia con la problemática vinculada por la pregunta por el (sentido del) ser, tal como el propio Heidegger la presenta y elabora en *SZ*.

Ambiciosos intentos complementarios, llevados a cabo en el marco de indagaciones no dedicadas exclusivamente a Kant, se hallan tanto en la importantísima lección sobre lógica del semestre de invierno de 1925/1926, donde se ofrece una primera discusión extensiva de la concepción de la experiencia que Kant elabora en *KrV* (cf. *Logik* esp. §§ 22-37), como también en la no menos importante lección sobre los problemas fundamentales de la fenomenología del semestre de verano de 1927 (cf. *Grundprobleme*). Como se sabe, esta última lección parece haber sido concebida originalmente como una primera versión de desarrollos previstos para la Tercera Sección de la Primera Parte de *SZ*, la cual finalmente no iba a ser nunca publicada.[9] En cualquier caso, la presencia de Kant en esta lección es, si cabe, todavía más prominente que en el caso de la lección sobre lógica del semestre de invierno 1925/1926, ya que en la extensa y compleja discusión desarrollada el pensamiento kantiano aparece conectada, de diversos modos, con un variado conjunto de problemas de central importancia histórica y sistemática. En primer lugar, Heidegger intenta situar a Kant dentro del desarrollo de la ontología tradicional, y lo hace tomando como referencia dos aspectos centrales de la concepción kantiana, a saber: por una parte, la tesis según la cual 'ser' no constituye un predicado real, sino que debe entenderse en términos de mera "posición" (*Setzung*) (cf. §§ 7-9), y, por otro, el intento de reformular la distinción fundamental de la ontología moderna entre el ámbito de la *res extensa* y el de la *res cogitans*, en términos de la oposición ontológica entre cosa y persona, tal como la elabora

---

[8] Véase la carta a Blochmann del 21/10/1927, *HBB* p. 20-22, esp. p 21 y, sobre todo, la carta a Jaspers del 10/2/1928, *HJB* p. 53 s., donde Heidegger presenta su cotidiana ocupación con Kant como un remanso que le permite recuperarse de los agotadores ajetreos de la vida de profesor universitario, y señala que Kant puede ser interpretado incluso con más vehemencia que Aristóteles y que debe ser redescubierto de modo completamente nuevo.

[9] Para la cuestión relativa al estatus literario y filosófico de la lección, véase la presentación de conjunto en von Herrmann (1991).

originalmente el propio Kant en *GMS* y *KpV*, al hilo de la caracterización de la persona como "fin en sí mismo" (*Zweck an sich selbst*) (cf. §§ 13-14). En segundo lugar, y de modo complementario, Heidegger intenta, una vez más, alinear la posición de Kant con la concepción elaborada en *SZ*, tomando como hilo conductor la problemática de la temporalidad, desde la perspectiva que abre la pregunta por el (sentido del) ser (cf. §§ 21-22).

Pues bien, si se trata de establecer dónde reside el punto nuclear de convergencia con Kant en los años que siguen al redescubrimiento de 1925, habrá que decir que se halla en lo que, formulado en términos del propio Heidegger, es la temática vinculada con la función del tiempo como "horizonte de la comprensión del ser". En este contexto, y a pesar de la presencia de aspectos que dan cuenta de la recepción de motivos centrales de la filosofía práctica de Kant, es, sobre todo, el Kant teórico, más precisamente, el Kant de *KrV*, el que juega un papel protagónico como interlocutor de Heidegger. De hecho, en la lección del semestre de verano de 1930, titulada "Vom Wesen der menschlichen Freiheit. Einleitung in die Philosophie" (cf. *WMF*), Heidegger discute ampliamente la concepción kantiana de la libertad, entendida como una concepción de orientación fundamentalmente *causal*. Pero lo hace, justamente, para mostrar la insuficiencia de todo intento por obtener una caracterización originaria de la libertad por medio del recurso a la noción de causa, es decir, la insuficiencia de toda concepción *arqueológica* de la libertad. Y le opone el modelo radicalmente *aleteiológico* que busca pensar la libertad a partir de su vinculación originaria con la "trascendencia" (*Transzendenz*) del *Dasein*, tal como dicha vinculación es tematizada y caracterizada positivamente ya en la lección sobre Leibniz del semestre de verano de 1928 (cf. *MAL* esp §§ 11-14) y, de modo más compacto y preciso, en el escrito sobre la esencia del fundamento de 1929 (cf. *WG*).[10] La recepción del Kant teórico en conexión con la elaboración de la concepción presentada en *SZ* es, en este sentido, solidaria con la orientación que ponen de manifiesto los escritos que siguen inmediatamente a la publicación de la obra, al menos, en la medida en que la concepción kantiana relativa a las condiciones de posibilidad de la experiencia, con su marcado énfasis en el papel del tiempo como horizonte último de la cons-

---

[10] Por su parte, la consideración de la concepción kantiana de la persona en la lección sobre los problemas fundamentales de la fenomenología del semestre de verano de 1927 (cf. *Grundprobleme* §§ 13-14) responde a un interés fundamentalmente ontológico, pues se trata, en definitiva, del problema de la ontología del "sujeto", a la luz de la cuestión de los múltiples significados de ser (cf. § 15). Tampoco aquí hay un genuino interés por el lado propiamente "práctico" de la concepción kantiana. Al igual que en el caso de Aristóteles, los aspectos tomados de la filosofía práctica de Kant son abordados en clave decididamente ontológica. Para la confrontación crítica con la concepción kantiana de la libertad como causa en la lección del semestre de verano de 1930, véase arriba Estudio 2. Para el contraste entre arqueología y aleteiología como hilo conductor de la reformulación heideggeriana de la problemática ontológica, véase Vigo (2002).

titución del sentido experimentado, es vista como un antecedente del modo en el que el propio Heidegger busca pensar el "estado de abierto" (*Erschlossenheit*) del *Dasein*, que es lo que a partir de la lección de 1927 y en escritos posteriores se designa con el nombre de "trascendencia". Como se sabe, en el *Kant-Buch* de 1929 el propio Kant es caracterizado como un pensador metafísico que busca tematizar, precisamente, las condiciones que dan cuenta de la posibilidad de la "trascendencia finita" (*endliche Transzendenz*) y del tipo peculiar de acceso cognoscitivo al ente y el mundo que, como tal, le pertenece.

Un segundo punto importante para caracterizar el marco en que se inscribe el interés por Kant en esta etapa, más específico pero conectado inmediatamente con el anterior, reside en el protagonismo que Heidegger concede a la doctrina del esquematismo, en su recepción de la concepción de la experiencia que Kant elabora en *KrV*. En efecto, es en la concepción kantiana acerca de la producción originaria de esquemas, tal como tiene lugar en el nivel de constitución correspondiente a la intervención de la función productiva originaria propia de la "imaginación trascendental" (*transzendentale Einbildungskraft*), donde Heidegger cree poder descubrir un atisbo por parte de Kant que apuntaría hacia la función posibilitante del tiempo, como horizonte de la comprensión del ser. De hecho, tanto la lección del semestre de invierno de 1927/1928 como el *Kant-Buch* de 1929 concluyen, justamente, con la interpretación de la "Doctrina del esquematismo". En ninguno de los casos, la exposición se interna, por tanto, en el tratamiento específico del "Sistema de los principios", que contiene el desarrollo de los "Axiomas de la intuición", las "Anticipaciones de la percepción", las "Analogías de la experiencia" y los "Postulados del pensamiento empírico", y cuyo centro temático viene dado por la discusión de las "Analogías", que, como el propio Kant declara expresamente en la exposición de *Prolegomena*, constituyen el genuino núcleo de la concepción de la experiencia presentada en *KrV* (cf. *Prolegomena* § 26 p. 309 s.).[11]

Ahora bien, el claro predominio de motivos procedentes de la filosofía teórica en la recepción del pensamiento kantiano a partir del redescubrimiento de 1925 no debería hacer perder de vista, sin embargo, la presencia de momentos específicos en los cuales la recepción de motivos procedentes de la filosofía práctica de Kant ha jugado, en esos mismos años, un papel importante, aunque más bien implícito. En este sentido, S. G. Crowell ha sugerido acertadamente que el tránsito desde Aristóteles hacia Kant iniciado en 1925 puede verse reflejado, de algún modo, ya en la propia articulación de la concepción de *SZ*. En efecto, a la hora

---

[11] Por su parte, en la lección del semestre de invierno de 1925/1926 se ofrece una concisa interpretación de la "Primera analogía" (cf. § 30), pero, significativamente, se la antepone a la discusión, mucho más extensa y detallada de la Doctrina del esquematismo" (cf. §§ 31-35), que es la que ocupa, también aquí, el verdadero centro del interés.

de ofrecer una reconstrucción ontológicamente radicalizada de las estructuras fundamentales de la agencia humana, Heidegger combina aquí elementos tanto de origen aristotélico como de origen kantiano. Así, mientras que el análisis del "ser en el mundo" (*In-der-Welt-Sein*) de la primera sección (cf. §§ 14-38) lleva a cabo una asimilación, en clave ontológica, de estructuras fundamentales puestas de manifiesto por Aristóteles en su tratamiento de la *prâxis*, el análisis de la propiedad (*Eigentlichkeit*) del existir, en conexión con el fenómeno de la "conciencia moral" (*Gewissen*) (cf. §§ 54-60), incorpora, por vía de apropiación transformadora, elementos centrales de la filosofía práctica de Kant. Es cierto que, en el marco del análisis de la conciencia moral, Heidegger dirige una severa crítica la orientación kantiana a partir de la idea del así llamado "foro interior" (*forum internum*), solidaria con el punto de partida en la noción de "ley" (*Gesetz*). Sin embargo, ello no debería hacer pasar por alto los aspectos en los cuales la asimilación de elementos kantianos juega, aunque de modo más bien tácito, un papel positivo determinante.[12] Por último, se añade el hecho, ya mencionado, de que en la lección del semestre de verano de 1927, que sigue inmediatamente a *SZ*, Heidegger discute detalladamente la caracterización kantiana de la persona como "fin en sí mismo" (cf. *Grundprobleme* §§ 13-14) y la pone en conexión directa con su propia caracterización de la estructura autorreferencial de la existencia en términos de lo que denomina el "por mor de (sí mismo)" (*Worumwillen*) del *Dasein*, tal como dicha caracterización había sido elaborada en el análisis del ser del *Dasein*, comprendido como "cura" (*Sorge*) (véase esp. *SZ* § 41; véase también §§ 18, 31 y 44).[13]

4. Kant en perspectiva ontohistórica

Como nadie ignora, el famoso "giro" (*Kehre*) del pensamiento de Heidegger, que tiene lugar ya en los primeros años de la década del '30, trae consigo, entre otras cosas, una radical historización de la problemática fundamental de la comprensión del ser y la apertura originaria del sentido experimentado, tal como había abordada en los escritos de la época de *SZ*. Dicha historización, que va de la mano de una nueva concepción del ser de inflexión netamente eventualista, da lugar a una agudizada conciencia de la dimensión irreductiblemente histórica de la temática vinculada con la estructura y las condiciones de posibilidad de la ver-

---

[12] Para los motivos relacionados con lo que Crowell llama el "kantismo existencial" de la Segunda Sección de *SZ*, véase la excelente discusión en Crowell (2010). Para la caracterización del Heidegger de *SZ*, junto con autores contemporáneos como C. Korsgaard, en términos de la noción de "kantismo existencial", véase Crowell (2007b). Para una interpretación detallada del análisis heideggeriano de la "conciencia moral" (*Gewissen*), en el que se pone de relieve también los momentos de aproximación y distancia respecto de Kant, véase arriba Estudio 1.

[13] Para una iluminadora discusión de estas conexiones, véase Rodríguez (2013).

dad trascendental, que había sido dominante ya desde los lejanos tiempos de apropiación y transformación de la concepción laskiana: la *aleteiología* adquiere así una nueva y radicalizada impostación *kairológica*, que, para bien o para mal, resulta determinante de la línea central de desarrollo que sigue el pensamiento de Heidegger de allí en más.[14] Entre los diversos aspectos fundamentales que el giro hacia el pensamiento ontohistórico afecta de modo inmediato y profundo, al punto de ponerlos en ocasiones gravemente en cuestión, se encuentra, como no pocos intérpretes han advertido, nada menos que el carácter *trascendental* del diseño métodico de la concepción presentada en *SZ* y profundizada en los escritos subsiguientes, hasta comienzos de los años '30. Así, por ejemplo, en un excelente trabajo sobre el tema, que no ha recibido la atención que merece, K. Opilik ha creído poder rastrear las huellas iniciales de una creciente problematicidad del planteo trascendental de *SZ* ya en la lección del semestre de invierno 1929/1930 sobre los conceptos fundamentales de la metafísica (cf. *GBM*), una problematicidad que no hace sino agudizarse y radicalizarse en el camino que lleva hasta el escrito sobre la esencia de la verdad de 1930 (cf. *WW*).[15]

Con esto no está dicho, naturalmente, que el giro hacia el pensamiento ontohistórico haga, sin más, imposible todo tipo de continuidad con el planteo trascendental, por así decir, "estático", del período de *SZ*. Por el contrario, hay claras indicaciones, sobre todo, en los escritos del período de transición, de que Heidegger se ha esforzado por trasponer al plano de consideración en el que se mueve el nuevo pensamiento ontohistórico estructuras fundamentales avistadas ya con ocasión del desarrollo del modelo de *SZ*, dada la indudable persistencia del planteo radicalmente aleteiológico que vincula ambos momentos en la evolución del pensamiento heideggeriano. No menos cierto es, sin embargo, que el tipo de trasposición estructural que Heidegger procura llevar a cabo, allí donde adopta la perspectiva propiamente ontohistórica, no está exento de sus propias dificultades, tanto desde el punto de vista temático como también, y muy especialmente, métodico, las cuales pueden dar lugar, en último término, incluso a legítimas dudas acerca de su viabilidad. Como quiera que fuere, no es éste el lugar para elaborar una discusión de estos aspectos, que requerirían un tratamiento detallado independiente. Baste con señalar aquí que, como es natural suponer, la adopción de la nueva perspectiva, radicalmente historizada, repercutió también, de manera inmediata, en el modo de aproximación a Kant, es decir, al filósofo que debe verse como el genuino fundador y el representante más emblemático del paradigma métodico de la filosofía trascendental, cuya problematicidad saltaba ahora a la vista con nueva e inusitada nitidez.

---

[14] Para una discusión de algunos de los aspectos centrales que dan cuenta de la reinterpretación radicalizada de la "*aleteiología*" como "*kairología*", me permito remitir a la discusión en Vigo (2003).

[15] Véase Opilik (1993) esp. p. 141-220.

Desde este punto de vista, no resulta azaroso, sino, más bien, altamente significativo el hecho de que ya a mediados de los años '30 Heidegger lleve a cabo un renovado intento de apropiación de la concepción kantiana de la experiencia, el cual, por medio de un fuerte desplazamiento de los énfasis de la interpretación, apunta a hacer posible un reposicionamiento de Kant dentro del nuevo marco de comprensión provisto por el pensamiento ontohistórico. Dicho renovado intento de apropiación tiene lugar en la lección del semestre de invierno de 1935/1936, titulada originariamente "Grundfragen der Metaphysik" y publicada en 1962 con el título "Die Frage nach dem Ding. Zu Kants Lehre von den transzendentalen Grundsätzen" (cf. *FD*). Aunque la discusión llevada a cabo en la lección es bastante extensa y contiene, además, momentos verdaderamente notables, desde el punto de vista que aquí interesa baste con poner de relieve dos aspectos básicos de la interpretación ofrecida por Heidegger, que aparecen, además, internamente conectados. El primero de ellos tiene que ver con el desplazamiento del centro del interés desde la "Doctrina del esquematismo" hacia el "Sistema de los principios" y, más particularmente, hacia las "Analogías de la experiencia". En tal sentido, en una declaración que puede verse también, si no como una revocación, al menos, como una tácita enmienda o matización de la previa orientación hermenéutica a partir de la "Doctrina del esquematismo", el propio Heidegger hace suya expresamente la ya citada declaración de Kant en *Prolegomena* y, refiriéndose a la concepción presentada en *KrV*, explica:

"El sistema de los principios del entendimiento puro (*das System der Grundsätze des reinen Verstandes*) es, en el sentido más propio de Kant (*im eigensten Sinne Kants*), el centro interno que sostiene toda la obra (*die innere tragende Mitte des ganzen Werkes*). Este sistema de los principios ha de darnos información sobre la cuestión de cómo determina (*bestimmt*) Kant la esencia de la cosa (*das Wesen des Dinges*)" (cf. *FD* II.B § 3 b) p. 100).[16]

Ahora bien, y es el segundo punto a destacar en la nueva interpretación de Kant, este desplazamiento del centro del interés en favor del "Sistema de los principios" va de la mano de una modificación sustancial en la estrategia de recepción de la posición kantiana. En efecto, dentro del marco general de comprensión provisto por el pensamiento ontohistórico, Heidegger ya no busca en

---

[16] Con referencia a la mencionada enmienda o, cuando menos, matización de la interpretación desarrollada en el *Kant-Buch* puede verse también la importante explicación ofrecida en *Beiträge*, donde Heidegger reconoce de modo expreso su carácter violento (*Gewalt*) y su inexactitud (*unrichtig*), desde el punto de vista *histórico* (*historisch*), pero reclama, a la vez, su legitimidad como preparación del "pensar advenidero" (*das künftige Denken*), es decir, desde el punto de vista propiamente *historial* (*geschichtlich*) (cf. § 134 p. 253 s.). Véase también las importantes observaciones autocríticas en *Besinnung* § 20 p. 88 s.; § 109 p. 377 s.; § 116 p. 386 s.

KrV un antecedente de su propia concepción relativa a la función del tiempo como horizonte de la comprensión del ser, tal como él mismo la presenta en *SZ*. Más bien, la concepción de la experiencia elaborada por Kant es enfocada ahora desde una perspectiva muy diferente, en la medida en que es tomada, ante todo, como una concepción que documenta, por la vía de su elevación al plano de la articulación conceptual expresa, una peculiar concepción de la objetividad, *históricamente determinada*, que no es otra que la que subyace a la moderna ciencia matemática de la naturaleza, representada paradigmáticamente por Galileo y Newton. Esta nueva comprensión de la concepción kantiana queda inscripta, desde el comienzo mismo, en el marco interpretativo más amplio provisto por la tesis que afirma, de modo general, el carácter irreductiblemente histórico de la pregunta por la "cosidad de la cosa" (*Dinghaftigkeit des Dinges*), en general, y, con ello, también de los correspondientes modos de responderla, entendidos como modos de "decisión" (*Entscheidung*) que no sólo son ellos mismos históricos, sino que en su carácter de tales, a la vez, también fundan historia (cf. *FD*, Abschnitt A: "Verschiedene Weisen, nach dem Ding zu fragen"). Sobre esta base, en un segundo paso, Heidegger ofrece una breve reconstrucción del "suelo histórico" en el que se apoya la concepción kantiana de la "cosidad de la cosa". Éste no sería otro, en definitiva, que el propio del proyecto matemático a partir del cual se constituye la moderna ciencia de la naturaleza (cf. *FD*, Abschnitt B.I: "Der geschichtliche Boden, auf dem Kants *Kritik der reinen Vernunft* ruht").

Si se compara con la lección del 1927/1928 y con el *Kant-Buch* de 1929, la diferencia de énfasis resulta evidente: en las obras de finales de los años '20 Kant, interpretado fenomenológicamente, era presentado como un punto de referencia central de la ontología fundamental, en la medida en que se lo veía, además, como un pensador "metafísico", en el sentido preciso de intentar proveer una (nueva) fundamentación (*Grundlegung*) de la metafísica, que retrotrae la posibilidad del "μετά" ("*trans*"), constitutivo de dicha ciencia, hasta su origen en la temporalidad del *Dasein*, como trascendencia finita. La referencia al contexto provisto por el proyecto matemático propio de la moderna ciencia de la naturaleza no jugaba en esos primeros intentos un papel determinante. Correspondientemente, la focalización en la doctrina del esquematismo permitía centrar toda la investigación en el problema de la temporalidad originaria, mientras que el aspecto referido a la constitución del nivel matemático de la experiencia y la objetividad quedaba reducido, de hecho, a un mínimo, justamente en la medida en que no se discutía la doctrina presentada por Kant en el tratamiento sistemático de los principios de entendimiento. En cambio, en la lección de 1935/1936, el foco se ha desplazado de modo drástico, justamente, hacia los aspectos relegados al trasfondo en las obras de la segunda mitad de los años '20. El esquematismo no es siquiera mencionado en la nueva discusión de la concepción kantiana de la objetividad. Lo que se coloca ahora en el foco de la atención es, por el contrario, el carácter dominante del enfoque matemático, tal como éste caracteriza no sólo la moderna ciencia de la naturaleza, sino también, desde Descartes hasta A. Baumgarten y C. Wolff, la metafísica de la que la concepción kantiana se nutre y sobre la cual, a su vez, impacta decisivamente.

Por otro lado, y en lo que concierne al modo específico en el cual Kant responde a la pregunta por la "cosidad de la cosa", Heidegger retoma en la lección de 1935/1936 algunos de los motivos centrales que ya estaban presentes en el *Kant-Buch* de 1929, pero que adquieren ahora la peculiar inflexión que les confiere el nuevo marco de general de la interpretación en clave ontohistórica. En este punto, hay que mencionar, ante todo, la tesis fundamental de Heidegger según la cual Kant entendería la "entidad del ente" (*Seiendheit des Seienden*) en términos de la "objetividad del objeto" (*Gegenständlichkeit des Gegenstandes*), en la medida en que vería en el "representar" (*Vorstellen*), en el sentido estricto que corresponde al "conocer" (*Erkenntnis*), el modo fundamental de acceso al ente intramundano. Aunque en el tratamiento del *Kant-Buch* estas conexiones aparecen más bien sugeridas y no establecidas con la nitidez que adquieren posteriormente, resulta muy significativo el hecho de que las anotaciones del propio Heidegger en su ejemplar de mano, realizadas en buena parte de los casos a mediados de los años '30 apunten, precisamente, a ponerlas de relieve.[17] En cambio, la lección de 1935/1936, a la cual las anotaciones de Heidegger en su ejemplar de mano del *Kant-Buch* remiten reiteradas veces,[18] las coloca en el centro mismo del interés. En efecto, la concepción kantiana de la "cosidad de la cosa", en términos de la "objetividad del objeto", es discutida allí ampliamente, con el fin de mostrar sus presuposiciones, su alcance y sus límites internos, como una concepción históricamente determinada, que documenta de modo ejemplar la orientación básica de la metafísica moderna, cuyo rasgo fundamental debe verse, según Heidegger, en su carácter esencialmente matemático, en el sentido específico que remite al papel constitutivo propio del conocimiento apriorístico a partir de principios (cf. *FD* B.II §§ 2-3).

---

[17] Véase, por ejemplo, *Kant* § 5 p. 31 s., con la anotación de Heidegger en nota *k*: "*Gegenständlichkeit* ist *Seyn*!"; § 17 p. 84 s.; § 19 p. 90 s.; § 22 p. 102 s., con la anotación de Heidegger en nota *b*: "d. h. ihrer Gegenständlichkeit"; § 24 p. 118 ss.; § 31 p. 162, con la más extensa y sistemáticamente importante anotación de Heidegger en nota *c*, en la cual se explicita la conexión de la idea de la "objetividad del objeto", a través de la función del "yo pienso" (*ich denke*) como "yo enlazo" (*ich verbinde*), con el ideal de la certeza (*Gewissheit*) como rasgo fundamental (*Grundzug*) de la metafísica moderna. Véase también las anotaciones añadidas en el prólogo a la cuarta edición (cf. *Kant* p. XIII), en las que se establece la equivalencia entre "ser" (*Sein*) entendido como "entidad" (*Seiendheit*) con la "objetividad" (*Gegenständlichkeit*) en el sentido del "ser objeto" del objeto. Heidegger remite aquí de modo expreso al tratamiento incluido en *Beiträge* (véase p. ej. §§ 28, 39, 43-44, 91, etc.).

[18] Cf. *Kant* § 4 p. 20 nota *a*; § 10 p. 48 nota *a*; § 24 p. 114 nota *a*; § 34 p. 195 nota *b*. Véase también la referencia incluida en el prólogo a la tercera edición (p. XVIII).

Aún a riesgo de simplificar excesivamente las cosas, se puede afirmar que el conjunto de elementos que aparecen unificados por primera vez en la lección de 1935/1936 pasan a continuación a formar una suerte de patrimonio adquirido, en el cual se apoya de allí en más la confrontación con Kant destinada a fijar su posición dentro del marco de desarrollo mucho más amplio que tiene en vista el pensamiento ontohistórico. No sólo los escritos de mediados de los años '30 centrados en la temática del así llamado "evento" o bien "acontecimiento" (*Ereignis*),[19] sino también en algunos de los escritos más importantes e influyentes de los años '40 en adelante operan sobre la misma base hermenéutica, a la hora de dar cuenta del papel que corresponde al pensamiento kantiano dentro de la línea de desarrollo que traza el pensar que busca corresponder a la "historia del ser".[20] En los años que corresponden a la fase tardía del pensamiento heideggeriano, Kant ya no vuelve a tener la presencia protagónica que había tenido desde mediados de los años '20 y que mantuvo, aunque de modo declinante, hasta algo más allá de mediados de los '30. Una significativa reaparición tiene lugar todavía en la conferencia de 1961, que retoma la problemática vinculada con la concepción kantiana del ser como mera "posición" (*Setzung*) y no como predicado real, que, como se dijo ya, había sido ya objeto de examen detenido en la lección del semestre de verano de 1927 (cf. *Grundprobleme* §§ 7-9). En la conferencia de 1961 se discute esa misma concepción dentro del marco más ampliado de consideración que proporcionan la idea de la historia del ser y la tesis relativa a la "constitución ontoteológica" (*onto-theo-logische Verfassung*) de la metafísica y el intento por retrotraer la metafísica moderna de la "subjetividad" (*Subjektivität*) hasta sus orígenes griegos en la metafísica de la "sujetidad" (*Subjektität*), como la denomina Heidegger a veces, al hilo de la noción de *hypokeímenon* (cf. *KThS*). Pero en lo que atañe a la interpretación de la concepción kantiana, puede decirse que la nueva discusión, al margen de algunos matices de detalle y más allá de su encantadora luminosidad crepuscular, no trae ya consigo modificaciones sustanciales respecto de lo ya alcanzado en los trabajos de las décadas precedentes.

5. *A modo de conclusión*

A la luz de lo visto, no resulta exagerado decir que la confrontación productiva con Kant, especialmente desde el año 1925 en adelante, pertenece al núcleo mis-

---

[19] A los diversos pasajes de *Beiträge* mencionados antes en nota 17, se puede añadir aquí, a título de ejemplo, las importantes referencias a la concepción Kant en *Besinnung* § 16 p. 76 ss., § 20 p. 87 ss.; § 79 p. 301; § 128 p. 399 s.

[20] En tal sentido, véase, por ejemplo, la consideración de la posición de Kant contenida en los esbozos sobre la historia del ser como metafísica del año 1941 (cf. *EGSM* esp. p. 460 s., 468 ss.).

mo del pensamiento heideggeriano y queda así inmediatamente asociada a la lógica interna que da cuenta de su desarrollo y su evolución. En tal sentido, los notables cambios de orientación e inflexión, que en sus marchas y contramarchas no excluyen siquiera autocorrecciones expresas de tono excepcionalmente nítido, no constituyen meros avatares exteriores que no guardaran relación significativa con las motivaciones filosóficas más profundas que animan el reiterado intento de Heidegger por entrar en un diálogo, a la vez crítico y productivo, con el pensamiento kantiano. Por el contrario, deben verse, en la mayoría de los casos más importantes, como cambios que reflejan de modo directo, y por momentos cristalino, esas mismas motivaciones, tanto en lo que tienen de permanente como en aquello que da cuenta de su propia dinámica evolutiva.

Por eso mismo, los senderos, llenos de bifurcaciones, que recorre la interpretación heideggeriana de Kant a lo largo de tantos años ofrecen, cuando se los contempla desde lo lejos, esa imagen de serena simetría que caracteriza a los laberintos construidos en los jardines. Pero su geométrica belleza no impide, desde luego, que quien se arriesga a internarse en ellos experimente, muy a menudo, el repentino espanto de sentirse perdido.

Estudio 5
Kehre y destrucción.
Sobre el impacto hermenéutico del "giro"
hacia el pensar ontohistórico

1. Introducción

El objetivo del presente trabajo consiste en considerar el impacto que el "giro" hacia el "pensar ontohistórico" (*seinsgeschichtliches Denken*), para emplear la feliz versión al español de Á. Xolocotzi, tuvo sobre la interpretación heideggeriana de la historia del pensamiento filosófico precedente. La noción de "destrucción" (*Destruktion*) remite aquí, por tanto, a la problemática específica que Heidegger tiene en vista e identifica con ese mismo término en el famoso § 6 de *SZ*, cuyo título reza "la tarea (*Aufgabe*) de una destrucción de la historia de la ontología". El cambio de perspectiva que trae consigo tal "giro" tiene importantes consecuencias para el modo en el que Heidegger intenta apropiarse interpretativamente de la historia del pensamiento ontológico precedente. Como se verá, la nueva perspectiva adoptada trae consigo también la necesidad de dar lugar a una revisión, en ocasiones incluso radical, de algunos de los puntos de vista defendidos con anterioridad. Por cierto, el modo en el que Heidegger ejerce la autocrítica tiene casi siempre un carácter bastante idiosincrático, por no decir sublimado y autojustificatorio. Sin embargo, a la luz del testimonio de los textos, no puede haber lugar a dudas de que en los años que siguen inmediatamente al "giro" Heidegger lleva a cabo una profunda revisión de sus previos intentos de apropiación interpretativa de las concepciones elaboradas por los pensadores más importantes de la tradición filosófica, en particular, por aquellos que habían sido sus principales interlocutores desde bastante tiempo antes. En este punto, obras tan peculiares como *Beiträge* y *Besinnung* ofrecen una cantidad de elementos de enorme valor, desde el punto de vista histórico-crítico.[1]

En lo que sigue, consideraré el modo en el que Heidegger revisa su interpretación de tres autores fundamentales, a saber: Platón, Aristóteles y Kant, que, por razones que se harán más claras al cabo del desarrollo, abordaré en el orden históricamente inverso. Así, mostraré primero qué ocurre con la interpretación de Kant, antes y después del "giro" (sección 2); pasaré luego a decir algo, muy brevemente, sobre los avatares de interpretación de Aristóteles (sección 3); y, finalmente, consideraré el caso de la interpretación de Platón (sección 4). En ella, como se verá, convergen prácticamente todas las líneas principales de desarrollo

---

[1] Algo semejante, aunque en menor medida, habría que decir de *Schwarze Hefte* II y III, pero no haré uso de estos textos en la presente oportunidad.

de la nueva hermenéutica en clave ontohistórica. Concluiré con unas pocas observaciones más generales (sección 5).

2. Kant

Conviene comenzar por Kant, por dos razones conectadas, a saber: en primer lugar, porque su presencia es decisiva a partir de 1925 hasta *SZ* y también en los escritos del período de transición que va desde la publicación de *SZ* hasta comienzos de los años '30; en segundo lugar, porque, en el caso de Kant, el contraste entre la interpretación antes y después del "giro" resulta notorio y queda, además, ratificado por declaraciones expresas del propio Heidegger.[2]

a) Kant en el entorno de SZ *y en el período de transición*

Como ha mostrado brillantemente F. Volpi, el verano de 1925, especialmente, a partir de agosto, marca un importante punto de inflexión en el proceso que conduce finalmente a la concepción presentada en *SZ*: es el momento del ingreso de Kant en el centro de la atención de Heidegger.[3] El epistolario de Heidegger desde el verano de 1925 y hasta 1927/1928, en particular, la cartas dirigidas a H. Arendt, K. Jaspers y E. Blochmann, muestra, de modo concluyente, que este (re)descubrimiento de Kant fue experimentado por el propio Heidegger como un impacto decisivo, que tuvo repercusiones inmediatas y notables en su quehacer filosófico. La impresionante sentencia "Comienzo a amar realmente a Kant", que Volpi emplea como título de su trabajo, procede de una carta a Jaspers, datada el 10/12/1925. Pero el clímax procurado por este nuevo amor se alcanza en los tiempos de la publicación de *SZ*. Sobre esta base, Volpi, quien fue también el iniciador de las investigaciones relativas al papel que juega la recepción de Aristóteles en la configuración del pensamiento temprano de Heidegger, traza un esbozo evolutivo que queda resumido ahora en la siguiente secuencia en dos etapas: "de Husserl a Aristóteles y de Aristóteles a Kant".

Como es sabido, los hitos más imponentes de la intensa confrontación con Kant llevada a cabo en esos años vienen dados por la lección del semestre de invierno de 1927/1928, dedicada a la interpretación de *KrV* (cf. *KKrV*) y por el *Kant-Buch* de 1929 (cf. *Kant*).[4] Lo que Heidegger lleva a cabo en esas obras cons-

---

[2] Véase Estudios 4 y 7.

[3] Véase Volpi (2006).

[4] Desarrollos complementarios, llevados a cabo en el marco de indagaciones no dedicadas exclusivamente a Kant, se hallan tanto en la lección sobre lógica del semestre de invierno de 1925/1926 (cf. *Logik* esp. §§ 22-37), como también en la no menos importante lección sobre los proble-

tituye un intento radical de apropiación transformadora, no exento de violencia exegética, que apunta primariamente al objetivo de alinear la teoría kantiana de la constitución de la experiencia con la problemática vinculada por la pregunta por el (sentido del) ser, tal como el propio Heidegger la presenta y elabora en *SZ*. Desde esta óptica, el punto nuclear de convergencia con Kant se halla en la temática vinculada con la función del tiempo como "horizonte de la comprensión del ser". Por lo mismo, y a pesar de la presencia de aspectos que dan cuenta de la recepción de motivos centrales de la filosofía práctica de Kant,[5] es, sobre todo, el Kant teórico, más precisamente, el Kant de *KrV*, el que juega un papel protagónico como interlocutor de Heidegger. La concepción kantiana relativa a las condiciones de posibilidad de la experiencia, con su marcado énfasis en el papel del tiempo como horizonte último de la constitución del sentido experimentado, es vista aquí como un antecedente del modo en el que el propio Heidegger busca pensar el "estado de abierto" (*Erschlossenheit*) del *Dasein*, vale decir, lo que a partir de la lección de 1927 y en escritos posteriores se designa con el nombre de "trascendencia".

Como nadie ignora, en el *Kant-Buch* de 1929 Kant es caracterizado como un pensador "metafísico", que busca tematizar las condiciones que dan cuenta de la posibilidad de la "trascendencia finita" (*endliche Transzendenz*) y del tipo peculiar de acceso cognoscitivo al ente y el mundo que, como tal, le pertenece. Dentro de este marco interpretativo, el foco del interés recae sobre la "Doctrina del esquematismo". En efecto, en la concepción kantiana acerca de la producción originaria de esquemas, tal como tiene lugar en el nivel de constitución correspondiente a la intervención de la función productiva originaria propia de la "imaginación trascendental" (*transzendentale Einbildungskraft*), Heidegger cree poder descubrir un atisbo por parte de Kant que apuntaría hacia la función posibilitante del tiempo, como horizonte de la comprensión del ser. Por lo mismo, tanto la lección del semestre de invierno de 1927/1928 como el *Kant-Buch* de 1929 omiten un tratamiento específico del "Sistema de los principios", que contiene el desarrollo de los "Axiomas de la intuición", las "Anticipaciones de la percepción", las "Analogías de la experiencia" y los "Postulados del pensamiento empírico", y cuyo centro temático viene dado por la discusión de las "Analogías". Y ello, muy a pesar

---

mas fundamentales de la fenomenología del semestre de verano de 1927 (cf. *Grundprobleme* esp. §§ 7-9, 13-14, 21-22).

[5] A este respecto, véase, sobre todo, la confrontación eminentemente crítica con la concepción kantiana de la libertad como un tipo peculiar de causa en la lección del semestre de verano de 1930, titulada "Vom Wesen der menschlichen Freiheit. Einleitung in die Philosophie" (cf. *WMF*). Véase también la consideración de la concepción kantiana de la persona en la lección sobre los problemas fundamentales de la fenomenología del semestre de verano de 1927 (cf. *Grundprobleme* §§ 13-14), la cual responde a un interés fundamentalmente ontológico, pues se trata, en definitiva, del problema de la ontología del "sujeto", a la luz de la cuestión de los múltiples significados de ser (cf. § 15).

de que en la exposición de *Prolegomena* el propio Kant declara que estas últimas constituyen el genuino núcleo de la concepción de la experiencia elaborada en *KrV* (cf. *Prolegomena* § 26 p. 309 s.).

b) Kant, leído en clave ontohistórica

La adopción de la nueva perspectiva, radicalmente historizada, que trae consigo el "giro" hacia el "pensar ontohistórico" repercutió drásticamente en el modo de aproximación a Kant. Ya a mediados de los años '30 Heidegger emprende un renovado intento de apropiación de la concepción kantiana de la experiencia. Se trataba ahora de llevar a cabo, por medio de un fuerte desplazamiento de los énfasis de la interpretación, un reposicionamiento de Kant dentro del nuevo marco de comprensión provisto por el pensar ontohistórico. Tal renovado intento de apropiación tiene lugar en la notable lección del semestre de invierno de 1935/1936, titulada originariamente "Grundfragen der Metaphysik" y publicada en 1962 con el título "Die Frage nach dem Ding. Zu Kants Lehre von den transzendentalen Grundsätzen" (cf. *FD*). Hay que destacar aquí dos aspectos de la interpretación ofrecida por Heidegger, internamente conectados.

El primero tiene que ver con el desplazamiento del centro del interés desde la "Doctrina del esquematismo" hacia el "Sistema de los principios" y, más particularmente, hacia las "Analogías de la experiencia". En una declaración que puede verse también, si no como una revocación, al menos, como una tácita enmienda o matización de la previa orientación hermenéutica a partir de la "Doctrina del esquematismo", el propio Heidegger hace suya expresamente la ya citada declaración de Kant en *Prolegomena* y, refiriéndose a la concepción presentada en *KrV*, explica:

"El sistema de los principios del entendimiento puro (*das System der Grundsätze des reinen Verstandes*) es, en el sentido más propio de Kant (*im eigensten Sinne Kants*), el centro interno que sostiene toda la obra (*die innere tragende Mitte des ganzen Werkes*). Este sistema de los principios ha de darnos información sobre la cuestión de cómo determina (*bestimmt*) Kant la esencia de la cosa (*das Wesen des Dinges*)" (cf. *FD* II.B § 3 b) p. 100).

Ahora bien, y es el segundo punto a destacar, este desplazamiento del centro del interés hacia el "Sistema de los principios" va de la mano de una modificación sustancial en la estrategia de recepción de la posición kantiana. En efecto, dentro del marco general de comprensión propio del "pensar ontohistórico", Heidegger ya no busca en la doctrina de *KrV* un antecedente de su propia concepción relativa a la función del tiempo como horizonte de la comprensión del ser, tal como aparece en *SZ*. Más bien, la concepción de la experiencia elaborada por Kant es considerada, ante todo, como una concepción que documenta, por la vía de su elevación al plano de la articulación conceptual expresa, una peculiar concepción de la objetividad, *históricamente determinada*, que no es otra que la que subyace a la moderna ciencia matemática de la naturaleza, representada paradigmáticamente por Galileo y Newton. Esta nueva comprensión de la concepción kantiana queda inscripta, desde el comienzo mismo, en el marco interpretativo más amplio que viene dado por la tesis que afirma, de modo general, el carácter irreductiblemente histórico de la pregunta por la "cosidad de la cosa" (*Dinghaftigkeit des Dinges*) y, con ello, también de los correspondientes modos de responderla, entendidos como modos de "decisión" (*Entscheidung*) que no sólo son ellos mismos históricos, sino que en su carácter de tales, a la vez, también fundan historia (cf. *FD*, Abschnitt A: "Verschiedene Weisen, nach dem Ding zu fragen"). Desde esta nueva perspectiva, Heidegger sostiene ahora que el "suelo histórico" en el que se apoya la concepción kantiana de la "cosidad de la cosa" no sería otro, en definitiva, que el propio del proyecto matemático a partir del cual se constituye la moderna ciencia de la naturaleza (cf. *FD*, Abschnitt B.I: "Der geschichtliche Boden, auf dem Kants *Kritik der reinen Vernunft* ruht").

La diferencia de énfasis con los previos intentos de apropiación resulta manifiesta: en las obras de finales de los años '20 Kant, interpretado fenomenológicamente, era presentado como un punto de referencia central de la ontología fundamental. En este contexto, Kant era visto, ante todo, como el pensador decisivo que intenta proveer una nueva fundamentación (*Grundlegung*) de la metafísica, basada en el intento por retrotraer la posibilidad del "μετά" ("*trans*"), constitutivo de dicha ciencia, hasta su origen en la temporalidad del *Dasein*, como trascendencia finita. La referencia al contexto provisto por el proyecto matemático propio de la moderna ciencia de la naturaleza no jugaba en esos primeros intentos un papel determinante. Más bien, la focalización en la doctrina del esquematismo permitía centrar toda la investigación en el problema de la temporalidad originaria, mientras que el aspecto referido a la constitución del nivel matemático de la experiencia y la objetividad quedaba reducido, de hecho, a un mínimo, justamente en la medida en que no se discutía la doctrina presentada por Kant en el tratamiento sistemático de los principios de entendimiento. En cambio, en la lección de 1935/1936, el foco se ha desplazado de modo drástico hacia los aspectos relegados al trasfondo en las obras de la segunda mitad de los años '20. El esquematismo no es siquiera mencionado en la nueva discusión de la concepción kantiana de la objetividad. Lo que se coloca ahora en el centro de la atención es, por el contrario, el carácter dominante del enfoque matemático, tal como éste caracteriza no sólo la moderna ciencia de la naturaleza, sino también, desde Descartes hasta A. Baumgarten y C. Wolff, la metafísica de la que la concepción kantiana se nutre y sobre la cual, a su vez, impacta decisivamente. Por otro lado, en lo que concierne al modo específico en el cual Kant responde a la pregunta por la "cosidad de la cosa", Heidegger retoma en la lección de 1935/1936 algunos de los motivos centrales que ya estaban presentes en el *Kant-Buch* de 1929, pero que adquiren ahora la peculiar inflexión que les confiere el nuevo marco de general de la interpretación en clave ontohistórica. En este punto, hay que mencionar, ante todo, la tesis fundamental de Heidegger según la cual Kant entendería la "entidad del ente" (*Seiendheit des Seienden*) en términos de la "objetividad del objeto" (*Gegenständlichkeit des Gegenstandes*), en la medida en que vería en el "representar" (*Vorstellen*), en el sentido estricto que corresponde al "conocer" (*Erkenntnis*), el modo fundamental de acceso al ente intramundano. Aunque en el tratamiento del *Kant-Buch* estas conexiones aparecen más bien sugeridas y no establecidas con la nitidez que adquieren posteriormente, resulta muy significativo el hecho de que las anotaciones del propio Heidegger en su ejemplar de mano, realizadas en buena parte de los casos a mediados de los años '30, apunten, precisamente, a ponerlas de relieve.[6] En cambio, la lección de 1935/1936, a la cual las anotaciones de Heidegger en su ejemplar de mano del *Kant-Buch* remiten reiteradas veces,[7] las coloca en el centro mismo del interés. En efecto, la concepción kantiana de la "cosidad de la cosa", en términos de la "objetividad del objeto", es discutida allí ampliamente, con el fin de mostrar sus presuposiciones, su alcance y sus límites internos, como una concepción históricamente determinada, que documenta de modo ejemplar la orientación básica de la metafísica moderna. Su rasgo fundamental debe verse en su carácter esencialmente matemático, en el sentido específico que remite al papel constitutivo propio del conocimiento apriorístico a partir de principios (cf. *FD* B.II §§ 2-3).

Los aspectos centrales que aparecen unificados por primera vez en la interpretación elaborada en lección de 1935/1936 pasan a formar parte de una suerte de patrimonio adquirido, en el cual se apoya, de allí en adelante, la confrontación con Kant, destinada a fijar su posición dentro del marco ampliado de desarrollo que tiene en vista el "pensar ontohistórico". Esto vale tanto para los escritos de mediados de los años '30 centrados en la temática del así llamado "evento" o

---

[6] Véase, por ejemplo, *Kant* § 5 p. 31 s., con la anotación de Heidegger en nota *k*: "*Gegenständlichkeit* ist *Seyn!*"; § 17 p. 84 s.; § 19 p. 90 s.; § 22 p. 102 s., con la anotación de Heidegger en nota *b*: "d. h. ihrer Gegenständlichkeit"; § 24 p. 118 ss.; § 31 p. 162, con la más extensa y sistemáticamente importante anotación de Heidegger en nota *c*, en la cual se explicita la conexión de la idea de la "objetividad del objeto", a través de la función del "yo pienso" (*ich denke*) como "yo enlazo" (*ich verbinde*), con el ideal de la certeza (*Gewissheit*), como rasgo fundamental (*Grundzug*) de la metafísica moderna. Véase también las anotaciones añadidas en el prólogo a la cuarta edición (cf. *Kant* p. XIII), en las que se establece la equivalencia entre "ser" (*Sein*), entendido como "entidad" (*Seiendheit*), con la "objetividad" (*Gegenständlichkeit*), en el sentido del "ser objeto" del objeto. Heidegger remite aquí de modo expreso al tratamiento incluido en *Beiträge* (véase p. ej. §§ 28, 39, 43-44, 91, etc.).

[7] Cf. *Kant* § 4 p. 20 nota *a*; § 10 p. 48 nota *a*; § 24 p. 114 nota *a*; § 34 p. 195 nota *b*. Véase también la referencia incluida en el prólogo a la tercera edición (p. XVIII).

"acontecimiento" (*Ereignis*),[8] como también para algunos de los escritos más importantes e influyentes de los años '40.[9] En todos estos casos, Heidegger se apoya en la misma base hermenéutica, a la hora de dar cuenta del papel que corresponde al pensamiento kantiano dentro de la línea de desarrollo que traza el pensar que busca corresponder a la "historia del ser" (*Seinsgeschichte*).[10]

c) La retractación expresa en los escritos de 1936-1939

Aunque Heidegger no lo señala de modo expreso en la lección de 1935/1936, la explicación relativa a la centralidad del "Sistema de los principios" tiene un alcance claramente autocrítico, ya que supone una importante enmienda, si es que no una lisa y llana revocación, de la orientación hermenéutica a partir de la "Doctrina del esquematismo", que el propio Heidegger había favorecido anteriormente. A este respecto, anotaciones contenidas en escritos redactados en la misma época, aunque publicados mucho después, no dejan el menor lugar a dudas.

En efecto, en la reconsideración llevada a cabo en *Beiträge*, la interpretación presentada en el *Kant-Buch* es criticada por la violencia (*Gewalt*) que ejerce a la hora de poner de relieve el papel unificador de la "imaginación trascendental" (*transzendentale Einbildungskraft*). Desde el punto de vista *histórico* (*historisch*), la interpretación ofrecida debe verse como incorrecta (*unrichtig*), aun cuando posea su propia legitimidad, desde el punto de vista que atiende a la preparación del "pensar advenidero" (*das künftige Denken*), vale decir, desde el punto de vista propiamente *historial* (*geschichtlich*). Paradójicamente, la malinterpretación histórica de Kant (»*historisch*« *mißdeutet*) en la que incurre el *Kant-Buch* trae consigo, como el reverso de la misma medalla, también una tendencial malinterpretación (*Mißdeutung*) de aquello que propiamente debe verse como "diferente y venidero" (*das*

---

[8] Se puede añadir aquí, a título de ejemplo, las importantes referencias a la concepción Kant en *Besinnung* § 16 p. 76 ss., § 20 p. 87 ss.; § 79 p. 301; § 128 p. 399 s.

[9] En tal sentido, véase, por ejemplo, la consideración de la posición de Kant contenida en los esbozos sobre la "historia del ser" como metafísica del año 1941 (cf. *EGSM* esp. p. 460 s., 468 ss.).

[10] En los años que corresponden a la fase tardía del pensamiento heideggeriano Kant ya no vuelve a tener una presencia protagónica. Sin embargo, una última reaparición importante tiene lugar todavía en la conferencia de 1961 sobre la tesis de Kant en torno al ser (cf. *KThS*). Aquí Heidegger retoma la problemática vinculada con la concepción kantiana del ser como mera "posición" (*Setzung*) y no como predicado real, que había sido ya objeto de examen detenido en la lección del semestre de verano de 1927 (cf. *Grundprobleme* §§ 7-9). En la conferencia de 1961 esa misma concepción es discutida dentro del marco interpretativo que proporcionan la tesis relativa a la "constitución ontoteológica" (*onto-theo-logische Verfassung*) de la metafísica y el intento por retrotraer la metafísica moderna de la "subjetividad" (*Subjektivität*) hasta sus orígenes griegos en la metafísica de la "sujetidad" (*Subjektität*), como la denomina Heidegger a veces, al hilo de la noción de ὑποκείμενον. En lo que concierne a la interpretación de la concepción kantiana, puede decirse que la nueva discusión, al margen de algunos matices de detalle, no trae ya consigo modificaciones sustanciales respecto de lo alcanzado en los trabajos de las décadas precedentes.

Andere und Künftige). En efecto, sobre esa base de la lectura ofrecida en el *Kant-Buch*, es la propia concepción de *SZ* la que parece quedar reducida al estatuto de una suerte de "kantismo existencial o modernizado en algún otro modo" (*ein »existenziell« oder sonstwie modernisierter Kantianismus*). Por lo mismo, la interpretación elaborada en el *Kant-Buch* queda necesariamente (*notwendig*) atrapada en una esencial ambigüedad (*zweideutig*). Queda en pie, sin embargo, el hecho de que, por esa misma vía, logra poner de manifiesto la singularidad de la posición de Kant, quien queda señalado como el único (*der Einzige*) que, desde los griegos, pone la concepción de la "entidad (del ente)" (*Seiendheit, ousía*) en una cierta conexión con el "tiempo" (*»Zeit«*). Kant se convierte así, de hecho, en "testigo" (*Zeuge*) de lo que Heidegger llama aquí "el oculto imperar del nexo entre entidad y tiempo" (*das verborgene Walten des Zusammenhangs von Seiendheit und Zeit*) (cf. *Beiträge* § 134 p. 253 s.).

Un importante pasage de *Besinnung* abunda en el mismo diagnóstico y lo profundiza. El intento emprendido en el *Kant-Buch* de elucidar por vía "histórica" (*auf »historischem« Wege*) "un comienzo completamente diferente" (*ein ganz anderer Anfang*) de la "historia del ser" (*Seynsgeschichte*) y hacerlo así comprensible, explica Heidegger, debe fracasar necesariamente (*muß notwendig scheitern*). De hecho, condujo, desde el punto de vista histórico, a una suerte de equiparación niveladora (*historisch ausgleichen*), que, lejos de hacer justicia a la peculiaridad propia del intento del "pensar del comienzo" (*das anfangende Denken*), en lo esencial (*im Wesentlichen*) más bien lo aniquila (*vernichten*). La situación resultante resulta curiosa (*merkwürdig*). Por un lado, la concepción de *SZ* se interpreta como una mera "continuación y complementación" (*Fortführung und Ergänzung*) de la que Kant presenta en *KrV*. Así, la supuesta "antropología" (*»Anthropologie«*) de *SZ* queda sujeta al modo habitual de cómputo histórico (*historisch verrechnet*) y, con ello, reducida, al mismo tiempo, a la indiferencia (*gleichgültig gemacht*). Por otro lado, se condena la interpretación de Kant ofrecida en el *Kant-Buch* como "unilateral y violenta" (*einseitig und gewaltsam*). Por lo tanto, desde el punto de vista que atiende al "efecto histórico" (*der »historische« »Effekt«*) –que, en cualquier caso, carecería de todo peso (*Gewicht*), desde el punto de vista "ontohistórico" (*seynsgeschichtlich*)–, habría que decir que, con el intento llevado a cabo en el *Kant-Buch*, no se ha logrado proporcionar, en verdad, ni una elucidación de *SZ* ni tampoco una interpretación de *KrV* (cf. *Besinnung* § 20 p. 88 s.). En un pasaje posterior se añade que la focalización de la interpretación del *Kant-Buch* en el papel de la "imaginación trascendental" constituye una "exageración" (*übertreibt*), aunque llevada a cabo de modo consciente (*bewußt*), con la intención de mostrar, ya *dentro* (*innerhalb*) de la historia de la propia metafísica, que en ella misma reside la necesidad de una transformación esencial (*Notwendigkeit einer wesentlichen Verwandlung*) de su pregunta fundamental. En tal sentido, el *Kant-Buch* no apunta en modo alguno (*im geringsten*) a trasmitir el Kant "histórico" (*der »historische« Kant*), "tal como ha sido" (*»wie er gewesen«*). Por lo mismo, la tarea de demostrar su incorrección (*Unrichtigkeit*) resulta relativamente sencilla, aunque empeñarse en ella no hace más que probar la propia incapacidad (*Unvermögen*) para pensar a fondo y de modo esencial (*wesentlich durchdenken*) la "cuestión del ser" (*Seinsfrage*). Por el contrario, una recta comprensión de lo que está en juego en la interpretación llevada a cabo *Kant-Buch* supone leerla conjuntamente con la conferencia del mismo año dedicada a la cuestión de qué es la metafísica (cf. *WM*): en ambos casos se trata de un mismo y único intento de hacer visible, a partir de la metafísica misma (*aus der Metaphysik her*), la "meta-metafísica" (*die Meta-Metaphysik*), para aclarar así el genuino alcance de la pregunta por el nexo entre ser y tiempo, tal como se la plantea por vez primera en *SZ* (cf. *Besinnung* § 109 p. 377).

Ahora bien, incluso si se acepta que ésta es la adecuada clave de lectura para evaluar el alcance de la interpretación elaborada en el *Kant-Buch*, habrá que conceder, al mismo tiempo, que parte importante del marco conceptual y terminológico puesto en juego en la obra resulta esencialmente inadecuado, a la hora de hacer posible la pretendida superación del modo metafísico de abordar la cuestión del ser. En tal sentido, Heidegger no vacila en descartar como imposible (*unmöglich*) el modo de hablar del *Kant-Buch*, cuando hace referencia a una "metafísica del *Dasein*" (*Metaphysik des Daseins*), por mucho que se insista allí mismo en el hecho de que es la propia metafísica la que se funda en el *Dasein* y de que le pertenece a él y sólo a él (cf. *Besinnung* § 116 p. 386). Así, tanto en el *Kant-Buch* como en la conferencia sobre la cuestión de qué es metafísica (cf. *WM*) se incurre en un modo de hablar inadecuado, por cuanto se sigue llamando impropiamente "metafísica" a aquello que ya no puede ser jamás "metafísica" (*was niemals mehr »Metaphysik« ist*). Y lo mismo vale también para el caso del ensayo sobre la esencia del fundamento (cf. *WG*), donde se emplea términos como "ontología" (*Ontologie*) y "trascendencia" (*Transzendenz*), lastrados de connotaciones propias de la tradición metafísica que el pensar que apunta a la "verdad del ser" (*Wahrheit des Seins*) pretende precisamente superar (cf. *Besinnung* § 116 p. 386 s.).

Desde la perspectiva propia del "pensar ontohistórico", los intentos llevados a cabo en el período de transición que sigue inmediatamente a la publicación de *SZ* y se extiende hasta comienzos de los años '30 revelan, pues, su esencial ambivalencia, resultante de una insuficiente radicalidad a la hora de cumplir lo que, según Heidegger, estaba incoado ya en la propia concepción de *SZ*, esto es, la superación de la metafísica, en dirección de un pensamiento que considera la "verdad del ser" desde la perspectiva de la "historia del ser". La insistencia de Heidegger en la imposibilidad de lograr la superación buscada desde dentro de la propia metafísica, esto es, apelando a un marco conceptual y terminológico que procede, en definitiva, de ella misma y le pertenece, recuerda inmediatamente a la famosa explicación del "fracaso" de *SZ* –vale decir, de la imposibilidad de completar el plan trazado para la obra y la decisión de no dar a conocer la "Tercera Sección" de la "Primera Parte", titulada "Zeit und Sein"– ofrecida por Heidegger años después, en la no menos famosa "Carta sobre el humanismo", a saber: a la hora de traer a la expresión suficientemente el "giro" (*Kehre*) que se anuncia ya en el título de dicha sección, el pensar falló (*versagte*), al no poder penetrar (*durchkommen*) en la dimensión así avistada, con ayuda del lenguaje de la metafísica (*mit Hilfe der Sprache der Metaphysik*) (cf. *BH* p. 325).

3. *Aristóteles*

a) *Aristóteles en el camino hacia* SZ

En este punto seré mucho más sumario, porque lo relativo al decisivo papel que juega la apropiación interpretativa de Aristóteles en la primera mitad de los años '20 es, a estas alturas, un tópico archiconocido en la investigación especializada del pensamiento de Heidegger. Se trata de la fase que en su esquema evolutivo Volpi caracteriza como aquella del tránsito "de Husserl a Aristóteles". Por cierto, habría que hacer aquí importantes precisiones, por caso, respecto del papel de que juega E. Lask no sólo en la transición desde la "lógica de la validez" hacia la fenomenología, sino también en lo que concierne a la posibilidad de aproximar interpretativamente las posiciones de Aristóteles y Kant. Pero no es posible abundar aquí en este aspecto.[11] En lo que concierne a Aristóteles mismo, lo decisivo para comprender el desarrollo que culmina en la concepción presentada en *SZ* es, como nadie ignora, el modo en el que en las lecciones de la primera época de Friburgo y hasta el "Informe Natorp" (cf. *Natorp-Bericht*), inclusive, Heidegger despliega una estrategia hermenéutica de apropiación, por vía de una radicalización ontologizadora, de aspectos centrales de la concepción que elabora Aristóteles, sobre todo, en su filosofía práctica, y ello dentro del marco de tratamiento que viene dado por el intento de elaborar un repertorio categorial específico para dar cuenta de las estructuras fundamentales de la "vida fáctica".[12] En sus líneas generales, todo esto es ampliamente conocido y reconocido. Y ampliamente reconocido es también el modo en que los aportes procedentes de esta confrontación productiva con Aristóteles quedan recogidos en la concepción presentada en *SZ*, junto con los procedentes también de la confrontación con Kant desarrollada en la segunda mitad de los años '20.

---

[11] Para la importantísima función mediadora desempeñada por Lask, me permito remitir a la discusión en Vigo (2006a).

[12] Para todo esto, me limito a remitir, una vez más, a los trabajos pioneros de F. Volpi. Véase esp. Volpi (1984), (1988) y (1989). Véase también Sadler (1996). Para el caso del "Informe Natorp", véase Segura Peraita (2002).

A la luz de la incrementada base textual disponible, se podría añadir ahora alguna novedad de interés a partir de la consideración del seminario del semestre de verano de 1928 sobre el tratamiento aristotélico del movimiento de *Física* III 1-3 (cf. *APh*). Pero, en lo esencial, lo ya sabido no cambiaría demasiado, puesto que lo que se ofrece aquí es una interpretación que reconstruye la concepción aristotélica del movimiento en términos del modelo interpretativo que proporciona la ontología fundamental de *SZ*, siguiendo la divisa "movilidad como hilo conductor de la interpretación ontológica de lo (meramente) presente (ante los ojos)" ("Bewegtheit als Leitfaden zur ontologischen Interpretation des Vorhandenen") (cf. p. 10 s.), y con arreglo a la idea de "ontologisches Debitum" (cf. p. 19).[13] Un detalle altamente significativo, que apunta claramente en la dirección de la problemática de coloración kantiana que se hace dominante en los escritos del período de transición, viene dado aquí por la irrupción repentina, en el final mismo de la interpretación elaborada, de la cuestión de la libertad, en conexión con la cuestión del ser y la verdad (cf. p 21 s.; véase esp. la enfática palabra final del texto en p. 2: "*Freiheit!*").[14]

b) La retractación en clave ontohistórica

Dado el enorme impacto filosófico que tuvo la interpretación de Aristóteles elaborada por Heidegger en esos años, no sólo en la investigación especializada, sino también en autores como H. G. Gadamer, el modo en que el propio Heidegger toma posición respecto de ella tras el "giro", es decir, desde la perspectiva propia del "pensar ontohistórico", no podría resultar más sorprendente. En efecto, el autodistanciamiento y la autocrítica adquieren también aquí una expresión cuya claridad es perfectamente comparable con lo ya se ha visto en el caso de Kant.

En este punto, vale la pena acudir al importantísimo apéndice incluido al final de *Besinnung*, titulado "Una mirada al camino recorrido" ("Ein Rückblick auf den Weg"), cuya composición el propio Heidegger sitúa retrospectivamente en los

---

[13] Salta a la vista la semejanza en este punto con la interpretación desarrollada posteriormente por E. Fink en su notable lección sobre la historia ontológica temprana de espacio, tiempo y movimiento. En su interpretación de la concepción aristotélica del movimiento, Fink se orienta básicamente a partir de la noción de "falta" o "carencia" (*Ausstand*). Véase Fink, *RZB* esp. p. 235. Para una lúcida discusión de la interpretación presentada por Heidegger en el seminario de 1928, véase González (2017/2018) esp. p. 613-622.

[14] Por su parte, la lección del semestre de verano de 1931 sobre *Metafísica* IX 1-3 (cf. *AM*) debe verse, desde el punto de vista del contenido, como claramente perteneciente al período de transición. Por cierto, Heidegger retoma aquí la problemática ontológica fundamental de los sentidos de ser. Pero pone ahora en el centro del interés el problema de la potencia activa, entendida fundamentalmente como "fuerza" (*Kraft*), probablemente, también como consecuencia de la previa ocupación con Leibniz (cf. *MAL*).

años 1937-1938, y respecto del cual aclara en un añadido posterior, colocado bajo el título, lo siguiente: "expuesto desde la óptica de la metafísica y su superación, no todavía a partir del *Ser* mismo" ("dargelegt aus dem Gesichtskreis der Metaphysik und ihrer Überwindung, noch nicht aus dem Seyn selbst") (cf. p. 409 ss.). Este apéndice merecería en su totalidad un estudio detallado, porque contiene una cantidad de informaciones altamente relevantes para reconstruir el modo en el cual el "giro" hacia el pensar ontohistórico impacta sobre la estrategia de destrucción de la ontología tradicional. Me limito aquí, sin embargo, a mencionar lo que Heidegger dice sobre sus tempranas interpretaciones de Aristóteles, porque es ya suficientemente indicativo y sorprendente. En un apartado titulado "Sobre la conservación de lo intentado" ("Über die Bewahrung des Versuchten") Heidegger considera sumariamente lo desarrollado en las lecciones dedicadas a Aristóteles en los tiempos de gestación de la concepción de *SZ* (cf. p. 420 ss.). Y, a modo de balance, señala:

"De las lecciones más tempranas, referidas sobre todo a Aristóteles, la mayor parte (*das Meiste*) queda superado (*überholt*) y *eliminado* (beseitigt) por desarrollos del preguntar más originarios. Alguna cosa utilizable (*Einiges Brauchbare*), pero ya adoptada (*Übernommene*) por otros a través de diversos caminos, contienen todavía la interpretación del *Sofista* y la lección sobre la *Retórica* de Aristóteles. Más esencial que estos intentos a modo de tanteo (*diese tastenden Versuche*) será en el futuro, partiendo del planteo de la pregunta directriz (*Leitfragestellung*) (qué es el ente) y en la transición hacia el planteo de la pregunta fundamental (*Grundfragestellung*) (cómo esencia [*west*] la verdad del ser), comprender (*begreifen*) la filosofía de Aristóteles como el *primer cierre del primer comienzo* (*den* ersten Abschluss des ersten Anfangs) de la filosofía occidental –de modo puramente griego, libre de toda cristianización y <toda> escolástica, separada de todo viejo y nuevo humanismo" (*Besinnung* p. 421 s., subrayados de Heidegger).

No puedo detenerme aquí en un comentario detallado de todas las alusiones contenidas en este importante pasaje y en su inserción en un contexto más amplio. Me limito, pues, a recalcar lo más obvio: por mucho que nos haya deslumbrado la notable interpretación de Aristóteles desarrollada en el marco de la pregunta por las categorías fundamentales de la vida fáctica, tenemos que acostumbrarnos a vivir con el hecho cierto de que Heidegger mismo la declara aquí, en su mayor parte, no sólo superada, sino también *eliminada*. La razón es clara y puede compararse con lo ya señalado a la hora de considerar el cambio que produce el "giro" hacia el "pensar ontohistórico" en el caso de la interpretación de Kant, a saber: tampoco en el caso de Aristóteles se trata ya, piensa Heidegger, de buscar en la historia precedente algo así como un "aliado" que pudiera ser alineado con el proyecto de ontología fundamental, tal como es presentado en *SZ*.

De lo que se trata ahora es, más bien, de reposicionar a Aristóteles en el lugar que verdaderamente le corresponde desde el punto de vista ontohistórico, sin pretender convertirlo interpretativamente en un remoto antecedente ni de la concepción del *Dasein* de *SZ*, ni mucho menos aún del pensar del "evento" o "acontecimiento" (*Ereignis*) que trae consigo el "giro". El programa a llevar a cabo de ahora en más es claro: la filosofía de Aristóteles debe ser comprendida como el "primer cierre" del "primer comienzo", lo cual implica que la clave hermenéutica provista por el contraste entre el "primer comienzo" (*der erste Anfang*) y el "otro comienzo" (*der andere Anfang*) convierte irremediablemente en obsoleto cualquier otro posible encuadre interpretativo.

Si se echa un vistazo, siquiera superficial, a las abundantes referencias a Aristóteles contenidas en el desarrollo de *Beiträge* y *Besinnung*, se puede comprobar fácilmente que lo dicho aquí resulta completamente vinculante, ya que ese mismo, y no otro, es el modo en el cual se enjuicia consistentemente el pensamiento aristotélico, desde el punto de vista del "pensar ontohistórico".[15] Las referencias expresas a Aristóteles en la obra publicada en los años que siguen al "giro" son, como se sabe, crecientemente esporádicas, y no siempre dejan traslucir lo que está en juego en el drástico cambio de perspectiva que trae consigo el nuevo emplazamiento ontohistórico del pensamiento aristotélico. Pero, a la luz de lo que informan los pasajes citados de *Beiträge* y *Besinnung*, se comprende bastante mejor, a mi modo de ver, la motivación que anima la vuelta a determinados aspectos del pensamiento de Aristóteles en escritos de años posteriores. Pienso, por caso, en el tratamiento de la concepción aristotélica de la causalidad en el ensayo sobre la técnica 1953 (cf. *Technik*) y, sobre todo, en el ensayo sobre la noción aristotélica de naturaleza de 1939 (cf. *Physis*), donde Heidegger intenta mostrar que la caracterización de la οὐσία como φύσις τις representa una especie de "eco" (*Nachklang*) del "gran comienzo" (*großer Anfang*) de la filosofía griega, que es el "primer comienzo" (*erster Anfang*) de la filosofía occidental (cf. p. 298). Sobre el trasfondo de lo ya dicho acerca de la nueva hermenéutica ontohistórica, basada en el esquema que proporciona la referencia a los dos comienzos, este vocabulario resulta ahora poco menos que trasparente. Pero es altamente dudoso que haya podido proporcionar demasiadas pistas a quienes no tuvieron la posibilidad de leer obras como *Beiträge* y *Besinnung*.

---

[15] Véase p. ej. *Beiträge* § 27 p. 63 s.; § 34 p. 75 ss.; § 91 p. 184 s.; §§ 97-99; § 100 p. 197; § 119 p. 232 s.; § 158; y esp. el importante parágrafo § 211, titulado "La crisis de su historia (sc. de la verdad como ἀλήθεια), el último resplandor y el completo derrumbe" ("Die Krisis ihrer Geschichte [*sc.* der Wahrheit als Aletheia] bei Plato und Aristoteles, das letzte Aufstrahlen und der völlige Einsturz"); véase también § 239; § 265 p. 457; § 266 p. 469. En el caso de *Besinnung*, véase p. ej. § 65 p. 195; § 108; § 110, §§ 117-118; y esp. el importante § 126, titulado "La posición de Aristóteles en la historia de la metafísica" ("Aristoteles' Stellung in der Geschichte der Metaphysik").

4. Platón

a) La dificultosa relación de Heidegger con Platón

He dejado para el final el caso de Platón, invirtiendo la secuencia cronológica, porque, desde el punto de vista que aquí interesa, es probablemente el caso más revelador y también el más decisivo. En efecto, Platón ocupa, como nadie ignora, una posición de central importancia en la narrativa de conjunto que Heidegger elabora en el marco de su concepción de la "historia del ser". Ahora bien, esto no impide, sino que, en parte, más bien explica que la lectura heideggeriana de Platón haya podido ser recibida de modo fuertemente crítico, sobre todo, en la investigación especializada de las últimas décadas. Así, por ejemplo, autores como S. Rosen[16] y F. J. González[17] han cuestionado severamente, desde diferentes ángulos, el modo en el que Heidegger aborda el pensamiento platónico.[18] En efecto, lo que Rosen lleva a cabo, al hilo de la cuestión relativa a la interpretación de Platón, es un cuestionamiento integral del modo en el cual Heidegger construye su visión del desarrollo de la metafísica, desde el punto de vista de la "historia del ser", más precisamente, del desarrollo que va de Platón a Nietzsche, y ello, sobre la base de la propia caracterización heideggeriana de la metafísica como "platonismo", en un sentido que tiene evidentes puntos de contacto con la propia posición de Nietzsche. En abierta oposición, Rosen presenta su propia interpretación como una "inversión" de la de Heidegger y como una defensa del "espíritu del platonismo".

Por su parte, González emprende una tarea, si se quiere, más modesta, aunque filológicamente muchísimo más diferenciada, pues estudia el modo en el que Heidegger se vale de Platón a todo lo largo de su carrera, con atención a sus diferentes etapas. De modo general, González reprocha a Heidegger el hecho de haber desperdiciado la oportunidad de entrar en un genuino diálogo con el pensamiento platónico, al haber dado excesiva preponderancia en su confrontación con Platón a las exigencias que emanaban del desarrollo interno de su propia filosofía. Esta constatación me parece, en lo esencial, completamente acertada, aunque mi modo de explicar las motivaciones con las que Heidegger se aproxima a Platón difiera, en varios puntos de importancia, del que adopta el propio González. En efecto, en su penetrante análisis, González se concentra, sobre todo, en los no-

---

[16] Véase Rosen (1993).

[17] Véase González (2003) y (2009).

[18] Para la discusión de diversos aspectos vinculados con la recepción heideggeriana de Platón, puede verse también Mattei (1989); Ciccarelli (2002); Le Moli (2002); Petkovšek (2004); Cimino (2005). Por último, para la posibilidad de un diálogo productivo entre Heidegger y Platón, en un sentido cercano al que propone y echa de menos González, puede verse también véase los trabajos reunidos en Partenie – Rockmore (2005).

torios problemas que tiene Heidegger para hacer justicia interpretativamente a la concepción platónica del diálogo y la dialéctica. Desde este punto de vista, su discusión de la dificultosa, por no decir, tortuosa relación de Heidegger con el pensamiento platónico realiza, sin duda alguna, aportes sustanciales. Lo que queda fuertemente relegado al trasfondo en la interpretación de González es, por así decir, el trasfondo hermenéutico y motivacional más amplio en el cual se inscribe la confrontación de Heidegger con Platón, desde el comienzo mismo de su carrera filosófica. En particular, se echa de menos aquí, a mi modo de ver, una consideración más atenta de lo que podría denominarse la "conexión neokantiana". Con esto me refiero no sólo al papel que desempeña el pensamiento neokantiano de las Escuelas de Marburgo y Baden, como parte del contexto polémico de la posición elaborada por Heidegger, sino también, y muy especialmente, a la decisiva influencia que, para bien o para mal, tuvieron sobre Heidegger tanto la "lógica de la validez" (*Geltungslogik*), inaugurada por R. H. Lotze y luego reinterpretada de modo altamente creativo por E. Lask, como también la "filosofía del valor" (*Wertphilosophie*), vinculada directa o indirectamente con ella, la cual, desde el punto de vista sistemático, oficia de puente de enlace, por así decir, entre Platón y Nietzsche.[19]

Mi hipótesis de trabajo en este punto, que espero poder poner a prueba con algo más de detalle en un trabajo independiente,[20] consiste en ver el modo en el que Heidegger intenta apropiarse de Platón, desde la perspectiva del "pensar ontohistórico", no como una novedad completa carente de precedentes, sino, más bien, como el resultado de la actualización y la radicalización, por vía de recontextualización, de motivos que habían estado nítidamente presentes ya en la toma de contacto inicial con el platonismo, desde la perspectiva propia de la "filosofía del valor" lotziano-neokantiana. Como es sabido, Heidegger adhirió firmemente a ella en los tiempos de su mayor aproximación a H. Rickert y E. Lask, entre 1911/1912 y 1916, aproximadamente, es decir, antes de entrar en contacto directo con E. Husserl, a partir de 1916, para comenzar luego a distanciarse crecien-

---

[19] De hecho, en su libro González menciona sólo una vez a P. Natorp (véase González [2009] p. 12) y ninguna a Lotze. En cambio, las referencias a Nietzsche son, como no podría ser de otra manera, recurrentes. Para algunos de los aspectos vinculados con el papel de la "conexión neokantiana", puede verse el muy valioso libro de A. Kim dedicado a la presencia de Platón en Kant, Natorp y Heidegger (véase Kim [2010]). Aunque no se trata de un estudio tan detallado como el de González, su utilidad reside en el hecho de que describe, por así decir, el "viaje" de Platón desde Königsberg a Marburgo, vale decir, de Kant a Natorp y de Natorp a Heidegger. En lo que respecta a Heidegger, la discusión está centrada, sobre todo, en los años de Marburgo y poco más, de modo que no se adentra, pues, en el período posterior al "giro". En tal sentido, El aporte de Kim puede verse como complementario de los de Rosen y González. Para la interpretación neokantiana de Platón, tal como es llevada a cabo, sobre todo, por H. Cohen y P. Natorp, véase Lembeck (1994).

[20] Véase abajo Estudio 11.

temente, hasta llegar a una oposición radical en tiempos cercanos a la finalización de la redacción de *SZ*, más precisamente, ya desde 1925.

Desde el punto de vista de la evolución del pensamiento de Heidegger, la recepción de Platón constituye, pues, un caso singular, en la medida en que puede verse como un movimiento de ida y vuelta en el cual, desde la perspectiva propia del "pensar ontohistórico", se recupera una visión de Platón que, en sus rasgos fundamentales, aparecía originalmente asociada al paradigma interpretativo propio de la "filosofía del valor" lotziano-neokantiana. Lo curioso, por no decir sorprendente, estriba aquí en el hecho de que el drástico cambio de apreciación en lo que concierne a esta última, desde la firme adhesión inicial hasta el radical distanciamiento posterior, no impide la recuperación de una peculiar manera de ver a Platón que, en su origen, remite precisamente a esas mismas tomas de posición iniciales y precarias, que han quedado ya completamente superadas y se tienen ahora por irremediablemente descaminadas. Lo que queda en medio de ambos momentos de vigencia de esa peculiar manera de ver a Platón son, a lo sumo, un par de intentos más bien aislados, en el período que va desde los primeros años de la etapa de Marburgo, a mediados de los años '20, hasta el final del período de transición, a comienzos de los años '30. Como se verá, desde la perspectiva que apunta a la posibilidad de un diálogo productivo con Platón mismo, se trata más bien de oportunidades desperdiciadas, en el sentido de que no dejan secuelas duraderas en el propio pensamiento de Heidegger.

En lo que sigue, daré algunas indicaciones más precisas sobre el modo en el que Heidegger se confronta con Platón, desde la perspectiva propia del "pensar ontohistórico", y luego me referiré a esas pocas oportunidades desperdiciadas. No discutiré, en cambio, de modo independiente la toma de contacto inicial con Platón, en los años de adhesión a la "filosofía del valor" lotziano-neokantiana. Más bien, presentaré lo que debo decir al respecto en inmediata conexión con la consideración de lo que ocurre con Platón en el período posterior al "giro". Comienzo, pues, por esto último.

b) Platón, leído en clave ontohistórica

En los primeros años de formación de Heidegger, Platón no parece haber jugado un papel demasiado relevante, por mucho que Heidegger, como es obvio, nunca ignoró por completo el pensamiento platónico. La primera oportunidad para una toma de contacto profundizada con una cierta forma de platonismo, muy peculiar y hasta extraña, por cierto, la provee, como he sugerido ya, el encuentro con el pensamiento neokantiano de la Escuela Baden, esto es, cuando Heidegger se acerca a Rickert y a Lask. Como lo muestran ya las primeras recensiones sobre lógica de 1913/1914 (cf. *Besprechungen*), Heidegger, cuya tesis doctoral de 1913 estuvo de dedicada al problema de la teoría del juicio en el psicologismo (cf.

LUP), entra en contacto aquí con el núcleo central del debate que tenía lugar en la filosofía de la lógica alemana de la época, situada en el campo de fuerza abierto por la oposición, aparentemente excluyente, entre "operacionalismo", con el consabido peligro de psicologismo, y "platonismo", con el igualmente consabido peligro de hipostasiación metafísica.

Ahora bien, la figura clave, aunque a primera vista relegada al trasfondo, es aquí la de Lotze, cuya "lógica de la validez", altamente influyente, constituye declaradamente una cierta variante de "(neo)platonismo lógico". En efecto, para dar cuenta de la peculiaridad ontológica del ámbito de lo dotado de "validez" (*Geltung, Gelten*), por oposición al ámbito de lo "real" (*Wirklichkeit*) que posee meramente "ser" (*Sein*), Lotze recurre expresamente a la concepción platónica del "mundo de las Ideas" (*Ideenwelt*) (cf. *Logik III*). La introducción lotziana de la noción de "validez" y, en conexión con ella, de la noción de "valor" (*Wert*) pone las bases para el posterior desarrollo de la "filosofía de los valores" neokantiana, tal como la desarrollan Rickert, precedido por W. Windelband, y luego, de otro modo, Lask. Como lo muestra, sobre todo, el escrito de habilitación de 1915 (cf. *Scotus*), Heidegger fue un lotziano convencido durante un buen tiempo, bastante más largo de lo que a primera vista pudiera imaginarse.[21] En todo caso, importa destacar que, a pesar del declarado entusiasmo por Lotze, asociado también a cierta aceptación, no meramente episódica, de algunos motivos de la "filosofía de los valores" de Rickert (por caso, la llamada "vía subjetiva"), Heidegger no adhirió jamás a una forma extrema de "(neo)platonismo lógico". En efecto, Heidegger adoptó muy rápidamente una posición más cercana a la reformulación de la noción lotziana de validez llevada a cabo por Lask, la cual constituye, puede decirse, una reinterpretación de carácter aristotelizante, en la medida en que enfatiza el carácter no-independiente de las estructuras de validez y elabora, sobre esa base, una concepción hilemórfica de la constitución del sentido: la "validez" (*Geltung*), como propiedad de las formas lógico-categoriales, es siempre "validez hacia" (*Hingeltung*), y ello en la medida en que la "forma", en este caso, la lógico-categorial, remite siempre a una determinada "materia", por caso, sensible, que oficia al mismo tiempo como principio de determinación de dicha "forma".[22] De hecho, en una lección dedicada a Platón, que quedó conservada en el legado inédito, el propio Lask critica la concepción platónica –de la cual rescata el hecho

---

[21] Todo indica que, a pesar del encuentro con Husserl ya en 1916, Heidegger siguió, de algún modo, ligado al pensamiento de Lotze hasta su distanciamiento definitivo de la posición de Rickert, en los comienzos de los años '20. Si se tiene en cuenta que ya desde 1912/1913 se advierte la cercanía con la posición lotziano-neokantiana, hay que decir entonces que, en diferentes grados de intensidad y cercanía, la adhesión o la simpatía lotziana se mantuvo durante unos 7 u 8 años, cuando menos.

[22] Para una presentación más amplia de la posición de Lask, me permito remitir a la discusión en Vigo (2006b).

de elevarse hacia el ámbito de lo "transsubjetivo"–, por haber llevado a cabo una indebida "separación" (χωρισμός) de ambos órdenes de realidad, el de lo sensible y el de lo inteligible (cf. *Platon* p. 19 ss.).

Desde este punto de vista, tampoco resulta demasiado sorprendente que, profundizando en la línea aristotelizante abierta por Lask, Heidegger llegue posteriormente, en los años finales de la gestación de *SZ*, a una severa crítica de la "lógica de la validez" lotziana (cf. *Logik* § 9 p. 62 ss.; véase también *SZ* § 33 p. 155 ss.). A ella se une una crítica, incluso más radical aún, de la "filosofía del valor" desarrollada por Windelband y Rickert a partir de Lotze, la cual es vista ahora como una mera "exteriorización" o "enajenación" (*Veräußerlichung*) de la concepción lotziana, que conduce, en definitiva, a lo que sería "la más extrema estación en la decadencia de la pregunta por la verdad" (*die äußerste Station des Verfalls der Frage nach der Wahrheit*) (cf. *Logik* § 9 p. 82). Ello es así, en la medida en que la verdad, cuyo "ser" se concibe como "validez", quedaría ahora transformada ella misma en un "valor", a saber: aquel "valor" al que apuntaría todo acto de conocimiento (*Erkennen*), por medio del juicio (*Urteil*) (cf. p. 82, 84 s.) En su afán sistemático integral, la "filosofía del valor" termina finalmente, explica Heidegger, por convertir a Dios mismo en un "valor", esto es, en el "valor de lo sagrado" (*der Wert des Heiligen*), que sería el "valor supremo" (*der höschte Wert*), lo cual constituye, sin embargo, una verdadera blasfemia, por mucho que los teólogos insistan en proclamarla como una verdad última (cf. p. 85).

Como puede verse, mucho antes ya del "giro", y todavía sin aludir de modo directo a la conexión con Nietzsche en el período posterior al "giro", encontramos ya claramente formulados algunos de los motivos centrales que caracterizan la recepción de Platón, desde la perspectiva del "pensar ontohistórico". En este nuevo contexto de tratamiento, la crítica de la "filosofía del valor" y el motivo antiplatónico vinculado a ella se agudizan, de ser posible, todavía más. Así, por ejemplo, en la famosa lección de introducción a la metafísica de 1935, dentro del apartado dedicado a la discusión de la distinción entre "ser" (*Sein*) y "deber ser" (*Sollen*), Heidegger explica que la irreconciliable escisión entre ambas esferas así distinguidas puede ser rastreada en su origen hasta la así llamada "Teoría de las Ideas" de Platón, con su tesis ontológica básica que pone a la Idea del Bien (ἰδέα τοῦ ἀγαθοῦ) incluso por encima del "ser" (ἐπέκεινα τῆς οὐσίας). En tal sentido, Heidegger explica que a través de la mediación de la concepción de Kant –con su interpretación del "ser del ente" como la "objetividad del objeto", en términos del modelo de objetividad que caracteriza al proyecto físico-matemático de la naturaleza de la Modernidad– la concepción platónica, que veía la Idea como un "arquetipo" (*Vorbild*) dotado de una cierta valencia normativa, reaparece una vez más en el curso del siglo XIX, pero ahora radicalmente transformada y reinterpretada, en los términos propios de una "ontología del valor". Esta peculiar composición de lugar determina, en último término, incluso el pensamiento de Nietzsche, por mucho que éste se comprenda a sí mismo como un crítico radical del platonismo (cf. *EM* p. 149 ss.). Con las modificaciones del caso, la misma crítica radical a la "filosofía del valor" reaparece, una década más tarde, en la "Carta sobre el Humanismo" de 1946, donde el intento por demostrar la así llamada "objetividad de los valores" (*Objektivität der Werte*) es descalificado como vano, por estar basado en una completa ignorancia de sus propios puntos de partida. También aquí, como había ocurrido ya veinte años antes en la lección sobre lógica del semestre de invierno de 1925-1926, el recurso a Dios, concebido como "el valor supremo" (*der höchste Wert*), tal como tiene lugar habitualmente en el marco de este tipo de intento de fundamentación, es descalificado como una lisa y llana "degradación de la esencia de Dios" (*Herabsetzung des Wesens Gottes*). Precisamente, en cuanto lleva a cabo tal degradación de la esencia divina, el pensar en términos de valores (*das Denken in Werten*) constituiría nada menos que "la mayor blasfemia imaginable contra el ser mismo" (*die größte Blasphemie, die sich dem Sein gegenüber denken läßt*) (cf. *BH* p. 345 s.).

Con referencia al trasfondo provisto por este conjunto de conexiones, que desde comienzos de los años '30 constituye ya un patrimonio adquirido, no puede resultar sorprendente que en el escrito de 1940 sobre la concepción platónica de la verdad la concepción de la verdad desarrollada en el siglo XIX, en conexión con el nuevo "pensamiento de los valores", sea caracterizada como el último y, a la vez, el más débil "descendiente" (*Nachkömmling*) del Bien platónico (cf. *PLW* p. 225). Como es sabido, el escrito de 1940 se basa en la lección del semestre de invierno de 1931/1932 sobre la "Alegoría de la caverna" platónica (cf. *WWP* §§ 1-19). Sin embargo, hasta donde puedo ver, la lección de 1931/1932 no contiene todavía una referencia expresa a la conexión entre la concepción platónica del Bien, por un lado, y la "filosofía del valor" surgida en el siglo XIX, por el otro. Más bien, en la discusión de la caracterización platónica de la Idea del Bien, Heidegger se limita a señalar, en este caso, la necesidad de evitar toda falsificación interpretativa del Bien platónico, sea como algo de naturaleza ética o moral, al modo de la ética cristiana y sus derivaciones de corte secular, o bien como un principio lógico o epistemológico (cf. § 12 esp. p. 100). Esto parecería indicar que la más estrecha asociación entre ambos complejos temáticos, tal como se halla en escritos posteriores, debe ser vista ella misma ya como un resultado del "giro" hacia el "pensar ontohistórico".

c) El interregno de las oportunidades perdidas

La última observación referida a la lección de 1931/1932 me permite plantear, por último, y de modo muy breve, la cuestión relativa a los intentos positivos de apropiación de Platón que Heidegger lleva a cabo en los tiempos que cercanos inmediatamente a la publicación de *SZ*. Aunque en esos años la ocupación con

Platón es más bien ocasional, tenemos, al menos, dos ejemplos, altamente aleccionadores.[23]

El primero corresponde a la notable lección del semestre de invierno 1924/1925 sobre el *Sofista* (cf. *Sophistes*). Se trata del primer intento de reencuentro con Platón, una vez producido el traslado a Marburgo en el semestre de invierno de 1923/1924, y tras una larga etapa previa de intensa ocupación con Aristóteles. Considerado a la luz del posterior desarrollo antiplatónico que he presentado más arriba, este notable y fresco reencuentro puede verse, al menos, en cierto sentido, como una oportunidad perdida. Por una parte, es cierto que la lección de 1924/1925 interpreta a Platón a la luz de la problemática aleteiológica que aparece en el libro VI de la *Ética a Nicómaco* de Aristóteles. Y es cierto también que la focalización en la problemática del λόγος, la dialéctica y la cuestión relativa al "ser", así como en el análisis de los fenómenos de la apariencia, la falsedad y el error, da lugar, por primera vez, a una lectura de Platón que no sigue los dictados de una problemática extraña al propio texto platónico. A pesar del inicial encuadre aristotélico de la interpretación ofrecida, Heidegger intenta aquí leer a Platón, por vez primera y poco menos que única, desde sí mismo, es decir, al modo en que estaba acostumbrado a hacerlo también con Aristóteles, y con la misma brillantez para hacer comparecer la "cosa" de la que el texto estudiado habla. El hecho de que en el caso del *Sofista*, como también en el caso del *Teeteto*, se trate de un diálogo en el cual la problemática de las Ideas, en su forma habitual, no está presente o, al menos, no ocupa el centro de la escena, también ayuda, en el sentido indicado. No menos cierto es, sin embargo, que tampoco este estimulante y renovado reencuentro con Platón deja de estar marcado, desde el punto de vista motivacional, por el esfuerzo de distanciarse del neokantismo, que continua ofreciendo un punto de referencia fundamental de la lectura elaborada por Heidegger. Más precisamente, lo que Heidegger tiene aquí en el punto de mira es la interpretación llevada a cabo por P. Natorp, que, en su brillante libro sobre Platón (cf. *PIL*), caracteriza las Ideas platónicas como "hipótesis", en directa conexión con su propia concepción del método científico, dentro de la cual las hipótesis (*Hypothesen*) proveen la forma de las "leyes" (*Gesetze*).

Como es sabido, la lección de 1924/1925 comienza con un obituario (*Nachruf*) para Natorp, que había fallecido muy poco antes, el 17/8/1924. En su recordatorio de Natorp, Heidegger elogia, de un modo no libre de cierta ambivalencia, la "ejemplar unilateralidad" (*beispiellose Einseitigkeit*) de su interpretación de Platón, aunque se encarga de aclarar que la expresión no tiene alcance de reproche. En

---

[23] A los casos de la lección sobre el *Sofista* de 1924/1925 (cf. *Sophistes*) y el seminario sobre el *Parménides* de 1930/1931, que son los únicos que consideraré aquí expresamente, se añade el importante seminario sobre el *Fedro* de 1932 (cf. *Phaidros*), que merecería, en todo caso, una discusión independiente.

efecto, en su interpretación Natorp habría llevado al extremo, explica Heidegger, los principios propios de la escuela neokantiana de Marburgo, pero sin lograr superar jamás sus límites. La notable capacidad de Natorp como intérprete de Platón se pondría de manifiesto, sobre todo, en el hecho de que logró agudizar la conciencia de que no basta el mero dominio de las fuentes, cuando lo que se busca es una adecuada comprensión filosófica, de modo tal que el mejor testimonio en favor de su obra es, precisamente, el haya podido encontrar oposición que la contradice (cf. *Sophistes* p. 1), vale decir, precisamente el tipo de contra-interpretación que el propio Heidegger se propone desarrollar en la lección. Aunque se podría abundar aquí en no pocos aspectos de detalle, baste, pues, con esta simple indicación, para mostrar que tampoco en el caso de la lección de 1924/1925 está ausente, en modo alguno, la "conexión neokantiana", al menos, como elemento fundamental del contexto polémico en el cual se inscribe la interpretación de Heidegger. Se trata, en efecto, de poner frente al "Platón de Marburgo" una interpretación que ponga de relieve la esencial inadecuación de toda lectura de la concepción platónica en clave epistemológica, es decir, en clave de teoría de la ciencia. Sin embargo, el posterior desarrollo de la confrontación de Heidegger con Platón no muestra, como se vio, la persistencia de esta línea de trabajo, más allá del hecho innegable de que también la interpretación del *Teeteto* en la lección de 1931/1932 revela la misma intención de desactivar toda posible de lectura en clave epistemológica. Lo cierto es que la interpretación del *Teeteto* queda inserta ella misma, desde el comienzo, en el marco general provisto por la lectura de la "Alegoría de la caverna", al hilo de la tesis referida a la transformación histórica de la ἀλήθεια en mera corrección (*Richtigkeit*) del representar (*Vorstellen*), transformación que alcanzaría su primer punto de inflexión decisivo, precisamente, en la concepción platónica.

El segundo caso de un intento de apropiación positiva del pensamiento platónico viene dado por el seminario sobre el *Parménides* del semestre de invierno de 1930/1931 (cf. *PP*). Lamentablemente, la versión de *Gesamtausgabe* no toma en cuenta las notas de H. Marcuse, conservadas en el archivo de Marcuse que se halla en Frankfurt (cf. *PPM*). En un excelente artículo de 2007 J. Backman había llamado la atención sobre la importancia de las notas de Marcuse, que son bastante más extensas que las publicadas, y que demuestran, además, que la anunciada continuación del seminario en el semestre de verano de 1931 efectivamente tuvo lugar.[24] Lamentablemente, nada de esto ha sido considerado en la edición de la *Gesamtausgabe*, publicada en 2012. El asunto reviste importancia en el presente contexto, porque afecta de modo directo al punto más relevante a los fines de lo que pretendo señalar, a saber: la interpretación por parte de Heidegger del pasaje

---

[24] Véase Backman (2007). Para una excelente discusión de conjunto de la interpretación que Heidegger elabora en el seminario véase ahora González (2019).

en el cual Platón discute la noción temporal clave del "de repente" (τὸ ἐξαίφνης). En efecto, también en este punto las notas de Marcuse son bastante más extensas y precisas que las contenidas en la versión publicada (cf. *PPM* p. 12-15; véase también *PP* p. 34). El tratamiento del "de repente" queda enmarcado en la discusión de la tercera hipótesis sobre lo uno y lo múltiple (cf. *Parménides* 155e4-157b5), que, a juicio de Heidegger, constituye el genuino centro especulativo del diálogo, como un todo. Según Heidegger, con su interpretación de la "esencia del ser" (*Wesens des Seins*) como "cambio", en el sentido de μεταβολή, y del "cambio", a su vez, en términos del "de repente", como "instante" (*Augenblick*) que no está en el tiempo (χρόνος) (cf. *PPM* p 12 s.), Platón atisba una manera de comprender el "ser" que supera los límites de la ontología griega de la presencia. Según Heidegger, en la discusión de la tercera hipótesis del *Parménides*, Platón llega nada menos que hasta "el punto más profundo hasta el cual la metafísica occidental haya avanzado jamás" (*der tiefste Punkt, bis zu dem die abendländische Metaphysik je vorgestossen ist*). Se trata, explica Heidegger, de "el avance más radical en el problema del ser y el tiempo" (*der radikalste Vorstoss in das Problem von Sein und Zeit*), un avance que Aristóteles, más que acoger (*aufgefangen*), en rigor detiene (*abgefangen*) (cf. *PPM* p. 15). La versión publicada no conserva casi nada de esto, pero en el brevísimo resumen del punto impreso en ella se lee que la "juguetona contribución" (*spielerischer Beitrag*) de Platón sobre el problema del tiempo, al hilo de la interpretación del "de repente", da testimonio del hecho de que en toda genuina filosofía (*echte Philosophie*) lo esencial (*das Wesentliche*) queda separado solamente por un "*un* paso" (*ein Schritt*) o una "vuelta" (*Wendung*) de lo más pobre (*das Ärmste*) y lo desgastado (*das Abgegriffene*), y que todo lo desgastado tiene su propio "gran giro escondido" (*ihre grosse verborgene Kehre*) (cf. *PP* § 11 p. 34).

Como se echa de ver, Heidegger apunta aquí a una nítida contraposición entre lo que puede llamarse la ontología del "Platón posible", tal como es atisbada en el tratamiento del "de repente", por un lado, y la ontología del "Platón realmente existente", que no es otro que el Platón de la ontología de la presencia, propia de la tradición metafísica, por el otro. Desde este punto de vista, puede decirse que la interpretación del seminario sobre el *Parménides* de 1930/1931 se halla en evidente tensión con la interpretación de la lección de 1931/1932 sobre la concepción platónica de la verdad, en la medida en que esta última sitúa a Platón en el punto mismo de inflexión entre la concepción originaria de la verdad como ἀλήθεια y la posterior concepción, meramente derivativa y desfiguradora, que reduce la verdad a la ὀρθότης, es decir, a la mera "corrección" del "representar". Como lo muestra ya la mera secuencia temporal de ambos textos, la tensión se resuelve muy pronto en favor de la segunda manera de comprender a Platón.[25]

---

[25] Hasta donde alcanzo a ver, el seminario sobre el *Fedro* de 1932 comparte la orientación de la lección de 1931/1932, al menos, en lo que concierne a la interpretación de la ontología platónica,

La razón me parece bastante obvia, a saber: tal es la única posibilidad interpretativa que resulta compatible con el emplazamiento que corresponde a Platón en la narrativa de conjunto sobre la "historia del ser" que trae consigo el "pensar ontohistórico". El posterior tratamiento de Platón y el platonismo en obras como *Beiträge* y *Besinnung* muestra con total claridad hasta qué punto tuvo lugar aquí un consecuente abandono de las posibilidades abiertas por las interpretaciones llevadas a cabo en la lección sobre el *Sofista* y, sobre todo, en el seminario sobre el *Parménides*.[26]

5. A modo de conclusión

A la luz de los tres casos estudiados, queda suficientemente claro que el "giro" hacia el "pensar ontohistórico", con el drástico cambio de perspectiva que supone, trae consigo también un modo nuevo y radicalmente transformado de abordar la historia del pensamiento ontológico precedente. Desde los tiempos anteriores a la publicación de *SZ* y hasta las obras del período de transición, a comienzos de los años '30, inclusive, la estrategia hermenéutica elaborada por Heidegger para tratar con los principales filósofos de la tradición, había consistido en oponer a la interpretación más habitual, deudora de la ontología de la presencia propia de la tradición metafísica, una interpretación polarmente opuesta, que enfatiza aquellas virtualidades, normalmente pasadas por alto, que apuntan en la dirección de una posible superación del estrechamiento de la idea del "ser" resultante de su indebida identificación con la "constante presencia" (*ständige Anwesenheit*). Tal es el caso, al menos, con autores como Aristóteles y Kant, que proveen puntos centrales de referencia de la concepción de *SZ*. La forma general de la estrategia hermenéutica así elaborada puede resumirse en la fórmula "*con* el X posible *contra* el X realmente existente", más precisamente: "*con* el Aristóteles posible (*vgr.* el filósofo de la sabiduría práctica que provee una tematización indirecta de las categorías de la vida fáctica) *contra* el Aristóteles realmente existente (*vgr.* el filósofo de la sustancia, fundador del sustancialismo esencialista de la tradición metafísica)", "*con* el Kant posible (*vgr.* el que busca el fundamento de la metafísica en la trascendencia finita y avista la función del tiempo como horizonte de la comprensión del "ser") *contra* el Kant realmente existente (*vgr.* el epistemólogo

---

en tanto basada en la distinción entre lo sensible y lo ideal. A este respecto, véase, p. ej., las observaciones sobre la captación de la esencia, la "separación" (χωρισμός) y el papel mediador del alma en *Phaidros* §§ 48-50; véase también la referencia a la οὐσία como "lo que está disponible como presente ante los ojos" (*das vorhanden Verfügbare*) en § 55.

[26] Véase *Beiträge* esp. §§ 109-110; §§ 208-209; § 211; §§ 231-234; véase también *Besinnung* esp. § 37, § 48, § 63 p. 177; § 71 p. 242 s.; § 75; § 112; § 115; § 117 p. 388; § 128.

antimetafísico preocupado primariamente de la fundamentación de la ciencia natural)". Como se ha visto, incluso en el caso de Platón, aun sin haber jugado un papel de igual importancia en aquellos tiempos, tenemos indicios claros de algún intento por aplicar este mismo esquema interpretativo. Así ocurre, por caso, allí donde se contrasta el "Platón realmente existente", que no es otro que el filósofo "idealista" de la tradición metafísica, con el "Platón posible", que es aquel que juguetona y, a la vez, seriamente considera la posibilidad de entender el "ser" en términos de "cambio" y el tiempo como "instante", a partir del "de repente".

Pues bien, esta peculiar política de alianzas, dominante en el modo de entender la "destrucción" en el período anterior al "giro", queda definitivamente abandonada con la irrupción y la posterior consolidación del "pensar ontohistórico". Las interpretaciones elaboradas con base en ella son retiradas ahora como insatisfactorias, inadecuadas o incluso simplemente falsas, desde el punto de vista puramente *histórico*, aunque se reivindica todavía, al menos en algunos casos, su función positiva, desde el punto de vista propiamente *historial*. La paradójica consecuencia es que dichas interpretaciones, altamente creativas y a veces incluso fascinantes como eran, quedan ahora suplantadas por otras diferentes, que en no pocos casos terminan aproximándose, a veces, en gran medida, a las interpretaciones tradicionales previamente rechazadas. La sola diferencia es que las nuevas interpretaciones ofrecidas por Heidegger aparecen asociadas a toda una amplísima narrativa de conjunto referida a la "historia del ser", que da expresión a lo que sería la perspectiva más propia del "pensar ontohistórico". Por lo mismo, el reclamo de originalidad y radicalidad queda vinculado ahora, de modo exclusivo, con esta nueva perspectiva historial, de corte, por así decir, metafilosófico. Como es fácil advertir, es precisamente este expediente el que permite a Heidegger sostener todavía su pretensiones superadoras respecto de toda hermenéutica meramente histórica, incluso allí donde las nuevas interpretaciones ofrecidas en el marco de la narrativa de la "historia del ser" terminen por llevar a cabo lo que no es más que una reposición, cuando menos parcial, pero a veces incluso total, de las tesis propias de interpretaciones tradicionales que previamente habían sido rechazadas.

Con todo, sería un error suponer que el "giro" hacia el "pensar ontohistórico" trajo consigo, desde un primer momento, la clara conciencia de la necesidad de abandonar toda política de alianzas, en el plano de la interpretación histórica, animada por una vocación historial. Por el contrario, la hermenéutica basada en el esquema de los "dos comienzos" del pensar occidental da lugar, en un primer momento, a una búsqueda aún más radicalizada en dirección del "primer comienzo", una búsqueda que pretende remontarse, por detrás de todo pensar metafísico, hasta los albores mismos de una experiencia originaria de la "verdad del ser", en su carácter irreductible de acontecimiento, que la conserve como tal y la traiga a la expresión en el pensar. El creciente protagonismo que adquieren algunas de las figuras principales de la filosofía presocrática, tales como Heráclito, Parménides y Anaximandro, en el ulterior desarrollo del "pensar ontohistórico", da claro testimonio de la persistencia del intento por aferrar históricamente aquello a lo que apunta la narrativa historial elaborada al hilo de la idea de la "verdad del ser". Para constatar el abandono de toda esperanza histórica de vocación historial hay que esperar hasta la famosa retractación de 1964, en la que Heidegger reconoce finalmente que los griegos, aunque dispusieron de la palabra ἀλήθεια, no tuvieron, en cambio, la experiencia misma de la ἀλήθεια, entendida como lo que el propio Heidegger denomina el "claro" (*Lichtung*). Dicha experiencia sólo puede ser ella misma una experiencia pensante. Sin embargo, aunque la ἀλήθεια fue ciertamente nombrada al comienzo mismo de la filosofía (Parménides), luego no fue nunca pensada propiamente como tal (cf. *Ende* p. 84 ss.).

Así pues, cuando se considera el conjunto del desarrollo del pensar heideggeriano, se impone naturalmente la constatación curiosa, y también algo amarga, de que su destino final, si es que se puede hablar así en el caso de un pensar que se pretende siempre transeúnte, no puede ser otro que el de la más completa y abismal soledad histórica, y ello precisamente en virtud de la vocación radicalmente historial que preside su desarrollo desde los tiempos del "giro". Queda abierta la pregunta de si aquí ha de verse un documento fidedigno de la grandeza de un pensar de rango difícilmente igualable, o más bien la revelación final y más nítida de aquello en lo que reside su miseria más celosamente escondida. No resulta absurda la sospecha, me parece, de que algo puede haber de ambas cosas.

Estudio 6
Ser libre y dejar en libertad.
Sein und Zeit y la reformulación aleteiológica de la cuestión de la libertad

1. Introducción

Como nadie ignora, tras la publicación de *SZ* en 1927 y hasta comienzos de los años '30 el pensamiento de Heidegger entra en una fase que, desde la óptica de lo que ocurre poco después con ocasión del famoso "giro" (*Kehre*) y la aparición del llamado "pensamiento ontohistórico" (*seinsgeschichtliches Denken*), bien podría llamarse "de transición", al menos, si se toma la expresión en un sentido que no enfatice demasiado las connotaciones negativas que, a primera vista, pudiera sugerir. Se trata, en efecto, de un período en el cual las inseguridades acerca del camino a seguir de allí en más se acrecientan y llegan muy pronto a jugar un papel determinante. Pero ello no impide, sino que, más bien, explica en buena medida el derroche de creatividad y la redoblada radicalidad que exhiben los escritos que Heidegger produce en esos pocos años, en una sucesión de esfuerzos que, por su combinación de intensidad y concentración, resultan asombrosos.

Ahora bien, en la secuencia que va desde la lección del semestre de verano de 1927 sobre los problemas fundamentales de la fenomenología (cf. *Grundprobleme*) hasta el escrito sobre la esencia de la verdad de 1930 (cf. *WW*) –pasando por obras tan importantes como la lección sobre Leibniz del semestre de verano de 1928 (cf. *MAL*), el escrito sobre la esencia del fundamento de 1929 (cf. *WG*), el *Kant-Buch* (cf. *Kant*), publicado el mismo año, y la lección sobre los conceptos fundamentales de la metafísica del semestre de invierno 1929-1930 (cf. *GBM*)–, hay toda una serie de temas, problemas y motivos que, aunque presentes ya siquiera de modo incoado en desarrollos precedentes, adquieren un nuevo protagonismo, que los sitúa en el centro mismo de la atención. Al círculo de estos nuevos focos de interés pertenece, en lugar destacadísimo, la temática vinculada con la noción de libertad (*Freiheit*), tal como Heidegger busca reelaborarla a partir de la conexión con lo que en los escritos que siguen inmediatamente a *SZ* denomina la "trascendencia" (*Transzendenz*) del *Dasein* y dentro de un contexto de tratamiento que queda demarcado por la referencia a la noción de verdad (*Wahrheit*), que, tomada en el sentido radicalizado que Heidegger extrae de la expresión griega ἀλήθεια, pretende señalar el centro mismo de la problemática filosófica, en su conjunto.

En tal sentido, no puede resultar demasiado sorprendente el hecho de que una parte muy importante de los esfuerzos llevados a cabo por Heidegger en los escritos de la época esté destinada a lo que puede caracterizarse como un intento de reformulación en clave estrictamente *aleteiológica* de la temática vinculada con la noción de libertad. Como nadie ignora, la cuestión de la libertad había jugado un papel central ya en la tradición metafísica, especialmente, desde el Medioevo en adelante, y había alcanzado su protagonismo más destacado en el pensamiento de Kant y, sobre esa base, también en el Idealismo Alemán. Sin embargo, la cuestión de la libertad, piensa Heidegger, no pudo ser desplegada con la radicalidad que ella misma demanda, por no haber podido ser reconducida a su dimensión más originaria, y ello, sobre todo, en razón de la orientación fundamentalmente *arqueológica* del modo de pensar imperante en la propia tradición metafísica. En los mismos años en los que Heidegger se plantea la necesidad de una superación de la metafísica, por así decir, desde dentro, sobre la base de lo que por un tiempo denominó una "metafísica del *Dasein*",[1] la noción de libertad adquiere, pues, un protagonismo que no había tenido hasta entonces. Ello es así, en la medida en que proporciona una suerte de nuevo hilo conductor en el esfuerzo por radicalizar la problemática que constituye el núcleo especulativo de la concepción aleteiológica esbozada en *SZ* y por desplegar así hasta el límite las posibilidades que ella ofrece.

Como se sabe, Heidegger no tardó demasiado en llegar a convencerse de que tal límite se situaba, en rigor, mucho más cerca de lo esperado inicialmente y abandonó así muy pronto la idea de poder alcanzar por esa vía lo que se proponía. En términos del lenguaje que el propio Heidegger emplearía posteriormente para describir el *impasse* que se produjo a comienzos de los años '30, lo que se puso incontrastablemente de manifiesto a poco de internarse por el camino emprendido fue ni más ni menos que el hecho de que la "superación de la metafísica" (*Überwindung der Metaphysik*) no podía llevarse a cabo, en modo alguno, *desde* la propia metafísica. En efecto, lejos de hacer posible la superación buscada, todo intento de proceder a partir de la propia metafísica no hacía más que nivelar y, en definitiva, bloquear las posibilidades originarias que, presentes siquiera de modo germinal ya en la concepción de *SZ*, señalaban en la dirección de lo que Heidegger llama un "pensar del comienzo" (*das anfangende Denken*). Lo que éste busca aproximar es, precisamente, la posibilidad de "un comienzo completamente diferente" (*ein ganz anderer Anfang*) de la "historia del ser" (*Seynsgeschichte*)". En tanto centrado en la "verdad del ser" (*Wahrheit des Seins*), dicho "pensar del comienzo" ya no constituye un modo de pensar que pudiera considerarse, como tal, "meta-

---

[1] Una iluminadora discusión de conjunto de los intentos llevados a cabo por Heidegger en torno de la idea de una "metafísica del *Dasein*", en los años que siguen inmediatamente a la publicación de *SZ* (1927-1930), se encuentra en Jaran (2010). Además de los aspectos vinculados con la temática de la trascendencia del *Dasein* hacia el mundo y el ente "en totalidad", que gana protagonismo en los escritos de la época, Jaran considera también la conexión que el proyecto de una metafísica del *Dasein* guarda con la problemática propia de la antropología filosófica. Sobre este último aspecto, véase también la discusión en Jaran (2012) esp. p. 15-36.

físico" (cf. *Besinnung* § 20 p. 88 s.; véase también § 116 p. 386 s.). En tal sentido, explica Heidegger, todo intento de hacer visible, a partir de la metafísica misma (*aus der Metaphysik her*), aquello que bien puede denominarse la "meta-metafísica" (*die Meta-Metaphysik*) debe necesariamente fracasar (cf. § 109 p. 377).[2]

Como quiera que fuere, el admitido fracaso del intento llevado a cabo en esos breves e intensos años en nada cambia el hecho de que los esfuerzos a los que tal intento dio lugar hayan podido proporcionar frutos que, por su penetración filosófica y su vigor especulativo, se cuentan, sin duda alguna, entre los más selectos dentro de la amplísima y variada cosecha que produjo el pensamiento heideggeriano a lo largo de su intrincado desarrollo. La puesta en el centro del interés de la caracterización de la trascendencia del *Dasein* en términos de libertad proporciona un impulso nuevo y más decidido a la dinámica de radicalización de la aleteiología que animaba desde sus entrañas el pensamiento heideggeriano ya desde los tiempos de gestación de *SZ*. Como lo muestra de modo especialmente nítido el tratamiento de *WG*, Heidegger logra internarse de este modo por caminos prácticamente inexplorados, que le facilitan un acceso nuevo, en clave estrictamente aleteiológica, incluso a aquello que podría considerarse el bastión inexpugnable del pensamiento arqueológico tradicional, esto es, la problemática demarcada por las nociones de fundamentación (*gründen*, *begründen*) y fundamento (*Grund*). Sobre la base del enfoque así practicado, las nociones de libertad, fundamento y verdad quedan puestas de manifiesto en su esencial copertenencia, que remite a su común enraizamiento en la trascendencia del *Dasein*.[3]

De modo complementario, también la concepción arqueológica tradicional de la libertad, que busca comprenderla como un tipo peculiar de causa, es sometida a un implacable escrutinio crítico, que detecta sus límites infranqueables y pone así de relieve su alcance puramente derivativo, que, como tal, le impide hacer debida justicia al carácter originario del fenómeno que pretende tematizar. Es lo que Heidegger lleva a cabo en la notable lección del semestre de verano de 1930 dedicada a la esencia de la libertad humana, al hilo de una amplia discusión

---

[2] En estas instructivas consideraciones autocríticas contenidas en *Besinnung* Heidegger tiene en vista, sobre todo, la interpretación de Kant presentada en el *Kant-Buch* de 1929 (cf. *Kant*) y la posición elaborada en la conferencia del mismo año sobre la cuestión de qué es metafísica (cf. *WM*). En un sentido comparable, véase también las explicaciones ofrecidas en *Beiträge* § 134 p. 253 s. Para una discusión algo más amplia de estas conexiones, véase Estudio 8.

[3] Para el desarrollo de esta temática en la secuencia de escritos que va de *GBM* hasta *WW* pasando por *WG*, me permito remitir a la discusión que he ofrecido en Vigo (2003). Una penetrante reconstrucción de conjunto de la concepción heideggeriana de la libertad, en conexión sistemática con la reinterpretación de la noción de fundamento, se encuentra ahora en Schmidt (2015). Para el desarrollo del concepto de libertad en los escritos de los años 1927-1930, véase también la buena discusión en Guignon (2011).

de la concepción kantiana, tomada como ejemplo paradigmático de una concepción de la libertad de orientación fundamentalmente causal (cf. *WMF*).[4]

Como se vio, en las consideraciones autocríticas de la segunda mitad de los años '30 antes citadas, Heidegger manifiesta la pretensión de incorporar la concepción de *SZ*, por la vía de lo que constituye una notoria reinterpretación de su alcance original, al ámbito del así llamado "pensar del comienzo". A mi modo de ver, no puede haber serias dudas de que, al menos, en el modo en el que allí la formula, tal pretensión se inscribe en el marco de las estrategias de transformación y estilización a las que Heidegger recurre habitualmente, a la hora de dar cuenta retrospectivamente del desarrollo de su propio pensamiento. Desde el punto de vista histórico y filológico, todo indica que en los tiempos de *SZ* Heidegger estaba aún bastante lejos de poder avistar propiamente la dimensión a la que apunta su propio pensamiento en los tiempos del famoso "giro". Pero, como es obvio, esto no supone, en modo alguno, negar la presencia de factores de continuidad y de elementos cuyo despliegue permite explicar aspectos importantes del desarrollo que conduce finalmente a la adopción de la perspectiva propia del pensamiento ontohistórico. Tal es también el caso en lo que concierne, más concretamente, a la problemática vinculada con la noción de libertad.

En lo que sigue, y a modo de complemento de lo expuesto en los trabajos antes citados dedicados a los escritos del período de transición, me propongo realizar una tarea bastante más acotada. Me limitaré a considerar algunos de los motivos más importantes que, dentro la concepción que Heidegger desarrolla en *SZ*, apuntan ya en la dirección de una posible reformulación aleteiológica de la cuestión de la libertad, tal como ésta tiene lugar posteriormente en los escritos del período de transición. Más concretamente, consideraré los momentos estructurales que, en el contexto del análisis del "ser en el mundo", Heidegger denomina el "ser libre" (*Freisein*) y el "dejar en libertad" o, si se prefiere, el "poner en libertad" (*freigeben*, *Freigabe*). Como se verá, se trata de aspectos complementarios, dentro de una concepción unitaria, que caracterizan, respectivamente, el acceso que el *Dasein* tiene a sí mismo y su propio ser, por un lado, y al ente intramundano y su ser, por el otro.[5] Por razones de conveniencia expositiva, tras una muy breve presentación general del esquema a seguir en la interpretación (sección 2), comenzaré con el momento del "dejar (poner) en libertad" (sección 3) y conside-

---

[4] Para una presentación de conjunto del tratamiento de Kant elaborado en la lección y una valoración de sus motivaciones principales, véase arriba Estudio 1.

[5] La importancia de los momentos del "ser libre" y el "dejar (poner) en libertad", para dar cuenta del modo en el que ya la concepción de *SZ* pone las bases para el posterior desarrollo de la problemática de la libertad, a menudo, no ha sido debidamente reconocida en la investigación especializada. Una calificada excepción se encuentra ahora en el citado trabajo de Guignon, cuya interpretación presenta una orientación afín, en aspectos importantes, a la que se propone aquí (véase Guignon [2011]).

raré, a continuación, el momento del "ser libre" (sección 4). Sobre esa base, discutiré luego los aspectos principales del fenómeno que puede caracterizarse como la "liberación del otro (que es como el *Dasein*) en su ser", a través del correspondiente modo de trato con él (sección 5). Para concluir (sección 6), añadiré brevemente algunas observaciones de carácter sistemático, que apuntan a recalcar también el aporte de la concepción de *SZ* al desarrollo posterior del programa de reformulación integral de la cuestión de la libertad, en los términos que exige el programa aleteiológico que Heidegger tiene en vista.

2. "Estado de abierto", verdad y libertad

En el marco de la ontología fundamental elaborada en *SZ*, la conexión entre "trascendencia" y "libertad" no aparece todavía en el centro de la atención. De hecho, Heidegger no concede aquí a la noción de trascendencia el rango de una caracterización formal de la estructura misma de la "existencia" (*Existenz*), entendida ésta como un "ser en el mundo" (*In-der-Welt-sein*) (cf. §§ 12-13), en el modo de un "tener que ser" (*Zusein*) que es "en cada caso mío" (*je meines, Jemeinigkeit*) (cf. § 9). Ciertamente, como se verá más abajo, la noción de trascendencia aparece empleada ya en *SZ* en diversos contextos donde lo que está en el centro del interés es la estructura de ser del *Dasein*, pero no llega a formar parte todavía de lo que pudiera considerarse una terminología técnica consolidada, como ocurrirá posteriormente.

Como nadie ignora, en el marco de la analítica existencial de *SZ*, la noción que ocupa el centro de la escena es, más bien, la del "estado de abierto" (*Erschlossenheit*) del *Dasein*. Por medio de ella Heidegger designa terminológicamente aquella estructura existenciaria fundamental en la cual reside "el fenómeno más originario de la verdad" (*das ursprünglichste Phänomen der Wahrheit*). Ello es así, en la medida en que "el estado de abierto" del *Dasein* provee el fundamento tanto de todo posible modo de su "ser descubridor" (*Entdeckend-sein*) por referencia al ente intramundano, como también, correlativamente, de todo posible modo del "estado de descubierto" (*Entdecktheit*) del ente intramundano mismo, vale decir: no sólo en el plano correspondiente al acceso predicativo (*vgr.* verdad del enunciado), sino también en el plano correspondiente al acceso antepredicativo al mundo, ya sea en el modo del comportamiento teórico-constativo respecto de lo dado meramente "ante los ojos" (*vorhanden*), o bien, antes todavía, en el modo del trato práctico-operativo con lo que es "a la mano" (*zuhanden*) (cf. § 44 b) esp. p 220 s.). Ahora bien, aunque el "estado de abierto" del *Dasein*, como el fenómeno más originario de la verdad, no es caracterizado él mismo en *SZ* en términos de la noción de libertad, ésta aparece vinculada, en dos direcciones diferentes, con los dos aspectos ya mencionados, constitutivos del acontecimiento integral de carácter veritativo-manifestativo, es decir, alético, que tiene lugar sobre la base del propio "estado de abierto", a saber: por un lado, en dirección del ente intramundano y de su ser, que es lo que tiene en vista el empleo heideggeriano de la noción del "dejar (poner) en libertad"; por otro lado, en dirección del propio *Dasein* y de su ser, a lo cual apunta el empleo del "ser libre" del *Dasein*. Veamos, pues, el modo en el que Heidegger trata cada uno de estos dos aspectos.

3. "El dejar (poner) en libertad"

Como se dijo ya, Heidegger recurre a la noción "dejar (poner) en libertad", en la forma sustantiva de la "puesta en libertad" (*Freigabe*), en conexión con la caracterización del ser del ente intramundano, tal como éste se muestra en su modo primario de venida a la presencia como "a la mano", en términos de la noción de "conformidad" (*Bewandtnis*) (cf. § 18).[6] En tal sentido, Heidegger enfatiza que es en y a través del trato práctico-operativo como el ente "a la mano", designado terminológicamente como el "útil" (*Zeug*) (cf. § 15 p. 68 s.), despliega su ser, justamente, como "a la mano". Según esto, *en* el hacer tal o cual cosa (*beim* + infinitivo) con algo (*mit* + sustantivo) impera siempre ya "conformidad" *con* eso mismo con lo cual se trata, en un modo específico y, como tal, ónticamente determinado del trato práctico-operativo. Así, por ejemplo, es en y a través del martillar como el martillo puede desplegar su propio ser como el peculiar ente "a la mano" que es (*vgr.* un martillo), pero también, al mismo tiempo, como ente "a la mano", sin más. Esta estructura del "en... con..." (cf. p. 84: "*mit... bei...*"), constitutiva de la "conformidad", señaliza, pues, el peculiar tipo de fenómeno de "adecuación", de carácter no cognitivista y no tematizante, que Heidegger tiene aquí en vista.

El punto central de la posición de Heidegger reside, como nadie ignora, en la tesis de que dicha forma específica de adecuación, que acaece en el modo de la "conformidad" *con* el ente "a la mano" *en* el trato práctico-operativo con él, sólo puede tener lugar, como tal, sobre la base de una previa comprensión, de carácter esencialmente proyectivo, del ser del ente "a la mano", la cual "abre" originariamente, por así decir, dicho ente *en su ser*. Para recalcar justamente este aspecto originario de comprensión (pre)ontológica, que es condición de posibilidad de toda forma ónticamente determinada de apropiación de lo que es "a la mano"

---

[6] Para el concepto de "puesta en libertad" (*Freigabe*) y su conexión con la noción de "conformidad" (*Bewandtnis*) en el § 18 de *SZ*, véase el comentario en von Herrmann (2005) p. 166 ss. Una buena discusión de algunas de las implicaciones filosóficas del concepto heideggeriano de "puesta en libertad" se encuentra en Figal (1988) p. 84 ss.; con relación a la interpretación de Figal véase también las observaciones en Schmidt (2015) p. 45 ss. Sobre esta misma base, Figal ha desarrollado posteriormente su propia noción de lo que denomina la "libertad de las cosas" (*Freiheit der Dinge*) (véase Figal [2006] p. 196 ss.).

como "a la mano", Heidegger habla aquí de una "previa puesta en libertad" (*vorgängige Freigabe*) (cf. p. 83), del ente "a la mano", en su "ser a la mano" (*Zuhandenheit*). En su carácter proyectivo y, como tal, anticipativo, el "dejar (poner) en libertad" no representa, en modo alguno, una suerte de "construcción" del ser del ente intramundano, en tanto "a la mano". Por el contrario, instaura originariamente el "espacio" dentro del cual puede tener lugar todo genuino atenerse al ente, tal como éste se muestra en y desde sí mismo. Aquí reside, pues, como Heidegger mismo lo marcará posteriormente con creciente nitidez, uno de los puntos de partida para dar cuenta, en general, de la posibilidad del hecho elemental de que el ente intramundano aparezca, en sus distintos modos de presentación a través de los correspondientes modos de acceso, investido del carácter propio de aquello que resulta "vinculante" (*verbindlich*). Y, de hecho, en los escritos del período de transición, en conexión inmediata con el nuevo protagonismo que adquieren las nociones de trascendencia y libertad como caracterizaciones del ser del *Dasein*, Heidegger pone las bases para lo que podría llegar a constituir, en último término, una reconstrucción integral, de carácter estrictamente aleteiológico, de la problemática conectada con el fenómeno de la "vinculatividad" (*Verbindlichkeit*), en sus diversas posibles formas.[7]

Ahora bien, si cualquier forma ónticamente determinada de apropiación comprensiva de tal o cual ente "a la mano", a través del trato práctico-operativo, sólo resulta posible, como tal, sobre la base de una *previa* "puesta en libertad" de dicho ente, en su "ser a la mano", entonces se sigue, a juicio de Heidegger, que, ontológicamente considerada, la "conformidad", que constituye el ser propio del ente intramundano, en cuanto intramundano, debe verse como una estructura del carácter de lo que él mismo denomina un "perfecto apriorístico" (*apriorisches Perfekt*): la "conformidad" tiene lugar e impera, en cada caso, en el modo de un "haber dejado siempre ya conformar(se)" (*Je-schon-haben-bewenden-lassen*). El "dejar conformar(se)" (*Bewendenlassen*) tiene la forma, pues, de una previa "puesta en libertad" del ente *hacia* su "ser a la mano", dentro del mundo circundante (*vorgängige Freigabe des Seienden auf seine innerumweltliche Zuhandenheit*) (cf. p. 85). En tal sen-

---

[7] Para algunos de los motivos principales en el tratamiento heideggeriano del fenómeno de la vinculatividad (*Verbindlichkeit*) remito a la discusión en Vigo (2003) p. 174-187, donde se considera, en particular, los aportes contenidos en *GBM* y *WG*. Véase también las muy buenas discusiones en Schmidt (2015) p. 82-97, quien considera la problemática de la vinculatividad sobre todo a partir de los desarrollos contenidos en escritos como *MAL* y *WG*, y en Guignon (2011) p. 96-105, que pone en el centro de la atención la conexión con la temática del fundar, a la luz de la idea de la libertad como "fundamento del fundamento" (*Grund des Grundes*), tal como Heidegger la elabora en *WG* (cf. p. 171). Una lúcida reconstrucción de la posición de Heidegger en torno a las fuentes existenciales de la normatividad, en diálogo con algunas de las concepciones más influyentes en la discusión contemporánea (*vgr.* C. Korsgaard), se encuentra en Crowell (2013) esp. caps 11-13, cuyos aportes combinan de modo admirable la incisividad exegética y la productividad filosófica.

tido, la previa apertura del contexto total de significatividad del mundo (cf. § 16) aparece ella misma como condición de posibilidad de la "puesta en libertad" del ente intramundano hacia su propio ser, la cual constituye, a su vez, una condición de posibilidad de toda apropiación significativa de dicho ente, tal como tiene lugar en y a través del trato práctico-operativo. Por otro lado, en la medida en que todo posible modo de acceso al ente intramundano se funda, en último término, en el "estado de abierto" del *Dasein*, éste, como el fenómeno más originario de la verdad, aparece, al mismo tiempo, como la condición última de posibilidad de toda "puesta en libertad" del ente intramundano en su ser, en y a través de tal o cual modo de acceso. Así vistas las cosas, es la "puesta en libertad" del ente intramundano en su ser "a la mano" la que se funda en la "verdad" como "estado de abierto" del *Dasein*, y no viceversa, pues es el *Dasein*, en tanto constituido por el "estado de abierto", el que instaura de modo originario el espacio donde puede acontecer la mostración del ente intramundano como "a la mano", y ello, justamente, en la medida en que lo deja venir a la presencia en su conformidad, es decir, en la medida en que lo "deja conformarse" (*bewenden lassen*).

Un detalle aparentemente menor, pero, a mi parecer, altamente significativo, desde el punto de vista sistemático, reside aquí en el hecho de que Heidegger no se vale de la noción de "puesta en libertad", cuando tematiza el acceso puramente teórico-constatativo que descubre el ente intramundano en su mero "ser ante los ojos" (*Vorhandenheit*), al menos, no del mismo modo ni con el mismo alcance que en el caso del "ser a la mano". Ello es así, muy a pesar de que también en este caso el acceso al ente intramundano viene posibilitado por una previa comprensión, de carácter esencialmente proyectivo, de su ser. Pues bien, todo parece indicar que el hecho señalado, lejos de ser meramente casual, guarda correspondencia con el énfasis puesto, en el contexto del análisis elaborado en los §§ 14-18 de *SZ*, en el carácter derivativo y fundado del acceso meramente teórico-constatativo, como modo específico del "ser descubridor" (*Entdeckend-sein*) del *Dasein* y, con ello, también del correlativo modo de venida a la presencia del ente intramundano. En efecto, como lo muestra con particular nitidez la recapitulación de los resultados alcanzados ofrecida en el § 18, el interés de Heidegger se dirige aquí sobre todo, y en conexión inmediata con la orientación metódica básica del análisis elaborado, a poner nítidamente de relieve la irreductibilidad del "ser a la mano", caracterizado en términos de "conformidad", como una determinación categorial que vale por derecho propio, en la medida en que posibilita la determinación del ser del ente intramundano, en su modo básico y fundante de presentación. Así, lejos de diluir la consistencia ontológica del ente intramundano en una red de relaciones meramente pensadas, la caracterización de su ser en términos de "conformidad", en conexión con el análisis de la "mundanidad" (*Weltlichkeit*) del "mundo" (*Welt*), es la única, explica Heidegger, que verdaderamente permite hacer justicia, desde el punto de vista fenomenológico, a lo que constituye su "ser en sí" (*»An-sich«*), en lo que éste tiene de propiamente "sustancial" (*»substanziell«*) (cf. esp. p. 88).[8] Sólo sobre la base de la venida a la presencia del ente intramundano como "a la mano" se abre la posibilidad de acceder, insiste Heidegger, a lo que hay de meramente "ante los ojos" en el campo de lo que es "a la mano", pues sólo así puede tener lugar el acceso a "propiedades" (*»Eigenschaften«*) cósicas, que ulteriormente resultan susceptibles de ser determinadas matemáticamente (*mathematisch bestimmt*) por recurso a "conceptos funcionales" (*»Funktionsbegriffen«*) (cf. p. 88).[9] En el mismo sentido, ya el análisis preliminar del "conocer" (*Erkennen*), como modo peculiar del "ser en" (*In-sein*) constitutivo del "ser en el mundo" (*In-der-Welt-sein*), ofrecido en el § 13, apuntaba a caracterizarlo como un

---

[8] Véase también § 15 p. 71: *"Zuhandenheit ist die ontologisch-kategoriale Bestimmung von Seiendem, wie es »an sich« ist"*, subrayado por Heidegger. Como el contexto de la argumentación muestra claramente, en el pasaje arriba comentado del § 18 Heidegger se está valiendo de un juego de palabras intencionado, al emplear expresiones que, como "en sí" y "sustancial", están tomadas del arsenal terminológico de la ontología de cosas tradicional, para aplicarlas justamente al caso del ente "a la mano", cuyo ser justamente no puede ser nunca comprendido como el ser de una mera "cosa". El entrecomillado de las nociones de lo "en sí" y lo "sustancial" en el texto alemán apunta, precisamente, a poner de relieve el desplazamiento semántico operado por medio de su traslado fuera del ámbito de la ontología de cosas.

[9] Para la génesis ontológica de las "propiedades" (*Eigenschaften*), como determinaciones de lo que es meramente "ante los ojos", a partir de lo que Heidegger denomina "apropiaciones" (*Geeignetheiten*) o "inapropiaciones" (*Ungeeignetheiten*), como determinaciones de lo que es "a la mano", véase el tratamiento en Vigo (2013a) esp. p. 429 ss. La escueta y, a primera vista, oscura referencia de Heidegger a la conexión entre "propiedades" (*Eigenschaften*) y "conceptos funcionales" (*Funktionsbegriffe*) en el párrafo final del § 18, que los intérpretes rara vez han tomado en cuenta debidamente, contiene, al parecer, una alusión crítica a la posición de E. Cassirer, según la cual la evolución de las ciencias empíricas se caracteriza, en el nivel de la formación de conceptos, por una progresiva transformación de los "conceptos de cosa" o "conceptos sustanciales" (*Substanzbegriffe*), centrales en los estadios más primitivos del desarrollo de las ciencias, en "conceptos funcionales" (cf. Cassirer, *SF* esp. p. 1-254; véase la explicación del punto en Mormann [2015] esp. p. 38 ss.; véase también Ryckman [2015] esp. p. 78 ss.). En tal sentido, Heidegger señala que los "conceptos funcionales" empleados para la determinación matemática de una cosa respecto de sus propiedades, lejos de permitir la superación de la orientación básica a partir de la ontología de cosas, más bien, la presuponen: los "conceptos funcionales" sólo son posibles, explica Heidegger, como "conceptos sustanciales formalizados" (*formalisierte Substanzbegriffe*) (cf. § 18 p. 88). Como indica acertadamente S. G. Lofts, uno de los pocos estudiosos que han identificado una referencia a Cassirer en nuestro pasaje, el punto de Heidegger no es declarar, sin más, "falsa" la descripción que hace Cassirer de la transformación en el proceso de la formación de conceptos científicos. Por el contrario, Heidegger cree que la posición de Cassirer es, como tal, "correcta", pero, a la vez, considera que carece de la debida transparencia, desde el punto de vista ontológico. En este sentido, véase Lofts (2015) esp. p. 245 ss. Una caracterización del "concepto de función" (*Funktionsbegriff*) como una mera "variante derivativa de carácter matematizado" (*mathematisierte Abart*) del "concepto de sustancia" (*Substanzbegriff*) dominante en la tradición metafísica, que apunta en la misma dirección que la posición fijada en el pasaje citado del § 18 de *SZ*, se encuentra en la famosa lección de introducción a la metafísica dictada en el semestre de verano de 1935 (cf. *EM* p. 148).

modo meramente "fundado" (*fundiert*), que se apoya, como tal, en una modificación reductiva de carácter fuertemente nivelador del plexo total de remisiones (*Verweisungszusammenhang*) constitutivo de la significatividad, y que, por lo mismo, trae necesariamente consigo lo que Heidegger denomina una cierta "desmundización del mundo" (*Entweltlichung der Welt*) (cf. § 14 p. 65).[10]

Por cierto, en el marco del análisis del "encontrarse" (*Befindlichkeit*) del § 29, Heidegger deja debida nota también del hecho elemental de que la reducción del "mundo" a la "uniformidad" (*Einförmigkeit*) de lo "puramente ante los ojos" (*das pure Vorhandene*), que el "dirigir la mirada de carácter teórico" (*theoretisches Hinsehen*) trae necesariamente consigo, abre ella misma, de modo originario, nuevas posibilidades de apropiación comprensiva, pues tal "uniformidad" alberga en sí también "una nueva riqueza" (*ein neuer Reichtum*), que es la propia de aquello que puede ser descubierto en el modo del puro determinar (*das im reinen Bestimmen Entdeckbare*) (cf. p. 138).[11] Previamente, en el propio contexto del análisis del mundo y el ser del ente intramundano, había hablado incluso de un cierto "sacar al aire libre" (*Freilegung*), en el sentido de "dejar al descubierto", aquello que ya no se muestra sino como meramente "ante los ojos" (*das nur noch Vorhandene*). Pero lo hacía justamente con la intención de enfatizar que sólo es posible abrirse paso y penetrar (*drägen*) hasta allí "a través" (*über*) de lo que es "a la mano" en el procurar propio del trato práctico-operativo (*das im Besorgen Zuhandene*), todo lo cual ratifica que el "ser a la mano" (*Zuhandenheit*) es la determinación ontológico-cate-

---

[10] Véase también § 16 p. 75: "*Entweltlichung des Zuhandenen*". A esto se añaden también expresiones comparables empleadas en el marco del tratamiento de la "espacialidad" (*Räumlichkeit*) del *Dasein*, Véase § 24 p. 112: "*Entweltlichung der Weltmäßigkeit des Zuhandenen*"; p. 113: "*Entweltlichung der Umwelt*".

[11] Sin duda, el empleo de la noción de "uniformidad" (*Einförmigkeit*) en el § 29 está inmediatamente motivado por la conexión con el marco provisto por la discusión de la función de apertura significativa propia del "encontrarse" (*Befindlichkeit*) y los "temples de ánimo" (*Stimmungen*). En tal sentido, Heidegger explica, por medio de la referencia a un famoso pasaje de Aristóteles (cf. *Metafísica* I 2, 982b22 ss.), que al "dirigir la mirada" (*Hinsehen*) propio de la *theoría* sólo puede mostrársele en su puro aspecto (*in seinem puren Aussehen*) aquello que no es ya más que "ante los ojos" (*das nur noch Vorhandene*), cuando lo deja venir a sí (*auf sich kommen lassen*), en el "demorarse junto a..." (*Verweilen bei...*), tal como éste puede tener lugar en la disposición propia del ocio contemplativo a la que Aristóteles aludiría con la expresión ῥᾳστώνη καὶ διαγωγή (cf. p. 138). En rigor, Heidegger parece construir aquí equivocadamente el sentido del texto griego, puesto que en el original el complemento πρὸς ῥᾳστώνην καὶ διαγωγήν no alude a la disposición afectiva propia de la actitud contemplativa, sino, más bien, a una parte de las necesidades que deben estar satisfechas, antes de poder ser desarrollada una ciencia puramente teórica como la filosofía primera. Lo que Aristóteles quiere decir es que no sólo las necesidades básicas de la vida, sino también aquellas vinculadas con el gozo y la diversión deben estar ya razonablemente cubiertas, antes de que sea posible emprender el desarrollo de una ciencia de tal tipo. Sin embargo, en la lección sobre Aristóteles del semestre de verano de 1922, en la cual cita el pasaje completo en griego, Heidegger mismo ofrece una interpretación sintácticamente correcta (véase *Aristoteles B* § 8 β) p. 39 s.).

gorial (*ontologisch-kategoriale Bestimmung*) del ente intramundano, tal como éste es "en sí" (*wie es »an sich« ist*) (cf. § 15 p. 71).

Todo indica, pues, que la notoria reserva de Heidegger, a la hora de trasladar la noción terminológicamente marcada del "dejar (poner) en libertad" (*Freigabe, freigeben*) más allá del ámbito de lo que es "a la mano", responde a razones sistemáticas de fondo, que se conectan con la tesis relativa al carácter no sólo derivativo y fundado, sino, por lo mismo, también reductivo y restrictivo, desde el punto de vista de la correspondiente articulación del sentido experimentado, del acceso puramente teórico-constatativo y de lo que se muestra a través de él. En efecto, la ineliminable presencia de una suerte de angostamiento significativo, que da cuenta de la posibilidad misma del abrirse paso hasta aquello que ya sólo se muestra como meramente "ante los ojos", hace que la noción del "dejar (poner) en libertad", tomada en su sentido más propio, no encuentre aquí un ámbito genuino de aplicación. Lo que dicha noción marca es, precisamente, el momento de la apertura de un "espacio" de carácter totalizador, dentro del cual únicamente el ente intramundano puede mostrarse en su modo más originario y significativamente más rico de presentación: "dejar (poner) en libertad" debe entenderse, pues, en el sentido de "dejar (poner) en lo libre", que no es sino "lo abierto".[12] Como nadie ignora, la metafórica espacial que se perfila aquí adquiere, en el posterior desarrollo de la problemática de la libertad, un énfasis cada vez más marcado. En el contexto del análisis elaborado en *SZ*, la metafórica espacial viene claramente sugerida ya por las propias connotaciones que posee el término "libre" (*frei*) en el lenguaje habitual. Sin embargo, es a través de la conexión con la caracterización del ser del *Dasein* por recurso a nociones como las del "estado de abierto" (*Erschlossenheit*) y el "ahí" (*Da*) como las connotaciones espaciales presentes ya en el uso habitual del lenguaje adquieren, en el contexto de *SZ*, un relieve peculiar, que da lugar a nuevas posibilidades expresivas.

4. *El "ser libre" del* Dasein

En lo que concierne a la segunda dirección de consideración mencionada al comienzo, es decir, aquella que apunta al *Dasein* mismo y a su ser, hay que mencionar aquí un conjunto de elementos convergentes, vinculados, ante todo, con el

---

[12] En tal sentido, explica acertadamente von Herrmann que la noción terminológicamente marcada del "dejar (poner) en libertad" debe entenderse en el sentido preciso de dejar ingresar en "lo que está libre" (*das Freie*), en el sentido de "lo que está abierto" (*das Offene*), que no es sino el "claro" (*das Lichte*) propio del "estado de descubierto" (*Entdecktheit*) del ente (véase von Herrmann [2005] p. 171).

carácter esencialmente autorreferencial que posee, a juicio de Heidegger, el "estado de abierto".

Como es sabido, Heidegger caracteriza al *Dasein*, en atención a su ser, la existencia (*Existenz*), como aquel ente al cual en su ser "le va" este mismo ser (cf. § 9 p. 42). En tal sentido, el *Dasein*, como aquel ente al que su propio ser le es entregado y puesto a su cargo (*überantwortet*) en el modo de un "tener que ser" (*Zusein*), está caracterizado por el momento estructural del "en cada caso mío" (*Jemeinigkeit*). Por ello mismo, el *Dasein*, como aquel que en cada caso tiene que ser quien precisamente es, puede hacerse cargo de sí tanto en el modo de la "propiedad" (*Eigentlichkeit*) como en el de la "impropiedad" (*Uneigentlichkeit*) (cf. p. 42 s.).[13] Ahora bien, en todo acceso al ente intramundano, el *Dasein* no sólo va "más allá" de dicho ente hacia el ser de éste, por caso, como ente "a la mano", y hacia el plexo total de significatividad constitutivo del mundo, sino que en y a través de este "ir más allá", al mismo tiempo, el *Dasein* "vuelve" también hacia sí mismo de determinada manera, haciéndose cargo comprensivamente de sí mismo, de tal o cual modo, esto es, a través del empuñamiento ejecutivo de una posibilidad de su propio ser.

Así, por ejemplo, en el martillar para fabricar algo, por caso, una mesa, el *Dasein* no sólo accede comprensivamente al martillo, los clavos, la madera, dentro del plexo total de remisiones constitutivo del "mundo circundante" (*Umwelt*), por ejemplo, dentro del entorno del taller de carpintería, sino que, al mismo tiempo, se comprende también a sí mismo y a los demás como él de cierta manera: a sí mismo como alguien, para seguir con el ejemplo, que se dedica profesionalmente, por caso, a la carpintería, y a los demás, como clientes, proveedores, compañeros de trabajo, etc. (cf. § 15 p. 68 ss.; véase también § 26 p. 117 s.). El martillo es "para" clavar los clavos, que son "para" asegurar las partes de la madera, que es "para" la mesa, y ésta, que es "para" escribir o comer, es también "para" el cliente, que la ha encargado, etc. Al caso especial de la referencia a los otros que son como el propio *Dasein* volveré brevemente más abajo. Lo que importa recalcar

---

[13] La formulación más habitual alternativa entre "propiedad" e "impropiedad" del existir puede hacer de vista el hecho que de Heidegger opera, en realidad, con un esquema de tres posibles modos de hacerse cargo del propio ser por parte del *Dasein*, que corresponden al modo "propio", el modo "impropio" y el modo "indiferente" o "indiferenciado". Por cierto, en diversos pasajes Heidegger menciona conjuntamente, sin hacer ulteriores precisiones, el modo indiferente y el modo impropio del existir. Sin embargo, se trata, en realidad, de dos modos que, aunque próximos el uno al otro, conviene distinguir nítidamente. A este respecto, véase, por ejemplo, la tripartición "propiedad" (*Eingentlichkeit*) / "impropiedad" ("no propiedad") (*Uneigentlichkeit*) / "indiferencia modal" (*modale Indifferenz*) en § 45 p. 232 s. Naturalmente, cuando se trata, sobre todo, de marcar el contraste con el caso la "propiedad" del existir, tanto el modo impropio como el indiferente pueden tratarse conjuntamente como modos "no propios" del existir, que es lo que Heidegger hace, de hecho, en la mayor parte de los casos.

ahora es, en cambio, el carácter esencialmente autorreferencial del "estado de abierto", tal como éste se pone de manifiesto en el trato con el plexo total de la significatividad. En tal sentido, Heidegger explica que todo el plexo remisional del "para" ("*Um-zu*") adquiere su punto de anclaje, por así decir, en un último "para", que presenta una estructura diferente, en la medida en que revierte sobre el propio *Dasein*. A este momento "retro-" y, con ello, "autorreferencial", que constituye el reverso posibilitante de todo "salir de sí" del *Dasein* hacia el ente intramundano y hacia su ser, dentro del mundo, Heidegger lo denomina, como se sabe, el "por mor de" (*Worum-willen*) del *Dasein* mismo. Éste constituye el modo primario del "para" (*das primäre "Wozu"*), y ello, justamente, en la medida en que concierne siempre al propio ser del *Dasein*, como aquel al que en su ser le va esencialmente su mismo ser (cf. § 18 p. 84).

Como no podría ser de otra manera, dada su crucial importancia sistemática, el motivo referido a la prioridad del momento autorreferencial del "estado de abierto" es retomado posteriormente de modo expreso en el marco del tratamiento del fenómeno de la verdad (cf. § 44 b)). En dicho contexto, Heidegger señala que el "estado de abierto" abarca, como tal, la totalidad de la estructura de ser del *Dasein*, incluidos también aquellos momentos estructurales que, como el "ser junto" (*Sein bei*) y el "ser con" (*Sein mit*), dan cuenta de la posibilidad del acceso por parte del *Dasein* al ente intramundano y a los otros que son como él, respectivamente. Sin embargo, en la medida en que la estructura del "ahí" (*Da*) contiene también el momento del "estado de yecto" (*Geworfenheit*), el "estado de abierto" del *Dasein*, como "en cada caso mío", acontece siempre ya, explica Heidegger, bajo la forma específica de una determinada concreción óntica, vale decir: tiene lugar siempre ya en un mundo fácticamente determinado y en un determinado entorno del ente intramundano (cf. § 44 b) p. 221). Esto remite, a su vez, a las dos posibles maneras en que puede tener lugar el "proyectar" (*Entwurf*) del *Dasein*. Como un "ser por relación a su propio poder ser, en virtud del cual este último resulta abierto como tal" (*erschliessendes Sein zu meinen Seinkönnen*), el proyectar del *Dasein* es siempre, a la vez, un "proyectar yecto", es decir, "arrojado" (*geworfener Entwurf*). Por lo mismo, tal proyectar, que el *Dasein* mismo es, puede tener lugar ya desde el "mundo" y los otros, ya desde su más propio "poder ser". En este último caso, el *Dasein* se abre para sí mismo *en* su ser más propio y *como* su más propio "poder ser". Y es, por tanto, en esta modalidad propia del "estado de abierto" (*diese eigentliche Erschlossenheit*) donde reside, explica Heidegger, el "fenómeno de la verdad más originaria" (*Phänomen der ursprünglichsten Wahrheit*), la cual no puede tener lugar sino en el modo de la "propiedad" (*im Modus der Eigentlichkeit*) del existir (p. 221). Ésta, que es la forma más originaria y más propia del "estado de abierto" (*die ursprüngliche und zwar eigentlichste Erschlossenheit*), constituye, pues, lo que Heidegger designa terminológicamente como la "verdad de la existencia" (*Wahrheit der Existenz*) (cf. p. 221).

Ahora bien, dada la señalada conexión estructural con el "ser propio" del *Dasein*, la "verdad de la existencia", como el propio Heidegger declara, sólo puede obtener su genuina determinación ontológico-existenciaria en el contexto de un análisis de la "propiedad" (cf. p. 221). Por su parte, dicho análisis debe tomar necesariamente la forma de un intento por poner al descubierto una posible atestiguación del "poder ser propio" del *Dasein*, *en* y *desde* la "impropiedad" (*Uneigentlichkeit*), puesto que, en tanto caracterizado estructuralmente por la "caída" (*Verfallen*) y el "estado de yecto" (*Geworfenheit*), en la concreción óntico-fáctica de su existir, el *Dasein* es siempre ya "en la no-verdad" (*in der Unwahrheit*), y ello con igual originalidad que "en la verdad" (*in der Wahrheit*) (cf. p. 222).[14] Sobre esta base, en el marco del posterior análisis de la "propiedad", Heidegger no sólo retoma de modo expreso la noción de "verdad de la existencia" aquí introducida, sino que, además, la pone en directa conexión con un peculiar modo del "ser libre" del *Dasein*. Más concretamente, se trata de lo que Heidegger caracteriza como su "ser libre *para* el más propio poder ser" (*Freisein* für *das eigenste Seinkönnen*). En esta formulación el énfasis cae intencionadamente en el momento del "para" (*für*), con el fin de recalcar el carácter positivo de tal modo der "ser libre", cuyo alcance no podría ser comprendido adecuadamente, por tanto, en términos de la noción meramente negativa de libertad, como "libertad (respecto) *de* algo".

---

[14] En tal sentido, en inmediata conexión con la introducción de la noción de "verdad de la existencia", Heidegger enfatiza el hecho que, inmediata y regularmente, el *Dasein* existe en el modo de la absorción en el "uno" (*Man*), con su correspondiente modo de desvelamiento de lo abierto en el "estado de abierto" (*Erschlossenheit*), el cual está caracterizado por el "estado de desfigurado" (*Verstelltheit*) y el "encerramiento" (*Verschlossenheit*), a través de los momentos de la "habladuría" (*Gerede*), la "avidez de novedad" (*Neugier*) y la "ambivalencia" (*Zweideutigkeit*) (cf. *SZ* § 44 b) p. 222). Por cierto, no hay aquí ocultamiento total, sino tan sólo una "desfiguración" (*Verstellung*), a través de la cual comparece todavía, en cierto modo, lo que resulta así desfigurado, pues sólo en tanto que esencialmente abierto puede el *Dasein* estar "cerrado" (*verschlossen*), en el modo del encubrimiento desfigurador (cf. p. 222). Por lo mismo, el "desocultamiento en el modo de lo meramente aparencial" (*Unverborgenheit im Modus des Scheins*) constituye aquí necesariamente el punto de partida para cualquier posible acceso al más propio "poder ser" del *Dasein* (p. 222). Ciertamente, con la referencia a lo que denomina el "estado de desvelado en el modo de la apariencia" (*Unverborgenheit im Modus des Scheins*), Heidegger tiene en vista aquí, en primera instancia, el modo de descubrimiento del ente intramundano, como lo muestra ya el recurso a la noción del "estado de descubierto" (*Entdecktheit*), la cual posee un estatuto categorial, y no uno existenciario: "Die Wahrheit (*Entdecktheit*) muss dem Seienden immer erst abgerungen werden. Das Seiende wird der Unverborgenheit entrissen" (p. 222), en virtud de lo cual Heidegger puede añadir: "Die jeweilige faktische Entdecktheit ist gleichsam immer ein *Raub*", donde la noción de "robo" (*Raub*), enfatizada por Heidegger, alude al valor del *alpha privativum* en el término griego ἀλήθεια (cf. p. 222 s., con la referencia a las dos vías de Parménides y la necesidad del κρίνειν λόγῳ). Sin embargo, no puede haber serias dudas de que, cambiando lo que hay que cambiar, algo análogo puede decirse del acceso a sí mismo por parte del *Dasein*, pues la "verdad de la existencia" sólo puede alcanzarse por la vía de la superación de la desfiguración del "sí mismo", que fácticamente impera siempre ya, allí donde aquel se presenta bajo la figura del "uno mismo" (*Man-selbst*) (cf. § 56).

En efecto, la recuperación de sí por parte del *Dasein*, a partir de la previa "pérdida de sí" (*Selbstverlorenheit*) en el impersonal del "uno", no puede tener lugar más que en la forma del quedar en libertad para su "más propio poder ser", y es sólo en y a través del empuñamiento ejecutivo de dicha posibilidad de ser como la previa "perdida de sí" puede ser comprendida ella misma como lo que precisamente es, esto es, como "pérdida *de sí*".[15]

En rigor, esta importantísima noción del "ser libre *para* el más propio poder ser" había sido introducida ya por primera vez, aunque sin dar mayores aclaraciones respecto de su alcance, en el contexto del análisis de la estructura del "comprender" (*Verstehen*), en virtud del cual el *Dasein* se comprende a sí mismo por referencia a sus propias posibilidades de ser (cf. § 33 p. 144). Poco después, la noción es empleada nuevamente en conexión con la caracterización del ser del *Dasein* como "cura" (*Sorge*), y ello de modo tal que queda inmediatamente vinculada con el momento proyectivo-anticipativo que entra en la constitución de dicho modo de ser (*Sich-vorweg-schon-sein*) (cf. § 41 p. 193). La conexión con la noción de posibilidad existenciaria constituye, pues, desde el primer momento, un elemento central en la caracterización de la peculiar noción de libertad que Heidegger tiene aquí en vista. Sin embargo, no es sino en el marco del análisis de la "propiedad" donde dicha noción obtiene su determinación más precisa. Sobre esta base, y dada la caracterización de la muerte, entendida en su sentido existenciario, en términos de la "posibilidad más propia, irreferible e irrebasable" (*die eigenste, unbezügliche, unüberholbare Möglichkeit*) del *Dasein* (cf. § 50 p. 250; véase también § 53 p. 263 ss.), no puede sorprender que la noción del "ser libre *para* el más propio poder ser" quede referida, de modo inmediato, al fenómeno existenciario que Heidegger denomina la "libertad para la muerte" (*Freiheit zum Tode*) (cf. § 53 p. 266). En su modalidad más propia, tal "libertad para la muerte" se despliega, como es sabido, en lo que Heidegger llama el "estado de resuelto", con su carácter esencialmente "precursor" (*vorlaufende Entschlossenheit*) (cf. § 62 p. 305).[16]

---

[15] Como se sabe, el motivo de la "pérdida de sí", como posible modo de ser su "sí mismo" (*Selbst*) por parte del *Dasein*, juega un papel central, desde el punto de vista metódico, en el análisis del "quién" del "ser en el mundo". Ello es así, entre otras cosas, porque Heidegger asume que las concepciones tradicionales del "yo", bajo la influencia determinante de la orientación metódica a partir de del ser de las "cosas", entendido como su mero "ser ante los ojos" (*Vorhandenheit*), no pudieron hacer justicia a la decisiva relevancia de un hecho tan elemental como el de que, precisamente por no ser una cosa, el *Dasein* pueda ser su "sí mismo", en el modo de la "pérdida de sí". En la "pérdida de sí" ha de verse, pues, a juicio de Heidegger, un fenómeno *positivo*, que debe ser debidamente tenido en cuenta desde el comienzo mismo, cuando se intenta proporcionar una adecuada caracterización del "sí mismo" del *Dasein*, en tanto existente. En tal sentido, véase las explicaciones de Heidegger en § 26 p. 115 s.

[16] La referencia al momento del "estado de resuelto" proporciona el lugar sistemático en el cual la concepción aleteiológica del "ser libre" elaborada por Heidegger puede incorporar en su seno un motivo central de las concepciones arqueológicas tradicionales, que viene dado por la conexión

A primera vista, podría parecer tal vez que el empleo de la noción de libertad en el contexto del análisis existenciario del "ser para (vuelto hacia) la muerte" (*Sein zum Tode*) no guardara mayor relación con el empleo de la noción del "dejar (poner) en libertad" a la que se recurre en el contexto del análisis del ser del ente intramundano, y ello, precisamente, en la medida en que esta última noción posee, como se vio, un alcance unívocamente aleteiológico. Sin embargo, atenerse a esta primera impresión conduciría a un resultado notoriamente erróneo, pues se pasaría entonces por alto el hecho elemental de que el propio análisis del "ser para (vuelto hacia) la muerte" (*Sein zum Tode*) (cf. §§ 46-53) y, en conexión inmediata con él, también el análisis de la "conciencia (moral)" (*Gewissen*) (§§ 55-60), en el marco de la discusión de la posibilidad de una "atestiguación" (*Bezeugung*) del "poder ser propio" del *Dasein* (cf. § 54), poseen ellos mismos una orientación radicalmente aleteiológica. No resulta posible llevar a cabo aquí una discusión detallada de los aspectos que permitirían ilustrar cabalmente el punto.[17] Baste, pues, con decir que es el propio Heidegger quien indica con toda claridad el alcance que debe darse a los análisis de los fenómenos que aparecen inmediatamente vinculados con la posibilidad de un "poder ser propio" del *Dasein*. En efecto, lo que está en juego en dichos análisis, como se dijo ya, no es otra cosa, en definitiva, que la posibilidad misma de la "verdad de la existencia" (*Wahrheit der Existenz*) (cf. § 62 p. 307 s.). Por lo mismo, también en el caso del "ser libre

---

entre "libertad", por un lado, y "arbitrio", "elección" o "voluntad", por el otro. Lejos de traer consigo una revocación de la orientación radicalmente aleteiológica de su análisis, el modo en el que Heidegger lleva a cabo la incorporación del motivo señalado apunta, por el contrario, a ratificarla. En efecto, en su tratamiento de la conexión tradicionalmente reconocida entre libertad y elección (*Wahl*), Heidegger apunta a poner de manifiesto el carácter básico y fundante de la relación de ser que el *Dasein* mantiene con su propio ser, que, por tener el carácter del existir, le es entregado como tarea, en el sentido preciso del "tener que ser". Ciertamente, el "ser libre" para el más propio "poder ser", en la medida en que adquiere la forma de un "recuperarse a sí mismo" a partir de la previa "pérdida de sí" en el impersonal del "uno", constituye, sin duda, una "elección", pero no en el sentido habitual del "elegir algo" o el "optar por algo frente a alguna otra cosa", sino, más bien, en el sentido preciso de la noción estrictamente autorreferencial de lo que Heidegger llama el "elegir la elección" (*Wählen der Wahl*), el cual tiene lugar necesariamente en el modo de un "recuperar una elección" (*Nachholen einer Wahl*) previamente omitida (cf. § 54 p. 267 s.). Por tanto, no se trata aquí primariamente de la producción de efectos sobre la base de lo que habitualmente se denomina una "elección libre", sino, más bien, del modo en el cual el *Dasein* puede hacerse cargo ejecutivamente de sí mismo y, con ello, se hace también transparente para sí mismo, sobre la base de empuñar desde sí mismo (alguna de) sus propias posibilidades de ser. Las concepciones arqueológicas tradicionales de la libertad centradas en el fenómeno de la producción de efectos a través de "elecciones libres" no permiten, a juicio de Heidegger, hacer justicia a las estructuras que tiene aquí en vista la analítica existenciaria, puesto que se orientan a partir de lo que no puede verse más que como un fenómeno derivativo y, como tal, fundado.

[17] Para una discusión detallada de los análisis del "ser para (vuelto) hacia la muerte" y la "conciencia (moral)", desarrollados en los §§ 46-60 de *SZ*, véase arriba Estudio 1.

para su más propio poder ser" del *Dasein* lo que está en juego es, pues, una peculiar forma de la verdad, más aún: precisamente aquella forma de la verdad que el análisis ontológico-existenciario pone de relieve como la más originaria y la más radical de todas. La razón es que dicha verdad concierne, en definitiva, a la posibilidad misma de la genuina "(auto)transparencia" (*Durchsichtigkeit*) de parte del *Dasein*, como aquel ente al que en su ser "le va" su propio ser, respecto de este mismo ser. En el nivel de la actitud "natural", dicho ser no le resulta al propio *Dasein* completamente extraño o desconocido. Por el contrario, ya le es de algún modo accesible, en la medida en que lo ha comprendido siempre ya pre-ontológicamente. Pero, en dicho acceso "natural" e inmediato a su propio ser por parte del *Dasein*, éste se le presenta inmediata y regularmente, como se dijo ya, en el modo de la "apariencia" y la "desfiguración". Debe haber, pues, ya en el plano que corresponde a la propia actitud "natural" fenómenos que den cuenta de la "atestiguación" ante el propio *Dasein* de dicha posibilidad de ser su "sí mismo", en el modo de la "propiedad" del existir.[18]

---

[18] A los efectos de evitar posibles malentendidos, conviene aclarar que la referencia a la orientación radicalmente aleteiológica del análisis heideggeriano de fenómenos como el "dejar (poner) en libertad", del lado del ente intramundano, y el "ser para (vuelto) hacia la muerte", la "conciencia (moral)" y la "propiedad", del lado del *Dasein*, apunta a un doble nivel de consideración, a saber: por un lado, se trata del hecho de que los propios fenómenos mencionados se caracterizan por poseer un carácter esencialmente manifestativo, en la medida en que se trata de lo que puede llamarse "fenómenos de acceso", que, como tales, dan cuenta de la venida a la presencia y la apertura a la comprensión de los correspondientes entes, en este caso, el *Dasein* mismo, y de su ser, más precisamente, la "existencia" y su posible "propiedad"; por otro lado, se añade el hecho de que la elucidación fenomenológica de tales "fenómenos de acceso" no apunta ella misma sino a facilitar el acceso *temático* a esos mismos fenómenos, en su carácter esencialmente manifestativo y a elevarlos, así, a ellos mismos a un nuevo modo de mostración, situado en el plano que no corresponde ya a la mera ejecución del existir, sino, más bien, a su tematización fenomenológica. La fenomenología procura, explica Heidegger, el acceso *temático* al ser del ente, como lo trascendente, sin más, respecto del ente mismo. Pero todo acceso que descubre el ser de este modo (*Erschließung von Sein*) constituye, como tal, un modo de *conocimiento trascendental* (*transzendentale Erkenntnis*). En tal sentido, la verdad fenomenológica (*phänomenologische Wahrheit*), entendida como la apertura *expresa* del ser mismo en su sentido (*Erschlossenheit von Sein*), no es, en definitiva, sino *verdad trascendental* (*veritas transcendentalis*), en el sentido más propio del término (cf. § 7 C p. 38). En el caso concreto del ser del propio *Dasein*, hay que decir, pues, que la "verdad de la existencia", como fenómeno originario de acceso del *Dasein* a su propio ser en el modo de la "propiedad", se sitúa ella misma en el plano de la ejecución del existir, iluminada por la comprensión pre-ontológica del propio ser y del ser en general por parte del *Dasein*, mientras que el análisis fenomenológico de la "verdad de la existencia" y la "propiedad" del existir llevado a cabo por Heidegger, en la medida en que forma parte de la analítica existencial como ontología fundamental, pertenece al plano del "conocimiento trascendental" y, con ello, de la "verdad trascendental". Ahora bien, una vez distinguidos nítidamente ambos planos, el que corresponde a la ejecución del existir y el que corresponde a su tematización fenomenológica, hay que decir, sin embargo, que en el caso del acceso que el *Dasein* posee a su propio ser y, más concretamente, en conexión con el fenómeno de la "verdad de la existencia" y la

Pues bien, como explica Heidegger en el marco del tratamiento del "comprender", la "(auto)transparencia" (*Durchsicht*) constituye aquel modo peculiar del "ver" (*Sicht*) que se refiere primariamente a la "existencia", como modo de ser del *Dasein*, en su totalidad (*im ganzen*) (cf. *SZ* § 31 p. 146). La elección del término "(auto)transparencia" para designar lo que habitualmente se denomina "autoconocimiento" (*Selbsterkenntnis*) viene directamente motivada, indica Heidegger, por la intención de evitar la errónea suposición de que se trataría aquí de una suerte de acceso perceptivo-contemplativo, que intentara seguir el rastro de lo que sería una suerte de "punto-yo" (*das wahrnehmende Aufspüren und Beschauen eines Selbstpunktes*). Por el contrario, la "(auto)transparencia" del *Dasein* constituye un modo esencialmente ejecutivo de comprensión, en virtud del cual el *Dasein* se hace cargo del "estado de abierto" del "ser en el mundo" como un todo (*das Ergreifen der vollen Erschlossenheit des In-der-Welt-seins*), atravesando de cabo a rabo, por así decir, todos los momentos que entran esencialmente en la constitución del "ser en el mundo" (*durch seine wesenhaften Verfassungsmomente hindurch*). En y con tal modo esencialmente ejecutivo de hacerse cargo comprensivamente de sí, el *Dasein* no sólo se "avista" (*sichtet*) a sí mismo, sino que se hace transparente para sí, de modo igualmente originario, también en su "ser junto a (ocupándose de) el mundo" (*Sein bei der Welt*), vale decir aquí: tanto en su "ser junto a" el ente que hace frente dentro del mundo como en su "ser con" otros que son como él (*Mitsein mit Anderen*), en tanto momentos constitutivos de su propio existir (cf. p. 146). De modo correspondiente, la "falta de (auto)transparencia" del *Dasein*, que es lo que Heidegger llama también su "opacidad" (*Undurchsichtigkeit*), no se enraíza única ni primariamente en fenómenos de autoengaño que responden a motivaciones egocéntricas (*egozentrische Selbsttäuschungen*), sino también, y al menos en la misma medida, en el desconocimiento del mundo (*Unkenntnis der Welt*) (cf. p. 146).

5. La liberación del otro en su ser

Como se vio más arriba, tanto en conexión con la "puesta en libertad" del ente intramundano en su "ser a la mano" como en conexión con el "ser libre" del *Dasein* para su más propio "poder ser", el análisis heideggeriano incorpora, en cada caso de un modo diferente, también la referencia al otro que es como el *Dasein*. En el primer caso, Heidegger pone de relieve que la estructura total del

---

"propiedad", la fenomenología misma, considerada como un peculiar posibilidad de ser del *Dasein*, pretende ser ella misma un cierto proyecto de (auto)transparencia, cuyo genuino empuñamiento ejecutivo debería tener lugar, por tanto, en el modo correspondiente a la "propiedad" del existir. Sólo en razón de esta pretensión puede la fenomenología, en su realidad efectiva, también caer por debajo de sí misma, pues, como indica el propio Heidegger, su "posibilidad" (*Möglichkeit*) está por encima de su realidad (*Wirklichkeit*) (cf. § 7 p. 38).

plexo remisional constituido por los diversos modos del "para", además de poseer un carácter irreductiblemente autorreferencial señalizado por el momento del "por mor de", como modo primario del "para", incluye también el momento de la referencia al otro, tal como éste comparece en el contexto del trato con aquello que es "a la mano", por caso, como cliente, usuario, proveedor, compañero de trabajo, etc. Más aún: en muchos casos, la misma obra producida (*das hergestellte Werk*) en la ocupación con lo que es "a la mano" lleva en sí, explica Heidegger, no sólo la referencia al "para qué" de su empleabilidad y el "de qué" de su consistencia (vgr. el material del que ella misma está hecha y por medio del cual remite a la naturaleza), sino también, como ocurre, sobre todo, en los contextos de producción de carácter artesanal, la referencia al portador, usuario o consumidor. Tal es el caso, por ejemplo, con la ropa cortada a medida (*auf den Leib zugeschnitten*), a diferencia de la que es producida en serie. Pero tampoco en este último caso, señala Heidegger, falta la referencia al portador, usuario o consumidor, sino que está presente, aunque adquiere un carácter indeterminado (*unbestimmt*), en la medida en que apunta a cualquiera (*auf Beliebige*), es decir, al promedio (*auf den Durchschnitt*) (cf. § 15 p. 70 s.). De modo complementario, en conexión con el análisis del "ser libre" y la "propiedad" del existir, Heidegger subraya el hecho de que la "(auto)transparencia" del *Dasein*, en la medida en que comprende la totalidad de la estructura del "ser en el mundo", pone en juego no sólo el "ser junto" al ente intramundano, sino también el "ser con" otros que son como el *Dasein* mismo (*Mitsein mit Anderen*), puesto que ambos momentos entran, con igual originalidad, en su "ser junto al mundo" (*Sein bei der Welt*), en el sentido preciso de su ocupación con el mundo (cf. § 31 p. 146).

Como se echa de ver, en el contexto de la concepción presentada en *SZ*, Heidegger aborda el problema del acceso al otro que es como el *Dasein* y de su peculiar modo de venida a la presencia, desde el marco general de referencia provisto por la caracterización del *Dasein* como "ser en el mundo". Por lo mismo, Heidegger asume de antemano que el encuentro con el otro no puede tener lugar, como tal, más que dentro del mundo mismo. Esto implica que, desde el punto de vista que atiende a su carácter fenoménico, el otro posee necesariamente, a juicio de Heidegger un carácter intramundano, y ello, precisamente, en la misma medida en que su comparecencia acontece intramundanamente. Al mismo tiempo, no resulta difícil comprobar que, en el contexto de la concepción de *SZ*, las no pocas referencias de Heidegger al caso del acceso al otro que es como el *Dasein* apuntan siempre a poner de relieve, de uno u otro modo, también el carácter peculiar e irreductible, por así decir, único, de su modo de comparecencia, virtud del cual el otro no puede ser reducido jamás al rango de un mero ente intramundano, entre otros entes intramundanos. En tal sentido, ambos motivos, el que enfatiza el carácter necesariamente intramundano de su comparecencia y el que destaca su carácter peculiar e irreductible, resultan, pues, igualmente esenciales en su tensión productiva, a la hora de dar cuenta del modo en el que Heidegger intenta hacer justicia al carácter fenoménico del otro y a la estructura del acceso a él. El esfuerzo por combinar ambos motivos responde a una constatación elemental, por no decir, obvia, desde el punto de vista fenomenológico: si el otro que es como el *Dasein* ha de poder presentarse como tal, entonces el acceso a él ha de dejarlo aparecer como lo que propiamente es, esto es, no como un ente que meramente está en el mundo, sino como un ente que, además de mostrarse dentro del mundo, *tiene* mundo, es decir, como un ente que él mismo es en el modo de ser que corresponde al "ser en el mundo".[19]

En razón de lo dicho, va de suyo que, a la hora de caracterizar de modo específico el acceso por parte del *Dasein* al otro que es como él, Heidegger no podría echar mano de la noción de "puesta en libertad" de la que se vale para dar cuenta del acceso al ente "a la mano" como "a la mano", ni de ninguna otra que caracterizara el acceso a algo que comparece como un mero ente intramundano, en cualquiera de sus posibles modos de venida a la presencia. Por el contrario, el análisis fenomenológico del acceso al otro tiene lugar, dentro de la concepción elaborada en *SZ*, por medio del recurso al momento estructural del "ser con", constitutivo del "ser en el mundo" del *Dasein*. Sobre la base del "ser con" del *Dasein*, el otro que es como él se hace accesible en el modo de lo que Heidegger

---

[19] Como se sabe, concepciones posteriores en la línea de la desarrollada por autores como E. Levinas pretenden poner en cuestión la asunción básica que guía el análisis heideggeriano, acentuando lo que sería el carácter extramundano del otro, en su comparecencia a modo de "rostro", o bien su completa alteridad que lo haría irreductible a un caso de aquello que yo mismo también soy. No es posible discutir aquí la cuestión de si hay, realmente, algún modo de hacer fenomenológicamente acreditables las pretensiones que se vinculan con tesis de ese tipo. Parece claro, sin embargo, que Heidegger se sitúa en una línea que, más allá de otras muchas e importantes diferencias, comparte con Husserl la convicción básica de que el acceso al otro sólo puede hacerse fenomenológicamente comprensible y transparente en su estructura, si se parte del hecho elemental de que no puede tener lugar sino sobre la base del "estar abierto" del ente que hace la experiencia de encontrarse con otro que es como él, dentro del espacio de manifestación que tal "estar abierto" posibilita. Por otra parte, ni Husserl ni Heidegger admiten ninguna variante de la tesis que afirma la alteridad radical del otro, sino que permanecen, cada uno a su modo, dentro del marco de interpretación que provee la caracterización formal del otro como *alter ego*, a la que intentan hacer justicia, de diversos modos, en los términos que, desde el punto de vista metódico, prescribe una concepción fenomenológica de carácter trascendental. Para una presentación de conjunto del debate entre posiciones trascendentales en la línea de Husserl, Heidegger y Sartre, por un lado, y posttrascendentales de orientación dialógica en la línea de Buber, por el otro, véase la hasta ahora insuperada investigación de Theunissen (1977), quien, sin embargo, no considera el caso de Levinas. En todo caso, como nadie ignora, la concepción de Buber proporcionó, a través de algunos de sus motivos centrales, uno de los puntos de partida de la concepción de Levinas, aun cuando éste haya rechazado como insuficiente el punto de partida dialógico en la relación "yo / tú", en la medida en que se la tome como una relación recíproca o simétrica. Para la toma de posición de Levinas frente a Buber y su evolución, véase la excelente discusión en Bernasconi (1988).

llama la "coexistencia" o el "coexistir" (*Mitdasein*) (cf. §§ 26-27). En efecto, el otro que es como el *Dasein* no aparece jamás como algo dado meramente "ante los ojos", ni tampoco como algo "a la mano", sino que es del mismo modo en que es el *Dasein*. Esto quiere decir que el otro, justo en la medida en que es como el *Dasein*, "es *también ahí con*" (*auch und mit da*) el propio *Dasein* que deja (pone) en libertad (*das freigebende Dasein*) el ente intramundano, en su "ser a la mano" (cf. § 26 p. 118, subrayados de Heidegger). Ahora bien, el "con" (*das »Mit«*) de este "ser también ahí con", explica Heidegger, no puede ser pensado en términos categoriales, sino que representa un momento estructural que tiene él mismo el modo de ser del *Dasein* (*ein Daseinsmäßiges*). Del mismo modo, el "también" (*das »Auch«*) del "ser también ahí con" tiene un significado existenciario y no categorial. Concretamente, mienta la "igualdad de ser" (*Gleichheit des Seins*), en el modo del "ser en el mundo" que corresponde a la ocupación guiada por el "ver en torno" (*umsichtig-besorgendes In-der-Welt-sein*) (cf. p. 118). Así, sobre la base de este "ser en el mundo" en el modo del "con" (*das mithafte In-der-Welt-sein*), el mundo es siempre ya para el *Dasein* aquel mundo que él mismo comparte con los otros: el mundo del *Dasein* es siempre, por tanto, un "mundo compartido" (*Mitwelt*),[20] de modo tal que el "ser en" (*In-sein*) del "ser en el mundo" es siempre, a la vez, un "ser con" los otros, y el "ser en sí intramundano" (*innerweltliches »Ansichsein«*) de éstos tiene, por lo mismo, la forma del "coexistir" (cf. p. 118).

Pues bien, en la medida en que el otro no aparece jamás como un mero ente intramundano, el modo de acceso a él, en el contexto del trato con lo que se muestra dentro del mundo, no puede ser identificado, sin más, con ninguna forma del trato con el ente intramundano. Formulado en los términos de Heidegger: al "ser con" no le conviene el "carácter de ser" (*Seinscharakter*) que es propio del "procurar" (*Besorgen*), en el sentido técnico del término que designa, en general, el modo de ser del *Dasein* por referencia al ente intramundano que no tiene la forma de ser del propio *Dasein*. Y ello es así, muy a pesar del hecho de que también el modo de ser que corresponde al "ser con" deba verse como un "ser por referencia a" (*Sein zu*) un ente que hace frente dentro del mundo (*innerweltlich*

---

[20] Contra lo que se ha sugerido a menudo, esta nueva caracterización del sentido del "ser en el mundo" a partir del momento estructural del "ser con" no constituye, en modo alguno, un elemento sobreviniente, añadido de modo extrínseco a una concepción cuyo punto de partida delataría una inflexión solipsista. En la concepción de *SZ* el momento estructural del "ser con" forma parte, desde el comienzo mismo, de una concepción que tiene en vista una estructura formal unitaria, aunque la exposición de sus momentos constitutivos, todos ellos igualmente originarios, no pueda hacerse más que en una cierta secuencia. Por otra parte, ya los intentos tempranos de analizar las estructuras del mundo de la vida, tal como Heidegger los lleva a cabo en las lecciones de la primera época de Friburgo, recurren de modo expreso a la caracterización del mundo, en su carácter del "mundo del sí mismo" (*Selbstwelt*) y "mundo circundante" (*Umwelt*), también como "mundo compartido" (*Mitwelt*). En tal sentido, véase *GPPh* § 10.

begegnendes Seiendes) (cf. p 121). En consecuencia, con el fin de hacer justicia al hecho de que el ente respecto del cual el *Dasein* se comporta en el "ser con" tiene él mismo el modo de ser del *Dasein*, Heidegger designa el modo de ser del *Dasein* por referencia al otro que es como él mismo con el término "procurar por" (*Fürsorge*), al que emplea, tomado en un sentido formalizado, como referencia a una estructura posibilitante de carácter existenciario, y no en el sentido habitual en el lenguaje ordinario, en el que se aplica a diversos modos o instituciones del cuidado por los demás, la acción caritativa institucionalmente organizada, etc. (cf. p. 121).

Desde la perspectiva que aquí interesa, el punto sistemáticamente más importante reside aquí en el hecho de que el "procurar por" el otro, en la medida en que se funda en el "ser con" y pertenece así a la estructura misma del existir como "ser en el mundo", puede ser realizado ejecutivamente tanto en el modo de la "propiedad" como en el modo de la "impropiedad" o de la "indiferencia modal". En tal sentido, explica Heidegger, comportamientos que desde el punto de vista óntico-existencial aparecen como negativos o deficientes –tales como el "ser uno(s) en favor, en contra o bien desentendiéndose de otro(s)" (*das Für-, Wider-, Ohne-einandersein*), el "pasar de largo uno(s) ante otro(s)" (*das Aneinandervorbeigehen*) o el "no importar nada uno(s) a otro(s)" (*das Einander-nichts-angehen*)– deben verse todos ellos, desde el punto de vista ontológico-existenciario, como posibles modos del "procurar por", del cual constituyen, pues, posibles concreciones ónticas (cf. p. 121). Ahora bien, en el caso del "procurar por" fundado en el "ser con", el trato, no importa de qué tipo sea la relación que establece con el otro, pone necesariamente en juego, de uno u otro modo, la "igualdad de ser" del *Dasein* y el otro que es como él. Por lo mismo, la alternativa entre las posibilidades de la "propiedad" y la "impropiedad" (o la "indiferencia modal") queda planteada aquí en el espacio de juego que abre una relación, por así decir, especular, entre dos (o más) entes que comparten el modo de ser de la existencia. En esta constatación, por elemental que pueda parecer a primera vista, reside uno de los puntos de partida básicos de los intentos que Heidegger lleva a cabo, desde *SZ* en adelante, por dar cuenta de la posibilidad de formas positivas de comunidad fundadas en lo que puede llamarse un genuino "nosotros".[21]

Como quiera que sea, en el presente contexto, importa fijar la atención en fenómenos situados en un nivel que puede considerarse, en cierto sentido, como previo a aquel en el cual se ubican los fenómenos relacionados con la génesis de tales formas positivas de comunidad. En efecto, de lo que se trata aquí es, por lo

---

[21] Para el tratamiento de este motivo, que juega un papel central en el tratamiento heideggeriano de los fenómenos vinculados con lo que habitualmente se denomina la "intersubjetividad", me permito remitir a la discusión en Vigo (2005b), donde se considera especialmente los desarrollos contenidos en *SZ* y la lección sobre lógica del semestre de verano de 1934 (cf. *LFWS*).

pronto, tan sólo de un fenómeno básico y elemental, que, del lado del otro que es como el *Dasein*, replica a modo de espejo el fenómeno que, en el caso del *Dasein* mismo, es tematizado en términos de la noción de su "ser libre para su más propio poder ser". En efecto, también el otro que es como el *Dasein*, si comparte con éste el ser en el modo del existir, ha de poder contar con la posibilidad del "ser libre para su más propio poder ser". Como es natural, tal "ser libre" sólo puede ser, tanto en un caso como en el otro, un fenómeno de carácter esencialmente autorreferencial, dado que constituye un modo peculiar de hacerse cargo ejecutivamente del propio ser, como un "tener que ser". Se trata, más precisamente, de un modo de hacerse cargo de sí caracterizado por el tipo específico de "(auto)transparencia" que es índice de la "propiedad" del existir. En tanto modo señalado de comportarse respecto de sí mismo, posee, en razón de su propia estructura, un carácter indelegable. Por lo mismo, no podría ser jamás producido o siquiera inducido, sin más, desde fuera. Sin embargo, ello no impide, en modo alguno, que, en el contexto del trato de uno(s) con otro(s) en el modo del "procurar por" fundado en el "ser con", pueda haber diferencias significativas e incluso decisivas, según los casos, en lo que concierne a la presencia de condiciones que favorecen o, más bien, entorpecen el correspondiente modo de autocomparecencia por parte del *Dasein* y del otro que es como él.

Pues bien, visto desde la perspectiva que se atiene a la estructura del "procurar por", el problema que aquí se plantea es, por tanto, el que concierne a la diferencia entre modos de trato para con el otro, según faciliten o más bien obstaculicen o entorpezcan la posibilidad de que éste se empuñe ejecutivamente a sí mismo a la manera del "ser libre para su más propio poder ser". Facilitarle al otro tal posibilidad debe entenderse aquí en el sentido preciso de ofrecer al otro una ocasión propicia para el correspondiente modo de hacerse cargo de sí mismo, mientras que obstaculizar y entorpecer esa misma posibilidad alude, por el contrario, a cualquier forma de trato para con el otro que pueda contribuir a que éste permanezca instalado en la engañosa comodidad de la autodelegación, a través la descarga de sí en el impersonal del "uno". Para hacer justicia a esta diferencia fundamental, Heidegger introduce el contraste entre lo que serían dos formas polarmente opuestas del "procurar por" el otro, una "propia" y otra "impropia". El rasgo distintivo de la primera, como modo genuino de auxilio al otro, consiste, precisamente, en su capacidad de ayudarlo a que él mismo alcance la debida transparencia respecto de sí, en su carácter de "cura" o "cuidado" (*Sorge*), de modo tal que llegue ser "libre *para*" su propio ser (in *seiner Sorge sich durchsichtig und* für s*ie frei zu werden*) (cf. p. 122, subrayados de Heidegger). Tal forma del "procurar por" posee un carácter "anticipativo-liberador" (*vorspringend-befreiend*), y tiene lugar al modo de un "salto anticipativo frente al otro" (*Vorausspringen dem Anderen gegenüber*), que apunta a devolverle lo que está a su cuidado, precisamente, como lo que está a su cuidado (*Rückgabe der Sorge als Sorge*), lo cual, en último término, no es otra cosa que su propio ser como existencia (cf. p. 122). Por el contrario, la forma impropia del "procurar por", en su variante más extrema, es aquella que posee un carácter "intervencionista-dominante" (*einspringend-beherrschend*). Esta forma del "procurar por" tiene lugar al modo de un "intervenir sustitutivamente por el otro" (*Einspringen für den Anderen*), y apunta, como tal, a una apropiación que pretende arrebatarle al otro lo que está propiamente a su cuidado (*Sorge-Abnahme*), esto es, en último término, su propio ser, en el modo del "existir" (cf. p. 122). En virtud de este tipo de intervención sustitutiva, el otro es arrojado de su sitio y se retira, para posteriormente hacerse cargo de lo que se le procura, como algo que ya está listo y a su disposición, o bien, simplemente, para desentenderse por completo de aquello que está a su cargo (cf. p. 122).

Así pues, dado el carácter especular de la relación que impera en el espacio de juego en el que se mueve necesariamente el "procurar por", la posibilidad de contribuir al "ser libre" del otro para su más propio "poder ser" no podría consistir jamás en el intento, por benevolente que se pretenda, de arrebatarle a éste por vía de sustitución su "tener que ser". Por ese camino podría lograrse, tal vez, casi cualquier cosa, menos, precisamente, que el otro se haga cargo ejecutivamente de sí en el modo señalado que corresponde a la "propiedad" del existir. Pero a la vez –y esto es una consecuencia inevitable, en razón del mismo carácter especular de la relación que impera en el espacio de juego del tener que ver con el otro–, en el intento de sustitución del otro en el modo que corresponde a la forma "impropia" del "procurar por", el *Dasein* tampoco podría hacerse justicia a sí mismo. En efecto, en la medida en que se pretendiera capaz de lo que, en razón de su propio modo de ser, jamás podría lograr realizar, como es arrebatarle al otro el peso de su "tener que ser", fundado en su mismo existir, el propio *Dasein* estaría resignando él mismo la "(auto)transparencia" que es índice de la "propiedad" del existir.

Puede decirse, en suma, que es en el espacio compartido del "procurar por" donde la posibilidad de la "verdad de la existencia" muestra con particular nitidez su carácter intrínsecamente indelegable, y ello, precisamente, porque lo que está en juego en el "procurar por" fundado en el "ser con" no es otra cosa, en definitiva, que la "igualdad de ser" de todos los involucrados. Por lo mismo, una genuina liberación del otro sólo puede tener lugar, asume Heidegger, allí donde el "procurar por" ese otro, sin importar el carácter que deba adquirir en cada caso su concreción óntica, contribuye efectivamente a mantener abierto el espacio de autocomprensión y autocomparecencia que para él mismo instaura originariamente la referencia a su más propio "poder ser". En suma: en el contexto del "procurar por", una genuina "liberación del otro en su ser" sólo puede tomar la forma de un "dejarlo libre *para* su propio ser libre".

6. A modo de conclusión

A la luz del complejo entramado de conexiones sistemáticas antes discutidas, que pertenecen al núcleo mismo de la concepción del "estado de abierto" del *Dasein* presentada en *SZ*, se puede comprender bastante mejor, creo, qué modo o por qué caminos pudo tener lugar la radicalización que en los escritos posteriores conduce a la redescripción de la estructura total del "estado de abierto", en términos de las nociones de trascendencia y libertad.

En lo que concierne a la noción de trascendencia, el elemento decisivo en su empleo reside, sin duda, en el énfasis puesto en el momento del sobrepasamiento del ente en dirección del ser. Tal es el modo en que la emplea Heidegger ya en *SZ*, cuando caracteriza a la fenomenología como un peculiar modo de acceso temático al ser del ente (cf. § 7 C p. 38), pero también en el tratamiento de la estructura horizontal-extática de la temporalidad originaria, donde el acento recae, sobre todo, en el carácter trascendente del mundo como horizonte de la venida a la presencia del ente intramundano, hacia la cual tiene lugar la proyección originaria del ser de dicho ente, en y a través del "salir de sí" propio de la temporalidad originaria (cf. § 69 p. 351; § 69 c) esp. p. 366; § 75 p. 389; § 80 p. 419). En un par de pasajes, la noción de trascendencia no es aplicada, como tal, a aquello que provee el horizonte de la proyección, sea el ser del ente intramundano o bien el mundo mismo, sino que, por vía de transposición, se emplea, además, para describir el propio ser del *Dasein*, en cuanto es éste el que, en y a través de su "salir de sí", abre, en cada caso, el correspondiente horizonte de proyección. La trascendencia del *Dasein*, explica Heidegger, subyace, como tal, en todo posible acceso al ente intramundano en su ser, ya sea a través del trato práctico-operativo o bien del comportamiento puramente teórico-constatativo (cf. § 69 b) p. 363 s.). Tal trascendencia, que es propia y exclusiva del *Dasein*, posee un carácter especialmente señalado, en la medida en que en ella se funda, al mismo tiempo, "la posibilidad y la necesidad de la más radical *individuación*" (*die Möglichkeit und Notwendigkeit der radikalsten* Individuation) (cf. § 7 C p. 38). Esto último se comprende de inmediato, si se tiene en cuenta que, como se dijo ya, en y con el "salir de sí" que trasciende el ente intramundano en dirección de su ser y del mundo, el *Dasein* "vuelve", a la vez, sobre sí mismo, haciéndose cargo ejecutivamente de su propio ser, como "en cada caso mío", ya sea en el modo de la "propiedad" o bien de la "impropiedad" de la existencia.

Por este lado, se advierte también la conexión con la temática de la libertad, tal como aparece tratada ya en el contexto de la concepción de *SZ*. En efecto, el sobrepasamiento del ente, yendo más allá de él en dirección de su ser, puede verse él mismo como un modo de "ser libre" respecto del ente mismo. Sin embargo, y aquí reside el punto central en la concepción de Heidegger, tal "ser libre" respecto del ente constituye, al mismo tiempo, la condición de posibilidad de todo posible modo de "liberar" al propio ente, en el sentido de dejarlo venir a la presencia como lo que precisamente es, si es verdad que el acceso al ente mismo sólo puede tener lugar sobre la base de una previa comprensión, de carácter proyectivo, de su ser. Esto vale, con las diferencias del caso, tanto para el ente que meramente hace frente dentro del mundo, en sus diferentes posibles modos de comparecencia, como también para el *Dasein* mismo y para el otro que es como él. Como se vio, en el marco de la concepción elaborada en *SZ*, Heidegger considera cada uno de los casos mencionados, y pone de manifiesto tanto la peculiaridad estructural de los correspondientes modos del "ser libre" y el "dejar en libertad" como las condiciones que los hacen posibles.

Por último, conviene recalcar que, dentro del enfoque radicalmente aleteiológico que Heidegger practica en *SZ*, la temática de la libertad debe ser abordada necesariamente en términos que resultan solidarios con una tesis metódica básica que guía a dicho enfoque, a saber: la que otorga prioridad a la esfera en la que tiene lugar la manifestación por sobre la esfera en la que se sitúa toda posible forma de efectuación y de eficacia, en la medida en que estas últimas presuponen ya la venida a la presencia del ente, es decir, su apertura originaria a la comprensión. Naturalmente, con la adopción de esta perspectiva, Heidegger no pretende negar, sin más, la existencia de una dimensión causal de la problemática de la libertad, tal como la ponen en el centro de la atención las concepciones tradicionales. Pero, al mismo tiempo, intenta poner de manifiesto el carácter derivativo y, con ello, fundado de dicha dimensión. Por ello, Heidegger critica, sobre esa misma base, la indebida focalización causalista propia de las concepciones tradicionales, a la que considera estructuralmente conectada con la asunción dogmática, desde el punto de vista metódico, que concede un primado irrestricto al repertorio categorial propio de una "ontología de la presencia", orientada, como tal, a partir del modo de ser de lo que es meramente "ante los ojos". Como se sabe, a juicio de Heidegger, tal orientación metódica trae inevitablemente consigo un drástico estrechamiento de la idea misma del ser, que es donde reside la razón última de la incapacidad de la ontología tradicional para hacer justicia a los fenómenos vinculados con el acaecer de la verdad y la génesis del sentido experimentado. La recuperación aleteiológica de la problemática de la libertad debe verse, pues, como parte sustantiva e incluso central del intento encaminado a hacer posible, a través del desarrollo de una ontología fundamental concebida como analítica del *Dasein*, una repetición expresa de la pregunta por el sentido del ser, en general.

Así pues, tal como dentro de los límites de su concepción ya lo había reconocido claramente Kant, la libertad aparece vinculada, también en el caso de Heidegger, a aquello que constituye el centro mismo de la problemática filosófica. Ello no puede sorprender demasiado, si se tiene en cuenta el hecho elemental de que, en la cuestión relativa a la posibilidad del "ser libre" del *Dasein*, se pone en juego también la posibilidad de la misma filosofía, como el proyecto radical de "(auto)transparencia" que, según su misma idea, debe aspirar a ser.

Estudio 7
Experiencia, objetividad, historia.
Heidegger y el "Sistema de los principios" kantiano

1. Introducción

La relación del pensamiento de Heidegger con el de Kant ha ocupado, desde siempre, un lugar de importancia en los intereses de los estudiosos de la filosofía heideggeriana. En particular, a partir de los años '70 del siglo pasado, contamos con no pocos trabajos dedicados a estudiar diversos aspectos de lo que se presenta, ya a primera vista, como una relación tan rica como compleja y, en diversos aspectos, difícil de precisar.

En un comienzo, y a falta de otros materiales, el interés tuvo que concentrarse necesariamente, sobre todo, en el *Kant-Buch* de 1929 (cf. *Kant*) y en escritos conexos, como el importantísimo escrito sobre la esencia del fundamento, del mismo año (cf. *WG*), y poco más. Sin embargo, la paulatina publicación de las lecciones, en algunos casos primero de modo independiente y luego, desde mediados de los años '70, ya de modo integral, en el marco de la *Gesamtausgabe*, abrió todo un amplio espectro de nuevas posibilidades a la investigación. A todo ello se añadió posteriormente también la publicación de algunos importantes epistolarios. Como resultado de esta sustancial ampliación de la base textual y documental disponible, estamos hoy en condiciones de trazar, de modo mucho más seguro y preciso, un cuadro de conjunto de las relaciones que vinculan al pensamiento de Heidegger con el de Kant así como de elaborar hipótesis que apunten a dar cuenta del modo en el cual la evolución del propio pensamiento heideggeriano se correlaciona con las características diferenciales más salientes y también con algunas notorias variaciones que presenta la interpretación de Kant elaborada por Heidegger, a los largo de los años. De hecho, en la investigación más reciente ha habido, como se verá, avances notables en tal sentido, que pueden ser tomados como base para añadir nuevos pasos destinados a completar y precisar el cuadro de conjunto.[1]

---

[1] Valiosas discusiones de aspectos centrales de la recepción de Kant por parte de Heidegger se encuentran, entre otros, en Declève (1970), que traza un esquema interpretativo sobre la base del material entonces disponible; Schalow (1986) y (1992), que se centra en los aspectos concernientes a la recepción de motivos centrales de la filosofía práctica de Kant; Weatherston (2002), que discute especialmente la estrategia heideggeriana de apropiación de la concepción que Kant desarrolla en *KrV*; Rebernik (2006), que se centra en la cuestión relativa a la conexión entre metafísica y trascendencia finita, pero considera también el trasfondo provisto por el neokantismo; y, por último, Marafioti (2011), que ofrece, hasta donde puedo ver, el panorama de conjunto más completo disponible hasta el presente de la confrontación productiva de Heidegger con Kant, en sus diferentes

En lo que sigue, me propongo realizar una modesta contribución en el sentido indicado. Presentaré un intento de interpretación que traza una curva evolutiva de la confrontación productiva que Heidegger mantiene con Kant. Dicha curva evolutiva presenta claramente dos puntos de inflexión, que marcan los momentos decisivos en los cuales tal confrontación productiva adquiere, en cada caso, un impulso nuevo, que le imprime su dirección característica. El primero de ellos se sitúa en la segunda mitad de 1925, momento en el cual Heidegger redescubre a Kant y se decide a dictar lecciones sobre su pensamiento. El segundo se sitúa una década más tarde y adquiere su expresión exterior más reconocible en la lección del semestre de invierno de 1935/1936, titulada originariamente "Grundfragen der Metaphysik" y publicada en 1962 con el título "Die Frage nach dem Ding. Zu Kants Lehre von den transzendentalen Grundsätzen" (cf. *FD*). Sobre esta base, procederé en tres pasos. Primero (sección 2) presentaré el redescubrimiento de Kant de 1925 y su incorporación en la concepción que adquiere su expresión sistemática más elaborada en *SZ*, el *opus magnum* de 1927, y que prolonga su desarrollo hasta alcanzar el límite de sus posibilidades en los escritos que van desde 1927 hasta comienzos de los años '30. A continuación (sección 3), presentaré la evidencia textual y las razones que avalan la tesis de la existencia de un segundo punto de inflexión que da lugar a una nueva manera de interpretar a Kant, que resulta solidaria con la orientación que adquiere el pensamiento de Heidegger a mediados de los años '30, y que encuentra expresión, por primera vez, de modo nítido en la lección de 1935/1936, la cual hasta e presente no ha recibido en la investigación la atención que merece en razón de su importancia. Como se verá, hay suficiente base para afirmar que esta nueva manera de interpretar el pensamiento kantiano trae consigo un claro distanciamiento crítico respecto de la interpretación llevada a cabo anteriormente, en los escritos de la época de *SZ*. Finalmente (sección 4), ofreceré una interpretación de algunos de los aspectos más relevantes de la interpretación de Kant que Heidegger elabora en la lección de 1935/1936. Concluiré (sección 5) con unas pocas observaciones generales sobre el alcance y las consecuencias de la interpretación desarrollada por Heidegger.[2]

---

aspectos y etapas. En nuestra lengua, puede consultarse con provecho todavía, a pesar del tiempo transcurrido, la tesis doctoral de Irene Borges Duarte, que permanece inédita, pero es accesible a través de internet. Véase Borges Duarte (1994).

[2] Para una versión sintética del esquema interpretativo aquí propuesto, sin ingresar de modo detallado a la interpretación que Heidegger presenta en la lección de 1935/1936, véase Estudio 4. Lo expuesto en la sección 2 del presente trabajo procede, en lo esencial, sobre la base de lo ya presentado allí, mientras que las secciones siguientes contienen desarrollos nuevos y más detallados.

2. *El redescubrimiento de Kant, en el entorno de* SZ

Como nadie ignora, no puede decirse que, en los comienzos de la formación filosófica de Heidegger, el pensamiento de Kant haya jugado un papel demasiado importante. Por cierto, ya en la temprana fase de adhesión a la "filosofía de los valores" neokantiana, en la cual Heidegger recibe principalmente los impulsos procedentes de H. Lotze y E. Lask e intenta, a la vez, determinar su propia posición frente al pensamiento de H. Rickert, la figura de Kant está indudablemente presente, como parte importante del contexto más amplio en el que se inscribe su trabajo filosófico.[3] En dicha fase temprana, que se extiende desde comienzos de los años '10 hasta, aproximadamente, comienzos de los años '20, Kant no adquiere todavía un papel protagónico comparable al que estaría llamado a desempeñar posteriormente. Por lo demás, el propio Heidegger tampoco estaba aún en posesión de una concepción propia suficientemente diferenciada, como para entablar un diálogo suficientemente maduro con Kant. Con todo, la inicial influencia de Kant, aunque más bien indirecta o atmosférica, tampoco debe ser

---

[3] Reiteradas referencias a Kant se encuentran ya en los primeros escritos de los años 1912-1914, tanto en la discusión crítica del problema de la realidad del mundo en la filosofía moderna (cf. *RMPh* p. 1 ss., 9 ss.), como en la revisión de los nuevos aportes en el ámbito de la lógica (cf. *NFL* esp. p. 22, 23 s., 36 s.). En algunas de las recensiones de los años 1913-1914 Kant es el asunto principal de los libros reseñados, entre los cuales destaca la importante investigación de C. Sentroul dedicada a la relación entre Kant y Aristóteles (cf. *Besprechungen* p. 49-54). Las referencias expresas a Kant en la tesis doctoral de 1913 y en el escrito de habilitación de 1915 son bastante menos frecuentes y, en general, meramente ocasionales (véase *LUP* p. 63, 70, 90, 129, 141, 153; *Scotus* p. 197, 202, 223, 274). En un solo caso, contenido en el importante "Epílogo" del escrito de habilitación, la relación entre Kant y Aristóteles es tomada, de modo notoriamente más vinculante, como el punto de partida decisivo para el problema que plantea la elaboración de una teoría de las categorías, en conexión con las determinaciones ontológicas fundamentales de los objetos, por un lado, y con la estructura del juicio y las funciones del pensamiento, por el otro (cf. *Scotus* p. 402 s.). Sin embargo, la mención de Kant es también aquí poco menos que fugaz. Por último, el interés por Kant en el período comprendido entre la tesis doctoral y el escrito de habilitación viene confirmado por los datos referidos a la incipiente actividad docente de Heidegger en los años 1915-1917, como *Privatdozent*, antes de la interrupción provocada por las obligaciones vinculadas con el servicio bélico en los años 1917-1918 y de la posterior reanudación, de modo definitivo, en 1919, año del que proceden las primeras lecciones conservadas. En efecto, para el semestre de invierno 1915/1916 la lista de lecciones y seminarios publicada por W. J. Richardson, corregida y autorizada por Heidegger, consiga un seminario titulado "Kant, *Prolegomena*", y para el semestre de verano de 1916 una lección sobre el idealismo alemán (cf. Richardson [1963] p. 663; Xolocotzi Yañez [2011] p. 41; véase también Kisiel [1993] p. 461). Sobre el título de esta última lección, en la cual Kant parece haber ocupado una posición importante, hay alguna divergencia: mientras Richardson consigna "Kant und die deutsche Philosophie des 19. Jahrhunderts", Kisiel, sobre la base de los datos conservados en la Universidad de Friburgo y las anotaciones realizadas por E. Petri, indica, en cambio, "Der deutsche Idealismus", que sería el genuino título oficial (véase la explicación en Kisiel [1993] p. 553 nota 4 a p. 461).

subestimada en su importancia. En efecto, la estrecha vinculación con el paradigma filosófico provisto por la "filosofía de los valores", tal como había sido desarrollada por el neokantismo de Baden (W. Windelband, H. Rickert), por un lado, y la adopción del modelo teórico provisto por la "lógica de la validez" de Lotze, sobre todo, en la variante desarrollada por Lask, determinaron la orientación básica de los esfuerzos filosóficos de Heidegger de modo persistente, aunque con diferencias de matiz y acentuación, durante toda la década. Éste es un hecho que, a mi modo de ver, trae consigo todo un conjunto de consecuencias decisivas, tanto desde el punto de vista histórico como filosófico, para una adecuada comprensión de la evolución del pensamiento de Heidegger. Ello es así, por mucho que, en sus referencias autobiográficas más conocidas, el propio Heidegger haya pretendido desdibujar la importancia del mencionado período o incluso pasarlo, sin más, por alto, con el fin de favorecer una sesgada reconstrucción interpretativa de su propio desarrollo filosófico, según la cual la orientación a partir de la pregunta por el (sentido del) ser, procedente de la metafísica aristotélica, habría resultado decisiva, desde el comienzo mismo y, prácticamente, sin solución de continuidad.[4]

Como quiera que sea, en la primera mitad de los años '20 no es la figura de Kant, sino, como nadie ignora, la de Aristóteles la que adquiere un protagonismo poco menos que excluyente. Un renovado interés por Kant se hace notar recién hacia 1925, pero muy rápidamente se fortalece y llega pronto a ser dominante, al menos, por un cierto tiempo. Ahora bien, dado el predominio casi excluyente de Aristóteles en los años precedentes, la irrupción de Kant en el centro de la escena, a mediados de los años '20, resulta, a primera vista, inesperada y, por su vigor, sorprendente. Ha sido mérito del inolvidable F. Volpi, el mismo que mucho antes ya nos había enseñado a reconocer el papel fundamental que desempeñó la recepción de Aristóteles en los primeros años de elaboración de la concepción que finalmente se presenta en *SZ*, el haber llamado la atención, en un bellísimo trabajo, también sobre el carácter dramático, en el sentido teatral griego, de la irrupción de Kant en la escena en 1925 y sobre las consecuencias decisivas que ella trae inmediatamente consigo, por así decir, a modo de peripecia.[5]

---

[4] Para una discusión más detallada de estos aspectos, véase Vigo (2006a).

[5] Véase Volpi (2006). En su interpretación Volpi describe una suerte de trayecto en dos etapas, que va de Husserl a Aristóteles y de Aristóteles a Kant. No es exagerado decir que el notable escrito de Volpi ha abierto aquí, una vez más, nuevos caminos a la investigación. En los pocos años trascurridos desde su publicación, su influencia ha sido tan intensa como para poder contribuir, con su fuerza inspiradora, a señalar caminos a investigaciones autónomas tan serias y fructíferas como la ya citada de R. M. Marafioti (cf. Marafioti [2011]). Pero, como ha ocurrido ya en otros casos, el trabajo de Volpi ha dado lugar también, infelizmente, a meras repeticiones, casi al modo de los *covers* musicales. No hace falta buscar demasiado para hallar algún que otro escrito carente de todo genuino valor científico, cuyo autor no vacila en limitarse a reproducir los argumentos de Volpi y

El epistolario de la época provee valiosas indicaciones, que permiten identificar el momento y, al menos, algunas de las motivaciones del vigoroso reingreso de Kant en escena.⁶ Hacia fines de agosto de 1925 Heidegger da noticia a Hannah Arendt de las frecuentes visitas espirituales a Königsberg que realiza por esos días, en los cuales, a modo de descanso, se dedica a leer a Kant y adquiere así renovada conciencia de la pobreza de la filosofía del presente, frente a la notoria superioridad, en rango y estilo, del pensamiento kantiano.⁷ Semanas más tarde Heidegger anuncia a Arendt su decisión de tratar a Kant en el seminario que dictaría en el semestre de invierno. Más precisamente, Heidegger se proponía abordar la problemática vinculada con el tiempo, a partir de las tres secciones de *KrV* que resultan fundamentales para el tema, a saber: la "Estética trascendental", la "Doctrina del esquematismo" y las "Analogías de la experiencia".⁸ Los prime-

---

a copiar muchas de sus variadísimas y a menudo sorprendentes referencias, que en el caso de Volpi eran, como nadie ignora, el fruto natural de una erudición genuina, aquilatada por décadas de estudio paciente y esmerado, y no el de la celeridad en el precario arte del *copy & paste*. Ni siquiera la idea original de Volpi de emplear como título de su trabajo la resonante declaración de Heidegger en carta a Jaspers sobre su nuevo amor por Kant (véase abajo nota 9) ha podido escapar esta vez a una penosa voracidad usurpadora que, a menudo, emerge de la impotencia creativa y queda así sujeta, por la ley de su propio origen, al yugo de la repetición servil. Sin embargo, a diferencia de los *covers* musicales, que, ya sean de mejor o de peor calidad, dejan habitualmente debida constancia de su relación con la versión original, en el caso de quienes se dedican a versionar a Volpi, por ejemplo, en nuestra propia lengua, ni siquiera se ha creído necesario, a veces, satisfacer esa elemental obligación de transparencia, si es que no se ha buscado, por el contrario, camuflar vanamente la inocultable deuda de origen, por medio de paráfrasis deslavadas, inserciones de ocasión y amplificaciones insustanciales. Es cierto, sin duda, que el amor y el egoísmo van juntos muchas veces, también, y tal vez preponderantemente, en las cosas del intelecto. Así lo señaló en su día (1952) nadie menos que Jorge Luis Borges con referencia a su admirado maestro, el gran Macedonio Fernández, de quien, frente a su misma tumba, dijo públicamente: "lo amé hasta la transcripción, hasta el apasionado y devoto plagio". Pero, como muestra el mismo caso de Borges, el amor, si es verdadero, siempre termina venciendo al egoísmo y reconoce así finalmente su impagable deuda con aquello que ama. A modo de reparación y en sustitución de declaraciones omitidas en lugares donde hubieran sido imprescindibles, vaya aquí, pues, el debido reconocimiento a la sobreabundante creatividad del inigualable estudioso italiano, tempranamente fallecido. Con la libérrima generosidad que lo distinguía, Volpi prefirió siempre exponerse al riesgo de sufrir ocasionales abusos, antes que ceder a la tentación de ponerse a la defensiva, recurriendo a retaceos inútiles y mezquinos, a la hora de compartir su sabiduría y su humanidad con quienes, en legión, acudían a él en busca de ayuda y consejo.

⁶ Para todo esto, véase Volpi (2006), quien considera con mayor detalle la información que provee el epistolario y discute los textos citados aquí y otros conexos.

⁷ Véase la carta a Arendt del 25/8/1925, *AHB* p. 44-46, esp. p. 45.

⁸ Véase la carta a Arendt del 14/9/1925, *AHB* p. 47-49, esp. p. 48. La lista de lecciones y seminarios de Heidegger consigna para el semestre de invierno 1925/1926 un seminario para principiantes, titulado "Phänomenologische Übungen (Kant, *Kritik der reinen Vernunft*)". En paralelo, Heidegger ofreció un seminario para estudiantes avanzados sobre Hegel, en el cual abordó el primer

ros efectos de la intensa ocupación con la concepción kantiana quedan reflejados, un par de meses más tarde, en una carta dirigida a Karl Jaspers, en la cual Heidegger declara su nueva proximidad respecto de Kant con un giro que se ha hecho famoso: "comienzo a amar realmente a Kant".[9] El impulso de aproximación no hace sino intensificarse en los años que siguen y hasta el final de la década, aunque la curva de intensidad parece alcanzar su punto más alto en tiempos de la publicación de *SZ*. Cartas a E. Blochmann y K. Jaspers escritas entre fines de 1927 y comienzos de 1928 reflejan el clímax alcanzado en la interpretación de Kant.[10]

No resulta, pues, casual que los hitos más imponentes de la intensa confrontación con Kant llevada a cabo en esos años correspondan a obras elaboradas a partir de 1927, a saber: por un lado, la lección del semestre de invierno de 1927/1928, dedicada a la interpretación de *KrV* (cf. *KKrV*) y, por otro, el *Kant-Buch* de 1929 (cf. *Kant*), que, en buena medida, se basa en ella. Lo que Heidegger lleva a cabo en ambas obras puede describirse como un intento radical de apropiación transformadora, no exento de violencia exegética, que apunta primariamente al objetivo de alinear la teoría kantiana de la constitución de la experiencia con la problemática vinculada por la pregunta por el (sentido del) ser, tal como el propio Heidegger la elabora en *SZ*.

Ambiciosos intentos complementarios, llevados a cabo en el marco de indagaciones no dedicadas exclusivamente a Kant, se hallan tanto en la importantísima lección sobre lógica del semestre de invierno de 1925/1926, donde se ofrece

---

libro de *Wissenschaft der Logik* (cf. Richardson [1963] p. 665; véase también Kisiel [1993] p. 465). Por lo demás, la confrontación con Hegel no fue en estos años tan episódica y tangencial como podría parecer a primera vista. Así lo muestra el protocolo del seminario sobre Aristóteles y Hegel dictado en el semestre de verano de 1927 (cf. *AHS*).

[9] Véase la carta a Jaspers de 10/12/1925, *HJB* p. 57 s., esp. p. 57: "das Schönste aber, ich fange an, *Kant wirklich zu lieben*" (subrayado de Heidegger). La resonante declaración de amor, que Volpi (2006) emplea como título de su trabajo, establece un claro contraste con la previa confesión de Heidegger, en el mismo párrafo de la carta, acerca de su incapacidad para comprender adecuadamente el modo en el que Hegel, a la vez, identifica y distingue el ser y la nada al comienzo de su lógica. Frente a su propia incomprensión, explica Heidegger a Jaspers, "algunos hegelianos" (*einige Hegelianer*) que participaban del seminario sobre Hegel (véase nota anterior) tampoco parecían estar en condiciones de proporcionarle genuina ayuda. Sin embargo, la confrontación con Hegel no fue en estos años tan episódica y tangencial como podría parecer a primera vista. Así lo muestra el protocolo del seminario sobre Aristóteles y Hegel dictado en el semestre de verano de 1927 (cf. *AHS*).

[10] Véase la carta a Blochmann del 21/10/1927, *HBB* p. 20-22, esp. p 21 y, sobre todo, la carta a Jaspers del 10/2/1928, *HJB* p. 53 s., donde Heidegger presenta su cotidiana ocupación con Kant como un remanso que le permite recuperarse de los agotadores ajetreos de la vida de profesor universitario, y señala que Kant no sólo puede ser interpretado incluso con más vehemencia que Aristóteles, sino que, además, debe ser redescubierto de modo completamente nuevo.

una primera discusión extensiva de la concepción de la experiencia que Kant elabora en *KrV* (cf. *Logik* esp. §§ 22-37), como también en la no menos importante lección sobre los problemas fundamentales de la fenomenología del semestre de verano de 1927 (cf. *Grundprobleme*). Como se sabe, esta última lección parece haber sido concebida originalmente como una primera versión de desarrollos previstos para la Tercera Sección de la Primera Parte de *SZ*, la cual finalmente no iba a ser nunca publicada.[11] En cualquier caso, la presencia de Kant en esta lección es, si cabe, todavía más prominente que en el caso de la lección sobre lógica, ya que en la extensa y compleja discusión desarrollada aparece conectada, de diversos modos, con un variado conjunto de problemas de central importancia histórica y sistemática. En primer lugar, Heidegger intenta situar a Kant dentro del desarrollo de la ontología tradicional, y lo hace tomando como referencia dos aspectos centrales de la concepción kantiana, a saber: por una parte, la tesis según la cual 'ser' no constituye un predicado real, sino que debe entenderse en términos de mera "posición" (*Setzung*) (cf. §§ 7-9); por otro, el intento de reformular la distinción fundamental de la ontología moderna entre el ámbito de la *res extensa* y el de la *res cogitans*, en términos de la oposición ontológica entre cosa y persona, tal como la elabora originalmente el propio Kant en *Grundlegung* y *KpV*, al hilo de la caracterización de la persona como "fin en sí mismo" (*Zweck an sich selbst*) (cf. §§ 13-14). En segundo lugar, y de modo complementario, Heidegger intenta aquí, una vez más, alinear la posición de Kant con la concepción elaborada en *SZ*, tomando como hilo conductor la problemática de la temporalidad, desde la perspectiva que abre la pregunta por el (sentido del) ser (cf. §§ 21-22).

Pues bien, si se trata de establecer dónde reside el punto nuclear de convergencia con Kant en los años que van desde 1925 en adelante, habrá que decir, a mi modo de ver, que se halla en lo que, formulado en términos del propio Heidegger, es la temática vinculada con la función del tiempo como "horizonte de la comprensión del ser". En este contexto, y a pesar de la presencia de aspectos que dan cuenta de la recepción de motivos centrales de la filosofía práctica de Kant, es, sobre todo, el Kant teórico, el Kant de *KrV*, el que juega un papel protagónico como interlocutor de Heidegger. De hecho, en la lección del semestre de verano de 1930, titulada "Vom Wesen der menschlichen Freiheit. Einleitung in die Philosophie" (cf. *WMF*), Heidegger discute ampliamente la concepción kantiana de la libertad, entendida como una concepción de orientación fundamentalmente *causal*. Pero lo hace, justamente, para mostrar la insuficiencia de todo intento por obtener una caracterización originaria de la libertad por medio del recurso a la noción de causa, es decir, de toda concepción *arqueológica* de la libertad. Y le opone el modelo radicalmente *aleteiológico* que busca pensar la libertad a partir de su

---

[11] Para la cuestión relativa al estatus literario y filosófico de la lección, véase la presentación de conjunto en von Herrmann (1991).

vinculación originaria con la trascendencia del *Dasein*, tal como dicha vinculación es tematizada y caracterizada positivamente en la lección sobre Leibniz del semestre de verano de 1928 (cf. *MAL* esp. §§ 11-14) y, de modo más compacto y penetrante, en el escrito sobre la esencia del fundamento de 1929 (cf. *WG*).[12] La recepción del Kant teórico en conexión con la elaboración de la concepción presentada en *SZ* es, en este sentido, solidaria con la orientación que ponen de manifiesto los escritos que siguen inmediatamente a la publicación de la obra, al menos, en la medida en que la concepción kantiana relativa a las condiciones de posibilidad de la experiencia, con su marcado énfasis en el papel del tiempo como horizonte último de la constitución del sentido experimentado, es vista como un antecedente del modo en el que el propio Heidegger busca pensar el "estado de abierto" (*Erschlossenheit*) del *Dasein*, al que, a partir de la lección de 1927 y en escritos posteriores, se designa también con el nombre de "trascendencia" (*Transzendenz*). Como se sabe, en el *Kant-Buch* de 1929 el propio Kant es caracterizado como un pensador metafísico que busca tematizar las condiciones que dan cuenta de la posibilidad de la "trascendencia finita" (*endliche Transzendenz*) y del tipo peculiar de acceso cognoscitivo al ente y el mundo que, como tal, le pertenece.[13]

---

[12] Por su parte, la consideración de la concepción kantiana de la persona en la lección sobre los problemas fundamentales de la fenomenología del semestre de verano de 1927 (cf. *Grundprobleme* §§ 13-14) responde a un interés fundamentalmente ontológico, pues se trata, en definitiva, del problema de la ontología del "sujeto", a la luz de la cuestión de los múltiples siginificados de ser (cf. § 15). Tampoco aquí hay un genuino interés por el lado propiamente "práctico" de la concepción kantiana. Al igual que en el caso de Aristóteles, los aspectos tomados de la filosofía práctica de Kant son abordados en clave decididamente ontológica. Para la confrontación crítica con la concepción kantiana de la libertad como causa en la lección del semestre de verano de 1930, véase Estudio 2.

[13] Como quiera que sea, el claro predominio de motivos procedentes de la filosofía teórica en la recepción del pensamiento kantiano a partir del redescubrimiento de 1925 no debería hacer perder de vista la presencia de momentos específicos en los cuales la recepción de motivos procedentes de la filosofía práctica de Kant ha jugado, en esos mismos años, un papel importante, aunque más bien implícito. En este sentido, S. G. Crowell ha sugerido acertadamente que el tránsito desde Aristóteles hacia Kant iniciado en 1925 puede verse reflejado, de algún modo, ya en la propia articulación de la concepción de *SZ*. En efecto, a la hora de ofrecer una reconstrucción ontológicamente radicalizada de las estructuras fundamentales de la agencia humana, Heidegger combina aquí elementos tanto de origen aristotélico como de origen kantiano. Así, mientras que el análisis del "ser en el mundo" (*In-der-Welt-Sein*) de la primera sección (cf. §§ 14-38) lleva a cabo una asimilación, en clave ontológica, de estructuras fundamentales puestas de manifiesto por Aristóteles en su tratamiento de la *práxis*, el análisis de la propiedad (*Eigentlichkeit*) del existir, en conexión con el fenómeno de la "conciencia moral" (*Gewissen*) (cf. §§ 54-60), incorpora, por vía de apropiación transformadora, elementos centrales de la filosofía práctica de Kant. Es cierto que, en el marco del análisis de la conciencia moral, Heidegger dirige una severa crítica la orientación kantiana a partir de la idea del así llamado "foro interior" (*forum internum*), solidaria con el punto de partida en la noción de "ley" (*Gesetz*). Sin embargo, ello no debería hacer pasar por alto los aspectos en los cuales la asimilación de elementos kantianos juega, aunque de modo más bien tácito, un papel positivo

Un segundo punto importante para caracterizar el marco en que se inscribe el interés por Kant en esta etapa, más específico pero conectado inmediatamente con el anterior, reside en el protagonismo que Heidegger concede a la "Doctrina del esquematismo", en su recepción de la concepción de la experiencia que Kant elabora en *KrV*. En efecto, es en la concepción kantiana acerca de la producción originaria de esquemas, tal como tiene lugar en el nivel de constitución correspondiente a la intervención de la función productiva originaria propia de la "imaginación trascendental" (*transzendentale Einbildungskraft*), donde Heidegger cree poder descubrir un atisbo por parte de Kant que apuntaría hacia la función posibilitante del tiempo, como horizonte de la comprensión del ser. De hecho, tanto la lección del semestre de invierno de 1927/1928 como el *Kant-Buch* de 1929 concluyen, justamente, con la interpretación de la "Doctrina del esquematismo". En ninguno de los casos, la exposición se interna, por tanto, en el tratamiento específico del "Sistema de los principios del entendimiento puro", que contiene el desarrollo de los "Axiomas de la intuición", las "Anticipaciones de la percepción", las "Analogías de la experiencia" y los "Postulados del pensamiento empírico", y cuyo centro temático viene dado por la discusión de las "Analogías", que, como el propio Kant declara expresamente en la exposición de *Prolegomena*, constituyen el genuino núcleo de la concepción de la experiencia presentada en *KrV* (cf. *Prolegomena* § 26 p. 309 s.).[14] El carácter, por así decir, rupturista que posee la insistencia heideggeriana sobre la decisiva importancia de la "Doctrina del esquematismo" se advierte claramente, cuando se atiende al contexto polémico en el que se inscribe inmediatamente la interpretación propuesta por Heidegger. Dicho contexto polémico no es otro que el que proporciona lo que, a juicio de propio

---

determinante. Para los motivos relacionados con lo que Crowell llama el "kantismo existencial" de la Segunda Sección de *SZ*, véase la excelente discusión en Crowell (2010); para la caracterización del Heidegger de *SZ*, junto con autores contemporáneos como C. Korsgaard, en términos de la noción de "kantismo existencial", véase Crowell (2007b). Para una interpretación detallada del análisis heideggeriano de la "conciencia moral" (*Gewissen*), en el que se pone de relieve también los momentos de aproximación y distancia respecto de Kant, véase arriba Eatudio 1. A lo aquí señalado, se añade el hecho, ya mencionado anteriormente, de que en la lección del semestre de verano de 1927, que sigue inmediatamente a *SZ*, Heidegger discute detalladamente la caracterización kantiana de la persona como "fin en sí mismo" (cf. *Grundprobleme* §§ 13-14) y la pone en conexión directa con su propia caracterización de la estructura autorreferencial de la existencia en términos de lo que denomina el "por mor de (sí mismo)" (*Worumwillen*) del *Dasein*, tal como dicha caracterización había sido elaborada en el análisis del ser del *Dasein*, comprendido como "cura" (*Sorge*) (véase esp. *SZ* § 41; véase también §§ 18, 31 y 44). Para una iluminadora discusión de estas conexiones, véase Rodríguez (2013).

[14] Por su parte, en la lección del semestre de invierno de 1925/1926 se ofrece una concisa interpretación de la "Primera analogía" (cf. § 30), pero, significativamente, se la antepone a la discusión, mucho más extensa y detallada de la Doctrina del esquematismo" (cf. §§ 31-35), que es la que ocupa, también aquí, el verdadero centro del interés.

Heidegger, sería la interpretación dominante de *KrV* en el seno de la Escuela Neokantiana, según la cual lo que Kant llevaría a cabo en la obra no sería otra cosa una teoría del conocimiento que apunta centralmente a dar cuenta de la posibilidad de la ciencia de la naturaleza.[15]

3. Kant, reinterpretado en perspectiva ontohistórica

Como nadie ignora, el famoso "giro" (*Kehre*) del pensamiento de Heidegger, que tiene lugar ya en los primeros años de la década del '30, trae consigo, entre otras cosas, una radical historización de la problemática fundamental de la comprensión del ser y la apertura originaria del sentido experimentado, tal como había abordada en los escritos de la época de *SZ*. Dicha historización, que va de la mano de una nueva concepción del "ser" de inflexión netamente eventualista, da lugar a una agudizada conciencia de la dimensión irreductiblemente histórica de la temática vinculada con la estructura y las condiciones de posibilidad de la verdad trascendental, que había sido dominante ya desde los lejanos tiempos de apropiación y transformación de la concepción laskiana: la *aleteiología* adquiere así una nueva y radicalizada impostación *kairológica*, que, para bien o para mal, resulta determinante de la línea central de desarrollo que sigue el pensamiento de Heidegger de allí en más.[16] Entre los diversos aspectos fundamentales que el giro hacia el pensamiento ontohistórico afecta de modo inmediato y profundo, al punto de ponerlos en ocasiones gravemente en cuestión, se encuentra, como no

---

[15] En cierto modo, el *Kant-Buch* de 1929 representa, puede decirse, una declaración de guerra a la interpretación marburguense y, en general, neokantiana, de la concepción de la experiencia elaborada por Kant en *KrV*, la cual es, a los ojos de Heidegger, una reinterpretación reductiva llevada a cabo en clave fundamentalmente epistemológica. A ella opone Heidegger lo que sería una interpretación "metafísica", en el sentido peculiar de la noción que va asociado a la ontología fundamental de *SZ*, con su reinterpretación radicalmente *aleteiológica* de la problemática ontológica, la cual, como Heidegger enfatiza en el § 7 de *SZ*, sólo resulta abordable fenomenológicamente (cf. *SZ* § 7 C p. 35; para la contraposición entre la concepción arqueológica tradicional y la concepción radicalmente aleteiológica que defiende Heidegger en *SZ*, véase la discusión en Vigo [2002]). El documento más explícito del contexto polémico en el que Heidegger inscribe su interpretación de la concepción de *KrV* se halla, como es sabido, en la famosa "Disputa de Davos" (*Davoser Disputation*), mantenida con E. Cassirer en 1929 (véase el protocolo de Heidegger en *Kant* p. 274-296; para algunos de los aspectos principales de la disputa, véase los trabajos reunidos en Kaegi – Rudolph [2002]). En particular, con relación a la orientación básicamente epistemológica de la interpretación neokantiana, véase las explicaciones de Heidegger ante Cassirer en *Kant* p. 274 s. Por su parte, Cassirer llama la atención en su réplica sobre los peligros de sobreestimar (*überschätzen*) la importancia de la "Doctrina del esquematismo", puesto que de allí procederían los mayores malentendidos (*die größten Mißverständnisse*) en la interpretación de Kant (cf. p. 276 s.).

[16] Para una discusión de algunos de los aspectos centrales que dan cuenta de la reinterpretación radicalizada de la *"aleteiología"* como *"kairología"*, me permito remitir a la discusión en Vigo (2003).

pocos intérpretes han advertido, nada menos que el carácter *trascendental* del diseño metódico de la concepción presentada en *SZ* y profundizada en los escritos subsiguientes, hasta comienzos de los años '30. Así, por ejemplo, en un excelente trabajo sobre el tema, que no ha recibido la atención que merece, K. Opilik ha creído poder rastrear las huellas iniciales de una creciente problematicidad del planteo trascendental de *SZ* ya en la lección del semestre de invierno 1929/1930 sobre los conceptos fundamentales de la metafísica (cf. *GBM*), una problematicidad que no hace sino agudizarse y radicalizarse en el camino que lleva hasta el escrito sobre la esencia de la verdad de 1930 (cf. *WW*).[17]

Con esto no está dicho, naturalmente, que el giro hacia el "pensamiento ontohistórico" (*seinsgeschichtliches Denken*), para usar la acertada expresión de Á. Xolocotzi, haga, sin más, imposible todo tipo de continuidad con el planteo trascendental, por así decir, más bien "estático", del período de *SZ*. Por el contrario, hay claras indicaciones, sobre todo, en los escritos del período de transición, de que Heidegger se ha esforzado por trasponer al plano de consideración en el que se mueve el nuevo pensamiento ontohistórico estructuras fundamentales avistadas ya con ocasión del desarrollo del modelo de *SZ*, dada la indudable persistencia del planteo radicalmente aleteiológico que vincula ambos momentos en la evolución del pensamiento heideggeriano. No menos cierto es, sin embargo, que el tipo de trasposición estructural que Heidegger procura llevar a cabo, allí donde adopta la perspectiva propiamente ontohistórica, no está exento de sus propias dificultades, tanto desde el punto de vista temático como también, y muy especialmente, metódico, las cuales pueden dar lugar, en último término, incluso a legítimas dudas acerca de su viabilidad. Como quiera que fuere, no es éste el lugar para elaborar una discusión de estos aspectos, que requerirían un tratamiento detallado independiente. Baste con señalar aquí que, como es natural suponer, la adopción de la nueva perspectiva, radicalmente historizada, repercutió también, de manera inmediata, en el modo de aproximación a Kant, es decir, al filósofo que debe verse como el genuino fundador y el representante más emblemático del paradigma metódico de la filosofía trascendental, cuya problematicidad saltaba ahora a la vista con nueva e reforzada nitidez.

Desde este punto de vista, no resulta azaroso, sino, más bien, altamente significativo el hecho de que ya a mediados de los años '30 Heidegger lleve a cabo un renovado intento de apropiación de la concepción kantiana de la experiencia, el cual, por medio de un fuerte desplazamiento de los énfasis de la interpretación, apunta a hacer posible un reposicionamiento de Kant dentro del nuevo marco de comprensión provisto por el pensamiento ontohistórico. Tal renovado intento de apropiación tiene lugar, sobre todo, en la lección del semestre de invierno de 1935/1936. La discusión llevada a cabo en la lección es bastante extensa y con-

---

[17] Véase Opilik (1993) esp. p. 141-220.

tiene, además, momentos verdaderamente notables. Desde el punto de vista que aquí interesa, tendré que limitarme a poner de relieve algunos aspectos centrales de la interpretación ofrecida por Heidegger, que aparecen, además, internamente conectados entre sí. El primero de ellos que deseo destacar aquí mismo, antes de proceder a discutir con más detalle otros aspectos de la lección, tiene que ver con el desplazamiento del centro del interés desde la "Doctrina del esquematismo" hacia el "Sistema de los principios" y, más particularmente, hacia las "Analogías de la experiencia". En tal sentido, resulta importante señalar que, a diferencia de lo que había ocurrido en los tiempos del *Kant-Buch*, el propio Heidegger pone ahora de relieve y hace suya expresamente la ya citada declaración de Kant en *Prolegomena* y, refiriéndose a la concepción presentada en *KrV*, explica:

"El sistema de los principios del entendimiento puro (*das System der Grundsätze des reinen Verstandes*) es, en el sentido más propio de Kant (*im eigensten Sinne Kants*), el centro interno que sostiene toda la obra (*die innere tragende Mitte des ganzen Werkes*). Este sistema de los principios ha de darnos información sobre la cuestión de cómo determina (*bestimmt*) Kant la esencia de la cosa (*das Wesen des Dinges*)" (cf. *FD* II.B § 3 b) p. 100).

Aunque Heidegger no lo señala de modo expreso en el texto de la lección, la explicación no tiene una intención meramente didáctica de cara al auditorio, sino que posee, a la vez, también un componente autorreferencial de carácter claramente crítico, en la medida en que supone una importante enmienda, si es que no una lisa y llana revocación, de la orientación hermenéutica a partir de la "Doctrina del esquematismo", que el propio Heidegger había favorecido anteriormente. Ciertamente, el alcance autocrítico de la posición fijada aquí por Heidegger respecto del modo más adecuado de interpretar la concepción de Kant puede pasar fácilmente inadvertido al lector no suficientemente informado, como es muy probable que haya escapado también a la mayor parte del público asistente a la lección. No menos cierto es, sin embargo, que anotaciones contenidas en escritos redactados en la misma época, aunque publicados recién mucho después, no dejan el menor lugar a dudas. Así, en el contexto de la discusión elaborada en *Beiträge*, la interpretación presentada en el *Kant-Buch* es criticada por la violencia (*Gewalt*) que ejerce a la hora de poner de relieve el papel unificador de la "imaginación trascendental" (*transzendentale Einbildungskraft*), razón por la cual, desde el punto de vista *histórico* (*historisch*), no puede verse sino como inexacta (*unrichtig*), aun cuando se reclama para ella, a la vez, su propia legitimidad, desde el punto de vista que atiende a la preparación del "pensar advenidero" (*das künftige Denken*), vale decir, desde el punto de vista propiamente *historial* (*geschichtlich*). La paradoja estriba, sin embargo, en el hecho de que es la señalada malinterpretación histórica la que da lugar aquí a una tendencial nivelación de aquello que, desde el punto de vista propiamente *historial*, tampoco debe identificarse, sin más, por la vía de una superposición potencialmente confusa. Así, la malinterpretación histórica de Kant (*»historisch« mißdeutet*) en la que incurre el *Kant-Buch* trae consigo, como el reverso de la misma medalla, también una tendencial malinterpretación (*Mißdeutung*) de aquello que propiamente debe verse como "diferente y venidero" (*das Andere und Künftige*). En efecto, sobre esa base de la lectura ofrecida en el *Kant-Buch*, es la propia concepción de *SZ* la que parece quedar reducida al estatuto de una suerte de "kantismo existencial o modernizado en algún otro modo" (*ein »existenziell« oder sonstwie modernisierter Kantianismus*). Así, la interpretación elaborada en el *Kant-Buch*, explica Heidegger, queda necesariamente (*notwendig*) atrapada en esta esencial ambigüedad (*zweideutig*). Ello no implica, sin embargo, que pueda verse como una mera "comunicación accidental" (*zufällige Mitteilung*), puesto que logra, por esa misma vía, poner de manifiesto la singularidad de la posición de Kant: éste queda señalado como el único (*der Einzige*) que, desde los griegos, pone la concepción de la "entidad (del ente)" (*Seiendheit, ousía*) en una cierta conexión con el "tiempo" (*»Zeit«*) y se convierte así, de hecho, en "testigo" (*Zeuge*) de lo que Heidegger llama aquí "el oculto imperar del nexo entre entidad y tiempo" (*das verborgene Walten des Zusammenhangs von Seiendheit und Zeit*) (cf. *Beiträge* § 134 p. 253 s.).

Un importante pasage de *Besinnung* abunda en el mismo diagnóstico y lo profundiza. Heidegger explica allí que el intento emprendido en el *Kant-Buch* de elucidar por vía "histórica" (*auf »historischem« Wege*) "un comienzo completamente diferente" (*ein ganz anderer Anfang*) de la "historia del ser" (*Seynsgeschichte*) y hacerlo así comprensible debe fracasar necesariamente (*muß notwendig scheitern*). De hecho, condujo, desde el punto de vista histórico, a una suerte de equiparación niveladora (*historisch ausgleichen*), que no permite hacer justicia a la peculiaridad propia del intento del "pensar del comienzo" (*das anfangende Denken*), sino que, en lo esencial (*im Wesentlichen*), aniquila (*vernichten*), más bien, dicho intento. La consecuencia es, pues, una situación que el propio Heidegger caracteriza como curiosa (*merkwürdig*): por un lado, la concepción de *SZ* se interpreta como una mera "continuación y complementación" (*Fortführung und Ergänzung*) de la concepción que Kant presenta en *KrV*, de modo tal que la supuesta "antropología" (*»Anthropologie«*) de *SZ* queda así sujeta al modo habitual de cómputo histórico (*historisch verrechnet*) y, con ello, reducida, al mismo tiempo, a la indiferencia (*gleichgültig gemacht*); por otro lado, se condena la interpretación de Kant ofrecida en el *Kant-Buch* como "unilateral y violenta" (*einseitig und gewaltsam*). Por tanto, concluye Heidegger, desde el punto de vista que atiende al "efecto histórico" (*der »historische« »Effekt«*) –el cual, sin embargo, carecería de todo peso (*Gewicht*) desde el punto de vista "ontohistórico" (*seynsgeschichtlich*)–, con el intento llevado a cabo en el *Kant-Buch* no se ha logrado proporcionar, en verdad, ni una elucidación de *SZ* ni tampoco una interpretación de *KrV* (cf. *Besinnung* § 20 p. 88 s.). En particular, según se explica en un pasaje posterior, la focalización de la interpretación en la "Doctrina del esquematismo" y en el papel de la "imaginación trascendental" constituye, sin duda, una exageración (*übertreibt*), aunque llevada a cabo de modo consciente (*bewußt*), con la intención de mostrar, ya *dentro* (*innerhalb*) de la historia de la metafísica que en ella misma reside la necesidad de una transformación esencial (*Notwendigkeit einer wesentlichen Verwandlung*) de su pregunta fundamental. En tal sentido, la interpretación proporcionada en el *Kant-Buch* no apunta en modo alguno (*im geringsten*), explica Heidegger, a trasmitir el Kant "histórico" (*der »historische« Kant*), "tal como ha sido" (*»wie er gewesen«*). Por lo mismo, se puede seguir tranquilo con la sencilla tarea de demostrar su incorrección (*Unrichtigkeit*), ya que con ello no se hace más que probar la propia incapacidad (*Unvermögen*) para pensar a fondo y de modo esencial (*wesentlich durchdenken*) la cuestión del ser (*Seinsfrage*). Más bien, añade Heidegger, una recta comprensión de lo que está en juego en la interpretación llevada a cabo *Kant-Buch* supone leerla conjuntamente con la conferencia del mismo año dedicada a la cuestión de qué es la metafísica (cf. *WM*): en ambos casos se trata de un mismo y único intento de hacer visible, a partir de la metafísica misma (*aus der Metaphysik her*), la "meta-metafísica" (*die Meta-Metaphysik*), para aclarar así el genuino alcance de la pregunta por el nexo entre ser y tiempo, tal como se la plantea por vez primera en *SZ* (cf. *Besinnung* § 109 p. 377). Ahora bien, si se acepta que ésta es la adecuada clave de lectura para evaluar el alcance de la interpretación elaborada en el *Kant-Buch*, habrá que conceder, al mismo tiempo, que parte importante del marco conceptual y terminológico puesto en juego en la obra resulta esencialmente inadecuado, a la hora de hacer posible la pretendida superación del modo metafísico de abordar la cuestión del ser. En tal sentido, Heidegger no vacila en descartar como imposible (*unmöglich*) el modo de hablar del *Kant-Buch*, cuando hace referencia a una "metafísica del *Dasein*" (*Metaphysik des Daseins*), por mucho que se insista allí mismo en el hecho de que es la propia metafísica la que se funda en el *Dasein* y de que le pertenece a él y sólo a él (cf. *Besinnung* § 116 p. 386).[18]

Sobre esta misma base, Heidegger critica no sólo el marco terminológico y conceptual empleado en el *Kant-Buch*, sino también el adoptado en la conferencia sobre la cuestión de qué es metafísica (cf. *WM*), donde se sigue llamando impropiamente "metafísica" a aquello que ya no puede ser jamás "metafísica" (*was niemals mehr »Metaphysik« ist*), y también el adoptado en el ensayo sobre la esencia del

---

[18] Para una iluminadora discusión de conjunto de los intentos llevados a cabo por Heidegger en torno de la idea de una "metafísica del *Dasein*" en los años que siguen inmediatamente a la publicación de *SZ* (1927-1930), véase Jaran (2010). Jaran considera no sólo los aspectos vinculados con la temática de la trascendencia del *Dasein* hacia el mundo y el ente "en totalidad", que gana protagonismo en los escritos de la época, sino también la conexión que el proyecto de una metafísica del *Dasein* guarda con la problemática propia de la antropología filosófica. Sobre este último aspecto, véase también la discusión en Jaran (2012) esp. p. 15-36.

fundamento (cf. *WG*), donde se emplea términos como "ontología" (*Ontologie*) y "trascendencia" (*Transzendenz*), lastrados de connotaciones propias de la tradición metafísica que el pensar que apunta a la "verdad del ser" (*Wahrheit des Seins*) pretende precisamente superar (cf. *Besinnung* § 116 p. 386 s.). Retrospectivamente, esto es, desde la perspectiva propia del pensamiento ontohistórico, los intentos llevados a cabo en el período de transición que sigue inmediatamente a la publicación de *SZ* y se extiende hasta comienzos de los años '30 revelan ahora su esencial ambivalencia, resultante de una insuficiente radicalidad a la hora de cumplir lo que, según Heidegger, estaba incoado ya en la propia concepción de *SZ*, esto es, la superación de la metafísica, en dirección de un pensamiento que considera la verdad del ser desde la perspectiva de la historia del ser. La insistencia de Heidegger en la imposibilidad de lograr la superación buscada desde dentro de la propia metafísica, es decir, apelando a un marco conceptual y terminológico que procede, en definitiva, de ella misma y le pertenece, recuerda inmediatamente a la famosa explicación del "fracaso" de *SZ* —esto es, de la imposibilidad de completar el plan trazado para la obra y la decisión de no dar a conocer la "Tercera Sección" de la "Primera Parte", titulada "Tiempo y Ser" (*Zeit und Sein*)— ofrecida por Heidegger años después, en la no menos famosa "Carta sobre el Humanismo", a saber: a la hora de traer a la expresión suficientemente el "giro" (*Kehre*) que se anuncia ya en el título de dicha sección, el pensar falló (*versagte*), al no poder penetrar (*durchkommen*) en la dimensión así avistada con ayuda del lenguaje de la metafísica (*mit Hilfe der Sprache der Metaphysik*) (cf. *BH* p. 325).

Mucho podría decirse sobre el peculiar carácter de la autocrítica contenida en los pasajes que he comentado, porque revela con particular nitidez algunos de los rasgos más característicos de las estrategias de reinterpretación y estilización a las que Heidegger recurre con frecuencia, a la hora de explicar y enjuiciar retrospectivamente la evolución de su propio pensamiento. A los fines que aquí interesan basta, sin embargo, con llamar la atención sobre el carácter deliberadamente ambivalente de la crítica dirigida a la interpretación ofrecida en el *Kant-Buch*, que parece enmascarar su pretenciosidad bajo la apariencia de la modestia. En efecto, Heidegger reconoce expresamente que la interpretación de Kant centrada en la "Doctrina del esquematismo", que busca presentarlo como precursor de la concepción presentada en *SZ*, sólo puede ser calificada de históricamente incorrecta. Pero, a la vez, pretende que esto no es lo verdaderamente relevante. Lo relevante no es, pues, la incorreción histórica respecto de Kant mismo, sino las consecuencias negativas que tal incorrección histórica acarrea para el propio pensamiento ontohistórico. En efecto, la interpretación históricamente incorrecta de Kant como precursor de la concepción de *SZ* trae consigo, al menos, de modo transitorio, una nivelación ontohistórica de esta última, en la medida en que retrotrae el "nuevo comienzo", que Heidegger pretende ahora incoado como posibilidad ya en *SZ*, al interior de la propia metafísica que debía ser superada.

Ahora bien, lo que se tiene aquí no puede verse, a mi juicio, más que como una clara reinterpretación del alcance de la concepción de *SZ*, basada en una retroproyección de motivos característicos del pensar posterior al "giro". Pero es, justamente, tal reinterpretación del alcance de la concepción presentada en *SZ* la que provee ahora también la base para una descalificación de quienes, por no alcanzar el nivel de consideración propio del pensamiento ontohistórico, se limitan a insistir en la demostración del carácter históricamente erróneo de la interpretación ofrecida en el *Kant-Buch*. Dicho de otro modo: Heidegger concede el carácter históricamente erróneo de su propia interpretación de Kant, tal como la había elaborado en conexión con la concepción elaborada en *SZ*, pero reclama, a la vez, el privilegio de ser el único que está en condiciones de advertir el verdadero alcance filosófico del error así cometido, mientras que cualquier otro que pretendiera señalarlo sólo lograría poner de manifiesto de ese modo su propia incapacidad para apreciar lo que verdaderamente está en juego aquí, ya que esto último sólo puede determinarse desde la perspectiva propia del pensamiento ontohistórico. En cierto modo, es como si Heidegger quisiera dar a entender que, en último término, es él mismo quien siempre acierta, puesto que sólo él puede dar verdaderamente en el clavo, a la hora de corregir aquello en lo que él mismo se equivoca.

Como quiera que sea, queda claro a partir de lo dicho que el desplazamiento del eje de la interpretación de Kant, desde la "Doctrina del esquematismo" hacia el "Sistema de los principios", lejos de constituir una modificación de carácter puramente circunstancial, va unido inseparablemente a una modificación sustancial en la estrategia general de recepción de la posición kantiana. Dentro del marco general provisto por el pensamiento ontohistórico, Heidegger ya no busca en *KrV* un antecedente de su propia concepción relativa a la función del tiempo como horizonte de la comprensión del ser, tal como él mismo la presenta en *SZ*. Más bien, la concepción de la experiencia elaborada por Kant, es leída ahora en una clave completamente diferente, en la medida en que es comprendida como una suerte de "traducción conceptual", esto es, como una suerte de elevación al plano de la articulación conceptual expresa, de una peculiar concepción de la objetividad, históricamente determinada, que no es otra que la que subyace a la moderna ciencia matemática de la naturaleza, representada por Galileo y Newton. En efecto, la radical "historización" de la problemática ontológica que tiene lugar tras el "giro" trae necesariamente consigo también una completa reformulación del problema de lo categorial. En el nuevo marco de consideración así alcanzado, Kant queda situado en un lugar diferente, pues aparece ahora, sobre todo, como el codificador filosófico, por así decir, de una peculiar concepción de la objetividad, históricamente determinada, que no es otra que la que corresponde al proyecto físico-matemático de la naturaleza, propio de la moderna ciencia natural. Por otra parte, la problemática que plantea la dimensión histórica de la comprensión del ser y la experiencia del sentido, que en *SZ* queda todavía fuertemente relegada a un trasfondo inexpreso, se sitúa ahora en el centro de la atención, lo cual impacta también de modo decisivo sobre la lectura heideggeriana de la concepción de la constitución de la experiencia que Kant presenta en *KrV*.

Sin embargo, y es un segundo aspecto que importa recalcar, lo que tiene lugar aquí no puede verse tampoco, por mucho que se enfatice su novedad, como el resultado de la aparición de una problemática que no hubiera sido avistada, siquiera de modo borroso, ya desde muy temprano. Más bien, ocurre exactamente lo contrario, como lo muestra claramente ya la conclusión de la *Habilitationsschrift* de 1915, donde, de la mano de E. Lask, Heidegger aborda expresamente el asunto de la vinculación de la problemática de lo categorial con la dimensión de la historicidad (cf. *Scotus* p. 399 ss.). Por cierto, Heidegger cita en este contexto también a autores como H. Rickert, O. Külpe e incluso E. Husserl. Pero la figura clave es aquí, sin duda alguna, la de Lask, porque, en su concepción, la problemática de las categorías provee, al mismo tiempo, el hilo conductor para una reconstrucción de la lógica interna de la filosofía, tal como ésta se despliega en su desarrollo histórico.[19] Este motivo, que en el propio Lask reconoce un origen fichteano y hegeliano, queda fuertemente relegado en la concepción presentada en la parte publicada de *SZ*, pero hay buenas razones para sostener que nunca dejó de estar operativo, al menos, como elemento de trasfondo. Y, como a nadie escapa, gana un renovado protagonismo con el "giro" hacia el pensamiento ontohistórico, lo cual queda reflejado claramente también en la nueva interpretación de Kant que se ofrece en la lección de 1935/1936. En cualquier caso, en lo que concierne específcamente a lectura de Kant, el resultado del cambio de perspectiva constituye, de hecho, una clara aproximación a alguno de los aspectos caracterísiticos de la interpretación neokantiana de *KrV*, que era la que proveía el punto de mira de la intención polémica del *Kant-Buch*, tal como el propio Heidegger se encargó de enfatizarlo en el marco de la "Disputa de Davos". Todo indica, sin embargo, que Heidegger no creyó necesario restituir ningún tipo de crédito al antiguo adversario, probablemente por las razones ya señaladas: según Heidegger, una interpretación históricamente más correcta no proporciona por sí sola ninguna credencial de verdadera relevancia filosófica, si es que no va asociada al peculiar modo de enjuiciamiento que sólo puede facilitar la adopción de una perspectiva genuinamente ontohistórica.

---

[19] Para el tratamiento laskiano del desarrollo histórico del problema de las categorías en el ámbito de la filosofía teórica, véase Lask, *LPh* p. 222-268.

4. Historización de la concepción kantiana

En el comienzo mismo de la lección de 1935/1936 Heidegger pone en marcha una estrategia de historización de la concepción kantiana de la objetividad que procede en dos pasos sucesivos, a saber: primero, 1) intenta poner de manifiesto, de modo general, el carácter irreductiblemente histórico de la pregunta por la cosa, en general, y, con ello, también de los correspondientes modos de responderla (cf. *FD*, Abschnitt A: "Verschiedene Weisen, nach dem Ding zu fragen"); luego, 2) como introducción a la discusión de la concepción de *KrV*, ofrece una breve reconstrucción del "suelo histórico" en el que ella se apoya (cf. *FD*, Abschnitt B.I: "Der geschichtliche Boden, auf dem Kants *Kritik der reinen Vernunft* ruht"). No puedo discutir en detalle cada uno de estos dos pasos. Me limito, pues, a unas pocas observaciones referidas a la estrategia general que sigue la lectura heideggeriana.

1) El primer paso en la mencionada estrategia de historización apunta, en general, a poner de manifiesto el carácter históricamente mediado de *toda* concepción de lo que Heidegger llama la "cosidad de la cosa" (*Dinghaftigkeit des Dinges*), por mucho que dicha concepción se pretenda, en cada caso, "natural" y "comprensible de suyo". Este énfasis en el carácter históricamente mediado de toda concepción de la (cosidad de la) cosa no implica, desde luego, atribuir mera arbitrariedad ni nada semejante a las diferentes concepciones históricamente documentadas. Más bien, busca llamar la atención sobre el papel de los "presupuestos" (*Voraussetzungen*), que dan cuenta, de modo mediato o inmediato, de la presencia operativa de todo un entramado de conexiones de sentido, de un transfondo comprensivo-interpretativo, sin el cual la correspondiente concepción de la (cosidad de la) cosa carecería, como tal, de todo contexto de referencia y de todo posible arraigo. A juicio de Heidegger, esto vale, de modo diverso pero no desconectado, tanto para la visión pre-científica como para la visión científica del mundo, las cuales quedan referidas una a otra y se condicionan mutuamente, de diversos modos. A modo de ejemplo paradigmático, dada la notable persistencia histórica de su vigencia, Heidegger discute aquí el caso de la concepción de la tradicional de la cosa (*Ding*) a) como un 'esto individual' (*je dieses, tóde ti*), espacio-temporalmente situado (cf. *FD* A § 6), y b) como portadora o sostén de propiedades (*Träger von Eigenschaften*) (cf. A § 8). El correlato de esta concepción en el plano lógico-lingüístico viene dado por la estructura básica de la articulación predicativa bajo la forma S-P, de modo que hay una cierta correlación esencial, desde el punto de vista de las estructuras básicas correspondientes a cada ámbito (*vgr.* el ontológico y el lógico-lingüístico), entre "cosa", "enunciado" (*Aussage*) y "verdad" (*Wahrheit*) (cf. A §§ 9, 11).

Como nadie ignora, se trata aquí de conexiones estructurales que Heidegger detecta y sobre las cuales llama la atención en diferentes contextos explicativos, ya desde mucho antes del "giro" hacia el pensamiento ontohistórico. Pero el punto importante es ahora el énfasis puesto prcisamente en el carácter *histórico* del modo tradicional de determinar la (cosidad de la) cosa, vale decir, en lo que Heidegger llama "la historicidad de la determinación de la cosa" (*die Geschichtlichkeit der Dingbestimmung*) (cf. A § 10). Dicha "historicidad" concierne también, y muy particularmente, al hecho de que toda posible respuesta a la pregunta por la (cosidad de la) cosa trae ya siempre consigo una cierta "decisión" (*Entscheidung*), que pone en juego el modo de comportarse, en general, frente a lo que aparece y cuenta como cosa, y también frente a aquello que cuenta como su ámbito originario de pertenencia (p. ej. la naturaleza comprendida como creatura, etc.) (cf. A § 12). En cuanto atañe a una pregunta esencialmente histórica, la "consideración meditativa" (*Besinnung*) referida a la pregunta por la (cosidad de la) cosa se ha de dejar guiar, explica Heidegger, por dos preguntas directices (*Leitfragen*), a saber: a) a qué ámbito (*wohin*) pertenece, en general (*überhaupt*), algo así como una cosa (*dergleichen wie ein Ding*), y b) de dónde (*woher*) se obtiene (*nehmen*) la determinación de su cosidad (*die Bestimmung seiner Dingheit*) (cf. A. § 13 p. 40).

2) En cuanto a la concepción kantiana, la reconstrucción de su "suelo histórico", que constituye el segundo paso en la estrategia heideggeriana de historización, apunta a establecer un neto contraste, aunque no sin marcar aspectos de continuidad, entre la concepción griega de la naturaleza y el conocimiento matemático (*máthesis, tà mathémata*), por un lado, y la concepción que subyace a la moderna ciencia de la naturaleza, por el otro. Para ello, Heidegger emplea como ejemplos paradigmáticos las concepciones del movimiento de Aristóteles y Newton así como la concepción de Galileo relativa a la caída de los cuerpos, que, en su carácter experimental, revela los "rasgos esenciales" (*das Wesen*) del "proyecto matemático" (*der mathematische Entwurf*) de la naturaleza (cf. esp. B.I § 5).[20] Estos son motivos bien conocidos en la discusión crítica del proyecto de la ciencia matemática de la naturaleza que Heidegger lleva a cabo en diversas obras de esta época y también posteriores. Pero lo relevante para mis fines es el hecho de que todo este conjunto de motivos es presentado aquí como parte de la elaboración del "suelo histórico" en el que se apoyaría la concepción de la objetividad y la ex-

---

[20] Una consideración independiente, que no es posible elaborar aquí, merecería la conexión que Heidegger pone de relieve en este punto entre el *cogito* cartesiano y el nuevo sentido metafísico de lo matemático, a la luz del reconocimiento de la espontaneidad (libre) del "yo": se tiene aquí, en rigor, una nueva visión de la libertad, que comporta, como ingredientes decisivos, las ideas de "autovinculación" (*Selbstbindung*) y "autofundamentación" (*Selbstbegründung*), al modo en que lo exige el ideal de la *Aufklärung* (cf. p. 74 ss.).

periencia de *KrV*, de modo tal que, según la nueva hipótesis de lectura, ésta no puede ser cabalmente comprendida sin referencia al trasfondo así delineado. Si se compara con la lección del 1927/1928 y con el *Kant-Buch* de 1929, la diferencia de énfasis resulta evidente.

Como se dijo ya, en las obras de finales de los años '20 Kant, interpretado fenomenológicamente, era presentado como un punto de referencia central de la ontología fundamental, en la medida en que se lo veía, además, como un pensador "metafísico", en el sentido preciso de intentar proveer una (nueva) fundamentación (*Grundlegung*) de la metafísica, que retrotrae la posibilidad del "*metá*" ("*trans*"), constitutivo de dicha ciencia, hasta su origen en la temporalidad del *Dasein*, como trascendencia finita. La referencia al contexto provisto por el proyecto matemático propio de la moderna ciencia de la naturaleza no jugaba en esas obras ningún papel, al menos, ninguno de verdadera importancia. Correspondientemente, la focalización en la doctrina del esquematismo permitía centrar toda la investigación en el problema de la temporalidad originaria, mientras que el aspecto referido a la constitución del nivel matemático de la experiencia y la objetividad quedaba reducido, de hecho, a un mínimo, justamente en la medida en que no se discutía la doctrina presentada por Kant en el tratamiento sistemático de los principios de entendimiento. En cambio, en la lección de 1935/1936, el foco se ha desplazado de modo drástico, justamente, hacia los aspectos relegados al trasfondo en las obras de los años '20. El esquematismo no es siquiera mencionado en la nueva discusión de la concepción kantiana de la objetividad. Lo que se coloca ahora en el foco de la atención es, por el contrario, el carácter dominante del enfoque matemático, tal como éste caracteriza no sólo la moderna ciencia de la naturaleza, sino también, desde Descartes hasta A. Baumgarten y C. Wolff, la metafísica de la que la concepción kantiana se nutre y sobre la cual, a su vez, impacta decisivamente.

5. La orientación general de la concepción kantiana

La focalización en la dimensión de lo "matemático" es clave para comprender la orientación del sistema kantiano de los principios, tal como Heidegger lo interpreta en la tercera parte de la lección (cf. B.II). Heidegger retoma aquí de modo expreso la interpretación desarrollada en el *Kant-Buch*, sobre todo, en lo que concierne al proyecto de fundamentación de la metafísica a partir de la trascendencia finita y el conocimiento finito (cf. B.II § 3 p. 97). Sin embargo, en la lección de 1935/1936 el punto focal de la interpretación de la doctrina que Kant elabora en el "Sistema de los principios" es, a todas luces, diferente. La tesis central de Heidegger es ahora que el objetivo central de la concepción kantiana reside en el intento de fundamentar la *dimensión matemática* de la experiencia, y ello en el marco de una interpretación integral del ser del ente, tal como éste se ofrece en la experiencia. Cito a Heidegger:

"De aquí (*sc.* el hecho de que los principios proveen el fundamento a partir del cual se determina la cosidad de la cosa) derivamos ya que en esta *Crítica* se mantiene el rasgo fundamental (*Grundzug*) de la metafísica moderna, a saber: determinar de antemano (*im vorhinein bestimmen*) el ser del ente (*das Sein des Seienden*) a partir de principios (*aus Grundsätzen*). Es a la configuración (*Ausgestaltung*) y fundamentación (*Begründung*) de este <momento> "matemático" (*dieses "Mathematische"*) a lo que se dedica (*gilt*) el verdadero esfuerzo (*die eigentliche Anstrengung*)" (cf. B.II § 2 p. 95).

Lo matemático y lo apriorístico quedan aquí tendencialmente identificados. En este empleo, por tanto, lo "matemático" está tomado en un sentido amplio, que incluye también el ámbito de lo que Kant denomina "dinámico", allí donde tematiza la diferencia, de alcance sistemático fundamental, entre categorías matemáticas y dinámicas. Al asumir dicha identificación tendencial de lo apriorístico y lo matemático, la "crítica" kantiana de la metafísica, que debe verse en primer término como una crítica de la metafísica moderna, mantiene, sin embargo, intacta, piensa Heidegger, la orientación fundamental de esta última. Al mismo tiempo, Kant continúa también la orientación de la metafísica tradicional (aristotélica) a partir del λόγος (ἀποφαντικός), es decir, del enunciado que expresa el juicio predicativo, como hilo conductor (*Leitfaden*) para la determinación del ser del ente, vale decir, de la "cosidad de la cosa" (cf. p. 95). Es de la combinación de ambos elementos de donde surge, a juicio de Heidegger, el tipo de concepción que Kant presenta y desarrolla en el "Sistema de los principios" de *KrV*. En tal sentido, la concepción kantiana de la objetividad y la experiencia se puede caracterizar como una concepción fundamentalmente "lógico-matemática", en el sentido particular de ambos términos que remiten, respectivamente, al ámbito del λόγος (ἀποφαντικός) y al ámbito del conocimiento apriorístico.

Por otra parte, y es un tercer rasgo esencial a tomar en cuenta, la concepción kantiana de la objetividad y la experiencia presenta un carácter estrictamente "fisiológico", tal como lo señala el propio Kant, cuando en el tratamiento de *Prolegomena* se vale de la expresión "principios fisiológicos" (*physiologische Grundsätze*) (cf. § 24). En efecto, se trata de una concepción de la objetividad y la experiencia que busca en la actividad del "sujeto", el "yo" ("*Ich*"), las condiciones de posibilidad de la *naturaleza*. El objeto de la experiencia, tomado en sentido colectivo, vale decir, como s*ingulare tantum*, al modo en que lo hace Kant cuando se vale de la noción de "naturaleza vista desde el punto de vista de la forma" (*natura formaliter spectata*) en el § 26 de DTB (cf. *KrV* B 165), no es otro que la naturaleza misma. La pregunta kantiana por las condiciones de posibilidad de la experiencia (posible) reza, pues: "¿cómo es posible, en general, una naturaleza?" (*wie ist eine Natur überhaupt möglich?*). En tal sentido, explica Heidegger, en el § 23 de *Prolegomena* Kant señala que los principios tratados en el sistema de los principios "constituyen un sistema fisiológico, es decir, un sistema de la naturaleza" (*ein physiologisches, d. i. ein Natursystem ausmachen*) (cf. *FD* B.II § 3 a) p. 98 s.). Por lo mismo, Kant lleva a cabo una identificación de la "cosa", como objeto de nuestra experiencia, con la "cosa natural". Cito nuevamente a Heidegger:

> "»Cosa« – tal es el objeto de nuestra experiencia. Dado que el compendio (*Inbegriff*) de lo que puede ser experimentado (*das mögliche Erfahrbare*) es la naturaleza, entonces la cosa debe ser concebida en verdad como *cosa natural* (Naturding) (...) De aquí en más resumimos la respuesta de Kant a la pregunta por la esencia de la cosa que nos es accesible (*das uns zugängliche Ding*) en dos proposiciones: 1. la cosa es cosa natural; 2. la cosa es objeto de experiencia posible (*Gegenstand möglicher Erfahrung*)" (cf. B.II § 3 b) p. 100; subrayados de Heidegger).

En este punto, Heidegger dirige contra Kant la misma crítica que ya en *SZ* es dirigida contra toda la ontología tradicional, en razón de su incapacidad para dar cuenta del ente intramundano, justamente, en su carácter de *intramundano* (cf. *SZ* §§ 14-18). Kant omite de antemano, explica Heidegger, la pregunta por la cosidad de las cosas que nos rodean (*die uns umgebenden Dinge*), pues tal pregunta no tiene para él ningún peso (*kein Gewicht*), dada la orientación fundamental de su proyecto crítico. En tal sentido, Heidegger explica que la mirada de Kant (*sein Blick*) queda poco menos que adherida (*heftet sich sogleich*) a la cosa como objeto de la ciencia físico-matemática (*auf das Ding als Gegenstand der mathematisch-physikalischen Wissenschaft*) (cf. *FD* B.II § 3 b) p. 100).

Según este diagnóstico, la interpretación de la cosidad de la cosa propia de la ciencia físico-matemática de la naturaleza extiende su dominio, de modo inadvertido, también al ámbito la interpretación ontológica que lleva a cabo la filosofía crítica. Esta objeción debe valorarse en todo su alcance, pues quiere decir, ni más ni menos, que la interpretación del objeto de la experiencia elaborada por Kant en *KrV* resulta, desde su mismo punto de partida, fenomenológicamente inviable, y ello, justamente, en la medida en que parte de una indebida identificación de "objeto de experiencia" y "cosa", entendida ésta a su vez como "cosa natural", bajo el peculiar paradigma interpretativo de la objetividad prescripto por la moderna ciencia físico-matemática de la naturaleza. Sobre esta base, la "cosidad de la cosa" queda determinada, piensa Heidegger, a partir de un modo de acceso al ente que no puede verse como originario, sino que posee un carácter mediado y derivativo, tal como lo es también el acceso propio de la ciencia física basada en el proyecto matemático de la naturaleza. La omisión (*Versäumnis*) en la que Kant así incurre, en el mismo punto de partida de su indagación crítica, no puede ser posteriormente restañada (*nachgeholt*), añadiendo o superponiendo lo que primero se ha dejado de lado (cf. *FD* B.II § 3 b) p. 100). No hay modo de reparar interpretativamente, por vía aditiva, lo que ha sido desmembrado ya en un comienzo, por vía reductiva o abstractiva.[21]

Esto es así, piensa Heidegger, a pesar de que, en razón de su inflexión de carácter tendencialmente holístico, la concepción kantiana posee, cuando menos, un rasgo estructural positivo que, desde el punto de vista fenomenológico, le da cierta ventaja frente a aquellas concepciones tradicionales que se orientan a partir de la cosa tomada individualmente. En el caso de Kant, explica Heidegger, queda clara, al menos, la imposibilidad de un enfoque que se atenga exclusivamente al plano de lo individual-singular, a la hora de caracterizar la cosidad de la cosa:

"Una cosa individual (*ein einzelnes Ding*) no es posible por sí (*für sich*) y, por ello, la determinación de la cosa (*Dingbestimmung*) no resulta realizable (*vollziehbar*) por medio de la referencia a cosas individuales (*durch Bezugnahme auf einzelne Dinge*). La cosa como cosa natural sólo es determinable (*bestimmbar*) a partir de la esencia de una naturaleza, en general (*aus dem Wesen einer Natur überhaupt*). De modo correspondiente, y muy especialmente (*erst recht*), la cosa, en el sentido de lo que nos hace frente de modo inmediato, antes de toda teoría y ciencia (*im Sinne des uns zunächst –vor aller Theorie und Wissenschaft– Begegnenden*), sólo es determinable a partir de un plexo (*aus einem Zusammenhang*) que yace *antes* y *por encima* de toda naturaleza (*der* vor *aller und* über *aller Natur liegt*)" (cf. B.II § 3 b) p. 101; subrayados de Heidegger).

Desde luego, lo que Kant piensa bajo la idea de "una naturaleza, en general" no se corresponde con lo que Heidegger caracteriza aquí como un plexo total que opera como horizonte del acceso comprensivo al ente. Esta última noción retoma, más bien, el resultado del análisis del mundo y el ente intramundano, tal como fue llevado a cabo en los §§ 14-18 de *SZ*. La concepción kantiana, al igual que la totalidad de la ontología tradicional, no logra, a juicio de Heidegger, hacer justicia al carácter *intramundano* del ente que se nos ofrece en el acceso inmediato al mundo, porque tampoco logra hacer justicia al mundo mismo, en su carácter

---

[21] Este motivo metódico juega un papel clave en el análisis heideggeriano del mundo y el ente intramundado, ya desde los tiempos de las primeras lecciones de Friburgo. En tal sentido, véase la expresa declaración de Heidegger en la lección del semestre de emergencia bélica de 1919: "Estos fenómenos significativos propios de las vivencias del mundo circundante (*diese sinnhaften Phänomene der Umwelterlebnisse*) no puedo explicarlos en la forma de destruir su carácter esencial (*ihren wesentlichen Charakter*), suprimirlos (*aufheben*) en su sentido (*in ihrem Sinne*) y esbozar (*entwerfen*) una teoría. Explicación por vía de despedazamiento (*Erklärung durch Zerstückelung*), es decir aquí, <por vía de> destrucción (*Zerstörung*): se quiere explicar algo que ya no se tiene como tal (*als solches haben*) y que no se quiere dejar valer como tal (*als solches gelten*)" (cf. *KNS* § 17 p. 86).

de plexo total de la significatividad y en su función posibilitante. Sin embargo, en razón de la orientación de su concepción de la trascendencia finita y el conocimiento finito, Kant logra, al menos, quebrar la inadecuada orientación metódica de la ontología tradicional a partir de la cosa individual. Aquí reside, a juicio de Heidegger, un rasgo positivo de la concepción kantiana, que la tendencial confusión de la naturaleza con el mundo, que subyace a la caracterización de la cosa como cosa natural y es solidaria con ella, no alcanza a anular por completo.

6. Objetividad y experiencia según el "Sistema de los principios"

En las secciones dedicadas específicamente a la discusión de la doctrina elaborada por Kant en el marco del "Sistema de los principios del entendimiento puro" (cf. *KrV* A 158-226 / B 197-274; véase *FD* B.II §§ 4-7) Heidegger considera con bastante detalle toda una gama de problemas centrales dentro de la concepción kantiana de la objetividad y la experiencia. Naturalmente, no puedo pasar revista aquí a todos esos aspectos, ni siquiera a los más relevantes. Me contento, pues, con unas pocas observaciones referidas al modo en el que Kant elabora su concepción de la objetividad en conexión con su teoría relativa al papel constitutivo de la síntesis categorial y, en particular, con el papel clave que asigna a la distinción entre categorías matemáticas y dinámicas, dentro de la doctrina de los principios. Es en este punto donde se pone de relieve la peculiar importancia sistemática de las "Analogías de la experiencia", que como se dijo ya, constituyen, según la indicación del propio Kant, el núcleo mismo de la concepción de la constitución de la objetividad y la constitución presentada en *KrV*. Como se verá, en su interpretación de la posición kantiana Heidegger reconoce claramente la importancia decisiva de estos aspectos e intenta hacerle debida justicia.

a) La noción kantiana de objeto

Un primer punto a tener en cuenta aquí concierne al original modo en el que Heidegger interpreta la noción de objeto que Kant pone en juego en su concepción. En una breve consideración del tratamiento kantiano del llamado "Principio de (No) Contradicción" (PNC), Heidegger se esfuerza primero por mostrar su alcance meramente lógico y su función puramente negativa, en el sentido preciso de que, contra la suposición que guio de hecho a la metafísica racionalista, la ausencia de contradicción, como propiedad del juicio, no garantiza por sí sola la presencia de genuino conocimiento, cuya nota distintiva no es otra que la referencia objetiva.[22] Por el contrario, en el caso de un entendimiento finito como el

---

[22] La cuestión del PNC es retomada posteriormente, en el marco del tratamiento de la estructura del juicio y en conexión no sólo con la distinción entre juicios analíticos y juicios sintéticos,

humano, esta última sólo resulta posible, allí donde quedan vinculados del modo requerido el aporte de intuición (*Anschauung*) y el aporte del pensamiento (*Denken*), como elementos constitutivos del conocimiento (*Bestandstücke der Erkenntnis*). En tal sentido, explica Heidegger, el conocimiento humano (*menschliche Erkenntnis*), entendido como un "modo de referirse a objetos por medio de representaciones" (*vorstellendes Sichbeziehen auf Gegenstände*), constituye "una unidad de intuición y pensamiento constituida de modo peculiar" (*eine eigentümlich gebaute Einheit von Anschauung und Denken*) (cf. FD B.II § 4 b) p. 105 s.). Por lo mismo, el conocimiento humano presenta siempre un doble aspecto (*zwiefältig*), dado que contiene necesariamente "representaciones" (*Vorstellung(en)*) tanto de carácter intuitivo como de carácter conceptual. A ello hay que añadir, además, el doble aspecto que trae necesariamente consigo todo "representar" (*Vorstellen*), en la medida en que contiene la referencia tanto a lo representado, es decir, al "objeto", como a aquel ante quien lo representado se presenta, es decir, al "sujeto" (*Subjekt*) del representar: el "re-presentar" (*Vor-stellen, re-praesentare*), explica Heidegger, es siempre un "traer algo ante sí" (*etwas vor sich bringen*) y un "tenerlo ante sí" (*vor sich haben*) (p. 106). Cada uno de ambos tipos de representaciones, esto es, las intuitivas y las conceptuales, hacen, sin embargo, una contribución diferente al conocimiento. Las representaciones de carácter intuitivo nos hacen accesible lo individual *inmediatamente dado* (*unmittelbar gegeben*), mientras que el pensamiento no constituye un representar inmediato (*nicht unmittelbares* <sc. *Vorstellen*>), sino un representar mediato (*mittelbares Vorstellen*), que, en la medida en que se vale de conceptos (*Begriffe*), se mueve en el medio de lo universal, es decir, de aquello que vale de muchos (*Vielgültiges*) (cf. p. 107).

Sobre esta base, Heidegger está en condiciones de ofrecer una notable caracterización del modo en el que Kant piensa el "objeto" (*Gegenstand*).[23] Dado que el conocer comporta necesariamente un doble aspecto, en la medida en que incluye tanto un elemento intuitivo como un conceptual, también el "objeto" del conocimiento debe estar, para Kant, doblemente determinado (*zwiefältig bestimmt*),

---

sino también con la cuestión relativa a la estructura y la posibilidad de los juicios sintéticos *a priori* (cf. B.II § 5 a)-i) p. 119-142).

[23] Heidegger no ignora que Kant se vale tanto de la expresión *Gegenstand* como de la expresión *Objekt*, sin que el empleo alternativo responda a razones de carácter sistemático, pues ambas expresiones resultan, en definitiva, intercambiables (cf. B.II § 4 a) p. 105: "Statt »Objekt« gebraucht Kant oft das Wort »Gegenstand«"). A los efectos de la interpretación que Heidegger pretende ofrecer, la expresión *Gegenstand* resulta, como se verá, más favorable, en razón del significado de sus componentes. Que el uso alternativo de ambas expresiones no responde a razones sistemáticamente relevantes es un hecho habitualmente reconocido en la actual investigación kantiana. Los intentos por distinguir terminológicamente el significado de ambas expresiones no resultan sostenibles. Véase, en tal sentido, la retractación de Allison (2004) p. 162 nota 11, quien descarta su propuesta de diferenciación de 1983; véase también la crítica a Allison en Howell (1992) p. 131 nota 39 y Vanzo (2008).

para poder contar como un objeto, en general: por una parte, el "objeto" (*Gegenstand*) debe ser algo que nos hace frente (*begegnen*), algo que nos sale al encuentro (*entgegenkommen*), que es lo que mienta el primer elemento en la expresión compuesta Gegen*stand*; por otra parte, lo que hace frente (*das Begegnende*), para poder contar como un genuino "objeto", debe ser algo que está en pie (*als stehend*) ahí delante, es decir, debe ser algo que se mantiene firme en pie (*Stand*) y así es constante (*beständig*), que es lo que indica el segundo elemento en la expresión compuesta *Gegen*stand (cf. B.II § 4 c) p. 107). Por ello, recalca Heidegger, un "objeto", en el sentido estricto que Kant da a la expresión, no es algo dado meramente en la sensación (*das nur Empfundene*), ni siquiera algo meramente percibido (*das Wahrgenommene*) (cf. p. 107), sino que a ello debe añadirse el aporte que realiza la introducción de un elemento conceptual.

Para ilustrar el punto, Heidegger se vale del ejemplo provisto por los dos modos posibles de articulación de la relación entre dos percepciones sucesivas (*vgr.* la salida del sol y el calentamiento de la piedra), según el enlace de representaciones se realice meramente en la conciencia o bien en el objeto. Esto muestra que claramente que lo que Heidegger tiene en vista es el contraste que Kant establece entre los así llamados "juicios de percepción" (*Wahrnehmungsurteile*) y "juicios de experiencia" (*Erfahrungsurteile*), tal como dicho contraste es tematizado en los §§ 18-20 de *Prolegomena*.[24] Siguiendo a Kant, Heidegger explica el punto, por tanto, recurriendo a un caso en el cual la diferencia entre una forma de la (mera) "unidad subjetiva" de la conciencia, por un lado, y la correspondiente forma de "unidad objetiva", obtenida a partir de ella y dotada de pretensión de validez universal, por el otro, se explica por referencia a la introducción del tipo particular de enlace representado por la categoría de la causalidad, esto es, el enlace entre causa y efecto, como ejemplo paradigmático del tipo de enlace, dotado de (pretensión de) referencia y validez objetivas, que corresponde a las categorías de relación (cf. p. 108 s.).[25]

---

[24] Como se sabe, Kant caracteriza el "juicio de percepción" (*Wahrnehmungsurteil*) como válido sólo subjetivamente, en la medida en que enlaza diferentes representaciones en una conciencia, pero posee genuina referencia objetiva. En tal sentido, el juicio de percepción representa un mera "conexión lógica de percepciones en un sujeto pensante" (*logische Verknüpfung der Wahrnehmungen in einem denkenden Subjekt*) (cf. *Prolegomena* § 18). Para obtener a partir de un juicio de percepción un genuino "juicio de experiencia" (*Erfahrungsurteil*), que comporta como tal una pretensión de validez objetiva, debe añadirse el momento de la referencia a un objeto, lo cual sólo resulta posible, en la medida en que las correspondientes percepciones queden enlazadas por medio de categorías. Para los diversos aspectos que dan cuenta de la decisiva importancia sistemática de la distinción kantiana entre juicios de percepción y juicios de experiencia, véase las excelentes discusiones en Longuenesse (1998) p. 167-197 y Wieland (2001) p. 78-103.

[25] De hecho, en el tratamiento de *Prolegomena*, Kant ilustra el contraste entre los juicios de percepción y los juicios de experiencia por recurso a ejemplos que remiten, preferentemente, al tipo

b) Principios, categorías y objetividad

Habiendo llamado la atención sobre el genuino alcance de la noción kantiana de objeto, en cuanto vincula los momentos del "hacer frente" (*Gegenheit*) y del "mantenerse en pie" (*Ständigkeit*) (cf. *FD* B.II § 7 a) p. 144), Heidegger está en condiciones de ofrecer una penetrante interpretación de la conexión sistemática entre categorías y objetividad, tal como ella aparece en el centro mismo de la concepción kantiana. El núcleo especulativo de ésta sólo se comprende adecuadamente, según Heidegger, cuando se tiene en cuenta una doble relación de dependencia, a saber: por un lado, como se vio ya, la posibilidad misma de que algo haga frente como objeto se funda en la introducción de enlaces categoriales que dan cuenta de la unidad objetiva de la conciencia en sus diferentes posibles formas; por otro lado, y es lo que aporta de novedoso el tratamiento del "Sistema de los principios", la introducción de los diversos posibles tipos de enlace categorial depende ella misma, a su vez, de principios específicos a los que debe, en cada caso, ajustarse. En razón de la segunda tesis, Kant asume, explica Heidegger, que la determinación de la esencia del objeto (*die Bestimmung des Wesens des Gegenstandes*) tiene lugar a través de principios (*durch Grundsätze*) (cf. B.II § 7 a) p. 144).

Se trata en este caso, a juicio de Heidegger, de una tesis que sólo resulta comprensible por referencia a su inscripción en una determinada tradición de la filosofía occidental, dentro de la cual resulta decisivo el rasgo fundamental, de corte matemático (*der mathematische Grundzug*), consistente en el recurso que retrocede hasta axiomas (*Rückgang auf Axiome*), en todo intento de determinación del ente. Kant se mantiene en dicha tradición, explica Heidegger, pero a la vez lleva a cabo una importante transformación en el modo de concebir y determinar lo que hasta él se había denominado "axiomas" (cf. p. 144). El propio Kant habla, de modo más general, "principios", y reserva, en cambio, la expresión "axiomas", como se sabe, sólo para una determinada especie de principios, que se refieren al modo en el que cualquier objeto es dado inmediatamente en la intuición. Sin embargo, más allá de este aspecto de detalle, la modificación fundamental que trae consigo la concepción kantiana reside, a juicio de Heidegger, en el hecho de que en ella el que hasta entonces había valido como el principio supremo de todos los juicios, esto es, el PNC, queda definitivamente destronado de su posición de privilegio (cf. p. 144), y ello por la sencilla razón, ya señalada, de que la mera ausencia de contradicción no basta para dar cuenta de la nota distntiva de todo genuino conocimiento, que, como se dijo, no es otra que la referencia objetiva. El lugar del PNC, como principio (axioma) por recurso al cual se lleva a cabo la determi-

---

de enlace que corresponde a la categoría de causalidad (cf. *Prolegomena* § 18 p. 298 s.; § 20 p. 299 ss.).

nación de la esencia del objeto, esto es, su objetividad, pasa a ocuparlo, en el caso de Kant, un conjunto de principios (*Grundsätze*) *a priori*, que proporcionan los fundamentos (*Gründe*) para otras proposiciones (*Sätze*) y otros juicios (*Urteile*), y que, como tales, no pueden estar fundados ellos mismos en otros conocimientos precedentes y más generales (cf. p. 144 s., bajo remisión a *KrV* A 148-149 / B 188).

En cualquier caso, dichos principios deben tener su propio fundamento, el cual no puede hallarse en el objeto, en la medida en que se trata de principios *aprioristicos*, ni tampoco en el mero pensamiento (*das bloße Denken*), en la medida en que se trata de principios *del objeto*, en lo que éste tiene de tal (cf. *FD* B.II § 7 a) p. 145). En este punto, la posición de Kant sólo puede comprenderse adecuadamente, a juicio de Heidegger, por referencia a una doble caracterización del entendimiento (*Verstand*) como la "fuente" (*Quelle*) de las categorías, concebidas como reglas de enlace, y, a la vez, como la "facultad" o la "capacidad" (*Vermögen*) que hace posible su aplicación, a través del enlace judicativo bajo la forma S-P (cf. *FD* B.II § 7 b) p. 145 ss.). Así, por ejemplo, en un juicio objetivo del tipo "el sol calienta la piedra" el sol y la piedra quedan representados de modo objetivo (*gegenständlich vorgestellt*), explica Heidegger, sólo en la medida en que el enlace judicativo bajo la forma S-P tiene lugar sobre la base de la relación universal de causa (*Ursache*) y efecto (*Wirkung*). En tal sentido, todo posible tipo de enlace bajo la forma S-P, en el marco de un juzgar que apunta a objetos, presupone y trae consigo, a modo de punto de mira que sirve de guía (*leitende Hinsicht*), una cierta forma de *unidad* (*Einheit*) según la cual se lleva a cabo el enlace (cf. p. 146). El representar anticipativo (*das vorgreifende Vorstellen*) de tales unidades que rigen el enlace pertenece, como tal, a la esencia del entendimiento, en la medida en que forman parte necesariamente de sus operaciones (*Handlungen*) de enlace (*Verbinden*) (cf. p. 146).

Como se sabe, Kant enumera y distingue las categorías, concebidas como reglas de enlace que el entendimiento produce desde sí mismo, con arreglo a una versión modificada de la doctrina tradicional relativa a los momentos constitutivos de la estructura lógica del juicio, esto es, cantidad, cualidad, relación y modalidad (cf. p. 146, bajo remisión a *KrV* A 70 / B 95 y A 80 / B 106). Pero el punto central que Heidegger busca enfatizar se conecta, en todo caso, con el hecho de que el propio entendimiento, además de valerse de tales formas de enlace como reglas en el marco de la actividad judicativa, debe verse también como la fuente originaria de dichas reglas: el entendimiento es él mismo el fundamento de la necesidad (*Grund der Notwendigkeit*) de reglas, en general (cf. *FD* B.II § 7 b) p. 147). En efecto, para llegar a ser objeto, "lo que hace frente" (*das Begegnende*) debe poder llegar de algún modo, como se dijo ya, a "mantenerse en pie" (*zum Stehen kommen, zur Ständigkeit kommen*). Pero "lo que se mantiene en pie en sí mismo" (*das Insichstehende*) y, por así decir, "sin dispersarse" (*das Nichtauseinanderfahrende*), tiene que haber sido "reunido en sí mismo" (*das Insichgesammelte*), es decir, llevado a una cierta forma de unidad (*das in eine Einheit Gebrachte*), que le permite presentarse de ese modo y mantenerse así (*das in dieser Einheit Anwesende und so Beständige*). El "mantenerse en pie" de "lo que hace frente" es su modo unitario de presentarse en y desde sí mismo (*das einheitliche in sich von sich aus An-wesen*), pero ello no impide, sino que, por el contrario, más bien presupone que el entendimiento puro contribuye decisivamente a hacerlo, como tal, posible (*durch reinen Verstand* mit *ermöglicht*) (p. 147, subrayado de Heidegger).

c) Objetividad y subjetividad, libertad y finitud

Ahora bien, el "hacer frente" de lo que en cada caso se presenta como objeto tiene lugar siempre, explica Heidegger, *ante mí*, es decir, ante el sujeto que piensa y juzga, pero sólo adquiere el tipo peculiar de validez que caracteriza a la genuina referencia objetiva allí, donde el sujeto en cuestión no es más un "yo" individualizado por sus caprichos y deseos particulares y contingentes, sino un "yo" que ha ido siempre ya más allá de todo lo que es meramente "subjetivo", y ello, precisamente, en la medida en que hace recurso a determinadas formas de unidad según reglas, a las cuales somete su actividad de enlace de representaciones (*das Verbinden von Vorstellungen*) (cf. *FD* B.II § 7 b) p. 147). Por este lado, se advierte de inmediato que la noción kantiana de objetividad comporta, en su mismo punto de partida, una referencia expresa al carácter espontáneo y, por lo mismo, libre de la actividad del "yo" que oficia como sujeto de toda posible experiencia. En efecto, toda posible presentación de "lo que hace frente" es siempre un modo de aparecer *ante* el "yo". Pero que dicho modo de presentación adquiera la peculiar forma que corresponde al "hacer frente" al modo de un objeto depende, en último término, también del hecho de que el sujeto de dicha experiencia se haga cargo de sí mismo de una determinada manera, al someter su propia actividad de enlace de representaciones a aquellas reglas que le permiten trascender el ámbito de lo meramente subjetivo, en dirección de aquello que aparece investido de la forma de la objetividad. En tal sentido, la objetividad remite, en su misma posibilidad, a una forma peculiar, y dotada de un determinado alcance (*Tragweite*), de aquella libertad (*Freiheit*) en virtud de la cual "yo mismo" (*ich selbst*) soy un "sí mismo" (*ein Selbst*), es decir, un sujeto (cf. p. 147).

Por otro lado, y es un segundo aspecto estructural a tener en cuenta, se trata aquí de una libertad que está signada, desde el mismo comienzo, por la marca de su propia finitud. En efecto, en razón de su carácter puramente pasivo-receptivo, el modo inmediato de estar de estar abierto propio del ser humano, que no es otro que el de la sensibilidad, no permite por sí sólo sobreponerse, por así decir, al "aluvión" (*Andrang*) de lo que acomete desde el entorno. Sólo se puede llegar a sobreponerse y dominarlo (*Herr werden*), en la medida en que se lo lleve a "mantenerse en pie" (*zum Stehen bringen*), de modo tal que se configure y conserve un ámbito de posible firmeza (*Ständigkeit*). Es, precisamente, en esta urgente necesidad (*Not*) del "libre tener que sobreponerse" (*das freie Bestehen*) al aluvión con el que el ser humano se ve confrontado, en razón del carácter puramente pasivo-receptivo de su estar abierto por medio de la sensibilidad, donde encuentra su fundamento (*gründet*) la "necesidad metafísica" (*die metaphysiche Notwendigkeit*) del entendimiento puro (cf. p. 148). En tal sentido, este último es fuente de los principios que dan cuenta de la constitución de toda posible objetividad, y éstos son, a su vez, fuente de toda verdad (*Quelle aller Wahrheit*), en la medida en que dan cuenta de la posibilidad misma de que algo "haga frente" como objeto y, con ello, también de que pueda haber, en general, algo así como una correspondencia (*Übereinstimmung*) del conocimiento con su objeto. El entendimiento puro proporciona así, desde el punto de vista formal, la posibilidad de la correspondencia con el objeto, justamente, en la medida en que da cuenta de la posibilidad de la "objetividad de los fenómenos" (*Gegenständlichkeit der Erscheinungen*), esto es, de la "cosidad de las cosas", tal como se nos presentan a nosotros (*Dingheit der Dinge für uns*) (cf. p. 148).

Como se echa de ver, al enfatizar de este modo la conexión con los aspectos que dan cuenta de la referencia a las posibilidades de ser del sujeto, entendido como (auto)trascendencia libre y a la vez finita, Heidegger logra poner en línea su interpretación de la concepción kantiana de la objetividad, tal como aparece desarrollada en la lección del semestre de invierno de 1935/1936, con algunos de los motivos centrales de la interpretación ofrecida en el *Kant-Buch* de 1929, los cuales remiten, a su vez, a aspectos centrales de la concepción elaborada en el marco de la "analítica del *Dasein*", concebida como "ontología fundamental", en *SZ*. El trasfondo general provisto por la temática vinculada con la estructura de la trascendencia finita mantiene, pues, intacta su vigencia, también en conexión con la recepción de la posición kantiana, más allá de los significativos cambios de énfasis y perspectiva que trae aparejados el giro hacia el pensamiento ontohistórico.

d) Principios matemáticos y dinámicos

Sobre la base de lo expuesto en las secciones precedentes de la lección, la interpretación de la noción kantiana de objeto que llama la atención sobre el papel complementario de los momentos del "hacer frente" (*Gegenheit*) y del "mantenerse en pie" (*Ständigkeit*) provee el marco general que le permite a Heidegger ofrecer una original reconstrucción interpretativa de la posición que Kant elabora en el tratamiento de los principios de entendimiento.

Como se sabe, sobre la base de la distinción fundamental entre "categorías matemáticas" (*vgr.* las de la cantidad y la cualidad) y "categorías dinámicas" (*vgr.*

las de la relación y la modalidad), Kant elabora un tratamiento diferenciado de los "principios matemáticos" y los "principios dinámicos", que dan cuenta de la aplicación de uno y otro tipo de categorías, respectivamente, a los objetos de la experiencia. No es posible discutir aquí detalladamente el modo en el que Kant elabora el contraste entre ambos tipos de principios.

A los fines que aquí interesan, baste con señalar uno de los aspectos más llamativos y también más importantes, desde el punto de vista sistemático. Más precisamente se trata del hecho de que aquellos principios que poseen como tales un uso propiamente constitutivo, esto es, los principios matemáticos correspondientes a las categorías de cantidad y cualidad, tratados por Kant en los "Axiomas de la intuición" y las "Anticipaciones de la percepción", respectivamente, son aquellos que no permiten asegurar por sí solos ningún tipo referencia a objetos, mientras que aquellos otros que dan cuenta de la posibilidad de genuina referencia objetiva son, en cambio, principios de los cuales, en primera instancia, sólo puede hacerse un uso meramente regulativo, en la medida en que su aplicación a los objetos de la experiencia no puede tener lugar sino por medio del recurso a determinados "criterios empíricos" (*empirische Kriterien*, singular: *empirisches Kriterium*) (cf. *KrV* A 180 / B 222-223; véase también A 178-179 / B 221-222). Se trata, en este último caso, de los principios dinámicos correspondientes a las categorías de relación y modalidad, que Kant discute en detalle en las "Analogías de la experiencia" y los "Postulados del pensamiento empírico", respectivamente.

La paradoja es, pues, que allí donde la aplicación de determinadas categorías no viene mediada, al menos, en principio, por el recurso a criterios empíricos, como ocurre con las categorías matemáticas (cantidad, cualidad), tal aplicación no está en condiciones de garantizar por sí sola una genuina referencia objetiva, mientras que allí donde tal cosa ocurre, entonces ocurre también que la aplicación de las correspondientes categorías sólo puede tener lugar sobre la base del recurso a criterios empíricos, diferentes ellos mismos de las categorías cuya aplicación, en cada caso, posibilitan. Esto último vale, sobre todo, para el caso de las categorías de relación, que dentro del conjunto de las categorías dinámicas, que incluye también las categorías de modalidad, son aquellas que, a juicio de Kant, cumplen el papel fundamental a la hora de dar cuenta de la posibilidad de genuina referencia objetiva. En efecto, en el tratamiento de las "Analogías de la experiencia", Kant identifica expresamente, para cada una de las tres categorías de relación (*vgr.* sustancia-accidente, causa-efecto y acción recíproca), los correspondientes criterios empíricos a los que debe atenerse, en cada caso, el intento de su aplicación a los objetos de la experiencia (*vgr.* la presencia de algún tipo de actividad causal de una cosa sobre otra, cf. *KrV* A 205 / B 250-251; la irreversibilidad de la serie temporal en la que se presentan los correspondientes fenómenos, cf. A 203 / B 249; y la reversibilidad de dicha serie, cf. A 211-218 / B 256-

265, respectivamente).²⁶ Como nadie ignora, para poner de relieve el papel determinante que desempeñan las categorías dinámicas y, en particular, las categorías de relación, a la hora de dar cuenta de la posibilidad de genuina referencia objetiva, Kant señala que sólo en el caso de dichas categorías la correspondiente síntesis se dirige "a la existencia del fenómeno" (*auf das Dasein einer Erscheinung*), mientras que en el caso de las categorías matemáticas la síntesis queda referida, en cambio, "meramente a la intuición" (*bloß auf die Anschauung*) (cf. *KrV* A 160/B 199).

Pues bien, las diferencias que Kant establece a la hora de considerar el papel de ambos tipos principios se explican, en último término, piensa Heidegger, por la conexión que dichos principios mantienen con la "unitaria duplicidad de la esencia del objeto" (*einheitliche Zwiefältigkeit des Wesens des Gegenstandes*) (cf. *FD* B.II § 7 c) p. 148). En tal sentido, cada uno de ambos tipos de principio (*Grundsätze*) ha poner el fundamento (*den Grund legen*) para una diferente dirección (*Richtung*) en la determinación de la objetividad del objeto, a saber: los principios matemáticos dan cuenta de la dirección de determinación que concierne al "hacer frente", mientras que los principios dinámicos dan cuenta de la dirección de determinación que concierne al "mantenerse en pie", todo ello dentro del marco general de comprensión provisto por la determinación del ente que se nos ofrece en la experiencia como cosa natural y como objeto del conocimiento físico-matemático (*mathematisch-physikalische Erkenntnis*) (cf. p. 148 s.). Sobre esta base, Heidegger logra poner de relieve no sólo el papel complementario de las funciones que Kant asigna a ambos grupos de principios en la determinación de la objetividad del objeto, sino también el carácter esencialmente estratificado del modelo de conjunto que su concepción tiene en vista.

Así pues, en el caso de los principios matemáticos, lo que se pretende es dar cuenta de las condiciones que hacen posible que los fenómenos se muestren, en general, como "algo que (tiene el carácter de lo que) hace frente" (*als ein Gegenhaftes*). Más precisamente, se trata de aquellos modos de síntesis por medio de categorías en virtud de los cuales todos los fenómenos quedan aprioristicamente determinados como cantidades continuas, y ello tanto en sentido extensivo como intensivo, en la medida en que los fenómenos, por un lado, son dados en y a través de la intuición (*Anschauung*), pero, por otro lado, incorporan necesariamente también un determinado contenido de impresión (*Empfindung*), considerado como su contenido de realidad (*das Reale*) (cf. *FD* B.II § 7 e₅) p. 173). Del primer aspecto da cuenta, como se sabe, la síntesis posibilitada por las categorías de cantidad, tratada en los "Axiomas de la intuición", mientras que el segundo remite a

---

[26] Para una discusión más amplia de estos aspectos, de crucial importancia dentro de la concepción de la constitución de la experiencia elaborada por Kant en *KrV*, me permito remitir al tratamiento en Vigo (2015).

la función sintética propia de las categorías de cualidad, tal como es tratada en las "Anticipaciones de la percepción". Aquí aparece ya, como se echa de ver, una primera estratificación en los niveles de constitución, dado que la síntesis del contenido impresional, al modo de lo intensivamente continuo que cuenta entonces como "lo real" del fenómeno, presupone siempre ya la síntesis de la multiplicidad extensiva que da cuenta de la apertura originaria del ámbito dentro del cual puede aparecer, como tal, un determinado contenido de realidad.[27] Pero, como quiera que sea, se trata, en ambos casos, de modos de síntesis de carácter matemático, que, como tales, quedan referidos inmediatamente a la forma y la materia de la intuición, respectivamente, en lo que éstas tienen de determinable *a priori*. Pero, por ello mismo, los principios matemáticos que tienen por objeto tales modos de síntesis proporcionan el fundamento de la posibilidad de la aplicación de la matemática a los objetos de la experiencia, en el preciso sentido de que ponen de manifiesto cómo y por qué a través de una mera construcción matemática se puede, en general, dar lugar a algo que encuentra correspondencia en los fenómenos (cf. p. 173).

Por su parte, los principios dinámicos cumplen una función diferente, que, desde el punto de vista de la estructura interna del modelo kantiano de constitución, se sitúa, además, en un estrato ulterior, en el cual se da cuenta por vez primera de la posibilidad de una genuina referencia objetiva. En tal sentido, Heidegger explica que este segundo grupo de principios concierne a la posibilidad del "mantenerse en pie" (*Stand, Ständigkeit*) del objeto, que es lo que Kant llama su "existencia" (*Dasein*) y su "realidad efectiva" (*Wirklichkeit*), entendida en el sentido de lo que en el vocabulario de *SZ* se denomina como el "ser (meramente) presente" o "ser ante los ojos" (*das Vorhandensein*) (cf. *FD* B.II § 7 f) p. 174). Como se dijo ya, el papel protagónico corresponde aquí a los principios que conciernen a las categorías de relación, tal como Kant los trata en las "Analogías de la experiencia", y ello muy a pesar del hecho de que la propia noción kantiana de "existencia", en el sentido de "realidad efectiva", corresponde a una categoría de la modalidad, y no de la relación. La razón de fondo que da cuenta de la prioridad de los principios concernientes a las categorías de relación reside, explica Heidegger, en el hecho de que la "existencia", en el sentido propiamente kantiano, sólo resulta determinable (*bestimmbar*) en términos de la relación (*als Verhältnis*) que mantienen entre sí los estados de los fenómenos (*Zustände der Erscheinungen*), y no de modo inmediato (*nicht unmittelbar*). En efecto, sólo por medio del estable-

---

[27] Heidegger hace justicia a esta diferencia de niveles de constitución por medio de la distinción terminológica entre lo que denomina el "en donde" (*das Worinnen*) de "lo que (tiene el carácter de lo que) hace frente" (*das Gegenhafte*), por un lado, y el "carácter de algo" (*der Was-Charakter*) del "frente a" (*das Gegen*), como aspectos complementarios de los cuales dan cuenta, respectivamente, los "Axiomas" y las "Anticipaciones" (cf. *FD* B.II § 7 f) p. 174).

cimiento de relaciones entre los fenómenos mismos y sus respectivos estados, puede adquirir el objeto (*Gegenstand*) aquella fijeza (*stehen*) en virtud de la cual queda abierto (*ist eröffnet*) y se ofrece como "algo que se mantiene en pie" (*als stehend*), y ello con independencia del acto particular y contingente de percepción que se dirige a él en cada caso (cf. p. 174). Tal "independencia" (*Unabhängigkeit*) respecto de la percepción constituye, en rigor, tan sólo el reverso negativo del "mantenerse en pie" propio del objeto, el cual sólo puede ser positivamente fundado, señala Heidegger, por referencia a la unidad (*Einheit*) propia de un plexo de relaciones dotado de su propia subsistencia (*ein in sich bestehender Zusammenhang*), dentro del cual los objetos particulares se mantienen, como tales, en pie (*stehen*). En tal sentido, el "mantenerse en pie" (*Ständigkeit*) del objeto se funda, como tal, en la correspondiente conexión (*Verknüpfung, nexus*) de los fenómenos, más precisamente, en aquello que hace posible de antemano (*in vorhinein*) tal tipo de conexión (cf. p. 174 s.). Los tres tipos de enlace correspondientes a cada una de las categorías de relación representan, pues, los posibles modos de establecer aquel tipo particular de conexión entre los fenómenos y sus estados que da cuenta del "mantenerse en pie" de los objetos y, con ello, de la posibilidad de determinar su "existencia" dentro de un orden objetivo de relaciones. Como nadie ignora, Kant establece entre las tres categorías de relación, de modo expreso, una secuencia que da cuenta de un modelo estratificado, a saber: la acción recíproca, como causalidad bidireccional, presupone la causalidad unidireccional y, a su vez, ésta, concebida como una relación entre objetos dotados de sus respectivos estados (o propiedades), presupone la distinción entre lo que cuenta en cada caso como objeto y lo que sólo puede contar como estado (o propiedad).[28] De este modo, y procediendo ahora desde lo fundante a lo fundado, se tiene entonces, dentro del ámbito de las categorías de relación, la secuencia "sustancia/accidente" → "causalidad" → "acción recíproca". Esta secuencia es la que se encuentra reflejada en el tratamiento de los correspondientes principios, tal como Kant los discute en las "Analogías", desde el punto de vista que apunta a la posibilidad de establecer sobre esa base un orden objetivo de relaciones espacio-temporales, que, como tal, no puede identificarse con el orden meramente subjetivo y, como tal, contingente que corresponde a lo dado, en cada caso, en la aprehensión (cf. *FD* B.II § 7 f$_3$) p. 174).

---

[28] En tal sentido, Heidegger explica la diferencia entre el caso de los principios matemáticos y el de los dinámicos, en particular, los que corresponden a las categorías de relación, en términos del contraste entre la determinación del "contenido real" o "contenido del algo" (*Wasgehalt*), por un lado, y la determinación de la "existencia" (*Dasein*), por el otro: en el caso de los principios dinámicos, ya no se trata de la determinación de lo que hace frente (*begegnen*) en su "contenido real", sino de la determinación relativa al hecho de si y cómo lo que hace frente hace frente y está en pie ahí delante (*dastehen*), es decir, de la determinación de la "existencia" de los fenómenos, dentro del correspondiente plexo relacional (cf. *FD* B.II § 7 f$_1$) p. 176).

Por otra parte, como se dijo ya, Kant establece también una dependencia de los modos de síntesis que corresponden a las categorías de modalidad, considerados en su conjunto, respecto de los modos de síntesis correspondientes a las categorías de relación. Pero, en este último caso, la secuencia de estratos fijada por Kant no pretende expresar un paralelo enriquecimiento del contenido objetivo de aquello que ha de contar en cada caso como objeto de una experiencia. A diferencia de lo que ocurre, de diversos modos, con cada uno de los otros tres grupos de categorías (*vgr.* cantidad, cualidad, relación), las categorías de modalidad, explica Heidegger, ya no guardan relación con el "ser" del objeto, en el sentido de su "contenido esencial" (*das sachhaltige Wesen*). En efecto, "posibilidad" (*Möglichkeit*), "existencia" (*Dasein*) o "realidad efectiva" (*Wirklichkeit*) y "necesidad" (*Notwendigkeit*) no constituyen "predicados reales" (*reale Prädikate*) de los objetos, sino que sólo dicen algo acerca de cómo el concepto de un objeto se relaciona con su (modo de) existencia, razón por la cual el propio Kant señala que las categorías de modalidad tienen en sí "algo especial" (*etwas Besonderes*) (cf. *FD* B.II § 7 g) p. 184, bajo remisión a *KrV* A 219 / B 266). Aquí adquiere expresión de modo particularmente nítido, explica Heidegger, el hecho fundamental de que, en Kant, el "ser" del objeto de experiencia ya no queda determinado a partir del mero pensamiento, y ello justamente en la medida en que su "posibilidad", su "existencia" o "realidad efectiva" y su "necesidad" se conciben a partir de la relación que mantiene nuestra capacidad de conocer (*Erkenntnisvermögen*), comprendida como un "intuir determinado según el pensar" (*als ein denkmäßig bestimmtes Anschauuen*), con las condiciones de posibilidad de los objetos (cf. *FD* B.II § 7 g$_3$) p. 186). Las modalidades no añaden, pues, nada nuevo al "contenido real" (*Sachhaltigkeit*) del objeto, pero constituyen, de todos modos, un tipo peculiar de síntesis en virtud del cual el objeto (*Gegenstand*) es puesto en una determinada relación con las condiciones (*Bedingungen*) de su "mantenerse en pie ahí enfrente" (*sein Gegen-stehen*), las cuales constituyen, al mismo tiempo, las condiciones del "dejar(lo) mantenerse en pie ahí enfrente" (*das Gegenstehenlassen*), es decir, condiciones de la experiencia (*Erfahrung*), que, como tales, deben considerarse también en su carácter de "operaciones del sujeto" (*Handlungen des Subjekts*) (cf. p. 186 s.). En tal sentido, los principios concernientes a las categorías de modalidad, tratados por Kant en la sección dedicada a los "Postulados del pensamiento empírico", deben verse como principios sintéticos (*synthetische Grundsätze*), pero dotados de un alcance meramente subjetivo (*subjektiv*), y no genuinamente objetivo (*objektiv*), ya no dan cuenta de la composición de la "contenido cósico" o "real" (*Sachheit*) del objeto: la modalidades tan sólo añaden al concepto del objeto la relación que éste mantiene con nuestra capacidad de conocer (*Erkenntniskraft*) (cf. p. 187, bajo remisión a *KrV* A 234 / B 286). Ciertamente, dicha relación está ya siempre presupuesta, como tal, también en todo lo que se dice por medio de cada uno de los otros tres tipos de principios, puesto que éstos presuponen los tres "modos del ser" (*Weisen des Seins*) que expresan las categorías modales. Sin embargo, en la medida en que las modalidades sólo pueden ser determinadas por referencia a lo que se establece por medio de los otros tres tipos de principios, se tiene aquí, desde el punto de vista sistemático, un camino de ida y vuelta en el orden de precedencia (cf. p. 187).

7. A modo de conclusión

En una breve consideración final sobre lo que sería la "dificultad principal" (*Hauptschwierigkeit*) que plantea la comprensión de la concepción elaborada en el "Sistema de los principios", Heidegger explica que ni la orientación a partir de la actitud natural ni la orientación a partir de un modo de pensar propio de la ciencia nos permiten adoptar una actitud adecuada, a la hora de hacer justicia a la dimensión a la que Kant apunta por medio de ella. No podemos atender unilateralmente, señala Heidegger, ni al objeto y lo que de él se dice ni tampoco a aquello que se explica acerca del modo de experimentarlo. Tampoco alcanzamos la dimensión de consideración adecuada por el mero añadido de lo uno a lo otro, puesto que lo que la concepción kantiana tiene propiamente en la mira no son los polos opuestos de la cosa y el ser humano, sino, más bien, la dimensión del "entre" (*das Zwischen*), dentro de la cual puede únicamente puede tener lugar la distinción y también el encuentro de ambos (cf. *FD* B.II § 7 h) p. 188). Pero tal "entre" no puede ser pensado simplemente como una "cuerda" (*Seil*) que se extiende desde la cosa hasta el ser humano, sino que, como un modo anticipativo de asir la cosa (*Vorgriff*), alcanza (*greifen*) siempre ya más allá de ella (*über das Ding hinaus*) y también por detrás de nosotros mismos (*hinter uns zurück*). En tal sentido, el "asir anticipativo" de la cosa que abre el "entre" tiene siempre, a la vez, el carácter de una "retroyección": "*Vor-griff ist Rück-griff*" (cf. p. 188).

Por lo mismo, la doctrina de los principios, que configura el "centro" (*Mitte*) sistemático de la concepción elaborada en *KrV*, en la medida en que apunta a la dimensión del "entre", es ella misma una doctrina que pregunta, a la vez, por la cosa y por el ser humano. La pregunta "qué es una cosa" (*Was is ein Ding?*) es siempre, a la vez, la pregunta "qué es el ser humano" (*Was ist der Mensch?*). Ello es así, en la misma medida en que el ser humano ha de ser concebido como aquel que, yendo a modo de salto más allá de las cosas (*überspringen*), las deja así salir al encuentro y mostrarse ellas mismas como aquello que, a su vez, reenvían al propio ser humano de regreso, por detrás de sí mismo y más allá del nivel más superficial (*Oberfläche*) de su propia experiencia de sí (cf. p. 189). Precisamente, porque abre de modo originario una perspectiva sobre esta dimensión que, al yacer "entre" la cosa y el ser humano, se proyecta "más allá" de las propias cosas y "por detrás" de los propios seres humanos (cf. p. 189), el modo kantiano de preguntar por la (cosidad de la) cosa conserva intacta, también para el propio pensamiento de Heidegger, toda su fuerza interpelante, muy a pesar de las limitaciones irrebasables que le vienen impuestas por su inscripción en el particular horizonte de comprensión que proporciona su suelo histórico.

Por cierto, una vez reconducida interpretativamente a su propio horizonte de comprensión, históricamente determinado, la concepción kantiana queda, de una vez y para siempre, drásticamente limitada en sus pretensiones de validez, pero también debidamente realzada en su decisiva significación epocal. En este sentido, y por extraño que pudiera parecer a primera vista, no resulta, en modo alguno, sorprendente que sea la serena distancia que trae consigo la adopción de la perspectiva propia del pensamiento ontohistórico a mediados de los años '30, y no la cercanía febrilmente forzada de los tiempos de *SZ*, la que puso a Heidegger, por primera vez, en condiciones de hacer mayor justicia, también en el plano de la exégesis más detallada, a los intrincados senderos por los que discurre un pensamiento como el de Kant, que, por rango y vigor filosóficos, sólo puede compararse con el de Platón y el de Aristóteles.

Estudio 8
Heidegger y la sombra de Lotze.
Apuntes para una interpretación renovada del desarrollo
de su pensamiento temprano

1. La importancia hermenéutica de una adecuada recuperación del Heidegger lotziano-neokantiano

En el presente trabajo me propongo abundar en un diagnóstico, alcanzado ya en trabajos precedentes, acerca del papel decisivo que debe otorgarse a la recepción de la llamada "lógica de la validez" (*Geltungslogik*), inaugurada por R. H. Lotze, cuando se trata de lograr una visión diferenciada del desarrollo temprano del pensamiento de Heidegger, que haga justicia a lo que permiten establacer las fuentes, disponibles ahora en abundancia. Enfatizar el papel que desempeñó la recepción de la lógica de la validez implica poner en cuestión, en algunos de sus aspectos más importantes, la presentación de su camino filosófico llevada a cabo por el propio Heidegger en los pocos informes autobiográficos publicados en vida, algunos de los cuales influyeron decisivamente en la investigación especializada hasta hace no demasiado tiempo. Esto vale, en particular, para dos textos igualmente famosos: la carta a Richardson de 1962 (cf. *Richardson*) y el escrito de 1963 en el cual Heidegger presenta lo que denomina "su camino hacia la fenomenología" (cf. *Weg*). Allí Heidegger, siguiendo una estrategia de estilización habitual en su autointerpretación, intenta presentar su derrotero filosófico en términos congruentes con la figura idealizada del "pensador de un solo pensamiento", para lo cual lleva a cabo dos operaciones discursivas estrechamente asociadas, a saber: por un lado, enfatiza fuertemente el impacto del descubrimiento de la pregunta aristotélica por el (sentido del) ser, de la mano de autores como F. Brentano y C. Braig, ya en los últimos años del *Gymnasium*; por otro lado, difumina poco menos que hasta lo irreconocible la prolongada etapa temprana de adhesión –desde los tiempos de preparación de la tesis doctoral, a comienzos la década de 1910, hasta el inicio de la actividad como docente en 1919, cuando menos– a la lógica de la validez lotziana y, de la mano de ella, también al neokantismo de Baden, tal como lo representaban, sobre todo, E. Lask, un genial lotziano revolucionario, y H. Rickert, una de las figuras principales, junto a W. Windelband, de la nueva "filosofía del valor" (*Wertphilosophie*) neokantiana. El resultado de tal maniobra discursiva es una presentación de conjunto dentro de la cual la pregunta por el (sentido del) ser adquiere el papel de hilo conductor persistente a todo lo largo del camino, desde el despertar inicial del interés filosófico en los tiempos gimnasiales hasta el mismo pensamiento ontohistórico, pasando por la fenomenología hermenéutica y la ontología fundamental.

Ahora bien, no hace falta enfatizar demasiado que el cuadro evolutivo así trazado no resulta sostenible a la luz de la evidencia textual ahora disponible. Pero, además, ocurre que su aceptación cuasi-dogmática, dominante como fue hasta hace no mucho tiempo, tiene consecuencias altamente negativas para una adecuada comprensión del alcance de la propia pregunta heideggeriana por el (sentido del) ser. En efecto, la adopción de la narrativa basada en la figura idealizada del "pensador de un solo pensamiento" favorece la suposición, ampliamente extendida, de que la persistencia de dicha pregunta debe verse, en último término, como un resultado de la temprana adhesión a la metafísica tradicional. Por lo mismo, desde dicha suposición media tan sólo un paso muy breve para declarar la persistencia de dicha pregunta como un mero resabio de carácter dogmático, que, como tal, resulta extraño al pensamiento fenomenológico. La consecuencia es, pues, altamente paradójica. En efecto, cuando se adopta sin más el cuadro evolutivo sugerido por el propio Heidegger, se tiende a pasar fácilmente por alto un hecho tan elemental como decisivo, a saber: que lejos de dar cuenta de una adhesión inicial de carácter dogmático, no sometida posteriormente a debido examen, la recuperación heideggeriana de la pregunta por el (sentido del) –la cual trae consigo, por lo demás, una radical reformulación del alcance de la pregunta propia de la metafísica tradicional– debe verse ella misma, en rigor, como el emergente de una reflexión eminentemente crítica. Tal reflexión crítica concierne, entre otras cosas, también a los problemas ontológicos vinculados con la necesidad de dar cuenta del origen y la estructura del sentido experimentado, en todas sus posibles formas de articulación, y ello, a la luz de las dificultades documentadas por los intentos de las corrientes filosóficas dominantes en el período que va desde las últimas décadas del siglo XIX (en particular, el positivismo, el historicismo, el vitalismo y el psicologismo) hasta las primeras del siglo XX (en particular, el neokantismo y la fenomenología).[1] Pero, si esto es así, puede decirse entonces que ha sido el propio Heidegger quien, con su estrategia de estilización retrospectiva de su derrotero filosófico, ha contribuido decisivamente a la consolidación de algunos de los malentendidos más difundidos referidos al carácter mismo de su intento de recuperación de la pregunta por el (sentido del) ser, en particular, también de algunos originados en el seno mismo del pensamiento fenomenológico.

Una segunda consecuencia negativa de la desfigurada presentación de los inicios filosóficos de Heidegger, inmediatamente conectada con la anterior, tiene que ver, de modo más específico, con la errónea interpretación del alcance del

---

[1] Para una elaboración detallada de la posición aquí consignada me permito remitir a lo expuesto en Vigo (2006a).

recurso al pensamiento aristotélico que Heidegger lleva a cabo en sus investigaciones de comienzos de los años '20. Como es sabido, desde los pioneros trabajos de F. Volpi, a mediados de los años '80, la temática "Heidegger y Aristóteles" se convirtió primero en un asunto central de la investigación especializada y luego en un tópico cada vez más socorrido, que, como suele ocurrir en estos asuntos, finalmente dio lugar en muchos casos a una suerte de dogmática degradada, reiterada poco menos que *ad nauseam*. En nuestra lengua, particularmente, los trabajos inigualables de Volpi fueron objeto no sólo de recepción amplísima y en ocasiones filosóficamente productiva, sino también, y con cada vez mayor frecuencia, de mera apropiación repetitiva, que llegó en ocasiones al extremo de la paráfrasis servil e incluso, hay que decirlo, del plagio liso y llano. Ahora bien, cuando Volpi presentó los primeros resultados de una investigación que, en su propio punto de partida, parecía, *prima facie*, inverosímil, sobre todo, en tiempos en los que ni siquiera estaban disponibles todavía los volúmenes de la *Gesamtausgabe* más relevantes para el tema, lo que estaba haciendo el entonces novel erudito italiano era, ni más ni menos, que nadar valientemente contra la corriente.[2] En efecto, más allá de alguna excepción más bien marginal –por caso, algunas anotaciones de H. G. Gadamer, realizadas más bien al pasar– , el intento de Volpi de buscar en Aristóteles puntos de partida constructivos de la concepción presentada por Heidegger en *SZ*, sobre todo, a partir de una relectura ontológicamente radicalizada de la concepción de la πρᾶξις presentada en *Ética a Nicómaco*, chocaba, en general, contra un muro de escepticismo, particularmente, en Alemania, la segunda patria filosófica de Volpi. Ello se explica, entre otras cosas, ya por el simple hecho de que la mayor parte de la investigación sobre Heidegger de las décadas precedentes veía en Aristóteles, poco menos que exclusivamente, el principal o uno de los principales puntos de referencia de la crítica heideggeriana a la ontología de la presencia y a la concepción tradicional de la metafísica como ontoteología, es decir, como un representante emblemático del paradigma filosófico tradicional que el propio Heidegger aspiraba a superar, con su propia concepción de un pensar del ser de corte no metafísico.[3]

---

[2] Me refiero, en particular, al famoso libro sobre Heidegger y Aristóteles de 1984 (véase Volpi [1984]), que había sido precedido por el menos conocido, pero igualmente importante libro sobre Heidegger y Brentano (véase Volpi [1976]). La tesis de Volpi relativa a la recepción de la concepción aristotélica de la praxis por parte de Heidegger, anticipada ya en el libro de 1984, fue elaborada de modo independiente en una serie de brillantes artículos que tuvieron enorme repercusión. En particular, véase Volpi (1988) y (1989).

[3] Como un simple ejemplo de este tipo de enfoque en la investigación especializada de las primeras décadas de la postguerra, puede verse, entre otros posibles, el conocido libro de W. Marx sobre Heidegger y la tradición metafísica, que, más allá de sus eventuales limitaciones, puede ser utilizado todavía con provecho (véase Marx [1961]).

Ahora bien, a medida que se fue perdiendo de vista el contexto polémico originario de la interpretación de Volpi, ocurrió que sus brillantes trabajos contribuyeron involuntaria, pero inevitablemente, a la propagación de una ola aristotelizante, que, en muchos casos, no tardó en adquirir rasgos altamente sobresimplificados e incluso caricaturescos. A ello se añade, además, el hecho de que la implantación de este nuevo Heidegger, supuestamente aristotélico, parecía venir a validar, cuando menos indirectamente, algunos de los motivos centrales de la autointerpretación del propio Heidegger, dado que, más allá de todas las severas críticas a la metafísica tradicional, la persistente orientación a partir de Aristóteles reforzaba la imagen de un Heidegger centrado desde siempre, y de modo inamovible, en la pregunta por el (sentido del) ser. Se tenía así un Heidegger que, aunque distanciado radicalmente de la ontología de la presencia y la ontoteología, se enfrentaba, sobre todo, a la filosofía de la conciencia de la Modernidad, que había puesto en el centro de la problemática filosófica la cuestión del conocimiento, relegando al trasfondo la cuestión del ser. Y, como nadie ignora, el propio Heidegger gustaba de presentar al neokantismo como ejemplo paradigmático de tal tipo de enfoque, propio de una forma crepuscular y decadente del pensamiento filosófico occidental.

Lo que no se logra apreciar debidamente, cuando se adopta esta representación sobresimplificada y en último término dogmática, es, una vez más, un hecho elemental pero decisivo para una adecuada interpretación de los comienzos del derrotero filosófico heideggeriano, a saber: que la recuperación de Aristóteles a comienzos de los años '20, lejos de poder verse como un simple retorno a los orígenes neoescolásticos, constituye una respuesta consciente, dotada de un alcance fuertemente polémico, frente a toda una constelación de problemas que dan cuenta de la nueva y peculiar situación en la que, a ojos de Heidegger, se encontraba la filosofía alemana en las primeras décadas del siglo XX. En particular, la reaparición de nuevas formas del platonismo en el ámbito de la filosofía de la lógica –que Heidegger ve en inmediata conexión con la acrítica asunción de las premisas básicas de la ontología de la presencia también en el ámbito de la interpretación filosófica del ser humano– proporciona aquí un punto de partida básico de la reflexión crítica puesta en marcha por Heidegger.

Ello es así, sobre todo, porque él mismo se había visto llevado, en los comienzos mismos de su carrera universitaria, a adoptar posiciones situadas en la línea del lotzianismo y su desarrollo ulterior en la filosofía del valor neokantiana. Siguiendo la luminosa indicación de S. G. Crowell, puede decirse, pues, a modo de resumen, que en su intento por hacerse cargo de la problemática central de la filosofía de la lógica propia de la filosofía alemana de comienzos del siglo XX, Heidegger comenzó preguntándose por "el ser del sentido", para descubrir luego, en virtud del desarrollo mismo de la problemática abordada, que no era posible responder cabalmente dicha pregunta, sin replantear primero la pregunta por "el sentido del ser".[4] En cualquier caso, lo fundamental aquí es que la recuperación de Aristóteles a comienzos de los años '20 tiene lugar dentro de un contexto completamente nuevo, marcado decisivamente por dos tomas de posición íntimamente conectadas, a saber: por un lado, la puesta en cuestión del paradigma filosófico provisto por la lógica de la validez lotziana y la filosofía del valor neokantiana, al cual el propio Heidegger había adherido decididamente desde los tiempos de elaboración de la tesis doctoral; por otro, la aproximación a la fenomenología husserliana, que, lejos de toda recaída en una nueva dogmática, tuvo desde el mismo comienzo mismo un acusado carácter crítico-reflexivo, motivado por el hecho de que Heidegger creía ver reaparecer en su propio seno momentos de continuidad, no debidamente esclarecidos, con el mismo paradigma filosófico del cual él mismo pretendía ahora distanciarse.[5] Por lo mismo, desgajar la recuperación de Aristóteles a comienzos de los años '20 del preciso contexto polémico en el cual queda inscripta, el único que puede explicarla también desde el punto de vista motivacional, no puede tener otro efecto que el de dificultar gravemente la tarea de lograr una representación adecuada del intrincado sendero que siguen los pasos de Heidegger, en los comienzos mismos de su carrera filosófica independiente. Una indebida aristotelización no hace, pues, más que estorbar, a la hora de apreciar el verdadero alcance de la recuperación de Aristóteles en esos años, pero, además, contribuye decisivamente a refrendar una apariencia ilusoria de linealidad. En efecto, el largo rodeo lotziano-neokantiano previo a la adopción de la fenomenología queda así completamente desdibujado, irreconocible en lo que toca a su importante contribución positiva a un desarrollo de conjunto que pone en juego toda una enorme gama de elementos. Y puede decirse incluso que, sobre la base de esa visión desfigurada, también la posterior "conversión fenomenológica", si es que se puede hablar así, pierde buena parte de la necesidad que emana de su propia motivación interna, al punto de que ha podido llegar ser vista, en ocasiones, como un mero gesto exterior o un simple emergente del oportunismo.[6]

---

[4] Véase Crowell (1994) p. 61: "If Heidegger will later address it (*sc.* la pregunta por el sentido del ser) within the ontological framework of *Sein und Zeit*, here (*sc.* en los escritos tempranos) he does not ask about meaning of being, but about the 'being' of meaning, its place in logical space".

[5] Para la reconstrucción de los motivos principales que dan cuenta del modo en el cual Heidegger se apropia de modo crítico y transformador de la fenomenología husserliana, la obra de R. Rodríguez sigue siendo de referencia obligada en nuestra lengua (véase Rodríguez [1997]).

[6] Conviene recordar aquí que, además de haber sido el primero, ya desde los años '80, en poner en el centro de la atención la relación de Heidegger con Aristóteles, Volpi tuvo el notable mérito de haber enfatizado también, más de veinte años después, la decisiva importancia que tuvo el redescubrimiento de Kant por parte de Heidegger, desde 1925 en adelante. En su vívida presentación del impacto que produjo sobre Heidegger la relectura de Kant en los años previos a la publicación de *SZ*, Volpi esboza una línea de desarrollo que comprende dos pasos sucesivos, resumidos en la fórmula: "de Husserl a Aristóteles y de Aristóteles a Kant" (véase Volpi [2006]). Esto muestra a las

Pues bien, si lo anterior resulta convincente en sus líneas más generales, se comprende de inmediato la necesidad de hacer debida justicia, dentro de una narrativa de conjunto de la evolución del pensamiento heideggeriano de los comienzos, al papel que cumplen motivos, temas y problemas procedentes de la inicial adhesión a las premisas básicas del paradigma lotziano-neokantiano. A pesar de los notables progresos hechos por la investigación especializada en las últimas décadas, los trabajos que abordan el tema en nuestra lengua son todavía escasísimos,[7] en contraste con la enorme cantidad de literatura, de muy desigual calidad, que persevera en la difusión de una visión fuertemente aristotelizante, de un modo que, en el mejor de los casos, debe verse como unilateral y sesgado. En lo que sigue, me propongo proporcionar algunos elementos de carácter general que contribuyan, a modo de primeros pasos, a la tarea de reestablecer un cuadro más equilibrado. Para ello, abordaré primero (sección II) el modo en el que Heidegger se sitúa frente a Lotze y Lask, y luego (sección III) añadiré algunas observaciones destinadas a clarificar su intento por encontrar una cierta vía media entre Lask y Rickert, de la mano de Husserl. Por último (sección IV), comentaré brevemente algunos aspectos poco menos que ignorados, que dan cuenta de la persistente admiración por Lotze y de su influencia, incluso en los tiempos de la *Kehre*, y a muy pesar de la despiadada crítica a la filosofía del valor neokantiana, procedente del propio Lotze, que Heidegger lleva a cabo en esos años.

2. Sentido y validez, de la mano de Lotze y Lask

Siguiendo la citada indicación de S. G. Crowell, puede decirse entonces que, en los primeros años de su carrera académica, Heidegger comenzó preguntando por el "ser del sentido" y no, o no en primera instancia, por el "sentido del ser", como tal. En efecto, son los temas fundamentales de la filosofía de la lógica, en particular, aquellos que conciernen a la teoría del juicio y la doctrina de las categorías,

---

claras que, a diferencia de muchos otros que siguieron posteriormente el camino que él mismo había abierto originariamente, Volpi nunca perdió de vista el hecho elemental de que la recuperación de Aristóteles a comienzos de los años '20 debía comprenderse ella misma a partir de la adhesión de Heidegger a la fenomenología. Desde el punto de vista que aquí interesa, lo que hay que añadir al esquema evolutivo esbozado por Volpi es únicamente el tramo que precede inmediatamente a la "conversión fenomenológica", el cual corresponde a la temprana adhesión a la lógica de la validez y la filosofía del valor neokantiana, vale decir, a la etapa en la que Heidegger sigue, sobre todo, a Lotze, Lask y Rickert, hasta entrar en contacto directo con Husserl.

[7] El único intento de conjunto por hacerse cargo de esta problemática en nuestra lengua se encuentra, hasta donde sé, en García Gainza (1997), una obra que, más allá de no pocas notorias limitaciones, contiene elementos de valor, pero que ha sido casi completamente ignorada en la investigación especializada. Una buena presentación sintética de la vinculación del joven Heidegger con el neokantismo de Baden se encuentra en Steinmann (2004).

los que ocupan en ese momento el centro del interés, desde las primeras recensiones sobre lógica de 1912 (cf. *NFL*), pasando por la tesis doctoral de 1913 (cf. *LUP*), hasta la habilitación de 1915 (cf. *Scotus*). Es dentro de dicho contexto de discusión donde Heidegger descubre la importancia de Lotze. A ojos de Heidegger, Lotze se presenta como el pensador que supera desde dentro, por así decir, el naturalismo dominante en el pensamiento posthegeliano de la segunda mitad del siglo XIX (en tal sentido, véase *PhTW* § 2). Como médico y destacado investigador en el campo de la fisiología y la psicología, el propio Lotze procedía de las entrañas mismas de la ciencia positiva, de modo que mantenía estrechos vínculos de origen con aquellas formas del saber a partir de las cuales se orientaba primariamente el nuevo paradigma naturalista.

Hoy cuesta bastante hacerse una idea cabal de la decisiva influencia de Lotze sobre el pensamiento filosófico de fines del siglo XIX y comienzos del XX, no sólo en Alemania sino también, y de modo tal vez más persistente, en Inglaterra y EEUU.[8] Tomando el caso alemán, basta con citar los nombres de autores tan diversos y tan importantes como F. Brentano, W. Dilthey, W. Windelband, H. Rickert, E. Lask, H. Cohen, G. Frege y E. Husserl, que componen la lista de los mencionados por F. Beiser, para hacerse una idea de la importancia de Lotze, cuya figura parece en esos años poco menos que omnipresente.[9] En lo que toca particularmente Heidegger, hay que decir que no sólo reconoció la decisiva importancia del pensamiento de Lotze, sino que, durante el lapso de unos cuantos años, llegó a ser incluso un lotziano, aunque lo haya sido de un modo peculiar y dentro de ciertos límites que es necesario precisar.

De su ferviente admiración por Lotze el Heidegger de los comienzos ha dejado claro testimonio en diversos lugares. Particularmente ilustrativas resultan las recurrentes referencias a Lotze contenidas en el epistolario de los años que siguen

---

[8] Para una amplia presentación de conjunto de la actividad científica y el pensamiento de Lotze en sus diversas áreas de interés puede verse ahora Woodward (2015). Una presentación centrada en los aspectos más propiamente filosóficos se encuentra en Beiser (2013) p. 125-312. Beiser, que basa su reconstrucción centralmente en la concepción que Lotze presenta en *Mikrokosmus*, desafía la interpretación más habitual de corte unitarista, que presenta la evolución de Lotze como un desarrollo orgánico de sus ideas de juventud. Este tipo de aproximación es el que propuso originalmente E. Pfeiderer, un discípulo de Lotze (véase Pfeiderer [1884], citado también por Beiser) y que fue seguido, en sus líneas generales, por intérpretes como R. Pester (véase Pester [1997], citado también por Beiser).

[9] Véase Beiser (2013) p. 129. Considerando la importancia que Lotze adquirió en el extranjero, Beiser llega a sostener que en EEUU e Inglaterra, desde 1870 en adelante, Lotze había llegado a adquirir la estatura de Kant y Hegel, y menciona una pléyade de autores que reciben, de diferentes modos, diversos aspectos de su pensamiento, tales como B. Bosanquet, F. H. Bradley, T. H. Green, J. Ward, J. Royce, F. C. S. Schiller, W. James, G. E. Moore, B. Russell, C. D. Broad y J. Dewey. En tal sentido, Beiser suscribe la tesis de P. G. Kunzt, quien caracterizó las décadas que van desde 1880 a 1920 como "el período lotziano" de la filosofía angloamericana (cf. p. 127 s.).

inmediatamente a la habilitación. Así, por ejemplo, en una carta a Rickert fechada el 14/12/1916, Heidegger menciona un seminario ofrecido a un pequeño grupo de participantes sobre la *Metaphysik* de Lotze, en la versión de 1841 (cf. *Metaphysik A*), a la cual el propio Heidegger consideraba filosóficamente más interesante que la versión de 1879 (cf. *Metaphysik B*), que poseía una orientación más marcada hacia la ciencia natural. Heidegger menciona incluso su propósito, finalmente nunca realizado, de reeditar la obra, con una larga introducción en la que se pusiera de relieve la decisiva posición mediadora de Lotze, en el camino que va desde Hegel hasta la filosofía del valor de Windelband. El plan de Heidegger preveía que la nueva edición debía estar publicada para la fecha del centenario de Lotze, a celebrarse el 21/5/1917 (cf. *HRB* p. 34 s.). Acerca del seminario sobre Lotze, pensado a la vez como conmemoración del centenario, Heidegger había contado también a su esposa E. Petri, unos meses antes de informar a Rickert, en una carta del 27/9/1916 (cf. *MLS* p. 47 s.). Todas estas iniciativas no pueden verse como fruto de un entusiasmo momentáneo, motivado por la cercanía de un acontecimiento como el centenario, sino que representan, más bien, la expresión de un interés filosófico genuino, que tenía incluso hondas raíces vitales. Así lo muestra, entre otras cosas, el sorprendente hecho de que casi dos años más tarde, en una carta fechada el 12/5/1918, Heidegger le manifiesta a Elfride su deseo de que lea la *Metaphysik* de Lotze, y lo hace en un momento especialmente señalado, cuando la pareja se hallaba en la búsqueda de una forma renovada y más originaria de vivir la propia religiosidad (cf. *MLS* p. 66).

El interés e incluso la fascinación por Lotze que se ponen de manifiesto en estos testimonios revisten un carácter más bien general, en el sentido de que concierne al pensamiento lotziano como un todo. Lotze pasa por ser el verdadero introductor de la noción de valor en la problemática filosófica del siglo XIX,[10] y es visto por Heidegger como el inmediato predecesor de la filosofía del valor, en la forma que ésta toma en Windelband y Rickert, esto es, como el intento sistemático de una reformulación integral de la problemática filosófica en términos de la noción de valor. Sin embargo, para apreciar adecuadamente en qué medida Heidegger puede ser considerado un seguidor de Lotze, hay que atender de modo más específico a la temática que ocupaba el centro del interés de Heidegger en los años que van desde las primeras recensiones sobre lógica hasta el escrito de habilitación, que, como se dijo ya, es fundamentalmente la vinculada con la filosofía de la lógica y, en particular, con la teoría del juicio y la doctrina de las categorías. Y lo que queda inmediatamente claro cuando se acude a esas obras es el hecho de que Heidegger adoptó en esos años la distinción fundamental entre el ámbito del "ser" (*Sein*) y el ámbito de la "validez" (*Geltung*), por medio de la cual Lotze buscaba superar tanto la reducción de lo lógico a lo psicológico llevada a

---

[10] Para el alcance del concepto de valor en Lotze, véase Pierson (1988).

cabo por el nuevo naturalismo como también la confusión de lo lógico-ideal con lo metafísico-suprasensible en la que incurría la metafísica tradicional.[11] Así, ya en las primeras recensiones sobre lógica de 1912, Heidegger toma partido contra la "naturalización de la conciencia" (*Naturalisierung des Bewußtseins*) a la que había conducido la lógica psicologista del siglo XIX (cf. *NFL* p. 19) y destaca los aportes de autores como F. Bolzano, Frege y, sobre todo, Husserl, a quien atribuye el importantísimo mérito de haber quebrado definitivamente el hechizo psicologista (cf. p. 19 s.).[12] Siguiendo a Lotze, Heidegger señala que lo lógico constituye el "reino de lo que posee validez" (*Reich des Geltenden*), que no se identifica ni con el ámbito de lo empírico-sensible, sea psíquico o físico, ni tampoco con el ámbito de lo metafísico-suprasensible (cf. p. 23 s.). En la misma línea, un pasaje de la disertación doctoral elogia a Lotze por haber hallado, dentro de "nuestro tesoro lingüístico alemán" (*in unserem deutschen Sprachsatz*), la designación más adecuada para dar cuenta de la peculiar forma de realidad (*Wirklichkeitsform*) que pertenece a lo lógico, que no es otra que la que corresponde al "valer" (*das Gelten*), de modo tal que, de acuerdo con Lotze, hay que asumir que, además de un "esto es" (*"das ist"*), hay también un "esto vale" (*"das gilt"*) (*LUP* p. 170). La posición aquí adoptada se mantiene también, de modo expreso, en el escrito de habilitación, donde se vuelve a elogiar la caracterización lotziana de la realidad propia de lo lógico en términos de la noción de validez: "valer", explica Heidegger, es "la feliz expresión" (*der glückliche Ausdruck*) de la que hoy disponemos para caracterizar esa peculiar forma de realidad (*Scotus* p. 269).

Ahora bien, la importancia que posee dentro del desarrollo filosófico de Heidegger la adopción de la distinción lotziana fundamental sólo se comprende cabalmente, cuando se repara en el hecho de que comporta necesariamente nada menos que el abandono de la orientación básica a partir de la noción de "ser", tal como ella caracteriza a la tradición filosófica que remonta a Aristóteles. En efecto, dentro del esquema ontológico elaborado por Lotze la noción de "ser" pasa a designar lo que Lask llamó posteriormente una mera "categoría regional", en la medida en que designa tan sólo uno de los dos "hemisferios" de lo real, junto a un segundo, que queda designado por medio de la noción del "valer" o la "validez". Como es sabido, a la hora de intentar precisar el modo de realidad que pertenece a aquello que no "es", sino que "vale", Lotze apeló expresamente a la concepción platónica del "mundo de las Ideas" (*Ideenwelt*) y, con ello, adoptó la

---

[11] Para este aspecto central en la concepción ontológica elaborada por Lotze, me permito remitir a la discusión más amplia en Vigo (2007).

[12] Para la recepción de Lotze por parte de Husserl, asunto que no ha recibido hasta ahora la atención que merece, véase Hauser (2003), que discute especialmente la conexión entre platonismo y antipsicologismo, Beyer (2013), que considera entre otras cosas los apuntes contenidos en los seminarios de Husserl, y Fisette (2015), que se concentra en el período de Halle (1886-1901).

caracterización platónica de lo ideal en términos de lo que es eterno y no está sujeto a cambio (cf. *Logik* III, cap. 2). Por cierto, Lotze se distancia de Platón, en la medida en que sostiene que lo que pertenece al ámbito de lo ideal son estructuras proposicionales, y no meros conceptos. Pero, desde el punto de vista ontológico, su posición constituye, en definitiva, una nueva forma de platonismo, y ello muy a pesar de la distinción inicial que el propio Lotze establece entre lo metafísico-suprasensible y lo lógico-ideal, ya que en ambos casos la caracterización del correspondiente tipo de realidad apela, en último término, a uno y el mismo contraste con aquello que es sensible y está como tal sujeto a cambio.

Este nuevo "platonismo lotziano" es el que proporcionó el punto de partida de la reacción contra el naturalismo que llevan a cabo los representantes de la filosofía del valor neokantiana y también, cada uno a su modo, autores como Frege y Husserl. Sin embargo, en el caso concreto de Heidegger, la adopción de la distinción lotziana entre "ser" y "valer" adquiere, desde el comienzo mismo, una inflexión peculiar, que se explica por la influencia decisiva que ejerció sobre Heidegger la notable reinterpretación llevada a cabo por Lask.[13] A ojos de Heidegger, se trata de una reinterpretación que, sin abandonar el punto de partida lotziano en la distinción entre "ser" y "validez", busca mitigar los peligros que derivarían de una ingenua "hipostaciación" (*Hypostasierung*) del ámbito de lo lógico-ideal, concebido como algo subsistente y separado de lo real (cf. NFL p. 24). En tal sentido, hay que decir que, una vez situado en el marco del modelo ontológico lotziano, Heidegger se alineó conscientemente, desde el comienzo mismo, con aquella variante interpretativa que traía consigo una reformulación fuertemente aristotelizante del platonismo lotziano.[14] En efecto, a la hora de ca-

---

[13] Para la concepción de Lask, me permito remitir a la presentación de conjunto ofrecida en Vigo (2006b). La importancia de la recepción de Lask para comprender el desarrollo temprano de Heidegger ha sido reconocida crecientemente en las últimas décadas. Baste mencionar, en tal sentido, los señeros trabajos de Crowell (1988), (1992), (1994) y (1996), a los que puede añadirse Kisiel (1995), Lazzari (2002) y Poggi (2006) esp. p. 38-55. En nuestra lengua, la decisiva importancia de la concepción de Lask, que oficia como una suerte de puente entre Rickert y Heidegger, había sido puesta de relieve, ya mucho antes, por K. Hobe y O. Pugliese, en un trabajo que pasó poco menos que inadvertido. Véase Hobe – Pugliese (1971).

[14] Beiser (2013) p. 130 menciona al joven Heidegger como una excepción frente a la generalizada adopción del nuevo platonismo lotziano: Heidegger, explica Beiser, fue el único que "rehusó unirse a la fiesta", muy a pesar de haber sido, al mismo tiempo, quien más apreció la importancia histórica de Lotze. Mientras que la segunda afirmación de Beiser es indudablemente correcta, la primera debe ser precisada en su alcance, dado que puede llevar fácilmente a la errónea suposición de que Heidegger rechazó la posición de Lotze *in toto*. Beiser cita en este punto la interpretación de Dahlstrom (2001) esp. p. 29 s., 35-47, quien reconoce expresamente la adopción por parte de Heidegger de la distinción lotziana entre "ser" y "validez" en *LUP* y *Scotus* (cf. p. 36 s.), aunque su discusión del asunto se concentra, sobre todo, en las severas críticas que Heidegger dirige contra las presuposiciones ontológicas de la posición de Lotze en tiempos posteriores. Lamentablemente,

racterizar la relación entre lo real-sensible y lo lógico-ideal, Lask apela expresamente a un modelo hilemórfico de la constitución del sentido, que queda definido en términos del esquema básico "material (sensible) + forma (categorial)".[15] Como es sabido, Lask llega a dicho modelo explicativo a través de una reinterpretación de la noción de validez, por medio de la cual enfatiza el hecho de que todo "valer" es un "valer *respecto de* (algo)" (*Gelten* betreffs, *Gelten* hinsichtlich), de modo que toda "validez" (*Geltung*) debe verse como una "validez *hacia* (algo)" (*Hingeltung, Hingelten*) (cf. *LPh* p. 32 s.). La forma categorial constituye, explica Lask, un "valer *hacia...*", que remite más allá de sí mismo, vale decir, a la correspondiente materia. Por lo mismo, en tanto concepctos correlativos, "forma (categorial)" y "material (sensible)" sólo resultan comprensibles en el marco de la proto-relación (*Urverhältnis*) señalizada por el mencionado "hacia" (*hin-*) (cf. p. 173). En tal sentido, la expresión "forma", explica Lask, sólo puede ser entendida propiamente como una abreviatura de la relación del "valer *hacia...*" (cf. p. 174). Pues bien, este peculiar modelo de constitución adquiere expresión en el principio laskiano de la "determinación material" (*Materialbestimmheit*) de la forma, para emplear la denominación introducida por Heidegger, quien otorgó a dicho principio, desde un comienzo, una importancia capital (cf. *Scotus* p. 402 s.). Tal como lo formula Lask, se trata aquí de un "estrechamiento" (*Eingeengtheit*) y una "agudización" (*Zugespitztheit*) de la forma, en general, por referencia a un determinado material (cf. *LvU* p. 102; véase también *LPh* p. 68 s.). Lo formal-categorial debe ser pensado siempre como dotado de validez respecto de un determinado material-sensible (cf. *LvU* p. 102). El material provee, por tanto, el principio que permite explicar la diferenciación categorial, es decir, la escisión de lo categorial en una multiplicidad de formas particulares (cf. p. 102 ss.).

Ahora bien, además de la reinterpretación de la noción lotziana de validez en términos de un modelo hilemórfico de constitución del sentido, hay todavía un segundo aspecto, dentro de la estrategia aristotelizante desarrollada por Lask, que resulta igualmente decisivo para la posición adoptada por Heidegger, aunque no siempre es debidamente advertido. Como nadie ignora, Laks se sitúa desde un comienzo dentro del paradigma trascendentalista que Kant inaugura con su "giro copernicano" (cf. *LPh* p. 27 ss.). Su recepción del modelo lotziano basado en la distinción entre "ser" y "validez" queda enmarcada dentro de un intento por superar la posición de Kant, pero sin abandonar la dimensión trascendental a la que

---

el propio Beiser ya no recoge adecuadamente el primer aspecto relevado por Dahlstrom, lo cual lo conduce a la sobresimplificación que he señalado.

[15] En rigor, siguiendo la distinción lotziana entre lo suprasensible-metafísico y lo lógico-ideal, Lask no restringe la dualidad entre materia y forma, al ámbito de lo empírico-sensible, sino que pretende extenderla también al ámbito de lo metafísico-suprasensible. Sin embargo, een el escrito de habilitación Heidegger critica a Lask en este punto, ya que, a su juicio, no habría prestado suficiente atención a la diversidad fundamental del material sensible y el no sensible (cf. *Scotus* p. 405).

Kant apunta con el giro copernicano. El aspecto de la posición de Kant que Laks espera poder dejar de lado por medio de tal superación no es otro que lo que, a juicio del propio Lask, sería el "subjetivismo" que lastra irremediablemente a la concepción kantiana de la constitución del sentido. En tal sentido, el diagnóstico al que Lask se atiene no puede ser más claro: "Kant tiene el copernicanismo, pero no el objetivismo. Hay que unificar copernicanismo y objetivismo" (cf. p. 277 nota adicional 6). A su juicio, el subjetivismo kantiano es, en último término, el resultado de una confusión situada en el plano metódico. En efecto, Kant superpone y con ello confunde, según Lask, dos complejos temáticos diferentes, a saber; por un lado, la temática a la que apunta o debe apuntar una doctrina de las categorías, que no es otra que la de la constitución originaria del sentido experimentado; por otro lado, la temática propia de la teoría del juicio, que es la que indaga sobre la posibilidad y la estructura del acceso cognoscitivo a lo que se ofrece como objeto. Para decirlo en los términos de Lask, Kant superpone y confunde, por tanto, la temática propia de la "aleteiología" (*Aletheiologie*), como teoría de la (posibilidad de) la verdad trascendental, y la temática propia de la "gnoseología" (*Gnoseologie*), como teoría que pretende dar cuenta de la posibilidad y la estructura del conocimiento (*Erkennen*), en tanto modo de específico acceso a objetos, dotado de un carácter necesariamente judicativo.[16] Respecto de la doctrina de las categorías, es decir, la aleteiología, como tal, la división del trabajo fijada por Laks tiene dos consecuencias inmediatas, ambas fundamentales. Por una parte, Laks abandona la concepción kantiana que identifica las categorías con las formas que hacen posible los diferentes tipos de enlace judicativo y retoma la concepción tradicional, de origen aristotélico, según la cual las categorías deben identificarse con (los tipos más generales de) aquello a lo que remiten los términos y, más precisamente, los predicados.[17] Por otra parte, y en directa conexión con lo anterior, Lask deja de lado también la suposición inherente a la posición kantiana, según la cual la presencia de mediación categorial sólo puede darse en el ámbito de la experiencia predicativa. Lask afirma, por el contrario, que ya en el ámbito de la experiencia antepredicativa, esto es, en la "mera entrega" (*schlichte Hingabe*) al objeto, se hace accesible de modo originario un sentido hilemórficamente constituido, esto es, con arreglo al esquema "material (sensible) + forma (categorial)". Por tanto, la "verdad", en el sentido más básico y originario, queda situada en un ámbito que precede al conocimiento mismo, en el sentido más propio del término, que remite al acceso judicativo (cf. *LvU* p. 396). Este modo

---

[16] Para la distinción laskiana entre aleteiología y gnoseología, véase *LvU* p. 424. Para una amplia discusión del punto, véase Glatz (2001) p. 173-188.

[17] Para el desarrollo de este punto, véase esp. *LvU* p. 321-349, donde Lask expone su "teoría metagramatical" de la estructura "sujeto / predicado".

renovado de pensar las relaciones entre la verdad, en el sentido aleteiológico, la experiencia antepredicativa y el conocimiento, en el sentido que remite al acceso judicativo, es lo que Heidegger tiene primariamente en vista, cuando explica que con su teoría de la predicación y el juicio Lask logró aproximar a Aristóteles y Kant todo cuanto resulta posible (cf. *NFL* p. 33).

Si a todo esto se añade, por un lado, el peculiar modo en el que Lask caracteriza la relación entre el material (sentible) y la forma (categorial), por medio de un vocabulario que alude a un modo de "estar en claridad", en el cual dicha claridad nunca logra penetrar completamente aquello opaco que queda situado en ese entorno iluminado,[18] y, por otro, el énfasis laskiano en la pérdida de inmediatez y en el carácter de artificialidad que trae consigo la actitud objetivante propia del conocer, en el sentido más propio del término (cf. *LvU* p. 291 ss.), entonces se podrá advertir bastante mejor hasta qué punto la concepción elaborada por Lask marcó decisivamente el pensamiento del joven Heidegger, ya en sus mismos puntos de partida. De hecho, muchos de los motivos procedentes de la recepción de la concepción laskiana mantienen su vigencia incluso mucho más allá de los tiempos en los que la referencia expresa a Lask era frecuente en los escritos y, sobre todo, en la correspondencia de Heidegger, al punto de quedar incorporados, bajo nuevas formas de articulación, en la concepción presentada en *SZ*. Por caso, y para no ir más lejos, la crítica que Heidegger dirige contra Husserl por mantenerse atado a una concepción tradicional que identifica "ontología formal" y "apofántica formal" —y que, por lo mismo, se ve impedida de extender el tratamiento de la problemática de las categorías, más allá del entorno de la predicación y el juicio, también al ámbito de la experiencia predicativa— puede e incluso debe verse como una clara pervivencia de la temprana alineación de Heidegger con la posición elaborada por Lask, en su crítica a la indebida superposición kan-

---

[18] A la hora de dar cuenta de la presencia de la forma categorial en el objeto Lask no apela a la noción kantiana de síntesis. Más bien, Lask concibe la forma categorial como aquello que constituye una suerte de momento o aspecto de claridad (*Klarheitsmoment*) en el "objeto" mismo (cf. *LPh* p. 75).[18] El carácter meramente formal de tal momento de claridad significa que sólo puede haber claridad *sobre* algo, lo que, al mismo tiempo, implica la impenetrabilidad del material afectado en cada caso por tal claridad. Por eso, explica Lask, que la claridad se extiende *sobre* algo quiere decir tan sólo que ese algo queda meramente "tocado" (*berührt*), "entornado" (*umgeben*) por la claridad, y no "atravesado" por ella (*durchleuchtet*), vale decir: el "objeto" queda situado en un "entorno de iluminación" (*umleuchtet*) y "de claridad" (*umklärt*), que no lo "transfigura" (*nicht verklärt*) (cf. p. 76). Lo lógico-categorial no constituye, por tanto, un momento real-material en la constitución del "objeto", ni puede ser concebido como una instancia de mediación semántico-intensional situada, por así decir, *entre* "sujeto" y "objeto", sino que debe ser pensado, más bien, como el elemento o medio circundante en el cual queda siempre ya situado y contenido el "objeto", en la medida en que es tocado y entornado por claridad: "estar en categorías" (*das In-Kategorien-Stehen*) equivale, en tal sentido, a un "estar en claridad" (*In-Klarheit-Stehen*) (cf. p. 76).

tiana de doctrina de las categorías y teoría del juicio.[19] Y otro tanto puede decirse también del énfasis heideggeriano en el carácter deficitario del conocer, como modo fundado del "ser en" (*In-Sein*) del "ser en el mundo" (*In-der-Welt-Sein*), que trae necesariamente consigo lo que Heidegger caracteriza como una cierta "desmundización" (*Entweltlichung*) del mundo (*Welt*) mismo (cf. *SZ* §§ 13-14).

3. Verdad, sentido y subjetividad: mediando entre Lask y Rickert, de la mano de Husserl

Por cierto, el carácter decisivo de la influencia de Lask sobre el Heidegger de los comienzos, tal como lo recalca la investigación más reciente, no es algo que pasara en modo alguno desapercibido a quienes en aquellos años seguían más de cerca el desarrollo filosófico de la joven promesa filosófica. De hecho, el propio Rickert menciona expresamente el punto en su dictamen sobre el escrito de habilitación, fechado el 15/7/1915, donde señala, no sin cierto matiz crítico, que Heidegger debía a los escritos de Lask "mucho, tal vez más de lo que él mismo pudo hacerse consciente, tanto en lo que concierne a su orientación filosófica como en lo que concierne a su terminología" (cf. *HRB* p. 96).[20] Poco después, en una carta del 31/10/1915, Heidegger todavía le cuenta a Rickert de su "embelezamiento con Lask" (*Laskschwärmerei*), que los "círculos profanos" (*Laienkreise*) de Friburgo no alcanzaban a comprender (cf. *HRB* p. 23).

Posteriormente, sin abandonar su declarada admiración por Laks, Heidegger da a entender cierta tendencia incipiente aproximarse nuevamente a la posición de Rickert.[21] Por cierto, hacia fines de 1916 Heidegger mantiene todavía en pie su proyecto de escribir sobre Laks (véase carta del 28/11/1916 *HRB* p. 32), proyecto que Rickert, por su parte, bendice (véase carta del 2/12/1916, *HRB* p. 33). Y se lamenta amargamente de que en el legado manuscrito del filósofo caído en

---

[19] Para la cuestión de la conexión entre categorías y experiencia antepredicativa en el entorno de *SZ*, con especial atención también a la crítica que Heidegger dirige contra Husserl, me permito remitir a la discusión en Vigo (2013a).

[20] En el intercambio epistolar con Rickert de esos años Lask aparece mencionado reiteradamente como una figura filosóficamente decisiva para Heidegger, quien, además de expresar la preocupación por su destino personal en el frente de combate y, posteriormente, de lamentar amargamente su muerte, señala repetidamente su interés por asegurar la conservación del legado manuscrito y por facilitar a sus escritos la posibilidad de influencia futura (cf. *HRB* p. 18 s., 21 s., 23, 25, 28, 32, 34, 37, 43, 48, 54, 57).

[21] La relación entre Heidegger y Rickert no ha recibido aún en la investigación especializada la atención que merece. Al respecto, puede verse, por ejemplo, Krijnen (2003) y Lyne (2009). En nuestra lengua puede consultarse con provecho la sucinta presentación en Xolocotzi Yañez (2007) §§ 4-6, que constituye una encomiable excepción a la regla del silencio imperante.

combate ya no se encuentre nada más de gran valor, cosa que atribuye, sin embargo, a la seriedad insobornable con la que Lask, ajeno a toda búsqueda de éxito momentáneo, se tomaba su trabajo (véase carta del 14/12/1916, *HRB* p. 34). En tal sentido, Lask encarna, a ojos de Heidegger, lo que sería el rasgo distintivo de la filosofía del valor, que era la representada también por Rickert, y a la que el propio Heidegger, regocijado por la confianza que Rickert le mostraba, manifiesta adherir "de modo fuertemente enraizado" (*wurzelkräftig*) y "no meramente por cálculos prácticos" (*nicht bloß aus »aus praktischen Kalkulationen« heraus*). Ese rasgo distintivo de la filosofía del valor neokantiana ha de buscarse, a juicio de Heidegger, en "la unidad viviente" (*die lebendige Einheit*) de vida personal y trabajo filosófico creativo (véase carta del 27/1/1917, *HRB* p. 37). En ese mismo contexto, Heidegger le manifiesta a Rickert, sobre la base de una reciente relectura, su preferencia por la primera edición, de 1892, de la obra fundamental de este último, titulada *Der Gegenstand der Erkenntnis* (cf. *GD*), a la que Heidegger coloca por delante de la tercera edición, que acababa de ser publicada, en 1915, en razón de su carácter más marcadamente metafísico, frente a la orientación más fuertemente lógica de esta última. Desde esa primera versión, explica Heidegger, se puede "llegar más lejos" (*weiterkommen*), y ello ya, sobre todo, en razón del hecho de que la "lógica pura" (*reine Logik*) —más allá de su función de calmante de los temores frente a la posibilidad del relativismo— representa ella misma "un extremo" (*ein Extrem*), que priva finalmente a la filosofía de su conexión con las corrientes basales (*Grundströmungen*) de la vida personal y con la riqueza (*Fülle*) de la cultura (*Kultur*) y el espíritu (*Geist*) (cf. p. 37 s.). De este modo, Heidegger expresa su preferencia por el primer Rickert frente al Rickert más reciente, y lo hace frente al propio Rickert.

Como a nadie escapa, la actitud así adoptada concuerda con la que Heidegger adoptará posteriormente también en el caso de Husserl, por medio de la insistente reivindicación de la concepción temprana de *LU*, frente a la presentada posteriormente en *Ideen I*. En ambos casos, se trata de un mismo gesto que busca comunicar, de una sola vez, tanto el reconocimiento de una deuda de origen como la toma de distancia respecto de una evolución ulterior que apunta en una dirección, a los ojos de Heidegger, inadecuada, esto es: en el caso de Rickert, el giro hacia la "lógica pura" y, en el de Husserl, el giro hacia la "filosofía de la conciencia". Sin embargo, el momento crítico no anula, desde luego, la importancia del punto de partida con el que, en uno y otro caso, Heidegger manifiesta sentirse duraderamente identificado, esto es: en el caso de Rickert, el propio de la filosofía del valor, rectamente entendida, y, en el de Husserl, el de la fenomenología, tomada en su sentido originario. Como quiera que sea, la afirmación de la propia independencia filosófica constituye un elemento clave en la política comunicacional adoptada habitualmente por Heidegger, allí donde manifiesta su proximidad respecto de aquellos a quienes debe impulsos iniciales que él mismo considera decisivos, sobre todo, cuando se trata de personas vivas con las que él mismo se encuentra, a la vez, en una cierta relación, siquiera imaginaria, de competencia en materia de radicalidad filosófica. Frente a Rickert, a quien había dedicado la publicación del escrito de habilitación, la actitud adoptada recuerda fuertemente, una vez más, la que más tarde el propio Heidegger adopta respecto de Husserl, al dedicarle nada menos que *SZ*. En efecto, al momento de justificar la dedicatoria a Rickert en el "Prefacio" de la obra, Heidegger señala, al mismo tiempo, tanto la independencia de su propio punto de vista filosófico (*der eigene philosophische »Standpunkt«*), como también su convicción (*Überzeugung*) de que, con su peculiar "conciencia de los problemas" (*problembewußter* <sc. *Charakter*>) y su carácter de genuina "visión del mundo" (*weltanschaulicher Charakter*), la filosofía del valor, tal como la representaba Rickert, significaba un "avance" (*Vorwärtsbewegung*) y una "profundización" (*Vertiefung*) decisivos (*entscheidend*) en la elaboración de los problemas filosóficos, algo de lo cual la obra de Lask sería ella misma una clara prueba (cf. *Scotus* p. 191).

A esa misma dedicatoria se refiere el propio Heidegger en la citada carta a Rickert del 27/1/1917, al comentarle las invectivas verbales que ella le valió de parte del filósofo neoescolástico J. Geyser, que había escrito una demoledora reseña del trabajo de Heidegger y que, procedente de Münster, fue quien se quedó finalmente, a partir del semestre de verano de 1917, con la cátedra de filosofía católica de Friburgo, a la que el propio Heidegger en un principio aspiraba.[22] Heidegger comenta allí amargamente a Rickert que, tras la publicación de esa reseña, no quedaba ya la menor esperanza, si es que había habido alguna antes, de poder obtener la posición dejada vacante por el propio Geyser en Münster. Al parecer, la dedicatoria no hacía sino confirmar las sospechas sobre la "peligrosidad" (*gefährlich*) de Heidegger, que venían incoándose ya en razón de su mero interés por el pensamiento de Rickert, y ello muy a pesar del hecho de que él mismo pensaba estar haciendo justicia al llamado a la independencia filosófica que el propio Rickert le habría formulado poco antes de su habilitación (véase la carta del 27/1/17, *HRB* p. 38).[23] La insalvable distancia, por no decir, la declarada enemistad con Geyser queda reflejada, una vez más, en una carta escrita casi diez meses más tarde, el 19/11/1917, en la cual Heidegger explica a Rickert que no desea tener ya relación alguna con Geyser, quien, además de el violento ataque dirigido contra su escrito de habilitación, se dedicaba, según el testimonio de tes-

---

[22] Para el papel de J. Geyser (1869-1948) en conexión con la biografía y el desarrollo filosófico de Heidegger en los primeros tiempos de Friburgo, véase Sheehan (1988) así como el abundante material reunido y anotado en Kisiel – Sheehan (2010).

[23] El pasaje clave reza: "Pienso a menudo en cómo Ud. (...) me dijo una vez, poco antes de mi habilitación: 'de qué modo se las arregla (*zurecht kommen*) en adelante con su <propia> filosofía (*mit Ihrer Philosophie*) debo dejarlo a su cargo' (*muss ich Ihnen überlassen*)" (cf. *HRB* p. 38).

tigos presenciales, a ridiculizar en sus clases nada menos que a Lask (cf. *HRB* p. 43).

En todo caso, en el contexto de la carta del 27/1/1917, el sentido de la argumentación de Heidegger resulta suficientemente claro: su cercanía a Rickert, por muy independiente que el propio Heidegger se considerara en su punto de vista filosófico, había bastado para convertirlo en inaceptable a los ojos de los representantes del pensamiento católico del cual él mismo procedía. Su plan era, pues, abandonar Friburgo, incluso sin saber bien en qué dirección. Si por él mismo fuera, la mejor opción, tanto desde el punto de vista personal como temático, sería dirigirse a Heidelberg, donde ahora se encontraba el propio Rickert (cf. p. 43 s.). El pedido de ayuda que Heidegger dirige de este modo a Rickert, al describirle con "abierta confianza" (*offenes Vertrauen*) su "situación espiritual y práctica" (*meine geistige und praktische Situation*) (cf. p. 44), permite entender mejor también el comienzo mismo de la carta, en el cual Heidegger manifiesta su decisión de abandonar el plan de reeditar la *Metaphysik* de Lotze, dadas las limitaciones de todo tipo que le impone su "doble existencia como soldado a medio tiempo e insignificante docente privado" (*meine gedoppelte Existenz als Halbsoldat und kümmerlicher Privatdozent*) (cf. p. 36).

A la luz de todo esto, parece claro que la nueva aproximación de Heidegger a Rickert y su "filosofía del valor", aunque ciertamente no respondía a meros "cálculos prácticos", tampoco estaba complemente libre de ellos. Como quiera que sea, lo cierto es que Rickert desalentó las esperanzas de Heidegger de obtener una plaza en Heidelberg, donde el número de docentes era ya "demasiado grande" (*zu groß*), y lo instó a permanecer en Friburgo y trabajar intensamente, mientras estaba a la espera de su oportunidad, la cual llegaría pronto, porque el número de candidatos viables para una cátedra de Filosofía Católica era, en cambio, "extraordinariamente pequeño" (*außerordentlich klein*) (véase la carta de Rickert del 3/2/1917, *HRB* p. 40 s.). En su respuesta de unas semanas más tarde, Heidegger agradece el consejo de Rickert, pero se esfuerza por dejarle en claro que nunca adoptó el punto de vista católico, en el sentido más estrecho del término, y que su único genuino compromiso era con la búsqueda y la enseñanza de la verdad, de acuerdo con su propia convicción personal y libre: eso es lo que habría intentado poner de relieve, precisamente, con la dedicatoria a Rickert, que motivó la airada reacción de Geyser. Lo que a Heidegger, en cualquier caso, le queda claro es que le será igualmente difícil "hacer carrera" (*»Karriere« zu machen*), por ambos lados (*nach beiden Seiten*). Pero, en último término, da la razón a Rickert, ya que lo decisivo es, finalmente, la "producción científica" (*die wissenschaftliche Leistung*), y no la pertenencia a determinados bandos (véase la carta a Rickert del 27/2/17, *HRB* p. 42).

Tras este intercambio algo amargo a comienzos de 1917 la comunicación epistolar con Rickert se hace más esporádica. Como se vio ya, Heidegger escribe todavía una vez más durante ese año, a mediados de noviembre, entre otras cosas, para contar a Rickert sobre el irrespetuoso tratamiento que Geyser dispensaba a Lask (véase la carta ya citada del 19/11/1917, *HRB* p. 43 s.). Pero no recibe respuesta de Rickert sino hasta más de dos años después, cuando, a comienzos de 1920, éste escribe una larga carta para preguntarle por su relación con la fenomenología, ya que tiene información indirecta según la cual estaría ahora filosóficamente muy próximo a Husserl. Como representante del neokantismo, Rickert no era precisamente un simpatizante de la fenomenología, como quedó meridianamente claro tiempo después.[24] Sin embargo, ya entonces, a comienzos de los años '20, la nueva proximidad de Heidegger a Husserl de la que oía hablar no le resultaba a Rickert para nada sorprendente, según él mismo declara, dados los previos intereses filosóficos de Heidegger y la fuerza de atracción (*Anziehungskraft*) del pensamiento husserliano. En cualquier caso, el propio Rickert manifiesta no se sentirse todavía en condiciones de fijar posición de modo definitivo sobre el asunto de la fenomenología, ya que echa de menos un previo diálogo directo con "los seguidores de esa doctrina" (*Anhänger dieser Lehre*), que hiciera posible eventualmente un mutuo entendimiento. Por tanto, se limita de momento a citar la opinión de D. Mahnke y R. Kynast, quienes le habían asegurado la existencia de un "estrecho parentezco" (*nahe Verwandschaft*) entre sus propias ideas y las de Husserl. A fin de poder comprobar esto último, invita, pues, a Heidegger a una posible visita a Heidelberg, para una conversación sobre los fundamentos de la fenomenología, que ayude a superar el habitual aislamiento de los filósofos, empeñados en seguir cada uno su propio camino (véase carta del 21/1/1920, *HRB* p. 45 s.).

La respuesta de Heidegger no se hace esperar. En una carta bastante extensa fechada sólo seis días después, el 27/1/1920, Heidegger promete una próxima visita en marzo y se explaya, además, sobre toda una serie de puntos de central importancia, sobre todo, a la hora de comprender de modo más preciso la evolución de su pensamiento, en esos años de denodada búsqueda de una identidad filosófica más nítidamente definida. La carta constituye una especie de informe de las principales preocupaciones y problemas que ocupaban a Heidegger en esos momentos, un informe que, en sus líneas generales, puede ser corroborado ahora por comparación con las lecciones de la época, a las que el propio Heidegger remite de modo expreso. Puede decirse que en el informe de Heidegger hay dos complejos temáticos, diferentes pero no completamente divorciados entre sí, a saber: por un lado, aparece la cuestión relativa al modo en el cual Heidegger in-

---

[24] Para una amplia defensa de la fenomenología husserliana frente a las críticas que Rickert y seguidores suyos como R. Zocher y F. Kreis dirigen, en particular, contra la concepción presentada en *LU*, a la que consideran como una forma de "intuicionismo" opuesta al "criticismo", véase Fink, *Husserl*.

tenta situarse dentro del campo de fuerzas abierto por la oposición entre neokantismo y fenomenología, con especial referencia a las posiciones de Rickert, Lask, Husserl y también P. Natorp; por otro lado, se presenta la cuestión relativa a las relaciones entre filosofía y psicología, con especial referencia a K. Jaspers. Por lo que aquí interesa de modo inmediato, el último aspecto puede ser dejado de lado, de modo que me contento con algunas observaciones respecto del primero.

El objetivo central de la exposición de Heidegger consiste, puede decirse, en hacerle ver a Rickert que su propia manera de apropiarse de la fenomenología husserliana, de un modo que pretende ser declaradamente no dogmático y no doctrinal, trajo consigo, el menos, en un punto decisivo, una nueva aproximación a la posición del propio Rickert, en detrimento de la previa mayor cercanía a la posición de Lask. En tal sentido, Heidegger se refiere a su tratamiento de la relación entre fenomenología y filosofía tracendental del valor en la lección del semestre de verano de 1919 (cf. *PhTW*), preparada con la intención de llegar a la claridad (*Klarheit*) frente a sí mismo (*mir selbst gegenüber*). Del trabajo en ella Heidegger declara haber extraído dos enseñanzas principales, a saber: por una parte, que la fenomenología debe llegar a ser verdaderamente filosófica, si no quiere decaer al nivel de un mero especialismo (*Spezialistik*), con un horizonte problemático estrechado (*mit engem Problemhorizont*); por otra parte, que, leída con ojos fenomenológicos, la posición que Rickert presenta en *GE*, más precisamente, en la primera edición de 1892, ya contiene elementos decisivos de aquello que caracteriza a la fenomenología rectamente entendida, a saber: la idea básica según la cual la esfera fenoménica circunscripta por la noción del "deber ser" (*Sollen*) es aquella que pertenece a las relaciones motivacionales de generación de sentido (*sinngenetische Motivationsbeziehungen*) en las cuales se expresa (*sich ausdrückt*) todo "ser" (*Sein*) (véase la carta a Rickert del 27/01/1920, *HRB* p. 47).[25]

Sobre esa base, Heidegger explica cómo se vio llevado, a través de la discusión de dicha problemática, a una nueva comprensión de la noción genuinamente fenomenológica de intuición, que adquiere expresión en el concepto de "intuición hermenéutica" (*hermeneutische Intuition*). Por medio de dicha noción se trata, explica Heidegger, de hacer justicia al hecho de que la intuición fenomenológica (*phänomenologische Anschauung*) no es un mero "fijar la mirada" (*Anstarren*) en las vivencias (*Erlebnisse*), tomadas a modo de meras cosas (*als Dinge*). Más bien, para poder acceder a la "relación vivida" (*erlebnismäßiger Bezug*) entre "sentido ejecutivo" (*Vollzugssinn, Leistungssinn*) y "sentido de contenido" (*Gehaltssinn*), se requiere una adecuada forma de intuición (*eine angemessene Form des Anschauens*), que posea, co-

---

[25] Para el desarrollo de este punto en la lección de 1929, véase *PhTW* esp. §§ 9-13, donde, a modo de crítica, se trata de la influencia de la fenomenología sobre Rickert. Previamente, Heidegger había discutido las posiciones de Lotze (cf. § 2), Windelwand (cf §§ 3-6) y el propio Rickert (cf. §§ 7-8).

mo tal, un carácter comprensivo (*verstehend*) (cf. p. 47 s.).[26] Ahora bien, y aquí reside el punto decisivo para lo que nos interesa, Heidegger explica a Rickert que esas indagaciones lo llevaron a comprender también, desde un nuevo ángulo (*von einer neuen Seite*), el "primado" (*Vorrang*) –metódico, se entiende– que Rickert atribuía la "vía subjetiva" (*subjektiver Weg*), lo cual tuvo como consecuencia un "distanciamiento de Lask" (*ein Abrücken von Lask*), al menos, en esta materia (*in dieser Sache*).[27]

Como en su día lo ha señalado acertadamente S. G. Crowell, la crítica de Heidegger a Lask concierne aquí al punto de partida laskiano en la representación de un objeto meramente trascendente, todavía no tocado por el conocimiento. En razón de dicho punto de partida, explica Crowell, el "realismo aleteiológico" de Lask queda, por así decir, lastrado desde el comienzo por un residuo acrítico, en la medida en que pasa por alto la pregunta acerca de cómo la categoría puede ser dada ella misma, de modo análogo al material sensible dado en la percepción.[28]

---

[26] Como se sabe, Heidegger introduce la noción de "intuición hermenéutica" en la lección del semestre de emergencia bélica de 1919, sobre el tema de "la idea de la filosofía y el problema de la visión del mundo" (cf. *KNS*), que es inmediatamente anterior a la lección sobre la relación entre fenomenología y filosofía trascendental del valor (cf. *PhTW*). Más concretamente, la noción se introduce de modo expreso en el § 20, dentro del contexto de una discusión más amplia referida al verdadero sentido que ha de concederse al principio metódico de atenerse a lo originariamente dado y, en conexión con ello, al problema de la formación de conceptos filosóficos, tal como ambos han de concebirse en el marco de una fenomenología rectamente entendida (véase *KNS* §§ 18-20). Por su parte, la concepción de la constitución originaria del sentido experimentado en términos de la conocida tríada "sentido referencial" (*Bezugssinn*) / "sentido de contenido" (*Gehaltssinn*) / "sentido ejecutivo" (*Vollzugssinn*) aparece por primera vez, en esa forma, en la lección sobre fenomenología de la religión del semestre de invierno 1920/1921, y ello, en conexión inmediata con la discusión de los conceptos husserlianos de "generalización" (*Generalisierung*) y "formalización" (*Formalisierung*) y con la introducción de la importantísima noción de "indicación formal" (*formale Anzeige*) (véase *PhR* esp. §§ 11-16). Sin embargo, ya en la lección del semestre de verano de 1920 sobre el tema de la "fenomenología de la intuición (*Anschauung*) y la expresión (*Ausdruck*)", cuyo subtítulo reza "teoría de la formación de conceptos filosóficos (*philosophische Begriffsbildung*)", Heidegger introduce la distinción entre "sentido referencial" y "sentido ejecutivo", en el marco de una "destrucción del problema del *apriori*", que busca superar la oposición habitual entre lo apriorístico, de un lado, y lo fáctico-histórico, del otro (véase *PhAA* esp. §§ 6-10). En la carta a Rickert Heidegger menciona todas estas lecciones, pero, naturalmente, no entra en mayores precisiones sobre lo que pertenece al contenido de cada una de ellas. Para una discusión más amplia de estos aspectos en las lecciones mencionadas, me permito remitir al tratamiento en Vigo (2005a).

[27] La expresión "vía subjetiva" (*subjektiver Weg*) hace referencia a la distinción fundamental entre una "vía subjetiva", de carácter trascendental-psicológico, y una "vía objetiva", de carácter trascendental-lógico, que Rickert propone y elabora en su famoso ensayo de 1909 sobre las dos vías de la teoría del conocimiento (cf. *ZWE*). Para la referencia crítica a esta obra por parte de Hedidegger, véase *KNS* § 11 c) p. 191.

[28] Véase Crowell (1994) p. 66-68.

Como se vio más arriba, en su apropiación transformadora del giro trascendental kantiano, Lask se guiaba expresamente por la divisa que planteaba la necesidad de una unificación de copernicanismo y objetivismo, pues su objetivo teórico fundamental no era otro, en último término, que el de superar definitivamente el sesgo subjetivista propio de la teoría kantiana de la constitución. A ese mismo objetivo apuntaba también la neta distinción establecida por Lask entre la doctrina de las categorías, concebida como una teoría de la verdad trascendental (aleteiología), por un lado, y la teoría del juicio, que constituye el núcleo temático de una teoría del conocimiento (gnoseología), por el otro. Por lo mismo, a la hora de dar cuenta de la constitución originaria del sentido en términos del esquema "forma (categorial) + material (sensible)", Lask no creía disponer de otra opción teórica que la consistente en asumir, por medio de una brillante reformulación de la posición alcanzada por Lotze, la tesis de la llamada "logoinmanencia" (*Logosimmanenz*) de toda objetividad, la cual da lugar a la concepción laskiana de la llamada "panarquía del *lógos*" (*Panarchie des Logos*) (véase Lask, *LPh* p. 133).[29] Así, en su reformulación esencialmente aleteiológica del giro copernicano, Lask se distancia de Kant y elimina toda referencia al papel de la actividad sintético-unificadora de la subjetividad, a la hora de dar cuenta de la naturaleza y la función de las categorías. A juicio de Lask, todo intento por explicar la constitución originaria del sentido y el papel que en ella desempeña la mediación categorial por referencia a las funciones de la subjetividad —sea ésta pensada en términos trascendentales o bien en términos psicologistas— reposa, en definitiva, en una fundamental incomprensión del genuino alcance y la verdadera naturaleza de lo lógico-trascendental. Para Lask, como indica Crowell,[30] la trascendentalidad no es, como tal, una función ni del sujeto ni del objeto, sino del *lógos* mismo. Pero cómo tiene lugar dicha función trascendental de carácter completamente impersonal es algo sobre lo cual Lask ya no ofrece ulteriores precisiones. Y es aquí, precisamente, donde Heidegger advierte la presencia de un residuo acrítico en su posición, de la cual se ve obligado, por tanto, a distanciarse.

Es importante notar, sin embargo, que la posición fijada por Heidegger en su carta a Rickert de comienzos de 1920, lejos de ser una completa novedad, estaba ya claramente prefigurada en la importante "Conclusión" del escrito de habilita-

---

[29] Para el alcance de la tesis laskiana de la "panarquía del *lógos*", véase las buenas indicaciones en Nachtsheim (1992) p. 28-30 y esp. p. 57-65. Como acertadamente enfatiza Nachtsheim, la tesis de Lask debe distinguirse nítidamente de toda forma de "panlogismo" (*Panlogismus*) o formalismo radical, en la medida en que excluye de plano la posibilidad de derivar el material último del conocimiento de la mera forma lógico-categorial involucrada en él. Para el rechazo del "panlogismo" por parte de Lask, véase *LPh* p. 133: "*No al panlogismo, pero sí a la panarquía del* lógos *debe serle reintegrada nuevamente la honra*" (subrayado de Lask).

[30] Véase Crowell (1988) p. 41.

ción, añadida para la versión impresa de 1916.[31] En efecto, Heidegger explica allí que el punto de partida laskiano en una esfera de mera trascendencia, considerada, por así decir, en estado de aislamiento, resulta metódicamente errado, y ello ya por el simple hecho de que hablar de inmanencia y trascendencia sólo puede tener sentido por referencia a algo respecto de lo cual otra cosa pueda o deba considerarse ya sea inmanente o bien trascendente. Así, bajo remisión a la concepción de Rickert en *GE* y también a la concepción husserliana de las estructuras universales de la conciencia en *Ideen I* (cf. p. 158 ss.).[32] Heidegger señala, en contra de Lask, que la "objetividad" (*Gegenständlichkeit*) sólo tiene sentido "para un sujeto que juzga" (*für ein urteilendes Subjekt*), de modo que, sin consideración de la "lógica subjetiva" (*»subjektiver Logik«*), no cabe hablar siquiera de una "validez inmanente" (*immanente Geltung*) y una "validez transeúnte" (*transeunte Geltung*) (cf. *Scotus* p. 404 s. y nota 4). La pregunta es, pues, qué es lo que hay propiamente de nuevo en la posición alcanzada por Heidegger hacia 1920, si una parte importante de ella estaba ya claramente anticipada ya en 1916.

Una respuesta adecuada comprende necesariamente, a mi juicio, toda una gama de elementos que dan cuenta del delicado equilibrio que Heidegger se esforzaba por lograr en esos años. Por una parte, Heidegger ratifica, en este caso, en contra de Lask y a favor de Rickert y Husserl, la inevitable necesidad metódica de la "vía subjetiva".[33] Y, de hecho, en su carta de comienzos de 1920, Heidegger da a entender a Rickert que en la puesta de relieve de la necesidad de la "vía subjetiva" reside, precisamente, uno de los puntos de contacto básicos entre el propio Rickert y Husserl. Pero, por otro lado, y así lo muestra claramente también

---

[31] Para una traducción al español de este importante texto, acompañada de un buen estudio introductorio y útiles notas explicativas, véase Mantas (2012), quien se centra, sobre todo, en los aspectos que conciernen a la recepción del pensamiento medieval, a través del Pseudo-Escoto, y no en la conexión lotziano-laskiana, que es la que aquí interesa primariamente.

[32] En el pasaje citado por Heidegger, Husserl explica con referencia a la posibilidad de una teoría de las categorías lo siguiente: "ciertamente, la doctrina de las categorías debe partir de la más radical de las distinciones ontológicas (*Seinsunterscheidungen*): <por un lado> ser como conciencia (*Sein als Bewußtsein*) y <por otro> ser como ser "trascendente", que "se anuncia" en la conciencia (*Sein als sich im Bewußtsein »bekundendes«, »transzendentes« Sein*), <distinción> que, como se advierte, sólo puede ser obtenida en su pureza a través del método de la reducción fenomenológica" (cf. *Ideen I* p. 159)

[33] Naturalmente, la alineación de Husserl junto a Rickert y frente a Lask, en lo concerniente al reconocimiento del primado de la "vía subjetiva", no excluye que, en muchos otros aspectos, la concepción de Lask pueda ser vista como una posición intermedia, que hace posible el tránsito desde el neokantismo hacia la fenomenología. Hay incluso razones para pensar que fue a través de Lask como Heidegger encontró originalmente una vía de acceso a la concepción del conocimiento que Husserl presenta en *LU* VI (cf. *Weg* p. 83). Las relaciones entre Lask y Husserl no han recibido todavía, ni remotamente, la atención que merecen. Para una muy buena discusión de algunos aspectos de dicha relación, véase Schuhmann – Smith (1993).

el desarrollo de las lecciones de esos años, en 1920 Heidegger ya no asume, en modo alguno, el supuesto tradicional según el cual la referencia al "sujeto" ha de entenderse, primariamente, en términos de la referencia al juicio (*Urteil*) y el conocimiento (*Erkennen, Erkenntnis*), en el sentido más estrecho del término, un supuesto que todavía parece vigente, al menos, *prima facie*, en el pasaje comentado del escrito de habilitación, en la medida en que Heidegger se refiere allí expresamente al "sujeto que juzga", como correlato subjetivo de todo posible "sentido" y toda posible "objetividad".

En la carta de comienzos de 1920, Heidegger remite expresamente en este punto sólo a la lección del semestre de invierno 1920/1921 sobre el tema "Problemas fundamentales de la fenomenología" (cf. *GPPh*), y lo hace para enfatizar ante Rickert el hecho de que su propia elucidación del "sujeto" se orientaba básicamente a partir de la vida misma, considerada en su carácter vital-histórico (*das lebendige geschichtliche Leben selbst*), y a partir de la referencia a la "experiencia fáctica del mundo circundante" (*faktische Umwelterfahrung*), mientras que la concepción de Husserl permanecía orientada a partir de la ciencia matemática de la naturaleza (*mathematische Naturwissenschaft*). Ello condujo, explica Heidegger, a confirmar y ampliar, en el plano de la elucidación fenomenológica, lo que el propio Rickert ya había traído a la luz "en la categoría de donación" (*in der Kategorie der Gegebenheit*), aunque "desde el punto de vista que corresponde específicamente a la teoría del conocimiento" (*in spezifisch erkenntnistheoretischer Einstellung*) (cf. *HRB* p. 48). Lo que Heidegger no revela a Rickert en su carta es, en cambio, el hecho clave de que, en esas mismas lecciones, había llevado a cabo una crítica radical y devastadora, desde el punto de vista metódico, del prejuicio tradicional consistente en otorgar el primado a la actitud teórica, a la hora de determinar el punto de partida para una adecuada concepción del sujeto y la experiencia del mundo circundante, y a la hora de elaborar una teoría de las categorías que haga justicia a la variedad de las posibles articulaciones de la experiencia de sentido. Naturalmente, no sólo Husserl y Natorp –a quien la carta de comienzos de 1920 asocia estrechamente a Husserl (cf. p. 48)– caen, a juicio de Heidegger, bajo el alcance de esa severa crítica, sino también el propio Rickert, como lo muestra claramente el tratamiento de la lección del semestre de emergencia bélica de 1919.[34]

Puede decirse, pues, que en este punto, que es de fundamental importancia para su posterior desarrollo filosófico, y frente a autores como Rickert, Natorp y Husserl, que, a su juicio, siguen atados al prejuicio logicista y cognitivista tradicional, Heidegger se mantiene firmemente alineado con Lask. Ello es así, por cuanto

---

[34] Véase, en este sentido, *KNS* esp § 11 c) p. 190 s., donde se critica la orientación metódica de Rickert a partir de una noción nivelada de objetividad, que representa el "objeto" tan sólo como un "mínimo trascendente" (*transzendentes Minimum*) que provee la medida del juicio, sin poder lograr hacer debida justicia a la variedad de los modos de vivencia.

Lask considera el juicio y el conocimiento como actividades de carácter derivativo, que carecen, como tales, de una función constitutiva originaria, y que traen necesariamente consigo lo que Heidegger caracteriza como una suerte de "depotenciación vital" (*Entleben, Entlebnis*).[35] Por otra parte, al desligar la problemática de las categorías de la artificiosa superposición, procedente de Kant, con la temática de las funciones judicativas, Lask abre, de hecho, la vía para una posible radical ampliación de la temática vinculada con el papel que la mediación categorial desempeña en la constitución originaria del sentido experimentado. Y, en efecto, este último es, precisamente, el camino que sigue el propio Heidegger, desde 1919 hasta *SZ* inclusive, en la medida en que busca reconectar la temática de las categorías con las modalidades básicas de ejecución de la experiencia antepredicativa, tal como éstas tienen lugar en el ámbito originario de acceso al sentido. A dicho ámbito originario se apunta, en las primeras lecciones de Friburgo, por medio de nociones como la de la "experiencia del mundo circundante" (*Umwelterlebnis*) y la de la "vida fáctica" (*faktisches Leben*).

Queda claro, pues, que el distanciamiento de Lask y la reivindicación de la "vía subjetiva", siguiendo a Husserl y Rickert, van asociados indivorciablemente al reconocimiento, inspirado en buena medida por el propio Lask, de la necesidad de plantear de modo fenomenológicamente adecuado la pregunta por el ser del sujeto, a fin de evitar la recaída en los estrechamientos que trae necesariamente consigo la instalación acrítica en los dogmas del logicismo y el cognitivismo tradicionales.[36] Sólo así se puede intentar hacer justicia, en el plano de la elucidación

---

[35] Para el tratamiento de este motivo por parte de Heidegger, véase *KNS* §§ 15-17, donde Heidegger lo conecta expresamente con el problema referido al indebido primado metódico concedido tradicionalmente al modo de acceso al sentido propio de la actitud teórica. En ese contexto, Heidegger critica la noción husserliana de "donación", por su incapacidad para dar cuenta del tipo peculiar de articulación de sentido que corresponde a la "vivencia del mundo circundante". La noción de "donación", explica Heidegger, presupone ya, como tal, mediación teórica y trae, por tanto, inevitablemente consigo el "primer toque objetivante de lo que tiene carácter mundano" (*die erste vergegenständliche Antastung des Umweltlichen*), esto es, el "primer mero poner ahí delante del yo, *todavía* histórico" (*das erste, bloße Hinstellen vor das* noch *historische Ich*) (cf. § 17 p. 89). Las expresiones empleadas por Heidegger en el pasaje representan una clara alusión a Lask. En efecto, Lask caracteriza la subjetividad como el factor que "toca" o "afecta" la dimensión originaria y "no artificial" del sentido experimentado originariamente (*Antasterin der Ungekünsteltheit*). De ese modo, la subjetividad es aquello que "induce" u "ocasiona" la artificialidad (*Anstifterin der Gekünsteltheit*), en la medida en que, a través de su actividad teoretizante-judicativa, descompone la verdad todavía indivisa propia de la experiencia antepredicativa, para luego reproducirla bajo la figura de la estructura diairético-sintética del juicio, con su carácter esencialmente oposicional. Véase Lask, *LvU* p. 415; véase también p. 293 ss.

[36] Digo "en buena medida", al referirme al papel inspirador de Lask, porque es obvio que no se trata de la única influencia a tomar en cuenta, cuando se trata de explicar el modo en el cual Heidegger pretende incorporar, en su intento por dar cuenta de modo originario del ser del sujeto, la dimensión que corresponde a la irreductible facticidad de la existencia individual y su enraiza-

fenomenológica, a la riqueza y la variedad de los posibles modos de articulación del sentido experimentado. No en vano señala Heidegger, pues, en un pasaje notable de la lección del semestre de invierno 1920/1921, que una explicación originaria del "*Dasein* fáctico" resulta ser de una peculiaridad tal, que "hace saltar por los aires" (*sprengen*) la totalidad del sistema de categorías tradicional: a ese punto llega, en efecto, la radical novedad de las genuinas "categorías" del *Dasein* (cf. *PhR* § 10 p. 54). A la introducción de la noción de *Dasein* en esta lección sigue no mucho después, en la lección del semestre de verano de 1923 sobre hermenéutica de la facticidad, la consiguiente distinción terminológica y conceptual entre las "categorías", pertenecientes a la ontología del ente intramundano, y los "existenciarios" (*Existenzialien*), pertenecientes a la ontología del *Dasein* (cf. *Ontologie* § 3 p. 16; § 13 p. 66). Como se sabe, esta última distinción se mantendrá inalterada, de allí en adelante, hasta *SZ*.

4. Lotze y su sombra, más allá de la filosofía del valor

En sus líneas generales, la historia que tiene lugar en los años siguientes, desde el traslado a Marburgo en 1923 hasta la publicación de *SZ* en 1927, es bien conocida. En particular, a partir de 1925, con el súbito redescubrimiento de Kant (cf. *Logik* §§ 22-37) —el cual da lugar a un intenso trabajo de asimilación transformadora que se prolonga más allá de la publicación de *SZ* (cf. *Grundprobleme* esp. §§ 7-9, 13-14, 21-22; véase también *KKrV* y *Kant*)—, y a través la renovada confrontación crítica con la fenomenología Husserliana (cf. esp. *Prolegomena* §§ 5-13; *Logik* §§ 6-10), adquiere finalmente su perfil definitivo el peculiar modelo trascendental, de corte fenomenológico-hermenéutico, que se presenta en *SZ*. Para ese entonces, el progresivo distanciamiento del paradigma lotziano-neokantiano —que se inicia desde el momento mismo en el cual tiene lugar la recuperación de Aristóteles en sede fenomenológica— ha dado paso ya a una abierta oposición, pregonada a todos los vientos, cuya radicalidad se explica, entre otras cosas, por referencia al drástico veredicto sobre la funesta influencia que habrían tenido su evolución y su extensión sobre todo el vecindario filosófico, incluida la propia fenomenología husserliana. Así, el desarrollo, a partir de la lógica de la validez lotziana, de una filosofía del valor de aspiración sistemática y universal, tal como tiene lugar en Windelband y Rickert, es caracterizado, ya en 1925, como un proceso de "exteriorización" o "enajenación" (*Veräußerlichung*) de la posición originaria de

---

miento en la historia. Aquí los motivos procedentes de Lask entran muy pronto en sintonía, como nadie ignora, con los procedentes del pensamiento cristiano de la existencia (San Pablo, San Agustín, Kierkegaard) y con los procedentes de la filosofía de la vida y la hermenéutica post-hegeliana (Dilthey), entre otros.

Lotze, que conduce nada menos que a "la más extrema estación en la decadencia de la pregunta por la verdad" (*die äußerste Station des Verfalls der Frage nach der Wahrheit*) (cf. *Logik* § 9 p. 82). En efecto, la verdad queda ahora transformada ella misma en un valor, más precisamente, en aquel valor al que apunta, como tal, todo acto teórico de conocimiento (*Erkennen*), por medio del juicio: el "objeto del conocimiento" (*Gegenstand der Erkenntnis*) es, pues, él mismo un valor (cf. *Logik* § 9 p. 82, 84 s.). En este afán de ampliación sistemática, carente de toda genuina transparencia respecto de sus propios presupuestos ontológicos, incluso Dios termina siendo concebido en términos de la noción de valor, más precisamente, por referencia al "valor de lo sagrado" (*Wert des Heiligen*). Dios es presentado entonces como el "valor supremo" (*der höchste Wert*), lo que constituye, asegura Heidegger, una verdadera "blasfemia" (*Blasphemie*), por mucho que sean teólogos quienes se esmeran en proclamarla (cf. *Logik* § 9 p. 83 s.).

Como nadie ignora, críticas a la filosofía del valor de este mismo estilo se reiteran, con igual o incluso mayor severidad, en los años posteriores a la *Kehre*, lo que muestra que la posición alcanzada sobre este asunto a mediados de los años '20 pasa a ser vista, de allí en más, como parte de un patrimonio adquirido. Así, por ejemplo, a mediados de los años '30, la filosofía del valor es evaluada, en perspectiva ontohistórica, como una mera moda sin genuino sustento: se contenta con medias verdades y medias tintas, algo particularmente dañino en los asuntos esenciales, dado que se nutre, de modo puramente parasitario, de una distinción nunca debidamente esclarecida entre el "ser" y el "deber ser", la cual remite, en su origen último, a la concepción platónica del Bien, como situado más allá del ser mismo (ἐπέκεινα τῆς οὐσίας). (cf. *EM* p. 151 s.). Y nuevamente, a mediados de los años '40, se descalifica como vano el intento propio de las filosofías del valor de demostrar algo así como la tan mentada "objetividad de los valores" (*Objektivität der Werte*), por estar basado en una completa ignorancia de sus propios puntos de partida: el recurso a Dios, tomado como "el valor supremo" (*der höchste Wert*), tal como tiene lugar habitualmente en el marco de ese tipo de intento de fundamentación, es considerado, una vez más, como una lisa y llana "degradación de la esencia de Dios" (*Herabsetzung des Wesens Gottes*). La consecuencia es, por tanto, que el "pensar en términos de valores" (*das Denken in Werten*) debe ser considerado nada menos que como "la mayor blasfemia imaginable contra el ser mismo" (*die größte Blasphemie, die sich dem Sein gegenüber denken läßt*) (cf. *BH* p. 345 s.).

Como salta a la vista, estas durísimas críticas de Heidegger dejan a Lotze mismo en buena medida a salvo, al focalizarse centralmente en la filosofía del valor desarrollada posteriormente por Windelband y Rickert. Y esto no es, en modo alguno, una simple apariencia superficial. Por el contrario, la admiración y el respeto por Lotze, como el pensador decisivo de la segunda mitad del siglo XIX, se mantienen intactos incluso después de la *Kehre*, tal como tiene lugar a mediados de los años '30. Así lo muestran, por caso, las anotaciones contenidas en *Beiträge* y *Besinnung*. En efecto, Lotze es presentado allí como el pensador que mantiene todavía viva una cierta comprensión de la ontología, frente al giro generalizado hacia la teoría del conocimiento (cf. *Beiträge* § 14 p. 38). Por lo mismo, debe ser visto como el testigo más genuino (*echtester Zeuge*) del siglo XIX (cf. § 33 p. 73), aquel que conserva la tradición de Kant y el Idealismo Alemán e intenta, por medio de su "metafísica del valor" (*Wertmetaphysik*), una recuperación del pensamiento platónico (cf. § 91 p. 181). En el detallado informe retrospectivo elaborado por esos años, la preferencia (*Vorliebe*) por Lotze, ya desde los tiempos de la tesis doctoral, es presentada, más allá del reconocimiento de la inicial falta de claridad sobre sus propias motivaciones, como un claro signo de la presencia de una tendencia operante que impulsaba, desde el comienzo, hacia una "pregunta esencial" (*wesentliche Frage*), a saber: la "pregunta por la verdad de lo verdadero" (*die Frage nach der Wahrheit des Wahren*) (cf. *Besinnung* p. 411).

Por último, también las anotaciones de finales de los años '30 y comienzos de los años '40 contenidas en los "Cuadernos negros" hablan claramente en el mismo sentido. Hacia 1938 Lotze es presentado todavía como el pensador que trajo a la luz lo mejor del siglo XIX, desde su mismo centro, y como un verdadero "caballero" (*Edelmann*), que conservó la más rica tradición de la filosofía alemana, a la vez que logró transformarla en dirección de lo nuevo de su tiempo, que no era sino lo "positivista" (*das »Positivistische«*). Por eso mismo, no resulta casual que haya sido Lotze quien emprendió, señala Heidegger, la "ultima interpretación en propiedad de la filosofía platónica" (*die letzte eigene Deutung der platonischen Philosophie*). Frente a esta espesura de Lotze, lo que de él todavía quedaba conservado en el neokantismo no era ya más que un "caldo magro" (*eine magere Suppe*), porque este último carecía de todo sentido para la "serena sustancialidad" (*stille »Substantialität«*) de un pensador en cuya obra se hacían visibles, en un modo superior (*in höherer Art*), todos los límites (*alle Grenzen*) de su siglo. Por eso, explica Heidegger, Lotze fue el pensador que él mismo siempre amó, ya desde sus tiempos de estudio, y que cada vez amaba más todavía, a pesar de la creciente oposición entre ambos. En efecto, el amor a los "grandes pensadores" (*große Denker*) no parece posible, no, al menos, en un modo conformista. La "helada soledad" (*die eisige Einsamkeit*) que los rodea sólo puede ser penetrada por medio de una "lucha interrogadora" (*fragender Kampf*), a la que le está vedada de antemano toda relación reposada y protegida (cf. *Schwarze Hefte* I, VI § 101 p. 481). En tal sentido, Heidegger se pregunta incluso si acaso Lotze, adecuadamente explicado y no meramente diluido en referencias históricas, no podría llegar a ser, en ese mismo momento e incluso en el futuro, un "guía y amigo" (*ein Führer und Freund*) para la juventud que se inicia en el pensar, aunque duda de si la juventud de entonces no carecía ya de la "audacia" (*Wagemut*) necesaria para afrontar el carácter sereno y meditativo de un pensamiento como ese (cf. p. 482). Por último, hacia 1941/1942

Heidegger recuerda, una vez más, su plan juvenil de reeditar la *Metaphysik* de Lotze, en la edición de 1842, que estaba situada todavía en la tradición especulativa de Hegel y Schelling, y que, por lo mismo, era considerada como "anticuada" (*unmodern*) por Rickert. Efectivamente, lo era, como el propio Heidegger reconoce. Pero ello no le impide enfatizar la importancia que tuvo para el desarrollo de su propio pensamiento: junto con el estudio de Brentano sobre los sentidos del ser en Aristóteles, la *Metaphysik* de Lotze fue, explica Heidegger, la obra que lo acompañó a lo largo de años y que todavía lee de vez en cuando (cf. *Schwarze Hefte II*, V p. 470). Esos dos libros fueron los que le señalaron el camino hacia los grandes pensadores y le abrieron, además, por primera vez, el camino para una aproximación a Meister Eckhart. Fue sólo más tarde cuando Heidegger mismo llegó a reconocer que tanto Rickert y Husserl, sus dos maestros, como también Brentano estaban, cada uno a su modo, decisivamente influidos por Lotze (cf. p. 470).

5. A modo de conclusión

En los relatos autobiográficos de comienzos de los años '60, la estrategia expositiva adoptada por Heidegger apunta, entre otras cosas, a una decidida difuminación del período, considerablemente extenso, de temprana adhesión al paradigma lotziano-neokantiano. Esto resulta perfectamente comprensible, si se tiene en cuenta que dicha adhesión constituye el principal escollo para el intento de estilización que se basa en el recurso a la figura idealizada del "pensador de un solo pensamiento". Más sorprendente resulta comprobar, en cambio, que, en el marco de esta nueva narrativa, los nombres de Rickert y Lask son mencionados todavía ocasionalmente, y no sin un cierto grado de consideración (cf. *Weg* p. 82 s.), mientras que el nombre de Lotze ha desaparecido sin dejar ya huella alguna.

Ahora bien, a la luz de todo lo expuesto anteriormente, hay buenas razones para ver en esta ausencia una prueba adicional, tal vez la más indicativa, de la decisiva influencia que Lotze ejerció no sólo sobre el Heidegger de los comienzos, sino mucho más allá, hasta bien entrado el período que abre tras la *Kehre*, a mediados de los años '30. De hecho, hay incluso no pocos elementos para pensar que es, precisamente, la influencia de Lotze la que determina, en medida decisiva, la interpretación de Platón que provee uno de los puntos de apoyo fundamentales del pensamiento ontohistórico elaborado a partir de esos años. Como es obvio, una adecuada elaboración de esta hipótesis interpretativa reclamaría un trabajo independiente.[37] Pero, en cualquier caso, hay algo que no puede ponerse razonablemente en duda: en su intrincada y riesgosa travesía filosófica, Heidegger, el

---

[37] Véase Estudio 5 esp. p. 174 ss. y Estudio 11.

infatigable viajero de tantos caminos, sólo después de muchos años y costosos rodeos pudo finalmente dejar atrás, si es que realmente lo hizo alguna vez, la sombra que proyectaba sobre su senda la gigantesca figura de Lotze.

Estudio 9
Meditación, historia, contención.
Heidegger y la reformulación ontohistórica de la aleteiología

> *Die Zeit der »Systeme« ist vorbei.*
> M. Heidegger, *Beiträge zur Philosophie* § 1

1. Aleteiología como hilo conductor de la problemática filosófica

Como es bien sabido, hacia mediados de los años '30 el pensamiento de Martin Heidegger –con mucha probabilidad, y para bien o para mal, el filósofo más importante y más emblemático del siglo XX– experimentó lo que el propio Heidegger caracterizó como una "vuelta" o un "giro" (*Kehre*). Dicho "giro" trajo consigo una radical transformación de la perspectiva adoptada previamente, sin aparejar, sin embargo, un simple abandono de la problemática central tenida en vista hasta entonces. Ciertamente, en su propia autointerpretación, Heidegger intentó, una y otra vez, establecer una estrecha continuidad, poco menos que orgánica, entre las dos fases de su pensamiento que quedan demarcadas por referencia al "giro" de mediados de los años '30, y eso lo llevó, en no pocos casos, a retroproyectar hacia la fase más temprana aquello que había sido avistado con claridad sólo muy posteriormente. De hecho, hay un intento declarado, ya desde los escritos que siguen inmediatamente al "giro", por releer la concepción presentada en el *opus magnum* de 1927, *Sein und Zeit* (cf. *SZ*), en términos solidarios con la perspectiva alcanzada posteriormente. Por lo mismo, ocurre que en diversos puntos, que no siempre son secundarios o irrelevantes, la pretensión planteada por dicha relectura no puede ser avalada, sin más, desde el punto de vista propio de la investigación histórico-crítica. Pero esto no impide, sin embargo, reconocer al mismo tiempo que hay toda una serie de elementos, algunos de central importancia, que dan cuenta del nexo que indudablemente vincula ambas fases.

Ahora bien, si, dejando de lado toda una multitud de asuntos de detalle, uno se pregunta por aquello que provee el hilo central de continuidad del pensamiento heideggeriano, antes y después del "giro", la respuesta resulta, a mi juicio, bastante clara, por no decir unívoca y hasta obvia: dicho hilo central de continuidad ha de buscarse en una determinada concepción de la problemática filosófica, como un todo, que puede caracterizarse como esencialmente "aleteiológica". El término, un neologismo no necesariamente atractivo en español, deriva de la palabra griega ἀλήθεια, que usualmente se traduce a nuestra lengua por "verdad". Ya E. Lask había empleado la expresión "aleteiología" para designar aquella disciplina filosófica fundamental que puede caracterizarse, en términos más tradicionales, como una "teoría de la verdad trascendental", vale decir: como una consideración que apunta a dar cuenta de las condiciones que explican la constitución originaria del sentido experimentado y, con ello, la apertura originaria del ente a la comprensión o, lo que en términos del propio Heidegger viene a ser lo mismo, su venida a la presencia, su ingreso en el espacio iluminado dentro del cual resulta, por primera vez, accesible en su ser. Lask fue una de las principales figuras del neokantismo de Baden. Con su reformulación, altamente creativa, de la "lógica de la validez" (*Geltungslogik*) elaborada originalmente por R. H. Lotze, tuvo, como se sabe, una decisiva influencia sobre Heidegger, en los comienzos mismos de su carrera académica. Por cierto, Heidegger no adopta como parte de su vocabulario filosófico la expresión "aleteiología", introducida por Lask. Pero ello no impide en modo alguno que en su propia concepción, tal como la desarrolla desde mediados de los años '10 en adelante, la problemática filosófica, como un todo, quede caracterizada en términos esencialmente aleteiológicos.

Esto último vale también, y de un modo incluso más radicalizado, una vez que Heidegger, como ocurre a comienzos de los años '20, se convierte en un seguidor de la fenomenología husserliana, dejando atrás su inicial adscripción a la filosofía del valor neokantiana de la Escuela de Baden (W. Windelband, H. Rickert, E. Lask). En efecto, a ojos de Heidegger, la propia fenomenología constituye, en razón de su mismo diseño metódico, una reinterpretación radical de la problemática filosófica en términos de la noción de verdad, entendida en clave manifestativa, esto es, precisamente, en términos de lo que mienta la expresión griega ἀλήθεια, cuya significación originaria remitiría al descubrimiento o develamiento de aquello que emerge a partir de un previo ocultamiento. La fenomenología, como su propio nombre lo indica, pretende ser un discurso, un λόγος, que busca apropiarse de modo descriptivo-interpretativo del φαινόμενον, es decir, de aquello que se muestra a sí mismo desde sí mismo. Tal como Heidegger lo comprende, el concepto fenomenológico de fenómeno —que debe ser claramente distinguido tanto del concepto vulgar como del concepto científico— no se refiere simplemente a aquello que se muestra a sí mismo, de modo directo e inmediato, en la actitud natural o prefenomenológica, sino, más bien, a aquello que en dicha actitud se muestra sólo de un modo "precedente y concomitante" (*vorgängig / mitgängig*), pero, a la vez, hace posible de ese modo la venida a la presencia de lo que se muestra de modo directo e inmediato. Se trata, más precisamente, de aquellas estructuras apriorísticas que dan cuenta de la posible venida a la presencia de lo que se muestra de modo inmediato en la actitud natural, tal y como se muestra en ella. Así, en la medida en que el λόγος fenomenológico busca tematizar tales estructuras apriorísticas, que no son objeto de consideración temática en la propia actitud natural, puede decirse que constituye una forma de discurso trascendental, que apunta a dar cuenta de las condiciones que hacen posible la manifestación o venida a la presencia de lo que se manifiesta o viene a la presencia, como tal. Por lo mismo, la "verdad fenomenológica" (*phänomenologische Wahrheit*) puede caracterizarse, piensa Heidegger, en términos de la noción clásica de la "verdad trascendental" (*veritas transcendentalis*), y ello en un sentido que posee, a la vez, un alcance teórico y metateórico. En efecto, la elucidación fenomenológica pretende traer a la mostración temática precisamente aquello que hace posible la mostración de lo que se muestra de modo directo e inmediato en la actitud natural y, de ese modo, hacerlo temáticamente accesible en su ser (cf. *SZ* § 7 C). Por tanto, como "teoría", por así decir, de la "verdad trascendental", es decir, como "aleteiología", la fenomenología es o pretende ser ella misma un discurso que apunta a articular "verdad trascendental" *sobre* la "verdad trascendental", esto es: un discurso que da expresión a aquello que se muestra en un acceso *temático* a la originaria accesibilidad de lo que ha venido siempre ya a la presencia, mucho antes de toda posible elucidación fenomenológica.

Aunque el modo en que Heidegger se apropia y transforma la concepción husserliana de la fenomenología ha sido objeto de amplísima discusión en la investigación especializada, en el afán por marcar las diferencias temáticas y metódicas con Husserl –muy importantes, sin duda –, no siempre se enfatiza de modo debido los importantes momentos de continuidad. Uno de ellos resulta, a mi modo de ver, especialmente significativo, aunque suele quedar relegado al trasfondo en la consideración, a saber: la inscripción de sus concepciones en el paradigma trascendental cuyo origen remonta a Kant trae consigo, en el caso de Husserl y Heidegger, al igual que en el de autores neokantianos como Lask, una radical reformulación, de corte deflacionario, de las pretensiones explicativas del discurso filosófico. Ello es así, en la medida en que se deja ahora de lado, de una vez y para siempre, la aspiración tradicional, cuyo origen remonta a Platón y Aristóteles, de establecer la filosofía como una ciencia universal de los principios y las causas últimos de todo lo que es en cuanto es. En este sentido, la reformulación aleteiológica de la problemática filosófica, aunque deflacionaria, tiene, a la vez, un alcance claramente polémico, en cuanto se dirige contra la concepción tradicional del saber filosófico, de corte fundamentalmente arqueológico. En efecto, en autores como Husserl y Heidegger, la filosofía deja de presentarse como un discurso que pretende asegurarse un acceso exclusivo y privilegiado a un cierto tipo de causas de los entes, más precisamente, a aquellas causas que serían las últimas y más universales de todas. Por el contrario, reinterpretado su alcance en términos estrictamente aleteiológicos, la filosofía busca ahora contentarse con una visión mucho más modesta de su propia competencia, en la medida en que su pretensión explicativa queda confinada al ámbito de aquellas estructuras que dan cuenta del origen y la estructura del sentido experimentado, vale decir, de la venida a la presencia de lo que se muestra y de la accesibilidad de su ser. Desde el punto de vista métodico y temático, la aleteiología se opone, pues, a toda posible "arqueología", en el sentido tradicional de una teoría de los principios y las causas de lo que es en cuanto es. Entendida en términos estrictamente aleteiológicos, la filosofía no es ya un discurso sobre causas, del tipo que fueran. Y la propia noción de principio, allí donde todavía encuentra aplicación, adquiere, en el discurso de autores como Husserl y Heidegger, un sentido despojado de toda connotación causal. El discurso aleteiológico que pretende elaborar la fenomenología no aspira, como tal, a proveer explicaciones causales de ningún tipo, por la sencilla razón de que la fenomenología misma ya no reclama para sí competencia específica alguna en el terreno del conocimiento de las causas.

Como lo muestra de modo particularmente claro el notable escrito programático de 1911 titulado "Philosophie als strenge Wissenschaft" (cf. *Philosophie*) el intento husserliano por reformular la problemática filosófica en términos de una fenomenología cuyo tema es el sentido de la experiencia como tal, vale decir, el sentido del *ser* de lo experimentado en tanto experimentado, viene animado, desde el comienzo mismo, por un empeño que apunta a asegurar para la filosofía una esfera inalienable de competencia. En su motivación más inmediata, dicho empeño se explica él mismo por referencia a un contexto histórico-cultural muy preciso, en el cual el auge del naturalismo, en todas sus formas, se presentaba como el resultado inmediato del imparable avance de la ciencia empírica. Esta última extendía su dominio explicativo a todas las regiones del ente intramundano y, a través de la irrupción de la psicología experimental, había comenzado a colonizar incluso la esfera de la conciencia, al menos, en lo que ésta tiene de natural. La reformulación aleteiológica de la problemática filosófica a la que apunta la fenomenología aparece, pues, vinculada, desde el comienzo mismo, con el motivo antinaturalista que anima al pensamiento husserliano. El carácter deflacionario de tal reformulación, lejos de dar expresión a una actitud de simple resignación respecto de las posibilidades que todavía quedan a la filosofía, está al servicio del intento por asegurar su esfera de competencia y hacerla inexpugnable frente a todo intento de conquista por vía de reducción naturalista.

La visión programática presentada por Husserl en el ensayo de 1911 tuvo, como es sabido, un fuerte impacto sobre Heidegger, que remite al escrito en diversas oportunidades durante el período de gestación de la concepción presentada finalmente en *SZ*. En esta última convergen las diversas fuentes de las que Heidegger abreva en su trabajo silencioso, pero enormemente intenso, a lo largo más de una década sin publicaciones, tras la aparición del escrito de habilitación en 1916. En *SZ*, el proyecto de una fenomenología hermenéutica que fija su punto de partida en la analítica del *Dasein*, concebida como ontología fundamental, queda articulado, por primera vez, de modo sistemático. Dentro de dicho proyecto sistemático, la concepción metódica de corte radicalmente aleteiológico a la que Heidegger arriba a través de su recepción transformadora de la fenomenología husserliana aparece intrínsecamente conectada, por un lado, con la problemática ontológica señalizada por la pregunta por el (sentido del) ser (*Sein, Sinn von*

Sein) y, por el otro, con la temática concerniente a la existencia humana, comprendida a partir de su esencial facticidad, vale decir, en términos de lo que en las lecciones de fines de los años '10 y comienzos de los años '20 se denomina la "vida fáctica" (*faktisches Leben*). Todo ello tiene lugar, por lo demás, en un marco de tratamiento que queda delimitado por referencia a un discurso que se pretende de carácter trascendental, en cuanto apunta a tematizar las condiciones de posibilidad que dan cuenta de la mostración o venida a la presencia de todo aquello que comparece sobre la base del "estado de abierto" (*Erschlossenheit*) del *Dasein*, como "ser en el mundo" (*In-der-Welt-sein*), más precisamente: el mundo, el ente intramundano y el *Dasein* mismo, incluidos los otros que son como él, y ello, justamente, en la medida en que todos estos elementos de la experiencia mundana resultan, cada uno a su modo, comprensivamente accesibles, como tales y también en su ser.

2. El giro hacia el pensar ontohistórico

En los años que siguen inmediatamente a la publicación de *SZ*, Heidegger lleva a cabo, en una impactante erupción productiva, un sostenido esfuerzo de radicalización de la posición alcanzada en la obra de 1927. Así ocurre en la secuencia de escritos que va desde la lección del semestre de verano de 1927 sobre los problemas fundamentales de la fenomenología (cf. *Grundprobleme*) hasta el escrito sobre la esencia de la verdad de 1930 (cf. *WW*), pasando por obras tan notables como la lección sobre Leibniz del semestre de verano de 1928 (cf. *MAL*), el escrito sobre la esencia del fundamento de 1929 (cf. *WG*), el *Kant-Buch* (cf. *Kant*), publicado el mismo año, y la lección sobre los conceptos fundamentales de la metafísica del semestre de invierno 1929-1930 (cf. *GBM*). En ellos Heidegger intenta extraer todo el potencial filosófico contenido en una amplia serie de temas, problemas y motivos, que, presentes ya siquiera de modo incoado en escritos precedentes, particularmente, en *SZ*, adquieren ahora un protagonismo que los sitúa en el centro mismo de la atención. No es posible ni necesario pasar revista aquí al conjunto de estos aspectos, entre los cuales se cuenta, en lugar destacado, la recuperación aleteiológica de la problemática de la libertad (*Freiheit*), en conexión directa con la redescripción en términos de la noción de "trascendencia" (*Transzendenz*) de lo que hasta entonces se había designado más bien como el "estado de abierto" (*Erschlossenheit*) del *Dasein*. A los fines que aquí interesan basta con remitir a dos aspectos, estrechamente asociados entre sí, que dan cuenta del modo en el cual Heidegger alcanza por vía de radicalización los límites internos de la concepción presentada en *Sein und Zeit*, de modo tal que su pensamiento queda situado, por así decir, a las puertas mismas del "giro" que experimenta hacia mediados de los años '30.

El primero de ellos se relaciona con la radical historización del planteo aleteiológico, que apareja, entre otras cosas, también una crisis del modelo más bien estático de trascendentalidad con el que opera todavía la concepción de *SZ*. Por cierto, en la obra de 1927 la "historicidad" (*Geschichtlichkeit*) es ya expresamente reconocida como una determinación constitutiva del existir humano, con la cual se conecta también el carácter histórico de la propia "comprensión del ser" (*Seinsverständnis*), que es aquel rasgo fundamental por medio del cual el *Dasein* se distingue radicalmente de cualquier ente intramundano: como "ser en el mundo" (*In-der-Welt-sein*), el *Dasein* es el único "ente ontológico", en el sentido preciso de estar caracterizado, ya antes de toda reflexión temática, por una cierta comprensión preconceptual –esto es, "preontológica"– del "ser", vale decir aquí: de su propio "ser" y el "ser" de todo aquello que se muestra dentro del "mundo", pero también del "ser" del "mundo" y, en último término, del "ser" mismo, en su sentido más general. Como se sabe, en *SZ* ya está claramente presente la idea de que la historicidad de la "comprensión del ser" no queda reducida al plano de la "actitud natural" o "preontológica", sino que concierne también a la así llamada "ciencia del ser", es decir, la ontología, la cual no sólo tiene su propia historia, sino que, además, repercute ella misma históricamente sobre la "actitud natural" y la "comprensión (preontológica) del ser" que, en cada caso, la caracteriza. Así, la tarea de una "destrucción de la historia de ontología", planteada en el § 6 de la obra, queda inmediatamente conectada con un diagnóstico histórico preciso, referido a los prejuicios históricamente consolidados sobre el ser, que hacen necesario el esfuerzo por preparar una repetición expresa de la pregunta por el (sentido del) ser, tal como se la presenta en el § 1. Ahora bien, aunque tal es el marco más general de tratamiento dentro del cual se inserta la analítica existencial elaborada en la obra, lo cierto es que esta última se desarrolla de un modo que puede caracterizarse más bien como "estático", en el sentido de que no lleva a cabo una historización de las estructuras aleteiológicas elucidadas, puesto que tampoco pone en juego todavía, cuando menos no de modo expreso, una concepción radicalmente historizada del ser y la verdad, como tales. En efecto, el tratamiento de la historicidad del *Dasein* en los §§ 72-77, muy a pesar de su notable penetración, no da lugar todavía a una trasposición expresa de la historicidad al ámbito del ser mismo, que es lo que inaugura propiamente la perspectiva característica del "pensar ontohistórico" (*seinsgeschichtliches Denken*) en la época que sigue al "giro".

Como ha mostrado lúcidamente K. Opilik,[1] ya la lección del semestre de invierno 1929-1930 provee claros indicios de que el tipo de planteo trascendental que domina desde *SZ* hasta el libro sobre Kant de 1929, inclusive, comienza a revelarse insuficiente, precisamente, en razón de su carácter estático, que no permite hacer debida justicia a fenómenos intramundanos como la vida natural o la

---

[1] Véase Opilik (1993).

animalidad ni tampoco, lo que es más decisivo aún, a la historicidad del ser mismo, pensado a partir del acontecer de su verdad. Con el advenimiento del "giro" hacia el pensar ontohistórico en los primeros años de la década del '30, lo que tiene lugar es, justamente, una radical historización de la temática central vinculada con el ser y su verdad. Al poner el énfasis sobre el carácter irreductiblemente epocal de las constelaciones de sentido a través de las cuales el ser se manifiesta y despliega así su esencia, la aleteiología, como "teoría" de la verdad trascendental, adquiere ella misma una inflexión marcadamente "eventualista" y, con ello, también "kairológica". Lo que pasa a ocupar ahora el centro de la atención de un pensar del ser que pretende dejar atrás toda ontología, en el sentido tradicional propio de la tradición metafísica, es la historia del ser mismo, la cual no es otra cosa que la historia de su verdad, entendida como el acontecer histórico de su manifestación.

La "verdad del ser" (*Wahrheit des Seins*) debe verse, por tanto, como un acontecer histórico, y el ser mismo no puede ser divorciado del modo en el que tiene lugar el acontecer de su verdad, por la sencilla razón de que es en dicho acontecer donde se despliega su propia esencia, en su carácter irreductiblemente histórico. Es en y con cada una de las constelaciones epocales de sentido a través de las cuales acontece su manifestación como el ser despliega su propia esencia, pues ésta no puede separarse de dicho acontecer: la esencia (*Wesen*) del ser mismo, entendida ahora en sentido verbal como el "esenciar" (*Wesen, wesen*) del ser, debe ser pensada, pues, en términos de lo que, a partir de mediados de los años '30, Heidegger denomina el "acontecimiento" o "evento" (*Ereignis*). Esta expresión pretende designar, precisamente, aquel modo de acontecer la verdad del ser mismo, en virtud del cual una nueva constelación epocal de sentido viene a imperar histórica o, lo que es lo mismo, destinalmente, en tanto da lugar a un nuevo mundo histórico y, con ello, determina el sentido último de todo lo que aparece y se muestra dentro de ese mismo mundo. El ser humano, en la medida en que es el único ente capaz de comprender el ser, queda radicalmente interpelado, en su propio ser histórico, por las peculiares exigencias que trae destinalmente consigo cada nueva constelación epocal de sentido: visto desde la perspectiva del ser humano, como destinatario de dichas exigencias destinales, el acontecer del ser en su verdad tiene, pues, necesariamente, un carácter kairológico, en la medida en que tal acontecer abre en cada caso un "tiempo nuevo", que, como tal, constituye no sólo la situación histórica con la que el ser humano se ve inevitablemente confrontado, sino también, y por lo mismo, la ocasión y la oportunidad (καιρός) que lo llama a hacerse cargo comprensivamente de sí mismo, en su ser histórico, de un modo originario y, por tanto, también renovado.

El segundo aspecto a poner de relieve, a la hora de dar cuenta del proceso de radicalización que conduce hasta los umbrales del "giro" hacia el pensar ontohistórico, viene dado por el énfasis cada vez más marcado que recibe el momento de sustracción constitutivo de la estructura de la verdad, concebida en términos esencialmente manifestativos. En efecto, ya en el marco de la concepción presentada en *SZ* Heidegger llama la atención sobre la necesidad de pensar la verdad, entendida como desocultamiento, a partir de la previa sustracción en el ocultamiento de aquello que viene en cada caso a la presencia. Así, valiéndose del recurso a la etimología de la palabra griega ἀλήθεια, compuesta a partir del prefijo privativo *a-* y un tema de la raíz *lēth/*lăth* que remite a las nociones de ocultamiento y olvido, Heidegger cree poder detectar en el modo griego de nombrar la verdad un claro reflejo de la primacía que corresponde precisamente al momento de la sustracción y el ocultamiento: en tanto caracterizado por la caída desde sí mismo hacia el ente intramundano, que trae consigo también el sumergirse en el modo dominante de interpretar aquello con lo que se trata cotidianamente y de hablar de ello, el *Dasein* está desde un comienzo, y con igual originalidad, tanto en la verdad (*Wahrheit*) como en la no-verdad (*Unwahrheit*) respecto del ente intramundano, y también respecto de sí mismo. Lo que en cada caso se le muestra al *Dasein* se le muestra, por lo pronto, en el modo deficiente de la apariencia (*Schein*) y la desfiguración (*Verstellung*), y es en lucha *contra* la apariencia y la desfiguración como debe intentar apropiarse expresamente de aquello con lo que se encuentra fácticamente confrontado desde un comienzo. En tal sentido, todo genuino desocultamiento tiene necesariamente, explica Heidegger, el carácter de un "robo" (*Raub*), en la medida en que debe ser primero arrebatado al ente intramundano mismo, el cual, mostrándose en el modo de la apariencia y la desfiguración, se sustrae a la vez en el ocultamiento (véase *SZ* § 44 b) p. 222 s.).

En el contexto de la concepción estática de *SZ*, el énfasis en la primacía del momento de sustracción que pertenece esencialmente a la estructura de la verdad como manifestación queda vinculado, de modo inmediato, con el empeño por poner de relieve la intrínseca finitud de la apertura del *Dasein*, en conexión con los momentos estructurales de la "facticidad" (*Faktizität*) y la "caída" (*Verfallen*). Dentro de ese marco explicativo, el atisbo de la copertenencia esencial de verdad y no-verdad, desocultamiento y ocultamiento, que permite advertir al mismo tiempo la primacía del momento de sustracción, no está, sin embargo, en condiciones de desplegar todo su potencial explicativo. En cambio, en los escritos del período de transición que sigue a la publicación de *SZ*, la estructura así avistada queda muy pronto traspuesta al plano que concierne a la relación entre el ente intramundano y el mundo, como ámbito dentro del cual únicamente puede tener lugar su venida a la presencia, y luego, sobre esa base, también a la caracterización del mundo mismo, en su función de medida y límite de la mostración del ente intramundano. Desde allí media tan sólo un paso muy breve para dar lugar a la transposición, por vía analógica, de esa misma estructura al plano que concierne a la verdad del ser, como tal. Esta última trasposición es la que propiamente inaugura la perspectiva propia del pensamiento ontohistórico. Aparece claramente esbozada ya a comienzos de los años '30, más precisamente, en el famoso escrito sobre la esencia de la verdad (cf. *WW*), y es la que posteriormente se consolida y comienza a desplegar su potencial explicativo en los escritos posteriores al "giro" de mediados de los años '30. A partir de allí, pensar la verdad del ser, desde la perspectiva propia del pensamiento ontohistórico, quiere decir ni más ni menos que pensarla, cada vez con mayor simplicidad y así con mayor radicalidad, como Ἀ-λήθεια, vale decir, haciendo debida justicia a la primacía que corresponde al momento de la sustracción y el ocultamiento, que es lo que queda señalizado aquí por la mayúscula del prefijo privativo y el guión de separación. En efecto, no hay otro modo, piensa Heidegger, de hacer debida justicia al carácter epocal y, con ello, también finito de las sucesivas configuraciones de sentido que documentan la verdad del ser, en y a través de su historia. Y ello es así, porque no hay otro modo de mantener despierta, en una suerte de vigilia meditativa del pensar, la conciencia de la irreductible diferencia entre el ser mismo y las diversas manifestaciones epocales a través de las cuales únicamente puede acontecer su verdad.

3. Verdad, acontecimiento, historia

Si se echa un vistazo a los escritos más importantes de la segunda mitad de los años '30, se podrá comprobar fácilmente que el "giro" hacia el pensar ontohistórico trae consigo también, y de modo inevitable, no sólo una drástica transformación del lenguaje del que se vale el discurso filosófico, sino también una no menos drástica reformulación de su alcance y sus pretensiones. Todo ello está inmediatamente vinculado, como es obvio, con el carácter marcadamente dinámico que adquiere el modelo explicativo que Heidegger tiene ahora en vista. En efecto, en el marco del pensamiento ontohistórico, lo que pasa a ocupar el primer plano de la atención es, para decirlo con un término que Heidegger mismo no emplea de este modo, la intrínseca "movilidad" o, si se prefiere, la intrínseca "inquietud" del ser, pensado a partir de su verdad, tal como ésta acontece históricamente. Dada la dimensión a la que ahora se apunta primariamente, un enfoque trascendentalista de carácter predominantemente estático, como el que había sido adoptado hasta *SZ*, ya no puede parecer promisorio. En efecto, ya no se trata simplemente de hacer lugar a la historicidad, al interior de un modelo explicativo que apunta a dar cuenta de las condiciones de posibilidad de la comprensión del ser y la venida a la presencia del ente intramundano, a partir de la estructura del "estado de abierto" del *Dasein*. Por el contrario, se trata ahora, más bien, de pensar la historicidad como un rasgo perteneciente al ser mismo, a partir del modo en el que tiene lugar el acontecer de su verdad. Por cierto, tampoco en este nuevo nivel de análisis queda eliminado, sin más, todo resto de trascendentalidad, ya que, para intentar hacer justicia a la inquietud del ser mismo, el propio pensar ontohistórico debe echar mano necesariamente de una peculiar matriz explicativa que presenta ella misma un carácter invariante. Como es obvio, dicha matriz explicativa no es otra que la que traspone al plano del ser mismo la estructura de la verdad, entendida como 'Α-λήθεια, y ello, necesariamente, con el consiguiente énfasis sobre la primacía del momento de sustracción y ocultamiento.

Como quiera que sea, y más allá de la presencia de cierto aspecto de continuidad, siquiera residual, con el enfoque trascendental adoptado previamente, lo cierto es que, en el marco del pensamiento ontohistórico, lo que se busca enfatizar, de un modo completamente nuevo, es el aspecto que apunta lo que he llamado la inquietud del ser, como tal. Y dicho intento se refleja inmediatamente en la búsqueda de un lenguaje apropiado, que pretende hacer justicia al carácter esencialmente dinámico del juego de mostración y sustracción que caracteriza al ser mismo, pensado a partir del modo en el que acontece históricamente su verdad. Así, ya en el escrito sobre el origen de la obra de arte, cuya versión publicada data de 1935-1936 (cf. *UKW*), se apela, para dar cuenta de la peculiar función manifestativa que cumple la obra de arte, a lo que allí se denomina el "conflicto" (*Streit*) entre "mundo" (*Welt*) y "tierra" (*Erde*), nombres que designan, respectivamente, el momento de apertura y el momento de sustracción que pertenecen inseparablemente a la "esencia" de la verdad misma. Se trata aquí de un "conflicto" que debe verse él mismo como un "acontecer" (*Geschehen*). En su peculiar modo de poner en obra la verdad misma, la obra de arte reposa, en cierto modo, en sí misma, goza, por así decir, de su propia "quietud" (*Ruhe*). Sin embargo, lo peculiar de su función manifestativa reside, precisamente, en el hecho de que, en y desde tal quietud, la obra de arte da cabida, contiene y, con ello, también trae a la presencia, de modo especialmente señalado, la peculiar "movilidad" (*Bewegung, Bewegtheit*) que pertenece intrínsecamente al acontecer de la verdad misma. La "esencia" (*Wesen*) de la verdad, entendida verbalmente como su "esenciar", debe pensarse, pues, a partir de esta intrínseca movilidad o inquietud, y no del modo predominantemente estático que caracteriza a toda forma tradicional –vale decir, metafísica– de esencialismo (cf. *UKW* p. 35 ss.).

Ahora bien, la drástica reformulación del alcance y las pretensiones de un pensar que, como el pensar ontohistórico, busca hacerse cargo de la inquietud del ser, pensado a partir del acontecer histórico de su verdad, tiene lugar de modo expreso en el extenso escrito de 1936-1938 titulado "Contribuciones a la filosofía" (cf. *Beiträge*). Como se sabe, a la muerte de Heidegger en 1976, la obra permanecía inédita como parte de un enorme legado manuscrito. Cuando fue publicada por primera vez en 1989, como volumen 65 de la *Gesamtausgabe*, se la presentó nada menos que como la "segunda obra principal" (*zweites Hauptwerk*) de Heidegger, situada, como tal, a la altura de *SZ*. No parece que semejante valoración, no exenta de intención publicitaria, haya podido convencer a demasiada gente, sobre todo, si se atiende, siquiera como indicador superficial de rango, al impacto efectivo que una y otra obra tuvieron sobre el entorno filosófico en el momento de su publicación. Por otra parte, la tardía publicación de *Beiträge* tampoco favoreció un posible mayor despliegue de su capacidad de influencia. Y ello, más allá de la profunda transformación del contexto histórico y filosófico en el cual tuvo lugar la aparición de la obra, ya por la sencilla razón de que parte importante de los desarrollos centrales contenidos en la obra eran ampliamente conocidos, al menos, en la forma que Heidegger les había dado al incorporarlos en diversas obras publicadas en los años posteriores a la composición del escrito. Se añade el hecho de que, junto a las obras publicadas en vida, se contaba también, a fines de los años '80, con unas cuantas lecciones que ya habían aparecido en el marco de la *Gesamtausgabe*. En cualquier caso, por mucho que el impacto efectivo de la obra en el momento de la publicación no haya sido ni remotamente comparable al que había tenido en su día *SZ*, de lo que no puede haber serias dudas es de que el material contenido en *Beiträge* posee una importancia fundamental, cuando menos, desde el punto de vista histórico-crítico. En efecto, la obra resulta ser poco menos que una mina de oro para todo aquel que se interese por llevar a cabo una reconstrucción detallada de la evolución del pensamiento de Heidegger, que permita una mejor comprensión de las decisivas transformaciones que experimenta a partir de la segunda mitad de los años '30. A lo contenido en *Beiträge* se añade ahora también el amplio material procedente de los años 1938-1939 reunido en el volumen 66 de la *Gesamtausgabe*, que fue publicado en 1997 con el título *Besinnung* (cf. *Besinnung*). Más recientemente, se ha sumado también el abundante material contenido en los primeros tres tomos de los "Cuadernos negros", que corresponden a los volúmenes 94 a 96 de la *Gesamtausgabe*, publicados en 2014 (cf. *Schwarze Hefte* I, II y III). Y a todo ello hay que añadir, por último, también las importantísimas anotaciones de Heidegger sobre sus propias publicaciones, en particular, sobre *SZ* y el camino que conduce al "giro", que acaban de ser publicadas en 2018 con el título "Zu eigenen Veroffentlichungen", como volumen 82 de la *Gesamtausgabe* (cf. *ZeV*).[2]

Contamos hoy, por tanto, con una amplísima base textual que no sólo permite sino que también exige un estudio minucioso. Ésta es una tarea que la investigación especializada ha comenzado a realizar en los últimos tiempos, pero que, a pesar de significativos avances, está todavía en sus inicios. Naturalmente, no pretendo pasar revista aquí, siquiera someramente, a la totalidad del material relevante para la cuestión que me ocupa. Me limito simplemente a ofrecer un mero esbozo general de algunos aspectos de la concepción presentada en *Beiträge* que,

---

[2] La primera parte de este volumen reúne las anotaciones que dan cuenta de la permanente confrontación de Heidegger con su obra principal a lo largo de los años (cf. §§ 1-130). Dada la reciente aparición de la obra, el abundante material que contiene no ha podido todavía ser sometido a una consideración detallada en la investigación especializada, como indudablemente merece.

a mi modo de ver, resultan especialmente importantes, a la hora de dar cuenta de la radical transformación de la problemática aleteiológica que trae consigo el "giro" hacia el pensar ontohistórico.[3] El punto central que deseo poner de relieve puede resumirse del siguiente modo: el pensar ontohistórico presentado en *Beiträge* recurre a un modelo explicativo que combina dos niveles diferentes de consideración, a saber: uno de carácter, por así decir, metahistórico, y uno de carácter propiamente histórico, y ello de modo tal que lo elaborado en el segundo nivel de consideración proporciona una determinada narrativa que dota de contenido específico a la estructura invariante de corte (cuasi-)trascendental tematizada en el primer nivel. Así pues, se tiene aquí una combinación de dos *Leitmotive* diferentes y conceptualmente independientes, pero inseparables al interior del proyecto filosófico que Heidegger tiene ahora en vista, en la medida en que entran a formar parte de una visión de conjunto unitaria. Por una parte, 1) el "pensar del ser", elaborado ahora en términos de la noción de "acontecimiento" (*Ereignis*), proporciona el modelo de una estructura invariante de carácter (cuasi-)trascendental por medio de la cual se busca dar cuenta, en un nivel metahistórico de consideración, del modo en el que tiene lugar, en cada caso, la mostración del ser mismo, esto es, del modo en el cual acontece, en cada caso, el ser en su verdad. Por otra parte, 2) la narrativa de conjunto elaborada sobre la base de una peculiar hermenéutica histórica, la que puede llamarse "hermenéutica de los dos comienzos", proporciona, en el nivel propiamente histórico de consideración, un intento específico de reconstrucción del modo en el cual tal verdad del ser ha acontecido efectivamente en la historia, que, en este caso, no es sino la historia de la cultura occidental, comprendida básicamente a la luz de la historia del pensamiento filosófico occidental. Se comprende, pues, que dicha reconstrucción narrativa se lleve a cabo, fundamentalmente, siguiendo el hilo de una destrucción interpretativa de la historia de la metafísica. Unas pocas observaciones de carácter más bien general permitirán explicar un poco mejor el alcance de los dos aspectos señalados.

4. *Historia, metafísica y pensar del ser*

El subtítulo de *Beiträge* reza "*Vom Ereignis*", esto es, "(acerca) del acontecimiento" o bien, según prefieren otros traductores, "(acerca) del evento". Como es sabido, la noción de "acontecimiento" (*Ereignis*) adquiere a partir de aquí un protagonis-

---

[3] La interpretación de conjunto de *Beiträge* más importante publicada hasta la fecha se encuentra en von Herrmann (1994). Un amplio conjunto de ensayos interpretativos sobre diferentes aspectos centrales de la concepción presentada en la obra se encuentra en Scott – Schoenbohm – Vallega-Neu – Vallega (2001).

mo central en el intento heideggeriano por elaborar un pensar del ser que, situado más allá del pensamiento metafísico de la tradición filosófica occidental, busca a la vez comprender esa misma tradición desde la perspectiva que abre la referencia a la historia del ser mismo, que no es sino la historia del acontecer de su verdad. Dicho de otro modo: para el pensar ontohistórico, la historia del pensamiento metafísico que él mismo busca superar, lejos de constituir una suerte de *syllabus* de la *historia errorum*, provee, por el contrario, la documentación más relevante, por no decir única, al hilo de la cual debe proceder el intento de reconstruir la historia del ser mismo, que no es sino la historia del acontecer, él mismo histórico, de su verdad. Más allá de su insuperable limitación estructural, que deriva precisamente de su incapacidad para hacer justicia a la inquietud del ser mismo, el pensamiento metafísico tradicional presenta, en su desarrollo histórico, toda una galería de modos de comprender y nombrar el ser, históricamente determinados, que documentan el acontecer de su verdad, en la secuencia constituida por una multiplicidad de constelaciones epocales de sentido, tal como éstas se realizan, por así decir, en diversos mundos históricamente determinados. Que el propio pensamiento metafísico no haya estado en condiciones de hacer justicia a la inquietud del ser mismo, tal como ella queda documentada en y a través de dicha secuencia de constelaciones epocales de sentido, se explica, justamente, por su incapacidad de ver estas últimas como lo que propiamente son, es decir, constelaciones *epocales* de sentido. Y es esa misma incapacidad la que, en último término, da lugar al denodado intento, reiterado poco menos que *ad nauseam*, por lograr llevar a cabo, en el ámbito del discurso ontológico, una trasposición conceptual de carácter deshistorizante y, con ello, también absolutizante. De este modo, la constelación epocal de sentido en cada caso vigente, con arreglo a la cual se determina lo que en cada caso cuenta como el "ser" (*Sein*) de lo que es, vale decir aquí, como la "entidad del ente" (*Seiendheit des Seienden*), queda ilegítimamente elevada al rango de norma y medida del ser mismo.

En lo esencial, la historia del pensamiento metafísico puede verse como la secuencia de los intentos radicales llevados a cabo por los grandes pensadores, en orden a articular, en términos de los correspondientes conceptos, una cierta determinación ontológica de aquello en lo que en cada caso reside el "ser" de lo que es, entendido en términos de aquello que constituye en cada caso la "entidad del ente". Pues bien, desde la perspectiva propia del pensar ontohistórico, hay que decir que cada uno de esos intentos, por muy originario y radical que haya podido llegado a ser en su propio nivel de consideración, conduce inevitablemente, y de modo por lo pronto inadvertido, a una y la misma consecuencia deficitaria, situada, por así decir, en el plano metateórico o, si se prefiere, metaontológico, a saber: adentrándose por el camino que conduce a una determinación ontológica del "ser" (la "entidad") del ente, el pensar ontológico queda aferrado a un repertorio conceptual que, lejos de dejar comparecer la inquietud del ser mismo, la enmascara tras una apariencia superficial de fijeza. Aquí reside la ilusión ontológica de la que se nutre, en último término, todo esencialismo de corte metafísico. Todo pensar metafísico da lugar necesariamente, según Heidegger, a este tipo de espejismo ontológico de fijeza, y ello, justamente, en la medida en que, por vía de deshistorización y absolutización, tiende a identificar la determinación del "ser" (la "entidad") del ente correspondiente a una determinada constelación epocal de sentido, sin residuo alguno, con el ser mismo. Esto equivale a no dejar ya lugar alguno en la consideración para la irreductible diferencia que separa al ser, como tal, de todas y cada una de las constelaciones epocales a través de las cuales acontece históricamente su verdad.[4] Otro modo de formular este mismo punto consiste en decir que el modo metafísico de pensar el ser, tal como se lleva a cabo en el pensamiento ontológico tradicional, justamente en la medida en que se orienta a partir de la determinación del "ser" (la "entidad") del ente, no está en condiciones de hacer justicia, en el plano de la reflexión filosófica, a la presencia del momento de sustracción y ocultamiento que pertenece a la estructura misma de la verdad del ser, pensada como ’Α-λήθεια. Como se dijo ya, uno de los rasgos característicos de la transformación de la aleteiología que trae consigo el "giro" hacia el pensar ontohistórico reside, precisamente, en el énfasis depositado en la primacía del momento de sustracción y ocultamiento que pertenece a toda verdad y, en particular, también a la verdad del ser, precisamente, en su carácter de ’Α-λήθεια.

Sobre esta base, puede decirse que el intento de pensar el ser en términos de la noción de "acontecimiento", tal como lo lleva a cabo el pensamiento ontohistórico, apunta al objetivo fundamental de hacer debida justicia a la inquietud del ser, tal como ésta se pone de manifiesto en y a través del acontecer histórico de su verdad. En este empeño por pensar el ser a partir de su intrínseca movilidad, que no es otra cosa que pensarlo históricamente a partir de su verdad, ella misma histórica, la historia del pensamiento ontológico de la tradición metafísica, lejos de quedar fuera de consideración, ocupa necesariamente el centro mismo del interés. Ello es así por una razón poco menos que obvia, ya apuntada anterior-

---

[4] A juicio de Heidegger, lo dicho vale incluso para un pensamiento que, como el de Hegel, estuvo en condiciones, al menos, en el ámbito de la Filosofía del Espíritu, de reconocer el papel constitutivo de las constelaciones de sentido en las que viene a la expresión lo que Hegel llama "el espíritu de la época" (*Zeitgeist*). Esto último explica, entre otras cosas, por qué Hegel logró, en medida completamente excepcional, hacer sentido del desarrollo histórico de la propia filosofía, y ello, en conexión con una visión de conjunto de la historia universal. Sin embargo, Heidegger cree que al orientarse a partir de una representación del Espíritu como Sustancia y Absoluto, que lo lleva a adoptar una concepción teleológica y, en último término, cerrada del devenir histórico, Hegel no logró superar los límites del pensar metafísico. Para una breve comparación que marca las semejanzas y las diferencias del pensar ontohistórico con la concepción de Hegel, véase las explicaciones que ofrece Heidegger en los protocolos del seminario de 1962 titulado "Zeit und Sein" (véase *ZS* esp. p. 51 ss.)

mente: es, precisamente, en la historia de los intentos del pensar ontológico por determinar temáticamente lo que en cada caso cuenta como el "ser" (la "entidad") del ente donde se tiene el documento histórico más importante en el que puede apoyarse el empeño por hallar una cierta vía de acceso a la secuencia histórica de los sucesivos modos de venir a la manifestación el ser mismo. Ahora bien, desde la perspectiva del pensar ontohistórico, lo que jamás debe perderse de vista, a la hora de considerar las diversas constelaciones epocales de sentido que pertenecen a la historia del ser mismo en el acontecer de su verdad, es, precisamente, el carácter intrínsecamente *epocal* de todas y cada una de ellas. En efecto, tal es el único modo en el que el pensar, evitando toda ilusión de fijeza que lo indujera a la recaída en alguna nueva forma de esencialismo metafísico, puede mantenerse en la necesaria vigilia meditativa respecto de la intrínseca movilidad del ser mismo, sin relegar al olvido la diferencia irreductible entre el ser mismo y las sucesivas constelaciones epocales en y a través de las cuales tiene lugar históricamente el acontecer de su verdad.

En este peculiar modo de aproximación es, pues, la propia historia del pensar ontológico elaborado por la tradición metafísica la que queda elevada, por así decir, a un nuevo nivel de consideración, en la medida en que ella misma es leída ahora desde la perspectiva que abre la pregunta por el acontecer histórico de la verdad del ser, tal como la plantea el propio pensar ontohistórico. En tal sentido, la irreductible diferencia de perspectiva que separa al pensar ontohistórico de todo pensar ontológico de corte metafísico queda caracterizada, en el marco de la concepción presentada en *Beiträge*, en términos del contraste entre las dos preguntas centrales en torno a las cuales gira cada una de esas formas del pensar, a saber: por un lado, la "pregunta directriz" (*Leitfrage*) del pensar ontológico de la tradición metafísica, que no es otra sino la pregunta por el "ser" del ente, en el sentido de la "entidad" del ente, vale decir, la pregunta tradicional "¿qué es el ente?"; por otro lado, la "pregunta fundamental" (*Grundfrage*) del pensar ontohistórico, que sólo puede ser aquella que pregunta por la verdad del ser mismo (véase *Beiträge* esp. §§ 1-5). Ahora bien, no hay un camino, piensa Heidegger, que lleve por sí solo desde (el ámbito al que apunta) la primera pregunta hasta (el ámbito al que apunta) la segunda. Por el contrario, el cambio radical de perspectiva aquí involucrado no puede ser visto, en modo alguno, como el resultado final de ningún proceso de acumulación progresiva de conocimiento, a lo largo de una y la misma línea de comprensión. Más bien, la adopción de la perspectiva propia del pensar ontohistórico debe verse como el fruto de un "salto" (*Sprung*) hacia una dimensión radicalmente diferente de consideración: la pregunta fundamental (*Grundfrage*), allí donde es realmente ejecutada como pregunta, abre originariamente la posibilidad de un "salto" hacia el "abismo" (*Abgrund*) del ser mismo y, con ello, la posibilidad de un nuevo modo del fundar (*Gründung*), situado más allá de todo posible pensar ontológico al modo de la metafísica (cf. §§ 1-5, esp. §§ 2-

3; véase también §§ 115-124). A través de dicho "salto", es la propia "pregunta directriz" de la ontología la que queda traspuesta a un nuevo ámbito de consideración, que no es otro sino aquel en el cual se despliega el pensar ontohistórico, al hilo de la "pregunta fundamental".

Como se ha dicho ya, en su empeño por pensar el ser mismo a partir de su intrínseca movilidad, que no es sino pensarlo a partir del acontecer histórico de su verdad, el pensamiento ontohistórico no puede renunciar a la identificación de una cierta estructura invariable de carácter (cuasi-)trascendental, que es aquella con arreglo a la cual se busca dar cuenta, en un nivel metahistórico de consideración, del modo en el cual tiene lugar, en cada caso, la mostración del ser mismo. El recurso a la noción de "acontecimiento" (*Ereignis*) da cuenta del intento por hacer accesible dicha estructura invariante, sin proceder a una mala sustancialización de lo que no puede ser concebido jamás en los términos propios de un esencialismo de corte metafísico. Se presenta aquí todo un vocabulario asociado inmediatamente con el esfuerzo de Heidegger por pensar el ser desde el acontecer mismo de su verdad. Como se sabe, en el marco de tal intento Heidegger recurre a nombres y títulos que presentan inevitablemente un carácter inusitado, cuando se los compara con el vocabulario caracteríitico de la ontología tradicional. En particular, baste mencionar aquí la noción fundamental del "claro" (*Lichtung*), por medio de la cual Heidegger busca hacer justicia, entre otras cosas, al peculiar modo en el cual el momento de sustracción y ocultamiento que pertenece esencialmente a la verdad del ser viene él mismo a la mostración, entra en el ámbito de lo abierto y, así, comparece, precisamente, en su carácter de sustracción y ocultamiento (cf. esp. § 226).

Como es natural, al punto de que casi huelga decirlo, se puede ser más o menos escéptico con relación a las reales posibilidades de acreditar las pretensiones de un pensamiento que, en su intento por pensar el ser a partir de su intrínseca movilidad o inquietud, se ve finalmente llevado a recurrir a una estructura invariante de corte (cuasi-)trascendental. Desde una perspectiva que apunta a la eliminación de todo residuo de pensamiento metafísico, se podría argüir aquí, como no pocas veces se ha hecho desde posiciones cercanas a la deconstrucción postheideggeriana, que no basta en modo alguno recurrir a expedientes tales como la reinterpretación en términos verbales de la noción de esencia, cuando de lo que se trata es de hacer posible una verdadera superación del esencialismo característico de la ontología tradicional. No es éste el lugar para discutir el alcance de estas objeciones, ni tampoco para evaluar la viabilidad y la consistencia de posiciones que pretenden llevar a cabo el intento de excluir el recurso a cualquier tipo estructura invariante de carácter (cuasi-) trascendental, incluso en el plano de consideración que corresponde al discurso metateórico. Lo cierto es que el pensamiento ontohistórico elaborado por Heidegger a partir de mediados de los años '30 no apunta él mismo a tal tipo de objetivo teórico, si es que todavía puede llamarse así a uno que sólo pudiera alcanzarse al precio de la renuncia a toda forma de viabilidad y consistencia interna.

5. La historia del ser y la hermenéutica de los dos comienzos

Como nadie ignora, ya en el mismo comienzo de *SZ*, Heidegger critica severamente la tesis tradicional según la cual el concepto de ser debe verse como el más universal de todos y, con ello, como carente de todo contenido determinado. Tal manera de concebir el ser constituye, a juicio de Heidegger, uno de los prejuicios históricamente consolidados que, lejos de hacer superflua la pregunta por el (sentido del) ser, más bien explican la necesidad del intento por hacer posible su repetición expresa, vale decir: su genuina reejecución como pregunta. Y ello es así, ya por la sencilla razón de que, caracterizado en términos de máxima universalidad y completa carencia de contenido, el concepto de ser resulta ser el más oscuro de todos (cf. § 1). Todo lector mínimamente familiarizado con la obra fundamental de Heidegger sabe sobradamente que en esta toma de posición crítica respecto del modo tradicional de caracterizar el (concepto de) ser reside uno de los puntos de partida básicos de la concepción presentada en ella. Al menos, eso es lo que Heidegger mismo quiere comunicar al lector, a la hora de presentar el planteo de la cuestión central que la obra pretende abordar. Por otra parte, no es menos cierto que en ninguna parte del desarrollo posterior se encuentra una explicación más específica del alcance de la crítica formulada al comienzo mismo de la obra. Más aún: tampoco se explica con algún detalle qué es exactamente lo que se tendría en vista como alternativa, frente a la insuficiencia de tal caracterización tradicional del ser como el concepto más universal y más vacío de contenido.

Dado el carácter fundamentalmente estático del enfoque practicado en la obra, todo ocurre como si lo que se tuviera centralmente en vista fuera exclusiva o, al menos, centralmente la necesidad de superar el estrechamiento de la idea de ser resultante del predominio de la llamada "ontología de la presencia (*Vorhandenheit*)", que opera sobre la base de la tendencial identificación reductiva de todo modo de ser, incluido el que corresponde al *Dasein* mismo, con el ser propio de lo que cuenta como "cosa", vale decir, como algo dado meramente "ahí delante" o "ante los ojos" (*vorhanden*). Este motivo, cuyo origen remonta a los escritos y las lecciones de la fase más temprana de la producción filosófica de Heidegger, juega, como nadie ignora, un papel central en *SZ* y también en los escritos posteriores, hasta el final del período de transición. Sin embargo, sólo con el "giro" hacia el pensamiento ontohistórico, hacia mediados de los años '30, el contraste con la caracterización tradicional del ser adquiere un perfil más nítidamente delineado, que permite entender mejor por qué razón Heidegger sostiene que el ser no puede ser visto jamás como un mero concepto, ni, por lo mismo, tampoco caracterizado en términos de universalidad. Y es, precisamente, en razón del carácter dinámico de su enfoque como el pensamiento ontohistórico logra proporcionar el marco dentro del cual el contraste con la concepción del ser propia de la "ontología de la presencia" puede ser elaborado, por primera vez, de modo más específico.

Como se vio ya, en el contexto de la concepción presentada en *Beiträge*, Heidegger asume, desde el comienzo mismo, que no hay un camino que conduzca desde (el ámbito al que apunta) la "pregunta directriz" de la ontología propia del pensamiento metafísico tradicional, es decir, la pregunta por la entidad del ente, hasta (el ámbito al que apunta) la "pregunta fundamental" del pensar ontohistórico, esto es, la pregunta por la verdad del ser. Una de las razones principales que explican el punto reside en la constatación, ella misma históricamente fundada, de que por el sendero que marca la pregunta por la entidad del ente no se llega en definitiva a ningún otro lugar sino, precisamente, a la representación tradicional del ser como un concepto máximamente universal y, por lo mismo, completamente privado de contenido. Por lo mismo, la adopción de la perspectiva ontohistórica, que se despliega al hilo de la pregunta por la verdad del ser, ha de verse, según se dijo ya, como el fruto de un "salto", y no como el resultado de un proceso lineal acumulativo.

Pues bien, considerado a partir de su intrínseca movilidad, esto es, considerado a partir del acontecer histórico de su verdad, tal como procura hacerlo el pensar ontohistórico, el ser no podría aparecer jamás como algo "universal", al modo de un concepto, sino que se muestra, por el contrario, como algo cuya peculiarísima "nobleza" (*Adel*) se pone de manifiesto, precisamente, en su irreductible "unicidad" (*Einzigkeit*), vale decir: desde la perspectiva propia del pensar ontohistórico, el ser se presenta como algo "único", que, por tanto, no podría ser jamás caracterizado adecuadamente en términos de universalidad (cf. *Beiträge* § 5 p. 12 ss.; véase también § 12 p. 32: "Einzigkeit des Seyns"). Por lo mismo, el modo de hacer justicia a tal irreductible "unicidad", en el plano del discurso filosófico, no puede residir, a juicio de Heidegger, sino en el recurso al dispositivo provisto por una cierta narrativa histórica con arreglo a la cual se busca dotar de un contenido preciso y determinable a aquella estructura invariante de corte (cuasi-)trascendental a la que se apunta por medio del recurso a la noción de "acontecimiento". Tal es, en efecto, la función de lo que puede llamarse la "hermenéutica de los dos comienzos", que provee el hilo conductor de la concepción histórica de conjunto que Heidegger elabora en *Beiträge*. Baste aquí con un par de indicaciones elementales para dar cuenta de los rasgos más generales de esta peculiar construcción hermenéutica.

Considerada desde la perspectiva que abre la "pregunta fundamental" por la verdad del ser, tal como la plantea y elabora el pensar ontohistórico, la "pregunta directriz" de la ontología propia del pensar metafísico debe verse ella misma como una pregunta histórica. Al ser ejecutada de modo expreso, una y otra vez, a lo largo del desarrollo del pensamiento filosófico occidental, dicha pregunta da lugar, como no podría ser de otro modo, a una serie de respuestas que también poseen un carácter necesariamente histórico. Así, por caso, la determinación moderna de la entidad del ente, tal como queda documentada paradigmáticamente en la determinación kantiana de la objetividad del objeto, se inscribe ella misma en un determinado contexto epocal, que no es otro que el que corresponde a la comprensión del ser de la que se nutre la ciencia matemática de la naturaleza de la Modernidad.[5] Esta peculiar manera de determinar la entidad del ente, en términos de la objetividad del objeto, hunde, sin embargo, sus raíces en la comprensión griega del ser y la naturaleza. Por lo mismo, no puede ser esclarecida en su verdadero alcance sino por medio de una adecuada reconducción hasta su origen en la comprensión del ser del ente como "constante presencia" (*(be)ständige Anwesenheit*), tal como ésta aparece conceptualmente articulada en la ontología griega, en particular, desde Platón y Aristóteles, en adelante. La tesis de Heidegger consiste, sin embargo, en sostener que esta última determinación de la entidad del ente debe verse, a su vez, como una suerte de reflejo o eco, ya fuertemente desperfilado, de una experiencia más originaria del ser del ente, de carácter todavía preconceptual y esencialmente dinámico, que quedaría documentada, siquiera de modo alusivo, en el discurso sobre la naturaleza elaborado por los pensadores presocráticos o, cuando menos, por algunos de ellos (cf. *Beiträge* §§ 96-98). Aparece aquí pues, por primera vez de modo expreso, la pretendida conexión estructural entre φύσις y ἀλήθεια que proporciona una de las matrices explicativas a las que se atiene el intento heideggeriano, reiterado a lo largo de varias décadas, por entrar en un diálogo productivo con pensadores tales como Anaximandro, Parménides y Heráclito. Como quiera que se evalúe desde el punto de vista histórico-crítico la verosimilitud de la construcción interpretativa elaborada en su confrontación con tales pensadores, lo cierto es que es, precisamente, en esta originaria experiencia griega del ser del ente, de carácter preconceptual y esencialmente dinámico, donde Heidegger cree poder hacer asible, de algún modo, lo que denomina "el primer comienzo" (*der erste Anfang*) del pensamiento filosófico occidental (cf. §§ 99-100).

Una segunda tesis fundamental de la "hermenéutica de los dos comienzos" elaborada por Heidegger es complementaria de la primera. Consiste en señalar que la totalidad del posterior desarrollo del pensamiento filosófico, primero griego y luego occidental en su conjunto, debe comprenderse como un despliegue

---

[5] Así Heidegger caracteriza la concepción kantiana en la lección del semestre de invierno 1935/1936, publicada en 1962 con el título "Die Frage nach dem Ding. Zu Kants Lehre von den transzendentalen Grundsätzen". Véase *FD* esp. §§ 4-7.

reconfigurador de determinadas virtualidades contenidas ya en dicho "primer comienzo", pero ello, sin que se pueda conservar en tal proceso el carácter esencialmente dinámico de la determinación del ser del ente a partir de la experiencia originaria de la *phýsis*, tal como ésta queda recogida en el pensamiento presocrático más temprano. El posterior giro hacia una concepción global de corte marcadamente fixista y resultativo, y no ya dinámico-eventualista, en estrecha asociación con el advenimiento del pensamiento propiamente conceptual, da lugar a una comprensión del ser del ente nueva, aunque derivada de la anterior, en términos de lo que Heidegger denomina la "constante presencia" de lo que está "ahí delante", es decir, de aquello que está meramente presente "ante los ojos". Es esta concepción, de cuño fundamentalmente platónico-aristotélico, piensa Heidegger, la que de allí en más despliega sus propias virtualidades, y con total consecuencia, en el posterior desarrollo del pensar ontológico de la tradición metafísica, hasta alcanzar su apoteósica culminación en Hegel y también su postrera ratificación, por la vía oposicional de una inversión del platonismo, en Nietzsche. Y es también esa misma concepción, por último, la que permite explicar el nexo de continuidad que media entre metafísica y técnica, más precisamente: entre el pensar metafísico tradicional, tal como se despliega hasta Hegel y Nietzsche, por un lado, y por otro, lo que en la terminología más usual a partir los años '50 Heidegger llama el "pensar calculador", propio de la "técnica planetaria", tal como ésta impera globalmente en el contexto epocal de lo que en *Beiträge* se denomina la "maquinación" (*Machenschaft*). Así, lejos de representar la lisa y llana supresión de la metafísica, la implantación epocal de la técnica planetaria, que trae necesariamente consigo el dominio irrestricto del pensar calculador, debe ser vista más bien, a juicio de Heidegger, como su genuina consumación (cf. §§ 56-74).

Por último, una tercera tesis, que completa el cuadro así elaborado, concierne a lo que Heidegger denomina "el otro comienzo" (*der andere Anfang*). Como a nadie escapa, la razón de que Heidegger se refiera a lo que llama "el *primer* comienzo" del pensar filosófico occidental no puede ser otra que la de hacer plausible la idea de un posible nuevo comienzo, que es justamente lo que denomina "el *otro* comienzo". Ahora bien, si este modo de hablar pretende ser algo más que mera retórica, tiene que estar fundado él mismo, de algún modo, en la propia narrativa histórica que permite elaborar. Y, en efecto, Heidegger cree que la referencia a un nuevo comienzo viene exigida ella misma por la necesidad intrínseca de lo que el pensar ontohistórico puede establecer con relación a la propia verdad del ser, tal como ésta ha acontecido siempre ya históricamente. Por su propia índole, el pensar ontohistórico no puede ser asimilado a ninguna "filosofía de la historia", en el sentido tradicional del término. A diferencia de toda filosofía de la historia de carácter metafísico, el pensar ontohistórico no pretende descubrir ninguna ley del desarrollo histórico ni mucho menos determinar algo así como su objetivo final, el "fin" de la historia, en el sentido preciso de su τέλος. El pensar ontohistórico no es, pues, ni un pensar de carácter legalista, ni tampoco, por lo mismo, un pensar teleológico. No apunta a discernir algo así como el "sentido de la historia", sino que se contenta simplemente con ser lo único que realmente es y puede ser, a saber: una "meditación histórica" (*geschichtliche Besinnung*), que no toma la historia como "objeto" (*Gegenstand*) o "ámbito" (*Bezirk*) de consideración (*Betrachtung*), sino como aquello que despierta (*erweckt*) y activa (*erwirkt*) el preguntar pensante como "el lugar de sus decisiones" (*als die Stätte seiner Entscheidungen*) (cf. *Beiträge* § 1 p. 5). Puede decirse que, lejos de pretender apoderarse de una clave interpretativa que le dé acceso al "sentido de la historia", la meditación sobre el acontecer histórico de la verdad del ser, tal como busca elaborarla el pensar ontohistórico, constituye más bien una suerte de rememoración meditativa de la "historia del sentido". En ella se apoya también, necesariamente, un cierto "barrunto" o "vislumbre" (*ahnen*, *Ahnung*) de lo advenidero. Pero se trata aquí de un barrunto o vislumbre que se mantiene consciente en todo momento de su propia precariedad y que aparece privado, como tal, de toda pretensión pronóstica o predictiva. El pensar ontohistórico no puede dar lugar, por tanto, a ninguna impostación sistemática. Por el contrario, en el ámbito del pensar filosófico, "el tiempo de los 'sistemas' ha terminado" (cf. § 1 p. 5), reza el contundente dictamen de Heidegger. Y ello es así, precisamente, porque el pensar metafísico ha llegado ya a su más genuina consumación. Así, las posibilidades del pensar abiertas originariamente en y con "el primer comienzo" se han agotado. Por otro lado, piensa Heidegger, para un pensar consagrado a una respetuosa "exaltación" (*Erbauung*) de la "configuración esencial" (*Wesensgestalt*) del ente a partir de la verdad del ser, el tiempo no ha llegado todavía (cf. § 1 p. 5). Por lo tanto, y ya en razón de su propia situación histórica, lo que le queda al pensar filosófico es, por el momento, tan sólo la tarea de custodiar meditativamente la "transición" (*Übergang*) hacia un posible nuevo comienzo, es decir, hacia "el otro comienzo", que se le presenta ahora, desde la perspectiva de la propia meditación histórica, como algo meramente vislumbrado (cf. p. 4). Como un pensar esencialmente transicional (*übergängliches Denken*), la meditación histórica elaborada por el pensar ontohistórico no tiene, pues, más que un único objetivo, modesto pero a la vez fundamental, a saber: el de elaborar, como meditación *histórica*, el "proyecto" (*Entwurf*) de la verdad del ser (cf. p. 5).

6. *Meditación y contención*

Una meditación histórica del tipo de la que pretende elaborar el pensar ontohistórico no podría mantenerse fiel a sí misma, si en su ejecución perdiera de vista su propia situación histórica y, con ello, recayera inadvertidamente en aquellas formas del pensar que se le presentan como irrecuperables, y que ella misma declara obsoletas. En particular, no puede permitirse recaer en ninguna forma de pensar que, tras la apariencia de pretensión sistemática, esconda el secreto anhelo de apoderarse del ser y establecer así su dominio sobre el acontecer de su verdad. Tal cosa equivaldría, lisa y llanamente, al desmesurado intento por detener dicho acontecer, desconociendo la inquietud del ser. Que dicho intento, reiterado una y otra vez en la historia de la filosofía, constituye el documento incontestable del desasosiego y la desmesura que anidan al interior del pensamiento metafísico tradicional es algo que sólo puede ser reconocido por un pensar que se sitúa él mismo en una perspectiva radicalmente diferente. Para hacer justicia a la inquietud del ser, tal como se revela en el propio acontecer histórico de su verdad, dicho pensar tiene entonces que lograr desactivar todo impulso de posesión y dominio que pudiera albergar todavía en su propio seno, ya en razón de su propia procedencia histórica. Por lo mismo, debe cultivar aquel peculiar tipo de sosiego, sobre todo, respecto de sí mismo, del que brota una genuina actitud de desprendimiento.

En tal sentido, el temple de ánimo que corresponde necesariamente a un pensar de este tipo no puede ser otro, piensa Heidegger, que el de una recatada y discreta "contención" (*Verhaltenheit*). En efecto, considerada en su carácter de temple de ánimo fundamental (*Grundstimmung*), la contención se distingue por disponer al *Dasein* para su esencial pertenencia (*Zugehörigkeit*) a la verdad del ser y constituye, en esa misma medida, un modo originario, de carácter afectivo y no conceptual, de estar abierto (*Offenheit*) a "la callada cercanía del esenciar del ser" (*die verschwiegene Nähe der Wesung des Seyns*) (cf. *Beiträge* § 13 p. 35). En la contención, como temple anímico fundamental, está ya prefigurada, por tanto, aquella actitud de dispuesta aceptación (*Bereitschaft*) para lo que hay de rehusamiento (*Verweigerung*) en toda donación (*Schenkung*) (cf. § 5 p. 15), vale decir, también para lo que hay de sustracción y ocultamiento en el propio esenciar del ser, que no es sino el acontecer histórico de su verdad.

Sólo un pensar que se cultiva en y desde la inquebrantable quietud de la contención está, pues, en condiciones de hacer justicia a la inquietud del ser, porque sólo un pensar así dispuesto puede lograr sobreponerse a su propia tendencia a la recaída en la absorción sin residuo en el ente, que, por paradójico que pudiera parecer, no es sino la contracara inseparable de todo espejismo ontológico de fijeza.

Estudio 10
Remisión, orientación y comprensión mundana.
Apuntes sobre el análisis heideggeriano del signo
en el § 17 de *Sein und Zeit*

1. Motivación y alcance del análisis del signo

En el § 17 de *Sein und Zeit* (cf. *SZ*), dedicado al análisis de la conexión entre "remisión" (*Verweisung*) y "signo" (*Zeichen*), Heidegger busca profundizar la explicación del ser del ente intramundano en términos de la noción de "ser a la mano" (*Zuhandenheit*), esbozada previamente en los §§ 15-16. Ambos pasos comprendidos en este intento unitario de explicación ontológica parten de decisiones metódicas, a primera vista, sorprendentes, al menos, desde una perspectiva más convencional: en el caso de los §§ 15-16 se toma como punto de partida del análisis el "útil" (*Zeug*), y no la mera "cosa" (*Ding*), mientras que en el caso del § 17 el útil tomado como modelo es uno tan peculiar como el signo.

Como es sabido, ambas decisiones metódicas responden a importantes razones de estrategia explicativa y de inserción contextual de los análisis llevados a cabo. No hace falta detenerse aquí en estos aspectos. Baste simplemente recordar que el intento de proporcionar una interpretación fenomenológicamente adecuada del ser del ente intramundano no responde aquí a un interés independiente, sino que está declaradamente al servicio de una caracterización del mundo (*Welt*) en su mundanidad (*Weltlichkeit*), que es el objetivo central tenido en vista en la sección que comprende los §§ 14-18. En consonancia con tal objetivo, de lo que se trata en el análisis del ser del ente intramundano es, ante todo, de poner de relieve aquellos aspectos que dan cuenta, precisamente, de su carácter *intramundano*. En efecto, es así como se abre una vía de consideración que permite hacer visible de qué modo el acceso inmediato al ente intramundano, en y a través del trato práctico-operativo con dicho ente como "a la mano" (*zuhanden*), hace posible el anunciarse del mundo mismo, ya en el plano de la llamada "actitud natural". Por lo mismo, esta última queda caracterizada y posibilitada ella misma ya por una cierta comprensión "preconceptual", vale decir aquí: "preontológica", del mundo en su mundanidad, la cual proporciona, a su vez, el punto de partida inevitable para cualquier intento de apropiación del mundo como fenómeno, por vía de elucidación fenomenológica.

Ahora bien, el análisis llevado a cabo en los §§ 15-16 pone de manifiesto que el "ser a la mano" del útil, en tanto caracterizado esencialmente por la estructura del "para" (*Um-zu*), remite, en último término, a una cierta "totalidad de útiles" (*Zeugganzes, Zeugganzheit*), dada siempre ya de antemano, y queda así determinado en su misma estructura por el fenómeno de la "remisión" (*Verweisung*). Todo útil posee esencialmente una estructura remisional, por la sencilla razón de que no puede haber algo así como un útil aislado. En su propio modo de ser y en su propia función como el útil que es, no hay útil que no presuponga siempre ya la referencia a una cierta totalidad de útiles. Así, el martillo remite al clavo y éste a la madera, que se emplea para hacer, por caso, una mesa de noche, etc. (cf. § 15 p. 68). En el contexto normal de ejecución del trato práctico-operativo con lo "a la mano", esto es, allí donde éste no se ve perturbado por algún impedimento, el plexo remisional dentro del cual dicho trato se mantiene y con arreglo al cual procede no viene, como tal, a la consideración expresa. Más bien, la estructura remisional que caracteriza al útil en su ser sólo se hace expresa de algún modo – y sin que ello implique, por lo pronto, una completa desactivación del contexto de ejecución propio del trato práctico-operativo con lo "a la mano"–, allí donde ocasionalmente se produce algún tipo de "perturbación" o "trastorno" (*Störung*) de la remisión. Tal es el caso, por ejemplo, cuando el útil en cuestión se revela inutilizable o bien inapropiado para la tarea a realizar (cf. § 16 p. 74).

Sobre esta base, la profundización del análisis que se intenta llevar a cabo en el § 17 pone en el centro de la mira, precisamente, el fenómeno de la remisión. La decisión de tomar el signo como útil modelo se conecta de modo directo, como a nadie escapa, con tal intención de focalizar el interés, precisamente, en la remisión, como tal. En sí misma, la razón para adoptar tal decisión parece, pues, obvia, pero, a la vez, da testimonio de una sorprendente clarividencia metódica. En efecto, aunque, ontológicamente considerado, a todo útil pertenece, sin distinción, la estructura remisional, no menos cierto es que, desde el punto de vista óntico, la función de un útil determinado no consiste necesariamente en el remitir mismo, sino que puede ser, y casi siempre es, una función completamente diferente: el martillo sirve para clavar, los clavos para fijar, la madera para construir, etc. Desde este punto de vista, el signo presenta un carácter completamente singular, justamente, porque su función óntica, como el peculiar útil que es, no consiste ella misma sino en el "mero" remitir a algo diferente, ya sea en el modo del señalar, el indicar, el representar, el expresar o como quiera que dicha función óntica específica pueda ser cumplida en cada caso. Así, desde la perspectiva que abre una elucidación fenomenológica que centra la atención en la estructura remisional propia de todo útil en su "ser a la mano", el signo aparece como un útil especialmente señalado. Y ello, precisamente, en la medida en que su forma específica de "servicialidad" (*Dienlichkeit*) se agota en el "mero" remitir a otra cosa.

En tal sentido, la propia función óntica del signo, como el tipo particular de útil que es, viene, en cierto modo, a transparentar su "ser a la mano", pues deja traslucir, con particular nitidez, la estructura remisional que pertenece como rasgo esencial a su constitución ontológica. En el caso del signo, no se da, pues, la habitual superposición de la correspondiente función óntica sobre la estructura ontológica que la hace, en general, posible, tal como ocurre allí donde dicha función óntica no consiste ni se agota en el "mero" remitir a algo diferente, sino que añade un determinado tipo de concreción funcional de carácter diferente (vgr. "martillar", "fijar", "servir de material", etc.). Por cierto, todo "remitir" (*Verweisen*) en el modo del "señalar" o el "indicar" (*Zeigen*) propio de un signo se funda él mismo en la servicialidad que caracteriza a todo útil, en cuanto su "ser a la mano" comporta necesariamente una estructura remisional. Pero esto último, como es obvio, no implica que, inversamente, todo útil deba posser el carácter de signo, pues los diversos modos de concreción óntica de la servicialidad, entre los cuales se cuenta también el "remitir" en el modo del "señalar" o "indicar" propio del signo, resultan irreductibles los unos a los otros (cf. § 17 p. 78). En cualquier caso, lo cierto es que la habitual superposición de una función óntica diferente del mero "remitir" contribuye a opacar o eclipsar, siquiera parcialmente, la estructura remisional del útil, en su "ser a la mano". Y ello, por la sencilla razón de que, en el contexto del trato práctico-operativo, el interés del "ver en torno" (*Umsicht*) que lo guía no apunta, expresamente, al ser mismo del útil del caso, sino, más bien, a su función óntica concreta y, con ello, también a su inserción dentro el plexo remisional específico, dentro del cual se mueve y con el cual cuenta, en cada caso, la correspondiente forma de trato. Desde este punto de vista, la peculiaridad del signo como útil reside, pues, en el hecho de que, en y con su propia función óntica, facilita una mayor transparencia ontológica, y ello ya en el plano que corresponde a la "actitud natural" y la "comprensión preontológica" que como tal le pertenece.

Una segunda razón que da cuenta de la peculiaridad del signo como útil concierne al tipo específico de rendimiento que va asociado a su función óntica. No es, en modo alguno, casual que buena parte del análisis elaborado en el § 17 apunte, precisamente, a poner de relieve aquellos aspectos vinculados, directa o indirectamente, con el particular aporte que realiza el empleo de signos, en el contexto normal de ejecución del trato práctico-operativo con lo que es "a la mano". A diferencia de lo que ocurre con la gran mayoría de los otros útiles, el signo no despliega su eficacia, si es que se puede hablar así, a través de su incorporación a determinados circuitos de efectuación por vía causal. Así, por ejemplo, el uso de un soplete, el empleo de una palanca o bien el aprovechamiento de la fuerza del viento para impulsar un velero quedan insertos, desde el comienzo, en un contexto dentro del cual lo que cuenta, en definitiva, es la producción de ciertos eventos, estados de cosas o procesos (*vgr.* la apertura de una caja fuerte, la estabilización de una estructura metálica, el desplazamiento de un velero), a través de determinados circuitos de efectuación causal. En cambio, del empleo de signos no puede esperarse, bajo las condiciones del modo corriente del trato práctico-operativo, ningún tipo de contribución por vía de efectuación causal. Allí donde pese a todo se espera tal tipo de contribución, como parece ser el caso con algunas "culturas primitivas" (*vgr. das primitive Dasein, der primitive Mensch, die primitive Welt*) que se valen abundantemente de signos, ocurre más bien que se está en presencia del peculiar tipo de dispositivo de pretendida intervención causal que corresponde a lo que habitualmente se denomina como el "fetiche" (*Fetisch*) y la "magia" (*Zauber*) (cf. p. 81 s.).

Pues bien, lo que se tiene en casos de este tipo no es, explica Heidegger, sino una "curiosa" (*merkwürdig*) situación de "coincidencia" (*das Zusammenfallen*) del signo con lo designado (*mit dem Gezeigten*), pero no en el modo de una identificación de aquello que aparece previamente aislado, sino, más bien, en el modo de una inicial indistinción, que, como tal, se funda justamente en el hecho de que el signo no ha quedado todavía "liberado" de aquello que pretende designar (*ein Noch-nicht-freiwerden des Zeichens vom Bezeichneten*). Por lo mismo, en tal tipo de empleo, el uso de signos (*der Zeichengebrauch*) queda completamente (*völlig*) absorbido en el "ser por referencia a lo designado" (*das Sein zum Gezeichten*), sin que el signo pueda todavía desligarse de lo designado mismo y comparecer así como tal. La consecuencia es, pues, que, bajo tales condiciones, el signo no es descubierto (*entdeckt*) todavía en su carácter específico de útil, al punto de que se puede suponer incluso que, en general, lo que aparece como "a la mano" dentro del mundo (*das innerweltlich Zuhandene*) no reviste aquí todavía el "modo de ser" (*die Seinsart*) del útil (cf. p. 82). Pero, como quiera que fuere, lo que este tipo de situación ratifica, al menos, de modo indirecto, es el hecho básico de que el signo sólo puede desplegar su función eficazmente, como el tipo peculiar de útil que es, allí donde su empleo queda disociado, desde un comienzo, de toda pretensión de efectuación por vía causal.

La pregunta es, por tanto, qué estructura presenta el genuino empleo de signos como signos, vale decir, como el tipo peculiar de útiles que son, y a qué clase de rendimiento efectivo aspira dicho empleo. En el desarrollo del § 17 se ofrece toda una serie de aspectos que permiten reconstruir una respuesta bastante precisa. Bastará aquí con mencionar los que interesan de modo más inmediato.

2. El signo como útil peculiar

Un primer aspecto a señalar concierne al tipo específico de trato que facilita el acceso al signo como signo y permite así que éste despliegue eficazmente su función óntica específica. Naturalmente, el modo adecuado de trato (*die angemessene Umgangsart*) con el signo no puede consistir en un "captar" o "registrar" (*erfassen*) dirigido al signo como mera cosa destinada a indicar o señalar, que se presenta ahí delante (*als vorkommendes Zeigding*) (cf. § 17 p. 79). Por el contrario, debe tratarse aquí de un cierto modo de valerse del signo que, lejos de reducirlo a un modo meramente cósico de aparición, lo deja, por así decir, en libertad para cumplir su específica función óntica de remisión, precisamente, en el modo de la indicación o el señalamiento.

Como es sabido, Heidegger ilustra el punto referido al modo de trato adecuado con el signo por medio del ejemplo de la señal que sirve para indicar el giro cuando se conduce un vehículo. Se trataba en aquel entonces de una flecha empleada de modo manual, cuyo equivalente actual es el dispositivo eléctrico llamado luz o señal de giro.[1] Heidegger explica que, en su empleo habitual por parte del conductor, la señal de giro funciona como un signo que tiene por destinatarios a los demás participantes del tránsito, por caso, al transeúnte que se dispone a cruzar la calle y que se vale de la indicación provista por dicha señal de un modo esencialmente ejecutivo, y no meramente constatativo (*feststellen, anstarren*), ya sea al cambiar el sentido de su marcha para evitar el vehículo, o bien al quedarse parado esperando a que éste pase, o bien de otro modo semejante (cf. p. 79). El modo del ver que guía el trato adecuado con el signo, como el tipo peculiar de útil que es, no puede ser, por tanto, sino una modalidad peculiar del "ver en torno" (*Umsicht*) que acompaña y guía el trato práctico-operativo con lo "a la mano". Por lo mismo, no puede consistir nunca, como tal, en el simple "dirigir la mirada" (*Hinsicht*) que descubre lo que hace frente como meramente "ante los ojos" (*vorhanden*).

Lo peculiar de esta modalidad del "ver en torno" es que apunta, como tal, a dejar que el signo cumpla su función óntica de remisión, en el modo de la indicación o el señalamiento, ya que en esto mismo consiste, precisamente, el valerse del signo *como signo*. A diferencia de lo que ocurre con aquellos útiles cuya función óntica no consiste en indicar o señalar, el signo reclama, por lo mismo, que se le dirija la mirada y se le conceda atención de una determinada manera, pues sólo puede cumplir su función óntica específica, allí donde se toma nota de él de un modo que, por fugaz que sea, no puede no ser directo, pero que, sin embargo, tampoco puede poseer un carácter tematizante y tendencialmente objetivante. En tal modo de conceder atención, el "ver en torno" adquiere, pues, una modulación peculiar, justamente, porque en este caso el trato práctico-operativo se limita a contar con el signo, a través de un cierto modo de tomar nota del signo mismo, y a acoger así comprensivamente la indicación que el signo proporciona. En efecto, no hay ninguna otra cosa más que hacer con el signo como no sea acoger comprensivamente su indicación, porque no hay tampoco ningún otro modo de valerse de él *como signo*. En esta limitación que el trato adecuado con el

---

[1] No es necesario enfatizar que el análisis elaborado sobre la base del ejemplo provisto por la flecha que indica el giro del vehículo no pretende valer, de modo indiferenciado, para todos los posibles tipos de signos. De hecho, para un tratamiento más detallado del signo y la significación (*Bedeutung*), Heidegger mismo remite a la discusión que E. Husserl lleva a cabo en la primera investigación de sus *Logische Untersuchungen* (cf. SZ § 17 p. 77 nota 1).

signo se impone a sí mismo se refleja, pues, ya en el plano que corresponde a la mera comprensión preontológica, la peculiar superposición, por no decir "fusión", de estructura ontológica y función óntica que hace del signo un útil especialmente señalado.

Por lo demás, el trato práctico-operativo tiene en cuenta esta peculiaridad del signo no sólo allí donde se vale del signo como el tipo de útil que precisamente es, sino también, y mucho antes ya, allí donde se ocupa de procurarse signos de los cuales poder valerse en los diversos posibles contextos de su propia ejecución. Al objetivo de poder contar con signos apunta, como nadie ignora, la actividad de la "institución de signos" (*Zeichenstiftung*). Se trata de una actividad de vital importancia en el ámbito de la actuación y la comprensión mundanas, como lo revela claramente el hecho de que, en no pocas ocasiones, queda sujeta incluso a regulación formal, establecida por autoridad competente. Pues bien, en la institución de signos se hace especialmente nítida la peculiaridad del signo como útil, justamente, en la medida en que se debe atender en ella, con especial cuidado, a determinados requerimientos de eficacia funcional. En particular, se debe tener en cuenta aquí el hecho elemental de que el signo sólo puede cumplir su función específica en y a través de un determinado modo de tomar nota de la indicación que proporciona. Pero, a tal fin, se requiere que aquello que ha de funcionar como signo presente, en su propia concreción óntica, un particular carácter de "llamatividad" (*Auffälligkeit*) (cf. p. 80). No hace diferencia en este punto si se trata de artefactos producidos para cumplir la función de signos (*vgr.* la luz de giro, un cartel indicador, etc.), esto es, los llamados "signos artificiales", o bien de "cosas" dadas en la naturaleza que cumplen la función de signos en determinados contextos de actuación (*vgr.* un determinado viento, por caso, el viento sur, como indicación de probable lluvia), vale decir, los llamados "signos naturales". Ni importan tampoco demasiado las diferencias relativas a los correspondientes modos de su institución como signos.[2] Lo cierto es que aquello que se emplea como

---

[2] Heidegger no pasa por alto el hecho obvio de que la institución de signos no posee el mismo alcance en el caso de los "signos artificiales", que son producidos teniendo en vista la función de remisión que deben cumplir, y los "signos naturales", que se presentan como "cosas" dadas de antemano, sobre las que recae luego un modo de apropiación específico consistente en el "tomar como signo" (*das Zum-Zeichen-nehmen*) (cf. § 17 p. 80). En todo caso, Heidegger se esfuerza por enfatizar que este último modo de apropiación no tiene su punto de partida en la consideración del ente intramundano como meramente "ante los ojos", sino que el "tomar como signo" se mueve ya, desde un comienzo, en el contexto del trato práctico-operativo con lo que es "a la mano". Así, por ejemplo, el viento sur no es dado primero como meramente "ante los ojos", para luego ser tomado como un útil del tipo del signo, sino que el "tomarlo como signo" debe verse como una peculiar modificación del modo de trato con aquello que ya es tenido como "a la mano" (cf. p. 80 s.). Como se vio ya, también en el caso del uso de signos por parte de "culturas primitivas" Heidegger enfatizaba el hecho básico de que el trato con signos como signos sólo puede tener lugar propiamente allí donde el ente intramundano ya está descubierto en el modo del "ser a la mano".

signo debe estar caracterizado siempre, de uno u otro modo, por una cierta llamatividad, si es que ha de poder cumplir eficazmente la función óntica de remisión que como signo le pertenece.

Ahora bien, también en virtud de su llamatividad el signo se distingue de aquellos otros útiles cuya función óntica no consiste en el remitir mismo. En efecto, como mostró ya el análisis realizado en el § 16, el modo de comparecencia de estos últimos, en el contexto habitual del trato práctico-operativo con lo que es "a la mano", se caracteriza, entre otras cosas, justamente por el rasgo de la "no llamatividad" (*Unauffälligkeit*). En el marco del trato práctico-operativo que descubre los útiles como "a la mano", éstos cumplen su función óntica específica, normalmente, de modo "no llamativo" (*unauffällig*), y no emergen de su habitual no llamatividad más que allí donde tienen lugar determinados impedimentos que producen un efecto disruptivo sobre la ejecución del correspondiente modo de trato (cf. p. 73 s.). Por lo mismo, si se considera desde este ángulo el caso del signo y el de los útiles cuya función óntica específica no posee un carácter meramente remisional, se tiene situaciones completamente diferentes e incluso opuestas: estos últimos cumplen normalmente su función óntica específica como entes "a la mano" retrayéndose ellos mismos en la no llamatividad, mientras que, como muestra ahora el análisis del § 17, el signo sólo puede cumplir la suya propia, por el contrario, haciéndose notar como signo, vale decir, presentándose él mismo como "llamativo" (*auffällig*) (cf. p. 80).

3. *Remisión, llamatividad y mundanidad*

El rasgo de llamatividad que pertenece esencialmente al signo lo distingue, pues, de aquellos otros útiles que cumplen una función óntica diferente de la remisión misma. En este respecto, el signo podría compararse, hasta cierto punto, con la obra de arte (*Kunstwerk*). En efecto, la obra de arte representa el caso de un ente intramundano singularísimo, que tampoco puede llevar a cabo función óntica específica sino sobre la base de un hacer frente que reclama un tipo especial de atención, en la forma de un cierto demorarse junto eso mismo que hace frente. Como es sabido, en el notable escrito de 1935 sobre el origen de la obra de arte (cf. *UKW*), Heidegger se plantea de modo expreso la pregunta por la función óntica que pertenece específicamente a la obra de arte, como caso singularísimo del ente intramundano, e intenta poner de relieve la irreductible peculiaridad tanto del modo en el cual la obra de arte hace frente ella misma dentro del mundo, como también del modo en el cual despliega su función propia, que es de carácter puramente manifestativo. También por este lado, pues, se podría establecer conexiones relevantes con el caso del signo, más allá de las notorias diferencias que conciernen al tipo de función que corresponde a cada uno de ellos, el signo y la obra de arte, así como al tipo de atención que uno y otra reclaman, sobre la base de su peculiar modo de hacer frente dentro del mundo.

En todo caso, no cabe adentrarse aquí por este camino, ya que, por otra parte, la problemática de la obra de arte tampoco juega un papel destacado en el contexto del análisis elaborado en *SZ*. Lo que procede considerar ahora, en directa conexión con el rasgo de llamatividad antes relevado, es, más bien, el tipo específico de rendimiento que proporciona el signo, allí donde cumple cabalmente su propia función óntica de remisión, en el modo de la indicación o el señalamiento. Como se dijo ya, el particular modo del "ver en torno" que hace posible contar con el signo de modo adecuado a su función óntica de remisión no puede consistir en un "dirigir la mirada" de carácter tematizante. Por lo mismo, la llamatividad del signo, asociada de modo intrínseco con su función óntica de remisión, no puede apuntar a fijar la atención sobre el signo mismo, como si pretendiera capturarla, sino que debe estar puesta al servicio del cumplimiento de dicha función de remisión, vale decir: debe contribuir a que el signo pueda remitir, más allá de sí mismo, hacia aquello de lo cual es signo. Pero, como es obvio, no se trata aquí de una secuencia de pasos sucesivos, sino, más bien, de dos aspectos inseparables y complementarios que forman parte de una estructura fenoménica unitaria: presentarse el signo como llamativo y remitir más allá de sí mismo constituyen, en tal medida, una unidad funcional indivisa, dentro del peculiar modo de venida a la presencia a través del cual el signo despliega su "ser signo", tal como ocurre allí donde el trato adecuado cuenta con el signo, precisamente, *como signo*.

En tal sentido, la llamatividad del signo está al servicio de su función óntica de carácter remisional, que constituye el modo específico de concreción de la servicialidad del signo, en tanto útil. Ahora bien, vistas las cosas desde el punto de vista que atiende al rendimiento específico que proporciona el signo en y a través del cumplimiento de su propia función óntica, no menos cierto es que la remisión que lleva a cabo el signo está destinada ella misma a hacer posible una cierta llamatividad, que, en este caso, no es ya la del signo mismo, sino, más bien, la de aquello a lo que el signo remite, en el modo de la indicación o el señalamiento. La "obra" o "trabajo" (*Werk*) que el signo toma a su cargo, explica Heidegger, consiste en un "dejar que se haga notar", en el modo del "llamar la atención", aquello que, como lo que es "a la mano", se caracteriza precisamente por su no llamatividad (*das Auffallenlassen vom Zuhandenem*) (cf. § 17 p. 80). En último término, la necesidad para el trato práctico-operativo de recurrir a un útil "llamativo", que cumple la peculiar función de llamar la atención sobre aquello que es "a la mano", se funda ella misma, precisamente, en la no llamatividad de lo "a la mano", como característica distintiva de su modo habitual de comparecencia.

Sobre esta base, puede decirse que a través de su función óntica de remisión, en el modo de la indicación o el señalamiento, el signo facilita, siquiera de modo indirecto o derivativo, la llamatividad de aquello que, como lo que es "a la mano", se presenta, por lo pronto, como no llamativo. A través de la indicación o el señalamiento que proporciona en cada caso, el signo hace que lo "a la mano" emerja, por así decir, de su habitual no llamatividad. Pero lo hace sin afectar su carácter de algo "a la mano", vale decir, sin reducirlo al modo de comparecencia propio de lo que es meramente "ante los ojos". Es por ello, precisamente, por lo que puede decirse que el valerse de signos, allí donde se lleva a cabo del modo adecuado que los deja aparecer y operar como signos, no abandona jamás el ámbito del "ver en torno" que guía el trato práctico-operativo con el útil, como aquello que es "a la mano". Sin embargo, si esto es así, y dado que no hay algo así como un útil aislado que no presuponga la referencia a una cierta totalidad de útiles, resulta entonces poco menos que obvio que la indicación o el señalamiento que proporciona el signo, al cumplir su función óntica de carácter remisional, no puede consistir en llevar a cabo una suerte de identificación singularizante que, por así decir, desgajara completamente el útil indicado o señalado en cada caso del plexo remisional dentro del cual únicamente puede desplegar su ser, como el útil que precisamente es. En tal sentido, Heidegger enfatiza el hecho de que la función remisional del signo no consiste sino en dejar que lo "a la mano" haga frente como "a la mano", y ello de modo tal que el "ver en torno" (*Umsicht*) que sigue la indicación (*Weisung*) provista por el signo obtiene una cierta "visión de conjunto" (*Übersicht*), de carácter expreso (*ausdrücklich*), sobre el "entorno" del mundo circundante (*das jeweilige Umhafte der Umwelt*) en el que, en cada caso, se mueve el trato práctico-operativo. Lo que el "ver en torno" gana de este modo es, pues, una cierta "orientación" (*Orientierung*) dentro del mundo circundante (*innerhalb der Umwelt*) (cf. p. 79). Así, por ejemplo, un signo como la flecha que indica el giro de un vehículo deja que haga frente un determinado "entramado" o "plexo" (*Zusammenhang*) de lo que es "a la mano", de modo tal que el trato práctico-operativo se asegura una cierta "orientación" con respecto a dicho entramado o plexo (cf. p. 79). Como es obvio, se trata aquí de un entramado o plexo que posee él mismo un carácter remisional, justamente en la medida en que concierne a lo "a la mano", como tal. En tal sentido, el signo es un útil que hace expresa para el "ver en torno" una cierta totalidad de útiles, de modo tal que, a una con ello, se anuncia también el carácter esencialmente mundano (*die Weltmäßigkeit*) de lo que es "a la mano", como tal (cf. p. 80). Por lo mismo, el signo no puede ser jamás comprendido como una "cosa" que remitiera otra "cosa", tomada en estado de aislamiento y como dada meramente "ante los ojos". Por el contrario, lo que los signos muestran de modo indicativo es, más bien, el entorno en el cual siempre ya se desarrolla la vida mundana y se mueve la ocupación con lo que es "a la mano" (cf. p. 80).

4. Remisión y orientación

Una ulterior consecuencia del análisis que Heidegger elabora en el § 17, cuya relevancia sistemática no siempre ha sido debidamente reconocida, concierne al papel imprescindible que desempeña, dentro del ámbito de despliegue de la comprensión mundana, lo que, en un determinado sentido del término, puede llamarse aquí el "saber de orientación" (*Orientierungswissen*).[3] Como se vio ya, Heidegger señala expresamente que, por medio del recurso al empleo de signos, el "ver en torno" que guía el trato práctico-operativo se asegura una cierta orientación dentro del mundo circundante, vale decir, con referencia al plexo remisional al que pertenece, en cada caso, aquello "a la mano" con lo que el trato práctico-operativo se ocupa. En la necesidad de valerse de signos adquiere expresión, por tanto, el hecho elemental de que el saber de orientación, en las diversas formas que pueda adquirir en diferentes contextos de actuación, forma parte de los presupuestos básicos de la competencia que, en cada caso, se acredita en y a través del trato práctico-operativo con lo "a la mano", guiado por el "ver en torno". En tal sentido, puede decirse incluso que el saber de orientación debe verse como un elemento constitutivo imprescindible del propio "ver en torno". En efecto, sólo se puede acreditar competencia en un determinado modo de trato con lo que es "a la mano", allí donde, más allá de la habilidad de emplear determinados útiles del modo que fuera, se posee también la capacidad de mantener comprensivamente abierto el correspondiente plexo remisional y de moverse, por así decir, con seguridad dentro de la compleja red de articulaciones significativas que éste presenta.

Pues bien, no es en modo alguno casual que Heidegger se vea llevado en este contexto a recurrir a una noción como la de orientación, que posee un alcance

---

[3] Empleo la expresión de "saber de orientación" en un sentido formalizado, que parte de la significación originaria, de carácter espacial, de la noción de orientación. En última instancia, mi empleo se inspira, pues, en el tratamiento elaborado por Kant en el escrito de 1786 titulado "Was heißt: sich im Denken orientieren?" (cf. *SDO*; para la referencia de Heidegger al escrito de Kant, en el contexto del tratamiento de la espacialidad del *Dasein*, véase *SZ* § 23 p. 109 s.). Por lo mismo, se trata aquí de un sentido que aparece inmediatamente conectado con determinadas habilidades y competencias básicas, de diverso tipo, vale decir, con determinadas formas básicas de *know how*. En cambio, en el uso corriente de la lengua alemana, sobre todo, en el ámbito de la pedagogía, se suele emplear actualmente la noción de "saber de orientación" en un sentido diferente, que remite, más bien, al conocimiento teórico de carácter general, presentado en un cierto orden sistemático o didáctico, por oposición al conocimiento de detalle y el saber especializado. Para una discusión de conjunto de la noción de orientación y su empleo filosófico, puede verse Stegmaier (2008), quien considera de modo específico también el tipo de saber de orientación que aparece asociado al empleo de signos y remite expresamente al tratamiento heideggeriano en el § 17 de *SZ* (véase cap. 8).

primariamente espacial. Ya en el marco de la introducción metódica al análisis del mundo presentada en el § 14, Heidegger llama la atención sobre el hecho de que su empleo de la noción de mundo circundante, *Umwelt*, para designar el mundo más cercano (*die nächste Welt*) del *Dasein* cotidiano, hace caer el énfasis en la referencia a la espacialidad (*Räumlichkeit*), que adquiere expresión en el prefijo "*um-*", traducido aquí por medio del adjetivo "circundante". Y habla incluso, en alguna ocasión, de la "circunmundanidad" (*Umweltlichkeit*) del mundo circundante y del "ente intra-circunmundano" (*das inner-umweltliche Seiende*) (cf. p. 66). La necesidad de complementar el análisis de la mundanidad del mundo por medio de una elucidación del (carácter de) entorno (*das Umhafte*) del mundo circundante y de la "espacialidad" (*Räumlichkeit*) propia del *Dasein* queda, pues, señalada desde un comienzo (cf. p. 66), y es la tarea que se lleva a cabo posteriormente en los §§ 22-24, tras una previa consideración crítica de la concepción cartesiana del mundo en términos de la noción de *res extensa*, presentada en los §§ 19-21. Como se anticipa ya en el § 14 y se intenta mostrar posteriormente en los §§ 22-24, Heidegger asume que la espacialidad que pertenece al mundo circundante, en su carácter de "entorno", debe hacerse fenomenológicamente accesible a partir de la mundanidad del mundo, la cual remite, a su vez, al *Dasein*, que, como "ser el mundo" (*In-der-Welt-sein*), se caracteriza por ser él mismo espacial, en un sentido originario del término, que remite a la estructura misma de su "estado de abierto" (*Erschlossenheit*), más precisamente, a la constitución misma de su "ahí" (*Da*).

No es posible discutir aquí estas conexiones, en las que adquieren expresión también algunas de las premisas metódicas básicas de la concepción elaborada en *Sein und Zeit*. Baste con señalar el hecho elemental de que la referencia a la espacialidad, tanto en el sentido que concierne al mundo circundante y el ente intramundano como en el sentido que concierne al *Dasein* mismo, pertenece de modo intrínseco al análisis de la mundanidad del mundo, al hilo de la elucidación del ser del ente intramundano como "a la mano". No resulta, pues, sino natural que también en el contexto del análisis del signo, como caso modelo del ente intramundano, y de su función remisional se haga referencia expresa al carácter espacial de los fenómenos analizados. Esto ocurre no sólo allí donde se retoma la idea de que el mundo circundante posee él mismo carácter de entorno (cf. § 17 p. 79), sino también allí donde, en la caracterización de la función óntica de remisión que desempeña, el signo se apela a la noción de "dirección de indicación" (*Zeigrichtung*) y se explica, además, que la indicación provista por el signo se dirige al *Dasein* como "ser en el mundo", en su carácter específicamente espacial (*spezifisch »räumlich«*) (cf. p. 79). De esto último da cuenta ya la propia práctica de la institución de signos, en la medida en que, para garantizar la llamatividad que el signo debe poseer como tal, debe cuidar de que éste quede colocado en el sitio adecuado, es decir, aquel que mejor garantice una fácil accesibilidad (*leichte Zugänglichkeit*) (cf. p. 80).

Sobre esta base, el análisis de la espacialidad de lo "a la mano" ofrecido en el § 22 pone en el centro mismo de la atención, precisamente, aquellos aspectos vinculados inmediatamente con la necesidad de orientación que anida en el "ver en torno", justamente, en la medida en que el trato práctico-operativo debe moverse en el entorno del mundo circundante. En tal sentido, Heidegger explica que lo inmediatamente "a la mano" tiene el carácter de cercanía (*Nähe*), precisamente, en tanto está "a mano" (*zur Hand*), pero tal cercanía se sitúa, en cada caso, en una cierta "dirección" (*Richtung*), de suerte que está, por así decir, "direccionada" (*ausgerichtet*), y ello, precisamente, en la medida en que cada útil tiene un lugar (*Platz*) al que pertenece (cf. 102). Pero, dado que todo útil remite él mismo a un cierto entramado total de útiles, la pertenencia localizable (*die platzierbare Hingehörigkeit*) del útil del caso presupone a su vez, como condición de su misma posibilidad, un cierto ámbito (*Worin*) asignado a la correspondiente totalidad de lugares, que es lo que Heidegger denomina una "zona" o "región" (*Gegend*) (p. 103). De este modo, es sólo sobre la base de un previo descubrimiento de las correspondientes regiones como el trato práctico-operativo puede dejar en libertad (*freigeben*) lo "a la mano" como algo que "hace frente", esto es, como algo que se muestra en y desde una cierta región (*als Begegnendes*) (p. 104). Sin embargo, también las regiones poseen ellas mismas el modo de ser de lo "a la mano" y presentan, en tal medida, un peculiar carácter de familiaridad no llamativa (*unauffällige Vertrautheit*), que resulta incluso más originaria que la propia de los útiles que hacen frente dentro de ella (cf. p. 104). Por ello, puede decirse que la necesidad de recurrir, en los diversos contextos de ejecución del trato práctico-operativo, al empleo de signos por medio de los cuales el "ver en torno" se asegura una cierta "visión de conjunto", que facilita su orientación en el mundo circundante, hunde sus raíces últimas, más allá de los útiles mismos, en la originaria no llamatividad de las regiones desde las cuales estos hacen frente en cada caso.

5. Orientación y comprensión mundana

Una última consideración concierne a la dirección de aseguramiento, por así decir, que el saber de orientación, apoyado en el empleo de signos, facilita al "ver en torno" que guía el trato práctico-operativo con lo "a la mano". La función de remisión del signo, aunque apoyada en la llamatividad del signo mismo y destinada a procurar una cierta "visión de conjunto" de carácter expreso sobre el entorno del mundo circundante, no posee ella misma un carácter disruptivo. En efecto, lejos de obstaculizar o impedir la ocupación con el ente "a la mano", apunta, más bien, a favorecer su continuidad y reforzar su eficacia. De este modo, el empleo de signos tiende a ratificar, por vía de aseguramiento, la habitual inclinación de la comprensión mundana a quedar, sin más, absorbida en aquello de lo que en cada caso se ocupa. Como es obvio, el reverso autorreferencial de toda posible ocupación con el ente intramundano no queda jamás eliminado de raíz, por intensa que pueda ser ocasionalmente la absorción en el ente intramundano mismo, y ello, por la sencilla razón de que el "por mor de (sí mismo)" (*das Worumwillen*) del *Dasein* proporciona el punto último de anclaje de toda la estructura remisional del "para" que constituye la significatividad del mundo. A ello se añade el hecho elemental de que, desde el punto de vista que atiende a la espacialidad del mundo circundante, el "ahí" que instituye el *Dasein* con su mismo existir provee el punto de referencia de todas las posibles orientaciones espaciales, en el modo del "desalejar" (*entfernen*, *Entfernung*) fundado en el "estado de abierto" (cf. § 23).[4]

Ahora bien, nada de esto impide, como es natural, que el *Dasein* pueda hacerse cargo de su propio "por mor de (sí mismo)" de un modo tal que, por orientarse fundamentalmente a partir de aquello "a la mano" con lo que se ocupa de ordinario, adquiera un carácter tendencialmente autodesfigurante y, con ello, autoencubridor. Más bien ocurre, como lo muestra claramente el análisis del existenciario de la "caída" (*Verfallen*) ofrecido en el § 38, que la seguridad y la eficacia de la ocupación cotidiana con el ente intramundano no sólo no excluyen la posibilidad de la caída del *Dasein* desde sí mismo hacia el aquello de lo que se ocupa, sino que pueden e incluso suelen favorecerla. En efecto, ningún dispositivo externo de auxilio para la comprensión mundana, tampoco el empleo de signos, por oportuno y profuso que pudiera llegar a ser, puede garantizar por sí solo al *Dasein* la posibilidad de obtener una genuina transparencia sobre sí mismo. Por el contrario, la creciente necesidad de aseguramiento, que adquiere expresión especialmente nítida justamente en el recurso cada vez más prolífico a signos y señales de todo tipo, puede muy bien constituir la cara visible detras de la cual se oculta un extravío poco menos que completo en el ente intramundano. Se trata, en este último caso, de una situación de radical desorientación del *Dasein* no ya respecto de lo que meramente aparece dentro del mundo y el mundo, como tal, sino más bien, y fundamentalmente, respecto de sí mismo, vale decir, respecto de su propio ser, de su ser con los otros y también de su propia historia.

Es, precisamente, a esta radical desorientación, que trasciende cualquier otra de carácter meramente mundano, a la que parece querer aludir aquel famoso verso de Hölderlin, tan querido y tan meditado por Heidegger: "un signo somos, que nada indica (*deutungslos*)" (cf. *Mnemosyne* IV, 225).

---

[4] Véase también la referencia a la tesis lingüística relativa al parentesco de raíces pronominales y adverbiales en las lenguas indoeuropeas y las correspondientes asociaciones entre "yo" y "ahí", "tú" y "ahí", etc., en § 26 p. 119 s.

Estudio 11
Regreso y despedida.
Heidegger y la interpretación ontohistórica de Platón

1. Planteo de la cuestión y marco interpretativo

Lo que me gustaría presentar aquí está directamente relacionado con los intentos que he realizado en los últimos tiempos para obtener un poco más de claridad sobre cómo el llamado "giro" (*Kehre*) en el pensamiento de Martin Heidegger, más precisamente, el giro hacia el pensamiento ontohistórico (*seinsgeschichtliches Denken*) impacta en la confrontación con autores filosóficos de referencia como Platón, Aristóteles y Kant.[1] No se trata aquí solamente de cambios de acentuación y autocorreciones de mayor o menor monta, sino, en algunos casos, como los de Aristóteles y Kant, de drásticas retiradas de interpretaciones llevadas a cabo anteriormente. Así lo muestran de modo inequívoco obras como *Beiträge* y *Besinnung*. En ellas encontramos retractaciones expresas que se refieren específicamente a las deficiencias y los errores de anteriores intentos de interpretación. Algunos de esos intentos son considerados, desde la perspectiva del pensamiento ontohistórico, no sólo como unilaterales y superados, sino incluso como inválidos. Así ocurre, por ejemplo, en el caso de Aristóteles. Los intentos de interpretación de Aristóteles, filosóficamente tan estimulantes, que Heidegger había emprendido una y otra vez en la fase más temprana de su carrera filosófica y que posteriormente, desde mediados de los años '80, se hicieron tan famosos en la investigación heideggeriana, especialmente, a través de los trabajos pioneros de F. Volpi, se consideran ahora, sin más, como "eliminados" (*beseitigt*). En 1938-1939 lo que Heidegger tiene en vista, en lo que concierne al pensamiento aristotélico, es algo completamente diferente, a saber: interpretar y ubicar a Aristóteles, desde el punto de vista ontohistórico. Más concretamente, se trata de comprender a Aristóteles como "el primer cierre del primer comienzo de la filosofía occidental" (*der erste Abschluß des ersten Anfangs der abendländischen Philosophie*):

"De las primeras lecciones, referidas, sobre todo, a Aristóteles, la mayor parte queda superado (*überholt*) y eliminado (*beseitigt*) a través de desarrollos más originarios del preguntar. Alguna cosa útil, pero adoptada ya por otros por diferentes caminos, contienen todavía la interpretación del *Sofista* y la lección sobre la retórica de Aristóteles. Más esencial que esos intentos a modo de tanteo será en el futuro, a partir del planteo de la pregunta directriz (*Leitfragenstellung*) (qué es el

---

[1] Véase Estudio 5.

ente) y en la transición hacia el planteo de la pregunta fundamental (*Grundfragenstellung*) (cómo esencia la verdad del Ser), comprender la filosofía de Aristóteles como el primer cierre del primer comienzo de la filosofía occidental – de modo puramente griego (*rein griechisch*), libre de toda cristianización y <toda> escolástica, separado de todo humanismo, antiguo o nuevo" (cf. *Besinnung*, "Anhang: Ein Rückblick auf den Weg", "Beilage zu Wunsch und Wille [Über die Bewahrung des Versuchten]", p. 421 s.).

Algo semejante ocurre también en el caso de Kant. La interpretación, filosóficamente osada y ampliamente influyente incluso hasta hoy, que Heidegger presenta en el libro sobre Kant de 1929, es considerada, desde la perspectiva del pensamiento ontohistórico, como forzada en su ejecución e "históricamente" (*historisch*) incorrecta, aunque necesaria desde el punto de vista "historial" (*geschichtlich*):

"Y esto <*sc*. poner de manifiesto la relación de *Da-sein* y Ser (*Seyn*) echando mano de la concepción trascendental de Kant relativa a la posibilitación de la objetividad por parte la subjetividad> es <lo que> se intenta en el *Kantbuch*; pero sólo fue posible empleando violencia contra Kant, en dirección de una concepción más originaria, precisamente, del proyecto *trascendental* en su unidad, la *puesta de relieve de la imaginación trascendental*. Esa interpretación de Kant es »*históricamente*« incorrecta, por cierto, pero *historialmente*, *i. e.* con referencia a la preparación del pensar venidero (*künftiges Denken*) y sólo así, esencial, una instrucción historial <que apunta> hacia algo completamente diferente" (cf. *Beiträge* § 134, p. 253).

Como muestra claramente la lección del semestre de invierno de 1935/1936, publicada en 1962 con el título "Die Frage nach dem Ding. Zu Kants Lehre von den transzendentalen Grundsätzen" (cf. *FD*), la teoría kantiana de la experiencia de la *Kritik der reinen Vernunft* ya no es interpretada a partir de la "Doctrina del Esquematismo". En el centro del interés se sitúa ahora más bien el "Sistema de los Principios" y, sobre todo, el tratamiento de las "Analogías de la Experiencia". Este importante desplazamiento del énfasis está inmediatamente al servicio del intento por ubicar la concepción kantiana, desde el punto de vista ontohistórico: según el diagnóstico de Heidegger, lo que adquiere expresión en ella y queda fundado de modo originario, vale decir, *metafísico*, no es sino una concepción *históricamente* determinada de la "cosidad de la cosa" (*Dinghaftigkeit des Dinges*), a saber: la concepción que determina la "cosidad de la cosa" como la "objetividad del objeto" (*Gegenständlichkeit des Gegenstandes*). Ahora bien, tal concepción resulta no sólo característica, sino también decisiva para la ciencia matemática de la naturaleza de la Modernidad. Por tanto, Kant ya no es leído aquí –al menos, no primariamente– como una suerte de predecesor de la concepción ontológico-fundamental desarrollada en *Sein und Zeit* (cf. *SZ*). Más allá del reconocimiento de su extraordinaria importancia filosófica, Kant queda situado ahora, desde el punto de vista temático, en la cercanía de Galileo, Descartes y Newton, y, desde el punto de vista metódico, en la cercanía de Wolff y Baumgarten (cf. *FD* esp. §§ 18-23).

Esta impresionante retirada de las interpretaciones de Aristóteles y Kant llevadas a cabo anteriormente muestra hasta qué punto el "giro" hacia el pensar ontohistórico impacta de modo decisivo, e incluso dramático, en la confrontación con las figuras principales de la tradición metafísica: la política de alianzas con pensadores como Aristóteles y Kant, arriesgada por momentos hasta el límite de lo aventurado, que resulta característica y determinante en la fase de gestación de *SZ*, queda ahora abandonada de un solo golpe, y de modo irrevocable. Pero ¿qué ocurre, en este mismo respecto, con Platón? A primera vista, se podría estar tentado de pensar que, en el caso de Platón, la situación sería muy diferente. En efecto, en los tiempos anteriores a *SZ* Platón no cumplió el papel de un aliado preferencial, en todo caso, no como lo hicieron Aristóteles, desde 1921, y Kant desde 1925. En el Heidegger más temprano no se constata, en general, ninguna predilección por Platón. Tras el "giro", Platón juega, en cambio, un papel central, pero no al modo de un aliado preferencial de la concepción ontohistórica que Heidegger intenta desarrollar. Por el contrario, el pensamiento de Platón es considerado, más bien, como una suerte de punto de inflexión en el cual la experiencia griega originaria de la ἀλήθεια, es decir, de la verdad como desocultamiento, experimenta supuestamente una primera, pero decisiva reinterpretación, en dirección de la concepción de la verdad como corrección del representar, que caracteriza al pensar metafísico. Todo esto es, sin duda, correcto, en términos generales, pero debe ser completado y diferenciado en el detalle. En efecto, hay buenas razones para asumir que, al menos, por un tiempo, Heidegger jugó con la idea de establecer con Platón una alianza similar a la que había mantenido con Aristóteles y Kant. Sin embargo, puesto que descubrió esa posibilidad demasiado tarde, a saber, hacia fines de 1930, la dejó rápidamente de lado, con ocasión del "giro" hacia el pensar ontohistórico y, más precisamente, con vistas a poder ubicar a Platón, desde el punto de vista ontohistórico, del modo preciso que conocemos a partir de obras posteriores.

Ésta es mi primera tesis, que tiene un carácter meramente histórico-evolutivo. Del mismo tipo es una segunda tesis, complementaria de la primera, que quisiera proponer aquí, a saber: la ubicación ontohistórica de Platón, tal como la conocemos a partir del "giro", no descansa en una interpretación completamente "nueva" o siquiera muy "renovada" del pensamiento platónico. Más bien, (re)conecta con motivos que habían jugado ya un papel central en una fase muy temprana del desarrollo filosófico de Heidegger. Se trata, más precisamente, de la asociación de la concepción platónica de las Ideas con la "lógica de la validez" (*Geltungslogik*) de R. H. Lotze y con la filosofía neokantiana del valor derivada de ella, tal como fue desarrollada por W. Windelband, H. Rickert y E. Lask. Como es sabido, en los inicios de su carrera académica Heidegger se convirtió, por así decir, al lotzianismo y fue, durante un tiempo nada breve, un genuino lotziano, aunque más bien en el estilo de Lask.[2] Se puede decir que, en esa fase tan temprana de su carrera, Platón fue para Heidegger, básicamente, *el Platón lotziano*. Así entendido, Platón era, sobre todo, el más antiguo predecesor de la filosofía neokantiana del valor. Pues bien, es precisamente esta conexión la que queda reactivada tras el "giro", a una con la radical destitución de toda posible forma del pensamiento en términos de valores: es ella, pues, la que concurre de modo decisivo a la determinación de la ubicación de Platón, desde el punto de vista ontohistórico. En el marco de la nueva concepción ontohistórica Platón es considerado no sólo como el primer punto de inflexión de una radical reinterpretación de la ἀλήθεια. Además, su llamada "Teoría de las Ideas" es vista como el genuino comienzo del pensar metafísico occidental, que, en último término, desemboca en el pensar representativo-calculador de la época de la técnica planetaria. Más allá de la novedad que el pensamiento ontohistórico reclama para sí, lo cierto es que, en ese marco, Platón queda interpretado, sin más, en términos de lo que tradicionalmente se entiende bajo la denominación de "platonismo".

Que tal interpretación de Platón debe ser tomada más bien como una expresión de desconcierto frente al pensamiento platónico es cosa que el propio Heidegger ha reconocido expresamente. En lo que sigue no voy a discutir la interpretación heideggeriana de Platón desde el punto de vista del contenido. Quisiera limitarme, más bien, a prestar sustento textual a las dos tesis histórico-evolutivas que acabo de presentar. Pero antes me referiré brevemente a lo que podría llamarse el "desconcierto platónico" de Heidegger.

2. Heidegger y el "oscuro" Platón

Como es sabido, a Heidegger nunca le resultó fácil lidiar con Platón. De hecho, nunca logró abrirse un acceso propio y original a Platón, en el estilo de lo que pudo hacer sin mayores dificultades con Aristóteles y Kant. Que Platón en cierto modo le resultó ajeno, desde un comienzo, es algo que Heidegger ha reconocido expresamente, al menos, en dos ocasiones, en las que se refirió a Platón o, más precisamente, a su pensamiento como algo que le resultaba "oscuro" (*dunkel*), y ello, del mismo modo, tanto antes como después del "giro".

La primera confesión de desconcierto frente a Platón ocurre en la lección sobre el *Sofista* del semestre de invierno de 1924/1925, en la cual Heidegger elige abordar a Platón partiendo por Aristóteles y justifica la decisión por este camino

---

[2] Para el persistente reconocimiento que Heidegger tributa a Lotze, incluso en la época posterior al "giro", véase Estudio 8.

históricamente inverso con la curiosa indicación de que se trataría de un camino "de lo claro a lo oscuro" (*vom Hellen ins Dunkle*):

> "b) Preparación histórico-hermenéutica. El principio de la hermenéutica: de lo claro a lo oscuro. De Aristóteles a Platón (...)
>
> Si queremos penetrar en el real trabajo filosófico de Platón, entonces tenemos que tener la garantía de adoptar desde el comienzo el acceso correcto (...) Para ello, se requiere un hilo conductor. Hasta ahora es usual interpretar la filosofía platónica avanzando hacia Platón desde Sócrates y los presocráticos. Vamos a tomar el camino opuesto, desde Aristóteles de regreso a Platón. Este camino no es algo inaudito. Sigue el viejo enunciado hermenéutico de que al interpretar se debe ir de lo claro a lo oscuro. Adoptamos la suposición de que Aristóteles entendió a Platón (...) Lo que Aristóteles dice es lo que Platón le puso en sus manos, pero elaborado de modo más radical, más científico" (cf. *Sophistes* § 1 b) p. 10 s.).

Una segunda confesión de desconcierto frente a Platón, todavía más expresa, procede de un informe de G. Picht. En su agradecida contribución al volumen conmemorativo *Erinnerung an Martin Heidegger* de 1977, titulada "Die Macht des Denkens", Picht cuenta una conversación con Heidegger, que tuvo lugar poco después del fin de la Segunda Guerra, durante un paseo por el bosque, cerca de la casa de Heidegger. En esa oportunidad, Picht le dijo a Heidegger que no encontraba convincente su interpretación de la Alegoría de la Caverna, y le explicó sus razones. La respuesta de Heidegger fue concisa y contundente:

> "Tengo que reconocerle algo: la estructura del pensamiento platónico me resulta completamente oscura (*vollkommen dunkel*)."[3]

Más de veinte años después de la lección sobre el *Sofista*, Heidegger sigue considerando el pensamiento de Platón, en su estructura, como "oscuro", más aún, como "completamente oscuro". Para entonces, la tarea de determinar la ubicación precisa que corresponde a Platón desde el punto de vista ontohistórico ya había sido llevada a cabo. Y esto es lo que tiene en vista, precisamente, la crítica de Picht a la interpretación de la Alegoría de la Caverna propuesta por Heidegger. Por lo mismo, la objeción de Picht era, como él mismo observa, muy grave, ya que, en el caso de Heidegger, de esa precisa manera de comprender a Platón

> "dependía su entera interpretación de la metafísica europea."[4]

---

[3] Cf. Picht (1977) p. 203.
[4] Cf. Picht (1977) p. 203.

3. Platón, Lotze y los comienzos de Heidegger

Ahora bien, en su contribución al volumen conmemorativo Picht cuenta también otra historia derivada de sus conversaciones con Heidegger en los años '40. En este caso, sin embargo, no se trata de Platón, sino de Lotze. En efecto, Picht le habría preguntado a Heidegger qué debía leer para aprender realmente filosofía. La sorprendente respuesta de Heidegger fue en este caso:

"Lea la *Lógica* de Lotze".[5]

Picht compró el libro y lo leyó, pero no podía entender qué podía tener que ver todo eso con la filosofía. Le preguntó entonces cuál era el sentido de una recomendación de lectura tan curiosa. La respuesta de Heidegger fue, una vez más, bastante extraña, pero altamente informativa, desde el punto de vista histórico:

"Quería que se le hiciera claro por todo lo que tuve que atravesar en mi trabajo (*durch was ich mich alles habe durcharbeiten müssen*)."[6]

Picht cree que la referencia a Lotze corresponde a la lección sobre lógica del semestre de invierno de 1925/1926, titulada "Logik. Die Frage nach der Wahrheit", en la cual Heidegger discute detalladamente las concepciones de Lotze y Husserl, y las critica severamente por conducir nuevamente al viejo problema platónico de la "participación" (cf. *Logik* §§ 9-11). A mi modo de ver, es claro, sin embargo, que la indicación de Heidegger se refiere, más bien, a los tiempos en los que trabajaba en la disertación doctoral y luego en el escrito de habilitación, es decir, a la fase más temprana de su primera estancia en Friburgo, antes de comenzar oficialmente su tarea docente. Como muestran con total claridad los escritos académicos mencionados y también el epistolario de la época, Heidegger era entonces un convencido seguidor de la "lógica de la validez", de corte platonizante, elaborada por Lotze, si bien es claro que, desde el comienzo mismo, Heidegger se inclinó más bien hacia la versión de corte aristotelizante que había desarrollado E. Lask, por medio de su reinterpretación en términos hilemórficos de la distinción lotziana entre "ser" (*Sein*) y "validez" (*Geltung*). Lamentablemente, no puedo aportar aquí los numerosos textos que sustentan mi tesis relativa a la existencia de una fase, para nada breve, de entusiasta adhesión a Lotze y Lask.

---

[5] Cf. Picht (1977) p. 201.
[6] Cf. Picht (1977) p. 201.

Pero lo cierto es que el epistolario de la época trae abundante material.[7] Me limito aquí a un único texto, tomado de la disertación doctoral, que resulta importante también para la conexión entre Lotze y Platón:

"Por tanto, el momento idéntico en los procesos judicativos existentes no existe y, sin embargo, está ahí y se hace valer (*macht sich geltend*) incluso con una pujanza (*Wucht*) y una irremovilidad (*Unumstößlichkeit*) frente a las cuales la realidad (*Wirklichkeit*) física sólo puede ser llamada una <realidad> fluyente, inconsistente (*eine fließende, unbeständige*). En consecuencia, tiene que haber, según esto, todavía una forma <diferente> de estar ahí (*Daseinsform*), junto a los modos de existencia (*Existenzarten*) de lo físico, lo psíquico y lo metafísico. Para ella ha encontrado Lotze en nuestro vocabulario alemán la denominación decisiva: junto a un "esto es" („*das ist*") hay un "esto vale" („*das gilt*")[2]. La forma de realidad (*Wirklichkeitsform*) del factor idéntico que se descubre en el proceso del juicio sólo puede ser (...) el valer (das Gelten)" (cf. *LUP* p. 170).

La nota añadida al texto (nota 2) reza:

"Cf. *Logik*, ed. G. Misch, Leipzig 1912, p. 505 ss. Lotze fue conducido a la discusión del valer por el problema del modo de realidad (*Wirklichkeitsweise*) de las Ideas platónicas. Quede aquí sin decidir <la cuestión de> si su ingeniosa interpretación de la Teoría de las Ideas de Platón es históricamente fidedigna" (cf. *LUP* p. 170 nota 2).

La lección sobre lógica del semestre de invierno 1925/1926 ya se pronuncia de modo fuertemente crítico frente a toda forma de "neoplatonismo", sea en la lógica o bien en la filosofía del valor (*Wertphilosophie*). La lógica de la validez de Lotze y su ulterior desarrollo en la forma de una filosofía del valor por parte de Windelband y Rickert son sometidas a severa crítica, entre otras cosas, también por su responsabilidad en haber desviado a Husserl hacia una concepción, fenomenológicamente insostenible, de lo ideal como algo "ante los ojos" (*vorhanden*) y del ser de la verdad como algo ideal. Como es sabido, esta actitud severamente

---

[7] Véase, por ejemplo, la carta a H. Rickert del 14/12/1916, donde Heidegger le comunica su intención de ofrecer un seminario privado sobre la *Metafísica* de Lotze en la versión de 1841. En ese contexto, Heidegger expresa incluso su deseo de llevar a cabo una nueva edición de la obra, con motivo del centenario de Lotze, a celebrarse el 21/05/1917. La nueva edición del texto debía ir precedida de una extensa introducción en la cual se pusiera de relieve el decisivo papel mediador de Lotze en el camino que lleva de Hegel a Windelband (cf. *HRB* p. 34 s.). Lotze juega un papel importante, por extraño que parezca, también en las cartas que Heidegger envía en esos años a su esposa E. Petri. Véase, por ejemplo, las cartas del 27/09/1916 y el 12/05/1918 (cf. *MLS* p. 47 s., 66).

crítica frente la lógica de la validez y la filosofía del valor derivada de ella adquiere expresión nuevamente en *SZ*, y en más de una ocasión (cf. § 21, p. 99; § 33, p. 155 s.). La filosofía neokantiana del valor derivada de Lotze queda caracterizada, ya en el semestre de invierno de 1925/1926, nada menos que como "la estación más extrema de la decadencia de la pregunta por la verdad" (*die äußerste Station des Verfalls der Frage nach der Wahrheit*) (cf. *Logik* § 9 p. 82).

La dureza de esta crítica, articulada de este modo por primera vez a mediados de los años '20, no puede comprenderse cabalmente, desde el punto de vista de su motivación subjetiva, si se deja de lado el hecho de que constituye, entre otras cosas, también una consecuencia remota de la adhesión temprana y bastante prolongada a la distinción lotziano-neokantiana entre "ser" y "validez" o bien entre "ser" y "valor". En todo caso, lo que tenemos ante nosotros a mediados de los años '20, es nada menos que el germen de la conexión intrínseca entre Platón, Lotze y la filosofía del valor, que posteriormente resulta decisiva para la reconstrucción ontohistórica del desarrollo del pensar metafísico. Lotze juega aquí el papel de enlace o término medio entre ambos extremos, a saber: de un lado, Platón mismo y, del otro, el pensamiento en términos de valores de fines del siglo XIX y comienzos del XX, en general, vale decir: no sólo la filosofía del valor neokantiana, sino, ya antes, también Nietzsche. A este punto vuelvo más abajo. Pero antes quisiera mostrar que, en lo que concierne al propio Platón, Heidegger no fijó posición definitiva hasta comienzos de los años '30, sino que dejó abierta todavía, al menos, por un tiempo, la posibilidad de una apropiación completamente diferente de su pensamiento.

4. ¿Platón como aliado secreto? Una oportunidad desperdiciada

Si se busca puntos de partida para una recepción positiva de Platón en el Heidegger temprano, seguramente se pensará, ante todo, en la lección sobre el *Sofista* del semestre de invierno de 1924/1925. Y, efectivamente, hay en ella unos cuantos elementos que podrían valer como rudimentos de una posible apropiación positiva de Platón. Tal es el caso, por ejemplo, donde como contraparte de la orientación básica a partir del λόγος, que Platón comparte con la ontología griega, en general, Heidegger discute la crítica platónica a la escritura y, en estrecha conexión con ella, la tesis del primado del alma, en su carácter de único posible portador de saber (cf. esp. § 54). Algo semejante vale también con el tratamiento de la estructura del λόγος, en el marco de la investigación ontológica sobre el ser y el no ser (cf. esp. § 80). En efecto, se tiene aquí no pocos motivos que, sin fricción y prácticamente sin modificación, quedan posteriormente incorporados en la concepción de *SZ*. Como quiera que sea, no se podrá hablar aquí realmente de algo así como una política de alianza con Platón. Por mucho que se deba reconocer el interés y la productividad filosófica de la confrontación heideggeriana con el *Sofista* de Platón en la lección de 1924/1925, no se podrá ir mucho más allá de la austera constatación de que, en el camino hacia *SZ*, Platón no desempeñó ni remotamente un papel que pudiera compararse con el papel decisivo de Aristóteles y Kant.

Una perspectiva diferente y, por cierto, bastante sorprendente ofrecen las ejercitaciones sobre el *Parménides* de Platón del semestre de invierno de 1930/1931 (cf. *PP*). Se encuentra allí, en efecto, un pasaje breve, pero muy importante, que muestra claramente que Heidegger, no mucho antes del "giro" hacia el pensar ontohistórico, todavía pudo jugar con la idea de estilizar interpretativamente a Platón como su aliado más importante en la lucha contra la hegemonía de la ontología de la presencia (*Vorhandenheit*). Cito el pasaje en dos versiones: primero, la que corresponde a la edición de la *Gesamtausgabe* y luego, a modo de complemento, la que se halla en la versión mecanografiada de los apuntes de clase tomados por H. Marcuse, que, a pesar de ser bastante más detallados, lamentablemente no fueron tomados en cuenta para la edición de la *Gesamtausgabe*. El texto reza como sigue:

a) GA

„11. *Platón, Parménides 156:* τὸ ἐξαίφνης

Una curiosidad, registrada como una *contribución juguetona (spielerisch) de Platón al problema del tiempo* a partir de la concepción (*Vorstellung*) no escrita – [...] en referencia a una determinación temporal (*Zeitbestimmung*).

Todo lo contrario (*dagegen*)! O sea: no hablar de todo esto, tampoco de la pregunta decisiva, la prueba (*Beweis*) interna de *esta* obra. No se ha comprendido. Contexto – todo perdido (*alles Verlorenheit*) y, sin embargo, aquel (*dieser*) [...] <es> él mismo (*selbst*) problemático. Punto y aparte (*da und weg*).

Salir así de ahí en medio (*dadurch mitten hinaus*). Mejor meterse en medio (*mitten hinein*) en el más largo instante (*in den längsten Augenblick*) de un acto del *filosofar* más oculto (*Akt des verdecktesten Philosophierens*). Si esto <ocurre>, entonces se nos acerca desde sí (*aus sich*) en su entero contenido esencial (*in seinem ganzen wesentlichen Gehalt*). Como siempre en la genuina filosofía, desde lo más miserable y manoseado (*vom Ärmlichsten und Abgegriffenen*) <hay> siempre sólo *un* paso (*giro* [Wendung]) hasta lo esencial (ins Wesentliche). Supuesto que toda cosa de lo manoseado (*jedes Ding des Abgegriffenen*) tiene su *gran giro* oculto (*seine verborgene große Kehre*), que deberíamos asumir (*nehmen*), porque <vamos> demasiado rápido de una cosa a otra.

Sobre lo repentino (*Plötzlichkeit*) (no exponer lo repentino y el "instante" [»*Augenblick*«]" (cf. *PP* p. 34).

b) Apuntes de Marcuse

"Lo "ante los ojos" (*Vorhandenes*) no se transforma (*schlägt... um*) por sí (*für sich*) en otra cosa "ante los ojos", lo movido (*Bewegtes*) no <se transforma> en reposo (*Ruhe*) y el reposo en algo movido. ¿Qué <es> entonces <lo que> se transforma? ¡Aristóteles se debatió toda su vida con esta pregunta!

Interrumpimos aquí y damos sólo una indicación más:

Se transforma como ἐξαίφνης. Pero el ἐξαίφνης, decimos, es el tiempo mismo (*die Zeit selbst*). El tiempo no es eternidad (*Ewigkeit*), sino instante (*Augenblick*)...

La tercera parte del „Parménides" es el punto más profundo (*der tiefste Punkt*) hasta el cual haya avanzado jamás la metafísica occidental. Es la incursión más radical (*der radikalste Vorstoß*) en el problema de ser y tiempo, una incursión que no fue recogida (*aufgefangen*) luego (por Aristóteles), sino rechazada (*abgefangen*)" (cf. *PPM* p. 15).[8]

Si se toma conjuntamente ambas versiones, resulta claro que en la discusión platónica del ἐξαίφνης, es decir, el "de repente", Heidegger pretende descubrir una indicación hacia una concepción del ser que se separa decididamente de la identificación de ser y presencia (*Vorhandenheit*), que sería habitual en la ontología griega. En efecto, en la tercera parte del *Parménides* Platón intenta pensar el ser como μεταβολή, es decir, como "cambio" o "transformación", y ello a partir del ἐξαίφνης. De este modo, Platón logra superar desde dentro, siquiera parcial y episódicamente, la concepción del ser característica de la metafísica occidental, que se orienta a partir de la eternidad como forma más alta del tiempo y, con ello, también del ser. Es aquí, pues, donde se perfila ya en Platón un "gran giro" (*große Kehre*) del pensar, para cuya consumación haría falta todavía *un solo* paso más. Ahora bien, ¿puede decirse que Platón haya dado de algún modo ese paso absolutamente decisivo, con el cual quedaría consumado el "giro" hacia lo esencial? La respuesta de Heidegger es negativa: con su discusión del ἐξαίφνης Platón ciertamente ha penetrado mucho más decididamente que toda la tradición metafísica, incluido Aristóteles, en el problema de la vinculación entre ser y tiempo, pero, de todos modos, no se puede hablar en su caso de una genuina y definitiva superación de la concepción del ser que caracteriza a la metafísica. En concordancia con esta constatación de carácter crítico, ya en la lección sobre Platón del semestre de invierno de 1931/1932 (cf. *WWP*), Heidegger presenta una primera versión de la pregnante interpretación de la Alegoría de la Caverna, que posterior-

---

[8] A la existencia y la importancia de los apuntes de Marcuse, especialmente, con referencia a la problemática del ἐξαίφνης había hecho referencia, ya en 2007, J. Backman, en un importante trabajo. Véase Backman (2007). Para una elaborada discusión de la interpretación heideggeriana del *Parménides*, véase ahora también González (2019).

mente iba a hacerse famosa, a partir la publicación del escrito "Platons Lehre von der Wahrheit" en 1940 (cf. *PLW*). Es este escrito, precisamente, al que se refiere Picht con su observación crítica de mediados de los años '40.

Si se tiene en cuenta este cuadro evolutivo de conjunto, todo indica, a mi modo de ver, que respecto de Platón, en el lapso que va desde las ejercitaciones sobre el *Parménides* del semestre de invierno de 1930/1931 hasta la lección sobre Platón del semestre de invierno de 1931/1932, Heidegger estuvo enfrentado, al menos, teóricamente, a la disyuntiva entre dos posibilidades de interpretación opuestas, entre las cuales debía decidirse, a saber: por un lado, Platón como una suerte de aliado secreto en la crítica a la ontología de la presencia y la metafísica tradicional y, por otro, Platón como el introductor de la reinterpretación de la ἀλήθεια como corrección del representar y, con ello, también como el primer representante del platonismo, en el sentido tradicional de la expresión. Si Heidegger hubiera tenido en vista una política de alianza con Platón del tipo de la que había puesto a prueba en los años '20 con Aristóteles y con Kant, entonces se habría decidido, sin duda, por la primera posibilidad. En tal caso, habría podido contraponer el Platón "posible", que la metafísica tradicional habría desconocido por completo, al Platón "realmente existente", es decir, el Platón de la tradición metafísica. A comienzos de los años '30, Heidegger se hallaba, sin embargo, en una situación completamente diferente con su propio pensamiento, pues iba ya decididamente de camino hacia el pensar ontohistórico. Por lo mismo, tuvo que decidirse por la segunda posible interpretación, ya que sólo una interpretación de ese tipo podía resultar funcional con vistas a la ubicación ontohistórica de Platón, tal como se lleva a cabo tras el "giro".

Desde el punto de vista histórico-evolutivo, el paradójico resultado de la falta de un intento previo de alianza con Platón es doble y ambivalente: por un lado, a diferencia de lo que ocurre con Aristóteles y Kant, en el caso de Platón Heidegger no se vio necesitado tras el "giro" de llevar a cabo una autocorrección expresa, puesto que no había producido previamente una interpretación de Platón que luego tuviera que descartar retrospectivamente como "históricamente incorrecta"; por otro lado, esta no necesidad de enmienda fue el resultado de que Heidegger sólo se confrontó con el Platón "posible" episódicamente y, en todo caso, demasiado tarde, esto es, cuando él mismo se había internado ya por el camino que lleva hacia el pensar ontohistórico. Por ello, ya no estaba en condiciones de acoger de modo positivo y de desarrollar creativamente los puntos de partida para una interpretación completamente diferente de Platón que él mismo había logrado detectar.

5. Platón y platonismo tras el "giro"

La "nueva" interpretación de Platón que caracteriza el pensamiento heideggeriano posterior al "giro" aparece ya con toda claridad en la famosa lección del semestre de verano de 1935 titulada "Einführung in die Metaphysik", y ello con todos los elementos que hacen posible la precisa ubicación ontohistórica de Platón que, al menos, desde *Beiträge* cuenta como vinculante y que posteriormente ya no es sometida a revisión en lo esencial. En el marco de tal interpretación Platón pasa por ser el genuino fundador del platonismo históricamente existente y éste, a su vez, como la fuente del pensar metafísico. En su desarrollo posterior, que debe verse como la realización necesaria de sus propias posibilidades esenciales, el pensar metafísico lleva, a través de la metafísica creacionista del Medioevo, Descartes y Kant, al pensamiento de los valores del siglo XIX, incluido Nietzsche, y desde allí, finalmente, al pensamiento puramente calculador, que alcanza su pleno despliegue y su dominio irrestricto en la constelación epocal de la técnica planetaria. Todo este desarrollo debe ser comprendido, por tanto, en su contenido nuclear como el genuino despliegue y la verdadera realización del platonismo.

Naturalmente, esta construcción histórica, dentro de la cual una precisa ubicación ontohistórica de Platón resulta irrenunciable, no logró convencer a platonistas como Picht. Tampoco ha tenido gran eco, como nadie ignora, en la investigación platónica contemporánea, en todo caso, no un eco positivo. Si se compara con el considerable efecto que tuvo la confrontación interpretativa que Heidegger llevó a cabo con Aristóteles y con Kant, se constata de inmediato que la recepción de la interpretación heideggeriana de Platón resultó ser mucho menos favorable, comenzando ya por los propios discípulos de Heidegger. Como se sabe, igual que en el caso de Picht, también en el caso de H.-G. Gadamer se encuentra un intento expreso por corregir o bien relativizar la interpretación de Platón propuesta por Heidegger.[9] Sin embargo, la seguramente primera confrontación crítica de gran escala con la interpretación heideggeriana de Platón, que apunta expresamente a una suerte de rehabilitación ontohistórica de Platón y el llamado "Spirit of Platonism", fue entregada a comienzos de los años '90 por S. Rosen, quien cuestiona y critica severamente en intento de Heidegger de situar a Platón y Nietzsche en una misma línea de desarrollo.[10] Pero tampoco allí donde, en la investigación platónica más reciente, se trata de hallar caminos que hicieran posible un diálogo genuino y productivo entre Heidegger y Platón,[11] la ubicación

---

[9] Para este punto, véase, por ejemplo, Gadamer, *SP* y *Plato*. Sobre el distanciamiento de Gadamer respecto de Heidegger en lo concerniente a Platón, véase también Pöggeler (1997).

[10] Véase Rosen (1993).

[11] En este punto véase, sobre todo, González (2009).

ontohistórica de Platón llevada a cabo por Heidegger se considera como vinculante o siquiera como fuente de posibilidades positivas de interpretación.[12] Algo semejante ocurre allí donde se tiene intentos de establecer un puente entre Platón y Heidegger, desde el punto de vista sistemático y, más precisamente, en el ámbito de la teoría del conocimiento: tampoco en este caso es la interpretación ontohistórica de Platón propuesta por Heidegger la que provee los necesarios puntos de partida. Es, más bien, la rehabilitación heideggeriana del saber disposicional, en la forma del saber práctico y el poder consciente, tal como se lleva a cabo en el marco de la ontología fundamental de *SZ*, la que hace posible aquí una fructífera recuperación y continuación de motivos centrales de la concepción platónica del saber, y ello, en el preciso sentido del llamado "giro práctico" de la teoría del conocimiento contemporánea. Así ocurre en el caso de W. Wieland y, de modo sistemáticamente más elaborado, también en el de R. Enskat.[13]

Por muy interesantes y filosóficamente prometedores que puedan ser en diversos sentidos tales aspectos de la compleja relación de Heidegger y Platón, no puedo detenerme aquí en ellos. Me limito, pues, exclusivamente al lado filológico e histórico-evolutivo de la cuestión, y especialmente a una pregunta muy concreta, a saber: la de cómo llegó Heidegger propiamente a su interpretación ontohistórica de Platón. En este punto, quisiera, ante todo, ratificar la tesis ya mencionada al comienzo, según la cual, en el "giro" hacia el pensamiento ontohistórico, se reactivan motivos que remontan en su origen a la temprana asociación y tendencial identificación o fusión de la concepción platónica de las Ideas con la lógica de la validez lotziana y la filosofía neokantiana del valor que deriva de ella.

Si se echa un vistazo al papel que juega Platón en la lección titulada "Einführung in die Metaphysik" del semestre de verano de 1935 (cf. *EM*), se advierte de modo inmediato que es precisamente la vinculación interna de Platón y el pensamiento de los valores la que ha adquirido aquí nuevamente un carácter determinante. Naturalmente, en el contexto de la lección también juega un papel importante la concepción platónica y aristotélica del λόγος, considerada como una primera forma decadente de una determinación supuestamente más originaria del λόγος como el "revelar que reúne" (*sammelndes Offenbarmachen*), la cual quedaría documentada, sobre todo, en Heráclito.[14] Sin embargo, es el papel decisivo de

---

[12] Para la posibilidad de un diálogo productivo entre Heidegger y Platón, véase también los trabajos reunidos en Partenie – Rockmore (2005). Para la confrontación de Heidegger con Platón, véase también Ciccarelli (2002); Le Moli (2002); Petkovšek (2004); Cimino (2005).

[13] Véase Wieland (1982); Enskat (2005).

[14] Cf. *EM* p. 130: "Aquí se puede plantear la sencilla pregunta: ¿de dónde puede haber recibido la palabra λέγειν, reunir, el significado de revelar (desocultar), en oposición al encubrir, si no es en razón de su relación esencial con λόγος en el sentido de φύσις? El imperar que se muestra saliendo a la luz (*das aufgehend sich zeigende Walten*) es el desocultamiento (*Unverborgenheit*). Según esta relación, λέγειν significa establecer (*her-stellen*) lo desoculto como tal, el ente en su desocultamiento. Así, el

Platón, por así decir, como fuente originaria del pensamiento de los valores el que pasa a ocupar aquí el centro de la atención. Así lo muestra, sobre todo, la sección relativamente breve sobre "ser y deber" (*Sein und Sollen*) ubicada al final de la lección (cf. *EM* p. 149-157). Es aquí donde la concepción platónica del ser como Idea y de la Idea del Bien como la Idea suprema la que es puesta expresamente en conexión directa con la filosofía neokantiana del valor, a la que se somete a severa crítica. En el pensamiento de los valores, como es sabido, el deber queda contrapuesto al ser. Tal contraposición remontaría en su origen a la determinación platónica del Bien como situado ἐπέκεινα τῆς οὐσίας, es decir, "más allá del ser":

"Así como el ser está fundado en el pensar, así también sobrepasado por el deber. Esto quiere decir: el ser ya no es lo que concede la medida (*das Maßgebende*). Sin embargo, es Idea, ¿Modelo? (*Vorbild*). Pero las Ideas, precisamente en razón de su carácter de modelo, ya no son lo que concede la medida. En efecto, en tanto aquello que da aspecto (*Aussehen*) y es ello mismo en alguna medida ente (*seiend*), la Idea exige a su vez, como tal ente, la determinación de su ser, es decir, nuevamente un aspecto. La Idea de las Ideas, la Idea suprema es, según Platón, la ἰδέα τοῦ ἀγαθοῦ, la Idea del Bien.

El »Bien« no significa aquí lo moralmente ordenado, sino lo eficaz (*das Wackere*), que proporciona aquello <otro> y que puede proporcionar lo que corresponde. Lo ἀγαθόν es lo que opera como patrón de medida (*das Maßstäbliche*), en tanto aquello que por primera vez concede al ser la capacidad (*Vermögen*) de esenciar (*wesen*) él mismo como ἰδέα, como modelo. Lo que concede tal capacidad es lo que es capaz de modo primario (*das erste Vermögende*). Pero, en la medida en que las Ideas constituyen el ser, οὐσία, la ἰδέα τοῦ ἀγαθοῦ, la Idea suprema, está ἐπέκεινα τῆς οὐσίας, más allá del ser (...) La Idea suprema es el arquetipo (*Urbild*) de los modelos" (cf. *EM* p. 149 s.).[15]

λόγος tiene no sólo en *Heráclito*, sino también en *Platón* el carácter del δηλοῦν, del revelar. *Aristóteles* caracteriza el λέγειν del λόγος como ἀποφαίνεσθαι, traer-a-la-mostración (*zum-sich-zeigen-bringen*) [cf. *Sein und Zeit* § 7 y § 44]. Esta caracterización del λέγειν como desocultar y revelar testimonia tanto más fuertemente en favor de la originariedad de esta determinación, cuanto que precisamente en *Platón* y *Aristóteles* comienza ya la decadencia (*Verfall*) de la determinación del λόγος, por medio de la cual se hace posible la lógica. De allí en más, es decir, desde hace dos milenios, estas relaciones entre λόγος, ἀλήθεια, φύσις, νοεῖν e ἰδέα han quedado escondidas en lo incomprensible y encubiertas."

[15] En el marco del intento por continuar la concepción de *SZ*, a fines de los años '20 Heidegger había explorado todavía caminos muy diferentes para una apropiación positiva del ἐπέκεινα τῆς οὐσίας platónico. Así, por ejemplo, en la lección del semestre de verano de 1927, el ἐπέκεινα τῆς οὐσίας es puesto en conexión con la temporalidad originaria (cf. *Grundprobleme* § 20 esp. p. 404). De modo semejante, en el escrito sobre la esencia del fundamento de 1929 el ἐπέκεινα τῆς οὐσίας es comprendido como una referencia expresa a la trascendencia del *Dasein* (cf. *WG* esp. p. 160).

La filosofía del valor, tal como se la conoce desde mediados del siglo XIX, es decir, desde Lotze, debe ser vista, según Heidegger, como resultado de una interpretación de la concepción platónica, que, si bien no es la única posible, tampoco carece de fundamento. Sin embargo, desde la perspectiva del pensamiento onto-histórico, el desarrollo entero que desde Platón conduce a través de toda la tradición metafísica hasta el pensamiento de los valores del siglo XIX está intrínsecamente vinculado con un creciente olvido del ser, en la medida en que el dominio de la ontología de la presencia se profundiza y amplía progresivamente. Así, la confusión y el desarraigo ontológicos no sólo se hacen más agravan, sino que llegan a ser extremos:

"Algo así como el deber (*Sollen*) sólo puede irradiar de aquello que eleva por sí mismo tal pretensión, de aquello que tiene un *valor*, *es* ello mismo un *valor*. Los valores en sí se convierten ahora en fundamento (*Grund*) del deber. Pero, dado que los valores se contraponen al ser del ente en el sentido de los hechos (*Tatsachen*), no pueden ellos mismos *ser*. Se dice por tanto <que> valen (*gelten*). Los valores son lo que concede la medida (*das Maßgebende*) para todos los ámbitos del ente, es decir, de lo "ante los ojos". La historia no es otra cosa que realización de valores (*Verwirklichung von Werten*).

Platón concibió el ser como Idea. <La> Idea es modelo (*Vorbild*) y, como tal, también <lo que> concede la medida (*maßgebend*). ¿Qué puede estar más a la mano que comprender las Ideas de Platón en el sentido de valores e interpretar el ser del ente desde aquello que vale?

Los valores valen. Pero validez (*Geltung*) recuerda todavía demasiado a valer para un sujeto. Para prestar nuevamente sustento al deber, elevado a los valores, se atribuye a los valores mismos un <cierto> ser. Aquí ser no significa, en el fondo, ninguna otra cosa sino <la> presencia de lo "ante los ojos" (*Anwesen von Vorhandenem*). Sólo que este <último> no es está presente de modo tosco y tan a la mano como las mesas y las sillas. Con el ser de los valores se alcanza el máximo de confusión (*Verwirrung*) y desarraigo (*Entwurzelung*)" (cf. *EM* p. 151).

Como se vio, la dura crítica de Heidegger a la lógica de la validez y la filosofía del valor derivada de ella adquiere expresión de modo inequívoco, por primera vez, en la lección del semestre de verano de 1925.[16] Es retomada nuevamente en

---

[16] Véase *Logik* § 9 p. 79: "Pero, precisamente por causa de esta conexión con la gran tradición de la filosofía antigua, validez (*Geltung*) se ha convertido hoy para la lógica en una palabra mágica (*Zauberwort*): no sólo para la lógica, se habla igualmente de validez ética y estética (validez alógica) – de modo completamente paralelo a las pretensiones del psicologismo de comprobar todos los comportamientos (*Verhaltungen*): teóricos, prácticos, artísticos y objetivos en su legalidad, norma y determinación. Pero, en el fondo, esta palabra mágica 'validez' es un ovillo de confusiones, desconcierto y dogmatismo."

la lección del semestre de verano de 1935 y luego profundizada en su alcance ontohistórico, como puede verse claramente a partir de un conocido pasaje de la "Carta sobre el humanismo" de 1946:

"El extravagante empeño por probar la objetividad de los valores no sabe lo que hace. Cuando se proclama a »Dios«, sin más, como el »valor supremo« (*den höchsten Wert*), ello es una degradación (*Herabsetzung*) de la esencia de Dios. El pensar en <términos de> valores (*das denken in Werten*) es aquí y por doquier la mayor blasfemia (*die größte Blasphemie*) que se pueda pensar respecto del Ser. Por tanto, pensar contra los valores (*gegen die Werte denken*) no quiere decir batir tambores por la falta de valor (*Wertlosigkeit*) y la nulidad (*Nichtigkeit*) del ente, sino que significa: contra la subjetivización del ente (*Subjektivierung*) como mero objeto traer ante el pensar el claro de la verdad del Ser (*die Lichtung der Wahrheit des Seins*)" (cf. *BH* p. 349).[17]

Ahora bien, la construcción de conjunto "Platón (platonismo) – metafísica – pensamiento de los valores", tal como es presentada en la lección del semestre de verano de 1935, provee la base en la que se apoya inmediatamente la ubicación ontohistórica de Platón, que luego se asume de modo vinculante. Tal ubicación se lleva a cabo de modo expreso en *Beiträge*, obra compuesta entre 1936 y 1938, a través del expediente consistente en insertar la concepción platónica del ser como Idea en el marco de la hermenéutica de los dos comienzos presentada en la obra, y ello, naturalmente, en lugar prominente. Cito aquí un único pasaje que basta para documentar hasta qué punto la historia entera del pensar metafísico, hasta Nietzsche inclusive, se comprende ahora como la historia de la hegemonía de un platonismo que se despliega y se transforma:

"17. En estas reflexiones se trata (*es gilt*) (...) únicamente de la historia del tratamiento de la pregunta directriz (*Leitfragenbehandlung*) bajo la hegemonía esencial (*der wesentlichen Herrschaft*) del platonismo, junto con la tarea del pase (*Zuspiel*) del

---

[17] La enérgica condena de la extensión del pensamiento de los valores al ámbito de la teología, tal como queda expresada en la "Carta sobre el humanismo", remonta originalmente a un pasaje de la lección del semestre de verano de 1925. Véase *Logik* § 9 p. 84: "Según Windelband, lo sagrado (*das Heilige*) no es, ciertamente, un valor independiente (*selbstständiger Wert*) – decir algo así hacia 1900 y antes de la guerra sería arriesgado. Pero, dado que ahora, desde la guerra, el mundo se ha vuelto muy religioso e incluso se organizan congresos mundiales, al modo de la Asociación Internacional de Químicos o de Meteorólogos, ya puede uno arriesgarse a decir que la religión sería también un valor, e incluso no se para uno ahí, sino que –presumiblemente, las opiniones se vuelven más profundas– Dios es un valor e incluso el valor supremo. Pero esta proposición es una blasfemia, que no resulta mitigada por el hecho de que teólogos la proclamen como verdad última. Todo esto sería cómico, sino no fuera profundamente triste, porque muestra que uno ya no filosofa desde las cosas, sino desde los libros de sus colegas."

primer al segundo comienzo. Según esto, platonismo <es> el concepto de aquella pregunta por el Ser que pregunta por la entidad del ente (*nach der Seiendheit des Seienden*) y que pone el Ser así concebido en relación con el re-presentar (pensar) (...)

18. Esta historia se complementa de modo esencial por medio de la puesta de relieve de la historia de la ἀλήθεια, su prematuro derrumbe, reconfiguración en ὁμοίωσις; y *adaequatio*, y desde ahí en *certeza* (*Gewißheit*). Esta historia conduce luego al correspondiente desconocimiento de la pregunta por la verdad (*Wahrheitsfrage*); finalmente, en Nietzsche sólo <queda> todavía la pregunta por el valor (*Wert*) de la verdad, una pregunta genuinamente *platonizante* (!)" (cf. *Beiträge* § 110 p. 216).

5. Observación final

El "giro" hacia el pensar ontohistórico tiene como consecuencia que la ubicación de autores como Platón, Aristóteles y Kant en el marco de la tradición metafísica queda determinada de un modo nuevo y es valorada de un modo diferente. En el caso de Aristóteles y Kant, que en el camino hacia *Sein und Zeit* habían jugado un papel central como interlocutores filosóficos y como supuestos aliados, el cambio de perspectiva vinculado al "giro" trae consigo incluso la retirada expresa de intentos de interpretación detallados y reiterados, que habían sido proyectados y ejecutados en el marco de una política de alianzas que luego se hizo obsoleta.

En el caso de Platón, que no había jugado un papel semejante antes del "giro", no fue necesaria una retractación y una autocorrección de tal tipo, aunque no deja de ser cierto que el "giro" hacia el pensar ontohistórico estuvo asociado con el abandono de puntos de partida que Heidegger tuvo en vista hasta poco antes del "giro" y que apuntaban a la posibilidad de una apropiación completamente diferente, de carácter positivo, del pensamiento platónico. El abandono del Platón "posible" en favor del Platón "realmente existente" en la tradición metafísica se llevó a cabo, a comienzos de los años '30, de modo más bien silencioso. Pero era inevitable, ya que la ubicación ontohistórica de Platón, como se la conoce tras el "giro", sólo podía tener lugar sobre la base de una interpretación que hace valer al propio Platón como el genuino fundador del platonismo. Naturalmente, tal ubicación ontohistórica de Platón no era un fin buscado por sí mismo, sino que estuvo, desde el comienzo, al servicio de la concepción de conjunto que Heidegger desarrolla en *Beiträge* al hilo de la hermenéutica de los dos comienzos. En ese preciso marco, una recuperación de la temprana asociación o incluso fusión de Platón y el platonismo con el pensamiento de los valores se ofrecía poco menos que como obvia.

Como nadie ignora, el "giro" hacia el pensar ontohistórico trae necesariamente consigo una despedida definitiva de toda posible forma de platonismo.

Pero, en el caso de Heidegger, tal despedida sólo resultaba posible por medio de un regreso poco promisorio a la cuestionable imagen de Platón que se había forjado en sus comienzos. Que tal regreso debe ser visto, a la vez, como expresión de un persistente desconcierto frente a Platón es cosa que Heidegger mismo ha concedido con total franqueza.

Estudio 12
Heidegger en torno a la conexión entre φύσις y ἀλήθεια.
Apuntes para una reconsideración crítica

1. Introducción

Lo que me propongo llevar a cabo a continuación es un intento de reconstrucción del modo en el que Heidegger llega a su peculiar interpretación de la conexión entre φύσις y ἀλήθεια, que constituye un elemento clave de la "hermenéutica de los dos comienzos" presentada en *Beiträge zur Philosophie* (cf. *Beiträge*) y que juega de allí en más un papel importantísimo en el marco del "giro" (*Kehre*) que da lugar al "pensar ontohistórico" (*seinsgeschichtliches Denken*). En esta ocasión mi discusión del asunto tendrá un carácter marcadamente histórico-filológico, porque, además de intentar aportar a una mejor comprensión del desarrollo interno del pensamiento heideggeriano, apunta también a hacer posible una evaluación crítica de la plausibilidad de construcción interpretativa elaborada por Heidegger.

El marco más amplio en el que se inscribe mi interés por el tema que abordaré hoy viene dado por el intento de lograr mayor claridad sobre aspectos centrales del pensamiento de Heidegger y su evolución, en la importantísima fase de gestación que va desde los trabajos del que llamo "período de transición", entre 1927 y 1930, hasta el "giro" hacia el "pensar ontohistórico", tal como éste irrumpe de modo más o menos oficial a mediados de los años '30. Tiene lugar en estos años un acelerado proceso de profundización y radicalización de la posición alcanzada en *Sein und Zeit* (cf. *SZ*) que conduce a lo que puede llamarse la "transformación eventualista-kairológica" de la aleteiología. En trabajos precedentes he ofrecido una discusión aspectos de dicho proceso de profundización y radicalización, tal como éste puede reconstruirse en la secuencia de escritos que va desde *Sein und Zeit* hasta el escrito *Von Wesen der Wahrheit* de 1930 (cf. *WW*), pasando por la lección *Die Grundbegriffe der Metaphysik* del semestre de invierno 1929/1930 (cf. *GBM*) y el escrito *Vom Wesen des Grundes* de 1929 (cf. *WG*).[1]

Sin entrar en mayores complicaciones creo que se puede distinguir cuatro estaciones en el mencionado proceso. La primera de ellas corresponde a la radicalización de la problemática de la verdad llevada a cabo en *SZ*, sobre la base de toda una serie de intentos precedentes realizados en la prolongada etapa de gestación de la obra. El interés central de Heidegger se concentra aquí en el rescate de un concepto esencialmente manifestativo de la verdad, tal como aquel al que apunta,

---

[1] Para una elaboración más amplia de la línea de interpretación aquí presentada, véase esp. Vigo (2003).

según Heidegger, la noción griega de ἀλήθεια y, a una con ello, en la reconducción de la verdad, a través de los diversos estratos de la experiencia antepredicativa, hasta sus raíces últimas en el "estado de abierto" (*Erschlossenheit*) del *Dasein*, poniendo de manifiesto así el carácter derivativo y, por tanto, no autosustentado de la verdad proposicional. Sobre esta base, una segunda estación, que está representada por la lección de 1929/1930, corresponde a la profundización en los presupuestos del enunciado en el ámbito de lo "prelógico" (*vorlogisch*), con la puesta de relieve de los momentos de 1) el "ser libre" (*Frei-sein*) del *Dasein*, en cuanto "trascendente", 2) la coapertura de un plexo total total de significación, a la que Heidegger denomina aquí la "complementación" o "totalización" (*Ergänzung*); y 3) la "revelación" (*Enthüllung*) del ente intramundano al que se refiere el enunciado, en su ser de tal o cual manera (cf. *GBM* esp. § 73 p. 492-507). En una tercera estación, que corresponde al escrito sobre la esencia del fundamento de 1929, Heidegger enfatiza de modo mucho más marcado los aspectos referidos al papel fundamental que corresponde al trascendente "ir más allá" del ente en dirección del mundo, en la posibilitación de la verdad óntica como manifestación del ente mismo. La trascendencia del *Dasein* queda redescripta ahora ella misma en términos de libertad, a saber: como libertad *del* "ente intramundano" *para* el "mundo" (*Welt*), en su función de medida del ente intramundano, y para el "ser" (*Sein*) mismo, tal éste como queda abierto en la comprensión (pre)ontológica. Con ello queda puesto de manifiesto, a la vez, el papel posibilitante de la "verdad ontológica" (*ontologische Wahrheit*) respecto de toda posible "verdad óntica" (*ontische Wahrheit*). Esta "bifurcación" óntico-ontológica, que pertenece a la esencia misma de la verdad, es puesta en directa conexión con la "diferencia ontológica" (*ontologische Differenz*), cuyo fundamento se retrotrae, en último término, a la trascendencia misma del *Dasein* (cf. *WG* esp. p. 129-132). La cuarta estación, en la que el proceso de profundización y radicalización de la aleteiología culmina en su transformación eventualista-kairológica corresponde al escrito sobre la esencia de la verdad de 1930. Aquí alcanza Heidegger la posición desde la cual para consumar el "giro" hacia el pensar ontohistórico media, por así decir, tan solo un paso. En efecto, Heidegger no se limita ahora a buscar el fundamento de la verdad en la trascendencia, caracterizada como libertad, sino que, desde una perspectiva de análisis diferente, piensa a ésta última como fundada, a su vez, en una dimensión más profunda de la verdad misma, de carácter esencialmente histórico y eventualista. Pensada por referencia al modo en que tiene lugar en cada caso la venida a la presencia del ente *en su totalidad*, la verdad aparece así esencialmente vinculada a la historia como acontecer (*Geschichte*), un acontecer que no es reductible al hacer o no-hacer del hombre, sino que lo trasciende y, en cierto modo, lo determina. Los diferentes momentos en el acontecer de la verdad, tal como tiene lugar en y a través del imperar de un cierto mundo históricamente determinado, quedan documentados en las sucesivas determinaciones del ser del ente en su totalidad, que están consignadas en la historia de la metafísica o, de modo más amplio, del pensamiento filosófico, desde sus más remotos orígenes griegos (cf. *WW* esp. p. 185-188).

Pues bien, es en este preciso contexto de consideración donde aparece de modo expreso la referencia de Heidegger a lo que sería la originaria determinación griega del ser como φύσις, en el sentido del "brotar" o "surgir" que viene y deja venir a la presencia. En la versión original del texto del escrito de 1930, la referencia ocurre poco menos que al pasar (cf. p. 187). Sin embargo, es justamente este aspecto es el que el propio Heidegger destaca en el párrafo inicial de la nota final del texto agregado con ocasión de la segunda edición publicada en 1949. En efecto, Heidegger remite allí expresamente a la noción de "historia del ser" (*Geschichte des Seyns*), y enfatiza la esencial pertenencia del momento de la sustracción ocultante (*der verbergende Entzug*) al ser mismo, pensado a partir de la ἀλήθεια (cf. p. 199). Naturalmente, lo que se tiene aquí es una retroproyección al escrito de 1930 de elementos centrales de la concepción ontohistórica elaborada desde mediados de los años '30 en adelante. Veamos ahora cuál es el contexto más amplio en el que se inscribe el intento de Heidegger por establecer una conexión intrínseca entre φύσις y ἀλήθεια.

2. La retirada ontohistórica hacia los presocráticos

Se ha observado con frecuencia que, en el marco del pensamiento ontohistórico, tiene lugar lo que podría caracterizarse como un doble movimiento de "retirada", por no decir de "huida", en el intento por lograr desmarcarse de la matriz principal del pensamiento metafísico tradicional, a saber: por un lado, hacia la poesía, en particular, la de poetas alemanes como R. M. Rilke, G. Trakl y, sobre todo, ya desde mediados de los años '30, F. Hölderlin; por otro, hacia los pensadores de la tradición presocrática, en particular, Heráclito y Parménides, pero también, aunque de modo más ocasional, Anaximandro. No resulta difícil ni muy aventurado establecer una conexión de cada una de esas "retiradas" con la hermenéutica de los dos comienzos, tal como aparece, sobre todo, en la concepción de *Beiträge*: la "retirada hacia los poetas", en particular, Hölderlin, parece estar vinculada, sobre todo, con el motivo de la preparación meditativa del "nuevo comienzo", que, a juicio de Heidegger, como se sabe, sólo puede proceder de Alemania; por su parte, la "retirada hacia los presocráticos" se vincula, en cambio, con la tarea de repensar meditativamente el "primer comienzo", desde su trasfondo histórico más profundo, tarea que, por lo demás, es ella misma un momento imprescindible de la preparación meditativa del "nuevo comienzo". No me pronunciaré aquí sobre la pertinencia filosófica de esta construcción interpretativa, ni haré referencia tampoco a los aspectos vinculados, de modo más específico, con el intento de incorporar en la preparación del "nuevo comienzo" la meditación de la poesía alemana, en particular, la de Hölderlin, a quien Heidegger, como se sabe, concede un lugar especialísimo, al considerarlo como "el poeta del poeta". Me limitaré, pues, exclusivamente a los motivos vinculados con la retirada hacia los presocráticos y ofreceré sólo unas pocas consideraciones de carácter orientativo, con la intención de precisar un poco mejor su motivación y su alcance.

Una primera consideración, de carácter más general, tiene que ver con el impacto hermenéutico que produce el giro hacia el pensar ontohistórico, en particular, en lo que concierne a la necesidad de proceder a un adecuado emplazamiento de las concepciones de Platón y Aristóteles, con arreglo al marco general provisto por la hermenéutica de los dos comienzos.[2] Como es natural, la retirada hacia los presocráticos no puede comprenderse más que por referencia al marco provisto por el giro hacia el pensar ontohistórico. Sin embargo, esta constatación es todavía demasiado general. De modo más específico, hay que hacer referencia aquí a una convicción a la que Heidegger llega en los años '30, con toda probabilidad, ya a comienzos de la década, y que trae como consecuencia una drástica reformulación de la política de alianzas a la que se había atenido hasta entonces su intento por entrar en un diálogo productivo con los autores de referencia más importantes de la tradición metafísica. Aunque su operatividad se pone de manifiesto claramente ya desde bastante antes, dicha convicción se hace expresa del modo más nítido en una reflexión contenida en *Besinnung*, la obra de 1938-1939, que puede verse como una suerte de complemento de *Beiträge*. En efecto, en el marco de una consideración referida específicamente al caso de Kant y su propio intento de interpretarlo, desde su redescubrimiento en 1925 hasta el *Kant-Buch* de 1929 (cf. *Kant*), en términos de la concepción elaborada en *SZ*, Heidegger señala que no es posible superar la metafísica desde la metafísica misma, de modo tal que resulta vano el intento de "hacer visible la meta-metafísica", buscando para ello puntos de partida en los representantes más característicos del pensamiento metafísico mismo (cf. *Besinnung* § 109 p. 377). Aunque se trata aquí del caso particular de Kant (cf. también *Beiträge* § 134 p. 253 s.; *Besinnung* § 20 p. 88 s.), también en el caso de Aristóteles, su aliado preferente entre 1921 y 1925, Heidegger produce una retractación comparable y declara nada menos que superado y eliminado todo lo que había podido producir la tarea interpretativa llevada a cabo en esos años, mientras que la tarea que queda hora por delante, desde la perspectiva propia de la hermenéutica de los dos comienzos, es completamente diferente: consiste en interpretar a Aristóteles como el "primer cierre del primer comienzo" de la filosofía occidental (cf. *Besinnung*, "Ein Rückblick auf den Weg", p. 420 ss.). Por su parte, en el caso de Platón, Heidegger nunca llegó a sellar una alianza del

---

[2] Para una discusión de conjunto del modo en el que el giro hacia el pensar ontohistórico impacta sobre la interpretación de Platón, Aristóteles y Kant, véase Estudio 5.

tipo de la que buscó mantener con Aristóteles y Kant, en el camino que va desde la etapa de gestación de *SZ* hasta fines de los años '20. Más allá de alguna observación sin ulteriores consecuencias contenida en el seminario sobre el *Parménides* del semestre de invierno de 1930/1931 (cf. *PP*), lo cierto es que Platón es visto desde comienzos de los años '30, tal como lo muestra la famosa interpretación de la Alegoría de la Caverna en la lección del semestre de invierno de 1931/1932 (cf. *WWP*), como el verdadero iniciador de la reinterpretación reductiva de la verdad, entendida originariamente como ἀλήθεια, en términos de mera corrección del representar. En consonancia con ello, en el marco de la hermenéutica de los dos comienzos se presenta a Platón y Aristóteles como protagonistas principales en la crisis de la historia de la verdad como ἀλήθεια, en la medida en que marcan, por así decir, el punto de transición entre su último resplandor y su completo desmoronamiento (cf. *Beiträge* § 211). Dentro del nuevo marco interpretativo elaborado con arreglo a la hermenéutica de los dos comienzos, que se mantiene con pocos cambios desde mediados de los años '30 hasta fines de los años '50, por lo menos, la retirada hacia los presocráticos toma, pues, la forma de un intento por rastrear algo así como una experiencia originaria de la ἀλήθεια, en el sentido radicalizado que hace referencia a la "verdad del ser" (*Wahrheit des Seyns*), una experiencia que no esté lastrada todavía por el pensar metafísico al que dan lugar Platón y Aristóteles.

Una segunda consideración concierne, de modo más específico, a lo que puede llamarse el descubrimiento o redescubrimiento de la φύσις, en su sentido supuestamente originario. Como se vio ya, tal (re)descubrimiento tiene lugar en el marco de la transformación eventualista-kairológica de la aleteiología, tal como ésta se anuncia y lleva a cabo en el escrito sobre la esencia de la verdad de 1930. Y esto es lo que determina, desde el comienzo mismo, la dirección a la que apunta el intento de apropiación llevado a cabo por Heidegger de allí en más. Así, la noción de φύσις, en el sentido que supuestamente tendría en el pensamiento griego y, más específicamente, presocrático, es interpretada por Heidegger en términos estrictamente *aleteiológicos*. Por lo mismo, es la ἀλήθεια, tomada en el sentido radicalizado que Heidegger busca concederle, la que provee la clave hermenéutica para su propia interpretación de la φύσις, y no viceversa. Ahora bien, esto trae consigo algunas consecuencias obvias, pero de gran importancia sistemática. En particular, Heidegger busca evitar toda inflexión causalista en su interpretación del significado del término, y ello, en contra de lo que fue, de hecho, la línea de pensamiento dominante en la posterior tradición metafísica, incoada ya, en cierto modo, en Platón y Aristóteles. Pero, además, dadas las peculiares características que adquiere desde mediados de los años '30 la interpretación heideggeriana de la ἀλήθεια, radicalizada en los términos que demandan la transformación eventualista-kairológica de la aleteiología y el giro hacia el pensar ontohistórico, ocurre que la interpretación de la φύσις, en su sentido pretendidamente originario, está desde el comienzo destinada a reflejar, por así decir, los rasgos determinantes de la interpretación radicalizada de la ἀλήθεια que el propio Heidegger elabora en esos años. Tal es, en efecto, uno de los objetivos específicos más importantes de la retirada hacia los presocráticos, tal como se lleva a cabo en el marco del pensamiento ontohistórico y con arreglo a la hermenéutica de los dos comienzos.

Por último, una tercera consideración concierne a la estrategia interpretativa por medio de la cual Heidegger intenta llevar a cabo su intento de recuperación interpretativa de la ἀλήθεια, en el sentido originario que estaría documentado en los pensadores de la tradición presocrática. A la hora de caracterizar dicha estrategia, hay que poner de relieve dos elementos o rasgos fundamentales, que denomino, respectivamente, "totalización" y "verbalización". "Totalización" remite aquí a la inflexión *holística* que adquiere necesariamente la noción de verdad, entendida como ἀλήθεια, al quedar proyectada al plano que hace referencia al mundo y, en último término, al ser mismo. Por su parte, "verbalización" remite al sentido eminentemente *verbal-dinámico*, por oposición al sentido habitual de carácter nominal-estático, que Heidegger imprime a la noción de verdad, entendida como ἀλήθεια, en el camino que lleva, a través de la transformación eventualista-kairológica de la aleteiología, hasta el giro hacia el pensar ontohistórico. Traspuesta al plano de consideración que corresponde a la "verdad del ser", la noción misma de verdad, entendida como ἀλήθεια, queda referida a la "esencia" (*Wesen*) del ser mismo. Esta última debe ser entendida a su vez, y sobre la base de la misma estrategia de totalización y verbalización, de modo dinámico, como un "esenciar" (*wesen*). Es, pues, este conjunto de conexiones el que da cuenta del intento, elaborado de modo detallado a partir de la segunda mitad de los años '30, de pensar el "ser" y su "verdad" en términos de la noción de "acontecimiento" o "evento" (*Ereignis*). Y en este mismo contexto se inscribe también, para bien o para mal, el modo en el que Heidegger intenta apropiarse interpretativamente de la experiencia originaria del "ser" y su "verdad", previa a toda sobredeterminación metafísica, que quedaría articulada en el discurso sobre la φύσις de los pensadores presocráticos más importantes.

Como se vio, ya en el escrito sobre la esencia de la verdad de 1930 Heidegger hace referencia, aunque sólo al pasar, a los diferentes momentos del acontecer histórico-epocal de la verdad y menciona expresamente la determinación griega del ser como φύσις. En la versión de 1930 esto no pasa de ser una nota marginal. Pero el punto es enfatizado y puesto en conexión con la temática de la "historia del ser" en la nota final añadida en la segunda edición de 1949. Heidegger pone de relieve allí el momento de la sustracción ocultante que pertenece esencialmente al ser, pensado en su verdad a partir de la ἀλήθεια. Ahora bien, este nuevo énfasis está en conexión directa, como se verá, con los esfuerzos interpretativos llevados a cabo en esos mismos años, en particular, en la confrontación con el pensamiento de Heráclito. Por lo mismo, consideraré brevemente a continuación el modo en el que Heidegger pone a prueba su intento de establecer una conexión intrínseca entre φύσις y ἀλήθεια por medio del recurso a Heráclito.

3. Heráclito, leído en clave aleteiológica

Para ilustrar el punto referido a la conexión entre φύσις y ἀλήθεια, resulta conveniente acudir a la interpretación de Heráclito que Heidegger ofrece en el escrito "Aletheia (Heraklit, Fragment 16)" (cf. *Aletheia*), incluido en el conocidísimo volumen titulado *Vorträge und Aufsätze* (cf. *VA*). Como se explica en la indicación de las fuentes, el texto había sido publicado por primera vez en un volumen de homenaje al Gimnasio Humanístico de Konstanz, aparecido en 1954, y remonta en su origen a la lección sobre Heráclito dictada en el semestre de verano de 1943 (cf. p. 276). La lección ha sido publicada en 1979 con el título "Der Anfang des abendländischen Denkens. Heraklit" (cf. *AAD*) en el volumen 55 de la *Gesamtausgabe*, titulado *Heraklit* (cf. *Heraklit A*), lo cual permite reponer el contexto más amplio en el que se inscribe el ensayo, publicado de modo independiente 25 años antes. En particular, desde el punto de vista que aquí interesa, hay que señalar que la lección pone claramente de manifiesto la estrategia de totalización y verbalización que adopta Heidegger en su aproximación al pensamiento presocrático, en general, y a Heráclito, en particular (cf. *AAD* esp. §§ 2-3). Ahora bien, en el ensayo publicado de modo independiente Heidegger emplea como punto de partida de la interpretación el fragmento 16, que cita en el original y en la traducción alemana de H. Diels y W. Kranz (cf. "Aletheia" p. 251):

"τὸ μὴ δῦνόν ποτε πῶς ἄν τις λάθοι;" (22 B 16 DK)
"Wie kann einer sich bergen vor dem, was nimmer untergeht?"

Una traducción española correspondiente a la ofrecida por Diels y Kranz debería rezar como sigue:

"¿Cómo podría uno ocultarse (esconderse) de aquello que nunca se pone?"

De acuerdo con la interpretación más difundida, el fragmento debería leerse como una referencia al sol, en su advocación tradicional de ἥλιος πανόπτης, es decir, como guardián supremo que todo lo ve y custodia la justicia. Según indica Platón (cf. *Crátilo* 413b-c), Heráclito estaría criticando aquí la idea tradicional que asigna dicha función de custodia al dios Helios, es decir, el sol mismo, por la sencilla razón de que el sol se pone cada día, de modo que, tras el ocaso, no quedaría en funciones, por así decir, ningún guardián de la justicia cósmica. Por su parte, Heráclito reemplaza el sol por el fuego, que, a diferencia de aquel, nunca se pone y cumple así ininterrumpidamente el papel tradicional de guardián de la justicia, una función asociada también con el rayo, como atributo de Zeus.[3] Sin entrar en otros detalles de la discusión, baste señalar que lo que explica el amplio consenso consistente en ver aquí una referencia al sol, aunque inserta en una crítica a la concepción tradicional del dios Helios, es la expresión τὸ μὴ δῦνόν ποτε. En efecto, el verbo δύνω (= δύω, δύομαι) significa tanto como "sumergir(se)", "hundir(se)", "introducirse" y, derivadamente, también "esconderse", "ocultarse". Y se emplea para hablar del sol que se pone en el ocaso, lo cual, visto desde la Grecia insular, supone que se hunde en el mar, tal como lo muestra el testimonio de Homero (cf. *Ilíada* 18, 241; *Odisea* 13, 35).

A Heidegger este contexto astronómico-mitológico no le interesa y no hace la menor referencia a él.[4] Remite, en cambio, a la interpretación de Clemente de Alejandría, que trae el fragmento en su *Paidagogos* (cf. II 9). En su lectura del texto Clemente opera con el contraste entre la luz sensible, que se oscurece, y la luz suprasensible, siempre brillante, que es la omnipresencia de Dios (cf. "Aletheia" p. 252). Naturalmente, Heidegger rechaza esta interpretación teológica, y subraya que Heráclito "habla de un modo diferente" que Platón, Aristóteles, los Padres de la Iglesia, Hegel o Nietzsche (cf. p. 253). Por su parte, el propio Heidegger cita también a Homero, pero, significativamente, no lo hace para explicar el significado del verbo δύνω, sino más bien el del verbo λανθάνω. Más precisamente, Heidegger remite a un pasaje en el cual se dice que Odiseo llora en secreto, ocultando sus lágrimas (cf. *Odisea* VIII 83 ss.) (cf. p. 253 ss.). El objetivo de Heidegger es llamar así la atención sobre el hecho de que "los griegos" experimentaron el "olvido" (ἐπιλανθάνειν, verbo empleado en 22 B 1 DK) a partir del ocultamiento, el cual constituiría, a su vez, un "rasgo fundamental" (*Grundzug*) de todo comportamiento, tanto respecto de lo presente como de lo oculto (cf. p. 257).

A los fines que aquí interesan hay atender, sobre todo, a la interpretación que Heidegger ofrece de la expresión "τὸ μὴ δῦνόν ποτε", porque es de central importancia en su construcción de conjunto (cf. p. 258 ss.). Heidegger indica expresamente que el verbo δύνω significa "sumergir(se)" o "hundir(se)" y se emplea para

---

[3] Para la discusión del fragmento, véase Marcovich (1967) p. 431 ss.; Kahn (1979) p. 274 s.; Graham (2010) p. 193. Como indica Marcovich, la interpretación tradicional se encuentra ya en H. Diels y otros intérpretes de la época. Por tanto, no se puede suponer que fuera desconocida para Heidegger, y el propio texto del ensayo da alguna señal de que Heidegger efectivamente la conocía, pues remite, al pasar, a la interpretación habitual del uso del verbo δύνω. Véase también *AAD* § 3 p. 46 ss.

[4] Resulta muy instructiva en este sentido la confrontación de opiniones en el seminario sobre Heráclito del semestre de invierno 1966/1967 dictado en conjunto con E. Fink. Mientras Fink prefiere una interpretación de corte cosmológico, Heidegger insiste en la necesidad de leer a Heráclito desde la perspectiva que abre la referencia a la "verdad del ser". Véase *Heraklit B* p. 116 ss., donde se discute también de modo específico el texto de 22 B 16 DK.

referir a la aparente entrada del sol en el mar en el ocaso (cf. p. 258). Sin embargo, deja de lado sin más comentario la posibilidad de entender el fragmento de Heráclito precisamente por referencia a este contexto. Más bien, Heidegger insiste en la supuesta conexión semántica entre δύνω y λανθάνω, señalando que en el fragmento ambas expresiones, que son las fundamentales, "hablan de lo mismo" (*sagen vom Selben*) (cf. p. 259). El objetivo de esta maniobra interpretativa queda claro de inmediato, a saber: se trata de establecer la equivalencia de τὸ μήποτε δῦνόν, por un lado, y τὸ ἀεὶ φῦον, por el otro, para luego, a partir de ahí, concluir que el fragmento heraclíteo habla de la φύσις (p. 259). Esto último tiene lugar, sin embargo, ya sin ningún respaldo textual. Heidegger indica, por cierto, que la expresión τὸ ἀεὶ φῦον no aparece en el texto, pero se contenta diciendo que "el pensador", es decir, Heráclito, "habla de la φύσις" (cf. p. 259: "Allein der Denker spricht von der φύσις"). De modo complementario, Heidegger ensaya también un juego altamente dudoso con la posición de los adverbios. Sostiene que la expresión τὸ μὴ δῦνόν ποτε puede leerse, por medio de una "transposición menor" (*geringe Umstellung*), como τὸ μήποτε δῦνόν, lo cual permitiría dejar en claro que se habla aquí "de lo que jamás se pone (hunde)" (*von niemals Untergehendem*), es decir, de aquello que jamás se adentra en un ocultamiento (*niemals in eine Verbergung eingeht*) (p. 259). En la lección del semestre de verano de 1943 se sugería, en cambio, que la forma τὸ μὴ δῦνόν ποτε estaría destinada a dar expresión a "la esencia de lo nombrado, en su carácter de acontecimiento (o evento)" (*das ereignishafte Wesen des Genannten*) (cf. *AAD* § 4 p. 86).[5] Ambas interpretaciones, la del ensayo y la de la lección, no enfatizan el mismo aspecto, pero el objetivo es claramente el mismo en ambos casos: a través de la forzada asociación de τὸ μὴ δῦνόν ποτε con la φύσις se pone en marcha una interpretación basada en la estrategia de "totalización + verbalización", que resulta acorde con el marco interpretativo provisto por la concepción del ser y su verdad propia del pensar ontohistórico.

Sobre esta base, Heidegger concluye entonces que τὸ μὴ δῦνόν ποτε debe ser comprendido a partir de la φύσις, la cual estaría experimentada (*erfahren*), a su vez, como "lo que está constantemente brotando (saliendo a la luz)" (*das ständig Aufgehende*) (cf. "Aletheia" p. 260). A continuación, por medio de una reflexión ciertamente oscura acerca del papel que cumplirían los adverbios μὴ y ποτέ situados en torno del participio δῦνόν, Heidegger señala que la expresión debe entenderse en un sentido que toma "desocultamiento *y* ocultamiento" (*Entbergung* und *Verbergung*), así con la conjunción "y" subrayada, no como dos acontecimientos diferentes y separados, sino como referencia a una y la misma cosa (*als Eines und das Selbe*) (cf. p. 262). La confirmación de que Heráclito habría pensado la unidad

---

[5] Véase también p. 101, donde se enfatiza el carácter esencialmente dinámico de lo designado por las expresiones verbales empleadas: el "no ponerse (hundirse) nunca" (*das niemals Untergehen*) equivale al "estar constantemente brotando (saliendo a la luz)" (*das ständig Aufgehen*).

estructural de desocultamiento y ocultamiento, constitutiva de lo que Heidegger mismo entiende por ἀλήθεια, en el sentido radicalizado, vendría dada por el famoso fragmento 22 B 123 DK: φύσις κρύπτεσθαι φιλεῖ. Heidegger rechaza de plano la interpretación habitual según la cual la palabra φύσις designa aquí "la esencia de las cosas" (*das Wesen der Dinge*) y está tomada, por tanto, en un sentido individualizante y nominalizado. Y propone, en cambio, reemplazarla por una interpretación de carácter totalizador y verbalizado: si se traduce φύσις por "esencia" (*Wesen*), cosa altamente dudosa, la expresión debe tomarse entonces, explica Heidegger, en sentido totalizador y eminentemente verbal. Según esto, en 22 B 16 DK no se piensa lo que Heidegger denomina "*die Wesenheit der Dinge*", la "esencialidad de las cosas", sino, más bien, "*das Wesen (verbal) der φύσις*", es decir, el esenciar de la φύσις, como "desocultamiento / ocultamiento" (cf. p. 262 s.). Lo mismo valdría, señala Heidegger sin más explicaciones, para el empleo de la expresión κατὰ φύσιν en 22 B 1 DK (cf. p. 263). La traducción de 22 B 123 DK que Heidegger propone sobre esta base reza: "Das Aufgehen (aus dem Sichverbergen) dem Sichverbergen schenkt die Gunst", o sea: "el brotar / surgir (a partir del ocultarse) al ocultarse concede el favor". La estructura de la ἀλήθεια, en el sentido radicalizado que tiene en vista el pensar ontohistórico, queda así traspuesta interpretativamente al interior de la φύσις misma. Se trata, pues, de lo que Heidegger denomina aquí "la ondulante intimidad de desocultamiento y ocultamiento" (*die schwebende Innigkeit von Entbergen und Verbergen*) (cf. p. 264).

4. El significado de φύσις

Como se vio, ya en el escrito sobre la esencia de la verdad de 1930 Heidegger sugiere que φύσις es una palabra clave a través de la cual viene a la expresión la experiencia griega originaria del ser y su verdad, tal como ésta queda articulada en el pensamiento presocrático. Los posteriores intentos de apropiarse interpretativamente de esta experiencia originaria, no lastrada metafísicamente, de la φύσις profundizan en la misma línea que marca dicha sugerencia. Uno de los intentos más importantes llevados a cabo sobre esa base se encuentra, precisamente, en la interpretación de 22 B 16 DK que Heidegger elabora en el ensayo y la lección sobre Heráclito, en los primeros años de la década del '40. La construcción elaborada por Heidegger en su confrontación interpretativa con los textos de Heráclito posee, sin duda, un enorme poder de interpelación y ha logrado cautivar a muchos. Sin embargo, es imprescindible plantear aquí la pregunta de si resulta plausible o, cuando menos, desde el punto de vista histórico-filológico. Y la respuesta es claramente que no. La razón es que Heidegger se apoya aquí en suposiciones endebles, por no decir simplemente erróneas, al poner consideraciones etimológicas y gramaticales de carácter puramente especulativo por delante de la debida atención al uso lingüístico concreto. Como nadie ignora, se trata de un error en el cual Heidegger ha incurrido en más de una ocasión. Sin ir más lejos, el propio intento de conceder a la noción de ἀλήθεια un significado de alcance totalizador y verbalizado, como el que tiene en vista Heidegger en el marco del pensar ontohistórico, presenta exactamente las mismas deficiencias de base que afectan a su interpretación de la φύσις presocrática, algo que, como se verá, el propio Heidegger terminó por reconocer de modo expreso.[6] En el caso concreto de la interpretación de 22 B 16 DK, se añade, además, el recurso a una indebida manipulación del texto, destinada forzar la interpretación en una dirección preconcebida: la pretendida asociación de τὸ μήποτε δῦνόν y τὸ ἀεὶ φῦον, establecida sin apoyo textual, provee, como se vio, la base para establecer que Heráclito habla aquí de la φύσις (cf. "Aletheia" p. 259). Tal conclusión resulta, a todas luces, infundada.

Ahora bien, más allá de lo que concierne específicamente a la interpretación de 22 B 16 DK, hay que preguntarse, de modo más general, por el significado preciso que Heidegger pretende atribuir a la palabra φύσις, en el marco de la hermenéutica de los dos comienzos perteneciente al pensar ontohistórico. ¿Resulta aceptable y verosímil la estrategia de totalización y verbalización que Heidegger pone en juego a la hora de dar cuenta del significado de esta palabra, que él mismo considera clave? También en este caso la respuesta no puede ser otra que un rotundo "no". En efecto, los resultados de la investigación especializada no dejan aquí margen para la duda: no hay lugar, en sede presocrática, ni para la totalización ni para la verbalización, a la hora de establecer el significado de la expresión. Veamos, pues, brevemente lo que se puede decir sobre la palabra φύσις, tanto

---

[6] Lo dicho no pone en cuestión, en cambio, los intentos más tempranos de Heidegger, que cristalizan en la concepción de *SZ*, de tomar en sentido ontológico la noción griega de ἀλήθεια, entendida como "desocultamiento", en el marco del desarrollo de una concepción que rompe con la tesis tradicional que ve al juicio como el lugar originario de la verdad. Como se sabe, en la primera edición del primer volumen de su importante libro sobre Platón, publicado a fines de los años '20, P. Friedländer había cuestionado la interpretación heideggeriana de la ἀλήθεια como "desocultamiento" (cf. Friedländer [1928-1930]), pero posteriormente, con ocasión de la preparación de la edición inglesa de la obra (1958), se vio llevado a reconsiderar su posición y se retractó sobre este punto, aunque sin avalar de modo general la interpretación de Platón elaborada por Heidegger (véase Friedländer [1958] cap. XI). La investigación platónica ha establecido posteriormente, con suficiente claridad, la presencia de un sentido ontológico de la noción de ἀλήθεια en Platón. Véase Szaif (1996) esp. p. 132-152, donde el autor discute, en conexión con la interpretación de Heidegger, el problema de si el significado etimológico de ἀλήθεια juega o no un papel en la concepción que Platón presenta en los tres símiles de *República*. Curiosamente, en la fase más tardía de su pensamiento, Heidegger concedió a la crítica de Friedländer incluso más de lo que hubiera sido necesario, al admitir que, en el uso habitual y filosófico de la lengua griega, ἀλήθεια nunca remitió realmente al desocultamiento del ente mismo, sino sólo a la corrección del representar y el enunciar (cf. *Ende* p. 77 s.).

desde el punto de vista de la etimología como desde el punto de vista de su significado y su empleo.

Respecto, del origen y el significado del término,[7] hay que decir, ante todo, que se trata de un sustantivo verbal derivado del verbo φύω, cuyo significado básico es "nacer", "brotar", "crecer", como lo hace, por caso, un brote, un tumor o una excrecencia: φῦμα, o bien, tomado en sentido causativo, "hacer nacer", "hacer brotar", "hacer crecer". Junto a este significado básico coexiste, en la lengua corriente, también uno derivado, que el verbo adquiere en los tiempos aoristo y perfecto, ya que "haber nacido (con tal o cual característica o condición)" (φῦναι, πεφυκέναι) se entiende, en definitiva, como equivalente a "ser por naturaleza (de tal o cual característica o condición)". Aquí el énfasis recae sobre el estado o la condición resultante, y no sobre el correspondiente proceso de formación o desarrollo. Ahora bien, el sufijo griego –σις, que en su significación fundamental equivale al latino –tio, indica la acción verbal. Por lo mismo, el término φύσις tiene, al menos, en principio, una connotación de actividad y dinamismo. La presencia de dicha connotación en la formación originaria del término no impide, sin embargo, que el sustantivo verbal φύσις presente en el uso, ya desde tiempos muy tempranos, una duplicidad de significados análoga a la propia del verbo φύω: puede referir tanto a la acción del nacimiento o el surgimiento o desarrollo inicial de algo, como también a la constitución adquirida al cabo de dicho proceso, vale decir, a la índole o el modo de ser que caracteriza a la cosa ya constituida. Así, se puede distinguir aquí, al menos, tendencialmente, dos sentidos diferentes del término φύσις, a saber: un sentido dinámico-procesual y uno estático-resultativo.

Una segunda distinción importante, que se cruza con la anterior, es la de un sentido distributivo-individualizante, que alude al nacimiento o la constitución (modo de ser) *de algo particular*, y un sentido colectivo-totalizador, que alude al conjunto de las cosas naturales o bien al orden que las comprende y regula, y que está muy próximo en el uso al sentido colectivo del término κόσμος, empleado para referir a la totalidad del "universo" o "cosmos". Esta distinción entre el sentido distributivo-individualizante y el colectivo-totalizador corresponde, en términos generales, a la que en español y otras lenguas modernas se establece al hablar de la "naturaleza *de…*" una determinada cosa, por un lado, y de "la naturaleza", a secas, por el otro. Ahora bien, contra lo que a primera vista podría parecer esperable, el sentido colectivo-totalizador debe verse, en el caso del término φύσις, como resultado de una evolución semántica posterior, impulsada seguramente también por el uso filosófico de la expresión, allí donde el sentido distributivo-individualizante –que está documentado desde muy antiguo, a saber:

---

[7] Para el origen, el significado y el empleo de φύσις en la literatura y la filosofía puede verse Beardslee (1918); Burger (1925); Mannsperger (1969); y, especialmente, Naddaf (1992).

de Homero en adelante– se emplea con referencia a todas y cada una de las cosas. Así, de "la naturaleza de (todas o cada una de) las cosas" se pasa, con relativa facilidad, a "la naturaleza", a secas.

En lo que concierne al empleo filosófico del término, desde los presocráticos hasta Platón, hay que hacer algunas precisiones importantes. Como se sabe, a muchos de los presocráticos, desde Anaximandro en adelante, la tradición doxográfica les atribuyó haber compuesto escritos "acerca de la naturaleza" (περὶ φύσεως). Se trata en este caso, sin embargo, de un título genérico, de carácter convencional, colocado en tiempos muy posteriores, probablemente, por escritores o bibliotecarios alejandrinos, con la intención de referir al contenido de las obras de los pensadores a los que Aristóteles había englobado bajo la denominación de los "físicos" (φυσικοί).[8] En dicho título, el término φύσις está tomado, evidentemente, en el sentido colectivo-totalizador, que remite a la naturaleza en su conjunto. Sin embargo, dicho sentido no parece estar atestiguado antes de la mitad del siglo V a. C. Ciertamente, los cosmólogos del siglo VI a. C. dirigieron su interés de modo primario a la naturaleza en su conjunto y preguntaron por el origen del orden cósmico, como un todo. Sin embargo, su empleo del término φύσις en los fragmentos conservados es bastante menos frecuente de lo que en principio podría suponerse y parece atenerse, más bien, al sentido distributivo-individualizante. Así ocurre, por ejemplo, precisamente en el caso de Heráclito, quien emplea el término en dos ocasiones y en ambas con referencia a la "naturaleza *de*" algo determinado, en el sentido de su "constitución real" (G. S. Kirk). En dicho empleo se tiende a enfatizar, al mismo tiempo, el hecho de que tal constitución real de las cosas tiende a sustraerse por detrás de lo que se muestra a primera vista.[9] De igual modo, en el caso de Parménides, el empleo del término apunta a señalar el contraste entre el verdadero "ser" de algo (p. ej. el éter), frente a los rasgos que presenta de modo inmediato (cf. 28 B 10 DK). Por su parte, el uso platónico del término continúa esta misma tendencia, dentro del marco más general que provee el desarrollo de la concepción que conduce a la así llamada

---

[8] A. Laks y G. W. Most señalan que la extensión de φύσις para designar no la naturaleza de una cosa individual, sino la naturaleza en su conjunto puede detectarse ya en Empédocles (cf. 31 B 8 DK), aunque su interpretación del pasaje es dudosa. Respecto del título convencional περὶ φύσεως, señalan que comenzó a ser aplicado de modo genérico en el último tercio del siglo V a. C., en conexión con la idea de una ἱστορία τῆς φύσεως, pero que, en el caso de los escritos de autores tan antiguos como Heráclito y Parménides, no puede ser original. Véase Laks – Most (2016), p. 250 *s. v.*

[9] Cf. 22 B 1 DK: "… dividiendo cada cosa según naturaleza (κατὰ φύσιν) y declarando cómo es…"; véase también 22 B 123 DK: "<la> naturaleza (φύσις) gusta de ocultarse", donde, de acuerdo con la interpretación más plausible, el término φύσις alude a la "real constitución" de cada cosa, y no, *pace* Heidegger, a la naturaleza en su conjunto. Para la interpretación de 22 B 123 DK y el sentido que debe darse a φύσις, cf. Kirk (1954), p. 227-231; véase también Kahn (1979) p. 105.

"Teoría de las Ideas": la "naturaleza" (φύσις), entendida como el verdadero "ser" o la "constitución esencial" de algo, es aquello que permite, a la vez, dar cuenta de la cognoscibilidad de esa cosa (cf. p. ej. *Menón* 81c-d; *Crátilo* 389c; *Fedro* 270b-e).

Esta situación no cambia radicalmente tampoco en el caso de Aristóteles, cuyo empleo del término φύσις se caracteriza, precisamente, por poner en el centro de la atención el sentido de carácter distributivo-individualizante, tanto allí donde discute los diferentes empleos de la expresión (cf. *Metafísica* V 4, donde los cinco sentidos considerados son de carácter distributivo-individualizante), como también allí donde desarrolla su propia concepción de lo que debe entenderse por la "naturaleza" de algo, en el sentido de su principio inmanente de movimiento y el reposo (cf. *Física* II 1). Por cierto, en formulaciones que no poseen carácter técnico, como la máxima de que "la naturaleza no hace nada en vano" y otras expresiones similares, Aristóteles emplea el término, a veces, en el sentido colectivo-totalizador, que remite a la naturaleza en su conjunto (cf. p. ej. *De caelo* II 8, 290a31; *De anima* III 9, 432b21; *Metafísica* III 3, 1005a33; *Política* II 8, 1267b28). Pero queda en pie que su empleo técnico-terminológico se orienta exclusivamente a partir del sentido distributivo-individualizante. Es, más bien, en la filosofía helenística donde el sentido colectivo-totalizador del término φύσις adquiere un protagonismo que nunca había tenido hasta entonces en el discurso filosófico. Así, refiriéndose al universo, Epicuro habla alguna vez de la "naturaleza del todo" (ἡ τοῦ σύμπαντος φύσις) (cf. *Máximas Capitales* 12), un empleo del término que parece situado, por así decir, a medio camino entre ambos sentidos, el distributivo-individualizante y el colectivo-totalizador, y su enciclopédica obra fundamental en 37 libros, de la que conservamos sólo algunos fragmentos, llevaba el título "Acerca de la naturaleza", que en este caso no parece haber sido añadido posteriormente. Con todo, mucho más decidida es aún la orientación a partir del sentido colectivo-totalizador de φύσις en el estoicismo, por la sencilla razón de que la cosmología estoica asume expresamente la existencia de un orden natural omniabarcante, que, regido por la razón cósmica, constituye una verdadera unidad orgánica, de la cual las cosas individuales son partes (cf. p. ej. *SVF* II 937, 21-33, con referencia a Crisipo).

Pues bien, a tenor de lo dicho, la conclusión no puede ser más clara, aunque sea altamente decepcionante respecto de Heidegger mismo, a saber: todo intento por proyectar hacia los pensadores presocráticos del siglo VI a. C. un significado de φύσις, de carácter totalizador y verbalizado, como el que Heidegger tiene en vista en su interpretación de Heráclito y en otros contextos afines, debe descartarse de plano como inviable, desde el punto de vista histórico-filológico. Las razones para ello son suficientemente contundentes.

5. Consideraciones finales

Como se dijo ya, el giro hacia el pensar ontohistórico a mediados de los años '30 trae consigo, a modo de impacto hermenéutico, no sólo la necesidad de emplazar adecuadamente los principales autores de referencia de la tradición metafísica (*vgr.* Platón), sino también una drástica reformulación de la política de alianzas mantenida hasta fines de los años '20 y comienzos de los años '30 con algunos de ellos (*vgr.* Aristóteles y Kant). En un primer momento, esto no altera, sin embargo, la política más general de buscar en la historia del pensamiento occidental precedentes y huellas a los cuales pudiera atenerse meditativamente el "pensar del ser", consciente de su propia precariedad, al quedar situado en la inhóspita intemperie que media entre el fin del "primer comienzo" y el advenir, por lo pronto, sólo barruntado, del "nuevo comienzo". La retirada hacia los presocráticos juega aquí, junto con la complementaria retirada hacia la poesía, un papel fundamental.

Cambian, pues, las alianzas, pero se mantiene todavía, y durante bastante tiempo, a lo largo de varias décadas, la política más general de buscar alianzas por medio de una meditación filosófica que ahora se pretende "ontohistórica". En el marco de dicha política general, el intento de apropiación interpretativa de pensadores como Heráclito, Parménides y, en menor medida, Anaximandro cumple un papel muy preciso y muy importante, puesto que apunta a hacer accesible una experiencia originaria del ser y su verdad, que quedaría documentada en el discurso presocrático sobre la φύσις. El intento de hacer visible, sobre esa misma base, lo que sería una conexión intrínseca entre φύσις y ἀλήθεια, tomadas en su sentido más originario, debe verse, por lo mismo, como orientado a un objetivo teórico central, dentro de la hermenéutica de los dos comienzos por medio de la cual Heidegger busca dar un contenido más concreto a su modelo más general de un pensar ontohistórico, de carácter no metafísico. Dada la nueva política de alianzas que trae consigo la retirada hacia los presocráticos, los intentos paralelos por presentar la concepción aristotélica de la naturaleza, como una forma degradada de comprensión que ya no logra mantener viva la experiencia originaria de la φύσις de la que en último término ella misma se nutre, deben verse como un complemento natural de los esfuerzos realizados de la mano de los grandes presocráticos: en tal sentido, la caracterización aristotélica de la οὐσία como φύσις τις constituye, explica Heidegger en su notable ensayo sobre Aristóteles de 1939 (cf. *WBPh*), todavía un "eco" (*Nachklang*) del "gran comienzo" (*großer Anfang*) de la filosofía griega y "primer comienzo" (*erster Anfang*) de la filosofía occidental (cf. p. 298).

Sin embargo, también esta nueva política de alianzas, trabajosamente elaborada a lo largo de muchos años, resulta finalmente abandonada. De ello da testimonio, como es sabido, el notable ensayo sobre titulado "Das Ende der Philosophie und die Aufgabe des Denkens", que en versión francesa data de 1966 y cuya versión alemana fue publicada en 1969 en el volumen *Zur Sache des Denkens*, la última obra de Heidegger publicada en vida. Allí, en el marco de una reconsideración de la problemática de la "verdad del ser", pensada a partir de la noción del "claro" (*Lichtung*), Heidegger concede expresamente el error de su intento por atribuir al pensamiento griego de los orígenes una genuina experiencia de la ἀλήθεια. En tono a la vez concesivo y defensivo, Heidegger declara allí lo siguiente:

"Si traduzco obstinadamente el nombre Ἀλήθεια por 'desocultamiento' (*Unverborgenheit*), no es por amor a la etimología, sino por la cosa (*Sache*) que debe ser pensada, cuando pensamos lo que se llama ser (*Sein*) y pensar (*Denken*) de modo correspondiente a la cosa. El desocultamiento es, por así decir, el elemento en el que por primera vez se da (*es gibt erst*) el ser como también el pensar y su copertenencia (*Zusammengehörigkeit*). La Ἀλήθεια está nombrada, ciertamente, en el comienzo de la filosofía, pero en lo sucesivo nunca fue propiamente (*eigens*) pensada como tal (*als solche*) por la filosofía <misma>. En efecto, la cosa de la filosofía como metafísica (*als Metaphysik*) es, desde Aristóteles, pensar el ente como tal (*das Seiende als solches*) ontoteológicamente (*ontotheologisch*) (...) El concepto natural de verdad no mienta el desocultamiento, tampoco en la filosofía de los griegos (...) ni los poetas ni el uso cotidiano del lenguaje, ni siquiera la filosofía se vieron enfrentados con la tarea de preguntar en qué medida la verdad, es decir, la corrección (*Richtigkeit*) del enunciado (*Aussage*), sólo queda concedida en el elemento del "claro" de la presencia (*im Element der Lichtung der Anwesenheit*) (...) Por tanto, tampoco es sostenible (*haltbar*) la afirmación de un cambio esencial (*Wesenswandel*) de la verdad, esto es, del desocultamiento a la corrección" (cf. *Ende* p. 76-78).

Como a nadie escapa, estas declaraciones ponen en cuestión también, de modo inevitable, los intentos por pensar la φύσις presocrática a partir de una experiencia de la ἀλήθεια, que, aunque nombrada en los comienzos, no pudo jamás ser elevada propiamente al plano del pensar mismo por la filosofía, tampoco la griega. Lamentablemente, este reconocimiento de Heidegger –tardío, sin duda, pero suficientemente expreso y honesto– no ha impedido que los intentos interpretativos llevados a cabo entre mediados de los años '30 y fines de los '50 hayan sido objeto, con abrumadora frecuencia, de una recepción poco menos que acrítica, cuando no directamente dogmática. Sorprende, además, que quienes más a menudo apelan a la famosa consigna "*Wege, nicht Werke*" hayan sido también quienes con más frecuencia hayan caído presa de este embrujo dogmático.

En un notable libro, casi ignorado, K. Fischer ha interpretado el movimiento del pensar de Heidegger en términos de la noción de "despedida" (*Abschied*), y ello en el sentido preciso en que ésta se aplica a un pensamiento que jamás se instala definitivamente en lo ya alcanzado, porque va siempre de camino, por las sendas desconocidas que abre originariamente un preguntar genuino.[10] Así entendida, la "despedida" es un dejar atrás, sin aferrarse, para poder seguir andando. Flaco favor haríamos, pues, a un pensamiento siempre dispuesto a despedirse de sus supuestos logros, por notables que éstos pudieran parecer a primera vista, si, a nuestra vez, no estuviéramos dispuestos a acompañarlo también en su desprendimiento respecto de sí mismo, y pretendiéramos, en cambio, forzarlo a quedar nostálgicamente aferrado a lo que ya no puede conservarse. Por lo mismo, como intérpretes que buscan hacer justicia a la grandeza de un pensamiento tan notable y tan decisivo como el de Heidegger, nosotros mismos no tenemos excusa, pienso, para no cultivar, por nuestra parte, una actitud serena y agradecida de desprendimiento, que, sin olvidar lo mucho que debemos, nos permita aprender también el sentido profundo de la despedida.

---

[10] Véase Fischer (1990).

Estudio 13
"El tiempo de los 'sistemas' pasó".
Heidegger y el emplazamiento ontohistórico de Schelling

1. Introducción

Como es sabido, la confrontación interpretativa de Heidegger con el pensamiento de Schelling, que difícilmente pueda ser superada en enjundia e intensidad, se extiende a lo largo de aproximadamente quince años, esto es, desde 1926 hasta 1941. En ella hay que distinguir, sin embargo, dos fases, separadas por una suerte de pausa, a saber: primero de 1926 a 1929, y luego de 1936 hasta 1941.

El descubrimiento inicial de la especial importancia del pensamiento de Schelling por parte de Heidegger tuvo lugar en 1926 de modo más bien casual, más precisamente, a través de la mediación de K. Jaspers. Según se deriva de una carta del 24/04/1926, Jaspers había regalado a Heidegger poco antes un ejemplar de la selección de escritos de Schelling que O. Braun había compilado para la "Deutsche Bibliothek" de Berlín y que se publicó originalmente en 1918 con el título "Schellings Philosophie".[1] En su carta de agradecimiento a Jaspers, Heidegger señala lo siguiente:

"Filosóficamente Schelling se aventura (*wagt sich... vor*) mucho más allá que Hegel, aunque conceptualmente es más desordenado. El tratado sobre la libertad apenas he comenzado a leerlo. Me resulta demasiado valioso (*wertvoll*) como para querer conocerlo por primera vez (*erstmal*) en una lectura apresurada (*roh*)" (cf. *HJB* p. 62).

Aquí quedan expresados ya muy claramente dos *Leitmotive* duraderos de la recepción heideggeriana de Schelling, a saber: 1) Schelling llega más lejos y más profundo que Hegel, y 2) el tratado sobre la libertad de 1809 tiene, desde ese punto de vista, una especial importancia. Casi un año y medio más tarde, en la carta a Jaspers del 27/09/1927, el entusiasmo por el tratado de la libertad queda ratificado con fuerza redoblada y se conecta con un anuncio importante:

"Desde que Ud. me regaló el librito de Schelling, el tratado sobre la libertad no me ha soltado. El semestre que viene voy a dar seminarios de ejercitación (*Übungen*) sobre él. Y para eso espero su ayuda" (cf. *HJB* p. 80).

---

[1] Véase Braun (1918).

El anuncio se refiere al seminario del semestre de invierno de 1927/1928 (cf. *SHS* p. 47-54). No mucho después, en la carta a Jaspers del 08/11/1927, Heidegger explica que Schelling se le ha hecho ahora más presente (*doch gegenwärtiger geworden*) (cf. *HJB* p. 83). Y a mediados de 1929 el entusiasmo que originalmente procedía de Schelling se ha extendido ya al "Idealismo Alemán" como un todo, vale decir aquí, a Fichte, Schelling y Hegel. De hecho, Heidegger dedica al tema la lección del semestre de verano de 1929 (cf. *DI* p. 1-344). En su carta a Jaspers del 25/06/1929, Heidegger da rienda suelta a su fervor:

"En este momento doy por primera vez lecciones sobre Fichte, Hegel, Schelling – y nuevamente se me abre un mundo; la vieja experiencia de que los demás no pueden leer por uno" (cf. *HJB* p. 123).

A pesar de tanto entusiasmo con el campo temático recién descubierto, Schelling no es vuelto a tratar de modo independiente en las lecciones que vienen a continuación. La ocupación intensiva con Schelling se retoma, en un segundo intento, recién en la lección del semestre de verano de 1936, dedicada al tratado sobre la libertad (cf. *Schelling*). A ella se siguen de modo inmediato los seminarios de ejercitación de 1937/1938 (cf. *MGAD* esp. §§ 83-89) y algo más tarde la segunda lección dedicada al tratado sobre la libertad, de 1941, que Heidegger comenzó como lección en el primer trimestre del año académico y continuó luego como seminario en el semestre de invierno (cf. *MDI*).

En esta segunda fase, como se ha dicho ya, la preferencia por Schelling frente a Hegel (y Fichte) y la orientación fundamental a partir del tratado sobre la libertad se mantienen como *Leitmotive* de la interpretación heideggeriana. Sin embargo, la presencia de estos y otros aspectos de continuidad no debería hacer perder de vista que el marco externo de la confrontación con Schelling ha cambiado drásticamente. En efecto, ahora, vale decir, a mediados de los años '30, el interés primario de Heidegger no consiste en poner a prueba interpretativamente las posibilidades positivas que podrían derivarse de la apropiación y la transformación de las concepciones de determinados autores de referencia, con vistas a la profundización y la radicalización de la posición filosófica que el propio Heidegger había alcanzado con *Sein und Zeit* (cf. *SZ*). En inmediata conexión con el "giro" hacia el pensamiento ontohistórico, lo que Heidegger tiene ahora en vista es algo muy diferente: se trata de interpretar aquellos pensadores de la tradición metafísica que pueden ser considerados como autores de referencia de un modo que apunta, ante todo, a determinar con la mayor precisión posible el emplazamiento ontohistórico que correspondería, en cada caso, a su posición filosófica fundamental. Ahora bien en tal intento por determinar el emplazamiento ontohistórico de los pensadores considerados, ocurre en más de un caso, como lo muestra claramente un simple vistazo a obras como *Beiträge zur Philosophie* y *Besinnung*, que Heidegger se ve llevado a revisar de modo expreso las posiciones asumidas en las interpretaciones de tales autores que había llevado a cabo anteriormente e incluso, ocasionalmente, a descartar, sin más, tales interpretaciones previas como "históricamente" (*historisch*) incorrectas, aun cuando "historialmente" (*geschichtlich*) necesarias. Así ocurre, en efecto, con Aristóteles y Kant, cuya apropiación interpretativa, como es sabido, había jugado un papel decisivo en el camino que conduce a *SZ*. Y algo comparable ocurre también con Platón, aunque de un modo ciertamente diferente y no tan visible a primera vista.[2]

Es aquí, pues, donde se plantea una pregunta obvia: ¿qué pasa, dentro de este marco general, con Schelling? ¿Vale también en su caso algo semejante? Y, si es así, ¿en qué medida? Desde la perspectiva que abre esta pregunta, intentaré a continuación ofrecer, de modo muy somero, una sinopsis de los aspectos más importantes, desde el punto de vista histórico-evolutivo, en ambas fases de la confrontación heideggeriana con Schelling. Mi intención apunta, ante todo, a determinar de modo más preciso de qué modo el "giro" hacia el pensamiento ontohistórico impacta sobre la confrontación heideggeriana con el pensamiento de Schelling.

2. *La confrontación con Schelling en el entorno de* SZ

La primera fase de la confrontación con Schelling se da en un momento en el cual Heidegger realiza un esfuerzo sostenido no sólo por complementar, sino también, y sobre todo, por profundizar y radicalizar la concepción de *SZ*. Como se sabe, la lección sobre los problemas fundamentales de la fenomenología del semestre de verano de 1927 (cf. *Grundprobleme*) puede verse como un intento por llevar a cabo una primera versión de la sección titulada "Zeit und Sein" con la que debía cerrarse la primera parte de *SZ*.[3] Por su parte, la lección sobre la primera Crítica kantiana del semestre de invierno de 1927/1928 (cf. *KKrV*), que proporciona la base del libro sobre Kant de 1929, trata, entre otras cosas, también la "Doctrina del Esquematismo", cuya discusión, en el marco del programa general de "destrucción" de la ontología tradicional, estaba prevista para la primera sección de la segunda parte de *SZ*. Se trata aquí, pues, ante todo, de complementar y apuntalar interpretativamente la concepción de *SZ*. Naturalmente, esto no impide que determinados atisbos y desarrollos apunten ya decididamente en dirección de lo que llega más tarde en los años '30. Así ocurre, por ejemplo, con la introducción expresa de la noción de "diferencia ontológica" (*ontologische Differenz*) en la lección del semestre de verano de 1927 (cf. *Grundprobleme* esp. § 22).

---

[2] Para este punto véase Estudios 5 y 11.
[3] Véase von Herrmann (1991).

Sin embargo, en ambas lecciones se deja sentir por doquier la continuidad todavía ininterrumpida con el programa de *SZ*.

Muy pronto la situación cambia, sin embargo, de manera notoria. En efecto, las lecciones que vienen a continuación y los escritos de los años 1928 hasta 1930 ya no dan testimonio de un temple continuista relativamente estable, sino, más bien, de un impulso incontenible de profundización y radicalización, que muy pronto lleva a que el límite del planteo trascendental de *SZ* se alcance y ponga de manifiesto, por así decir, desde dentro. Esto vale, ante todo, para la lección sobre Leibniz del semestre de verano de 1928 (cf. *MAL*), que, como se sabe, provee la base para el escrito sobre la esencia del fundamento de 1929 (cf. *WG*),[4] para la lección sobre los conceptos fundamentales de la metafísica del semetre de invierno de 1929/1930 (cf. *GBM*) y, no en último término, también para el escrito sobre la esencia de la verdad de 1930 (cf. *WW*).

Si se quiere caracterizar desde el punto de vista del contenido esta explosiva dinámica de profundización y radicalización que induce primero la crisis del modelo explicativo elaborado anteriormente y conduce luego, a comienzos de los años '30, al abandono definitivo del planteo trascendental de *SZ*, hay que remitir, a mi modo de ver, cuando menos, a tres motivos fundamentales estrechamente conectados, a saber: 1) la reinterpretación de lo que en *SZ* se denomina el "estado de abierto" (*Erschlossenheit*) del *Dasein* en términos de la noción de "trascendencia" (*Transzendenz*), que trae consigo una fuerte acentuación de la conexión interna entre trascendencia y libertad y, con ello, también el desplazamiento de la problemática de la libertad al centro mismo de la atención; 2) la reforzada focalización en la problemática vinculada con el fenómeno del mundo, tal como se presenta, precisamente, desde la perspectiva que apunta a la conexión interna entre trascendencia y libertad y, particularmente, con vistas a la dimensión de la historicidad; y 3) la drástica escalada y agudización de la problemática de la verdad, que tiene lugar por el hecho de que, bajo consideración expresa de la diferencia ontológica, se enfatiza de modo cada vez más decidido no sólo el primado del momento de sustracción que pertenece a la estructura de la verdad, entendida como ἀλήθεια, sino también el carácter de acontecimiento de la verdad misma, y ello, a punto tal de dar lugar a una reformulación "kairológica" y "eventualista" de la "aleteiología". Desde la perspectiva del "giro" hacia el pensamiento ontohistórico que tiene lugar no mucho después, puede decirse que la reformulación kairológico-eventualista de la aleteiología, a comienzos de los años '30, constituye, por así decir, una suerte de puente.[5]

---

[4] Para la confrontación de Heidegger con Leibniz, en conexión con el concepto de libertad y de camino hacia el "pensar del acontecimiento (*Ereignis*)", véase ahora Neumann (2019).

[5] Para este punto me permito remitir a la discusión más amplia en Vigo (2003). En la agudización de la problemática de la trascendencia juega un papel importante también la confrontación

Si tiene en consideración este complejo entramado motivacional, se puede comprender mejor, a mi juicio, por qué la confrontación con Schelling y con el Idealismo Alemán, en general, se desata en el preciso momento en que lo hace y qué es lo que Heidegger espera obtener de ella. Que en el caso de Schelling Heidegger se haya interesado precisamente por el tratado de la libertad tampoco puede sorprender demasiado, y ello no sólo porque la problemática de la libertad estaba entonces en el centro de la atención, sino también porque Schelling la aborda de un modo que a Heidegger le viene como a pedir de boca. En efecto, Schelling plantea y discute la pregunta por la libertad, desde el comienzo, como un problema ontológico fundamental, de alcance universal, y no, en cambio, como un problema particular perteneciente al ámbito de la teoría de la acción y la ética.

Es cierto que, a su manera, Kant había reconocido ya el alcance universal del problema de la libertad, como lo muestra claramente su caracterización de la libertad, tomada en sentido trascendental, como una Idea, y de la cuestión de la libertad como un problema que posee, de suyo, un carácter irreductiblemente cosmológico (cf. *KrV* A 445-451 / B 473-479). Sin embargo, la orientación básica de Kant a partir de una concepción *causal* de la libertad lo conduce inevitablemente –tal es el diagnóstico de Heidegger en la lección sobre la esencia de la libertad humana del semestre de verano de 1930 (cf. *WMF*)– a un estrechamiento unilateral de la perspectiva. Si la libertad se entiende cosmológicamente como una mera causa, aunque de un tipo muy especial, entonces, a nivel práctico, la atención se centra ante todo en la cuestión de cómo la libertad como la causa determina la voluntad e ingresa así en el "mundo", a través de la acción. Bajo tales supuestos, el interés se centra, por tanto, en la cuestión de cómo la libertad se hace "intramundana" en y a través de sus efectos, donde la noción de "mundo" está tomada, a su vez, en el sentido de lo que modernamente se denomina la "naturaleza", vale decir, como una totalidad fenoménica que posee un carácter cerrado, desde el punto de vista causal (véase *WMF* §§ 3-5, 20-22). Sin embargo, lo que tiende a perderse de vista aquí es el nexo de fundamentación que vincula trascendencia, libertad y mundo, y que es, precisamente, el que Heidegger tiene en el centro de la mira, en el marco de su aleteiología radicalizada. Como es sabido, en el *Kant-Buch* de 1929 Heidegger intenta poner de relieve la presencia en el propio Kant de una concepción de la trascendencia humana, es decir, finita, que, en algunos de sus rasgos fundamentales, resulta concordante con la ontología

---

con la *Phänomenologie des Geistes* de Hegel, tal como se lleva a cabo en el seminario del semestre de invierno de 1930/1931 (cf. *HPhG*), y ello, en la medida en que contribuye decisivamente a la "inversión" o "trasposición" (*Verkehrung*) de la trascendencia como un "acontecer suprasubjetivo" (*ein übersubjektives Geschehen*). Para este punto, véase la muy buena discusión en Görland (1981) caps. IV-V.

fundamental de *SZ*. Pero, para ello, Heidegger se orienta básicamente a partir de la teoría kantiana del conocimiento apriorístico, entendido como una forma de conocimiento ontológico, y no a partir de la concepción causal de la libertad elaborada por Kant.

Ahora bien, la situación es muy diferente en el caso de Schelling. En el tratado de la libertad Heidegger se topa con una concepción de conjunto cuya marca distintiva, como se dijo, reside en el hecho de que plantea y discute la cuestión de la libertad, por así decir, sin recortes, como un problema ontológico fundamental. Y este logro sólo resulta posible, precisamente, porque Schelling no se orienta a partir de una concepción causal de la libertad. Más bien, Schelling busca aquí el punto de partida en la conexión intrínseca de libertad y ser, a la que piensa en términos esencialmente manifestativos. Schelling caracteriza el ser, en su sentido primordial (*Urseyn*), como un "querer" (*Wollen*) (cf. "Schelling über das Wesen der menschlichen Freiheit. WS 1927/28", *SHS* p. 47-54; véase esp. p. 53).[6] De este modo piensa el ser como originariamente dinámico, más precisamente, como un "devenir" (*Werden*) o bien como un "proceso" (*Prozess*). Pero la naturaleza del ser mismo, en su carácter de proceso, debe ser pensada de modo esencialmente manifestativo, esto es: en tanto "devenir", el ser es, de suyo, un "manifestarse" o "hacerse manifiesto" (*Offenbarwerden*). Schelling caracteriza la estructura interna de tal manifestación por medio del esquema formal "indiferencia absoluta (*absolute Indifferenz*) – dualidad (*Dualität*) – oposición (*Gegensatz*) – identidad absoluta (*absolute Identität*)", donde el momento de la oposición debe ser entendido como una "relación tensionada" (*Spannungsverhältnis*) que constituye la forma específica de manifestación de la dualidad de los principios complementarios de "fundamento" (*Grund*) y "existencia" (*Existenz*). Una determinación conceptual más precisa del proceso del ser, tal como lo entiende Schelling, debería rezar, según Heidegger, como sigue: "hacerse manifiesto en (el modo de) la oposición" (*Offenbarwerden im Gegensatz*) (cf. *SHS* p. 541-544). El ser es, como tal, "devenir", en el sentido preciso de "hacerse manifiesto", y, con ello, es también "vida" (*Leben*) e "impulso" (*Drang*). Sin embargo, en tanto unidad originaria de lo opuesto, debe ser concebido como "espíritu" (*Geist*), cuya esencia es el "amor" (*Liebe*) (cf. p. 545), y ello, en la medida en que el amor, como Schelling mismo observa, sólo resulta posible "en el odio" (*in Haß*) y como "unidad en el conflicto" (*Einheit in Streit*) (cf. p. 544). En tal sentido, Schelling pone como base el amor no a título de "fenómeno particular de carácter ejemplar" (*ein exemplarisches Einzelphänomen*), sino, más bien, en cuanto constituye "el sentido del ser" (*der Sinn des Seins*) (cf. p. 546). Pero el amor es, justamente, la peculiar forma de unión que hace posible por primera vez la contraposición (*das Gegeneinander*) de lo opuesto como un "de-

---

[6] Véase también "Notizen zu Schellings *Freiheitsschrift*", en: Hühn – Jantzen (2020) p. 321-329; cf. esp. p. 321: "Urseyn – ist Wollen".

jar actuar" o "dejar efectuar" (*Wirkenlassen*), en el sentido de un "dejar obrar en sí" (*in-sich-handeln-Lassen* (cf. p. 546). Por lo mismo, al amor pertenece, como un momento esencial, también el "dejar ser" (*Seinlassen*) de aquello que el amor quiere recoger en la unión como algo otro (cf. p. 547). En tanto querer, el espíritu es libre él mismo, pero, además, en tanto amor, a la vez deja en libertad, puesto que el amor debe ser concebido esencialmente como un dejar ser que unifica. De este modo, Schelling piensa la libertad como un rasgo fundamental del ser mismo, en la medida en que comprende al ser como querer que deviene y espíritu que ama.

Varios aspectos de la peculiar concepción ontológica que Schelling elabora en el tratado de la libertad adquieren, a los ojos de Heidegger, central importancia, sobre todo, con vistas a su propio proyecto de profundización y radicalización de la concepción de *SZ*. En primer lugar, está el hecho de que Schelling, como se vio, no concibe el ser de modo estático, sino más bien dinámico, esto es, como un devenir. Que en su actividad interpretativa Heidegger andaba por entonces en busca de alguna concepción dinámica del ser que pudiera oficiar de contrapartida de la comprensión metafísica tradicional del ser como οὐσία es lo muestra con claridad también el seminario sobre el *Parménides* de Platón del semestre de invierno de 1930/1931 (cf. *Seminare* p. 25-37). En efecto, en la discusión del "de repente" (τὸ ἐξαίφνης) de la segunda parte del diálogo (cf. *Parménides* 155e-157b, donde se discute la que se conoce como la "tercera hipótesis"), Heidegger cree poder descubrir una indicación hacia una concepción del ser que se distancia de la habitual identificación del ser con el "ser ante los ojos" (*Vorhandenheit*), y ello, precisamente, en la medida en que Platón intentaría allí pensar el ser mismo en términos de "cambio" o "transformación" (μεταβολή) (cf. p. 34).[7] La sugerencia de que con esta propuesta ontológica Platón habría ido, de hecho, más allá de la concepción metafísica tradicional no recibe ulterior desarrollo, sino que es abandonada, sin más, en favor del emplazamiento ontohistórico de Platón, tal como se lo lleva a cabo posteriormente. Pero el hecho de que en el semestre de invierno de 1930/1931 Heidegger anduviera todavía en busca de una tal concepción dinámica del ser, ¡y en Platón, nada menos!, casa muy bien, naturalmente, con el vivo interés con el cual recibe, ya en el semestre de invierno de 1927/1928, la comprensión del ser como devenir que Schelling pone en juego en el tratado de la libertad: con ella, también Schelling parece apuntar a una posible superación de la identificación del ser con el mero "ser ante los ojos".

En segundo lugar, y en estrecha conexión con lo anterior, Schelling caracteriza el devenir en el que consiste el ser no como algo de carácter cósico, sino, más bien, como un querer, es decir, como algo que tiene el carácter del "espíritu" o bien del "yo". Esto da expresión a su orientación básica a partir del *Dasein*,

---

[7] Sobre este importante pasaje, también bajo referencia a las notas de Marcuse, no tenidas en cuenta en la edición de la *Gesamtausgabe*, véase Backman (2007) y González (2019).

propio del ser humano. (cf. *SHS* p. 535, 543; véase también p. 52: "Ichheit"). Pero es, justamente, tal orientación metódica básica lo que hace posible que la cuestión de la libertad, en el caso de Schelling, sea planteada y abordada como un problema ontológico fundamental, sin recortar su alcance universal, esto es, sin limitarse al obrar humano y, a la vez, sin recaer en una concepción causal-reductiva de la libertad, como tal. En efecto, al orientarse a partir de las "cosas naturales", es decir, a partir de los fenómenos naturales de carácter cósico, Kant había comprendido la libertad, fundamentalmente, de modo causal, lo cual, por paradójico que pueda sonar en primera instancia, lo condujo necesariamente a un tendencial estrechamiento de la problemática de la libertad, circunscripta al ámbito del obrar humano, vale decir: la pregunta por la libertad queda tendencialmente reducida en Kant a la pregunta por la posibilidad de un obrar humano que sea libre, en un "mundo" o, si se prefiere, en una "naturaleza", que se concibe como causalmente cerrada. En el caso de Schelling, en cambio, se tiene la situación inversa. En efecto, Schelling no parte metódicamente del "mundo" o la "naturaleza", sino de la existencia humana, esto es, del *Dasein*. De este modo, logra pensar la libertad en un sentido esencialmente manifestativo, y no en uno puramente causal. El hilo conductor conceptual para tal concepción esencialmente aleteiológica de la libertad lo proveen, como se vio, nociones tales como la de "manifestarse" o "hacerse manifiesto". En tal sentido, en la explicación que Heidegger ofrece de los pasajes pertinentes de Schelling, nociones más marcadamente causales como la de "actuar" o "efectuar" quedan relegadas al trasfondo, mientras que el énfasis cae decididamente sobre las nociones complementarias del "dejar actuar" o "dejar efectuar" y el "dejar obrar en sí", cuya función posibilitante se comprende como un "dejar ser" y, con ello, en términos esencialmente manifestativos.

En tercer lugar, hay que señalar, en este mismo respecto, el papel central que cumple en Schelling el momento de la oposición y el conflicto, allí donde se trata de caracterizar la estructura interna del manifestarse, en su carácter de proceso. Para Schelling, el devenir que es constitutivo del ser, entendido como querer, debe ser comprendido, según se dijo ya, como "hacerse manifiesto (manifestarse) en la oposición". A este peculiar modo de manifestación pertenece la oposición de lo opuesto, que se despliega como conflicto y odio en la unidad del amor. En tal sentido, el amor es un "dejar ser", que deja valer lo opuesto como opuesto y, así, a la vez lo unifica. El hecho de que Schelling reconduzca esta configuración oposicional, en último término, a la relación primordial de fundamento y existencia resulta especialmente importante para Heidegger, pues Schelling apunta de ese modo a una totalidad estructural de carácter manifestativo, la cual contiene en sí también el momento de la sustracción, en el modo del encerramiento. En efecto, Schelling describe la relación que mantiene en tensión al fundamento y la existencia señalando que el "ser fundamento" (*das Grundsein*), concebido como "nostalgia" (*Sehnsucht*) y "voluntad carente de entendimiento" (*verstandloser Wille*), se caracteriza por el impulso (*Drang*) a encerrarse a sí mismo (*Sich-verschließen*), mientras que el existir (*das Existieren*) debe entenderse, de modo complementario, como "entendimiento" (*Verstand*) y "palabra" (*Wort*), y ello de modo esencialmente ejecutivo, esto es, como el "expresarse a sí mismo" (*Sich-selbst-aussprechen*) y el "venir a sí mismo en el comprender" (*Zu-sich-selbst-kommen im Verstehen*) (cf. *SHS* p. 530 s.). En su carácter de nostalgia, el fundamento tiene el afán, explica Heidegger, de "encerrarse a sí mismo, de retirarse en sí mismo" (*sich selbst zu verschließen, sich in sich selbst zurückzuziehen*) y, así, de "arrastrar consigo hacia la propia oscuridad" (*in die eigene Dunkelheit mit hinzureißen*) el "destello vital" (*Lebensblick*) del entendimiento (cf. p. 531). A tal impulso al encierro de y en sí se opone, sin embargo, el entendimiento, en su carácter de destello vital, por medio del impulso opuesto al esclarecimiento y la apropiación de lo esclarecido. En efecto, el entendimiento quiere hacer visible el fundamento como fundamento y busca así apropiarse de él (cf. p. 531). Con referencia a la estructura total de carácter manifestativo que Schelling tiene aquí en vista, Heidegger señala, a modo de resumen, lo siguiente:

"La luz (*Licht*) concede (*gibt*) ante todo (*allererst*) tiniebla (*Finsternis*), y la oscuridad (*das Dunkel*) recién se hace manifiesta (*offenbar*) en la luz" (cf. p. 532).

Para Schelling, como se vio, la oposición pertenece esencialmente al ser, en su carácter de manifestación. Pero la oposición de la que aquí se trata debe ser pensada ella misma a partir de la manifestación, a saber: como el conflicto íntimo (*inniger Streit*) entre el impulso a (tiniebla) y el impulso a hacer(se) manifiesto (luz). En efecto, es en y a través de la manifestación como viene a la aparición el encerramiento, y ello de modo tal que éste se muestra como perteneciente al fundamento y, con ello, también como fundante.

Pues bien, salta a la vista que con una concepción de este tipo Schelling se aproxima bastante, de hecho, a lo que el propio Heidegger pretendía alcanzar, a fines de los años '20, por medio de la radicalización de la aleteiología, a saber: una concepción esencialmente dinámica que pusiera en valor el carácter eventualista-kairológico de la verdad, y que, de ese modo, no sólo acentuara el papel posibilitante del momento de sustracción que pertenece a la estructura interna de la ἀλήθεια, sino que pusiera de relieve su primacía. A partir de este trasfondo, tampoco puede sorprender que poco más tarde, a mediados de los años '30, Heidegger caracterice la estructura interna de la verdad, entendida como ἀλήθεια, precisamente, por medio del recurso a la representación de un "conflicto íntimo" (*inniger Streit*) entre la "tierra" (*Erde*), como lo que se encierra en sí, y el "mundo" (*Welt*), como lo que se abre y mantiene abierto (cf. *UKW* p. 35 s.). Naturalmente, Heidegger encuentra en Schelling también otros aspectos o motivos a los que atribuye una notable relevancia filosófica, pero que, sin embargo, no le prestan especial ayuda en su intento de radicalización de la aleteiología, puesto que remiten, más bien, a la ontología fundamental de *SZ*. Se trata aquí, ante todo, de aspectos directamente vinculados con la orientación básica de Schelling a partir del existir humano, tales como la superación de la concepción tradicional (agustiniana) del mal como privación y, en estrecha conexión con ella, el intento de reconducir tanto el bien como el mal a una y la misma posibilidad del ser humano, en tanto existente (cf. *SHS* p. 532). Sin embargo, en lo que respecta a la orientación básica de Schelling a partir de la existencia humana, como tal, Heidegger se expresa de modo inequívocamente crítico:

"Es, en cierta medida, la autointerpretación del *Dasein*, en general, la que se traspone, sin más, a la totalidad del ente" (cf. p. 530).[8]

3. *Schelling, ontohistóricamente emplazado*

La segunda fase de la confrontación con Schelling abarca el período que va desde la primera hasta la segunda lección sobre el tratado de la libertad, es decir, desde el semestre de verano de 1936 hasta el semestre de verano de 1941. Entre ambas lecciones se ubican las dos grandes obras en las cuales se lleva a cabo el "giro" hacia el pensamiento ontohistórico, esto es, *Beiträge* y *Besinnung*. En el caso de Heidegger, tal "giro" trae consigo no sólo una nueva interpretación de la historia de la filosofía occidental, sino también, como se dijo ya, una reflexión sobre el camino filosófico recorrido hasta entonces y una toma de posición crítica frente

---

[8] El punto de la crítica parece residir aquí en la expresión "sin más" (*ohne weiteres*), vale decir, en el hecho de que Schelling no proporciona una fundamentación específica para tal modo de proceder. Las "observaciones finales" (*Schlußbemerkungen*) de la lección del semestre de verano de 1936 muestran, sin embargo, que, en lo que respecta a Schelling, Heidegger no está dispuesto, en modo alguno, a suscribir el reproche de antropomorfismo en los términos habituales: la muy debatida cuestión de si y en qué medida el ser humano puede ser tomado como patrón de medida (*Maßstab*) no puede ser decidida, mientras no se discuta la cuestión fundamental de "qué sea el ser humano" (*was der Mensch sei*). Ahora bien, el denominador común de antropomorfismo y anti-antropomorfismo debe buscarse, a juicio de Heidegger, precisamente en la infundada omisión de dicha pregunta. Ciertamente, Schelling no ha hecho una reflexión de fondo sobre el "reproche antropológico". Pero esto en nada altera el hecho de que experimenta el ser humano de un modo sorprendentemente originario, a saber: "con referencia a los abismos y las alturas del Ser (*die Abgründe und Höhen des Seyns*), con referencia a lo más terrible de la divinidad (*das Schrecklichste der Gottheit*), a la angustia vital de todo lo creado (*die Lebensangst alles Geschaffenen*), a la tristeza de todo crear creado (*die Traurigkeit alles geschaffenen Schaffens*), a la maldad de lo malo (*die Bosheit des Bösen*) y a la voluntad del amor (*der Wille der Liebe*)" (cf. *Schelling* § 28 p. 284). Sobre el problema del antropomorfismo, en conexión con Schelling, véase también *Besinnung* § 61.

al anterior modo de tratar interpretativamente con autores de referencia de la tradición del pensamiento metafísico. En el caso de Aristóteles y Kant, a quienes Heidegger había dedicado detallados intentos de interpretación, presentados en la forma de lecciones y en parte incluso publicados (*vgr.* el *Kant-Buch* de 1929), la autocorrección que resulta necesaria desde el punto de vista del pensamiento ontohistórico se lleva a cabo de modo expreso y, en lo que concierne al aspecto puramente histórico de la cuestión, sin mayores tapujos. En cambio, en el caso de Platón, que no había un papel comparable como aliado preferencial en el camino hacia *SZ*, simplemente se abandona de modo silencioso los atisbos que apuntaban a la posibilidad de una apropiación de su pensamiento. Algo semejante ocurre también en el caso de Schelling: motivos que hubieran posibilitado una recepción positiva de su pensamiento en el marco de una aleteiología radicalizada, tal como habían sido reconocidos y puestos de relieve en el seminario de 1927/1928, quedan fuertemente relegados a partir de 1936, en favor de una reconstrucción interpretativa que, por mucho que se reconozca la peculiaridad filosófica de Schelling y se recalque su superioridad frente a Fichte y Hegel, apunta, sobre todo, a comprender su pensamiento como esencialmente metafísico y, sobre esa base, a determinar su emplazamiento ontohistórico. En este respecto, la lección sobre Schelling del semestre de verano de 1936 se sitúa en la misma línea que la lección sobre Kant del semestre de invierno de 1935/1936, publicada en 1962 con el título "Die Frage nach dem Ding. Zu Kants Lehre von den transzendentalen Grundsätzen" (cf. *FD*). En ambos casos, el objetivo principal consiste en llevar a cabo, a través de una interpretación apegada al texto, un preciso emplazamiento ontológico del autor tratado, con la diferencia, sin embargo, de que, en el caso de Schelling, no se requiere para ello revocar de modo expreso interpretaciones precedentes.

Se podría sospechar tal vez que es precisamente esta diferencia lo que podría explicar el hecho, a primera vista sorprendente, de que en *Beiträge* y *Besinnung* las referencias expresas a Schelling juegan un papel muy modesto, si se compara, por ejemplo, con Kant. Pero tal sospecha se quedaría corta: en ambas obras se cita incluso a Hegel con más frecuencia que a Schelling, cuyo nombre aparece sólo seis veces en *Beiträge* y doce veces en *Besinnung*. ¿Habría que suponer entonces que como consecuencia del "giro" hacia el pensar ontohistórico Schelling simplemente habría perdido su anterior posición de privilegio frente a Hegel (y Fichte)? Esta suposición tampoco sería acertada. La posición de privilegio de Schelling dentro del Idealismo Alemán queda ratificada expresamente también en el marco del pensamiento ontohistórico. Pero su superioridad se hace residir ahora en el hecho de que marca el preciso lugar en el cual el pensamiento sistemático de la metafísica moderna alcanza su límite interno y, con ello, también se elimina a sí mismo. Es a tal autoeliminación del pensamiento sistemático a lo que apunta la divisa por medio de la cual en *Beiträge* Heidegger introduce su "hermenéutica de los dos comienzos" y, en conexión con ella, su concepción de un "pensar de la transición" (*Denkens des Übergangs*), a saber:

"El tiempo de los 'sistemas' pasó. El tiempo de la exaltación (*Erbauung*) de la configuración esencial (*Wesensgestalt*) del ente a partir de la verdad del Ser (*Wahrheit des Seyns*) todavía no ha llegado" (cf. *Beiträge* § 1 p. 6).

Precisamente, como el pensador en el cual se consuma y, con ello, se hace visible como tal la autoeliminación del pensamiento sistemático moderno, Schelling, puede decirse, está presente por doquier en la construcción ontohistórica que Heidegger esboza entre 1936 y 1938, aunque las menciones expresas de su nombre sean bastante escasas. Ahora bien, si se trata de establecer cómo es que Heidegger llega a este preciso emplazamiento ontohistórico de Schelling, hay que remitir, a mi modo de ver, ante todo a tres aspectos centrales que adquieren expresión en la interpretación de Schelling del semestre de verano de 1936.

En primer lugar, hay que llamar la atención sobre el papel central que juega en la lección el motivo del supuesto "fracaso" (*Scheitern*) de Schelling.[9] Dicho fracaso no tiene un sentido negativo, sino, más bien, positivo, como prueba de la especial posición que ocupa el pensamiento de Schelling en la filosofía de su tiempo, a saber: en Schelling se perfila ya claramente algo diferente, esto es un "nuevo comienzo" (*ein neuer Anfang*). En este respecto, Schelling sólo puede ser comparado con Nietzsche:

"Pero Schelling debía –si se puede decirlo– fracasar (*scheitern*) en su obra, porque el planteo de la cuestión (*Fragestellung*) no permitía <hallar> un punto central interno en el lugar en el que se encontraba entonces la filosofía. El único pensador esencial posterior a Schelling, Nietzsche, también se quebró (*ist zerbrochen*) en su obra <más> propia, *Der Wille zur Macht*, y por la misma razón. Pero este doble fracaso de los mayores pensadores no es ninguna deficiencia (*Versagen*), ni nada negativo. Por el contrario. Es la indicación del surgimiento (*Heraufkommen*) de algo completamente diferente, el relampagueo (*Wetterleuchten*) de un nuevo comienzo (...) Quien supiera verdaderamente la razón de este fracaso y, sabiendo (*wissend*) <de ella>, lograra superarla (*bewältigen*) debería llegar a ser el fundador (*Gründer*) del nuevo comienzo de la filosofía occidental" (cf. *Schelling* § 1 b) p. 5).

Por qué razón Schelling no sólo fracasó con su filosofía, sino que, además, *debía* fracasar, y *cómo* debía fracasar, es algo que sólo puede comprenderse, según Heidegger, desde la perspectiva de la "pregunta fundamental por el Ser" (*Grund-*

---

[9] Para el motivo del fracaso de Schelling, véase la amplia discusión en Höfele (2019) p. 383-402.

frage nach dem Seyn), vale decir, sólo desde la perspectiva del pensamiento ontohistórico (cf. § 14 p. 169). Como muestra la primera parte de la lección (cf. §§ 1-7), Heidegger cree que la necesidad interna del fracaso de Schelling se explica por el hecho de que una radicalización del punto de partida en la libertad que remonta a Kant, tal como Schelling la tiene en vista, no puede ser realizada en el marco del pensamiento sistemático moderno. A ello se añade el hecho, no sólo importante sino incluso decisivo para la construcción ontohistórica de Heidegger, de que la concepción programática de un "sistema de la libertad", tal como Schelling la esbozó originalmente en oposición a Spinoza, se ha hecho ella misma completamente obsoleta. En efecto, los presupuestos históricos de su carácter vinculante han dejado hace rato de tener vigencia:

"(...) evidentemente, la pregunta de si el concepto de libertad resulta o no compatible con el sistema sólo tiene el peso y la agudeza de una inquietud esencial, cuando, por una parte, el sistema mismo es para nosotros una necesidad (*Notwendigkeit*) y una exigencia (*Forderung*) indispensable y cuando, por otra parte, la libertad y su realización (*Vollzug*) es la urgencia más interna (*innerste Not*) y la medida más extrema (*äußerstes Maß*) del *Dasein*. Pero, cuando no vale ni lo uno ni lo otro, queda suprimida toda posibilidad de una real tensión entre sistema y libertad (...) Y efectivamente: hoy, para nosotros, ni el sistema es una necesidad, ni la libertad una urgencia. 'Hoy', esto no quiere decir ni el día de hoy ni tampoco este año, ni siquiera la década, sino la época entera de la transición del siglo XIX al XX, y, a la vez, esta transición en su toda expansión europea" (cf. *Schelling* § 3 a) p. 38 s.).

El segundo aspecto importante concierne al modo en el cual Heidegger se representa en concreto, por así decir, la figura del fracaso del Schelling. El diagnóstico de Heidegger apunta aquí a una incompatibilidad interna resultante del hecho de que Schelling se orienta al mismo tiempo a partir de la idea de sistema y a partir de la dualidad de fundamento y existencia:

"Pero ¿qué significa aquí sistema? Sistema, dijimos, sería la unidad que se sabe a sí misma (*die sich selbst wissende Einheit*) del ensamble del Ser (*Seynsgefüge*). Por tanto, la juntura del Ser (*Seynsfuge*) debe ser determinante para la totalidad del sistema. ¿Cómo se relaciona con el sistema la distinción de fundamento y existencia? Esta pregunta resuena en esta sección y en la última, pero no se la acomete y, sobre todo, todavía no se la reconoce en su dificultad interna (...) En el lugar de la transición a la sección IV se encuentra la sentencia: 'en el entendimiento divino hay un sistema, pero Dios mismo no es un sistema, sino una vida...' (399). Aquí el sistema se asigna sólo a un momento de la juntura del Ser. Al mismo tiempo, se postula una unidad más alta y se la designa con <la expresión> 'vida'

"(...) Pero si el sistema está sólo en el entendimiento, entonces éste, el fundamento, y la misma contraflexión recíproca (*Gegenwendigkeit*) quedan excluidas del sistema, como lo otro del sistema, y el sistema, visto por referencia a la totalidad del ente, ya no es más el sistema" (cf. *Schelling* § 27 p. 278 s.).

Según esto, Schelling asigna el sistema al intelecto divino y, con ello, también al momento de la existencia, de modo tal que el fundamento, como lo otro del sistema, queda o debe quedar excluido de él. Por tanto, el sistema ya no coincide con la totalidad del ente: la equiparación de "sistema" y "juntura del Ser" se revela, pues, como imposible. La elección del vocabulario no es aquí, en modo alguno, caprichosa, ya que la contraposición de "sistema" y "juntura" pertenece al núcleo mismo del "pensar del acontecimiento (*Ereignis*)", tal como Heidegger lo presenta en *Beiträge* (cf. § 39 p. 80 ss.).[10] Es esta imposibilidad de principio, explica Heidegger, la que hace que en su obra tardía Schelling

"recaiga (*zurückfällt*) en la tradición petrificada del pensamiento occidental, sin transformarla de modo creativo" (cf. *Schelling* § 27 p. 279).

Con ello se quiere decir que la consecuencia inmediata del fracaso schellingiano representa una suerte de "recaída onto-teológica", que en el "último paso" (*letzter Schritt*) dado por Schelling, vale decir, con la distinción de la filosofía negativa y positiva, adquiere la forma de un retroceso hacia lo positivo, en el sentido de aquello inmemorial que la razón, al determinar su propio límite, debe presuponer como "comienzo" (*Anfang*) y "fundamento" (*Grund*) del pensar.[11] Como quiera que fuere, desde el punto de vista ontohistórico, la peculiar significación del "fallo" (*Misslingen*) de Schelling reside en el hecho de que

"con ello Schelling sólo da impulso a dificultades que ya estaban planteadas en el comienzo de la filosofía occidental y que, en virtud de la dirección que toma ese comienzo, quedan planteadas como insuperables por él. Esto significa para nosotros que un segundo comienzo (*ein zweiter Anfang*) se hace necesario en virtud del primero, pero que sólo es posible en la completa transformación del primero, nunca a través de su mera conservación (*Stehenlassen*)" (cf. *Schelling* § 27 p. 279).

---

[10] En este contexto Heidegger remite expresamente a la lección sobre Kant del semestre de invierno de 1935/1936 y a la lección sobre Schelling del semestre de verano de 1936. Véase *Beiträge* p. 81 nota.

[11] Para este punto véase las "observaciones tardías" (*späte Bemerkungen*) de Heidegger sobre la distinción schellingiana entre filosofía positiva y negativa, considerada como "reflejo (*Widerschein*) de la esencia onto-teológica de la metafísica al interior del Idealismo Absoluto" (cf. *Besinnung*, "Anhang I", § 10: "Der letzte Schritt Schellings. Onto-Theologie", p. 520 ss.).

Por referencia a este trasfondo se entiende por qué se asigna a Schelling una posición muy especial también en el marco de la hermenéutica de los dos comienzos de *Beiträge*. Por cierto, la filosofía de Schelling forma parte del pensamiento de la identidad del Idealismo Alemán, en el cual viene "a la expresión, del modo más agudo y más absoluto, el señorío (*Herrschaft*) del pensamiento como hilo conductor (*Leitfaden*) para la determinación de la "entidad" (*Seiendheit*) del ente (cf. *Beiträge* § 102 p. 199). Más aún: el "camino a la identidad absoluta" (*Weg zur absoluten Identität*) recién queda allanado con Schelling, y ello, justamente, en la medida en que éste, a diferencia de Fichte, no se queda detenido en la contraposición del "yo" (*Ich*) y el "no-yo" (*Nicht-Ich*), sino que determina "lo otro del yo" (*das Andere des Ich*), más bien, como el "espíritu visible" (*der sichtbare Geist*) (cf. p. 199, 201). También en el caso de Schelling, y precisamente en él, vale, por tanto, que el pensar, tomado como hilo conductor, no constituye un mero "medio auxiliar de procedimiento en la ejecución del pensamiento" (*Hilfsmittel des Verfahrens im Denkvollzug*), sino, más bien, "la donación de horizonte que yace en la base, pero se oculta como tal, para la interpretación de la entidad" (*die zugrundeliegende, aber als solche sich verbergende Horizontgebung für die Auslegung der Seiendheit*) (cf. p. 200). Por otro lado, y sin perjuicio de lo anterior, Schelling es también el pensador que con su osada radicalización de la problemática de la libertad ha podido mostrar desde dentro el límite infranqueable de la orientación básica a partir del pensamiento, tal como ésta caracteriza a la metafísica de la Modernidad. En efecto, es en Schelling donde se hace visible, por vez primera, la imposibilidad de principio de una autofundamentación ontoteológica del pensamiento sistemático. De este modo, el tratado de la libertad de Schelling no pasa de ser un "arresto" (*Vorstoß*) aislado, que en Schelling mismo no conduce a una genuina decisión, como lo muestra la posterior recaída ontoteológica en lo positivo,[12] pero que, precisamente en virtud de su fallo, permite reconocer del modo más nítido la necesidad interna de un comienzo totalmente diferente (cf. § 104 p. 204).

Por tanto, la vieja convicción de Heidegger respecto de la posición de privilegio de Schelling frente a Fichte y Hegel no sólo queda conservada en el marco de la construcción ontohistórica que desarrolla por recurso a la hermenéutica de los dos comienzos, sino que, además, recibe una fundamentación parcialmente nueva. Ésta remite al hecho de que Schelling alcanza "la más profunda comprensión del Espíritu" (*das tiefste Begreifen des Geistes*), por cuanto, a diferencia de Hegel, no parte con la lógica, sino con la filosofía de la naturaleza:

---

[12] Sobre este punto véase el veredicto de Heidegger en *Besinnung* § 30 p. 101: "El concepto de libertad de Schelling sigue siendo un <concepto> metafísico. <Así> lo muestra el tránsito hacia el 'sistema' de la filosofía negativa y positiva".

"A Schelling se le concede la más profunda comprensión del Espíritu, porque comienza con la filosofía de la *Naturaleza* y reconoce su significación sistemática. En efecto, es la 'naturaleza' la que, en cuanto se concibe de modo más esencial, se vuelve lo otro en el Absoluto, con lo cual, al mismo tiempo, queda determinado lo negativo del Espíritu y puesto como su otro, en un modo que a Hegel tenía que quedarle vedado" (cf. *Besinnung* § 73 p. 263).

Con esto Schelling no pretende alcanzar ninguna "espiritualización" de la naturaleza de corte romántico, sino, más bien, una determinación más esencial del Espíritu y el Absoluto, cuya esencia como sujeto reside en la libertad:

"Schelling no pretende ninguna 'espiritualización' de la naturaleza, su filosofía es completamente no-romántica, en todo caso, allí donde, como en el tratado de la libertad, alcanza lo que le es más propio. Por cierto, el Espíritu y el Absoluto no deja de ser '*subjectum*'. Pero, si tiene su esencia en la libertad, entonces en ésta, como la capacidad del bien y el mal, queda emplazada una determinación que dice algo más esencial que el 'concepto absoluto' (*absoluter Begriff*) de Hegel" (cf. *Besinnung* p. 263).

Schelling logra esbozar, pues, "la figura más profunda del Espíritu (*die tiefste Gestalt des Geistes*) en la historia de la metafísica alemana". Se trata, sin embargo, de una figura que Schelling no pudo dejar puesta en pie. En efecto, la recaída de Schelling en la ontoteología y, en conexión con ella, su retroceso hacia lo positivo hacen inevitable el abandono definitivo de aquellos puntos de partida para una reformulación aleteiológica de la filosofía que todavía estaban de algún modo presentes y operantes en su radicalización de la problemática de la libertad, y ello, en favor de una recuperación, ella misma insostenible a estas alturas, del pensamiento causal-arqueológico de la tradición metafísica:

"la filosofía negativo-positiva es recaída en la metafísica racional y, a la vez, huida hacia la dogmática cristiana. Ambas cosas tienen su necesidad en la esencia de la misma metafísica occidental, en la determinación categorial de la entidad y en la interpretación de corte causal y, en general, condicional, del 'Absoluto'" (cf. *Besinnung* p. 263).

4. Observación final

Visto en su conjunto, el modo en el que Heidegger aborda interpretativamente a Schelling presenta más o menos los mismos rasgos que caracterizan a su ocupación con otros autores de referencia de la tradición metafísica. Tal como en otros casos, también en el caso de Schelling Heidegger pretende, ante todo, hallar puntos de partida y motivos que pudieran mostrarse relevantes para su propio proyecto filosófico. Esto vale tanto para la primera como, de otro modo, también para la segunda fase de su confrontación con Schelling. Como se vio, la estrategia interpretativa de Schelling varía fundamentalmente de la primera hasta la segunda fase. Pero en esto Schelling tampoco es un caso especial. Más allá del reconocimiento que Heidegger dispensa a la creatividad y osadía filosóficas de Schelling, lo extraordinario de su pensamiento reside en última instancia, para Heidegger, "sólo" en su significación ontohistórica. Nada menos, pero tampoco nada más. También en este respecto, el juicio de Heidegger está por completo al servicio de la construcción ontohistórica de conjunto que ha esbozado por medio de la hermenéutica de los dos comienzos. Por lo mismo, la pregunta por la plausibilidad de la interpretación heideggeriana de Schelling no puede ser planteada, ni respondida, con independencia de la pregunta, mucho más básica, por la plausibilidad de su pensamiento ontohistórico, como un todo.

Referencias bibliográficas

I. Obras de M. Heidegger

AAD	"Der Anfang des abendländischen Denkens. Heraklit" (1943), en: *Heraklit* p. 1-181.
AHS	"Aristoteles-Hegel-Seminar" (1927), en: *SHS* p. 1-54.
Aletheia	"Aletheia (Heraklit, Fragment 16)" (1954), en: *VA* p. 240-274.
AM	*Aristoteles, Metaphyik Θ 1-3. Vom Wesen und Wirklichkeit der Kraft* (1931), *GA* Bd. 33, ed. H. Huni, Frankfurt a. M. 1981.
APh	"Aristoteles, Physik Γ 1-3" (1928), en: *Seminare* p. 1-22.
Aristoteles A	*Phänomenologische Interpretationen zu Aristoteles. Einführung in die phänomenologische Forschung (1921-22)*, *GA* Bd. 61, ed. W. Bröcker – K. Bröcker-Oltmanns, Frankfurt a. M. 1985.
Aristoteles B	*Phänomenologische Interpretationen ausgewählter Abhandlungen des Aristoteles zur Ontologie und Logik* (1922), *GA* Bd. 62, ed. G. Neumann, Frankfurt a. M. 2005.
Beiträge	*Beiträge zur Philosophie (Vom Ereignis)* (1936-1938), *GA* Bd. 65, ed. Fr.-W. von Herrmann, Frankfurt a. M. 1989.
Besinnung	*Besinnung* (1938-1939), *GA* Bd. 66, ed. Fr.-W. von Herrmann, Frankfurt a. M. 1989.
Besprechungen	"Besprechungen (1913/1914)", en: *FS* p. 45-54.
BH	*Brief über den "Humanismus"* (1946), en: *Wegmarken* p. 311-360.
BPh	*Zur Bestimmung der Philosophie*, *GA* Bd. 56/57, ed. B. Heimbüchel, Frankfurt a. M. 1987.
DI	*Der Detusche Idealismus (Fichte, Schelling, Hegel) und die Philosophische Problemlage der Gegenwart* (1929), *GA* Bd. 28, ed. C. Strube, Frankfurt a. M. 1997.
EGSM	"Entwürfe zur Geschichte des Seins als Metaphysik" (1941), en: *Nietzsche* II p. 458-480.

EM	*Einführung in die Metaphysik* (1935), Tübingen 1987 (= 1953); nueva edición con un apéndice en *GA* Bd. 40, ed. P. Jaeger, Frankfurt a. M. 1983. Se cita la obra por la paginación de la edición original.
Ende	"Das Ende der Philosophie und die Aufgabe des Denkens" (1966), en: *SD* p. 61-80.
EPh	*Einleitung in die Philosophie* (1928-29), *GA* Bd. 27, ed. O. Samme – I. Samme Speidel, Frankfurt a. M. 1996.
FD	*Die Frage nach dem Ding. Zu Kant's Lehre von den transzendentalen Grundsätzen*, Tübingen 1962; nueva edición con apéndices en *GA* Bd. 41, ed. P. Jaeger, Frankfurt a. M. 1984. Se cita la obra por la paginación de la edición original.
FS	*Frühe Schriften*, *GA* Bd. 1, ed. Fr.-W. von Herrmann, Frankfurt a. M. 1978; edición paralela en: *GA* Bd. 1, ed. Fr.-W. von Herrmann, Frankfurt a. M. 1978. Se cita la obra por la paginación de la edición independiente.
GBAPh	*Grundbegriffe der aristotelischen Philosophie* (1924), *GA* Bd. 18, ed. M. Michalski, Frankfurt a. M. 2002.
GBM	*Die Grundbegriffe der Metaphysik. Welt – Endlichkeit – Einsamkeit* (1929/1930), *GA* Bd. 29/30, ed. Fr.-W. von Herrmann, Frankfurt a. M. 1992 (= 1983).
GFPh	*Grundfragen der Philosophie. Ausgewählte "Probleme" der "Logik"* (1937-38), *GA* Bd. 45, ed. Fr.-W. von Herrmann, Frankfurt a. M. 1992 (= 1984).
GPPh	*Grundprobleme der Phänomenologie* (1919/20), *GA* Bd. 58, ed. H.-H. Gander, Frankfurt a. M. 1993.
Grundprobleme	*Die Grundprobleme der Phänomenologie* (1927), *GA* Bd. 24, ed. Fr.-W. von Herrmann, Frankfurt a. M. 1975.
Holzwege	*Holzwege*, 6a. ed. revisada, Frankfurt a. M. 1980.
HPhG	*Hegels Phänomenologie des Geistes* (1930/1931), *GA* Bd. 32, ed. I. Görland, Frankfurt a. M. ³1997 (= 1980).
Heraklit A	*Heraklit*, *GA* Bd. 55, ed. M. S. Frings, Frankfurt a. M. 1979.
Kant	*Kant und das Problem der Metaphysik* (1929), 5a. ed. aumentada, ed. Fr.-W. von Herrmann, Frankfurt a. M. 1991; edición paralela en: *GA* Bd. 3, ed. Fr.-W. von Herrmann, Frankfurt

	a. M. 1976. Se cita la obra por la paginación de la edición independiente.
KKrV	*Phänomenologische Interpretation von Kants Kritik der reinen Vernunft* (1927/28), *GA* Bd. 25, ed. I. Görland, Frankfurt a. M. 1995 (= 1977).
KNS	"Die Idee der Philosophie und das Weltanschauung Problem" (1919), en: *BPh* p. 1-117.
KThS	"Kants These über das Sein" (1961), en: *Wegmarken* p. 439-473.
LFWS	*Logik als die Frage nach dem Wesen der Sprache* (1934), *GA* Bd. 38, ed. G. Seubold, Frankfurt a. M. 1998.
Logik	*Logik. Die Frage nach der Wahrheit* (1925/1926), *GA* Bd. 21, ed. W. Biemel, Frankfurt a. M. 1976.
LUP	*Die Lehre vom Urteil im Psychologismus. Ein kritisch-positiver Beitrag zur Logik* (1913; primera publicación: 1914), en: *FS* p. 55-188.
MAL	*Metaphysische Anfangsgründe der Logik im Ausgang von Leibniz* (1928), *GA* Bd. 26, ed. K. Held, Frankfurt a. M. 1978.
MDI	*Die Metaphysik des deutschen Idealismus (Schelling)* (1941), *GA* Bd. 49, ed. G. Seubold, Frankfurt a. M. 1991.
MGAD	*Die Metaphysischen Grundstellungen des abendländischen Denkens* (1937/1938), en *SU* p. 3-144.
Natorp-Bericht	"Phänomenologische Interpretationen zu Aristoteles. Anzeige der hermeneutischen Situation" (1922), en: *Aristoteles B* p. 343-399.
NFL	"Neue Forschungen über Logik" (1912), en: *FS* p. 17-43.
Nietzsche	*Nietzsche*, Bd. I-II, Pfullingen 1989 (= 1961); edición paralela en: *GA* Bd. 6, 1-2, ed. B. Schillbach, Frankfurt a. M. 1996-1997. Se cita la obra por la paginación de la edición independiente.
Ontologie	*Ontologie. Hermeneutik der Faktizität* (1923), *GA* Bd. 63, ed. K. Bröcker-Oltmanns, Frankfurt a. M. 1988.
PhAA	*Phänomenologie der Anschauung und des Ausdrucks* (1920), *GA* Bd. 59, hg. C. Strube, Frankfurt a. M. 1993.

Phaidros	"Platons Phaidros" (1932), en: *Seminare* p. 83-148.
PhR	"Einleitung in die Phänomenologie der Religion" (1920/1921), en: *PhRL* S. 1-156.
PhRL	*Phänomenologie des religiösen Lebens*, *GA* Bd. 60, ed. M. Jung – Th. Regehly – C. Strube, Frankfurt a. M. 1995.
PhTW	"Phänomenologie und transzendentale Wertphilosophie" (1919), en: *BPh* p. 119-214.
PhuTh	"Phanomenologie und Theologie" (1927), en: *Wegmarken* p. 45-78.
Physis	"Vom Wesen und Begriff der Φύσις. Aristoteles, Physik B 1" (1939), en: *Wegmarken* p. 237-299.
PLW	"Platons Lehre von der Wahrheit" (1940), en: *Wegmarken* p. 201-236.
PP	"Platon, Parmenides" (1930/1931), en: *Seminare* p. 25-37.
PPM	"Platon, Parmenides" (1930/1931, semestre de invierno; 1931, semestre de verano), notas mecanografiadas de H. Marcuse; tiposcripto 0020.01, sección "Heideggeriana" (Nachschriften von Vorlesungen und Vorträgen Martin Heideggers aus den Jahren 1921-1930), Nachlass Herbert Marcuse, Universitätsbibliothek, Universität Frankfurt.
Prolegomena	*Prolegomena zur Geschichte des Zeitbegriffs* (1925), *GA* Bd. 20, ed. P. Jaeger, Frankfurt a. M. 1979.
Richardson	"Preface / Vorwort", en: Richardson (1963) p. IX-XXIII
RMPh	"Das Realitätsproblem in der modernen Philosophie" (1912), en: *FS* p. 1-15.
Schelling	*Schelling: Vom Wesen der menschlichen Freiheit (1809)* (1936), *GA* Bd. 42, ed. I. Schüßler, Frankfurt a. M. 1988; edición original: *Schellingsabhandlung über das Wesen der menschlichen Freiheit (1809)*, Tübingen 1971. Se cita la obra por la paginación de la edición de la *Gesamtausgabe*.
Schwarze Hefte I	*Überlegungen II-VI (Schwarze Hefte 1931-1938)*, *GA* Bd. 94, ed. P. Trawny, Frankfurt a. M. 2014.
Schwarze Hefte II	*Überlegungen VII-XI (Schwarze Hefte 1938-1939)*, *GA* Bd. 95, ed. P. Trawny, Frankfurt a. M. 2014.

Schwarze Hefte III	*Überlegungen XII-XV (Schwarze Hefte 1939-1941)*, GA Bd. 96, ed. P. Trawny, Frankfurt a. M. 2014.
Scotus	*Die Kategorien- und Bedeutungslehre des Duns Scotus* (1915; primera publicación 1916), en: *FS* p. 189-412.
SD	*Zur Sache des Denkens*, Tübingen 1969.
Seminare	*Seminare. Platon – Aristoteles – Augustinus* (1928-1952), *GA* Bd. 83, ed. M. Michalski, Frankfurt a. M. 2012.
SHS	*Seminare Hegel – Schelling* (1927-1957), *GA* Bd. 86, ed. P. Trawny, Frankfurt a. M. 2011.
Sophistes	*Platon: Sophistes* (1924/1925), *GA* Bd. 19, ed. I. Schüßler, Frankfurt a. M. 1992.
SU	*Seminare (Übungen) 1937/38 und 1941/42: 1. Die metaphysische Grundstellungen des abandländischen Denkens; 2. Einübung in das philosophische Denken*, *GA* Bd. 88, ed. A. Denker, Frankfurt a. M. 2008.
SZ	*Sein und Zeit* (1927), Tübingen 1986, reimpresión de la 7a. edición de 1953 con el agregado de las notas del ejemplar de mano del autor.
Technik	"Die Frage nach der Technik" (1953), en: *VA* p. 9-40.
VA	*Vorträge und Aufsätze*, Pfullingen 1990 (= 1954).
UKW	*Der Ursprung des Kunstwerkes* (1935/1936), en: *Holzwege* p. 1-72.
WBPh	"Vom Wesen und Begriff der Φύσις. Aristoteles, Physik B, 1" (1939), en: *Wegmarken* p. 237-299.
Weg	"Mein Weg in die Phänomenologie" (1963), en: *SD* p. 81-90.
Wegmarken	*Wegmarken*, Frankfurt a. M. ²1978; edición paralela en: *GA* Bd. 9, ed. Fr.-W. von Herrmann, Frankfurt a. M. 1976. Se cita la obra por la paginación de la edición independiente.
WG	*Vom Wesen des Grundes* (1929), en: *Wegmarken*, p. 123-173.
WM	*Was ist Metaphysik* (1929), en: *Wegmarken* p. 103-121.
WMF	*Vom Wesen der menschlichen Freiheit. Einleitung in die Philosophie* (1930), *GA* Bd. 31, ed. H. Tietjen, Frankfurt a. M. 1982.

WW	*Vom Wesen der Wahrheit* (1930), en: *Wegmarken*, p. 175-199.
WWP	*Vom Wesen der Wahrheit. Zu Platons Höhlengleichnis und Theätet* (1931/1932), *GA* Bd. 34, ed. H. Mörchen, Frankfurt a. M. ²1997.
ZeV	*Zu eigenen Veröffentlichungen*, *GA* Bd. 82, ed. Fr.-W. von Herrmann, Frankfurt a. M. 2018.
Zollikon	*Zollikoner Seminare* (1959-1971), ed. M. Boss, Frankfurt a. M. ³2006.
ZS	"Zeit und Sein" (1962), en: *SD* p. 1-25.

II. Epistolario de M. Heidegger

AHB	*Hannah Arendt – Martin Heidegger, Briefe 1925 bis1975 und andere Zeugnisse*, ed. U. Ludz, Frankfurt a. M. ²1999 (= 1998).
HBB	*Martin Heidegger – Elisabeth Blochmann, Briefwechsel 1918-1969*, Mahrbach a. N. ²1990 (= 1989).
HJB	*Martin Heidegger – Karl Jaspers, Briefwechsel 1920-1963*, ed. W. Biemel – H. Saner, Frankfurt a. M. – München – Zürich 1990.
HRB	M. Heidegger – H. Rickert, *Briefe 1912 bis 1933 und andere Dokumente*, ed. A. Denker, Frankfurt a. M. 2002.
MLS	*"Mein liebes Seelchen!" Briefe Martin Heideggers an seine Frau Elfride 1915-1970*, ed. G. Heidegger, München 2005.

III. Obras de Heidegger en colaboración

Heraklit B	M. Heidegger – E. Fink, *Heraklit. Seminar Wintersemester 1966/1967*, Frankfurt a. M. 1970.

IV. Obras de otros filósofos modernos

H. Arendt

VA	*Vita activa oder Vom tätigen Leben* (1960), München 1981; original inglés: *The Human Condition*, Chicago 1958.

E. Cassirer

SF	*Substanzbegriff und Funktionsbegriff. Untersuchungen über die Grundfragen der Erkenntniskritik* (1910), en: E. Cassirer, *Gesammelte Werke. Hamburger Ausgabe* Bd. 6, ed. B. Recki, Hamburg 2000.

E. Fink

Husserl	"Die phänomenologische Philosophie Edmund Husserls in der gegenwärtigen Kritik" (1933), en: *SPh* p. 79-156.
RZB	*Zur Ontologischen Frühgeschichte von Raum — Zeit — Bewegung*, The Hague 1957.
SPh	*Studien zur Phänomenologie 1930-1939*, Den Haag 1966.

H. G. Gadamer

HHH	*Hegel, Husserl, Heidegger*, en: *Gesammelte Werke*, Bd. 3: *Neuere Philosophie I*, Tübingen 1987.
Plato	"Plato" (1976), en: *HHH* p. 229-237
SP	"Die Sprache der Metaphysik" (1968), en: *HHH* p. 238-248.

E. Husserl

Ideen I	*Ideen zu einer reinen Phänomenologie und phänomenologischen Philosophie, Erstes Buch, Husserliana* III, ed. K. Schuhmann, Den Haag ²1977.
LU	*Logische Untersuchungen*, Bd. I-II/1-2, *Husserliana* XVIII-XIX/1-2, ed. E. Holenstein (XVIII) – U. Panzer (XIX), Den Haag 1975-1984.
Philosophie	*Philosophie als strenge Wissenschaft* (1911), ed. W. Szilasi, Frankfurt a. M. 1981 (= 1965).

K. Jaspers

Philosophie II	*Philosophie*, Bd. II: *Existenzerhellung* (1932), Berlin – Heidelberg – New York ⁴1973.
PdW	*Psychologie der Weltanschauungen* (1919), München ⁶1994.

I. Kant

GMS	*Grundlegung zur Metaphysik der Sitten* (1785, ²1786), ed. B. Kraft – D. Schönecker, Hamburg, 1999; citado según la paginación de *Akademie-Ausgabe*, vol. IV, ed. P. Menzer, Berlin 1911, p. 386-463.
Jäsche Logik	*Logik. Ein Handbuch zu Vorlesungen* (1800), ed. G. B. Jäsche, *Akademie-Ausgabe* vol. IX, Berlin 1923, p. 1-150, 503-508.
KpV	*Kritik der praktischen Vernunft* (1788), ed. K. Vorländer, con una bibliografía de H. F. Klemme, Hamburg ¹⁰1990; citado por la paginación de *Akademie-Ausgabe,* vol. V, ed. P. Natorp, Berlin 1913, 1-163.
KrV	*Kritik der reinen Vernunft* (²1787, 1781), ed. J. Timmermann – H. Klemme, Hamburg 1998.
Prolegomena	*Prolegomena zu einer jeden künftigen Metaphysik, die als Wissenschaft wird auftreten können* (1783), ed. K. Pollok, Hamburg 2001.
Religion	*Die Religion innerhalb der Grenzen der bloßen Vernunft* (1793), ed. B. Stangneth, Hamburg 2003; citado según la paginación de *Akademie-Ausgabe*, vol. VI, Berlin 1914, p. 1-202 (ed. G. Wobbermin).
SDO	"Was heißt: sich im Denken orientieren?" (1786), ed. H. Maier, *Akademie-Ausgabe*, vol. VIII, Berlin 1923, p. 131-147.
Tugendlehre	*Metaphysische Anfangsgründe der Tugendlehre* (1797), *Metaphysik der Sitten, Zweiter Teil*, ed. B. Ludwig, Hamburg 1990; citado según la paginación de *Akademie-Ausgabe*, vol. VI, p. 373-491, Berlin 1914 (ed. P. Natorp).
VM	*Vorlesung zur Moralphilosopie* (*Vorlesung über allgemeine praktische Philosophie und Ethik, Nachschrift Kaehler*) (1777), ed. W. Stark, Berlin – New York 2004.

E. Lask

LPh	*Die Logik der Philosophie und die Kategorienlehre* (1911), en: E. Lask, *Gesammelte Schriften*, ed. E. Herrigel, vol. II, Tübingen 1923, p. 1-282; edición independiente de F. Kaulbach, con idéntica paginación y un epílogo: Tübingen 1993.
LvU	*Die Lehre vom Urteil* (1912), en: E. Lask, *Gesammelte Schriften*, ed. E. Herrigel, Bd. II, Tübingen 1923, p. 283-463.
Platon	"Platon", en: *Gesammelte Schriften*, ed. E. Herrigel, Bd. 3, Tübingen 1924, p. 1-56.

R. H. Lotze

Logik III	*Logik. Drittes Buch. Vom Erkennen (Methodologie)* (1874, ²1880), ed. Georg Misch – G. Gabriel, Hamburg 1989.
Metaphysik A	*Metaphysik*, Leipzig 1841.
Metaphysik B	*System der Philosophie. Zweiter Teil: Drei Bücher der Metaphysik*, Leipzig 1879 (²1884) (= *System II*).
Mikrokosmos	*Mikrokosmus. Ideen zur Naturgeschichte und Geschichte der Menschheit*, Leipzig 1869.
System I, II	*System der Philosophie; Erster Teil: Drei Bücher der Logik*, Leipzig 1874 (²1880, ³1913); *Zweiter Teil: Drei Bücher der Metaphysik*, Leipzig 1879 (²1884).

P. Natorp

PIL	*Platons Ideenlehre*, Leipzig ²1921; primera edición: 1903.

F. Nietzsche

Zarathustra	*Also sprach Zarathustra I-IV* (1883-1885), *Kritische Studienausgabe* Bd. 4, ed. G. Colli – M. Montinari, München – Berlin – New York ²1988.

H. Rickert

GE	*Der Gegenstand der Erkenntnis. Einführung in die Transzendentalphilosophie*, Tübingen 1892 (³1915, ⁶1928).
ZWE	"Zwei Wege der Erkenntnistheorie", *Kant-Studien* 14 (1909) 169-228; reproducción en forma de libro: Würzburg 2002.

M. Scheler

TuF   "Tod und Fortleben" (1911-1914), *Gesammelte Werke*, Bd. 10: *Schriften aus dem Nachlaß*, Bd. 1: *Zur Ethik und Erkenntnislehre*, ed. M. Scheler, Bonn ³1986.

IV. Literatura secundaria

Allison, H. E. (2004), *Kant's Transcendental Idealism. An Interpretation and Defense*, revised and enlarged Edition. New Haven – London ²2004.

Backman, J. (2007), "All of a Sudden: Heidegger and Plato's Parmenides," *Epoché* 11/2 (2007) 393-408.

Beardslee, W. J. (1918), *The Use of Physis in the Fifth-Century Greek Literature*, Chicago 1918.

Beiser, F. C. (2013), *Late German Idealism. Trendelenburg and Lotze*, Oxford 2013.

Bernet, R. – Denker, A. – Zaborowski, H. (eds.) (2012), *Heidegger und Husserl*, en: *Heidegger-Jahrbuch*, vol. 6, Freiburg – München 2012.

Bernasconi, R. (1988), "'Failure of Communication' as a Surplus: Dialogue and Lack of Dialogue between Buber and Levinas", en: Bernasconi – Wood (1988) p. 100-135.

Bernasconi, R. – Wood, D. (1988), *The Provocation of Levinas. Rethinking the Other*, London – New York 1988.

Beyer, C. (2013), "Husserl und Lotze", tiposcripto.

Blust, F. K. (1987), *Selbstheit und Zeitlichkeit. Heideggers neuer Denkansatz zur Seinsbestimmung des Ich*, Würzburg 1987.

Borges Duarte, I. F. (1994), *La presencia de Kant en Heidegger. Dasein, trascendencia, verdad*, tesis doctoral, Universidad Complutense de Madrid, Madrid 1994; edición electrónica 2002: http://eprints.ucm.es/2307/1/AH2010801.pdf.

Braun, O. (1918) (ed.), *Schellings Philosophie*, Berlin 1918.

Burger, A. (1925) *Les mots de la familie de phyô en grec ancien*, Paris 1925.

Ciccarelli, P. (2002) *Il Platone di Heidegger. Dalla "differenza ontologica" alla "svolta"*, Napoli 2002.

Cimino, A. (2005), *Ontologia, storia, temporalita. Heidegger, Platone e l'essenza della filosofia*, Pisa 2005.

Clark, S. R. L. (1975), *Aristotle's Man. Speculations upon Aristotelian Anthropology*, Oxford 1975.

Crowell, S. G. (1988), "Husserl, Lask, and the Idea of Trascendental Logic", en: Crowell (2001) p. 56-75.

———— (1992), "Lask, Heidegger and the Homelessness of Logic", *Journal of the Britisch Society for Phenomenology* 23/3 (1992) 222-239; reproducido en: Crowell (2001) p. 76-92.

———— (1994), "Making Logic Philosophical Again (1912-1916)", en: Kisiel – van Buren (1994) p. 55-72; reproducido en: Crowell (2001) p. 93-111.

———— (1996), "Emil Lask: Aletheiology als Ontology", *Kant-Studien* 87 (1996) 69-88; reproducido en: Crowell (2001) p. 37-55.

———— (2001), *Husserl, Heidegger, and the Space of Meaning. Paths toward Trascendental Phenomenology*, Evanston (Illinois) 2001.

———— (2007a), "Conscience and Reason: Heidegger on the Grounds of Intentionality", en: Crowell – Malpas (2007) p. 43-62.

———— (2007b), "*Sorge* or *Selbstbewußtsein*? Heidegger and Korsgaard on the Sources of Normativity", *European Journal of Philosophy* 15/3 (2007) 315-333; reproducido con el título "The existencial sources of Normativity" en: Crowell (2013) p. 239-260.

———— (2010), "Heidegger on practical reasoning: morality and agency", en: González – Vigo (2010) p. 49-74; reproducido en: Crowell (2013) p. 282-303.

———— (2013), *Normativity and Phenomenology in Husserl and Heidegger*, Cambridge 2013.

Crowell, S. G. – Malpas, J. (eds.) (2007), *Transcendental Heidegger*, Stanford 2007.

Dahlstrom, D. (2001), *Heidegger's Concept of Truth*, Cambridge 2001 (original alemán: *Das logische Vorurteil. Untersuchungen zur Wahrheitstheorie des frühen Heidegger*, Wien 1994).

———— (ed.) (2011), *Interpreting Heidegger. Critical Essays*, Cambridge 2011.

Declève, H. (1970) *Heidegger et Kant*, The Hague 1970.

Denker, A. – Gander, H. H. – Zaborowski, H. (2004), *Heidegger und die Anfänge seines Denkens, Heidegger-Jahrbuch* 1, Freiburg – München 2004.

Edwards, P. (1979), *Heidegger and Death. A Critical Evaluation*, La Salle (Illinois) 1979.

Enskat, R. (2005), *Authentisches Wissen. Prolegomena zur Erkenntnistheorie in praktischer Hinsicht*, Göttingen 2005.

———— (ed.) (2015), *Kants Theorie der Erfahrung*, Berlin – New York, p. 169-199.

Figal, G. (1988), *Martin Heidegger. Phänomenologie der Freiheit*, Frankfurt a. M. 1991 = 1998.

———— (2006), *Gegenständlichkeit. Das Hermeneutische und die Philosophie*, Tübingen 2006.

Fischer, K. (1990), *Abschied. Die Denkbewegung Martin Heideggers*, Würzburg 1990.

Fisette, D. (2015), "Hermann Lotze y la génesis de la filosofía temprana de Husserl", *Ápeiron. Estudios de Filosofía* 3 (2015) 13-35.

Friedländer, P. (1928), *Platon*, Bd. 1-3, Berlin 1928-1930.

——— (1958), *Plato. An Introduction*, London 1958.

García Gainza, J. (1997), *Heidegger y la cuestión del valor. Estudio de los escritos de juventud (1912-1927)*, Mutilva Baja (Navarra) 1997.

Gethmann, C. F. (1974), *Verstehen und Auslegung. Das Methodenproblem in der Philosophie Martin Heideggers*, Bonn 1974.

——— (1991a), "Phänomenologie, Lebensphilosophie und Konstruktive Wissenschaftstheorie. Eine historische Skizze zur Vorgeschichte der Erlanger Schule", en: Gethmann (1991b) p. 28-77.

——— (1991b), "Der existenziale Begriff der Wissenschaft. Zu *Sein und Zeit* § 69 b)", en Gethmann (1991b) p. 181-208; reproducido en: Gethmann (1993) p. 169-206.

——— (ed.) (1991b), *Lebenswelt und Wissenschaft. Studien zum Verhältnis von Phänomenologie und Wissenschaftstheorie*, Bonn 1991.

——— (1993), *Dasein: Erkennen und Handeln. Heidegger im phänomenologischen Kontext*, Berlin – New York 1993.

——— (1995), "Protoethik", en: Mittelstraß (1995) p. 369-371.

Glatz, U. (2001), *Emil Lask. Philosophie im Verhältnis zu Weltanschauung, Leben und Erkenntnis*, Würzburg 2001.

González, A. M. – Vigo, A. G. (eds.) (2010), *Practical Rationality. Scope and Structures of Human Agency*, Hildesheim – Zürich – New York 2010.

González, F. J. (2003), "Confronting Heidegger on Logos and Being in Plato's *Sophist*", en: G. Damschen – R. Enskat – A. G. Vigo, A. G. (eds.) (2003), *Plato und Aristoteles sub ratione veritatis. Festschrift für Wolfgang Wieland zum 70. Geburtstag*, Göttingen 2003, p. 102-133.

——— (2009), *Plato and Heidegger: A Question of Dialogue*, UNiversity Park (PA) 2009.

——— (2017/2018), "The Aristotelian Reception of the Idea of the Good according to Heidegger and Gadamer", Χώρα 15/16 (2017/2018) 611-628.

——— (2019), "Shattering Presence: Being as Change, Time as the Sudden Instant in Heidegger's 1930–31 Seminar on Plato's *Parmenides*", *Journal of the History of Philosophy Journal of the History of Philosophy* 57/2 (2019) p. 313-338.

Görland, I. (1981), *Transzendenz und Selbst. Eine Phase in Heideggers Denken*, Frankfurt a. M. 1981.

Graham, D. W. (2010), *The Texts of Early Greek Philosophy*, Part I, Cambridge 2010.

Guignon, C. (2011), "Heidegger's concept of freedom, 1927–1930", en: Dahlstrom (2011) p. 79-105.

Hauser, K. (2003), "Lotze and Husserl", *Archiv für Geschichte der Philosophie* 85/2 (2003) 152-178.

Heinz, M. (2001), "Das eigentliche Ganzseinkönnen des Daseins und die Zeitlichkeit als der ontologische Sinn der Sorge", en: Rentsch (2001) p. 169-197.

Herrmann, F. W. von (1991), *Heideggers "Grundprobleme der Phänomenologie". Zur "Zweiten Hälfte" von "Sein und Zeit"*, Frankfurt a. M. 1991.

―――― (1994), *Wege ins Ereignis. Zu Heideggers "Beiträge zur Philosophie"*, Frankfurt a. M. 1994.

―――― (2000), *Hermenutik und Reflexion. Der Begriff der Phänomenologie bei Heidegger und Husserl*, Frankfurt a. M. 2000.

―――― (2002), *Wahrheit – Freiheit – Geschichte. Eine systematische Untersuchung zu Heideggers Schrift "Vom Wesen der Wahrheit"*, Frankfurt a. M. 2002.

―――― (2004), *Subjekt und Dasein. Grundbegriffe von 'Sein und Zeit'*, Frankfurt a. M. ³2004; antes publicado con el título: *Subjekt und Dasein. Interpretationen zu 'Sein und Zeit'* (²1985, 1974).

―――― (2005), *Hermeneutische Phänomenologie des Daseins. Ein Kommentar zu "Sein und Zeit"*, Bd. II: *"Erster Abschnitt: Die Vorbereitende Fundamentalanalyse des Daseins § 9 – § 27*, Frankfurt a. M. 2005.

―――― (2008), *Hermeneutische Phänomenologie des Daseins. Ein Kommentar zu "Sein und Zeit"*, Bd. II: *"Erster Abschnitt: Die vorbereitende Fundamentalanalyse des Daseins" §28 – §44*, Frankfurt. a. M. 2008.

Hobe, K. – Pugliese, O. (1971), "La lógica de E. Lask como transición entre la teoría del juicio en H. Rickert y el concepto de verdad en M. Heidegger", *Cuadernos de Filosofía* (Buenos Aires) 15-16 (1971) 105-136.

Höfele, P. (2019), *Wollen und Lassen. Zur Ausdifferenzierung, Kritik und Rezeption des Willensparadigmas in der Philosophie Schellings*, Freiburg i. Br. – München 2019.

Hopkins, B. C. (2012), "Entformalisierung bei Husserl und Heidegger", en: Bernet – Denker – Zaborowski (2012) p. 87-107.

Howell, R. C. (1992): *Kant's Transcendental Deduction. An Analysis of Main Themes in his Critical Philosophy*. Dordrecht 1992.

Hübsch, S. (1995), *Philosophie und Gewissen. Beiträge zur Rehabilitierung des philosophischen Gewissensbegriffs*, Göttingen 1995.

Hühn, L. – Jantzen, J. (eds.) (2020), *Heideggers Schelling-Seminar (1927/28)*, con la colaboración de Ph. Schwab y S. Schwenzfeuer, *Schellingiana* 22, Stuttgart – Bad Cannstatt 2020.

Jaran, F. (2010), *La Métaphysique du Dasein. Heidegger et la possibilité de la métaphysique (1927-1930)*, Bucarest 2010.

––––––– (2012), *Heidegger inédit 1929-1930. L'inachevable Être et temps*, Paris 2012.

Kaegi, D. – Rudolph, E. (eds.) (2002), *Cassirer – Heidegger. 70 Jahre Davoser Disputation*, Hamburg 2002.

Kahn, C. (1979), *The Art and Thought of Heraclitus*, Cambridge 1979.

Kiening, C. (2000), *Johannes von Tepl, Der Ackermann*, edición bilingüe, traducción y comentario, Stuttgart 2000.

Kim, A. (2010), *Plato in Germany. Kant, Natorp, Heidegger*, Sankt Augustin 2010.

King, R. A. H. (2001), *Aristotle on Life and Death*, London 2001.

Kirk, G. S. (1954), *Heraclitus. The Cosmic Fragments*, London – New York 1975 (= 1954).

Kisiel. Th. (1993), *The Genesis of Heidegger's* Being and Time, Berkeley – Los Angeles – London 1995 (= 1993).

––––––– (1995), "Why students of Heidegger will have to read Emil Lask", *Man and World* 28 (1995) 197-240; reproducido en: Kisiel (2002) p. 101-136.

––––––– (2002), *Heidegger's Way of Thought*, ed. A. Denker – M. Heinz, New York – London 2002.

Kisiel, T. – Sheehan, T. (eds.) (2010), *Becoming Heidegger. On the Trail of his Early Occasional Writings, 1910–1927*, en: *The New Yearbook for Phenomenology and Phenomenological Philosophy* IX, Seattle 2010 (2da. ed., revisada y aumentada).

Kobusch, T. – Mojsisch, B. (eds.) (1997), *Platon in der Abendländischen Geistesgeschichte. Neue Forschungen zum Platonismus*, Darmstadt 1997

Krijnen, C. (2003), "Le sens de l'être. Heidegger et le néokantisme", *Methodos* 3 (2003): *Figures de l'irrationnel*, https://journals.openedition.org/methodos/116.

Lara, F. de (2008), *Phänomenologie der Möglichkeit. Grundzüge der Philosophie Heideggers 1919-1923*, Freiburg – München 2008.

Laks, A. – Most, G. W. (2016), *Early Greek Philosophy*, vol. I: *Introductory and Reference Materials*, Cambridge (Mass.) – London 2016.

Lazzari, R. (2002), *Ontologia della fatticità. Prospettive sul giovane Heidegger (Husserl, Dilthey, Natorp, Lask)*, Milano 2002.

Lehmann, K. (1938), *Der Tod bei Heidegger und Jaspers*, Heidelberg 1938.

Le Moli, A. (2002), *Heidegger e Platone. Essere, Relazione, Differenza*, Milano 2002.

Lembeck, K. H. (1994), *Platon in Marburg. Platonrezeption und Philosophiegeschichtsphilosophie bei Cohen und Natorp*, Würzburg 1994.

Lofts, S. G. (2015), "Cassirer and Heidegger: The Cultural-Event The Auseinandersetzung of Thinking and Being", en: Tyler Friedman – Luft (2015) p. 233-258.

Longuenesse, B. (1998), *Kant and the Capacity to Judge. Sensibility and Discursivity in the Transcendental Analytic of the* Critique of Pure Reason, Princeton (Mass.) – Oxford 2000 (= 1998).

Luckner, A. (2001), "Wie es ist, selbst zu sein. Zum Begriff der Eigentlichkeit (§§ 54-60)", en: Rentsch (2001) p. 149-168.

Lütkehaus, L. (2006), *Natalität. Philosophie der Geburt*, Kusterdingen 2006.

Lyne, I. (2009), "Rickert and Heidegger: On the Value of Everyday Objects", *Kant-Studien* 91/2 (2009) 204-225.

Mannsperger, D. (1969), *Physis bei Platon*, Berlin 1969.

Mantas, P. (2012), "La 'Conclusión' de la tesis de habilitación de Heidegger. Traducción y Comentario", *Cauriensia* VII (2012) 451-474.

Marafioti R. M. (2011), *Il ritorno a Kant di Heidegger. La questione dell'essere e dell'uomo*, Milano – Udine 2011.

Marcovich, M. (1967), *Heraclitus*, Sankt Augustin ²2001 (= Mérida 1967).

Marx, W. (1961), *Heidegger und die Tradition*, Hamburg ²1980 (= Stuttgart 1961).

Mattei, J. (1989), *L'ordre du monde. Platon – Nietzsche – Heidegger*, Paris 1989.

Mazzarella, E. (ed.) (2006), *Heidegger a Marburgo*, Genova 2006.

Merker, B. (1988), *Selbsttäuschung und Selbsterkenntnis. Zu Heideggers Transformation der Phänomenologie Husserls*, Frankfurt a. M. 1988.

Mittelstraß, J. (ed.) (1995), *Enzyklopädie Philosophie und Wissenschaftstheorie*, Bd. 3: *P – So*, Stuttgart – Weimar 1995.

Mormann, T. (2015), "Mathematics to Quantum Mechanics. On the Conceptual Unity of Cassirer's Philosophy of Science (1907–1937)", en: Tyler Friedman – Luft (2015) p. 31-63.

Nachtsheim, S. (1992), *Emil Lasks Grundlehre*, Tübingen 1992.

Naddaf, G. (1992) *L'origine et l'evolution du concept grec de phýsis*, Lewiston 1992; versión inglesa: *The Greek Concept of Nature*, Albany (NY) 2005.

Neske, G. (ed.) (1977), *Erinnerung an Martin Heidegger*, Pfullingen 1977.

Neumann, G. (2019), *Der Freiheitsbegriff bei Gottfried Wilhelm Leibniz und Martin Heidegger*, Berlin 2019.

Opilik, K. (1993), *Transzendenz und Vereinzelung. Zur Fragwürdigkeit des Transzendentalen Ansatzes im Umkreis von Heideggers "Sein und Zeit"*, Freiburg – München 1993.

Partenie, C. – Rockmore, T. (eds.) (2005), *Heidegger and Plato: Toward Dialogue*, Evanston 2005.

Pattison, G. (2013), *Heidegger on Death. A Critical Theological Essay*, Farnham – Burlington 2013.

Pester, R. (1997), *Hermann Lotze: Wege seines Denkens und Forschens. Ein Kapitel deutscher Philosophie- und Wissenschaftsgeschichte im 19. Jahrhundert*, Würzburg 1997.

Petkovšek, R. (2004), *Le statut existential du platonisme. Platon dans l'analytique existential de Heidegger*, Bern 2004.

Pfeiderer, E. (1884), *Lotzes philosophische Weltanschauung nach ihren Grundzügen. Zur Erinnerung an den Verstorbenen*, Berlin 1884.

Picht, G. (1977), "Die Macht des Denkens", en: Neske (1977) p. 197-205.

Pierson, G. N. (1988), "Lotze's concept of value", *The Journal of Value Inquiry* 22/2 (1988) pp. 115-125.

Pöggerler, O. (1990), *Der Denkweg Martin Heideggers*, Pfullingen ³1990 (1963).

——— (1997), "Ein Streit um Platon: Heidegger und Gadamer", en: Kobusch – Mojsisch (1997) p. 241-254.

Poggi, S. (2006), *La logica, la mistica, il nulla. Una interpretazione del giovane Heidegger*, Pisa 2006.

Rebernik, P. (2006), *Heidegger interprete di Kant. Finitezza e fondazione della metafisica*, Firenze 2006.

Reiner, H. (1974), "Gewissen", en: Ritter (1974) col. 574-591.

Rentsch, T. (ed.) (2001), *Martin Heidegger, "Sein und Zeit"*, Berlin 2001.

Richardson, W. J. (1963), *Heidegger, Through Phenomenology to Thought*, The Hague ³1974 (= 1963).

Ritter, J. (ed.) (1974), *Historisches Wörterbuch der Philosophie*, Bd. 3: *G-H*, Basel – Stuttgart 1974.

Rodríguez, R. (1997), *La transformación hermenéutica de la fenomenología. Una interpretación de la obra temprana de Heidegger*, Madrid 1997.

——— (2004), *Del sujeto y la verdad*, Madrid 2004.

——— (2013), "Ontología existencial y ética. En torno a la 'ética implícita' de *Ser y tiempo* de Heidegger", en: Urabayen – Sánchez-Migallón (2013) p. 109-147; reproducido en: Rodríguez (2015) p. 163-198.

——— (2015), *Fenómeno e interpretación. Ensayos de fenomenología hermenéutica*, Madrid 2015.

Rosales, A. (1970), *Transzendenz und Differenz. Ein Beitrag zum Problem der ontologischen Differenz beim frühen Heidegger*, Den Haag 1970.

——— (1984), "Zum Problem der Kehre im Denken Heideggers", *Zeitschrift für Philosophische Forschung* 38 (1984) 241-262.

――― (1991), "Heideggers Kehre im Lichte ihrer Interpretationen", en: Papenfuss – Pöggeler (1991) p. 118-140.

Rosen, S. (1993), *The Question of Being. A Reversal of Heidegger*, New Haven – London 1993.

Rosenberger, M. (2006), *Freiheit und Determinismus. Das Subjekt als Teilnehmer*, Darmstadt 2006.

Ryckman, T. (2015), "A Retrospective View of Determinism and Indeterminism in Modern Physics", en: Tyler Friedman – Luft (2015) p. 65-102.

Sadler, T. (1996), *Heidegger and Aristotle. The Question of Being*, London – Atlantic Highlands (New Jersey) 1996.

Sallis, J. – Moneta, G. – Taminiaux, J. (eds.) (1988), *The Collegium Phaenomenologicum. The First Ten Years*, Dordrecht 1988.

Schalow, F. (1986), *Imagination and Existence. Heidegger's Retrieval of the Kantian Ethic*, Lanham (MD) 1986.

――― (1992), *The Renewal of the Heidegger-Kant Dialogue. Action, Thought, and Responsibility*, Albany (NY) 1992.

Scherer, G. (1988), *Das Problem des Todes in der Philosophie*, Darmstadt 1988.

Schmidt, S. S. (2015), *Grund und Freiheit. Eine phänomenologische Untersuchung des Freiheitsbegriffs Heideggers*, Dordrecht 2015.

Schuhmann, K. – Smith, B. (1993), "Two Idealisms: Lask and Husserl", *Kant-Studien* 83/4 (1993) 448-466.

Schumacher, B. N. (2011), *Death and Mortality in Contemporary Philosophy*, Cambridge 2011.

Scott, C. E. – Schoenbohm, S. – Vallega-Neu, D. – Vallega, A. (eds.), *Companion to Heidegger's "Contributions to Philosophy"*, Bloomington / Indianapolis 2001.

Segura Peraita, C. (2002), *Hermenéutica de la vida humana. En torno al Informe Natorp de Martin Heidegger*, Madrid 2002.

Sheehan, T. (1988), "Heidegger's *Lehrjahre*", en: Sallis – Moneta – Taminiaux (1988) p. 77-137.

Stegmaier, W. (2008), *Philosophie der Orientierung*, Berlin – New York 2008.

Steinmann, M. (2004), "Der frühe Heidegger und sein Verhältnis zum Neukantianismus", en: Denker – Gander – Zaborowski (2004) p. 259-293.

Stoker, H. G. (1925), *Das Gewissen. Erscheinungsformen und Theorien*, Bonn 1925.

Stormer-Caysa, U. (ed.) (1995), *Uber das Gewissen. Texte zur Begründung der neuzeitlichen Subjektivität*, Weinheim 1995.

Szaif, J., (1996) *Platons Begriff der Wahrheit*, Freiburg – München 1996.

Theunissen, M. (1977), *Der Andere. Studien zur Sozialontologie der Gegenwart*, Berlin – New York ²1977.

Tyler Friedman, J. – Luft, S. (eds.) (2015), *The Philosophy of Ernst Cassirer. A Novel Assessment*, Berlin – New York 2015.

Urabayen J. – Sánchez-Migallón, S. (eds.) (2013), *Reflection on Morality in Contemporary Philosophy. Performing and Ongoing Phenomenology*, Hildesheim – Zürich – New York 2013.

Vanzo, A. (2008): "A Correspondence Theory of Objects? On Kant's Notions of Truth, Object, and Actuality", *History of Philosophy Quarterly* 25/3 (2008) 259-275.

Vigo, A. G. (2002), "Arqueología y aleteiología. La transformación heideggeriana de la concepción aristotélica de la ontología", en Vigo (2014) p. 129-158.

——— (2003), "Verdad, libertad y trascendencia en Heidegger. La radicalización de un motivo central de *Sein und Zeit* en los escritos de los años 1929-1930", en: Vigo (2014) p. 159-205.

——— (2005a), "Fenomenología y hermenéutica en las primeras lecciones de Friburgo (1919-1921)", en: Vigo (2014) p. 265-296.

——— (2005b), "Identidad, decisión y verdad. Heidegger, en torno a la constitución del 'nosotros'", en: Vigo (2014) p. 297-334.

——— (2006a), "La recuperación crítica de la pregunta por el ser" (2006), en: Vigo (2014) p. 335-362.

——— (2006b), "Verdad y validez en Emil Lask", en: Vigo (2013b) p. 41-72.

——— (2007), "La lógica de la validez de Lotze y su influencia en la tradición antipsicologista de la filosofía de la lógica alemana", en: Vigo (2013b) p. 17-40.

——— (2011), "Tenencia previa y génesis ontológica. Observaciones sobre algunas estrategias metódicas en la analítica existenciaria de *Sein und Zeit*", en: Vigo (2014) p. 363-402.

——— (2013a), "Categorías y experiencia antepredicativa en el entorno de *Sein und Zeit*", en: Vigo (2014) p. 403-436.

——— (2013b), *Juicio, experiencia, verdad. De la lógica de la validez a la fenomenología*, Pamplona 2013.

——— (2014), *Arqueología y aleteiología. Estudios Heideggerianos*, Berlin 2014.

——— (2015), "Kategoriale Synthesis und Einheit des Bewusstseins. Zu Kants Lehre vom Verhältnis zwischen Wahrnehmung und Erfahrung", en: Enskat (2015) p. 169-199.

Volpi, F. (1976), *Heidegger e Brentano. L'aristotelismo e il problema dell'univocità dell'essere nella formazione filosofica del giovane Heidegger*, Padova 1976.

——— (1984), *Heidegger e Aristotele*, Padova 1984.

——— (1988), "*Dasein* comme praxis. L'assimilation et la radicalization heideggerienne de la philosophie pratique d'Aristote", en: F. Volpi *et aliii*, *Heidegger et l'idée de la phénoménologie*, Dordrecht – Boston – London 1988, p.1-41.

——— (1989), "Sein und Zeit: Homologien zur Nikomachischen Ethik", *Philosophisches Jahrbuch* 96 (1989) 225-240.

——— (2006), "'Comincio ad amare realmente Kant'. Heidegger scopre Kant", en: Mazzarella (2006) p. 211-229.

Volpi, F. *et alii* (1988), *Heidegger et l'idée de la phénoménologie*, Dordrecht – Boston – London 1988.

Weatherston, M. (2002), *Heidegger's Interpretation of Kant. Categories, Imagination and Temporality*, Hampshire – New York 2002.

White, C. J. (2005), *Time and Death. Heidegger's Analysis of Finitude*, Aldershot – Burlington 2005.

Wieland, W. (1982), *Platon und die Formen des Wissens*, Göttingen 1982.

——— (2001), *Urteil und Gefühl. Kants Theorie der Urteilskraft*, Göttingen 2001.

Woodward, W. R. (2015), *Hermann Lotze. An Intelectual Biography*, Cambridge 2015.

Xolocotzi Yañez, A. (2004), *Fenomenología de la vida fáctica. Heidegger y su camino a 'Ser y tiempo'*, México 2004.

——— (2007), *Subjetividad radical y comprensión afectiva. El rompimiento de la representación en Rickert, Dilthey, Husserl y Heidegger*, México D. F. 2007.

——— (2011), *Una crónica de 'Ser y tiempo' de Martin Heidegger*, Puebla 2011.

INDICACIÓN DE LAS FUENTES

Estudio 1
Constituye una versión unificada y modificada de los siguientes trabajos: 1) "El marco metódico y sistemático. Segunda sección (§§ 45-83)", en: R. Rodríguez (coord.), *"Ser y tiempo" de Martin Heidegger. Un comentario fenomenológico*, Madrid, p. 197-218; 2) "El posible 'ser total' del *Dasein* y el 'ser para (vuelto hacia) la muerte' (§§ 45-53)", en: R. Rodríguez (coord.), *"Ser y tiempo" de Martin Heidegger. Un comentario fenomenológico*, Madrid 2015, p. 219-268; y 3) "La atestiguación, en el modo de ser del *Dasein*, de un poder ser propio y el estado de resuelto (Heidegger, *Sein und Zeit* §§ 54-60.)", en: L. C. Santiesteban (coord.), *'Ser y tiempo' de Martín Heidegger. Comentario introductorio a la obra*, Chihuahua – México D. F. 2013, p. 325-426; versión abreviada en: R. Rodríguez (coord.), *Ser y tiempo" de Martin Heidegger. Un comentario fenomenológico*, Madrid 2015, p. 269-301.

Estudio 2
"Libertad como causa. Heidegger, Kant y el problema metafísico de la libertad", *Anuario Filosófico* (Pamplona) XLIII/1 (2010) 161-181; reproducido en: B. Ainbinder (ed.), *Heidegger-Kant, Studia Heideggeriana* (Buenos Aires) I (2011) 219-242.

Estudio 3
"Ser libre y dejarse vincular. Un motivo central en la reformulación aleteiológica de la cuestión de la libertad", en: L. Basso Monteverde (ed.), *Heidegger y la hermenéutica. Actas de las Primeras Jornadas Nacionales de la Sociedad Iberoamericana de Estudios Heideggerianos (SIEH) – Argentina*, Buenos Aires 2017, p. 283-304.

Estudio 4
"Heidegger, intérprete de Kant", en R. Rodríguez (ed.), *Guía Comares de Heidegger*, Granada 2018, p. 359-376.

Estudio 5
"Kehre y destrucción. Sobre el impacto hermenéutico del 'giro' hacia el pensar ontohistórico", en: A. Xolocotzi (ed.), *Heidegger: caminos y giros del pensar, Ápeiron. Estudios de filosofía* 9 (2018) 115-133.

Estudio 6
"Ser libre y dejar en libertad. *Sein und Zeit* y la reformulación aleteiológica de la cuestión de la libertad", en: A. Jiménez Rodríguez (ed.), *Heidegger y la historia de la*

filosofía. Límite y posibilidad de una interpretación fenomenológica de la tradición, Granada 2019, p. 193-219.

Estudio 7
"Experiencia, objetividad, historia. Heidegger y el 'Sistema de los principios' kantiano", en: L. Basso Monteverde (ed.), *Heidegger y su obra. Ensayos en torno a la unidad de su pensar*, Buenos Aires 2020, p. 97-148.

Estudio 8
"Heidegger e l'ombra de Lotze. Appunti per una rinnovata interpretazione dello sviluppo del suo pensiero giovanile", en: G. Gurisatti – A. Gnoli (eds.), *Franco Volpi. Il pudore del pensiero*, Brescia 2019, p. 127-161.

Estudio 9
"Meditación, historia, contención. Heidegger y la reformulación ontohistórica de la aleteiología", *Claridades. Revista de Filosofía* (Málaga) 12/2 (2020) 45-74.

Estudio 10
"Remisión, orientación y comprensión mundana. Apuntes sobre el análisis heideggeriano del signo en el § 17 de *Sein und Zeit*", en: F. Jaran (ed.), *Para Ramón Rodríguez. Festschrift en honor de su 70 aniversario*, *Studia Heideggeriana* (Buenos Aires) IX (2020) 113-134.

Estudio 11
"Kehre als Rückkehr und Abkehr. Bemerkungen zu Heideggers seinsgeschichtlicher Platon-Auslegung", en: en: H. Seubert – K. Neugebauer – M. Massa (eds.), *"... wo aber Gefahr ist ..."*. *Heidegger und die Philosophie der planetarischen Technik*, Martin-Heidegger-Gesellschaft Schriftenreihe Bd. 13, Freiburg i. Br. – München 2021, p. 209-228.

Estudio 12
"Heidegger en torno a la conexión entre φύσις y ἀλήθεια. Apuntes para una reconsideración crítica", *Claridades. Revista de Filosofía* (Málaga) 13/1 (2021) en prensa.

Estudio 13
"'Die Zeit der »Systeme« ist vorbei. Heidegger und die seinsgeschichtliche Verortung Schellings", A. Rojas – P. Schwab (eds.), *Sein – Grund – Ungrund. Schellings Bedeutung für das Denken Heideggers*, Freiburg i. Br. – München 2021, en prensa.

ÍNDICE DE NOMBRES

Agustín de Hipona (San Agustín) 13[1], 276[36], 364

Allison, H. E. 239[23]

Anaximandro 185, 301, 339, 349, 351

Arendt, H. 46, 150, 162, 219

Aristóteles 11, 15, 38[23], 55[35], 115[69], 126, 130, 148, 150, 151[8], 152[10], 153, 154, 161, 162, 170-173, 180, 182, 183, 196[11], 217[3], 218, 220[9], 220[10], 222[12], 222[13], 233, 251, 255-257, 261, 265, 277, 280, 285, 301, 319-323, 327-329, 330, 331[14], 335, 340, 341, 344, 349, 350, 351, 352, 357, 365

Backman, J. 181, 328[8], 361[7]

Baumgarten, A. 158, 165, 234, 321

Beardslee, W. J. 348[8]

Beiser, F. 259, 262[14]

Bernasconi, R. 206[19]

Bernt, A. 56[36]

Beyer, C. 261[12]

Blochmann, E. 151, 162, 220

Blust, Fr.-K. 26[16]

Borges Duarte, I. F. 147[1], 215[1]

Bosanquet, B. 259[9]

Bradley, F. H. 259[9]

Braig, C. 253

Braun, O. 355

Brentano, F. 15, 253, 255[2], 259, 280

Broad, C. D. 259[9]

Burdach, K. 56[36]

Burger, A. 348[8]

Cassirer, E. 195[9], 224[15]

Ciccarelli, P. 174[18], 331[12]

Cimino, A. 174[18], 331[12]

Clark, S. R. L. 55[35]

Clemente de Alejandría 344

Crisipo 119, 350

Crowell, S. G. 109[64], 145[8], 153, 154[12], 193[7], 222[13], 256, 257[4], 258, 262[13], 272, 273

Dahlstrom, D. 262[14]

Declève, H. 147[1], 215[1],

Descartes, R. 26[16], 117, 158, 165, 234, 321, 330

Dewey, J. 259[9]

Diels, H. 343

Dilthey, W. 259, 276[36]

Dreyfuss, H. L. 47[29]

Eckhart de Hochheim (Meister) 13[1], 280

Edwards, P. 47[28]

Empédocles 349[9]

Enskat, R. 331

Epicuro 350

Fichte, J. G. 117, 356, 365, 369

Figal, G. 84[44], 87[46], 89[48], 192[6]

Fink, E. 53[34], 171[13], 270[24], 344[4]

Fischer, K. 352

Fisette, D. 261[12]

Friedländer, P. 347[7]

Gadamer, H. G. 171, 255, 330

Galileo 157, 165, 230, 233, 321

García Gainza, J. 258[7]

Gethmann, C. F. 14[2], 16[6]

Geyser, J. 268, 269, 270

Glatz, U. 264[16]

González, F. J. 171[13], 174-175, 181[24], 328[8], 361[7]

Görland, I. 358[5]

Graham, D. 344[3]

Green, T. H. 259[9]

Guignon, C. 189[3], 190[5], 193[7]

Hauser, K. 261[12]

Hegel, G. W. F. 13[1], 16[6], 115, 116, 117, 126, 219[8], 220[9], 259[9], 260, 280, 294[4], 302, 325[7], 344, 355, 356, 358[5], 365, 369, 370

Heinz, M. 106[61]

Heráclito 185, 201, 331, 339, 342, 343-347, 349, 350, 351

Herrmann, F. W. von 35[21], 52[33], 59[38], 111[66], 151[9], 192[6], 197[12], 221[11], 294[3], 357[3],

Hobe, K. 262[13]

Höfele, P. 366[9]

Hölderlin, F. 339

Homero 344

Hopkins, B. C. 52[33]

Howell, R. C. 239[23]

Hübsch, S. 13[1]

Hühn, L. 360[6]

Husserl, E. 26[16], 52[33], 68[40], 115, 150[4], 162, 170, 175, 177[21], 206[19], 218[5], 231, 257[6], 258, 259, 261, 262, 265, 266-277, 280, 285, 286, 309[1], 324, 325

James, W. 259[9]

Janich, P. 14[2]

Jantzen, J. 360[6]

Jaran, F. 188[1], 228[18]

Jaspers, K. 51[31], 119[1], 150, 151, 162, 218[5], 220, 271, 355, 356

Johannes von Tepl 56

Kaegi, D. 224[15]

Kahn, C. 344[3]

Kant, I. 10, 11, 13[1], 68[40], 89, 90, 92, 104[59], 107, 115, 116, 114-130, 132, 147-160, 161, 162-170, 171, 172, 175[19], 178, 183, 187, 188, 189[2], 190[4], 212, 215-251, 257[6], 259[9], 263-265, 273, 276, 277, 279, 285, 288, 301, 314[3], 319, 320-321, 322, 327, 329, 330, 335, 340, 341, 351, 357, 359, 360, 362, 365, 367, 368[10]

Kiening, C. 56[36]

Kierkegaard, S. 276[36]

Kim, A. 175[19]

King, R. A. H. 55[35]

Kirk, G. S. 349

Kisiel, T. 149[2], 217[3], 219[8], 262[13], 268[22]

Kittsteiner, H. D. 13[1]

Korsgaard, C. 152[12], 193[7], 222[13]

Kranz, W. 343

Kreis, F. 270[24]

Krijnen, C. 266[21]

Külpe, O. 231

Kunzt, P. G. 259[9]

Kynast, R. 270

Laks, A. 349[9]

Lara, F. de 20[8]

Lask, E. 149, 170, 175, 176-178, 217, 218, 231, 253, 258-277, 280, 283, 284, 285, 321, 322, 324, 325

Lazzari, R. 262[13]

Le Moli, A. 174[18], 331[12]

Lembeck, K. H. 175[19]

Lenk, H. 13[1]

Levinas, E. 206[19]

Lofts, S. G. 195[9]

Lombardo, P. 13[1]

Lorenzen, P. 14[2]

Lotze, R. H.

Lehmann, K. 51[31]

Leibniz, G. W. 117, 152, 171[14], 187, 222, 287, 358

Longuenesse, B. 240[24]

Luhman, N. 13[1]

Lutero 13[1], 30[18]

Lyne, I. 266[21]

Mahnke, D. 270

Mannsperger, D. 348[8]

Mantas, P. 274[31]

Marafioti, R. M. 147[1], 215[1], 218[4]

Marcovich, M. 344[3]

Marcuse, H. 181, 182, 327, 328, 361[7]

Marx, W. 255[3]

Mattei, J. 174[18]

Merker, B. 21[9]

Moore, G. E. 259[9]

Mormann, T. 195[9]

Most, G. W. 349[9]

Nachtsheim, S. 273[29]

Naddaf, G. 348[8]

Natorp, P. 175[19], 180-181, 271, 275

Neumann, G. 358[4]

Newton, I. 157, 165, 230, 233, 321

Nietzsche, F. 81[43], 174, 175, 178, 302, 326, 330, 334, 335, 344, 366,

Opilik, K. 155, 225, 288

Pablo de Tarso (San Pablo) 276[36]

Parménides 36[22], 185, 200[14], 301, 339, 349, 351

Partenie, C. 174[18], 331[12]

Pattison, G. 58[37]

Pester, R. 259[8]

Petkovšek, R.

Petri, E. 149, 217[3], 260, 325[7]

Pfeiderer, E. 259[8]

Picht, G. 323-324, 329, 330

Pierson, G. N. 260[10]

Platón 11, 115[69], 126, 148, 161, 174-183, 184, 251, 261, 278, 279, 280, 285, 301, 319-336, 340, 341, 343, 347[7], 349, 351, 357, 361, 365

Pöggeler, O. 59[38], 330[9]

Poggi, S. 262[13]

Pugliese, O. 262[13]

Rebernik, P. 147[1], 215[1]

Reiner, H. 13[1]

Richardson, W. J. 148, 149[2], 217[3], 219[8], 253

Rickert, H. 149, 175, 176-178, 217, 218, 231, 253, 258-260, 262[13], 266-278, 280, 284, 321, 325

Rilke, R. M. 339

Rockmore, T. 174[18], 331[12]

Rodríguez, R. 20[8], 24[13], 26[16], 41[26], 154[13], 222[13], 257[5],

Rosales, A. 111[66]

Rosen, S. 174, 175[19], 330

Rosenberger, M. 119[1]

Royce, J. 259[9]

Rudolph, E. 224[15]

Russell, B. 259[9]

Ryckman, T. 195[9]

Sartre, J. P. 70[41], 206[19]

Schalow, F. 147[1], 215[1]

Schleiermacher, F. D. E. 13[1]

Scheler, M. 30[18], 70[41]

Schelling, F. W. J. 11, 117, 280, 355-371

Schiller, F. C. S. 259[9]

Schmidt, S. S. 189[3], 192[6], 193[7]

Scherer, G. 46[27]

Schoenbohm, S. 294[3]

Schumacher, B. N. 70[41]

Schuhmann, K. 274[33]

Scott, C. E. 294[3]

Segura Peraita, C. 207[7], 38[23], 170[12]

Sentroul, C. 148, 217[3]

Sheehan, T. 268[22]

Smith, B. 274[33]

Spengler, O. 20[8]

Spinoza, B. 117, 367

Stegmaier, W. 314[3]
Steinmann, M. 16[1], 258[7]
Stoker, H. G. 30[18]
Stormer-Caysa, U. 13[1]
Szaif, J. 347[7]
Theunissen, M. 206[19]
Tolstoi, L. N. 65[39]
Tomás de Aquino (Santo Tomás) 13[1]
Trakl, G. 339
Vallega, A. 294[3]
Vallega-Neu, D. 294[3]
Vanzo, A. 239[23]
Volpi, F. 150, 162, 170, 218, 219[6], 220[9], 255, 256, 257[6], 319
Ward, J. 259[9]
Weatherston, M. 147[1], 215[1]
White, C. J. 47[29]
Wieland, W. 240[24], 331
Windelband, W. 149, 177, 178, 218, 253, 259, 260, 277, 278, 284, 321, 325, 334[17]
Wolff, C. 158, 165, 234, 321
Woodward, W. R. 259[8]
Xolocotzi Yáñez, A. 208[8], 147, 161, 217[3], 225, 266[21]
Zocher, R. 270[24]